CURSO BÁSICO DE DIREITO SINDICAL

JOSÉ CARLOS AROUCA

Advogado de sindicatos de trabalhadores de 1959 a 1999. Aprovado no concurso para ingresso na magistratura do trabalho de 1964, teve negada sua nomeação pela ditadura militar. Juiz aposentado do Tribunal Regional do Trabalho da Segunda Região, compondo o quinto constitucional reservado aos advogados. Membro da Academia Nacional de Direito do Trabalho, do Instituto de Direito Social Cesarino Jr., do Instituto dos Advogados do Brasil e do Instituto dos Advogados de São Paulo, da Associação Luso-Brasileira de Juristas do Trabalho, da Associação Ibero-Americana de Direito do Trabalho e Seguridade Social e da Associação Latino-Americana de Juízes do Trabalho.

Foi conselheiro e diretor da Associação dos Advogados de São Paulo — AASP, fundador e conselheiro da Associação dos Advogados Trabalhistas de São Paulo, diretor do Sindicato dos Advogados de São Paulo, que ajudou a refundar.

Obras do autor

- *Em defesa da Unidade Sindical*, edição da Federação dos Trabalhadores nas Indústrias da Alimentação e Afins do Estado de São Paulo, 1985.
- *Dicionários LTr*, v. I. "Dissídios Coletivos". LTr, 1986.
- *Dicionários LTr*, v. II. "Enquadramento Sindical". LTr, 1986.
- *A Nova Constituição e os Trabalhadores,* edições do Sindicato dos Empregados no Comércio Hoteleito e Similares de São Paulo, da Federação dos Trabalhadores nas Indústrias da Alimentação e Afins do Estado de São Paulo e do Sindicato dos Trabalhadores do Ramo da Construção Civil, Montagens, Instalações e Afins de São Paulo e Região, 1988.
- *Repensando o Sindicato*. LTr, 1998.
- *O Sindicato em um Mundo Globalizado.* LTr, 2003.
- Cartilha do Trabalhador. O Sindicato, edições da Federação dos Trabalhadores nas Indústrias da Alimentação do Estado de São Paulo e do Sindicato dos Trabalhadores do Ramo da Construção Civil, Montagens, Instalações em Geral, Pinturas e Afins de São Paulo e Região, 2008.

1ª edição — 2006

2ª edição — 2009

3ª edição — 2012

JOSÉ CARLOS AROUCA

CURSO BÁSICO DE DIREITO SINDICAL

3ª edição

LTr®

EDITORA LTDA.

Rua Jaguaribe, 571
CEP 01224-001
São Paulo, SP — Brasil
Fone (11) 2167-1101
www.ltr.com.br

Produção Gráfica e Editoração Eletrônica: R. P. TIEZZI
Projeto de Capa: FÁBIO GIGLIO
Foto da Capa: Greve de 1957 de Atonio Lúcio
Direitos Reservados: Agência Estado
Impressão: ORGRAFIC GRAFICA E EDITORA

LTr 4651.9
Junho, 2012

Dados Internacionais de Catalogação na Publicação (CIP)
(Câmara Brasileira do Livro, SP, Brasil)

Arouca, José Carlos

Curso básico de direito sindical / José Carlos Arouca. — 3. ed. — São Paulo : LTr, 2012.

Bibliografia

ISBN 978-85-361-2155-0

1. Direito do trabalho 2. Direito do trabalho — Brasil 3. Sindicatos 4. Sindicatos — Brasil I. Título.

12-06142 CDU-34:331.88(81)

Índice para catálogo sistemático:

1. Brasil : Direito sindical 34:331.88(81)

Para Sérgio, que se foi,
e para Júlio e Léa, que chegaram.

SUMÁRIO

PARTE 1. DIREITO SINDICAL

Sumário: I. O Sindicato. 1. Introdução. 2. História. 3. Conceituação. 4. Natureza. 5. Modalidades. 6. Fins. II. Direito. III. Direito do Trabalho. IV. Direito coletivo do trabalho. V. Direito sindical. 1. Conceituação. 2. Autonomia. 3. Integração. Fontes

I — O sindicato

1 — **Introdução.** A palavra sindicato tem origem latina, *syndicus*, designando o encarregado de tutelar o direito ou os interesses de uma comunidade ou sociedade. Para outros vem do grego: *sundiké*, síndico, traduzido por justiça comunitária ou ideia de administração e atenção a uma comunidade. Sindicato é a organização dos trabalhadores para a defesa de seus direitos e interesses, individuais e coletivos, e sua ascensão social. Em face de nosso sistema legal, sindicato é também a organização do patronato para a defesa de seus direitos e interesses econômicos; no caso, não apenas dos empresários, mas de todos que mantenham empregados para a consecução de seus fins.

Como se sabe, o homem é um ser gregário que vive em sociedade. Mas como conjunto divide-se em função da religião, raça, fortuna e também da casta. A concentração do capital promoveu a separação entre incluídos e excluídos em direitos e bens de vida. De outra parte, o investimento do capital em atividades lucrativas gerou o empresário, capitalista, e o trabalhador, proletário.

O trabalhador só possuía a força de trabalho que alugava em troca do salário insignificante para atender às necessidades próprias e da família, submetendo-se a jornadas excessivas, em situação de absoluta insegurança.

Sendo proprietário dos postos de trabalho, o empregador despedia por despedir, e sempre aqueles que se atrevessem a desafiar seu poder e arbítrio. Além de tudo, sendo proprietário, possuía poder, influindo, como classe, na administração pública. Contando com o apoio da polícia, sufocava qualquer rebeldia individual.

A unidade, por isso, mostrou-se indispensável para o enfrentamento daqueles que isoladamente eram pobres e fracos, tornando-se fortes quando constituíssem uma coletividade.

Inicialmente, as coalizões eram transitórias, tendo como razão um fato determinado. Mas, pouco a pouco, assumiram definitividade como instrumento de reação, de reivindicação e de ascensão social.

Assim, o sindicato surgiu naturalmente, como fato social, sem necessitar de reconhecimento do Estado e do patronato.

A ideia de classe universalizou-se e as associações desabrocharam em toda parte como fenômeno incontido. Com elas surgiram as lideranças que sentiram na carne, em sua liberdade pessoal, o preço que não tinham como deixar de pagar: perseguição, prisão, tortura, expulsão do país para os estrangeiros.

Primeiro, a associação de classe foi proibida e punida fortemente, depois tolerada, e só bem mais tarde admitida e legalizada.

É que a organização classista de resistência e reivindicatória encontrou suas armas de ação, através da sabotagem, do boicote e principalmente da greve.

2. **História.** Indispensável conhecer a história para compreender o sindicato.

2.1. **Antecedentes.** O sindicato é uma associação especial e típica, que nasceu, em sua forma atual, com a Primeira Revolução Industrial, como reação e enfrentamento com o capitalismo. Todavia, os teorizadores do Direito do Trabalho não deixam de registrar passagens da história, vagas, nem sempre comprovadas, que dão conta de organizações próximas, mas, muitas vezes, de fins meramente assistenciais ou constituídas por determinação do Estado, em função de seus desígnios.

O ser humano tem como característica fundamental viver em sociedade. O isolamento é exceção e anormalidade. Por isso, antes de tudo, formou-se o clã como unidade de sangue, familiar. A aparição da propriedade rural deu causa a uma nova coletividade. Só depois surgiu a comunidade de interesses, de local, conhecida na Antiguidade, no Egito, na Índia, na China, quando organizaram-se os agricultores, barqueiros, artesãos e outros.

As primeiras associações teriam sido as corporações de Roma, criadas, segundo uns, por Numa Pompílio (736-671 a.C.), segundo outros, por Sérvio Túlio, sem que representassem instrumentos de defesa dos interesses coletivos, pois foram pensadas para distribuir o povo conforme seus ofícios: músicos, carpinteiros, sapateiros, etc.

A origem das corporações de ofícios em seus mais remotos antecedentes se perde na história e no tempo.

Os colégios romanos distinguiam-se em públicos e privados, conforme sua atuação, mas sempre formados por trabalhadores autônomos, sem vinculação com um empregador. Foram dissolvidos no ano 64 a.C.

As guildas foram as corporações germânicas, inicialmente religiosas, anglo-saxônicas, surgidas depois na França.

As corporações representavam o poder econômico, pois arrecadavam impostos e pagavam para obter e manter privilégios, inclusive para exercer determinada atividade, recebendo, para tanto, uma carta patente outorgada pelo imperador. Além disso, contavam com o apoio da igreja e através do monopólio exploravam aqueles que só dependiam da força de trabalho. E foram criadas com o objetivo de dividir o povo. Compunham-se de três categorias hierarquizadas: mestres, companheiros e aprendizes, cuidando da regulação de suas atividades e da solução de divergências. O exercício da profissão passava pelo aprendizado a serviço de um mestre, após o que o artesão tornava-se companheiro ou oficial. Só com muito esforço e apoio chegava a mestre.

As corporações até poderiam ser o embrião do sindicato patronal, pois os mestres assemelhavam-se aos patrões enquanto os aprendizes e companheiros aproximavam-se dos operários. Assim, os companheiros seriam os trabalhadores, explorados pelos mestres, que logo assumiram posição de relevo, impondo-se como classe pré-capitalista. Portanto, proletarizam-se e, com o propósito de libertarem-se, formaram suas associações, que seriam as primeiras formas de sindicatos profissionais.

Na Espanha, assumiu a forma de grêmios; ofícios, em Portugal.

No Brasil, os prepostos do governo real criaram grêmios amoldados conforme o modelo da metrópole, mas com objetivos menores, impulsionados para participar de festas religiosas.

No início do século XVIII, as corporações entraram em declínio. Os trabalhadores artesãos rebelam-se contra os mestres, defendendo melhores salários e liberdade para o ingresso no mercado de trabalho. As corporações se converteram em uma nova classe capitalista, cheia de privilégios extorsivos, tendo permanecido do século XII ao século XVIII. Na França, em 1776, o Edito de Turgot pôs fim ao monopólio e aos privilégios que possuíam, permitindo que todas as pessoas, de qualquer qualidade e condição, inclusive estrangeiras, pudessem exercer o comércio, a profissão ou arte que lhes conviesse e até várias atividades e profissões. Finalmente, em 1791, foi aprovada a Lei Le Chapelier, que proibiu a constituição de organizações profissionais.

Pensando o Brasil, os índios, donos das terras, mais de 8 milhões de metros quadrados, tinham cultura e costumes próprios, desconhecidos do branco invasor. A terra constituía para eles seu maior bem, como assinalou Florestan Fernandes. Organizavam-se em tribos que abrangiam as aldeias ou grupos locais, "distanciadas no espaço, mas unidas entre si por grau de parentesco e pelos interesses comuns que eles pressupunham nas relações com a natureza, na preservação da integração tribal e na comunicação com o sagrado".(1)

O branco europeu ocupou a terra, tomando-a do índio. Veio não para colonizá-la, assim entendendo nela radicar-se e transformá-la em uma Nação, mas para "explorar os recursos naturais de um território virgem em proveito do comércio europeu".(2) O historiador Leôncio Basbaum é enfático: "Os objetivos de Portugal, na falta de uma burguesia manufatureira, não podiam ser outros senão sugar a terra o máximo com um mínimo de aplicação de capital, que praticamente não tinha". Vieram fidalgos, mas também ínfimos plebeus ou degredados, "a maior parte, gente aventureira e sem consciência".(3)

O suposto colonizador branco não veio para trabalhar a terra, mas para dirigir o trabalho de terceiros em seu proveito. Primeiro, procurou escravizar o homem da terra, o índio. Mas não sabia que esse era, por natureza, nômade e não se submetia à escravidão. Os nativos, nas palavras de Caio Prado Júnior, resistiram com lutas prolongadas. Eram guerreiros e se defenderam valentemente. "A princípio fugiam para longe dos centros coloniais, mas tiveram logo de fazer frente ao colono que ia buscá-los em seus refúgios". O governo de fora, em 1570, procurou dar um sentido legal à escravização do índio, permitindo-a, "mas limitada aos aprisionados em guerra justa".(4)

A substituição do índio pelo negro não foi imediata, prolongou-se até o fim da era colonial.

Ao findar o século XVIII, registra Basbaum, "após trezentos anos de colonização, estava a economia brasileira fundada em seus alicerces básicos, (...) dominava o país um pequeno grupo de famílias de senhores de engenho constituindo a nobreza feudal. Abaixo dela, algumas camadas sociais pouco numerosas, pouco definíveis, parasitárias, sem características econômicas, não produtoras, enfim, constituídas de militares, clero, funcionários e, formando uma pequena classe de comerciantes, nas cidades, uma pequena camada de moradores sem terra, no interior. E a sustentar tudo isso, um milhão e meio de escravos numa população de pouco mais de três milhões de habitantes".

---

(1) FERNANDES, Florestan. *Mudanças sociais no Brasil*. São Paulo: Difusão Europeia do Livro, 1960. p. 289.
(2) PRADO JÚNIOR, Caio. *História econômica do Brasil*. São Paulo: Brasiliense, 1970. p. 23.
(3) BASBAUM, Leôncio. *História sincera da república*. São Paulo: Alfa-Omega, p. 52.
(4) *História econômica do Brasil*, cit., p. 35.

O povo brasileiro dividia-se em classes e subclasses; primeiro, "dirigindo e dominando o país, a classe dos latifundiários — os proprietários da terra, os senhores de engenho, os fazendeiros de café, os estancieiros, que constituíam a chamada aristocracia rural, a elite dirigente". No campo homens sem terra, foreiros, agregados, sitiantes, morados e pequenos proprietários. Nas cidades em formação, uma burguesia mercantil, pouco numerosa, sem participação política, constituída de estrangeiros, portugueses, ingleses e franceses, "e uma classe média de militares, funcionários, empregados no comércio, artesãos, operários e uma elite intelectual constituída de membros das profissões chamadas liberais, advogados, médicos, engenheiros, jornalistas, professores". Arremata o historiador marxista: "E abaixo de todos, os escravos, que não eram seres humanos e não participavam do 'povo', antes eram equiparados a dado, na expressão de um cronista".[5]

Na monarquia, nos diz Sérgio Buarque de Holanda, "eram ainda os fazendeiros escravocratas e eram os filhos de fazendeiros, educados nas profissões liberais, quem monopolizava a política, elegendo-se ou fazendo eleger seus candidatos, dominando os parlamentos, os ministérios, em geral, todas as posições de mando, e fundando a estabilidade das instituições nesse incontestado domínio". A abolição marcou o fim do predomínio agrário e a formação de uma nova composição social.[6]

A partir de 1840, entraram no Brasil cerca de 50 mil escravos a cada ano. Só em 1888 foi abolida a escravidão, quando aqui ainda havia aproximadamente 700.000 negros nesta condição.[7] Até a igreja permitia o trabalho escravo e aconselhava substituir o índio pelo negro africano.[8] Os escravos, escreve Basbaum, não se limitavam a fugir e muitas vezes resistiram, merecendo destaque a Balaiada em 1873, no Maranhão, "autêntica insurreição".[9]

Foi abolida a escravidão, mas provocou a segregação, retardando a assimilação do negro na sociedade. Assim, como observou Celso Furtado, "por toda a primeira metade do século XX, a grande massa dos descendentes da antiga população escrava continuará vivendo dentro de seu limitado sistema de necessidades, cabendo-lhe um papel puramente passivo nas relações econômicas do país".[10]

Após isso e já proclamada a República, "o poder estatal passa às mãos da oligarquia cafeeira, que já se achava apoiada no colonato de imigrantes europeus. Para essa oligarquia, o índio, o negro e mesmo o branco nacional

(5) BASBAUM. *Op. cit.*, p. 138 e 148.
(6) HOLANDA, Sérgio Buarque de. *Raízes do Brasil*. São Paulo: Companhia das Letras, 1995. p. 73 e 171.
(7) SODRÉ, Nelson Werneck. *Formação histórica do Brasil*. São Paulo: Brasilense, 1970. p. 252.
(8) BASBAUM. *Op. cit.*, p. 91.
(9) *Op. cit.*, v. I, p. 243.
(10) FURTADO, Celso. *Formação econômica do Brasil*. Brasília: Universidade de Brasília, 1963. p. 175.

eram colocados em segundo plano. Valorizava-se o imigrante. Aproveitou-se a imigração para provocar a redefinição social e cultural do trabalho braçal, de modo a transformá-lo em atividade honrosa, livre do estigma da escravatura", nas palavras de Octávio Ianni.(11) A imigração iniciara-se timidamente na metade do século XIX.

O trabalhador livre, em 1883, nas palavras de Joaquim Nabuco, "não tinha lugar na sociedade, sendo um nômade, um mendigo, e, por isso, em parte nenhuma achava ocupação fixa". "O funcionalismo público, escreve Basbaum, citando Gilberto Amado, era o destino da mocidade nativa pobre que sabia ler e escrever. Era sua aspiração máxima e irresistível inclinação. Quanto aos operários, no fim do Império, não passavam de 60 mil, trabalhando em pequenas oficinas e grandes indústrias. Proclamada a República, não havia mais escravos no país, escreve Basbaum. A população escrava, que em 1840 andava em dois milhões, começou a decrescer rapidamente, sobretudo a partir da Guerra do Paraguai. Em 1871, era de 1.700.000, em 1884 orçava por 1.100.000, por volta de 1887, cerca de 800 mil. As causas principais dessa diminuição, a partir da cessação do tráfico, foram a morte, alforrias espontâneas e principalmente fugas. Com a abolição, 799 mil escravos aproximadamente foram libertados e praticamente lançados à rua sem terras, sem dinheiro, sem instrução, sem profissão".(12)

2.2. **Tempos modernos**. A Primeira Revolução Industrial deu causa à questão social. Os baixos salários, as longas jornadas, as péssimas condições de vida e, a par disso, a concentração industrial provocada pelo avanço tecnológico aproximaram os trabalhadores que se uniram e reagiram. Primeiro, reuniões e coalizões ocasionais, depois, organizações duradouras e propósitos bem definidos.

Se a força de trabalho era o único bem que os proletários possuíam, negá-la, comprometendo a atividade empresarial e a obtenção do lucro, passou a ser a forma de pressão em favor de suas reivindicações. Em outras palavras, a greve tornou-se o instrumento de ação coletiva. Mas foram reprimidas violentamente pela polícia, que se submetia à vontade dos detentores do poder, justamente os empregadores.

A história registra a extraordinária repressão do Estado contra a organização da classe oprimida.

Mas, diante da resistência dos trabalhadores, pouco a pouco, os governantes foram cedendo. Na Inglaterra, em 1871, o Trade Union Act reconheceu as associações profissionais, o que se deu na França em 1884 com a Lei

---

(11) IANNI, Octávio. *A ideia do Brasil moderno*. São Paulo: Brasiliense, 1992. p. 128.

(12) NABUCO, Joaquim. *Apontamento datado de outubro de 1863 no seu diário e notas autobiográficas*, cit., BASBAUM, Leôncio. *Op. cit.*, p. 145.

Waldeck-Rousseau. Em 1895 foi fundada a Confédéracion Générale du Travail. Na Alemanha, em 1875, conquistou-se a ampla liberdade de associação, mas graças a Bismarck, três anos depois, ficou proibida às associações qualquer atividade política.

Na Rússia, os sindicatos fortes enfrentaram as forças do Czar apoiadas pelos patrões, chegando a conquistar o poder.

Nos Estados Unidos, em 1880, já havia sindicatos nacionais, de profissões (horizontais) e de indústrias (verticais), surgindo para coordená-los a Federação Americana do Trabalho — AFL, fundada em 1886. Paralelamente, o Congresso das Organizações Industriais, CIO, em 1938, nasceu como segunda força, até que em 1955 as duas se fundiram na AFL-CIO.

Em relação ao plano legislativo, nunca é demais lembrar que o México foi pioneiro na constitucionalização do Direito do Trabalho, em 1916, tendo o art. 123, frações XVI a XIX, regulado o direito de associação de operários e patrões, de greve e conflitos econômicos. Somente em 1919 a Constituição de Weimar, da Alemanha, contemplou no art. 159 a liberdade de coalizão para defesa e melhoria das condições de trabalho, estabelecendo que toda convenção ou medida para impedi-la ou limitá-la seria nula. Além do mais, idealizou a internacionalização do direito do trabalho.

A Primeira Grande Guerra, de 1914-1918, interrompeu o desenvolvimento do sindicalismo, que, porém, ressurgiu forte após a cessação do conflito, atuando na Conferência de Paz, a ponto de fazer incluir no Tratado de Versalhes de 1919 a criação de uma organização internacional com participação das representações dos trabalhadores e dos empregadores. A Parte XIII do Tratado foi dedicada exclusivamente ao trabalho, nos arts. 387 a 417, sendo criada a Organização Internacional do Trabalho — OIT.

A formação do proletariado brasileiro só foi sentida no começo do século XX. Os brancos formaram a elite, a burguesia rural, como donos das terras e de todas as riquezas do país, até que começaram a cair nas mãos dos capitalistas estrangeiros; primeiro, os ingleses, depois, os americanos. Os índios procuraram manter sua cultura e seus costumes, enquanto isolados em reservas permitidas pelos brancos, que deixaram para trás a evangelização da Igreja Católica para transformá-los em classe marginal. Depois da abolição, os negros, libertos, agruparam-se em associações, muitas das quais, de inspiração religiosa.[13] Segundo pesquisa de Petrônio Domingues: "Em São Paulo, apareceram o Clube 13 de Maio dos Homens Pretos (1902), o Centro Literário dos Homens de Cor (1903), a Sociedade Propugnadora 13 de Maio (1906), o Centro Cultural Henrique Dias (1908), a

(13) CÁSSIA, Taynard de. *Movimento negro de base religiosa:* a irmandade do rosário dos pretos (Disponível em: <http://www.google>).

Sociedade União Cívica dos Homens de Cor (1915), a Associação Protetora dos Brasileiros Pretos (1917); no Rio de Janeiro, o Centro da Federação dos Homens de Cor, em Pelotas/RG, a Sociedade Progresso da Raça Africana (1891); em Lages/SC, o Centro Cívico Cruz e Souza (1918). Em São Paulo, a agremiação negra mais antiga desse período foi o Clube 28 de Setembro, constituído em 1897. As maiores delas foram o Grupo Dramático e Recreativo Kosmos e o Centro Cívico Palmares, fundados em 1908 e 1926, respectivamente. De cunho eminentemente assistencialista, recreativo e/ou cultural, as associações negras conseguiam agregar um número não desprezível de "'homens de cor', como se dizia na época. Algumas delas tiveram como base de formação 'determinadas classes de trabalhadores negros, tais como: portuários, ferroviários e ensacadores, constituindo uma espécie de entidade sindical'".(14)

Daí a dificuldade para a coletivização das três raças que povoaram o país. A aristocracia formou-se com os senhores da terra e a sociedade constituiu-se num segundo plano, com os comerciantes, e, atrás, os funcionários públicos, militares, o clero, intelectuais, artesãos e, muito distante, os operários. Não foi à toa que Tobias Barreto afirmou: "No Brasil, povo significa multidão de pessoas, assim como porcada significa multidão de porcos. Mas não se pode desprezar a fuga do cativeiro e a organização dos escravos fugidos em quilombos, ainda no distante 1695".(15)

José de Souza Martins anotou o equívoco enraizado entre nós ao dizer que "somos um povo que reúne três raças: a branca, a negra e a indígena", sendo que as décadas finais do século 19 "foram claramente décadas de construção de uma identidade nacional e não de busca de identidades raciais, a raça diluída numa ideologia política da mestiçagem, a consciência de que a raça dividia e a mestiçagem, sobretudo simbólica, unia e criava as bases da nacionalidade".(16)

Em 1848 foi lançado o Manifesto Comunista de Karl Marx e F. Engels, destacando a revolução operária, num primeiro tempo, "o advento do proletariado como classe dominante e a conquista da democracia", e, valendo--se de sua supremacia política, arrancar da burguesia, pouco a pouco, seu capital, centralizando todos os instrumentos de produção nas mãos do Estado, "isto é, do proletariado organizado em classe dominante". No final a proclamação histórica: "Proletários de todos os países, uni-vos!".(17)

Quarenta e três anos depois foi divulgada a encíclica *Rerum Novarum* do Papa Leão XIII pregando a concórdia e a solidariedade.(18)

(14) DOMINGUES, Petrônio. *Movimento negro brasileiro.* Alguns apontamentos históricos. Disponível em: <html.sicelo Brasil/scielo>.
(15) VIANNA, Oliveira. *Problemas de direito sindical.* Rio de Janeiro: Max Limonad, 1943.
(16) *O Estado de S. Paulo,* 23.11.2008.
(17) MARX; ENGELS. *Manifesto do partido comunista.* São Paulo: Global, 1987. p. 95 e 109.
(18) PAPA LEÃO XIII. *Rerum Novarum,* de 15 de maio de 1891. São Paulo: LTr, 1972. p. 13 e ss.

Estavam lançadas duas sementes, o sindicalismo revolucionário e o sindicalismo de parceria e diálogo.

Em 1920 a agricultura ocupava 69,7% da população ativa conforme Raymundo Faoro. A industrialização começa a partir de 1850. Em 1920 eram 275.512 operários, 450.000 oito anos depois.[19]

A imigração foi a forma encontrada para substituir a mão de obra escrava, com incentivo do governo federal a partir de 1891 e acolhida especialmente pelo Estado de São Paulo. E vieram para o Brasil principalmente italianos, encaminhados para o setor agrícola, depois portugueses e espanhóis. Entre 1891 a 1900 entraram no país 1.129.315 imigrantes, 631 mil nos dez anos seguintes, 707.704 de 1911 a 1920, 840.215 depois, até 1930.

Com os imigrantes vieram os anarquistas, ideologicamente, aqueles que negavam a submissão a uma autoridade, qualquer que fosse.[20] Principalmente os italianos com passado político difundiram novas ideias que dariam novo rumo à incipiente organização de classe.

Enfim, índio, branco e negro mais o imigrante contribuíram para a formação da sociedade brasileira, mas deveu-se aos imigrantes anarquistas a organização dos trabalhadores como classe.

A população indígena foi pouco a pouco diminuindo, perdendo seus costumes e também seu território, necessitando da proteção do Estado para sobreviver. Ou se aculturavam na forma do modelo seguido pelos brancos ou se mantinham isolados em tribos cada vez menores. Como classe organizada, mantiveram-se enraizados conforme sua origem.

A República dos Palmares foi, fora de dúvida, a primeira organização dos trabalhadores no Brasil, e, assim, pode-se dizer que a fuga do cativeiro, impulsionada pelo desejo de ser livre, significou a experiência pioneira de rebeldia e reação contra o capital.[21]

Depois da abolição, os negros procuraram manter-se seguindo os padrões assumidos no Brasil que mesclavam a cultura africana com os disfarces assumidos no cativeiro.

A forma primitiva de organização dos trabalhadores brasileiros não tinha nítida a ideia de classe, mas a solidariedade para socorro em situações de

(19) FAORO, Raymundo. *Os donos do poder*. São Paulo: Globo, 1957. v. 2, p. 543 e 678.

(20) O historiador anarquista Edgar Rodrigues cita Henrique Malatesta para definir a ideologia anarquista: "O anarquista quer, pois, abolir radicalmente a dominação e exploração do homem pelo homem; quer que os homens, irmanados por uma solidariedade consciente e desejada, cooperem todos, voluntariamente, no bem-estar de todos; quer que a sociedade seja constituída com o fim de fornecer a todos os seres humanos os meios para alcançar o máximo bem-estar possível; quer para todos pão, liberdade, amor, ciência" (*Socialismo e sindicalismo no Brasil*. Rio de Janeiro: Laemmert, 1969. p. 69).

(21) RODRIGUES, Edgard. *Socialismo e sindicalismo no Brasil*. Rio de Janeiro: Laemmert, 1969. p. 15.

dificuldade financeira ou doença. José Albertino Rodrigues denomina esse período como mutualista.[22] "Coexistiu com o trabalho escravo, afirma o sociólogo que deu expressão ao Departamento Intersindical de Estatística e Estudos Sócio Econômico — DIEESE, mas é justamente a abolição da escravatura em 1988 que assinala seu fim" e exemplifica com a Imperial Sociedade dos Artistas Mecânicos e Liberais de Pernambuco, de 1841, a Associação Tipográfica Fluminense, de 1853, que organizou a primeira greve no país, a Associação de Socorros Mútuos, a União Beneficente dos Operários da Construção Naval.[23]

Na observação de Edgard Carone, "o movimento operário, até os anos de 1920, é preponderantemente anarquista, devido, em grande parte, à origem dos imigrantes: Itália, Espanha, Portugal, onde as tendências libertárias estão mais arraigadas do que o marxismo".[24] A ideia fundamental dos anarquistas concentra-se na solidariedade.

O anarquismo começa a decair a partir da década de 1920. Dois anos depois é fundado o Partido Comunista Brasileiro, que pouco a pouco ocupa os espaços dos anarquistas e determina um novo rumo para a organização da classe trabalhadora.

3. **Conceituação.** Não faltam definições que, de resto, atendem à legislação adotada em cada país, como a de Gallarth Folch, diante do sistema fascista da Espanha de Franco, que conheceu o sindicato misto: "associação constituída de trabalhadores e patrões para a defesa dos interesses das classes respectivas em determinadas profissões, indústrias ou ramos destas".

Conforme Cesarino Júnior. "sindicato é a associação profissional investida da prerrogativa da representação da profissão".[25]

Como regra, as definições são reducionistas, dando ao sindicato dimensão restrita à defesa de interesses profissionais quando de trabalhadores e econômicos, de empregadores. Assim, Roberto Barreto Prado define: "sindicato é a associação investida dos poderes de representação e defesa dos interesses gerais da correspondente categoria profissional ou econômica e, supletivamente, dos interesses individuais dos seus membros".[26]

Propõem Orlando Gomes e Elson Gottschalk que se entenda como sindicato "o agrupamento estável de várias pessoas de uma profissão, que convencionam colocar, por meio de uma organização interna, suas atividades

(22) De mutualismo, "tipo de associação entre organismos de espécies diferentes e no qual há benefícios para uns e outros". FERREIRA, Aurélio Buarque de Holanda. *Novo dicionário da língua portuguesa.* Rio de Janeiro: Nova Fronteira.

(23) *Sindicato e desenvolvimento no Brasil.* São Paulo: Difusão Europeia do Livro, 1968. p. 7.

(24) CARONE, Edgard. *A república velha,* I — instituições e classes sociais (1889-1930). São Paulo: Difel, 1978. p. 213.

(25) *Direito social brasileiro.* Rio de Janeiro: Freitas Bastos, 1957. v. I, p. 211.

(26) *Curso de direito sindical.* São Paulo: LTr, 1984. p. 20.

e parte de seus recursos em comum, para assegurar a defesa e a representação da respectiva profissão, com vistas a melhorar suas condições de trabalho".[27]

José Martins Catharino, dando um sentido mais amplo, define o sindicato como a "associação trabalhista de pessoas, naturais ou jurídicas, dirigida e representada pelas primeiras, que tem por objetivo principal a defesa dos interesses total ou parcialmente comuns, da mesma profissão ou atividade, ou de profissões ou atividades similares ou conexas".[28]

Amauri Mascaro Nascimento simplifica e sintetiza: "sindicato como uma forma de organização de pessoas físicas ou jurídicas que figuram como sujeitos nas relações coletivas de trabalho".[29]

Mas o sindicato tem história e não se afasta da carga ideológica, razão pela qual defini-lo significa, quase sempre, assumir e revelar o sentido que se lhe empresta ou que dele se espera.

Historicamente, o sindicato constitui a coletivização dos trabalhadores para unidos superarem sua deficiência econômica e social e assim resistirem à opressão do patronato protegido pelo Estado, defendendo interesses profissionais. Como organização de pessoas, a unidade foi determinada pela profissão ou pela atividade empresarial. Sendo marcadamente classista, não se limitou a interesses meramente profissionais, lutando, também, pela ascensão social de seus membros. E por se tratar de órgão marcadamente politizado através de uniões em planos superiores defende soluções para questões políticas, econômicas e sociais, procurando influir junto aos Poderes Executivo e Legislativo para atendimento de suas propostas.

O sindicato assume coloração e fins diversificados em razão do sistema político vigente, mas fundamentalmente é uma coletividade de trabalhadores organizada em função da atividade profissional para a defesa de interesses coletivos, próprios e do povo em geral, direitos individuais e ascensão social.

Significa isso que, antes de tudo, entende-se como associação sindical a organização da classe trabalhadora. O sindicato patronal existe e tem legitimação como organismo disposto ou para resistir às reivindicações dos trabalhadores ou negociá-las mediante um tratado de paz que garanta a continuação da atividade e obtenção do lucro. De verdade, os empresários têm interesses de produção e colocação do produto no mercado, comercialização, prestação de serviços, que quase sempre envolvem o Estado e assim organizam-se precipuamente em órgãos diversificados, muitas vezes tendo como extensão a associação sindical. Para confirmar essa assertiva basta

(27) *Curso de direito do trabalho.* Rio de Janeiro: Forense, 1978. v. 2, p. 777.
(28) *Tratado de direito sindical.* São Paulo: LTr, 1977. p. 164.
(29) *Direito sindical.* São Paulo: LTr, 1984. p. 155.

situar os múltiplos sindicatos de empregadores, sua inércia só alterada por ocasião das negociações coletivas, confrontando-os com as poderosas federações nos Estados e suas confederações nacionais.

Quanto aos objetivos do sindicato em nossos tempos, não ficam apenas na obtenção de resultados nem na reforma moderada do sistema capitalista e muito menos em sua substituição por um regime socialista ou social-democrata. São amplos e vão além da defesa de interesses e direitos meramente profissionais. Exemplo marcante a atribuição dada pelo Código de Defesa do Consumidor, legitimando o sindicato para a defesa, também, interesses maiores, não profissionais. Se o sindicato agrupa uma classe bem definida empenhado em sua ascensão social, tem atuação política e age em diferentes planos: cultura, educação, habitação, saneamento, etc.

Sendo assim, definimos sindicato como a coletividade de trabalhadores organizada em função da atividade profissional para a defesa de interesses coletivos e individuais, profissionais e sociais, políticos e econômicos.

4. **Natureza.** O sindicato, como se viu, representa a reação de uma classe que, em princípio, possui um único bem: a força de trabalho que empresta ao patrão para a consecução de sua atividade econômica e obtenção do lucro, mediante contraprestação que lhe assegura o sustento próprio e familiar. Portanto, o sindicato enquanto unidade representa expressão de poder. Daí o propósito assumido pelo Estado de administrá-lo a qualquer custo, inclusive pela força.

A lei sindical de 1931 exigiu o reconhecimento do sindicato pelo Estado, e foi seguida pelas leis que a sucederam em 1934 e em 1937. Mas não era o bastante, de modo que se lhe deu atribuição de órgão de colaboração com o Estado, obrigado, também, a procurar a conciliação nos conflitos coletivos.

Com a implantação do Estado Novo, pensou-se em dar-lhe papel de peça do sistema corporativo.

Mas no Estado Democrático de Direito o sindicato é uma associação de direito privado, livre, sendo sua atuação, como a de qualquer outro organismo, limitada apenas pela lei.

Tem assim importância meramente histórica a conceituação da natureza do sindicato, embora tenha-se entendido que fosse uma entidade de direito público, como escreveu Oliveira Vianna, inspirador da Lei Sindical de 1937.[30]

(30) Em seu livro *Problemas de Direito Sindical*,fez este registro: "Historicamente, o sindicato começou sendo uma associação puramente privada, mesmo mal vista pelo Estado, repelida por ele e, depois tolerada; a sua elevação à condição de entidade de direito público, agindo em colaboração com o Estado e a ele associado (...). Pode-se dizer que é contemporâneo do aparecimento dos modernos regimes autoritários na Europa e na América". Regimes autoritários na Europa eram os da Alemanha nazista, da Itália, da Espanha e de Portugal, fascistas, na América (*Estado novo brasileiro*. São Paulo: Max Limonad, 1943. p. 10).

5. **Modalidades**. Procurando classificá-los, adota-se comumente critérios diferenciadores de constituição e atuação:

a) quanto à forma de organização: 1) **sindicatos verticais**. Modalidade de agrupamento profissional em função da atividade empresarial, ou como preferem os sindicalistas, conforme o ramo de produção. É o sistema adotado no Brasil. 2) **sindicatos horizontais**. São aqueles que têm como ponto de aglutinação a profissão, encontrados entre nós com as chamadas categorias profissionais diferenciadas. Exemplos: motoristas, professores e, também, impropriamente, os profissionais de formação superior que deixam de atuar como liberais para subordinar-se a um contrato de trabalho, como os advogados, médicos etc. 3) **sindicato de indústria**. Não são admitidos em nosso ordenamento diante da limitação constitucional que exige como base territorial mínima do sindicato a área de um município. Seria a organização denominada, também de forma imprópria, de sindicato de empresa por associar apenas aqueles que nela se ativam.

b) quanto à extensão territorial: 1) **sindicatos de base municipal**. Anteriormente a Constituição de 1988, permitia-se o sindicato de base distrital, como consignava o art. 517 da CLT. Pouco dele se conheceu, mas existiu no Rio Grande do Sul, no setor de calçados; 2) **sindicatos de base intermunicipal**; 3) **sindicatos de base estadual**; Estrutura preferida dos empregadores. 4) **sindicatos de base interestadual; 5) sindicatos de base nacional**; 6) **sindicatos de base internacional**. Raro, conhecido, porém, nos Estados Unidos e no Canadá, onde se agrupam numa mesma organização os trabalhadores da indústria automobilística.

c) quanto à autonomia 1) **sindicatos livres**, resultado da autonomia em relação ao Poder Público. 2) **sindicatos oficiais,** controlados pelo Estado. 3) **sindicatos "pelegos", "amarelos"**, controlados pelos empregadores.

d) quanto à estrutura: 1) **sindicato único**. Organizado unitariamente, para um mesmo grupo profissional ou econômico, em idêntica área territorial, tal como previsto no inciso II do art. 8º da Constituição; 2) **pluralismo sindical**. Em oposição ao primeiro sistema, no regime de pluralidade sindical podem trabalhadores e empregadores, livremente, constituir as organizações que lhes convierem, em função da profissão ou da atividade, do grupo profissional ou econômico, unindo profissões e grupos diversificados, restritos a uma ou mais empresas. A característica principal do sistema está na possibilidade de concorrerem múltiplos sindicatos para uma mesma profissão ou atividade, para um mesmo agrupamento profissional ou econômico, para uma mesma empresa ou grupo de empresas. A modalidade tem como fundamento a liberdade sindical e fonte a Convenção n. 87 da Organização Internacional do Trabalho; 3) **sindicato mais representativo**. É o que se tem hoje em muitos países que seguem a Convenção n. 87. Seria a unidade na pluralidade. Ou seja, permite-se que livremente se fundem organizações sindicais. Mas apenas uma, a mais representativa, será legitimada para manter negociações coletivas.

e) quanto aos objetivos: 1) **Sindicalismo revolucionário**. Aparentemente a forma defendida pelos anarquistas e comunistas. O sindicato seria assim apenas a organização dos trabalhadores para a superação do capitalismo e tomada do poder; 2) **Sindicato confessional**. Apesar de entrar em todas as classificações dos teorizadores, esta espécie de organização classista, fundada na religião, não é encontrada nos países civilizados. Teve importância como proposta, estimulada pela Encíclica *Rerum Novarum*. No Brasil, foi defendido pela Liga Católica, paralelamente à pluralidade de sindicatos; 3) **Sindicato misto**. Também simples referência histórica, ligada ao corporativismo fascista. Seu propósito consistia em unir contrários, trabalhadores e empregadores, numa única organização, controlada pelo Estado e com objetivos por ele traçados; 4) **Sindicato reformista**. O sindicato reformista, reconhecido e consentido pelo Estado, ao contrário do revolucionário, não objetiva enfrentá-lo nem alterar pela força sua estrutura, bem assim afastar seus dirigentes. Mesmo quando opõe-se ao regime, contesta os governantes, apenas defende reformas pela via legislativa, seja de ordem política, institucional, social ou simplesmente das relações de trabalho ou de natureza previdenciária; 5) **Sindicato oficialista**. Desde que se criou um Ministério do Trabalho para administrar os sindicatos e por vias indiretas a questão social, proliferaram os sindicatos de carimbo, estimulados e prestigiados pelo Estado, dirigidos, muitas vezes, como contraponto às organizações combativas. É o sindicato omisso, passivo, ocupado quase sempre com o assistencialismo. Qualifica-se como prestador de serviços, pelo tratamento paternalista ao quadro associativo vazio. Muitas vezes, desenvolve atividades sociais. A cada ano repete o doloroso dever de negociar com os empregadores uma convenção coletiva de trabalho. Mas participam das festividades promovidas pelas organizações patronais; 6) **Sindicato "pelego"**. Seria o sindicato amarelo, de palha, conforme marcas de outros países. Como se sabe, o pelego é a manta de lã que o cavaleiro coloca no lombo do animal para proteger seu traseiro. É assim o amortecedor do choque entre o capital e o trabalho; 7) **Sindicato de resultados**. Foi assim que pejorativamente ficou conhecida a central Força Sindical. Com isso, pretendeu-se dissociá-la de ideologias. No entanto, todo sindicato tem como objetivo a conquista de resultados favoráveis em sua atuação, até porque, de acordo com a Constituição, compete-lhe a defesa de direitos e interesses, não somente individuais, mas também coletivos, de seus representados, sócios ou não; 8) **Sindicato de resistência**. É o sindicato combativo, autêntico, dirigido não apenas para defender as reivindicações do grupo para o qual foi constituído, mas, também, para uni-la e organizá-la, abrir caminho e conduzi-la para sua inclusão social e seu desenvolvimento cultural. O sindicato de resistência conta com o apoio de base, tendo facilidade para mobilizá-la e conduzi-la nas greves. Assim foram os primeiros sindicatos que surgiram no país, organizados pelos anarquistas, socialistas e comunistas.

6. **Fins.** O sindicato é instituição que compõe a sociedade pluralista, como um dos pilares do Estado Democrático de Direito. Como tal, possui representação ampla e poder, quando sua participação é exigida compulsoriamente nas negociações coletivas de trabalho.

Segundo a expressão do inciso III do art. 8º da Constituição, o sindicato defende direitos e interesses, individuais e coletivos. Isso, porém, é misto de prerrogativa básica e dever fundamental, mas sem ser limitação de competência.

A Consolidação das Leis do Trabalho, no art. 511, restringe os fins da associação sindical para "estudo, defesa e coordenação dos seus interesses econômicos ou profissionais".

As prerrogativas estão no art. 513: São prerrogativas dos Sindicatos: a) representar, perante as autoridades administrativas e judiciárias, os interesses gerais da respectiva categoria ou profissão liberal ou os interesses individuais dos associados relativos à atividade ou profissão exercida; b) celebrar convenções coletivas de trabalho; c) eleger ou designar os representantes da respectiva categoria ou profissão liberal; d) colaborar com o Estado, como órgãos técnicos e consultivos, no estudo e na solução dos problemas que se relacionam com a respectiva categoria ou profissão liberal; e) impor contribuições a todos aqueles que participam das categorias econômicas ou profissionais ou das profissões liberais representadas. Parágrafo único. Os sindicatos de empregados terão, outrossim, a prerrogativa de fundar e manter agências de colocação.

Deveres, logo após: a) colaborar com os poderes públicos no desenvolvimento da solidariedade social; b) manter serviços de assistência judiciária para os associados; c) promover a conciliação nos dissídios de trabalho; d) sempre que possível, e de acordo com as suas possibilidades, manter no seu Quadro de Pessoal, em convênio com entidades assistenciais ou por conta própria, um assistente social com as atribuições específicas de promover a cooperação operacional na empresa e a integração profissional na Classe. Parágrafo único. Os sindicatos de empregados terão, outrossim, o dever de: a) promover a fundação de cooperativas de consumo e de crédito; b) fundar e manter escolas de alfabetização e pré-vocacionais.

Diante da autonomia que afasta a intervenção do Estado na vida interna dos sindicatos, pode-se dizer que não se mantêm os dispositivos acima.

Aparentemente, a Constituição de 1998 determinou os fins do sindicato no inciso III do art. 8º já referido: defesa de direitos individuais e interesses coletivos, inclusive em questões administrativas e judiciais.

Para Mário de La Cueva, o principal objetivo, fundamental, consiste na defesa dos interesses coletivos dos trabalhadores, em exigir o cumprimento das convenções coletivas e dos direitos individuais, de participar e compor os órgãos públicos vinculados à legislação do trabalho e à seguridade social.[(31)]

Alfredo J. Ruprecht, por sua vez, assim se posiciona: "os fins do sindicalismo são múltiplos, alguns de natureza específica e outros de natureza geral". "Historicamente, diz, não têm sido os mesmos, mas têm variado com a cambiante ideologia sindical. Atualmente, arremata, os fins predominantes são profissionais e não políticos, mas mesmo assim há matizes e variedades". O professor argentino vê como fim principal do sindicato "realizar os supremos objetivos da comunidade, não tanto como parte integrante do organismo estatal, nem como mero instrumento de sua política social e econômica, mas como parte da sociedade que integra e para evitar seu estancamento e melhorar a condição social de seus membros", mas adverte que "o defeito do sistema é que só se interessa em obter mais e mais benefícios, sem se preocupar com as graves consequências econômicas e sociais que produz ou pode produzir". Seu fim último seria chegar a um "estado de harmonia e de entendimento que traga bem-estar não só para seus membros, mas também para toda a sociedade".[(32)]

Na visão do professor mexicano Néstor de Buen, os fins do sindicato devem ser considerados do ponto de vista da luta de classes: 1) nivelamento das forças sociais mediante o reconhecimento das organizações de representação classista; 2) o estabelecimento de sistemas normativos adaptados à situação particular das empresas; 3) o reconhecimento estatal da autodefesa proletária.[(33)]

Na obra conjunta dos professores franceses G. H. Camerlynck e G. Lyon-Caen ,"a norma segundo a qual o sindicato deve limitar-se a defesa dos interesses profissionais não é rígida nem muito menos, já que o sindicato pode realizar atividades de caráter social ligadas aos interesses da profissão".[(34)]

Cesarino Júnior, partindo da legislação anterior à Constituição de 1988, considera como atribuição dos sindicatos: a) defesa da respectiva profissão e dos direitos e interesses profissionais de seus associados, podendo, em razão disso, representar, perante as autoridades administrativas e judiciárias, não só os seus próprios interesses e dos seus associados, mas também os interesses da profissão respectiva, e também fundar e administrar serviços sociais; b) coordenação de direitos e deveres recíprocos comuns a

---

(31) *Síntesis del derecho del trabajo.* México, 1965. p. 92/93, citado por Alfredo Ruprecht.
(32) *Relações coletivas de trabalho.* São Paulo: LTr, 1995. p. 54/56.
(33) *Derecho del trabajo.* México, 1976. v. II, p. 449, citado por RUPRECHT. *Op. cit.*, p. 41.
(34) *Derecho del trabajo.* Aguilar, 1974. p. 182.

empregadores e empregados, decorrentes das condições de sua atividade econômica e social, podendo, assim, firmar ou sancionar convenções coletivas de trabalho; c) de colaboração com o Estado no estudo e na solução dos problemas que, direta ou indiretamente, se relacionarem com os interesses da profissão.[35]

Juan Garcia Abellan, a propósito das funções sindicais, adota esta classificação: a) função de defesa, que seria primordial, legalizada e distinta da função política, pois reduz-se à defesa de interesses — e em se tratando de regime pluralista — dos filiados, relativos ao cumprimento das condições do contrato de trabalho, da profissão, e aí, independentemente da filiação. Nesse quadro, a ação assume caráter político e também jurídico quando atua em nome da profissão; b) atividade normativa, que se traduz na produção de convenções coletivas mediante negociação com os órgãos patronais; c) função na empresa, aí atividade lícita e não subversiva — ressalva o autor — através da codireção, cogestão, delegado do pessoal; d) funções consultivas, vinculadas ao Poder Público; e) funções sociais e assistenciais.[36]

Procurando conceituar o sindicato, Abellan propõe três modalidades em função de seus fins: a) regular as relações entre trabalhadores e empresários e para impor condições restritivas em ordem a qualquer profissão ou atividade, condições que, se lei não houvesse promulgada, se teriam por ilícitas, porque tendem a limitar o comércio; b) defesa dos interesses econômicos, industriais, comerciais e agrícolas, constituída por pessoas que exercem a mesma profissão, ofícios similares ou profissões conexas; c) defesa da profissão e dos interesses profissionais de seus membros, mediante a coordenação dos direitos e deveres recíprocos dos empresários e dos trabalhadores, entendendo-se, em resumo, como organismo de colaboração com o Estado para o estudo e a solução dos problemas que, direta ou indiretamente, se refiram a interesses da profissão.[37]

Para Evaristo de Moraes Filho, "o verdadeiro movimento sindical é luta, reivindicação, risco, desprendimento, conquista de melhores níveis e condições de vida, com sacrifício pessoal".[38]

Os teorizadores do direito coletivo do trabalho, é bom repetir, como regra, quase unanimidade, determinam que os objetivos dos sindicatos resumem-se na defesa de direitos e interesses de natureza trabalhista, compartimentando-os num campo limitado. Seriam estes os objetivos: a) a defesa de direitos individuais da categoria, através da reduzida substituição processual, como legitimação absolutamente extraordinária, ou da assistência judiciária, sempre com o concurso de advogados; b) a defesa de interesses coletivos, mediante

(35) *Direito social brasileiro*, cit., p. 256.
(36) *Introduction al derecho sindical*. Aguilar, 1961. p. 334/346.
(37) *Op. cit.*, p. 45/46.
(38) *O problema do sindicato único no Brasil*. São Paulo: Alfa-Omega, 1978. p. 81

negociações, materializadas, quando proveitosas nos acordos e nas convenções coletivas ou, quando frustradas, valendo-se da arbitragem ou com o ajuizamento do dissídio coletivo; c) assistenciais, desenvolvidas pela ação social, como assistência judiciária, ambulatorial, médica-odontológica; d) educativa, representada principalmente por cursos profissionalizantes ou de requalificação, como virou moda; e) cultural, com escolas de arte, conferências, teatro etc.; f) participação nos colegiados dos órgãos públicos de composição tripartite; g) parceria em projetos governamentais; h) consultoria técnica.

Preponderantemente, a doutrina nega aos sindicatos o exercício de atividade econômica, prevalecendo a vedação do art. 564 da CLT.

Atividade política, entende-se, é própria dos partidos constituídos para esse fim.

O sindicato, no regime da CLT, era controlado pelo Ministério do Trabalho e pela polícia. O art. 521, estabelecendo as condições para seu funcionamento, era taxativo: a) proibição de qualquer propaganda de doutrinas incompatíveis com as instituições e os interesses da nação, bem como de candidatura à cargos eletivos estranhos ao sindicato; (...) d) proibição de quaisquer atividades não compreendidas nas finalidades mencionadas no art. 511 (fins de estudo, defesa e coordenação dos seus interesses econômicos), inclusive de caráter político-partidário; e) proibição de cessão gratuita ou remunerada da respectiva sede à entidade de índole político-partidária.

Guillermo Cabanellas, por exemplo, não admite que atividade política compreenda-se nos fins dos sindicatos, sendo mesmo dispensada uma determinação legal neste sentido, pois a vedação resulta da limitação de sua atividade aos objetivos expressamente permitidos. Reconhece, contudo, que em alguns países a lei proíba de forma expressa, e em outros, apenas em épocas excepcionais, permita.[39]

Entendemos nós que os fins dos sindicatos devem ser amplos, tendo como ponto central a defesa de direitos e interesses individuais e coletivos de todos que se compreendem no grupo e na área territorial definidos. Mas isso não basta para o preenchimento de fins sociais; cumpre-lhe, também, defender os direitos inerentes à cidadania, não somente de seus associados, mas de quantos se integrarem na coletividade que pretende representar e até aqueles que puderem compor a comunidade, no município ou nos bairros, destacadamente a moradia, o saneamento básico, a saúde, a educação, a previdência, a segurança, o esporte e o lazer. E havendo fundos para tanto, deve proporcionar serviços — em vez de assistência, sem qualquer carga de caridade ou favor — de atendimento médico, odontológicos, de atendimento

(39) *Derecho sindical y corporativo.* Argentina: Bibliográfica Argentina, 1959. p. 307.

ambulatorial, hospitalar. E mais ainda, se puder, previdência privada complementar, seguro-saúde, cooperativa habitacional.

O sindicato de hoje não pode ater-se ao modelo da CLT, que seguiu as linhas traçadas pelo regime de 1937. Diante da realidade que se apresenta, não pode marginalizar aquele que por qualquer razão não se filiou ao quadro associativo. Deve, assim, defender o grupo como um todo, não só o trabalhador atual, com ou sem carteira assinada, isto é, mesmo que se situe no chamado trabalho informal, mas também o desempregado, o aposentado, o menor, o adolescente, que um dia serão empregados, a mulher do lar, a viúva. Seriam, portanto, seus fins: 1) fundamentais: a) defesa dos direitos individuais; b) defesa dos interesses coletivos; c) defesa dos direitos inerentes à cidadania; d) promoção da ascensão social; e) resistência contra práticas danosas do regime capitalista praticadas pelo Estado ou pelo patronato, redutoras de direitos ou impeditivas do avanço dos trabalhadores como classe; 2) secundários: a) preenchimento de fins educacionais e culturais; b) prestação de serviços.

Note-se que a representação deve ser ampla, inclusive em sua extensão, de modo a envolver todos que integrem o grupo, independentemente de filiação, diante de qualquer pessoa física ou jurídica.

II. Direito

O direito, como ensina J. J. Calmon de Passos, é criação do homem. Ontologicamente, nada é jurídico ou antijurídico, lícito ou ilícito na conduta humana. O jurídico é o sentido e a significação que se emprestam a determinados atos dos homens para que seja atendida uma específica função socialmente imprescindível.[40] Nem por outra razão o direito, no tempo e no espaço, qualifica como jurídica ou não determinadas práticas sociais. Para viver em sociedade, depende o homem de regras de comportamento que sacrificam seu individualismo em prol do coletivo. Assim, os juízos de valor dão aos juízos de dever indicação de como o homem deve agir. Num plano simplesmente teórico, nas sociedades dos homens, a inteligência submeteu a sociedade ao homem. Assim, a norma jurídica ou norma de direito é produzida como instrumento indispensável para que uma coletividade ou um agrupamento humano seja, efetivamente, uma comunidade e, assim, atinja seus objetivos. São jurídicas as normas que autorizam a reação correspondente à ação violadora da norma e "somente são jurídicas aquelas aptas a serem invocadas como fundamento válido de uma pretensão submetida à autoridade incumbida de distribuir justiça".[41]

---

(40) Função social do processo. *T&D* n. 14, set. 1997.

(41) TELLES JR., Goffredo da Silva. *Direito quântico.* São Paulo: Max Limonad, 1980. p. 335, 345 e 360.

Evaristo de Moraes Filho, procurando conceituar o direito, adverte que nada existe mais vago nem impreciso, posto que nem todos o encaram do mesmo ângulo, variando sua configuração conforme as diferentes concepções filosóficas. Superando a tendência metafísica, Savigny à frente, nos idos de 1814, entendeu que o espírito de cada povo, os seus costumes e as suas tradições explicavam a formação e a índole de cada sistema jurídico. Enfim, o direito está sempre voltado para determinar a conduta dos homens em sociedade,[42] nada mais sendo do que um comando que surge para a composição dos conflitos de interesses, necessária à coexistência social.[43]

Entende-se também como direito o conjunto de regras jurídicas, consideradas no sentido objetivo, como de cumprimento obrigatório, sancionadas pelo poder público, ou seja, o conjunto de princípios que regulam coativamente as relações das pessoas, e de leis, isto é, das regras jurídicas aplicáveis aos atos humanos. Distingue-se a *norma agendi* da *facultas agendi*, entendendo-se esta como o direito subjetivo, com significado de faculdade que a regra jurídica reconhece à pessoa para fazer ou deixar de fazer alguma coisa.[44]

O Direito compreende-se em dois grandes troncos: Direito Público e Privado. No primeiro, contém-se o Direito Constitucional, Administrativo, Penal, Judiciário e Internacional Público. No segundo estão o Direito Civil, Comercial, Internacional Privado e todos os segmentos pouco a pouco reconhecidos, desmembrados da célula-mãe Direito Civil, em especial o Direito do Trabalho, do Consumidor, etc.

Na doutrina tradicional, confunde-se Direito Privado e Direito Civil, como expressão do individualismo burguês num sistema capitalista. Assim, o direito civil teria por conteúdo ou objeto a regulamentação dos direitos e obrigações de ordem privada, concernentes às pessoas, aos bens e às suas relações.[45] O dirigismo contratual abalou as estruturas do direito privado quando reconheceu a intervenção do Estado nas relações privadas, especialmente para proteger o homem diante do domínio cada vez mais forte da classe dominante que impunha suas condições nas relações de trabalho, de comerciais, de consumo, etc. A tutela legal procurou assim contrabalançar as forças antagônicas do proprietário, do comerciante, do banqueiro, com aqueles que com eles assumiam uma relação jurídica, mas também, e principalmente, do capital e do trabalho, do fornecedor e do consumidor.

Assim, o direito de trabalho formou-se com duas vertentes, a ação partida da classe mais oprimida, dos trabalhadores, como conquistas a margem do ordenamento legal, através de movimentos reivindicatórios que resultaram na outorga pelos industriais, comerciantes, banqueiros, de vantagens decor-

(42) Introdução ao direito do trabalho. *Revista Forense*, v. 1, p. 16 e ss., 1956.
(43) *Tratado elementar de direito do trabalho.* Rio de Janeiro: Freitas Bastos, 1960. v. 1, p. 11.
(44) LIMA, João Franzen de. *Curso de direito civil brasileiro.* Rio de Janeiro: Forense, 1958. p. 21.
(45) LIMA, João Franzen de. *Op. cit.*, p. 25.

rentes da relação de trabalho, e da ação do Estado, reconhecendo estas vantagens que as estendia para o conjunto de trabalhadores ou então, antecipando-se diante das aspirações que se apresentavam latentes, para transformá-las em direitos.

III. Direito do trabalho

O Direito do Trabalho surgiu no fim do século XIX como reação do Estado à união dos trabalhadores sofridos e espoliados por seus empregadores, o que acendeu a luta de classes e o propósito de enfrentamento.

Enquanto o primeiro fenômeno inspirava-se no Manifesto Comunista de Karl Marx e F. Engels, a *Rerum Novarum*, do Papa Leão XIII apelava para os sentimentos cristãos como forma de, mantendo o capitalismo na sua essência, dar ao trabalhador melhores condições de vida em sociedade.

Cesarino Júnior via o Direito Social dividido em três segmentos, um voltado para a proteção do mais fraco, que se distinguia pelo propósito de heteroproteção, constituindo o Direito do Trabalho propriamente dito; outro consagrando a autoproteção, o Direito Social Coletivo ou Corporativo; e finalmente o Direito Previdencial.

O direito do trabalho, naturalmente, tem como campo de estudo as relações decorrentes do trabalho como fenômeno social que possui componentes essencialmente sociais, mas geram consequências jurídicas. Num primeiro plano, assume importância o contrato individual do trabalho e implicações comuns, desde sua materialização com a anotação da Carteira de Trabalho e Previdência Social (CPTS) até sua rescisão, passando, naturalmente, pela execução, que implica no desencadeamento de ônus que interessam diretamente à Administração Pública, como o seguro-desemprego, o Programa de Integração Social (PIS), o Fundo de Amparo ao Trabalhador (FAT), etc. Neste plano destaca-se a Previdência Social, custeada por contribuições do trabalhador e do empregador, gerida pelo Estado. O seguro de acidentes do trabalho ficou sob o monopólio do Instituto Nacional da Seguridade Social (INSS) e as controvérsias dele resultantes, impropriamente, sob a competência da Justiça Comum, tendo expressa previsão do § 2º do art. 123 da Constituição de 1946, repetida na de 1967[46] e no art. 109, I, da vigente.

O Código Civil de 1916 não encontrou inspiração para admitir o contrato de trabalho, ficando na locação de serviços, deixando sua definição para o art. 1.216: "toda a espécie de serviço ou trabalho lícito, material ou imaterial, pode ser contratada mediante retribuição". Já o Código de 2002 limitou-se a dispor sobre a prestação de serviços, especificando no art. 594 que "toda a

(46) Art. 134, § 2º, a Emenda de 1969 manteve a ressalva no art. 142, § 2º.

espécie de serviço ou trabalho lícito, material ou imaterial, pode ser contratada mediante retribuição".

Nada no mundo se faz sem o trabalho humano, intelectual, simplesmente manual ou técnico. Quando os meios de produção foram absorvidos pelo detentor do capital que passou a depender do trabalho de terceiros para a consecução da atividade e obtenção do lucro e a consciência social já não admitia o trabalho escravo, esse foi substituído pelo homem comum, que não possuía, como já dito e repetido, outro bem senão a força de trabalho que alugava em troca do salário, com o qual atendia as suas necessidades e as familiares.

A concentração do capital e a ampliação do consumo aumentaram o chão das fábricas; o comércio desenvolveu-se, exigindo mais produção, expandindo cada vez mais a massa operária.

Quando a locação de serviços foi substituída pelo contrato de trabalho, nasce o Direito do Trabalho, como um ramo novo da ciência jurídica, autônomo e independente.

IV. Direito coletivo do trabalho

Ainda não foi pacificada a disputa que travam os teorizadores quando cuidam de definir o ramo do direito que trata das relações coletivas de trabalho.

Amauri Mascaro Nascimento, a propósito do tema, distingue dois segmentos, um que afirma a unidade do Direito do Trabalho, outro que sustenta a autonomia do Direito Sindical. No primeiro, alinha-se como seu defensor Mozart Victor Russomano,[(47)] para quem o Direito do Trabalho é o gênero do qual o Direito Sindical é apenas uma parcela. Cesarino Júnior considerou o Direito Social como gênero, tendo como parte o Direito Coletivo do Trabalho, no qual está presente o Direito Sindical.[(48)]

São pelo menos quatro correntes que investigam a autonomia e procuram conceituar o ramo do Direito que cuida da organização de classe profissional ou econômica, de suas disputas, seus conflitos e suas formas de solução.

a) **Ramo do Direito do Trabalho**. Nega a existência de um direito sindical, situando-o no âmbito do Direito do Trabalho. Octavio Bueno Magano, dentre outros, considera "o direito coletivo do trabalho como parte do Direito do Trabalho que trata da organização sindical, da negociação e da convenção coletiva do trabalho, dos conflitos coletivos do trabalho e dos mecanismos de

(47) *Direito sindical, princípios gerais.* Rio de Janeiro: José Konfino, 1977. p. 47.
(48) *Direito social,* cit., p. 26.

solução dos mesmos conflitos".[49] Assim também Arion Sayão Romita, que não lhe reconhece autonomia,[50] e Guilhermo Cabanellas.[51]

Américo Plá Rodriguez vai nessa direção, pois considera o direito coletivo do trabalho uma parte do Direto do Trabalho. A seu ver, a união dos trabalhadores constituiu a resposta natural à injustiça e à exploração dos empresários, obrigando o Estado a gerenciar o fenômeno laboral, do que derivou a legislação do trabalho. Pouco a pouco, completa, surgiu uma nova forma de criação do Direito do Trabalho: a de origem profissional e extraestatal, representada pelas convenções coletivas de trabalho. O Direito do Trabalho, como diz, surge como consequência de uma desigualdade: a decorrente da inferioridade econômica do trabalhador. E tem um ponto de partida inconfundível: a união dos trabalhadores. Por isso conclui que "direito individual e direito coletivo do trabalho são apenas caminhos diversos para percorrer o mesmo itinerário".

b) **Direito Corporativo**. Outra corrente, superada, acreditava num direito corporativo, que tinha como polo principal não os trabalhadores, mas o Estado. Com efeito, em 1937, com o golpe seguido pela implantação do Estado Novo, de feição nitidamente corporativista, o Ministério do Trabalho apressou-se em preparar uma nova Lei Sindical, materializada no Decreto-lei n. 1.402, de 5 de julho de 1939, que seguiu de perto o projeto fascista. Daí porque, num primeiro momento, os teorizadores do Direito do Trabalho estavam baseados quase todos nas repartições do Ministério; assim, Oliveira Vianna,[52] M. Cavalcanti de Carvalho,[53] seguindo sempre o paradigma italiano.[54] Direito Corporativo dava-se bem no regime de 1937, quando a Carta outorgada estabelecia que somente o sindicato regularmente reconhecido pelo Estado teria o direito de representação legal dos que participarem da categoria de produção para que foi constituído[55] na linha traçada pelo art. 57: "O Conselho da Economia Nacional compõe-se de representantes dos vários ramos da produção nacional designados, dentre pessoas qualificadas pela sua competência especial, pelas associações profissionais ou pelos sindicatos reconhecidos

(49) *Manual de direito do trabalho.* Direito coletivo do trabalho. São Paulo: LTr, 1984. v. 3, p. 11.
(50) *Direito sindical brasileiro.* São Paulo: LTr, 1976. p. 13.
(51) No seu entender, o Direito Coletivo Laboral pode ser definido como a parte do Direito do Trabalho que regula o direito das associações obreiras em seus interesses profissionais e na empresa, empresa, em seus contratos e em suas lutas e seus conflitos. Não teria, portanto, nem o Direito Coletivo, autonomia, ocupando uma posição particular no complexo conjunto do Direito do Trabalho, a que permite a organização de grupos sociais e ordena as relações entre eles. *Op. cit.*, p. 18.
(52) *Problemas de direito corporativo.* Rio de Janeiro: José Olympio, 1938. p. 27.
(53) *Direito sindical e corporativo.* Rio de Janeiro: A. Coelho Branco Filho, 1941.
(54) FEROCI, Virgilio. *Diritto sindicale e corporativo.* Milano: Mondadori, 1936; BARASSI, Lodovico. *Diritto sindicale e corporativo.* Milano: Giuffrè, 1938. Na França, destacou-se Roger Bonnard com seu *Sindicalismo, corporativismo e estado corporativo.* Rio de Janeiro: Freitas Bastos, 1938.
(55) Art. 138.

em lei, garantida a igualdade de representação entre empregadores e empregados"; e o art. 61 atribuía ao Conselho promover a organização corporativa da economia nacional. Para M. Cavalcanti de Carvalho, direito corporativo e sindiCal distinguiam-se, entendendo-se o primeiro como "o conjunto das normas que têm aplicação no confronto dos indivíduos, dos entes profissionais e dos órgãos corporativos, para a disciplinação dos respectivos direitos e deveres e ainda para a disciplinação das relações que ocorrem entre os indivíduos e as organizações, entre os grupos e os grupos organizados e entre as organizações e o Estado, no sentido do desenvolvimento da atividade produtora, do regulamento coletivo das relações econômicas e da disciplina unitária da produção".[56] Claro que a denominação perdeu viabilidade quando a Constituição de 1988 consagra o Estado Democrático de Direito.

c) **Direito Coletivo Sindical**. Seria uma corrente intermediária que vê o Direito Coletivo como autêntico Direito Sindical. Néstor de Buen adota definição que contém alta carga ideológica: "o capítulo do Direito do Trabalho que estabelece os canais institucionais da luta de classes".[57]

Mário de La Cueva, a sua vez, segue definição bastante complexa: "Direito Coletivo do Trabalho é o estatuto que traduz a atividade da classe social que sofreu injustiça pela inação do Estado e pela própria injustiça da ordem jurídica individualista e liberal, para buscar um justo equilíbrio na vida social, ou seja, para conseguir um princípio de justiça social".[58]

Mário L. Devealli afirma que todo direito é coletivo por se destinar à coletividade, não havendo, por ora, em seu país, Argentina, razões suficientes para desmembrar o direito do trabalho, reconhecendo o direito sindical.

José Augusto Rodrigues Pinto fica com Direito Sindical e Coletivo do Trabalho, admitindo tratar-se de denominação polêmica.[59]

d) **Direito Coletivo do Trabalho**. Durante bom tempo, preferiu-se Direito Coletivo do Trabalho,[60] que ainda mantém seu prestígio. Adota-a Antônio Álvares da Silva, segundo o qual, "deve-se optar por uma designação precisa que atente às finalidades e aos conteúdos da disciplina. A seu ver, Direito Coletivo tem aceitação internacional, é usada pelos melhores mestres do direito europeu, tendo conseguido estabilidade definitiva.

Direito Coletivo do Trabalho, segundo Alfredo J. Ruprechet, é a parte do Direito do Trabalho que tem por objeto regular os interesses da categoria profissional de cada um dos sujeitos laborais.

(56) *Op. cit.*, p. 27.
(57) RUPRECHT. *Relações coletivas de trabalho.* São Paulo: LTr, 1995. p. 38.
(58) *Derecho mexicano del trabajo.* México: Porrùa, 1964. p. 215.
(59) Direito Sindical e Coletivo do Trabalho. São Paulo: LTr, 1998. p. 7.
(60) Assim Segadas Vianna denominou seu livro. São Paulo: LTr, 1972.

Adotam Direito Coletivo Délio Maranhão, Orlando Gomes, Elson Gottschalk.

V. Direito sindical

1. **Conceituação.** O Direito Coletivo não se separa da ação sindical, cuidando da organização de classe, dos conflitos coletivos e formas de solução, a saber: autotutela, onde se compreende a greve, autocomposição mediante negociações coletivas, heterossolução, onde aparecem a mediação, a arbitragem, o dissídio coletivo. Nesta linha, José Martins Catharino, que assim denominou seu grande tratado, e Amauri Mascaro Nascimento.

Direito Sindical é a denominação aceita pelo professor argentino Rodolfo A. Nápoli, que o conceitua como o direito subjetivo dos trabalhadores de gozar os benefícios estabelecidos na Constituição e no ordenamento legal ou, num sentido amplo: "o conjunto de princípios e normas que regulam a formação, o funcionamento e as relações coletivas das associações profissionais com os empregadores e empregados, assim como as relações entre elas com o Estado, aos efeitos da proteção e tutela do trabalho".[61] Gino Giuni, por seu turno, vê o Direito Sindical como "a parte do direito do trabalho que se refere ao conjunto de normas instrumentais, elaborado pelo Estado e pelas próprias organizações de trabalhadores e de empresários. Disciplina o conflito originário da distribuição desigual do poder nos processos produtivos e a consequente atividade autônoma da produção jurídica relativa às relações de trabalho. Tal atividade compete principalmente às associações sindical, mas não de modo exclusivo. Por essa razão, o Direito Sindical assume tal denominação e organiza as normas jurídicas relativas à posição dos sindicatos e dos grupos profissionais e às suas atividades".[62]

O direito das coletividades do mundo do trabalho cada vez mais cresce de importância, avança e se sobrepõe ao direito dos trabalhadores e empregadores considerados individualmente. O contrato individual de trabalho perde importância diante de sua complementação pelos acordos e pelas convenções coletivas. A flexibilização de direitos e a terceirização da mão de obra encontram resistência por parte dos sindicatos que, quando menos, restringem a extensão pretendida pelos empregadores, obtendo compensações e reparações para os trabalhadores atingidos. Neste ponto, importa lembrar-se do contrato por prazo determinado, em sua segunda modalidade[63], do contrato de trabalho por tempo parcial[64], da suspensão do contrato de

(61) *Manual de derecho sindical.* Buenos Aires: La Ley, 1969. p. 13.
(62) *Direito sindical.* São Paulo: LTr, 1991. p. 15.
(63) Lei n. 9.601, de 21 de janeiro de 1988.
(64) Medida Provisória n. 2.164-41, de 24 de agosto de 2001.

trabalho[65], banco de horas[66] que só se legitimam com a participação sindical. Mesmo o antes prestigiado poder potestativo sofre limitações com garantias dos empregos conseguidas por providências legislativas ou negociações coletivas. Pouco a pouco, a defesa dos direitos individuais em questões judiciais é assumida pelos sindicatos, que se empenham em defendê-los nos próprios locais de trabalho.

Pode-se afirmar que o direito individual do trabalho tende a ser substituído ou absorvido pelo direito coletivo.

Mas no que se diferenciam direito coletivo e direito sindical, senão na preferência de conceituação? Num e noutro tem lugar, primeiro, a organização de classe com todas suas implicações: autonomia, liberdade, estrutura, garantias, etc. Depois, a resistência como meio de reivindicação e melhoria das condições de trabalho, de salários, inclusive. A defesa dos interesses coletivos e direitos individuais e o procedimento negocial, a autotutela, em especial o direito de greve para a defesa desses interesses. A solução dos conflitos em suas diferentes modalidades: conciliação, mediação, arbitragem — e quanto a essa, mesmo judicial, através do dissídio coletivo.

Uma razão mais forte leva-nos a preferir e adotar Direito Sindical. É que o destaque do elemento subjetivo evidencia a classe trabalhadora como unidade coletivizada e organizada, afastando o projeto neoliberal de substituir o sindicato por unidades de negociações, supostamente eleitas pelos trabalhadores.

Além do mais, modernamente, há um direito da coletividade, impulsionado pela ação popular através de seus representantes legitimados. Com a ação popular, o mandado de segurança coletivo, o Código de Defesa do Consumidor, a Ação Civil Pública, reconheceu-se um direito coletivo que assumiu grandeza, superando o individualismo do Código de Processo Civil.

A conceituação, a nosso ver, não precisa, necessariamente, alcançar o instituto em toda sua extensão, com menção a todos os seus reflexos. Basta que contenha os elementos caracterizadores de sua natureza jurídica. Assim, definimos o Direito Sindical como o ramo da ciência jurídica que, a partir da organização de classe dos trabalhadores especialmente e dos empregadores secundariamente, cuida de sua estruturação, de seus fins, suas formas de atuação, sua determinação dos interesses de seus representados, dos meios para sua defesa, dos conflitos deles resultantes e das formas de solução. É que o sindicato, por sua história, sua natureza e seus objetivos, interessa preponderantemente aos trabalhadores e apenas por ficção, como criação estatal, aos empregadores, mais como configuração do interlocutor aparelhado para as negociações coletivas.

---

(65) Medida Provisória n. 2.164/2001.

(66) Lei n. 9.601/1988 alterada pela Medida Provisória n. 2.164-41, de 2001.

2. **Autonomia**. Certo que o art. 22, inciso I, da Constituição, quando elenca a competência privativa da União em matéria legislativa, só menciona o direito do trabalho, sem nenhuma menção ao direito coletivo, mas nem por isso fica comprometida a autonomia de um segmento bem determinado, como, exemplificativamente, o Direito Tributário e Administrativo.

Um ramo da ciência do Direito só adquire autonomia quando assume importância suficiente para distinguir-se dos demais, especialmente daqueles do qual se originou. Até bem pouco tempo os teorizadores civilistas marcados pelo conservadorismo não admitiam que nem mesmo o Direito do Trabalho tivesse autonomia bastante capaz de separá-lo do Direito Civil. Não foi por acaso que na discussão do Projeto de Reforma do Poder Judiciário cogitou-se da extinção da Justiça do Trabalho para incluí-la na Justiça Federal. Ainda hoje muitos se opõem à codificação do Direito do Trabalho entendendo que pode comportar-se no Código Civil.

Assim, a autonomia do Direito do Trabalho exigiu tempo e forte argumentação para ser reconhecida.

No Brasil, especialmente, assumiu como marca a tutela dos trabalhadores, vistos individualmente, fracos e oprimidos, submetidos ao arbítrio dos empregadores, fortes e poderosos. Para protegê-los, bastava o Estado benfeitor que para tanto valia-se do Ministério do Trabalho, criado para administrar a questão social e da Justiça do Trabalho que decidia os litígios resultantes da relação de emprego.

Até mesmo a manutenção da competência reduzida do Judiciário Trabalhista, só ampliada em 2004 com a Emenda Constitucional n. 45, deveu-se à falsa ideia de servir unicamente para resolver conflitos envolvendo trabalhadores e seus empregadores. Nem por outra razão excluiu-se de sua competência as ações acidentárias e previdenciárias.

A ação sindical, porém, deu um novo rumo e outra dimensão ao Direito do Trabalho, mudando substancialmente o conteúdo dos contratos individuais através de negociações coletivas. A presença do sindicato nos locais de trabalho, sua participação nos colegiados tripartites instituídos pelo Estado, dando-lhe voz e poder decisório, e seu avanço contínuo na cena política deram significado maior ao coletivismo, à unidade de classe, suplantando o individualismo, que foi o centro inicial do Direito do Trabalho.

Hoje, quando se discute o contrato de trabalho, ficam num plano menor seus componentes e suas implicações, quando dele se cuida em função do trabalhador considerado individualmente. Tem importância maior a ampliação do mercado de trabalho, a preservação dos empregos, a contenção das dispensas, a garantia de um ambiente seguro, a proteção da saúde, considerando-se a classe trabalhadora na sua totalidade.

Com isso, o Direito Coletivo ou Sindical destacou-se, adquirindo autonomia suficiente, desmembrando-se do Direito do Trabalho, voltado para as relações individuais de trabalho, o seguro e as reparações decorrentes de infortúnios trabalhistas, previdência social, Justiça do Trabalho e processo do trabalho.[(67)]

A autonomia de um ramo do direito deve-se ao atingimento de suporte capaz de diferenciá-lo substancialmente dos demais, ainda que de origem comum. Ainda hoje aceita-se o critério desenhado por Alfredo Rocco, que adverte não se confundir autonomia de uma ciência com a sua independência, isto é, seu isolamento. No seu entender, para que se configure um ramo autônomo, são necessários estes requisitos: "a) que seja bastante vasto, a ponto de merecer um estudo adequado e particular; b) que contenha doutrinas homogêneas, dominadas por outros conceitos gerais, comuns e distintos dos conceitos gerais informadores de outras disciplinas; c) que possua método próprio, isto é, que empregue processos especiais para o conhecimento das verdades que constituem o objeto das suas investigações".[(68)]

Ensina Amauri Mascaro Nascimento que, segundo o método tradicional, para reconhecer a autonomia de um ramo do Direito, deve-se observar os ângulos legislativo, doutrinário, didático e jurisdicional.[(69)]

Seguindo mais de perto a teoria de Rocco, acolhida por Evaristo de Moraes Filho, entendemos que a autonomia advém do conjunto de princípios específicos capazes de gerar uma doutrina própria e também da força que assume perante a sociedade, em razão de seu alcance político e social.

A autonomia de um ramo do direito exige, quando menos, que possua institutos, princípios, legislação e doutrina específicos.

a) **Institutos.** A organização sindical distingue-se da associação comum que vem tratada nos incisos XVII a XXI do art. 5º da Constituição, merecendo disciplinação própria no art. 8º.

Os institutos mais peculiares que se apoiam na organização sindical são: 1) a negociação coletiva para a solução de conflitos de interesses e os instrumentos normativos que constituem lei categorial: o acordo e a convenção coletiva, como expressão de poder; 2) o direito de greve para a defesa dos interesses coletivos, como manifestação da autotutela; 3) a defesa de direitos individuais homogêneos de seus representados, como prerrogativa/dever, que lhe dá legitimação ordinária para atuar em questões judiciais.

---

(67) Neste ponto, não discutimos a autonomia de um Direito Processual do Trabalho, dada sua vinculação ao Processo Civil. Por isso mantemos, apenas por razão didática, no Direito do Trabalho, o pouco que possui de normas instrumentais próprias.
(68) Conforme MORAES FILHO, Evaristo de. *Introdução*, cit., p. 59.
(69) *Direito sindical*, cit., p. 81.

b) **Princípios**. Para os teorizadores, confundem-se muitas vezes os princípios do direito do trabalho, individuais e coletivos. É que, fundamentalmente, têm como origem o propósito assumido de proteção ao trabalhador quando considerado individualmente ou partícipe de uma coletividade bem definida.

O direito sindical só episodicamente considera o trabalhador como individualidade, isso quando mantém intangível mas relativizada a liberdade individual. Por isso, indispensável destacar os princípios do direito coletivo, avaliando-os conforme sua destinação específica, isto é, em função do conjunto de trabalhadores organizados como classe.

As peculiaridades do direito coletivo desdobram-se em três princípios segundo Américo Plá Rodriguez: a) princípio protetor; b) princípio da autonomia coletiva; c) princípio da participação na empresa.

Quanto ao primeiro, encontra-se tanto no direito individual como no coletivo. Naquele, determinando a criação de normas. No coletivo, ao contrário, criam-se instrumentos, cuja eficácia resulta basicamente do poder material das partes. A proteção vai até o ponto em que se mantém o equilíbrio de forças, preservando, contudo, a autenticidade e liberdade de ação e de funcionamento.

No que se refere à autonomia coletiva, tem por objeto a regulamentação normativa das condições de trabalho pelos próprios interessados, assim como sua colaboração na administração do trabalho e na solução dos conflitos.

Finalmente, a participação na empresa que se desdobra na simples colaboração até chegar à cogestão.

Américo Plá Rodriguez, com razão, assinala que são princípios com forte conteúdo político.(70)

Mauricio Godinho Delgado procurou classificar os princípios coletivos em três grandes grupos: I — princípios assecuratórios da existência do ser coletivo obreiro: a — liberdade associativa e sindical que se desdobra em dois: II — liberdade de associação e liberdade sindical; b — autonomia sindical; 3 — lealdade e transparência na negociação coletiva. II — princípios regentes das relações entre normas coletivas negociadas e normas estatais: a — princípio da criatividade jurídica da negociação coletiva; b — princípio da adequação setorial negociada.(71)

Luiz de Pinho Pedreira da Silva arrola os seguintes princípios que estuda com a clareza de costume: I — princípios específicos: a — liberdade sindical; b — exclusividade sindical; c — autonomia coletiva; d — autodeterminação coletiva ou autotutela e democracia sindical interna; II — princípios comuns, que regem também o direito individual.

---

(70) *Princípios de direito do trabalho*. São Paulo: LTr/Edusp, 1993. p. 24 e ss.

(71) *Princípios de direito individual e coletivo do trabalho*. São Paulo: LTr, 2001. p. 89 e ss.

A liberdade sindical para o professor baiano constitui o princípio básico, inspirado na Convenção n. 87 da OIT. Distingue-se entre liberdade individual e liberdade coletiva, o primeiro desdobrado em liberdade positiva e negativa. Como expressão da individualidade, completa-se com o direito que tem os trabalhadores e os empregadores, sem distinção de qualquer espécie, de constituir, sem autorização prévia, organizações de sua escolha, bem como o direito de se filiar a essas organizações, sob a única condição de se conformar com os estatutos das mesmas, exatamente como foi escrito no art. 2º da Convenção. A liberdade sindical, segundo Pinho Pedreira, é um direito subjetivo público que se coloca segundo as relações de cada um com o Estado, mas também, cada vez mais, entre trabalhadores e empregadores. Aí o instrumento protetivo revela-se em sua grandeza na Convenção n. 98 da OIT, que trata da proteção indispensável para o equilíbrio das negociações coletivas.

Quanto ao princípio da exclusividade, seu significado especial está em separar trabalhadores e empregadores, opondo-se, destarte, aos sindicatos mistos defendidos pelo Papa Leão XIII na *Rerum Novarum* e que entre nós foi conhecido na Lei Sindical de 1903.[72]

O princípio da autonomia coletiva é o poder normativo de elaboração do próprio ordenamento jurídico, logo, prerrogativa que tem o Estado, tratando-se de autonomia pública. A autonomia privada seria a independência dos particulares para disporem sobre sua atividade negocial.

Autonomia privada coletiva, em que pese a aparente contradição, é a autorregulamentação dos interesses próprios pelos grupos sociais organizados. Neste passo, é indispensável distinguir a associação comum que possui parca liberdade, só podendo normatizar suas relações com o conjunto dos sócios, sem que as regras definidas alcancem terceiros estranhos. É, assim, o aspecto objetivo da liberdade sindical. Sua estruturação objetiva implica na tutela dos interesses, na auto-organização, na autonomia negocial, na autotutela em relação aos filiados, a ponto de permitir sua penalização na forma disposta estatutariamente, na representação de interesses.

A auto-organização consiste na autodeterminação, dispondo sobre os fins, a administração, a escolha da direção executiva. Corresponde, enfim, ao ordenamento constante do art. 3º da Convenção n. 87: direito das organizações de trabalhadores e de empregadores de elaborar seus estatutos e regulamentos administrativos, de eleger livremente seus representantes, de organizar a gestão e a atividade dos mesmos e de formular seu programa de ação.

O princípio de democracia sindical interna está ligado umbilicalmente ao Estado Democrático de Direito, dispensando expressa previsão em lei. Sua materialização se dá através do comando da assembleia geral.

(72) Decreto n. 979, de 6 de janeiro de 1903.

Pinho Pedreira não leva em conta o princípio da especialidade, da doutrina francesa, segundo o qual a criação e a ação sindical devem comportar apenas objetivos profissionais, justamente porque não se pode negar ao sindicato atuação política, inerente quase sempre à defesa dos interesses da coletividade que representa.

A autonomia institucional é lembrada por Juan Garcia Abellan, como faculdade de constituir uniões com outros grupos profissionais para a formação, por exemplo, de federações e confederações, escolha dos meios financeiros para sua manutenção.

Parece-nos que os princípios fundamentais do Direito Sindical são aqueles que se referem à coletividade organizada dos trabalhadores assalariados e autônomos principalmente, e a seus instrumentos de ação como forma de ascensão social; secundária e até desnecessariamente, aos empregadores. Mas mesmo voltado para um conjunto, a individualidade dos que o compõe não pode ser desconhecida.

Assim, possível destacar como princípios do Direito Sindical: a) autonomia sindical; b) liberdade sindical; c) democracia interna; d) autonomia coletiva privada; e) autotutela para a defesa dos interesses e direitos do grupo; f) representação grupal.

b) 1. **Princípio da autonomia sindical**. Autonomia sindical é a liberdade do sindicato como instituição. Liberdade ampla que o coloca não acima do Estado, mas fora de sua órbita de ação e de tutela, representadas pela ingerência na administração e intervenção, bloqueando sua atividade e impedindo a consecução de seus fins. Num plano menor, mas paralelo, a autonomia resguarda o sindicato contra a influência ou o domínio de partidos políticos, igrejas, instituições paralelas ou parassindicais e, naturalmente, dos empregadores e de suas organizações. Não se confunde com a liberdade sindical, que diz respeito ao indivíduo, e não à instituição.

b) 2. **Princípio da democracia interna**. O sindicato essencialmente é uma associação de classe, uma organização da coletividade de trabalhadores ou de empregadores identificada conforme o ramo da atividade empresarial. A administração segue a disciplinação estatutária. Segundo o regramento tradicional, mantido pela Consolidação das Leis do Trabalho, uma diretoria executiva e um conselho fiscal, além dos delegados representativos junto ao conselho de representantes da federação respectiva.

Mas o órgão supremo e soberano é a assembleia geral, a reunião do conjunto de filiados, que assume competência e força para definir o programa de ação e qualificar sua execução, aprovar ou rejeitar as contas da administração, depois de traçar a previsão orçamentária. Cabe à assembleia eleger os dirigentes, determinar os interesses coletivos a serem defendidos nas negociações coletivas, autorizar a celebração de acordos e convenções coletivas, a deflagração da greve, a instauração do dissídio coletivo.

Os associados exercem os direitos que adquirem na conformidade do regramento estatutário.

Já a diretoria gere a administração e atua conforme o comando emanado da assembleia. O conselho fiscal, em seu nome, revisa as contas da direção executiva.

Sendo o sindicato expressão do pluralismo político que dá sustentação ao Estado Democrático de Direito, impensável que possa agir dentro de uma linha de exceção, arbitrariamente.

Enfim, em tudo o sindicato deve pautar sua ação conforme os princípios de democracia interna e a transparência administrativa.

Afinal, o sindicato é o conjunto que se aglutina para a defesa de interesses comuns. Não é a face de sua direção.

b) 3. **Princípio da liberdade sindical**. Para muitos, como já advertido, liberdade e autonomia sindical confundem-se num mesmo conceito.

A liberdade sindical reflete um dos feixes da liberdade individual como expressão da cidadania.

Muito tem se destacado a liberdade sindical negativa, esquecendo-se da contrária, positiva. Seria, no caso, liberdade de não se filiar a sindicato nem de se manter filiado. Todavia, constitui reflexo da liberdade sindical, também, o direito oposto, de filiar-se, de manter-se filiado, de exercer em toda a sua plenitude os direitos inerentes à sindicalização.

No alcance da Convenção n. 87 da OIT, é também o direito de fundar associações sindicais, de ter acesso às informações e aos comunicados do sindicato, de ter seus direitos individuais e interesses, quando coletivizados, por elas defendidos.

b) 4. **Princípio da autonomia coletiva privada**. Como já observado, a autonomia coletiva é manifestação da democracia de um conjunto organizado, com suas deliberações tomadas mediante escolha livre, consagrando, porém, a posição majoritária. Só com ela pode-se entender o poder dos sindicatos de disporem sobre direitos individuais dos trabalhadores através de convenções ou acordos coletivo de trabalho, alcançando até a renúncia de direitos individuais de seus representados.

A autonomia coletiva privada supera o individualismo tradicional, que é sacrificado em nome de um bem que adquire projeção maior, ou seja, o interesse comum.

b) 5. **Princípio da autotutela para a defesa dos interesses de classe**. Somente o sindicato é dotado do poder de autotutela para a defesa dos interesses de seus representados.

Os mecanismos de autodefesa são também encontrados em diversos ramos do Direito, sem no entanto assumir a força que têm no campo das relações coletivas de trabalho. No caso da autotutela, essa se traduz nas formas de greve, piquete, boicote e sabotagem. Exclui-se a autotutela patronal, o *lock-out*, proibido por força de lei.[73]

A greve, sem sombra de dúvida, constitui a principal figuração da autotutela, que tem as organizações de classe dos trabalhadores para a defesa de seus interesses coletivos.

b) 6. **Princípio da representação grupal**. Prefiro grupo para identificar um conjunto de trabalhadores ou de empregadores organizados como classe. Poderia ser categoria, mesmo com a estigmatização da palavra, de ranço fascista. Mas se isso era verdadeiro na Carta de 1937 e na CLT, para a qual foi transportada com seu vício de origem, foi o termo encontrado pela Constituição democrática de 1988, repetida nos incisos II, III e IV do art. 8º. Mas aí categoria já assumia o significado de grupo. E fora de dúvida a palavra soa melhor que profissão, adotada nas leis de 1931 e 1934, que apesar do nome tinha o sentido de grupo. Neste passo, Evaristo de Moraes Filho via a primeira, escrita por seu pai Evaristo de Moraes e quatro mãos, com o pernambucano Joaquim Pimenta: "Mas a verdade é que, apesar de admitir o princípio da unidade sindical, ainda permitia o 19.779 mais de uma modalidade de aglutinação das classes interessadas. Sem dúvida alguma, o critério geral básico era o das profissões idênticas, similares ou conexas, à maneira da lei francesa. Contudo, permitia-se a unidade de representação, embora com predominância daquele sistema, através da profissão, da indústria ou da empresa".[74] O sindicato distingue-se da associação comum, pois, como já visto, tem disciplinação especial no art. 8º da Constituição, que o distingue da associação comum. Cabe-lhe, segundo estabelece o inciso III do dispositivo, a defesa dos direitos individuais e interesses coletivos do grupo para o qual foi constituído, mas considerado como um todo e portanto, independentemente de filiação sindical.

No sistema da CLT, de categorias, profissionais, econômicas e diferenciadas, todas tem abrangência ampla, sem distinguir filiados e não filiados.

Entende-se que a representação vai além do quadro de sócios, pois o art. 611 da Consolidação das Leis do Trabalho, que trata da convenção coletiva de trabalho, refere-se a acordo de caráter normativo pelo qual dois ou mais sindicatos representativos de categorias econômicas e profissionais estipulam

(73) Lei n. 7.783, de 1989, art. 17.
(74) *Op. cit.*, p. 233.

condições de trabalho aplicáveis no âmbito das respectivas representações, às relações de trabalho. Portanto, dando-se à representação significado mais restrito — corpo de associados —, a consequência seria a marginalização dos não filiados às convenções celebradas.

Naturalmente, o princípio não se aplica num quadro de pluralidade, com múltiplas associações de livre escolha dos trabalhadores, o que conduz, necessariamente, à representação restrita dos filiados.

c) **Legislação específica.**

c) 1. **Constitucional.**

A) **Império.** A Constituição do Império, seguindo a trilha vigorante em 1824, quando foi outorgada, aboliu as corporações de ofícios e seus juízes, escrivães e mestres.(75)

B) **1ª República (1891-1930).** Proclamada a República, foi promulgada, em 24 de fevereiro de 1891, a nova Constituição, que no art. 72 declarava os direitos individuais, destacando no § 8º o de associação e de reunião, "não podendo intervir a polícia, senão para manter a ordem pública".

Deve-se ter presente que foi o Diploma que regeu a primeira etapa do regime iniciado por Getúlio Vargas e que vigeu até 1934.

No início da República, em 6 de janeiro de 1903, foi aprovado o Decreto n. 979, resultado da ação católica que culminou no projeto de Joaquim Ignácio Tosta, embrião de lei sindical. Adiante, em 1907, veio o Decreto Legislativo n. 1.637, de 5 de junho, que seria nossa primeira lei sindical.

C) **2ª República (1930-1937).** No dia 19 de março de 1931, pouco mais de quatro meses após sua posse, Getúlio assinou o Decreto n. 19.770, substituído em 1934 pelo Decreto n. 24.694, de 1934, que realizou a experiência pluralista.

D) **O Estado Novo (1937-1945).** Em 1937 o país sofreu o golpe de Estado que implantou o Estado Novo. E, é claro, veio uma nova Lei Sindical, o Decreto-lei n. 1.402, de 5 de julho de 1939, transposta para a Consolidação das Leis do Trabalho.

E) **3ª República (1946-1964).** A ditadura de Vargas não resistiu ao impacto provocado pela Segunda Guerra Mundial quando o eixo nazifascista foi derrotado. Uma nova Constituição, no art. 158, reconheceu o direito de greve. A organização sindical foi tratada no art. 159.

F) **A ditadura militar (1964-1985).** Nossa legislação sindical manteve-se nos governos militares de Humberto Castelo Branco (15.4.1964-15.3.1967),

(75) Art. 179, inciso XXV.

Arthur da Costa e Silva (15.3.1967-31.8.1969), Garrastazu Médici (30.10.1969-15.3.1974), Ernesto Geisel (15.3.1974-15.3.1979) e João Baptista Figueiredo (15.3.1979-15.3.1985).

G) 5ª República (1985). Restabelecida a democracia, em 1988 foi promulgada a atual Constituição, que aprovou a mais ampla autonomia com unicidade sindical.

A Constituição de 1988, ao contrário das que a antecederam, avançou na consideração da organização sindical, potencializando direitos e princípios fundamentais no art. 8º, como: a) autonomia e liberdade sindical [cabeça e inciso I]; b) registro [inciso I]; c) estrutura unitária e base territorial [inciso II]; d) atribuições essenciais [inciso III]; e) contribuição de custeio e sistema confederativo da representação sindical [inciso IV]; f) liberdade sindical negativa e individual [inciso V]; g) negociações coletivas e participação sindical [inciso VI]; h) aposentados [inciso VII]; i) garantias dos dirigentes sindicais [inciso VIII]; j) sindicatos rurais e colônias de pescadores. No art. 9º, dispôs sobre o direito de greve, no 10, quanto à participação dos trabalhadores e empregadores nos colegiados de órgãos públicos incumbidos de discutir e deliberar sobre interesses profissionais e previdenciários, e finalmente, no art. 11, a propósito da representação dos trabalhadores nas empresas. O art. 7º elencou os direitos individuais, tidos como fundamentais, prevendo nos incisos VI, XIII e XIV a flexibilização dos salários e das jornadas, mas mediante convenção ou acordo coletivo, o que supõe a participação dos sindicatos no processo negocial. As convenções e os acordos coletivos, por sua vez, tiveram reconhecimento expresso no inciso XXVI. O inciso LXX do art. 5º referiu-se ao mandado de segurança coletivo, autorizando na letra b sua impetração por organização sindical em defesa dos interesses de seus membros. A ação direta de inconstitucionalidade foi tratada no art. 103, permitida sua propositura, consoante o inciso IX pela confederação sindical ou entidade de classe de âmbito nacional. Finalmente, o art. 114, no § 2º, legitimou os sindicatos, sendo recusada a negociação ou a arbitragem para a solução de conflitos do trabalho, para ajuizarem o dissídio coletivo.

A Emenda Constitucional n. 45, de 2004, restringiu o dissídio coletivo, exigindo para seu ajuizamento a concordância dos dissidentes. Também ampliou consideravelmente a competência da Justiça do Trabalho, inclusive para conhecer e julgar as ações que envolvam matéria de natureza sindical ou decorram de greves.

c) 2. **Legislação ordinária**. Primeiro, naturalmente, a Consolidação das Leis do Trabalho, de 1943, que no Título V dispõe sobre a organização sindical, tendo ao longo do tempo sofrido alterações pouco substanciais.

Desdobra-se em três capítulos, cuidando o primeiro da instituição sindical, ou seja, conforme suas seções: a) associação sindical; b) reconhecimento e investidura; c) administração; d) eleições; e) associações de grau superior; f) direitos e deveres dos filiados; g) gestão financeira; h) registro, filiação a organizações internacionais, atividade econômica. O segundo trata do enquadramento sindical, e o terceiro, da contribuição sindical.

Antes de tudo é necessário saber o que se mantém e o que não se compatibiliza com os princípios acolhidos pela Constituição de 1988, o que se verá adiante.

De novo, pouca foi acrescida à CLT. Merece destaque a Lei n. 10.192, de 14 de fevereiro de 2001, que complementou o chamado Plano Real, nascida em maio de 1995, com a Medida Provisória n. 1.540, reeditada 72 vezes. Seus arts. 8º a 14 tratam do dissídio coletivo. A Lei n. 10.101, de 19 de dezembro de 2000, também teve origem numa medida provisória de 1994, reeditada 76 vezes; disciplina a participação nos lucros ou resultados, incluída nas Constituições de 1946 e 1967, sem alcançar efetivação, que só alcançou na vigência da atual. Seu art. 2º logo foi alterado, isso porque o Supremo Tribunal Federal reconheceu a inconstitucionalidade da redação antes adotada, que excluía os sindicatos das negociações coletivas.

Não se pode perder de vista o Código de Defesa do Consumidor, Lei n. 8.078, de 1990, que no art. 82, inciso IV, legitima as associações de classe para a defesa dos interesses ou direitos coletivos e direitos individuais homogêneos (art. 81, incisos II e III).

A greve foi regulamentada pela Lei n. 7.783, de 28 de junho de 1989.

d) **Doutrina.** Não só o sindicato como instituição, com todas as implicações que dela decorrem, mas essas também tem sido objeto de investigações científicas, estudos avançados, provocando discussões de elevado nível doutrinário e a afirmação de teses valiosas.

Assumem importância, dentre outras, as obras seguintes, enunciadas apenas exemplificativamente, seguidas pelo nome do autor. Do Brasil: *O Problema do Sindicato Único no Brasil,* Evaristo de Moraes Filho; *Tratado Elementar de Direito Sindical,* José Martins Catharino; *Direito Sindical,* Amauri Mascaro Nascimento; *Problemas de Direito Sindical*, Oliveira Vianna; *Sociologia Econômica e Jurídica do Trabalho,* Joaquim Pimenta; *Curso de Direito Sindical,* João José Sady; *Direito Sindical e Coletivo do Trabalho,* José Augusto Rodrigues Pinto; *Direito Sindical*, Arion Sayão Romita; *Direito Coletivo do Trabalho*, Segadas Vianna; *Direito Coletivo do Trabalho*, Antônio Álvares da Silva; *Organização Sindical Brasileira,* Octavio Bueno Magano; *Direito Coletivo do Trabalho*, Tarso Genro; *Teoria e Prática do Sindicalismo Brasileiro,* Carlos Alberto Gomes Chiarelli; *Comentários à Constituição,* v. II, Arnaldo Lopes Süssekind; *Sindicato, Domesticação e Ruptura*, Antônio Rodrigues de Freitas Jr.; *Democracia Sindical no Brasil,* Ericson Crivelli; *Ensaios de Direito do Trabalho,* Luiz de Pinho Pedreira da Silva; *Repensando o Sindicato e O Sindicato e a Globalização,* José Carlos Arouca. Abordando temas específicos: *A Autotutela nas Relações de Trabalho,* Ari Possidonio Beltran; *Direito de Greve,* Paulo Garcia; *Greve e* Lock-out, Egon Felix Gottschalk; *Conflitos Coletivos de Trabalho,* Amauri Mascaro Nascimento; *Cogestão no Estabelecimento e na Empresa,* Antônio Álvares da Silva; *Convenção Coletiva de Trabalho, Um Estudo Comparativo,* Carlos Moreira de Luca; *A Convenção Coletiva de Trabalho,* Orlando Gomes; *A Convenção Coletiva de Trabalho,* Márcia Flávia Santini Picarelli; *Enquadramento Sindical no Direito Brasileiro,* Ubiracy Torres Cuóco; *Equidade e Dissídios Coletivos,* Arion Sayão Romita; *A Lei do Arrocho,* Carlos Simões; *Inflação, Política Salarial e Sindicatos no Brasil,* Júlio César do Prado Leite; *Representação e Participação dos Trabalhadores na Gestão da Empresa,* de Walkure Lopes Ribeiro da Silva; *Liberdade Sindical e Representação dos Trabalhadores nos Locais de Trabalho, Contrato Coletivo de Trabalho, Perspectiva de Rompimento com a Legalidade Repressiva,* José Francisco Siqueira Neto. Do exterior: *A Solução dos Conflitos Trabalhistas,* coordenação de Néstor de Buen; *Relações Coletivas de Trabalho,* Alfredo J. Ruprecht; *Manual de Direito Sindical,* Rodolfo A. Nápoli; *Direito Sindical,* Gino Giuni; *Derecho Sindical y de la Prevision Social,* Mário L. Devealli; *O Direito de Greve — Experiências Internacionais e Doutrina da OIT,* Carlos Lópes-Monis; *O Direito de Greve,* Santiago Pérez del Castillo; *A Flexibilização da Greve,* Oscar Ermida Uriarte; *Conflitos Coletivos de Trabalho,* Alfredo Ruprecht; *Las Controvérsias del Trabajo, La Huelga y el* Lock-out *ante el Derecho,* Mariano R. Tissembaum; *Relações Coletivas de Trabalho,* Giuliano Mazzoni; *Derecho Sindical y Corporativo,* G. Cabanellas; *El Nuevo Derecho Sindical Argentino,* Rodolfo Capón Filas; *Introduccion al Derecho Sindical,* Juan Garcia Abellan.

3. **Integração.** A ciência do direito constitui uma unidade, mas seus diferentes ramos relacionam-se entre si de modo a integrá-los como um todo.

Nenhum existe como figura isolada e independente.

a) **Direito constitucional.** Primeiro, como todo e qualquer ramo do Direito, é indispensável ter presente sua disciplinação constitucional.

Como se viu antes, a Constituição de 1988 dedicou todo o art. 8º à determinação dos princípios fundamentais da organização sindical: a) autonomia; b) liberdade sindical; c) registro; d) estruturação unitária e base territorial mínima; d) prerrogativas; e) custeio; f) liberdade sindical individual; g) participação nas negociações coletivas; h) imunidades. A greve veio tratada no art. 9º, a participação nos colegiados dos órgãos públicos voltados para interesses profissionais e previdenciários, no art. 10, a organização nos locais de trabalho, no art. 11.

Sobre dissídio coletivo, refere-se o § 2º do art. 114 enquanto o art. 5º, no inciso LXX, *b*, trata da legitimação do sindicato para impetrar mandado de segurança coletivo, e o art. 103, inciso IX, das entidades sindicais de âmbito nacional, para ajuizar ação direta de inconstitucionalidade.

b) **Direito do trabalho**. O Direito Sindical não se distancia do Direito do Trabalho, enquanto voltado para tutelar o trabalhador na sua individualidade, dispondo sobre seus direitos individuais, que deve defender inclusive em questões judiciais.

Ademais disso, a Consolidação das Leis do Trabalho contempla normas de aplicação geral às relações de trabalho, individuais e coletivas, como o art. 9º, que se refere à nulidade dos atos praticados com o objetivo de fraude ou desvirtuamento de suas disposições, os arts. 10 e 444, à sucessão de empresas.

Modernamente, com o estímulo que vem dos neoliberais, avança-se na flexibilização de direitos individuais, mas sempre com o apoio do sindicato através de negociações coletivas. Assim, no que se refere ao salário, à duração da jornada e à natureza da contratação. O salário tem disciplinação nos arts. 467 a 467 do diploma consolidado enquanto a duração da jornada vem tratada nos arts. 57 a 75. O trabalho extraordinário pode ser compensado por meio de um banco de horas, tal como estabelece o art. 59, com a redação dada pela Lei n. 9.601, de 21 de janeiro de 1998, desde que negociado com o sindicato. O contrato individual de trabalho tem regência nos arts. 442 a 510. O contrato por prazo determinado incondicionado instituído pelo mesmo diploma tem sua adoção condicionada a negociações coletivas, e assim também o contrato a tempo parcial, que segue a Medida Provisória n. 2.164-41, de 24 de agosto de 2001, e a suspensão temporária do contrato de trabalho, também nela prevista.

A concessão de férias coletivas, tal como exige o art. 130, § 3º, será comunicada ao sindicato, mas, sendo convertida parcialmente em abono, o art. 143, § 2º, exige, para sua legitimação, acordo coletivo sindical.

As Comissões de Conciliação Prévia, criadas pela Lei n. 9.958, de 12 de janeiro de 2000, podem ser instituídas através de acordo coletivo com uma ou mais empresas ou por convenção coletiva com o sindicato patronal, de modo a abranger os grupos profissional e econômico contidos em suas representações.

Não se perca de vista que na forma do art. 477, § 1º, cumpre-lhe, concorrentemente com o Ministério do Trabalho, assistir seus representados quando do pagamento das verbas rescisórias, tratando-se de empregado com mais de um ano de serviço.

Além disso, o sindicato está presente, ainda, em leis esparsas como a que disciplina a participação nos lucros e resultados, n. 10.101, de 2000, que complementa o Plano Real, Lei n. 10.192, de 14 de fevereiro de 2001.

c) **Direito Civil**. O Código Civil de 2002, Lei n. 10.406, de 10 de janeiro, em vigor desde o dia 10 de janeiro de 2003, excluiu a locação de serviços, antes tratada minuciosamente no diploma de 1916.

O Direito Civil traz as normas básicas do direito privado, dispondo sobre personalidade e capacidade civil das pessoas naturais, pessoas jurídicas, associações e fundações, domicílio, negócios jurídicos, atos jurídicos, seus defeitos e nulidades, atos ilícitos, obrigações, propriedade, etc.

Cuida o diploma da prestação de serviços, da empreitada, da transação.

Mas incorporou a Parte I do Código Comercial (Lei n. 556, de 25 de junho de 1850), reservando o Livro II para o Direito de Empresa, no qual trata do empresário, da sociedade, dos sócios, do estabelecimento.

A Lei de Introdução ao Código Civil (Decreto-lei n. 4.657, de 4 de setembro de 1942, traça os princípios fundamentais do direito privado, tendo relevo seu art. 5º, segundo o qual, "na aplicação da lei, o juiz atenderá aos fins sociais a que ela se dirige e às exigências do bem comum".

d) **Processo do trabalho**. O sindicato pode representar em juízo o trabalhador que por motivo de doença ou qualquer outro relevante seja impedido de comparecer à audiência designada (CLT, art. 843, § 2º).

Independentemente de procuração, pode promover a ação de cumprimento de cláusulas de sentença normativa (CLT, art. 872, parágrafo único) ou de acordos e convenções coletivas (Lei n. 8.984, de 7 de fevereiro de 1995).

Cada vez mais o sindicato defende o meio ambiente de trabalho, inclusive com a inclusão de cláusulas específicas nos acordos e nas convenções coletivas. E tem legitimidade para atuar como substituto processual de seus representados para exigir o pagamento dos adicionais de insalubridade e periculosidade, conforme o art. 195, § 2º.

Pode, ainda, acionar diretamente a empresa por meio da Justiça do Trabalho para compeli-la a efetuar os depósitos do FGTS (Lei n. 8.036, de 11 de maio de 1990, art. 25).

Obriga-se, também, a prestar assistência judiciária a todos seus representados, mesmo aos desempregados ou àqueles que não tenham filiação sindical e percebam até cinco salários mínimos (Lei n. 5.584, de 26 de junho de 1970, com alteração da Lei n. 10.288, de 20 de setembro de 2001).

Tratando-se de reclamação trabalhista de menor de 18 anos, poderá ser ajuizada, na falta de seus representantes legais, pelo sindicato, como previsto na lei de 2001.

Mas se o assistido não obtiver o benefício da justiça gratuita ou isenção de custas, o sindicato que tiver intervindo no processo responderá solidariamente pelo pagamento das custas devidas (Lei n. 10.537, de 27 de agosto de 2002).

e) **Processo civil**. O art. 769 da CLT estabelece que, nos casos omissos, o direito processual comum será fonte subsidiária do direito processual do trabalho, exceto naquilo que for incompatível com suas normas específicas.

Na falta de um Código de Processo do Trabalho, o Direito Sindical deve servir-se das regras processuais comuns, inclusive quanto à forma das ações, das medidas cautelares, etc.

Nesse passo, é indispensável ter presente que o sindicato não se confunde com o reclamado e seu adversário nem sempre será o empregador de seus representados, mas, muitas vezes, uma outra associação sindical. Não se falará, portanto em reclamante e reclamado nem em reclamação trabalhista, mas em autor e réu e em ação.

Como se verá adiante, a ação declaratória substitui o sepultado enquadramento sindical.

O mandado de segurança coletivo e a ação direta de inconstitucionalidade devem pautar-se conforme o procedimento civil, aproveitando, inclusive, a Lei n. 1.533, de 31 de dezembro de 1951, que só cogita do mandado de segurança individual.

Enfim, quase todo o arcabouço montado para o processo comum será observado nas ações intentadas pelos sindicatos ou contra eles movidas.

f) **Direito penal**. O Código Penal de 1940, Decreto-lei n. 2.848, dedicou o Título IV aos Crimes contra a Organização do Trabalho, que dispõe sobre o *lock-out* (art. 197, II), a greve (arts. 200/202), sabotagem (art. 198), liberdade sindical (art. 199), a frustração de direito assegurado pela legislação trabalhista (art. 203), o aliciamento de trabalhadores (arts. 206/207).

Não se pode esquecer que, segundo regramento traçado no art. 530, II, da CLT, são inelegíveis aqueles que lesarem o patrimônio de qualquer entidade sindical, além do que "os atos que importem em malversação ou dilapidação do patrimônio das associações ou entidades sindicais ficam equiparados ao crime de peculato, julgado e punido na conformidade da legislação penal" (art. 552). O peculato é tipificado no art. 312 do Código Penal. Mas deve-se cogitar, ainda, da apropriação indébita e da falsidade ideológica (respectivamente, arts. 168/170 e 299).

Com o Estado Democrático de Direito, foi para o lixo o autoritarismo da legislação consagrada na Lei de Segurança Nacional.

A Lei de Contravenções Penais (Decreto-lei n. 3.688, de 3 de outubro de 1941), no que toca à organização do trabalho, não oferece importância para o Direito Sindical.

g) **Processo penal** (Código de Processo Penal, Decreto-lei n. 3.689, de 7 de dezembro de 1940).

Naturalmente, como meio instrumental para o processo penal, suas normas interessam ao Direito Sindical.

h) **Direito administrativo**. A Constituição garante ao servidor público civil o direito à livre associação sindical e o direito de greve, mas esse, a ser disciplinado por lei específica, o que ainda não se deu (art. 37, incisos VI e VII), porém nega aos servidores públicos militares um e outro (art. 42, § 5º).

No art. 173, §§ 1º e 2º, considera a exploração direta de atividade econômica pelo Estado, fazendo menção à empresa pública, à sociedade de economia mista e de suas subsidiárias, seu regime jurídico, próprio das empresas privadas, inclusive quanto aos direitos e às obrigações civis, comerciais, trabalhistas e tributárias, prevendo que não poderão gozar de privilégios fiscais não extensivos às do setor privado, tudo a ser regulamentado em lei.

O registro no órgão competente para tornar a associação de classe pessoa jurídica de direito privado compete ao Ministério do Trabalho e Emprego, não porque assim disponha a lei, mas em face da reiterada jurisprudência do Supremo Tribunal Federal. O registro tem disciplinação na Portaria n. 343, de 4 de maio de 2000, alterada pela de n. 376, de 23 do mesmo mês e ano, e pela de n. 50, de 31 de janeiro de 2002.

Da mesma forma, os acordos e as convenções coletivas de trabalho são depositados para registro nos órgãos locais do Ministério do Trabalho e Emprego, ou seja, na Secretaria de Emprego e Salário, quando tiverem âmbito nacional ou intermunicipal, ou, do contrário, nas Delegacias Regionais do Trabalho dos Estados, conforme determinação do art. 614 da Consolidação das Leis do Trabalho.

A Portaria n. 865, de 14 de setembro de 1995, estabelece critérios de fiscalização das condições de trabalho ajustadas em acordos e convenções coletivas.

A Lei n. 10.192, de 14 de fevereiro de 2001, no art. 11, prevê a mediação para solução dos conflitos coletivos, e seu § 1º atribui ao Ministério do Trabalho e Emprego atuar como mediador. Em razão disso, o Decreto n. 1.572, de 28 de julho de 1995, complementado pelas Portarias ns. 817 e 818, a primeira do dia 29 e a segunda do dia 30 de agosto do mesmo ano, deram disciplinação.

i) **Legislação marginália (não codificada)**. A legislação muitas vezes dirige-se ao sindicato, como é o caso da Lei n. 7.347, de 24 de julho de 1985, que disciplina a ação civil pública e o Código de Defesa do Consumidor (Lei n. 8.078, de 11 de setembro de 1990). A primeira, no art. 5º, legitima as associações constituídas há pelo menos um ano e que incluem dentre suas finalidades institucionais a proteção ao meio ambiente, ao consumidor, à ordem econômica, à livre concorrência ou ao patrimônio artístico, estético, histórico, turístico e paisagístico; a segunda, no art. 82, legitimou as mesmas associações que incluam, entre seus fins institucionais, a defesa dos interesses e direitos protegidos no Código, ou seja, a defesa dos interesses e direitos dos consumidores, a título coletivo, quando se tratar de interesses ou direitos difusos, interesses ou direitos coletivos, interesses ou direitos homogêneos (art. 81).

O Estatuto do Ministério Público da União (Lei Complementar n. 75, de 20 de maio de 1993), no art. 83, atribui ao Ministério Público do Trabalho competência para: a) promover a ação civil pública para declaração de nulidade de cláusula de contrato, acordo coletivo ou convenção coletiva que viole as liberdades individuais ou coletivas ou os direitos individuais indisponíveis dos trabalhadores (inciso IV); b) instaurar instância em caso de greve, quando a defesa da ordem jurídica ou o interesse público assim o exigir (inciso VIII), c) promover ou participar da instrução e conciliação em dissídios decorrentes da paralisação de serviços de qualquer natureza, oficiando obrigatoriamente nos processos, manifestando sua concordância ou discordância, em eventuais acordos firmados, antes da homologação, resguardado o direito de recorrer em caso de violação à lei e à Constituição Federal (inciso IX); d) atuar como árbitro, se assim for solicitado pelas partes, nos dissídios trabalhistas (inciso X); e) instaurar inquérito civil e outros procedimentos administrativos, sempre que cabíveis, para assegurar a observância dos direitos sociais dos trabalhadores (art. 84, inciso II).

A Lei n. 11.101, de 9 de fevereiro de 2005, limitou a natureza privilegiada dos créditos trabalhistas, dando nova roupagem à falência e substituindo a concordata pela recuperação da empresa insolvente, com participação dos trabalhadores no comitê de credores.

j) **Direito internacional.** O Brasil é membro da Organização Internacional do Trabalho, tendo ratificado inúmeras de suas convenções. É certo que até hoje deixou de aprovar a principal delas, a Convenção n. 84, que trata exatamente da liberdade sindical. Mas, em compensação, denunciou a Convenção n. 154, que vedava o despedimento dos trabalhadores sem justo motivo, tratando, também, de dispensas coletivas envolvendo a participação sindical.

Ratificadas foram as seguintes convenções: a) n. 11, de 1920, e n. 141, respeitantes ao direito de associação e coalizão dos trabalhadores agrícolas; b) n. 98, de 1949, relativa ao direito de organização e de negociação coletiva; n. 135, sobre proteção aos representantes de trabalhadores; n. 154, quanto ao fomento à negociação coletiva. Não foram ratificadas as Convenções ns. 87, sobre liberdade sindical e proteção ao direito de sindicalização, e 151, relativa ao direito de sindicalização e às relações de trabalho na administração pública.

k) **História, sociologia, economia, política**. O Direito Sindical integra-se, ainda, com outras ciências, especialmente a história, a sociologia e a economia.

Em nosso livro *O Sindicato em um Mundo Globalizado,* dedicamos mais de trezentas páginas através da História do Brasil procurar compreendê-lo.[76]

A sociologia, por sua vez, principalmente depois de 1964, empolgou a investigação e a análise do fenômeno sindical.

A economia adquiriu importância extraordinária no campo do Direito Sindical em razão, especialmente, de seus reflexos nas negociações coletivas, visando à correção dos salários e benefícios cujo atingimento influía decisivamente nos custos, como adicionais de horas extras, trabalho noturno, antiguidade. A produtividade foi transformada em fator de aumento salarial atraindo os economistas para determinar uma fórmula capaz de auferi-la e quantificar sua repercussão nos chamados salários básicos, considerados para efeito de incidência dos índices de reajustamento.

Nesse ponto, assumiram em importância notável os levantamentos do Departamento Intersindical de Estatística e Estudos Socioeconômicos — DIEESE.

A economia, como não podia deixar de ser, ocupou-se também da lucratividade das empresas, do enxugamento de seus quadros de pessoal e, por conseguinte, do desemprego, refletindo-se nos planos de participação nos lucros e resultados.

A política como ciência possui conteúdo histórico e sociológico, e dela emergem os cientistas sociais.

Não se pode esquecer dois documentos de cunho essencialmente político para compreender o sindicato: a) o Manifesto do Partido Comunista, de Karl Marx e F. Engels, de 1848, e a *Rerum Novarum,* do Papa Leão XIII, de 1891.

4. **Fontes**. São fontes do direito, primeiro, as de grandeza constitucional, depois, as leis e, finalmente, aquelas que tenham natureza própria de cada ramo.

No caso do Direito Sindical, podem-se alinhar como fontes: a) textos constitucionais; b) disposições legais; c) instrumentos normativos.

Amauri Mascaro Nascimento também menciona portarias e resoluções do Ministério do Trabalho e Emprego e de seus órgãos, os estatutos sociais, decisões judiciais, convenções da OIT.[77] Com a autonomia sindical ficou afastada a tutela do Estado, de sorte que o Ministério do Trabalho, que administrava a organização sindical, perdeu importância, e suas portarias e resoluções só obrigam os sindicatos quando e enquanto tiver como incumbência o

(76) *O sindicato em um mundo globalizado.* São Paulo: LTr, 2003.
(77) *Direito sindical,* cit., p. 86 e ss.

registro de associações e dos acordos e convenções coletivas. Mesmo assim, suas instruções não assumem importância como fonte até porque equiparam-se a qualquer outra determinação administrativa e burocrática de outros setores da Administração Pública. O estatuto social, de sua parte, só vincula os associados; o mesmo ocorre nas associações comuns. As convenções da OIT adquirem força somente quando entram no ordenamento jurídico. Finalmente, a jurisprudência é fonte de direito, mas relativa, posto que não cria o direito, interpreta-o, procurando definir seu alcance e sua extensão. Hoje a jurisprudência assume papel destacado mais com o propósito de conter a enxurrada de ações que imobiliza os tribunais. Foi assim que o Código de Processo Civil adotou a súmula como precedente na uniformização da jurisprudência, sempre que ocorresse divergência na interpretação do direito, por iniciativa do juiz ou da parte.(78) Mais tarde, a Emenda n. 45, de 2004, foi além e venceu a polêmica instaurada para instituir a súmula vinculante, obrigando os demais órgãos do Poder Judiciário, como especificou no art. 103-A: "A súmula terá por objetivo a validade, a interpretação e a eficácia de normas determinadas, acerca das quais haja controvérsia atual entre os órgãos judiciários ou entre esses e a administração pública que acarrete grave insegurança jurídica e relevante multiplicação de processos sobre questões idênticas". Sua aprovação depende do apoio de dois terços dos Ministros do Supremo Tribunal Federal. Mas, como acentua o § 2º, a súmula poderá ser revista e até cancelada por provocação dos legitimados para a promoção da ação direta de inconstitucionalidade. O processo do trabalho, à míngua de disciplinação própria, serve-se do comum, e nesse passo o Tribunal Superior do Trabalho disciplinou em seu Regimento Interno o Incidente de Uniformização da Jurisprudência, tendo como ponto de partida a constatação pelas Sessões Especializadas de a decisão se inclinar contrariamente a reiteradas decisões dos órgãos fracionários ou turmas sob a interpretação de regra jurídica, mesmo que não alcance o mérito.(79) Para os dissídios coletivos, criou os Precedentes Normativos, e para os individuais, súmulas e orientações jurisprudenciais. A par disso, cada vez mais, a pretexto de conter o inchaço dos tribunais, cuidou-se de obstacular a interposição de recursos que, para serem admitidos, devem demonstrar a transcendência econômica, jurídica, social ou econômica ou ainda a repercussão do tema. Não fossem suficientes os recursos que prestigiaram a jurisprudência, os recursos repetitivos, quando configurada a controvérsia poderão ser suspensos até decisão do Superior Tribunal de Justiça.(80)

Já as convenções e os acordos coletivos de trabalho complementam os contratos individuais de trabalho, constituindo leis específicas dos diferentes segmentos profissionais.

---

(78) CPC, arts. 476 a 479.

(79) Art. 156.

(80) Disciplinação legal: uniformização da jurisprudência, CPC, art. 476; Súmula vinculante, CF, art. 103-A; repercussão geral. CF. art. 102, § 3º e CPC, art. 543-A, introduzido pela Lei n. 11.418, de 19.12.2006; repercussão geral, CLT, art. 896-A, acrescentado pela Medida Provisória n. 2.226, de 4.9.2001.

PARTE 2. AUTONOMIA SINDICAL

Sumário: 1. Considerações. 2. Disciplinação constitucional. 3. Disciplinação legal. 4. Autonomia e a OIT. 5. Autonomia sindical x soberania. 6. Autonomia x liberdade sindical. 7. Autonomia coletiva privada. 8. Autonomia sindical.

1. **Considerações**. Autonomia sindical, na definição de João Mangabeira, é o poder reconhecido ao sindicato para alcançar suas finalidades dentro dos meios não contrários à lei e às normas estabelecidas para a manutenção da ordem pública.(81)

O Decreto n. 1.637, de 1907, nossa primeira lei sindical, no art. 1º, já facultava a todos os trabalhadores organizarem-se em sindicatos, acentuando o art. 2º que estes seriam constituídos livremente, sem autorização do Governo, sendo suficiente o registro em cartório. Portanto, na sua vigência, os sindicatos gozavam de autonomia. O mesmo não se pode dizer do Decreto n. 19.770, de 1931, que o sucedeu, na medida em que seu art. 2º impunha o reconhecimento pelo Ministério do Trabalho, Indústria e Comércio, para que adquirissem personalidade jurídica. Além do mais, os estatutos teriam de ser aprovados pelo ministro. Reconhecidos, só poderiam defender seus interesses de ordem econômica, jurídica, higiênica e cultural, perante o governo da República, por intermédio do Ministério. Eram órgãos de colaboração com o Poder Público, conforme previsão do art. 6º. Ficavam de tal modo subordinados ao Estado, e podiam ser penalizados com multas, destituição da diretoria e até com seu fechamento (art. 16). E, ainda mais, o Ministério manteria junto às entidades sindicais seus delegados, com a faculdade de assistirem as assembleias gerais, devendo, trimestralmente, examinar sua situação financeira, comunicando-lhe eventuais irregularidades ou infrações (art. 15). Em suma, não havia autonomia alguma.

Na liberalização democrática de 1934, o Decreto n. 24.694 adotou a pluralidade relativa, dada a exigência de 1/3 dos empregados para a formação de um sindicato (art. 4º, II, *a*). Mas, ainda assim, não perdeu sua posição de órgão de colaboração com o Estado (art. 2º, *c*). O estatuto, tal como antes,

(81) FILHO, Evaristo de Moraes. *Estudos de direito do trabalho*. São Paulo: LTr, 1971.

teria de ser submetido ao Ministro do Trabalho para aprovação (art. 8º, § 2º). Era condição para seu funcionamento "a abstenção em seu seio, de toda e qualquer propaganda de ideologias sectárias e de caráter político ou religioso, bem como de candidaturas a cargos eletivos estranhos a natureza e aos fins sindicais" (art. 13, *e*). O sistema repressivo foi mantido, com previsão de multa e fechamento (art. 34). Portanto, a organização sindical, da mesma forma, tanto no regime de sindicato único como de pluralidade, não gozava de autonomia.

E nem se poderia pensar nisso quando foi implantada a ditadura de direita, rotulada como Estado Novo, que gerou o Decreto-lei n. 1.402, de 1939. Mantida a natureza de órgão de colaboração (art. 3º, *e*), as associações sindicais dependiam do reconhecimento ministerial para que pudessem legitimar-se (arts. 5º, parágrafo único, 7º e parágrafos, e 8º e 9º), recebendo uma carta com a delimitação de sua base territorial (art. 7º, § 1º). Exigia-se, como condição para seu funcionamento, "a abstenção de qualquer propaganda de doutrina incompatível com as instituições e os interesses da Nação, bem como de candidaturas a cargos estranhos ao sindicato" (art. 10, *a*). Ficava vedada a interferência de pessoas estranhas em sua administração ou nos seus serviços, a exceção dos empregados e dos delegados do Ministério (art. 14, § 1º, *a*). A gestão financeira era rigorosamente controlada pelos tecnocratas ministeriais (arts. 39, 40, 41). E a repressão era ainda mais forte, com multa, suspensão e destituição de diretores, fechamento das entidades e cassação de sua carta de reconhecimento (art. 43). Era vedada a sindicalização dos servidores públicos (art. 53) e a filiação a organizações internacionais (art. 53).

Foi com essa roupagem que se escreveu o Título V da Consolidação das Leis do Trabalho.

De tal modo, o sindicato continuou sendo órgão de colaboração com o Estado para o estudo e a solução dos problemas relacionados com a categoria representada (art. 513, *d*) e com os poderes públicos no desenvolvimento da solidariedade social (art. 514, *a*). Seu reconhecimento dava-se mediante investidura da associação pré-sindical mais representativa, por ato do Ministério do Trabalho (arts. 515, 518, 519, 520 e 558), com a expedição da carta sindical (art. 520), que delimitava a base territorial outorgada (art. 517, § 1º). O estatuto foi padronizado, um para as associações pré-sindicais, outro para sindicatos e outros para federações e confederações, nos quais, segundo a jocosa, mas correta observação de Evaristo de Moraes Filho, só sobrava espaço para a colocação do nome, do endereço e da representação da entidade.[82] O processo eleitoral seguia as instruções do Ministério (art. 531, § 4º). Até 1952 não podiam ser eleitos para cargos administrativos ou de

(82) *O sindicato único*, cit., p. 262.

representação econômica ou profissional quem professasse ideologias incompatíveis com as instituições ou os interesses da Nação, exigência suprimida pela Lei n. 1.667. Indispensável, então, o atestado de ideologia, fornecido pela Delegacia Especial de Segurança Pública (art. 2º, II, *b*, da Portaria n. 39, de agosto de 1944). Dentre as condições para o funcionamento estava a proibição de qualquer propaganda de doutrinas incompatíveis com as instituições e os interesses da Nação, bem como de candidaturas a cargos eletivos estranhos ao Sindicato (art. 521, *a*). Herdou o diploma a proibição de interferência de pessoas estranhas na administração ou nos serviços, a exceção dos delegados ministeriais (art. 525, *a*), o controle da gestão financeira, abrandado pelo Decreto-lei n. 229, de 1967, a proibição de filiação a organizações internacionais, a menos que autorizadas pelo Presidente da República (art. 565). Vedado, também, o exercício de atividade econômica (art. 564). O sistema repressivo não se alterou, podendo o Ministério impor toda a sorte de punições: multa, suspensão de diretores, destituição da diretoria, fechamento, cassação da carta de reconhecimento (arts. 553 a 557). A sustentação financeira decorria de função delegada pelo Poder Público, por meio da contribuição sindical, tarifada, recolhida e rateada segundo as instruções ministeriais (arts. 587, 588, 589). Finalmente, os sindicatos teriam de se constituir por categorias econômicas ou profissionais, na conformidade da discriminação do quadro de atividades e profissões aprovado pelo Ministério (arts. 570, 575, 577). Além do enquadramento prévio das categorias, a solução de dúvidas e controvérsias cabia em último caso ao Ministro do Trabalho, que podia avocar os processos em curso na Comissão do Enquadramento Sindical (art. 576).

Apesar do restabelecimento do Estado de Direito em 1946 e da aprovação de uma Constituição democrática, a autonomia continuou sendo negada.

E, é claro, os sindicatos não tiveram nenhuma liberdade na ditadura militar instalada em 1964.

A Constituição de 1988, longamente discutida e votada livremente, restabeleceu, mais uma vez, a democracia, dedicando todo o art. 8º à organização sindical, consagrando, finalmente, a mais ampla e plena autonomia.

2. **Disciplinação constitucional**. Até hoje não se votou uma Lei Sindical para substituir o Título V da Consolidação das Leis do Trabalho, seguindo um modelo de autonomia, unicidade e democracia interna. Por conseguinte, não temos uma disciplinação legal, senão o referido art. 8º que, no topo e em seu inciso I, consagra a autonomia:

> "É livre a associação profissional ou sindical, observado o seguinte:
>
> I — a lei não poderá exigir autorização do Estado para a fundação de sindicato, ressalvado o registro no órgão competente, vedadas ao Poder Público a interferência e a intervenção na organização sindical."

3. **Disciplinação legal**. A falta de uma Lei Sindical democrática, traçada na conformidade do art. 8º da Constituição, fica a dificuldade para saber o que ainda se mantém do Título V da Consolidação das Leis do Trabalho.

Sempre haverá divergências na apuração. Exemplificativamente, contra nosso entendimento, o Supremo Tribunal Federal deu como recepcionados os arts. 522 e 535 da Consolidação das Leis do Trabalho, dispondo o primeiro sobre o número máximo de dirigentes sindicais, o segundo sobre o apoio exigido, de no mínimo três federações, para o reconhecimento de uma confederação.

Com essa ressalva, estão implicitamente derrogados todos os dispositivos da CLT que não se ajustam com a autonomia sindical.

Como já visto, a lei sindical de 1931 condicionou a legitimação do sindicato a seu reconhecimento pelo Estado. Pior no Estado Novo, quando, seguindo o modelo corporativista, foi transformado em simples componente do sistema produtivo. Possível afirmar que até 1988, passando pelo regime democrático de 1946 a 1964, os sindicatos não possuíam autonomia, até porque submetiam-se a um estatuto padrão, redigido — e mal redigido — pelos tecnocratas do Ministério do Trabalho, subordinavam-se ao processo eleitoral estabelecido pelo Ministro.[83] No regime da Consolidação das Leis do Trabalho o sindicato tinha como dever colaborar com os poderes públicos no desenvolvimento da solidariedade social cumprindo-lhe promover a conciliação nos dissídios de trabalho (CLT. art. 514, *a* e *c*).

Por força da autonomia finalmente conquistada, não se mantém o art. 514, que traçava deveres a serem observados, especialmente o de colaboração com os poderes públicos. Caiu por terra a disciplinação das associações profissionais como embrião insuperável para a fundação de sindicatos. A área territorial pode ser nacional, sem que isso constitua medida excepcional, como exigia o art. 517, e não será o Ministério do Trabalho quem irá delimitá-la, outorgando-a a seu alvedrio, segundo a regra do § 1º do mesmo dispositivo.

Não mais se exige a filiação de 1/3 da categoria para o reconhecimento do sindicato, como exigia o art. 515 da CLT, letra morta diante da possibilidade de ser dispensada por ato soberano do Ministro do Trabalho.[84]

Acabou o estatuto padrão, e com ele o ardil que atribuía ao Ministro e aos seus delegados o controle do processo eleitoral por meio de instruções (art. 531, § 4º) e sua nefasta influência, poderes até para designar as mesas coletoras (art. 524, § 1º), bem como a interferência do Ministério Público do Trabalho, a quem se dera o controle da apuração (art. 524, § 3º).

(83) Art. 531, § 4º O Ministro do Trabalho expedirá instruções regulando o processo das eleições.

(84) Neste sentido o entendimento do Supremo Tribunal Federal retratado no RMS 21653 de janeiro de 2010, que acolheu o voto do Ministro Dias Tóffoli.

Não existe mais a Comissão do Enquadramento Sindical nem o quadro de atividades e profissões (arts. 570 a 577).

A administração é livre, regida pelas regras estatutárias, mesmo com o entendimento de o art. 522 ter sido recepcionado para manter a limitação dos cargos de gestão, fiscalização e representação. Mas ninguém aceitará que persiste a proibição de pessoas estranhas ao sindicato, inclusive jurídicas, auxiliarem como empregados ou assessores na administração ou nos serviços, excetuados os delegados ministeriais (art. 525), e muito menos o rigoroso controle da gestão financeira (arts. 548 a 552). O funcionário do Ministério do Trabalho está dispensado de autenticar o livro de registro de associados (art. 527). A contraprestação a ser paga aos diretores já não segue as restrições do parágrafo único do art. 521, e, para seu funcionamento, não tem valia as proibições contempladas, a começar pela propaganda de doutrinas incompatíveis com as instituições e os interesses da nação, bem como de candidaturas a cargos eletivos estranhos ao sindicato — que, sabidamente, dirigia-se aos comunistas e socialistas —, a cessão gratuita ou remunerada da sede à entidade de índole político-partidária. É ver a estreita vinculação da CUT com o Partido dos Trabalhadores (PT), da Força Sindical com o Partido Trabalhista Brasileiro (PTB) e com o Partido Democrático Trabalhista (PDT), da SDS com o Partido da Social Democracia Brasileira (PSDB). Não se tem mais a carta de reconhecimento, prevista no art. 520, mas, principalmente, extirpou-se da CLT toda a seção VIII, pródiga na determinação de penalidades, de multa, suspensão e destituição de diretores, fechamento de sindicato, cassação de sua carta de reconhecimento (arts. 553 a 557). Possível, sem dificuldades, a filiação a organizações internacionais, antes medida excepcional (art. 559).

Restou de tutela e intervenção o capítulo pertinente à contribuição sindical (arts. 578 a 610). Do mais, mantém-se a definição das categorias, profissional, econômica e diferenciada (art. 511), as prerrogativas (art. 513), a estrutura unitária (art. 516), o sistema verticalizado com federações e confederações (arts. 534 a 539), as garantias dos dirigentes sindicais (art. 543), as preferências para o empregador e para o trabalhador sindicalizados (arts. 544 e 546), o desconto em folha da contribuição associativa (art. 545), a participação em órgãos oficiais de deliberação coletiva (art. 547), o sindicato como denominação de uso exclusivo (art. 561) e parcialmente privativa para federações e confederações, quando seguidas da designação da atividade econômica ou profissional (art. 562), a forma de organização conforme o ramo de atividade (art. 570), a dissolução das categorias concentradas (art. 572).[85]

Possível assim traçar um quadro especificando o que se mantém e o que já perdeu efetividade na legislação sindical brasileira:

(85) Os arts. 570 e 571 mantêm-se parcialmente, excluídas as referências à Comissão do Enquadramento Sindical.

ORGANIZAÇÃO SINDICAL
Revogação total

Artigos	
512	— (associação pré-sindical);
514	— (deveres);
515	— (associação pré-sindical);
517	— (base territorial e delegacias);
518	— (reconhecimento, exigências);
519	— (associação pré-sindical, investidura como sindicato);
520	— (sindicato, reconhecimento);
521	— (condições para funcionamento);
523	— (delegados sindicais);
525	— (administração, interferência de estranhos);
526	— (empregados de sindicatos);
527	— (livro de registro de sócios);
528	— (intervenção ministerial);
529 a 532	— (eleição);
536	— (revogado pelo Decreto-lei n. 229, de 28.2.1967);
537	— (reconhecimento de federação);
541	— (inexistência de sindicato, filiação ao mais próximo);
542	— (revisão recursal pelo Ministério do Trabalho dos atos da diretoria ou da assembleia);
544	— (preferências para empregados sindicalizados);
546	— (preferências para empresas sindicalizadas);
547	— (preferências para empregados e empresas sindicalizados);
548	— (patrimônio);
551	— (registros contábeis);
553 a 557	— (penalidades);
558	— (registro);
559	— (extensão excepcional às associações civis para colaborar com o Estado [conforme art. 513, *d*]);
563	— (revogado pelo Decreto-lei n. 925, de 10.10.1969);
564	— (atividade econômica [mantida a vedação por incompatibilidade com os fins sindicais]);
565	— (filiação a organizações internacionais);
566	— (servidores públicos);
567 a 569	— (revogados pelo Decreto-lei n. 229/1967);
570 a 577	— [exceto o art. 571] — (enquadramento sindical);
594	— (revogado pela Lei n. 4.589, de 11.12.1964);
595 a 597	— (revogados pela Lei n. 4.589/1964).

Revogação parcial

Artigos	
511	— (fins);
topo	
513	
d	— (órgão de colaboração);
e	— (poder de tributário);
parágrafo único	— (agências de colocação);
516	— (exclusão de: “em uma dada base territorial”);
522	
§ 1º	— (eleição indireta do presidente);
§ 3º	— (em parte: atribuições dos delegados sindicais);
524	
e	— (pronunciamento sobre relações e dissídios de trabalho);
§§ 1º a 5º	— (eleição sindical);
534	
§ 1º	— (restrições à dissociação e ao desmembramento);
§ 2º	— (base territorial);
535	
§§ 1º a 4º	— (instituição pelo Estado);
538	
§ 3º	— (eleição indireta do presidente);
540	— (filiação, requisitos, com exclusão da expressão “desde que satisfaçam as exigências desta lei”);
543	
§ 4º	— (exclusão da expressão “ou indicação”);
§ 5º	— (exclusão da expressão: “O Ministério do Trabalho e Previdência Social fará no mesmo prazo a comunicação no caso de designação referida no final do § 4º);
549	
§ 2º	— (com exclusão da expressão “reunidas com a presença da maioria absoluta dos associados com direito a voto” e “com a maioria de seus membros”);
§ 3º	— (exclusão total);
571	— (exclusão da expressão: “a juízo da Comissão do Enquadramento Sindical”);

CONVENÇÃO COLETIVA DE TRABALHO

Revogação total

Artigos	
618	— observação: (revogação provisória por força do Projeto de Lei n. 134/2001 com solicitação de retirada pelo Poder Executivo, ainda pendente de deliberação);
623	— (nulidade por ofensa às normas disciplinadoras da política salarial do governo);
624	— (condicionamento de cláusula de aumento ou reajuste salarial que implique em elevação tarifária ou de preços tabelados à prévia audiência da autoridade responsável e declaração de possibilidade de elevação da tarifa ou do preço);

Revogação parcial

Artigos	
612	
topo	— (*quoruns*);
parágrafo único	— (*quorum*);
616	
topo	— (negociação coletiva, recusa);
§ 1º	— (mediação do Ministério do Trabalho e Emprego);
§ 2º	— (instauração do dissídio coletivo);

DISSÍDIO COLETIVO

Revogação total

Artigos	
856	— (instauração de ofício e por requerimento do Ministério Público em caso de greve, independentemente da natureza dos serviços ou das atividades);
872	— ação de cumprimento restrita aos associados e condicionada ao trânsito em julgado da decisão normativa (Lei n. 7.701/1998, art. 7º, § 6º);
874	— (revisão promovida por iniciativa do Tribunal e da Procuradoria);

Revogação parcial

Artigos	
857	
Topo	— (representação exclusiva dos sindicatos e do presidente do Tribunal, e da Procuradoria, no caso de greve);
859	— (*quoruns*);
860	
parágrafo único	— (audiência, instauração de ofícios);
875	— (exclusão da referência à Procuradoria do Trabalho);

GREVE
Revogação total

Artigos	
722 a 726	— observação: (arts. 723 a 725 revogados pela Lei n. 9.842, de 7.10.1999);

Texto mantido
ORGANIZAÇÃO SINDICAL
[CF, art. 8º, Lei n. 11.648, de 2008]

Artigos	
511	— (categorias econômica, profissional, diferenciada, homogeneidade);
§ 1º a 4º	
513	
topo	— (prerrogativas);
a	— (representação);
b	— (celebração de convenções coletivas);
c	— (eleição dos representantes);
516	— (exclusão da expressão "em uma dada base territorial");
522	
topo	— (administração: número limite de diretores e membros do conselho fiscal);
§ 2º	— (competência do conselho fiscal);
§ 3º	— (atribuições da diretoria, com exclusão da referência aos delegados sindicais);
524	

Artigos	
topo	— (assembleia geral);
a	— (eleição da representação);
b	— (tomada das contas);
c	— (aplicação do patrimônio);
d	— (julgamento dos recursos contra punição de associados);
533	
534	— (federação, com exclusão da expressão "organizadas nos termos desta lei");
topo	— (constituição de federações);
§ 3º	— (atribuições);
535	
topo	— (confederações);
538	— (administração);
§ 1º	— (diretoria e conselho fiscal);
§ 2º	— (elegibilidade);
§ 4º	— (delegação federativa);
§ 5º	— (conselho fiscal, competência);
539	— (federações e confederações);
543	
topo	— (garantias dos dirigentes sindicais contra o impedimento para o exercício do mandato, inclusive transferência);
§ 1º	— (perda do mandato);
§ 2º	— (licença não remunerada);
§ 3º	— (estabilidade);
§ 4º	— (cargo de direção, conceituação, com exclusão da expressão "ou indicação");
§ 5º	— (exclusão da expressão "O Ministério do Trabalho e Previdência Social fará no mesmo prazo a comunicação no caso da designação referida no final do § 4º");
545	— (penalidades contra a empresa por práticas antissindicais (impedir que o empregado crie organização sindical, filie-se a sindicato ou tenha atuação sindical).
549	— (contribuição associativa; desconto em folha mediante autorização do empregado);
§ 1º	— (aplicação da receita);
§ 2º	— (com exclusão da referência ao Banco Nacional da Habitação);
	— (alienação de bens imóveis);

Artigos	
552	— (malversação e disciplinação do patrimônio);
561	— (sindicato, denominação privativa);
562	— (federação e confederação, denominação privativa);
571	— (dissociação, com exclusão da referência à Comissão do Enquadramento Sindical);
578 a 610	— (contribuição sindical) observação: todo o capítulo III foi extinto pela Lei n. 11.648, de 2008, mas se mantém até que seja disciplinada por lei a contribuição negocial (art. 7º);
606	— (observação: o Ministério do Trabalho entende que diante da autonomia não lhe cabe mais expedir débito relativo à contribuição sindical; sendo assim, a cobrança se fará mediante ação ordinária).

CONVENÇÃO COLETIVA DE TRABALHO [CF, art. 7º, XXXVI e 8º, VI Lei n. 10.192 de 2000, arts. 9º, 10, 11 e 13]

Artigos	
611	
topo	— (conceito);
§ 1º	— (acordo coletivo);
§ 2º	— (legitimação das federações e confederações);
612	— (assembleia, com exclusão da referência a *quoruns*);
613	— (conteúdo mínimo);
parágrafo único	— (formalização);
614	— (depósito e arquivamento);
§ 1º	— (vigência; revogação tácita pelo desuso admitido pelas partes, Ministério do Trabalho e Emprego e Justiça do Trabalho);
§ 2º	— (publicidade);
§ 3º	— (duração);
615	— (prorrogação, revisão, denúncia e revogação);
§ 1º	— (depósito e arquivamento);
§ 2º	— (vigência; revogação tácita pelo desuso admitido pelas partes, Ministério do Trabalho e Emprego e Justiça do Trabalho);

Artigos	
616	
§ 3º	— (prazo para instauração do dissídio coletivo);
§ 4º	— (esgotamento das negociações coletivas);
617 § 1º	— (negociação direta entre empresa e empregados, ciência do sindicato para assunção das negociações);
	— (notificação da federação e da confederação sucessivamente, no caso de recurso e celebração do acordo entre empresa e empregados);
§ 2º	— (assembleia, aberta aos interessados, sindicalizados ou não) * (Contra minha opinião, com fundamento no inciso VI do art. 8º da Constituição, o TST e parte dos analistas entendem que o dispositivo se mantém);
619	— (invalidade de disposições contratuais que contrariem o acordo ou a convenção);
620	— (prevalência das condições mais favoráveis da convenção sobre as estipuladas em acordo);
621	— (estipulação sobre constituição e funcionamento de comissões mistas de consulta e colaboração e participação nos lucros);
622	— (multa pela pactuação de cláusula infringente de acordo ou convenção);
parágrafo único	— (redução da multa contra o empregado);
625	— (solução das controvérsias pela Justiça do Trabalho);

DISSÍDIO COLETIVO [CF, art. 114;

Lei n. 10.192, de 2000, arts. 11 a 14]

Artigos	
857	
parágrafo único	— (instauração pela federação e a sua falta pela confederação);
858	— (representação ou petição inicial);
859	— (deliberação da assembleia, com exclusão da referência a *quoruns*);
860	— (audiência de conciliação — notificação das partes em face da remissão ao art. 841);

Artigos	
861	— (representação do empregador pelo preposto);
862	— (conciliação);
863	— (acordo, homologação);
864	— (revelia, diligências, manifestação do Ministério Público, julgamento) * (substituindo Procuradoria por Ministério Público do Trabalho)
865	— (ameaça de perturbação da ordem, providências do presidente do Tribunal);
866	— (dissídio fora da sede do Tribunal, delegação de competência para conciliação e instrução);
867	— (decisão, notificação das partes);
parágrafo único	— (vigência);
a	— (ajuizamento após o prazo do art. 616, § 3º);
b	— (ajuizamento no prazo do art. 616, § 3º);
868 a 871	— (extensão da decisão) * (contra meu entendimento, o TST considera que se mantém a extensão das sentenças normativas);
873 a 875	— (revisão da decisão) * (substituindo Procuradoria por Ministério Público do Trabalho).

GREVE [CF, art. 9º; Lei n. 7.783/1989]

Há séria controvérsia quanto à recepção dos seguintes dispositivos:

"Art. 522. A administração do Sindicato será exercida por uma diretoria constituída, no máximo, de 7 (sete) e, no mínimo, de 3 (três) membros e de um Conselho Fiscal composto de 3 (três) membros, eleitos esses órgãos pela Assembleia Geral.

§ 1º A diretoria elegerá, dentre os seus membros, o Presidente do Sindicato."

Todavia, a decisão do Supremo Tribunal Federal acompanhada pelo Tribunal Superior do Trabalho diz respeito à aplicação do art. 543, § 2º, da CLT, logo, da estabilidade que ficaria limitada aos sete membros da direção executiva, aos três do conselho fiscal (em que pese o entendimento agora esboçado no TST, assumidamente contrário à garantia constitucional), aos dois delegados federativos ou confederativos e respectivos suplentes. Possível pois a ampliação dos membros da administração por deliberação da assembleia e previsão estatutária. Quanto à eleição indireta do presidente, fora de qualquer dúvida, não se mantém o § 1º.

"Art. 530. Não podem ser eleitos para cargos administrativos ou de representação econômica ou profissional, nem permanecer no exercício desses cargos:

I — os que não tiverem definitivamente aprovadas as suas contas de exercício em cargos de administração;

II — os que houverem lesado o patrimônio de qualquer entidade sindical;

IV — os que tiverem sido condenados por crime doloso enquanto persistirem os efeitos de pena;

V — os que não estiverem no gozo de seus direitos políticos;

VII — má conduta, devidamente comprovada."

Tratando-se de exigência que implica na preservação da ética mínima, nada impede a determinação de inelegibilidades, tal como já existe na legislação eleitoral, excetuada, naturalmente, a hipótese de suspensão dos direitos políticos.

"Art. 534. É facultado aos Sindicatos, quando em número não inferior a 5 (cinco), desde que representem a maioria absoluta de um grupo de atividades ou profissões idênticas, similares ou conexas, organizarem-se em federação.

§ 1º Se já existir federação no grupo de atividades ou profissões em que deva ser constituída nova entidade, a criação desta não poderá reduzir a menos de 5 (cinco) o número de Sindicatos que àquela devam continuar filiados.

§ 2º As federações serão constituídas por Estados, podendo o Ministro do Trabalho autorizar a constituição de Federações interestaduais ou nacionais.

§ 3º É permitida a qualquer federação, para o fim de lhes coordenar os interesses, agrupar os Sindicatos de determinado município ou região a ela filiados, mas a união não terá direito de representação das atividades ou profissões agrupadas."

Se não se mantém o art. 515, letra *a*, que exigia 1/3 do grupo profissional ou patronal para o reconhecimento do sindicato, não se justifica a continuação da exigência de adesão de cinco sindicatos para a fundação de uma federação nem o limite territorial de um Estado. De qualquer modo, o poder arbitrário dado ao Ministro para reconhecer federações interestaduais ou nacionais deixou de existir.

"Art. 535. As Confederações organizar-se-ão com o mínimo de 3 (três) federações e terão sede na Capital da República."

Da mesma forma, não se justifica a exigência de três federações para o reconhecimento de uma confederação, se bem que só se pode vê-la como conjunto de entidades federadas, e três é o número mínimo possível.

"Art. 549. A receita dos Sindicatos, Federações e Confederações só poderá ter aplicação na forma prevista nos respectivos orçamentos anuais, obedecidas as disposições estabelecidas na lei e nos seus estatutos.

§ 2º Os bens imóveis das entidades sindicais não serão alienados sem a prévia autorização das respectivas Assembleias Gerais, reunidas com a presença de maioria absoluta dos associados com direito a voto ou dos Conselhos de Representantes com a maioria absoluta dos seus membros.

§ 3º Caso não seja obtido o *quorum* estabelecido no parágrafo anterior, a matéria poderá ser decidida em nova Assembleia Geral, reunida com qualquer número de associados com direito a voto, após o transcurso de 10 (dez) dias da primeira convocação.

§ 4º Nas hipóteses previstas nos §§ 2º e 3º a decisão somente terá validade se adotada pelo mínimo de 2/3 (dois terços) dos presentes, em escrutínio secreto.

§ 6º A venda do imóvel será efetuada pela Diretoria da entidade, após a decisão da Assembleia Geral ou do Conselho de Representantes, mediante concorrência pública, com edital publicado no Diário Oficial da União e na imprensa diária, com antecedência mínima de 30 (trinta) dias da data de sua realização.

Art. 550. Os orçamentos das entidades sindicais serão aprovados, em escrutínio secreto, pelas respectivas Assembleias Gerais ou Conselho de Representantes, até 30 (trinta) dias antes do início do exercício financeiro a que se referem, e conterão a discriminação da receita e da despesa.

§ 1º Os orçamentos, após a aprovação prevista no presente artigo, serão publicados, em resumo, no prazo de 30 (trinta) dias, contados da data da realização da respectiva Assembleia Geral ou da reunião do Conselho de Representantes, que os aprovou, observada a seguinte sistemática:

a) no Diário Oficial da União — Seção I — Parte II, os orçamentos das Confederações, Federações e Sindicatos de base interestadual ou nacional;

b) no órgão de Imprensa Oficial do Estado ou Território ou jornal de grande circulação local, os orçamentos das Federações estaduais e Sindicatos distritais municipais, intermunicipais e estaduais.

§ 2º As dotações orçamentárias que se apresentarem insuficientes para o atendimento das despesas, ou não incluídas nos orçamentos correntes, poderão ser ajustadas ao fluxo dos gastos, mediante a abertura de créditos adicionais solicitados pela Diretoria da entidade às respectivas Assembleias Gerais ou Conselhos de Representantes, cujos atos concessórios serão publicados até o último dia do exercício correspondente, obedecida a mesma sistemática prevista no parágrafo anterior.

Art. 551. Todas as operações de ordem financeira e patrimonial serão evidenciadas pelos registros contábeis das entidades sindicais, executadas sob a responsabilidade de contabilista legalmente habilitado.

§ 1º A escrituração contábil a que se refere este artigo será baseada em documentos de receita e despesa, que ficarão arquivados nos serviços de contabilidade, à disposição dos órgãos responsáveis pelo acompanhamento administrativo.

§ 2º Os documentos comprobatórios dos atos de receita e despesa, a que se refere o parágrafo anterior, poderão ser incinerados, após decorridos 5 (cinco) anos da data de quitação das contas pelo órgão competente.

§ 8º As contas dos administradores das entidades sindicais serão aprovadas, em escrutínio secreto, pelas respectivas Assembleias Gerais ou Conselhos de Representantes, com prévio parecer do Conselho Fiscal."

Expungidas as medidas cartorárias e autoritárias a cargo do Ministro do Trabalho, entende-se que não fere o princípio da autonomia exigências de transparência e democracia interna no que se refere à aplicação dos recursos das entidades sindicais, ainda mais quando ainda recebem a contribuição sindical. Todavia, há de se afastar a exigência das alíneas *a* e *b*, substituindo-a por divulgação com transparência junto à categoria.

"Art. 564. Às entidades sindicais, sendo-lhes peculiar e essencial a atribuição representativa e coordenadora das correspondentes categorias ou profissões, é vedado, direta ou indiretamente, o exercício de atividade econômica."

Hoje muitos sindicatos aplicam seus fundos em atividades econômicas, como gráficas, postos de gasolina, hotéis. Mas o livre exercício de atividade econômica implicará no desvio dos fins básicos, afastando a natureza de associação classista. De tal modo, o resultado deverá necessariamente ser aplicado no custeio da ação sindical.

4. **Autonomia e a OIT**. A autonomia das organizações sindicais tem o prestígio da OIT em sua Convenção n. 87, que nos arts. 3º a 7º situa-a nestes termos:

"Art. 3º 1. As organizações de trabalhadores e de empregadores terão o direito de elaborar seus estatutos e regimentos, eleger livremente seus representantes, organizar sua administração e atividades e formular seus programas de ação.

2. As autoridades públicas abster-se-ão de qualquer intervenção que possa limitar esse direito ou cercear seu exercício legal.

Art. 4º As organizações de trabalhadores e de empregadores não estarão sujeitas a dissolução ou suspensão por autoridade administrativa.

Art. 5º As organizações de trabalhadores e de empregadores terão o direito de constituir federações e confederações, e de a elas se filiarem, e toda organização, federação ou confederação terá o direito de se filiar a organizações internacionais de trabalhadores e de empregadores.

Art. 6º O disposto nos arts. 2º, 3º e 4º desta Convenção aplica-se a federações e confederações de organizações de trabalhadores e de empregadores.

Art. 7º A aquisição de personalidade jurídica por organizações de trabalhadores e de empregadores, federações e confederações não estará sujeita a condições que restrinjam a aplicação do disposto nos arts. 2º, 3º e 4º desta Convenção."

5. **Autonomia sindical x soberania**. Autonomia, numa acepção ampla, é o "princípio segundo o qual um Estado tem o direito de escolher sua própria forma de governo e ideologia", que se confunde com soberania, "o complexo dos poderes que formam uma nação politicamente organizada", a "propriedade que tem um Estado de ser uma ordem suprema que não deve a sua validade a nenhuma outra ordem superior", segundo as definições extraídas do Dicionário de Aurélio (ob. cit).

6. **Autonomia x liberdade sindical**. Distinguem-se autonomia e liberdade sindical quando se reserva a segunda para prestigiar a liberdade individual como expressão da cidadania, assegurada constitucionalmente a todos os cidadãos (arts. 1º, II e 5º, II).[86]

7. **Autonomia coletiva privada**. O interesse coletivo qualifica-se quando emana da assembleia. Logo, nunca poderá ter uma definição desarmada. Quer dizer, se inicialmente configurou-se um interesse patronal, deve passar necessariamente pelo juízo da assembleia para que assuma feição, também, de interesse dos trabalhadores. Exemplo: interesse do empregador: reduzir custos diante de dificuldades econômica; interesse dos trabalhadores envolvidos: garantia dos empregos. Acertadas as partes, tudo ficará bem retratado no instrumento normativo.

Representando um conjunto, a associação sindical transcende o individualismo de seus membros para dar significado à vontade majoritária configurada num procedimento democrático de manifestação coletiva.

A autonomia coletiva privada supera o individualismo tradicional, que é sacrificado em nome de um bem que adquire dimensão maior, ou seja, o interesse comum. Assim, a coletividade organizada disciplina sua ordem interna, obrigando os filiados fundamentalmente através do estatuto social e também pelas deliberações gerais tomadas pela assembleia.

Da mesma forma, o sindicato cria a lei interna através de negociações com o lado contrário, materializada nos acordos e nas convenções coletivas de trabalho, compulsórias para a categoria considerada como um todo.

A autonomia coletiva privada supera o individualismo tradicional, que é sacrificado em nome de um bem que adquire dimensão maior, ou seja, o interesse comum.

(86) Art. 1º A República Federativa do Brasil, formada pela união indissolúvel dos Estados e Municípios e do Distrito Federal, constitui-se em Estado Democrático de Direito e tem como fundamentos: II — a cidadania;

Art. 5º Todos são iguais perante a lei, sem distinção de qualquer natureza, garantindo-se aos brasileiros e aos estrangeiros residentes no País a inviolabilidade do direito à vida, à liberdade, à igualdade, à segurança e à propriedade, nos termos seguintes:

II — ninguém será obrigado a fazer ou deixar de fazer alguma coisa senão em virtude de lei.

O princípio, até bem pouco tempo, ou era ignorado ou simplesmente desqualificado como atentatório à democracia e ao individualismo.

Mas como explicar a submissão ao comando da assembleia geral quando o filiado não concorda com a proposta votada de convenção coletiva ou de decretação da greve para a defesa dos interesses definidos? E como explicar a mesma submissão, só que agora daquele que não possui filiação e procura exercer em sua plenitude a liberdade sindical negativa?

8. **Autonomia sindical**. Se autonomia é a faculdade de se governar por si mesmo, revela expressão de poder, significando a autonomia sindical a independência do sindicato como associação especial, que se sobrepõe às demais, diante das atribuições que possui, é liberdade potencializada, é poder de ser livre. Por isso mesmo, autonomia, num primeiro momento, tem a ver com a liberdade frente ao Estado, mas, aí, não como poder concorrente, e sim como direito de não submissão, ficando a salvo, pois, de qualquer ingerência em sua administração ou intervenção capaz de comprometer suas atividades. Claro que no Estado Democrático de Direito nenhum agrupamento, partido político, instituição religiosa, associação civil, seja qual for seu objetivo, tem autonomia absoluta. Sempre existirão limitações legais e assim legitimadas quando não comprometem ou anulam os princípios fundamentais de liberdade de expressão, de consciência, de crença, de convicção filosófica ou política. O Estado Democrático de Direito que dá sustentação à República tem como fundamento a soberania, que é poder político, mas também a cidadania que é garantia individual e, além disso, a dignidade da pessoa humana, os valores sociais do trabalho e da livre-iniciativa e, finalmente, o pluralismo político.(87)

Trata-se, pois, de um princípio essencialmente político porque o sindicato representa a unidade de uma classe historicamente oprimida, fundamental para a produção, mas excluída quase sempre do alcance dos bens produzidos. A ação sindical, por isso mesmo, assenta-se na luta de classes como forma de superação do capital.

Nem por outra razão ao longo da história o Estado procurou tolher a autonomia das associações sindicais, trazendo-as para seu controle como órgãos de colaboração e de conciliação dos conflitos sociais.

Como já visto, no regime da Consolidação das Leis do Trabalho, o sindicato tinha como dever colaborar com os poderes públicos no desenvolvimento da solidariedade social cumprindo-lhe promover a conciliação nos dissídios de trabalho (CLT, art. 514, *a* e *c*). Mas a Constituição de 1988 foi incisiva, consagrando a mais ampla autonomia, a ponto de afastar toda e qualquer ingerência ou intervenção do Estado na administração dos sindicatos.

---

(87) CF, art. 1º, V.

Pode-se dizer que a autonomia sindical possui o mesmo tamanho da liberdade política, pois não se conjuga com nenhuma forma de governo autoritário ou ditatorial.

Compreende-se na autonomia a liberdade de, através da assembleia geral, redigir os estatutos, de fixar as cotizações, o programa de ação, de definir os quadros administrativos, de disciplinar o processo eleitoral, a prestação de serviços; a garantia de suspensão ou dissolução apenas mediante decisão judicial, ficando imune a qualquer forma de intervenção por parte do Estado.

Mas a autonomia é mais ampla e, diante da pluralidade de ideologias e credos, deve ter presente os interesses comuns para não vincular as organizações sindicais a partidos políticos ou igrejas. Mas sempre houve uma proximidade entre sindicatos e facções políticas. Num primeiro momento, o Partido Comunista e o Partido Trabalhista Brasileiro de Getúlio Vargas deixaram marcas bem visíveis no sindicalismo, emprestando diretamente sua orientação às diretrizes a serem seguidas e às bandeiras que seriam defendidas. Posteriormente, mostrou-se nítida a ligação estreita entre o Partido dos Trabalhadores e a Central Única dos Trabalhadores — CUT. Da mesma forma, a igreja, em suas diferentes formações, como a Pastoral Operária, atua no meio sindical, praticamente engajada na mesma central. Melhor mesmo será o reconhecimento de tendências no seio do sindicato, tal como se dá na CUT, onde conviveram diferentes grupos bem definidos, como a Corrente Sindical Classista — CSC —, ligada ao Partido Comunista do Brasil, O Trabalho, trotskista, com a Articulação, então majoritária, na qual se abrigavam o presidente Luiz Inácio Lula da Silva e todos os seus dirigentes principais, de Jair Meneguelli a Luiz Marinho, passando por Vicente Paulo da Silva e João Felício.

Enfim, o princípio da autonomia confunde-se com a própria democracia. De fato, um dos pilares do Estado Democrático de Direito é o pluralismo político, e a organização sindical como fonte de poder compõe essa estruturação complexa que deve, em tudo, reger nosso ordenamento jurídico. Daí porque afirmamos sempre — e é bom repetir — que o tamanho da autonomia sindical é igual ao da liberdade política. O governo Dutra, em plena redemocratização do país, contabilizou 219 intervenções em sindicatos.[(88)] Na ditadura de 1964, chegaram a 1.565.[(89)]

A autonomia não tolera limitações organizativas, num plano horizontal, no qual se agrupam sindicatos representativos de grupos variados e num plano vertical, confederativo, abrangendo setores de atividades próximas.

---

(88) ERICKSON, Kenneth Paul. *Sindicalismo no processo político no Brasil*. São Paulo: Brasiliense, 1979. p. 67. Foram 143 nas contas de Thomas Skidmore, para um total de 944 entidades existentes. De Getúlio a Castelo, Saga, 1969, mais de 400 para Leôncio Basbaum. (MARANHÃO, Ricardo. *Sindicatos e democratização*. São Paulo: Brasiliense, 1979. p. 89).

(89) ALVES, Maria Helena Moreira. *Estado e oposição no Brasil* (1964-1984). Rio de Janeiro: Vozes, 1984. p. 69.

E, é claro, não pode ser tolhido o direito de filiação a organizações sindicais internacionais.

No sistema brasileiro convivem autonomia e unicidade sindical. Desse modo, a unidade de representação da classe em função do ramo de atividade e de região socioeconômica definida não compromete o princípio quando o sistema não foi imposto pela vontade dos mandatários de uma ditadura, mas adotado por uma Assembleia Constituinte livre e democrática.

Importância extraordinária tem a distinção entre associação comum e sindical, a primeira, tratada genericamente nos incisos XVII a XXI do art. 5º da Constituição, e a segunda, especificamente no art. 8º.

Se bem que a Constituição só se refira à autonomia em relação ao Estado, ela é mais ampla, pois não permite que o sindicato gire, como apontado, em torno de partido, organização política, instituição religiosa, mas também na órbita de instituições parassindicais, estrangeiras, e muito menos do patronato.

É possível, para efeito de ordenação lógica, conceituar autonomia sindical como liberdade do sindicato enquanto pessoa jurídica frente ao Estado, aos partidos políticos, às seitas religiosas, aos empregadores e as suas organizações. Partindo desse raciocínio, sindicato autônomo significa, necessariamente, sindicato livre e independente. O sindicato materializa a associação natural dos trabalhadores e historicamente objetiva a soma de forças numa unidade duradoura para a obtenção de melhores condições de trabalho e afirmação no contexto social e político. É que, aparente ou latente, a ideologia determina, conforme os ciclos da história, sua ação contestatória ou colaboracionista. Mas, como regra, o sindicato é órgão de luta, reivindicatório, e confronta com o Estado, provocando, muitas vezes, sua ação repressiva. Não se pode, pois, admitir o sindicato preso ao Estado, controlado pelos empregadores, conduzido pela igreja ou pelos partidos políticos.

Observa-se, paradoxalmente, num governo presidido por quem defendeu o sindicalismo livre e sentiu o autoritarismo repressivo do Estado que o afastou de sua direção, colocando em seu lugar um agente do Ministério do Trabalho, além de levá-lo à prisão, a retomada do intervencionismo, comprometendo a autonomia, que se faz sentir nas medidas tomadas para cadastramento das entidades sindicais, de registro, censura dos acordos e das convenções coletivas e, mais recentemente, já no governo Dilma Rousseff, com a adoção do Sistema Homologanet (Portaria n. 1.621, de 14.7.2010), através do qual determinou o procedimento a ser adotado na assistência às rescisões contratuais (CLT, art. 477); e, finalmente, o restabelecimento do enquadramento sindical, agora definido pelo Conselho Nacional de Relações do Trabalho, já pensado na reforma frustrada do Fórum Nacional do Trabalho, tentada por meio de medida provisória, e criado com a Portaria n. 2.092, de 2.9.2010.

A ingerência também foi praticada pelo Ministério Público do Trabalho, que determinou aos sindicatos a adoção de medidas tendentes a dar efetividade ao art. 11 da Constituição, empenhando-se para a eleição do representante dos trabalhadores nas empresas com mais de duzentos empregados. A medida atenta contra a autonomia, posto que o propósito dos sindicatos mais atuantes sempre foi a organização nos locais de trabalho e a representação interna não tem natureza sindical.

PARTE 3. REGISTRO

Sumário: 1. Considerações. 2. Disciplinação constitucional. 3. Disciplinação legal. 4. Registro.

1. **Considerações**. No regime do Decreto n. 1.637, de 1907, bastava o depósito no cartório do registro de hipotecas do distrito respectivo para a constituição do sindicato. Depois, o Decreto-lei n. 19.770, de 1931, exigiu mais que o registro, o reconhecimento a cargo do Ministério do Trabalho, Indústria e Comércio, recém-criado. Seu art. 2º revelava o regime de tutela que se inaugurava ao estabelecer que os sindicatos só adquiriam personalidade jurídica com a aprovação de seus estatutos pelo órgão ministerial. O Decreto-lei n. 24.694, de 1934, não liberalizou o sistema, mantendo a exigência de aprovação do estatuto pela mesma autoridade. Com o Decreto-lei n. 1.402, de 1939, ao qual se atribui todo o autoritarismo que ainda marca nossa legislação sindical, simplesmente seguiu-se os modelos anteriores, dispondo seu art. 8º: "O pedido de reconhecimento será dirigido ao Ministro do Trabalho, Indústria e Comércio, instruído com exemplar ou cópia autenticada dos estatutos da associação", reproduzido no art. 518 da Consolidação das Leis do Trabalho. Com o registro era expedida a carta de reconhecimento, na qual era especificada a representação e a base territorial (art. 520).

Seu caráter de tutela é revelado nas palavras de Oliveira Vianna, ideólogo do corporativismo sindical e autor da lei de 1937: "Com a instituição deste registro, toda a vida das associações profissionais passará a gravitar em torno do Ministério do Trabalho: nele nascerão; com ele se desenvolverão; nele se extinguirão".[90]

2. **Disciplinação constitucional**. O art. 8º da Constituição ressalvou no inciso I a obrigação do registro das associações sindicais.

"É livre a associação profissional ou sindical, observado o seguinte:

I — a lei não poderá exigir autorização do Estado para a fundação de sindicato, ressalvado o registro no órgão competente, vedadas ao Poder Público a interferência e a intervenção na organização sindical."

---

(90) *Problemas de direito sindical*, cit., p. 209.

3. **Disciplinação legal**. Por força do entendimento firmado no Supremo Tribunal Federal, assentou-se que o órgão competente para o registro das entidades sindicais continua sendo o Ministério do Trabalho e Emprego. Desse modo, mantém-se, em termos, o art. 518 da CLT:

"O pedido de reconhecimento será dirigido ao Ministro do Trabalho instruído com exemplar ou cópia autenticada dos estatutos da associação."

4. **Registro**. O sindicato é uma associação de classe, que tem tratamento diferenciado da associação comum, mas não deixa de ser uma pessoa jurídica de direito privado, como se lê no inciso I do art. 44 do Código Civil. Segundo determinação do art. 45, começa a existência legal das pessoas jurídicas de direito privado com a inscrição do ato constitutivo no respectivo registro, que declarará a denominação, os fins, a sede, o tempo de duração, o nome e a individualização dos fundadores e dos diretores, o modo como se administra e representa, ativa e passivamente, judicial e extrajudicialmente, as condições de alteração do estatuto e da dissolução, com o destino do patrimônio e quanto à responsabilidade subsidiária dos filiados (art. 46). Sendo a administração coletiva, as decisões serão tomadas pela maioria de votos, salvo se de outro modo dispuser o estatuto.

A associação é constituída pela união de pessoas que se organizam para fins não econômicos, na conceituação do Código Civil, art. 53, que a distinguiu da sociedade, organização de pessoas que reciprocamente se obrigam a contribuir, com bens ou serviços, para o exercício de atividade econômica e partilham entre si os resultados, a teor do art. 981.

Como visto, no inciso I do art. 8º foi ressalvada como única limitação da autonomia o registro do sindicato no órgão competente sem que fosse ele definido. Nem por outra razão, logo formaram-se duas correntes, opondo-se na interpretação da ressalva, uma mantendo como tal o Ministério do Trabalho, enquanto outra vê nisso intolerável ingerência estatal, preferindo os cartórios civis, na forma da Lei n. 6.015, de 31 de dezembro de 1973.

Vale ter presente que no regime da CLT os sindicatos não eram simplesmente registrados, mas reconhecidos. O ato ministerial só se justificava num sistema autoritário, e o reconhecimento condicionava-se à submissão ao Estado, como órgão de colaboração (CLT, art. 518, *c*). Registro, em verdade, só vinha referido no art. 558, para gerar o "direito de representação dos interesses individuais dos associados", relativos à sua atividade ou profissão "e atribuir as prerrogativas do art. 513", mais amplas, abrangendo a categoria como um todo. O registro das sociedades civis é inerente ao dever de tutela do Estado para "provar a situação jurídica do registrado e torná-la conhecida de terceiros"[91], mas nem por isso significa monopólio dos cartórios, bastando

(91) MONTEIRO, Washington de Barros citado por CENEVIVA, Walter. *Lei dos registros públicos*. São Paulo: Saraiva, 1988. p. 5.

lembrar as sociedades de advogados que adquirem personalidade jurídica com o registro de seus atos constitutivos no Conselho Seccional da OAB, em cuja base territorial tiver sede.[92]

No final de 1989, o Superior Tribunal de Justiça decidiu que se manteve a competência do Ministério do Trabalho para promover o registro sindical, enquanto lei ordinária não vier dispor de outra forma, porém limitada à verificação da observância ou não da ressalva constitucional que veda a existência de organização sindical da mesma categoria profissional em idêntica base territorial.

Para dar cumprimento à decisão, foi editada a Instrução Normativa n. 5, de 15.2.1990, passando o Ministério do Trabalho, desde então, a expedir cartas de reconhecimento.

O entendimento foi referendado pelo Supremo Tribunal Federal, para o qual "as normas da Consolidação das Leis do Trabalho que não se conflitam com o ordenamento constitucional foram recepcionadas e mantém-se ativas". A decisão, segundo o voto do Ministro Célio Borja, reconheceu que o registro "não constitui limitação à liberdade de associação sindical. Trata-se de ato vinculado, de estreito controle de legalidade da criação de entidade sindical".[93] A propósito, observa Arnaldo Lopes Süssekind que, "consoante a orientação da OIT, o depósito dos estatutos das associações para fins de registro e aquisição de personalidade sindical, seja ante uma pessoa designada para tal fim ou uma autoridade administrativa competente (Ministério do Trabalho, etc.), não significa requisito prévio de uma autorização dada por autoridade pública", sendo certo que "a autoridade pode estar obrigada a convidar os dirigentes a modificar toda disposição que viole a legislação".[94]

O entendimento firmado no Supremo Tribunal Federal teve em conta a função da salvaguarda da unicidade sindical, posto ser o Ministério do Trabalho detentor do acervo de informações imprescindíveis ao seu desempenho. Com ele afinou-se o Tribunal Superior do Trabalho.

Mas em outra linha foi a jurisprudência do Superior Tribunal de Justiça, só reconhecendo o registro civil.

No Governo Collor, seu Ministro do Trabalho editou, primeiro, a Instrução Normativa n. 9, de 21.3.1990, depois a de n. 1, de 27.8.1991, que pouco se diferenciavam, para disciplinar o registro sindical. Foi criado o Arquivo das Entidades Sindicais Brasileiras, vinculado ao Ministério do Trabalho, estabe-

(92) Lei n. 8.906/1994, art. 15.
(93) Ac. do Pleno, de 3.5.1989, no MS n. 20.829.5, in *Revista LTr*, n. 53, p. 976, ago. 1989.
(94) *Comentários à Constituição*. Rio de Janeiro: Freitas Bastos, 1991. v. 2, p. 30.
Süssekind acrescenta que "... o registro referido na Constituição constitui inquestionavelmente a garantia da unicidade sindical, sem o qual não teria sentido" (p. 30).

lecendo-se, em resumo, que: o pedido de arquivo seria requerido ao Ministro com cópia da ata da assembleia de constituição e dos estatutos; mais declaração indicando a base territorial, esclarecimento quanto a tratar-se de sindicato novo ou surgido mediante desmembramento, descentralização ou criação de categorias; mas, contraditoriamente, exigia-se, ainda, certidão do registro cartorário. Instituiu-se a figura da impugnação, com prazo de sete dias para seu oferecimento, além do que, dispôs-se que as controvérsias surgidas com sua apresentação seriam dirimidas diretamente pelos interessados ou pelo Poder Judiciário.

A Instrução n. 1 manteve o Arquivo, a impugnação e duplicidade de procedimentos: registro no cartório e inclusão no Arquivo, enquanto o parágrafo único de seu art. 4º deixava às claras a ineficiência do modelo, especificando que "a inclusão de entidades sindicais no Arquivo de Entidades Sindicais Brasileiras não constitui ato concessivo de personalidade jurídica ou de caráter homologatório, nem se destina a conferir ao requerente legitimidade para representar a categoria, fato meramente cadastral, para o fim de tornar pública a existência da entidade e servir como fonte unificada de dados a que os interessados poderão recorrer como elemento documental para dirimir suas controvérsias, por si mesmas ou junto ao Poder Judiciário".

Veio depois a Instrução Normativa n. 3, de 10.8.1994. Ao contrário das demais, seu art. 12 era taxativo ao definir a competência do Ministro do Trabalho para decidir sobre o registro de sindicatos, federações e confederações. O Arquivo foi substituído pelo Cadastro Nacional das Entidades sindicais, sob a responsabilidade do Secretário de Relações do Trabalho. A Instrução aplicava-se às alterações estatutárias, sobrepondo-se, assim, à soberania das assembleias, ficando atreladas à vontade do Ministro do Trabalho.

Seguiu-se a Instrução Normativa n. 1, de 17.7.1997, e depois a Portaria n. 343, de 4 de maio de 2000; esta, corretamente, deu ao ato de registro a natureza que lhe é própria, de ato vinculado, e não decisório, vinculado à preservação do princípio da unicidade sindical e da base territorial mínima.

Já no governo Lula, pela primeira vez o Ministério do Trabalho escapou do controle do Partido dos Trabalhadores — PT, caindo nas mãos de Carlos Luppi, do Partido Democrático dos Trabalhadores — PDT, formado nas hostes de Leonel Brizola. A Secretaria de Relações do Trabalho, centro propulsor do Ministério, foi entregue a Luiz Antônio de Medeiros, que presidiu o Sindicato dos Metalúrgicos de São Paulo e a central Força Sindical. Filiado ao PFL e depois ao PL, que se tornaram o primeiro Partido Democrata — DEM, o segundo Partido da República — PP, quando se fundiu com o Partido da Reedificação da Ordem Moral — PRONA. A ele se deve a Portaria n. 186, de 10 de abril de 2008, que deu ao registro sindical natureza de processo administrativo, aproveitando, ainda, para implantar a pluralidade sindical nos espaços acima dos sindicatos; em outras palavras, para federações e confederações.

A Constituição, no art. 1º, I, reforçou a autonomia sindical, ressalvando o registro no órgão competente.

Revela-se na doutrina nítida preferência para que o registro se dê nos cartórios civis, afastando-se qualquer propósito intervencionista do Estado. Mas era preciso saber qual o órgão competente a que se referia a Constituição. A resposta veio com a decisão do Supremo Tribunal Federal que manteve como tal o Ministério do Trabalho, mas só porque era ainda o guardião do arquivo das entidades sindicais. Porém ressaltou que o registro não seria mais do que ato cartorário, vinculado à preservação da unicidade sindical, e provisório, até que a lei ordinária determinasse o definitivo, que tanto poderia confirmar o primeiro como atribuí-lo aos cartórios civis: "recepção em termos, da competência do Ministério do Trabalho, sem prejuízo da possibilidade de a lei vir a criar regime diverso. 1. O que é inerente à nova concepção constitucional positiva de liberdade sindical, e não a inexistência de registro público, o qual é reclamado, no sistema brasileiro, para o aperfeiçoamento da constituição de toda e qualquer pessoa jurídica de direito privado — mas, a teor do art. 8º, I, do texto fundamental, "que a lei não poderá exigir autorização do Estado para a fundação de sindicato": o decisivo, para que se resguardem as liberdades constitucionais de associação civil ou de associação sindical, e, pois, que se trate efetivamente de simples registro — ato vinculado, subordinado apenas a verificação de pressupostos legais —, e não de autorização ou de reconhecimento discricionários. 2. A diferença entre o novo sistema, de simples registro, em relação ao antigo, de outorga discricionária do reconhecimento sindical, não resulta de caber o registro dos sindicatos ao Ministério do Trabalho ou a outro ofício de registro público. 3. Ao registro das entidades sindicais inere a função de garantia da imposição de unicidade — esta, sim, a mais importante das limitações constitucionais ao princípio da liberdade sindical. 4. A função de salvaguarda da unicidade sindical induz a sediar, *si et in quantum*, a competência para o registro das entidades sindicais no Ministério do Trabalho, detentor do acervo das informações imprescindíveis ao seu desempenho".[95]

A Portaria desdobra-se em seis capítulos, destacando-se o papel dado aos "analistas ministeriais", à aplicação do processo administrativo, à autocomposição, à pluralidade das entidades de grau superior.

O requerimento para o registro, informatizado, deve compactar-se no modelo eletrônico disponibilizado na internet, protocolado com a documentação exigida na Superintendência Regional do Trabalho (antiga Delegacia Regional).

(95) MI n. 144/SP, rel. Min. Sepúlveda Pertence, DO 28.5.1993, p. 10.381.

Assim, em nome da modernidade e da velocidade que se exige para chegar à administração pública, faltará espaço para a fundamentação do pedido. O estatuto deve, antes, ser registrado no cartório civil, o que exigirá a observância dos dispositivos pertinentes do Código Civil,[96] mais comprovante de endereço

---

(96) CC, art. 46. O registro declarará:
I — a denominação, os fins, a sede, o tempo de duração e o fundo social, quando houver;
II — o nome e a individualização dos fundadores ou instituidores, e dos diretores;
III — o modo por que se administra e representa, ativa e passivamente, judicial e extrajudicialmente;
IV — se o ato constitutivo é reformável no tocante à administração, e de que modo;
V — se os membros respondem, ou não, subsidiariamente, pelas obrigações sociais;
VI — as condições de extinção da pessoa jurídica e o destino do seu patrimônio, nesse caso.
Art. 47. Obrigam a pessoa jurídica os atos dos administradores, exercidos nos limites de seus poderes definidos no ato constitutivo.
Art. 48. Se a pessoa jurídica tiver administração coletiva, as decisões se tomarão pela maioria de votos dos presentes, salvo se o ato constitutivo dispuser de modo diverso.
Parágrafo único. Decai em três anos o direito de anular as decisões a que se refere este artigo, quando violarem a lei ou estatuto, ou forem eivadas de erro, dolo, simulação ou fraude.
Art. 54. Sob pena de nulidade, o estatuto das associações conterá:
I — a denominação, os fins e a sede da associação;
II — os requisitos para a admissão, demissão e exclusão dos associados;
III — os direitos e deveres dos associados;
IV — as fontes de recursos para sua manutenção;
V — o modo de constituição e funcionamento dos órgãos deliberativos e administrativos;
V — o modo de constituição e de funcionamento dos órgãos deliberativos; (Redação dada pela Lei n. 11.127, de 2005).
VI — as condições para a alteração das disposições estatutárias e para a dissolução.
VII — a forma de gestão administrativa e de aprovação das respectivas contas. (Incluído pela Lei n. 11.127, de 2005)
Art. 55. Os associados devem ter iguais direitos, mas o estatuto poderá instituir categorias com vantagens especiais.
Art. 57. A exclusão do associado só é admissível havendo justa causa, assim reconhecida em procedimento que assegure direito de defesa e de recurso, nos termos previstos no estatuto. (Redação dada pela Lei n. 11.127, de 2005).
Art. 58. Nenhum associado poderá ser impedido de exercer direito ou função que lhe tenha sido legitimamente conferido, a não ser nos casos e pela forma previstos na lei ou no estatuto.
Art. 59. Compete privativamente à assembleia geral: (Redação dada pela Lei n. 11.127, de 2005).
I — destituir os administradores; (Redação dada pela Lei n. 11.127, de 2005).
II — alterar o estatuto. (Redação dada pela Lei n. 11.127, de 2005).
Parágrafo único. Para as deliberações a que se referem os incisos I e II deste artigo é exigido deliberação da assembleia especialmente convocada para esse fim, cujo *quorum* será o estabelecido no estatuto, bem como os critérios de eleição dos administradores. (Redação dada pela Lei n. 11.127, de 2005).
Art. 60. A convocação dos órgãos deliberativos far-se-á na forma do estatuto, garantido a 1/5 (um quinto) dos associados o direito de promovê-la. (Redação dada pela Lei n. 11.127, de 2005).
Art. 61. Dissolvida a associação, o remanescente do seu patrimônio líquido, depois de deduzidas, se for o caso, as quotas ou frações ideais referidas no parágrafo único do art. 56, serão destinadas à entidade de fins não econômicos designada no estatuto, ou, omisso este, por deliberação dos associados, à instituição municipal, estadual ou federal, de fins idênticos ou semelhantes.
§ 1º Por cláusula do estatuto ou, no seu silêncio, por deliberação dos associados, podem estes, antes da destinação do remanescente referida neste artigo, receber em restituição, atualizado o respectivo valor, as contribuições que tiverem prestado ao patrimônio da associação.
§ 2º Não existindo no Município, no Estado, no Distrito Federal ou no Território, em que a associação tiver sede, instituição nas condições indicadas neste artigo, o que remanescer do seu patrimônio se devolverá à Fazenda do Estado, do Distrito Federal ou da União.

e certidão do Cadastro Nacional da Pessoa Jurídica — CNPJ, do Ministério da Fazenda. Depois, o processo irá para a Secretaria de Relações do Trabalho para a "conferência" dos documentos e, em seguida, para a Coordenação Geral de Registro Sindical, para análise. Caberá ao Secretário de Relações do Trabalho negar o registro, determinando o arquivamento do pedido, conforme a redação do art. 5º, quando: a) não existir a categoria que se pretende representar; b) for ofendido o sistema de unicidade sindical; c) a associação criada englobar a cidade sede de sindicato já registrado; d) o pedido desatender à forma imposta; e) a documentação apresentada for insuficiente.

A atribuição dada ao Ministério do Trabalho para, com apoio na avaliação dos "analistas", afirmar ou negar a existência de uma categoria fere não só a autonomia sindical duramente conquistada, mas também o princípio da legalidade, garantia fundamental inscrita no inciso II do art. 5º da Constituição.

A Portaria, rompendo ilegalmente com o comando constitucional, afrontando a função primordial do Supremo Tribunal Federal, a quem cabe dar a exata interpretação dos textos constitucionais segundo o art. 93, inciso XI, ousou implantar a pluralidade nos níveis superiores da organização sindical, assim dispondo o art. 21:

> "A filiação de uma entidade de grau inferior a mais de uma entidade de grau superior não poderá ser considerada para fins de composição do número mínimo previsto em lei para a criação ou manutenção de uma federação ou confederação."

A Portaria, obra isolada de um segmento do Poder Executivo, se sobrepõe não só a lei, ferindo o art. 516 da CLT e ofendendo dolosamente a Constituição Federal, vale dizer, uma ou algumas cabeças atropelam os Constituintes que representavam o povo brasileiro.

Além de tudo, instituiu a autocomposição para os pedidos de registro quando admitidas as impugnações por intermédio do Secretário de Relações do Trabalho ou da Superintendência Regional do Trabalho. Na reunião designada com antecedência de quinze dias, o procedimento será iniciado com a manifestação das partes sobre as bases de uma possível conciliação, lavrando-se ata assinada pelas partes investidas com poder de decisão, consignando-se o resultado da tentativa de acordo e se for o caso as eventuais ausências atestadas pelos demais presentes. O acordo acertado fundamentará a concessão do registro ou a alteração estatutária que tenha ampliado a representação ou a base territorial, isso depois de instrumentalizado no estatuto e registrado em cartório. Do contrário, o pedido ficará sobrestado até que o conflito seja resolvido judicialmente, de forma amistosa ou não. Bem, se o interesse de se organizar em sindicato é da coletividade interessada, fora de dúvida que o acordo não terá validade pela vontade de dois ou mais "representantes legais das entidades impugnantes ou impugnadas", ainda que tenham poder de decisão, pois este será sempre da assembleia que não poderá deliberar em abstrato, mas somente em face de uma proposta concreta. A inconstitucionalidade da Portaria, por certo, manterá aceso o conflito de interesses, conduzindo à sua anulação judicial.

O registro deixou de ser um ato meramente cartorário e vinculado para ser regido segundo a Lei n. 9.784, de 29 de janeiro de 1999, que disciplina o processo administrativo, de modo que passou a compreender contraditório, instrução e decisão. Sendo assim, interessa saber da legalidade da medida extrema de extinção determinada pela revelia. Quando o pedido de registro for contrariado por impugnação acolhida, abre-se espaço para a autocomposição com a notificação das partes envolvidas no conflito para comparecimento à reunião a ser realizada no âmbito da Secretaria de Relações do Trabalho ou na Superintendência Regional da sede do impugnado. Só que, se o impugnado não comparecer, será arquivado o pedido de registro; não comparecendo o impugnante à impugnação, e havendo mais de um, serão arquivadas as formuladas pelos revéis. No entanto, a Lei n. 9.784, no art. 27, é precisa ao firmar que "o desentendimento da intimação (para comparecer à reunião ou audiência de conciliação) não importa o reconhecimento da verdade dos fatos, nem a renúncia a direito pelo administrado", pois valerá acima de tudo o princípio da legalidade, tal como exige o art. 2º da lei:

> "A Administração Pública obedecerá, dentre outros, aos princípios da legalidade, finalidade, motivação, razoabilidade, proporcionalidade, moralidade, ampla defesa, contraditório, segurança jurídica, interesse público e eficiência.
>
> Parágrafo único. Nos processos administrativos serão observados, entre outros, os critérios de: I — atuação conforme a lei e o Direito..."

Sendo assim, se a Constituição impõe a unicidade sindical, e se a análise do pedido de registro em conjunto com a impugnação revela que há ofensa ao princípio constitucional, é defeso o processo conciliatório porque as partes envolvidas não poderão, com o aval de administração pública, dispor de outro modo.

A Portaria cogita ainda da hipótese de desmembramento, que se entende como supressão de parte da base territorial, que admite, mas com restrições, ou seja, quando a base do impugnado for menor que a do impugnante e, ainda assim, desde que não englobe o município sede desse e não haja coincidência de categoria específica. Quer dizer, se a base do impugnado for maior que a do impugnante, não caberá impugnação. E mais, para os trabalhadores da cidade sede do sindicato não valerá a faculdade dada pelo art. 572 da CLT. Categoria específica organizada em base territorial que alcance mais de um município estará impedida de se dissociar para a criação de sindicato local.

A Confederação Nacional dos Trabalhadores no Comércio e outras dez promoveram ação direta de inconstitucionalidade em face da Portaria n. 186, com apoio do Fórum Sindical dos Trabalhadores,[97] no que foi seguida pela Confederação Nacional do Transporte e do Sistema Financeiro,[98] e também pela Confederação Nacional da Indústria — CNI e da Confederação da Agricultura e Pecuária do Brasil — CNA.[99]

Paralelamente, veio a Portaria n. 194, de 17 de abril do mesmo ano, que estabelece instruções para aferição dos requisitos de representatividade das centrais, exigidos pela Lei n. 11.648, instituindo um novo sistema de enquadramento com base na Classificação Nacional de Atividades Econômicas — CNAE —, criado no âmbito do Ministério da Fazenda: "Para análise do cumprimento previsto no inciso III do art. 2º da Lei n. 11.648, de 2008, serão utilizados como parâmetros de pesquisa os dados do CNES e da Classificação Nacional de Atividades Econômicas — CNAE —, apurados pelo Departamento Intersindical de Estatística e Estudos Sócioeconômicos — DIEESE. Parágrafo único. Na impossibilidade de apuração dos dados de que trata o caput, serão utilizados como parâmetros de pesquisa os dados do CNES e da CNAE informados na Relação Anual de Informações Sociais — RAIS —, correspondente." É claramente o propósito de restabelecer o controle do Estado, enquadramento mais fiscal que sindical.

Adiante, a Portaria n. 984, de 26 de novembro de 2008, instituiu o Cadastro de Entidades Sindicais Especiais — CESE—, para fins de inscrição das organizações que não representam categorias profissionais ou econômicas, mas que representam os grupos mencionados no inciso VII e parágrafo único do art. 8º da Constituição; em outras palavras, as colônias de pescadores, já que os sindicatos rurais já eram abrangidos pelas normas anteriores. A Portaria, ao mencionar inscrição, na verdade quer dizer credenciamento e registro.[100]

Parece-nos que a solução para o problema é até singela. Num regime de pluralidade, basta o sistema burocrático existente. Mantida a unicidade, é possível, ainda, que o registro saia do âmbito do Ministério do Trabalho, mas será indispensável que se dê em cartório predeterminado e em livro próprio de modo a impedir a sobreposição de sindicatos. Correto mesmo será a constituição de um Conselho Sindical, desvinculado do Estado, integrado por representantes dos trabalhadores, que, dentre suas atribuições, terá a de proceder o registro sindical.

(97) Adin n. 4.120, sendo relator o Ministro Carlos Alberto Menezes Direito.
(98) Adin n. 4.139.
(99) Adin n. 4.126.
(100) Art. 2º Os pedidos de inscrição de entidades sindicais especiais no CESE observarão os procedimentos administrativos previstos nesta Portaria.

PARTE 4. LIBERDADE SINDICAL

Sumário: 1. Considerações. 2. Disciplinação constitucional. 3. Disciplinação legal. 4. Liberdade negativa. 5. Liberdade positiva. 6. A Convenção n. 87 da OIT. 7. Liberdade individual e Autonomia coletiva.

1. **Considerações**. A Constituição de 1988 deu ênfase à cidadania, como pressuposto necessário do Estado Democrático de Direito, conjugando-a com a dignidade da pessoa humana (art. 1º, incisos II e III).

Como direito fundamental, assegurou a todos, brasileiros ou não, o direito à liberdade (art. 5º), inclusive política, ideológica e religiosa (inciso VIII), de reunião (inciso XVI) e de associação para fins lícitos (inciso XVII).

A liberdade de organização sindical foi traçada no art. 8º. Mas, como expressão da cidadania, garantiu-se mais a liberdade sindical que configura manifestação da liberdade individual que tem o homem frente à organização de classe em sindicatos.

2. **Disciplinação constitucional**. Por esquecimento, talvez, a Constituição só cuidou da liberdade negativa, posta no inciso V do art. 8º:

> "ninguém será obrigado a filiar-se ou a manter-se filiado a sindicato."

3. **Disciplinação legal**. A liberdade sindical negativa pode ser encontrada no art. 540 da CLT.

> "A toda empresa ou indivíduo que exerçam, respectivamente, atividade ou profissão, desde que satisfaçam as exigências desta Lei, assiste o direito de ser admitido no Sindicato da respectiva categoria, salvo o caso de falta de idoneidade, devidamente comprovada, com recurso para o Ministério do Trabalho.
>
> § 1º Perderá os direitos de associado o sindicalizado que, por qualquer motivo, deixar o exercício de atividade ou de profissão.
>
> § 2º Os associados de Sindicatos de empregados, de agentes ou trabalhadores autônomos e de profissões liberais que forem aposentados, estiverem em desemprego ou falta de trabalho ou tiverem sido convocados para prestação de serviço militar não perderão os respectivos direitos sindicais e ficarão isentos de qualquer contribuição, não podendo, entretanto, exercer cargo da administração sindical ou de representação econômica ou profissional."

4. **Liberdade negativa**. A liberdade sindical pode ser negativa: liberdade de não participar da fundação de associações de classe, de não se filiar e delas desligar-se conforme sua vontade, sem necessidade de justificar sua conduta.

A liberdade negativa é basicamente a ausência de impedimentos, há liberdade negativa no interior de uma coletividade se cada um puder agir como melhor lhe convier.

A sindicalização compulsória não se conforma com a democracia.

A liberdade na conceituação burguesa do pensamento liberal tem provocado graves distorções para a compreensão da atuação sindical, diante do regime de unicidade adotado.

É que a Constituição refere-se à categoria nos incisos III e IV do art. 8º, quando trata, no primeiro, da prerrogativa/dever dos sindicatos, de defesa dos direitos individuais e interesses coletivos, e no segundo, da contribuição destinada ao custeio do sistema confederativo. Categoria, no sistema democrático — e não corporativista — de unicidade, vincula-se às definições que se extrai do art. 511 da Consolidação das Leis do Trabalho: patronal, o agrupamento de pessoas ligadas por interesses econômicos e que empreendem atividades identificadas ou assemelhadas; profissional, dos trabalhadores, o conjunto que se ativa numa mesma atividade econômica ou em atividades semelhantes. Logo, uma coletividade que vai além do quadro associativo. Só assim justificam-se os efeitos amplos, *erga omnes*, dos acordos, das convenções coletivas e sentenças normativas proferidas em dissídios coletivos. No entanto, se categoria, no inciso III, tem esse alcance, no seguinte, IV, segundo o entendimento assentado, inclusive no Supremo Tribunal Federal, não vai além dos associados.

O certo é que a liberdade individual, no sistema brasileiro, de autonomia e unicidade, cede à vontade democrática da coletividade, pois, nas negociações coletivas, o sindicato representa a categoria como um todo, independentemente de filiação, para o bem e para o mal, ou seja, para a conquista de direitos que aperfeiçoam os contratos individuais de trabalho e para a flexibilização de direitos, como permitem os incisos VI, XIII e XIV do art. 7º da Constituição, a ponto de infirmar o princípio da irredutibilidade salarial e a inalterabilidade da carga de trabalho.

Nessa linha de flexibilização de direitos, com participação sindical, mediante negociações prejudiciais, *in pejus*, foi produzida a legislação restritiva neoliberal do governo Fernando Henrique Cardoso, que instituiu o contrato de trabalho por prazo determinado (Lei n. 8.949, de 9.12.1994), por tempo parcial, a suspensão do contrato (Medida Provisória n. 2.164, editada em 24.4.1998) e o banco de horas (criado a partir do primeiro diploma e complementado pelo segundo).

5. **Liberdade positiva**. Liberdade positiva, como define Norberto Bobbio, é o poder de não obedecer a outras normas que não sejam as que eu mesmo me impus. No ensaio do autor de formação marxista, enquanto a liberdade liberal exige direitos iguais, a liberdade democrática exige iguais poderes, ou seja, que todos, pelo menos em princípio, participem do mesmo modo da soberania.

Mas a liberdade sindical configura-se positivamente também como direito de filiação a sindicato, de manutenção no quadro social, de participação da ação sindical e, portanto, das assembleias, com direito de voz e voto, nas manifestações e nos eventos, de disputar cargos da administração ou representação do sindicato, de votar nas eleições, de valer-se dos serviços mantidos.(101)

6. **A Convenção n. 87 da OIT**. A Convenção n. 87 da OIT representa a expressão internacional da autonomia e liberdade sindical que fundamentalmente consagra o direito de trabalhadores e empregadores, sem distinção de qualquer espécie e sem autorização prévia, de constituir organizações de sua escolha, assim como de se filiar a essas organizações, à condição única de se conformarem com seus estatutos.

Sua origem foi induvidosamente a reação ao nazi-fascismo e o propósito de contrapor novas forças aos sindicatos operários organizados unitariamente conforme o modelo de Mussolini. Com isso, cumpriu seu objetivo fundamental.

A Convenção n. 87 constitui o texto fundamental da Organização Internacional do Trabalho para a proteção da liberdade sindical. Foi aprovada por 127 votos favoráveis e 11 abstenções, tendo um só voto contrário.(102) Assistia-se ao momento que sucedeu à Grande Guerra, marcado por uma tendência à descontração e aos valores mais positivos da afirmação dos princípios democráticos.

A Convenção n. 87 da OIT consagra os seguintes princípios:

a) liberdade de constituição de associações, independentemente de prévia autorização;

b) liberdade de filiação, condicionada, unicamente, à aceitação das normas estatutárias;

---

(101) Cássio Mesquita Barros destaca três categorias de liberdade sindical: a) organização; b) autotutela; c) contratação. Na organização, escreve, se compreende a determinação das formas de associação, a escolha do tipo de organização. Na autotutela, a livre escolha de seus próprios representantes, a gestão interna e a formulação dos programas de ação. Na contratação se inserem o reconhecimento dos contratos coletivos e do poder contratual real, consubstanciado no direito de greve. (Liberdade sindical e a opção italiana. *Revista LTr*, 43-1/12, 1981).

(102) LEITE, Júlio César do Prado. Os direitos sindicais à luz das normas internacionais do trabalho. *Revista LTr*, 45-2/157.

c) liberdade de elaboração de estatuto e regulamentos, bem assim dos programas administrativos e de ação;

d) eleição livre, para a escolha de seus representantes;

e) proibição ao Estado de intervir, limitando ou dificultando o exercício das garantias de autonomia ou de, administrativamente, suspender ou dissolver as organizações;

f) liberdade de tais organizações constituírem federações e confederações e de filiarem-se a elas, ainda de essas entidades; por sua vez, filiarem-se à organizações internacionais;

g) aquisição de personalidade jurídica sem obstáculos ou restrições das garantias de autonomia;

h) proibição de a lei prejudicar ou ser aplicada de modo a prejudicar as mesmas garantias;

i) extensão desses princípios mediante lei ordinária, às forças armadas e à polícia;

j) adoção, pelo Estado, de medidas que assegurem aos trabalhadores e aos empregadores, o livre exercício do direito sindical.

Pelo menos dois desses princípios não se ajustariam à Constituição brasileira, a contribuição prevista em lei, que outra não é senão a contribuição sindical, imposta pelo Estado (art. 8º, inciso IV, *in fine*), e o regime da unicidade sindical (*idem*, inciso II). Todavia, a OIT tem admitido a contribuição de solidariedade, compulsória, que obriga o trabalhador mesmo não associado a sindicato, quando beneficiado pelo contrato coletivo, e também o sindicato mais representativo, que significa a prevalência da unicidade num regime de pluralidade.

Tudo que se contém na Convenção n. 87, excetuada apenas a possibilidade de fundar múltiplas associações para um mesmo grupo em idêntica região geográfica, é permitido pelo nosso ordenamento jurídico. Possível seria a ratificação da Convenção mediante lei ordinária, dispondo sobre o reconhecimento do sindicato mais representativo, pois a Constituição, no art. 5º, XVII, já admite a pluralidade de associações, logo, também sindicais.

A Convenção n. 87, por tratar de direitos fundamentais, só pode ser aprovada no todo, mesmo porque não consagra o direito de reservas.

Mas Júlio Cesar do Prado Leite defende a compatibilização da Convenção com o sistema brasileiro anterior à Constituição de 1988, diante da ressalva contida no art. 8º da primeira, que impõe, de qualquer modo, o respeito à lei, mesmo no exercício dos direitos reconhecidos pelo instrumento.(103)

Indispensável conhecer seu texto:

(103) Convenção sobre liberdade sindical e a proteção do direito sindical, separada da Comissão Permanente de Direito Social, voto proferido em março de 1967, p. 6.

"Art. 1º Cada membro da Organização Internacional do Trabalho, para o qual a presente Convenção está em vigor, se compromete a tornar efetivas as disposições seguintes:

Art. 2. Os trabalhadores e os empregadores, sem distinção de qualquer espécie, terão direito de constituir, sem autorização prévia, organizações de sua escolha, bem como o direito de elaborar se filiar a estas organizações, sob a única condição de se conformar com os estatutos das mesmas.

Art. 3º 1. As organizações de trabalhadores e de empregadores terão o direito de elaborar seus estatutos e regulamentos administrativos, de eleger livremente seus representantes, de organizar a gestão e a atividade dos mesmos e de formular seu programa de ação.

2. As autoridades públicas deverão abster-se de qualquer intervenção que possa limitar esse direito ou entravar o seu exercício legal.

Art. 4º As organizações de trabalhadores e de empregadores não estarão sujeitas à dissolução ou suspensão por via administrativa.

Art. 5º As organizações de trabalhadores e de empregadores terão o direito de constituir federações e confederações, bem como de filiar-se às mesmas e toda organização, federação ou confederação terá o direito de filiar-se às organizações internacionais de trabalhadores e de empregadores.

Art. 6º As disposições dos arts. 2º, 3º e 4º acima aplicam-se às federações e às confederações das organizações de trabalhadores e de empregadores.

Art. 7º. A aquisição de personalidade jurídica por parte das organizações de trabalhadores e de empregadores, suas federações e confederações, não poderá estar sujeita a condições de natureza a restringir a aplicação das disposições dos arts. 2º, 3º e 4º acima.

Art. 8º 1. No exercício dos direitos que lhe são reconhecidos pela presente convenção, os trabalhadores, os empregadores e suas respectivas organizações deverão da mesma forma que outras pessoas ou coletividades organizadas, respeitar a lei.

2. A legislação nacional não deverá prejudicar nem ser aplicada de modo a prejudicar as garantias previstas pela presente Convenção.

Art. 9º 1. A medida segundo a qual as garantias previstas pela presente Convenção se aplicarão às forças armadas e à polícia será determinada pela legislação nacional.

2. De acordo com os princípios estabelecidos no § 8º do art. 19 da Constituição da Organização Internacional do Trabalho a ratificação desta Convenção, por parte de um Membro, não deverá afetar qualquer lei, sentença, costume ou acordo já existentes que concedam aos membros das forças armadas e da polícia garantias previstas pela presente Convenção.

Art. 10. Na presente Convenção, o termo 'organização' significa qualquer organizações de trabalhadores e de empregadores que tenha por fim promover e defender os interesses dos trabalhadores ou dos empregadores."

O Brasil foi um de seus signatários, mas até hoje não a ratificou.

Em 31 de maio de 1949, o Presidente Dutra acolheu a exposição de motivos de seu Chanceler, Ciro de Freitas Vale, para encaminhar mensagem ao Congresso Nacional propondo sua aprovação, que teve tramitação morosa e vergonhosa. Melhor dizendo, até 1966, praticamente não tramitou. Ao contrário, desapareceu. Reconstituída, foi encaminhada à Comissão de Legislação Social, que solicitou a manifestação do Ministério do Trabalho. A resposta só veio em 1968, após audiência da Comissão Permanente de Direito Social. Em 1970, outra vez, foi reconstituída, pois conhecera uma segunda e estranha desaparição. Finalmente, em agosto de 1985, foi aprovado o parecer do então deputado Francisco Amaral, favorável à sua ratificação. Depois, aprovada na Câmara Federal, foi remetida à Comissão de Relações Exteriores do Senado. Apostava-se na sua rápida aprovação porque o Brasil fora incluído na "lista negra" da OIT, como filiado faltoso. Somente em 11 de dezembro de 2002, a Comissão de Constituição e Justiça do Senado aprovou o Projeto de Decreto Legislativo n. 16, de 1984, seguindo o parecer do Senador José Eduardo Dutra; depois, de igual modo, a Comissão de Assuntos Sociais, relatoria do Senador Ricardo Ferraço, abrindo caminho para apreciação da matéria no plenário.

Irrelevante, a nosso ver, o fato de o art. 142, inciso IV, proibir ao militar a sindicalização, até porque a Convenção n. 87 não lhe assegura plenamente o direito, relegando à lei ordinária sua determinação. Mas quando a OIT admite a contribuição compulsória como retribuição pela representação sindical dos não filiados nas negociações coletivas e o sindicato único, quando mais representativo, ficamos com Júlio César do Prado Leite, entendendo inexistir obstáculos para a ratificação pelo Brasil da Convenção n. 87.

Aliás, a liberdade sindical individual é sumamente prestigiada entre nós, quando a Justiça do Trabalho nega o desconto em folha da contribuição confederativa a quem não tem filiação sindical, mesmo sendo representado nas negociações coletivas e abrangido nos acordos, nas convenções e sentenças normativas.

7. **Liberdade individual e Autonomia coletiva.** Como já se viu, num sistema democrático, as individualidades são respeitadas, mas em função da prevalência da autonomia de vontade coletiva que se reflete na manifestação majoritária adotada nas diferentes instâncias, nos tribunais, nas câmaras municipais, nas assembleias legislativas, na câmara dos deputados, no senado e no congresso. Também nas associações privadas, clubes, instituições, nos órgãos de deliberação, assegura-se democraticamente a vontade individual, mas realiza-se adotando a soma majoritária das vontades reveladas.

Não importa se o voto é obrigatório, como o é, ou facultativo. Votar significa em qualquer hipótese um direito/dever. O exercício da democracia está em concretizar a vontade coletiva, respeitando a liberdade de expressão das minorias. Essas, porém, deverão submeter-se à vontade definida pela maioria.

Para Marx, a liberdade coletiva exige a superação das relações antagônicas e concorrenciais entre os indivíduos, a favor de um modo de relação de tipo comunitário e cooperativo. Ainda mais, na concepção de Marx, a liberdade coletiva é uma associação capaz de dar lugar a uma vontade substancial autônoma e cooperante que demanda o objetivo racional da libertação de todos os homens das correntes da necessidade e da causalidade, onde eles possam encontrar satisfação recíproca no cumprimento de atividades com fim em si mesmas. Concluindo, tendo presente o nexo que liga liberdade individual e solidariedade social, escreve que se pode pensar a liberdade como uma autodeterminação coletiva que se estrutura através de processos comunicativos traduzidos em normas e instituições, orientados, porém, por um princípio ético-normativo de fundo: o direito de todos os cidadãos a desenvolver suas próprias potencialidades e capacidades, e a satisfazer de maneira mais igual possível, solidária e cooperativa, as suas necessidades.[104]

A autonomia de uma coletividade bem definida, como no caso da classe trabalhadora ou dos empresários, significa expressão de poder, na medida em que define sua organização e disciplina a lei interna.

Assim, pode-se afirmar que a autonomia coletiva reflete a vontade privada majoritária, superando a vontade individual.

Prevalece a vontade da coletividade quando decide organizar-se como classe, quando define seu regimento orgânico.

Ninguém tratou do tema com mais precisão do que Luiz de Pinho Pedreira da Silva, para quem "a autonomia coletiva é o aspecto objetivo da liberdade sindical". Essa é subjetiva quando liberdade do indivíduo de se associar ou não e de se desfilar. É objetiva quando liberdade do próprio grupo profissional, especialmente do sindicato.[105] Desse modo, ensina-nos, "a estrutura objetiva da autonomia coletiva é formada pelos instrumentos adequados à realização do fim de tutela do interesse profissional que a ordem jurídica estatal coloca à disposição das 'sociedades intermédias' de trabalhadores ou empresários". Para Pinho Pedreira, esses instrumentos seriam de quatro espécies: a) auto-organização, determinação autônoma das condições de trabalho, autotutela e representação dos interesses. Auto-organização, a seu ver, seria a faculdade que tem o grupo profissional, o sindicato, de definir ele próprio os seus contornos, a sua fisionomia, o que ele faz ditando no ato de constituição e no estatuto, as regras básicas sobre a sua finalidade, a sua organização e o seu funciona-

(104) PETRUCCIANI, Stefano. Três conceitos de liberdade. *Novos Rumos*, n. 26, p. 10/11, 1997.

(105) A autonomia coletiva profissional. In: Obra coletiva. *Sindicalismo*. São Paulo: LTr, 1986. p. 42.

mento. A autonomia de organização compreende a autonomia administrativa com a capacidade de escolher os seus dirigentes ou representantes, de expedir atos administrativos internos; b) a determinação autônoma das condições de trabalho reflete-se nas negociações coletivas de trabalho; c) a autotutela, por sua vez, consiste no poder do grupo de aplicar sanções aos que violem as suas regras de direito e no caso das associações profissionais, através da greve, do boicote, de manifestações de protesto; d) finalmente, a representação de interesses que pode se nos dar mais diferentes campos aonde vá o grupo defender interesses profissionais, entrando em contato com o antagonista social — palavras de Pinho Pedreira — normalmente o sindicato adverso, os poderes públicos, a imprensa, etc., para lhes transmitir as aspirações e reivindicações de seus representados.(106)

A autonomia coletiva sobrepuja a liberdade individual quando se trata de determinação da vontade majoritária, indispensável para a concretização da democracia. Opõe-se, portanto, à vontade única, autoritária e ditatorial, e também ao privilégio da vontade da minoria.

A liberdade sindical será sempre assegurada, pois assim como pode o trabalhador manter-se afastado da associação de classe, poderá, também, abster-se de participar da assembleia. Mas ainda assim os interesses ou as reivindicações do grupo a que pertence serão definidos e a partir daí defendidos pelo sindicato, porém agora como forma autônoma de representação, que já independe da vontade dos não filiados e que, conforme o comando recebido da assembleia, poderá apoiar-se numa greve.

No sistema brasileiro, o resultado dessa representação atinge todo o grupo, associados ou não, trazendo-lhe favores e por vezes deveres, vantagens e até desvantagens. Não é à toa que o art. 618 consolidado, que traça o conteúdo mínimo das convenções coletivas, determina que sejam previstos os direitos e deveres dos empregados e dos empregadores.

A liberdade individual, portanto, não se realiza com a outorga do direito negativo de filiação. É só ver o fenômeno da greve, essencialmente coletivo, que não distingue associados e não associados, antes envolve todos aqueles que se unem diante de reivindicações comuns e agem coletivamente em sua defesa. E não se reduz ao direito de não se filiar a sindicato e dele afastar-se quando bem entender, sem necessidade de justificação, mas, também, de filiar-se e de manter-se filiado com a única obrigação de aceitar as obrigações estatutárias. Neste ponto, não se pode esquecer que a organização sindical tem disciplinação na CLT e o art. 9º nulifica todo e qualquer ato que importe em obstaculação dos direitos dela decorrentes.

(106) *A autonomia*, cit., p. 42 e ss.

Enfim, autonomia e liberdade sindical se completam e dependem, necessariamente, do prestígio da autonomia coletiva de vontades que de fato democratiza as relações de trabalho e dá efetividade às negociações coletivas de trabalho. Assim, a autonomia coletiva revela um feixe de liberdades, estruturado diante da vontade majoritária do grupo, numa relação livre do conjunto de trabalhadores ou empregadores.

PARTE 5. ORGANIZAÇÃO SINDICAL

1. **História**. O Brasil no século XIX era um país essencialmente rural, com cerca de 648 mil estabelecimentos agrícolas contra apenas 13.300 industriais. Os senhores de engenho, antes, e os fazendeiros de café, depois, constituíam a classe mais rica e influente do país.

A indústria só começou a se expandir a partir de 1880, utilizando mão de obra barata e desqualificada —, como regra, ex-escravos. No final do império, contava-se aproximadamente 60 mil operários para uma população de 14 milhões. A classe trabalhadora não tinha nenhuma importância nem significado. Por isso mesmo, as agitações socialistas que ocorriam na Europa inclusive a fundação da 1ª Internacional por Marx e Engels, em 1864, não repercutiram no Brasil.

A Constituição monárquica de 1824, em seu art. 179, XXV, abolira as corporações de ofícios, assegurando que “nenhum gênero de trabalho, de cultura, indústria ou comércio pode ser proibido, uma vez que não se oponha aos costumes públicos, à segurança e saúde dos cidadãos". A Constituição Republicana, de 1891, no § 8º do art. 72, legitimou o associacionismo, dispondo que "a todos é lícito associarem-se e reunirem-se livremente e sem armas; não podendo intervir a polícia senão para manter a ordem pública".

A necessidade de mão de obra mais qualificada provocou o surto da imigração, atraindo espanhóis e italianos que tiveram papel de relevo na organização dos trabalhadores como classe. Com eles vieram os anarquistas e os socialistas. Entre 1884 e 1903, o Brasil recebeu mais de um milhão de imigrantes italianos.

Em janeiro de 1848 foi publicado o Manifesto do Partido Comunista, escrito por Karl Marx e Friedrich Engels, tornando-se uma referência do movimento sindical. No ano de 1922, foi fundado o Partido Comunista do Brasil, e logo sua ação concentrou-se nos meios sindicais, combatendo as associações beneficentes. Três anos depois, a grande maioria dos sindicatos operários já era dirigida por comunistas ou simpatizantes. Em 1929, por sua iniciativa, foi constituída a Confederação Geral do Trabalho do Brasil — CGTB.

A igreja católica reagiu e firmou sua posição em 1891, com a Encíclica *Rerum Novarum*, do Papa Leão XIII.

Em 1853 foi fundada a Imperial Associação Tipográfica Fluminense. A partir de 1906/1907 começaram a aparecer organizações com a denominação de sindicato..

Segundo Azis Simão: "As primeiras organizações operárias no Brasil foram por certo as ligas operárias que reuniam quase sempre indistintamente os operários de diversos ofícios e indústrias e tinham como objetivo, fora uma ou outra de caráter beneficente, a defesa dos interesses imediatos e comuns, a todas as classes, isto é, a melhoria de salários e diminuição de horas, e pouca coisa realizaram, porque lhes faltava a força necessária mercê do amorfismo que as caracterizava. Mais tarde, apareceram as sociedades de resistência, que já eram núcleos mais homogêneos surgidos dos primeiros centros ou ligas. São uniões de ofício que ao se desenvolverem fundam pelo país sucursais ou filiais, diretamente dependentes da central estabelecida na grande cidade".(107)

As primeiras greves operárias de que se tem notícia, afirma Azis Simão, verificaram-se somente vinte anos após o início do primeiro surto industrial. No fim da década de 1880 registraram-se greves por questões de remuneração principalmente. Desde então, quase não se passou ano sem o registro de greves no Estado".(108)

---

(107) *Sindicato e Estado*. Dominus, 1966. p. 162.
(108) *Op. cit.*, p. 102.

Em 1890 constituía crime contra a liberdade de trabalho qualquer movimento de greve, como dispunha o Código Penal de 1890. Mas 1917 ficou marcado como o ano em que se iniciou a greve em São Paulo, um dos movimentos mais expressivos da história do sindicalismo brasileiro.

Em abril de 1906, no Rio de Janeiro, realizou-se o 1º Congresso Operário Brasileiro, que aconselha a adoção do nome sindicato com natureza de órgão de resistência. No seu curso, com apoio decisivo dos anarquistas, foi fundada a Confederação Operária Brasileira — COB —, que teve induvidosa motivação política, empenhando-se em greves, campanhas populares, dentre elas, contra a carestia.

A imprensa operária surge com a fundação no Rio de Janeiro, em 1858, através do Jornal dos Tipógrafos.

1.1. **Decreto n. 979, de 1903**. Em 6 de janeiro de 1903 foi editada nossa primeira lei sindical, o Decreto n. 979, resultado da ação católica que se cristalizou no projeto apresentado por Joaquim Ignácio Tosta.

O diploma só aparentemente dispunha sobre a organização de sindicatos rurais, tendo como pontos principais:

a) a faculdade dada aos profissionais da agricultura e das indústrias rurais de qualquer gênero de organizarem em sindicatos para o estudo, o custeio e a defesa dos seus interesses;

b) plena liberdade de constituição, desde que apoiada por um mínimo de sete associados;

c) a intermediação de crédito, a aquisição de bens necessários ao exercício da profissão em favor dos associados e a venda, por conta deles, dos produtos resultantes da atividade, em espécie, beneficiados ou transformados;

d) formação de uniões ou sindicatos centrais, com personalidade jurídica própria, podendo abranger sindicatos de diferentes circunscrições territoriais.

Era, na verdade, mais a introdução do cooperativismo, sem muito propósito de unidade de classe.

1.2. **Decreto Legislativo n. 1.637, de 1907**. Adiante, em 1907, foi aprovado o Decreto Legislativo n. 1.637, de 5 de junho, resultado de projeto apresentado, também, pelo deputado baiano Joaquim Ignácio Tosta diante de solicitação formulada por diversas corporações; dentre elas, a Federação Operária Cristã de Pernambuco.

O decreto dispunha sobre a criação de sindicatos e sociedades cooperativas:

a) facultava-se aos exercentes de profissões similares ou conexas, inclusive aos profissionais liberais, organizarem em sindicatos, tendo por fim o estudo, a defesa e o desenvolvimento dos interesses gerais da profissão e os interesses profissionais de seus membros;

b) livre constituição, sem depender para tanto de autorização governamental;

c) suas prerrogativas: 1) atuar em juízo ativa e passivamente; 2) adquirir bens móveis e imóveis a qualquer título; 3) organizar para seus membros instituições de mutualidade, previdência e cooperação, mas como associações autônomas; 4) formação de federações ou sindicatos centrais sem limitações de circunscrições territoriais.

d) liberdade sindical, com garantia de filiação voluntária e desligamento a qualquer tempo;

e) instituição de sindicatos mistos, permitindo-se aos sindicatos "que se constituírem com espírito de harmonia entre patrões e operários, ligados por conselhos permanentes de conciliação e arbitragem para a solução de divergências e contestações entre capital e trabalho", ser "considerados como representantes legais da classe integral dos homens de trabalho e, como tais, poder ser consultados em todos os assuntos da profissão.

f) os "sindicatos agrícolas", nos quais se compreendiam os que tivessem por objeto a "criação de gado ou a indústria pecuária", continuavam regidos pelo Decreto n. 979, de 1903.

1.3. **Decreto n. 19.770, de 1931**. Washington Luís, em 1926, como candidato à Presidência da República, reafirmou que a questão operária era uma questão que interessava mais à ordem pública do que à ordem social. Reagindo ao conservadorismo burguês dominante, a Aliança Liberal, comandada por Getúlio Vargas, que fora Ministro da Fazenda do governo anterior, incluiu em sua plataforma a adoção de um Código do Trabalho, chegando ao poder. Vargas cumpriu a promessa de campanha, e uma de suas primeiras medidas à frente do governo foi criar o Ministério do Trabalho, Indústria e Comércio, pensado, conforme suas palavras, "para superintender a questão social, o amparo e a defesa do operariado urbano e rural", passando a policiar as atividades sindicais.

A lei sindical de Vargas foi o Decreto n. 19.770, de 19 de março de 1931, escrita pelos socialistas Evaristo de Moraes e Joaquim Pimenta.

As linhas básicas do diploma eram estas:

a) as classes patronais e operárias exercentes de profissões idênticas, similares ou conexas, podiam organizar-se em sindicatos, independentes entre si, para defenderem perante o governo, e por intermédio do Ministro do Trabalho, Indústria e Comércio, seus interesses econômicos, jurídicos, de natureza higiênica e cultural;

b) a constituição dependia dos seguintes pressupostos: 1) reunião de, pelo menos, 30 associados, maiores de 18 anos; sendo 2/3 brasileiros natos ou naturalizados; 2) administração e representação por brasileiros natos ou naturalizados, com 10 anos, no mínimo, de residência no país, não podendo os estrangeiros ocupar mais de 1/3 dos cargos e, ainda assim, desde que residentes no Brasil há pelo menos 20 anos; 3) mandatos com duração de um ano, proibida a recondução; 4) gratuidade absoluta no exercício das funções, vedada a acumulação com cargos remunerados por qualquer outra associação de classe; 5) abstenção de propaganda de ideologias sectárias, de caráter social, político ou religioso e de apoio a candidaturas a cargos eletivos estranhos às finalidades sindicais.

c) aquisição de personalidade jurídica mediante aprovação dos estatutos e reconhecimento pelo Ministério do Trabalho, Indústria e Comércio;

d) constituição de federações e confederações; as primeiras, desde que apoiadas por um mínimo de três sindicatos; e as segundas, por pelo menos três entidades federativas. Mas seriam apenas uma para os trabalhadores, a Confederação Brasileira do Trabalho, e outra para os empregadores, a Confederação Nacional da Indústria e Comércio;

e) remessa obrigatória ao Ministério de relatório dos acontecimentos sociais, dele constando as alterações do quadro associativo, a situação financeira, as mudanças estatutárias e outros fatos de interesse.

f) fundação facultativa de caixas beneficentes, agências de colocação, cooperativas, serviços hospitalares e assistenciais, escolas;

g) órgãos de colaboração consultivos e técnicos do Governo Federal para o estudo e a solução dos problemas econômicos e sociais relacionados com os interesses de classe, inclusive para cooperação com o Poder Público através de conselhos mistos e permanentes de conciliação e julgamento, na aplicação das leis para dirimir os conflitos coletivos.

h) vedação de interferência sob qualquer pretexto de pessoas estranhas;

i) legitimação para firmar convenções ou contratos de trabalho de seus associados e pleitear perante o Ministério: 1) medidas de proteção, auxílios, subvenções para seus institutos assistenciais; 2) a criação direta ou indireta de outros serviços que não pudessem manter; 3) a regularização das jornadas de trabalho, especialmente para menores e mulheres e nas indústrias insalubres; 4) reajustamentos salariais, sua uniformização para ambos os sexos, fixação de salário mínimo; 5) regulamentação e fiscalização das condições de higiene do trabalho; 6) medidas preventivas ou repressivas contra infração de preceitos legais que dispusessem sobre garantias ou direitos das organizações sindicais;

j) adoção do regime de unicidade sindical;

k) marginalização dos funcionários públicos e dos empregados domésticos;

l) filiação do sindicato a organizações internacionais somente com autorização ministerial;

m) proteção sindical, sendo vedada a demissão, a suspensão, o rebaixamento, inclusive a redução salarial em razão de filiação ou prática sindical, podendo o empregador, no caso de despedimento, ser punido com multa. Era proibida, ainda, a transferência de empregado investido em cargo de mandato sindical ou representação, que dificultasse seu exercício. Mas, sendo a transferência aceita voluntariamente, importaria na perda do cargo;

n) manutenção de delegados ministeriais junto aos órgãos sindicais para assistir suas assembleias, devendo, trimestralmente, examinar suas contas. Excesso de caixa devia ser recolhido bimestralmente ao Banco do Brasil;

o) sistema punitivo, com multas, suspensão e também dissolução definitiva, além de destituição da diretoria.

Ao contrário do que se afirma, a lei sindical de Vargas não foi inspirada na Carta del Lavoro fascista. Evaristo de Moraes Filho considera-a originariamente brasileira, admitindo até que tenha sofrido influências externas, principalmente da lei francesa, que se faria sentir na forma de organização sindical conforme o critério de profissões, e não de categorias, na forma corporativista.[(109)]

1.4. **Decreto n. 24.694, de 1934.** Em 1934 foi aprovada uma nova Constituição e Vargas manteve-se no poder, eleito indiretamente. O parágrafo único do art. 120 da Constituição instituiu a pluralidade sindical nestes termos: "Os sindicatos e as associações profissionais serão reconhecidos de conformidade com a lei. Parágrafo único. A lei assegurará a pluralidade sindical e a completa autonomia dos sindicatos".

E logo veio o Decreto n. 24.694, de 12 de abril de 1934, nossa experiência pluralista, assim resumido:

a) organização das profissões em sindicatos, tendo por objeto atividade lícita, cumprindo-lhes: 1) a defesa da profissão e dos direitos e interesses de seus associados; 2) a coordenação de direitos e deveres recíprocos, comuns e decorrentes das condições de suas atividades econômica e social. Entendia-se

(109) *O sindicato único*, cit., p. 221/223.

por profissão "o exercício lícito, com fim econômico de toda função ou mister". A organização sindical compreendia: 1) os empregadores, ou seja, aqueles que explorassem o mesmo gênero ou espécie de atividade, agrícola, industrial ou comercial; 2) os empregados que se ativassem em profissões idênticas, similares ou conexas; 3) os profissionais liberais; 4) os trabalhadores autônomos;

b) filiação apenas dos trabalhadores registrados;

c) órgãos de colaboração com o Estado, no estudo dos problemas que direta ou indiretamente se relacionassem com os interesses da profissão;

d) proibição de filiação à organizações internacionais, salvo autorização expressa do Ministério do Trabalho, Indústria e Comércio;

e) prerrogativas: 1) de representação perante as autoridades administrativas e judiciárias de interesses próprios, dos filiados e da profissão; 2) de fundar e administrar caixas beneficentes, agências de colocação, escolas, hospitais e serviços de assistência e previdência social, menos cooperativas de consumo, de crédito e produção; 3) de pleitear auxílios, subvenções e favores junto às autoridades para custeio de seus serviços ou sua instituição;

f) legitimação para firmar convenções coletivas de trabalho e cooperar, através de seus representantes, nas comissões e tribunais do trabalho, para a solução dos litígios entre empregados e empregadores;

g) exclusão dos funcionários públicos, não se considerando como tais, os empregados de empresas públicas;

h) reconhecimento a cargo do Ministério do Trabalho, exigindo-se: 1) no caso de sindicato patronal, a reunião de, no mínimo, cinco empresas ou, na falta destas, de dez sócios individuais e, tratando-se de sindicato profissional, de, pelo menos, um terço dos empregados exercentes da mesma profissão; 2) exercício dos cargos de administração e representação por brasileiros natos ou naturalizados, desde que residentes no país há mais de cinco anos, quando empregadores e dez, quando empregados; 3) mandato não excedente de dois anos para sindicatos patronais e de três para os profissionais, neste caso, vedada a reeleição, com renovação anual da presidência. Para os sindicatos de profissões liberais e de trabalhadores autônomos exigia-se um mínimo de dez associados;

i) aprovação do estatuto social pelo Ministério do Trabalho, Indústria e Comércio;

j) administração exercida por uma comissão executiva de, no máximo, dez membros, que elegeria seu presidente;

k) não sendo possível a sindicalização por profissões idênticas, seria permitida a organização de sindicatos de ofícios vários e não havendo número suficiente para a formação de sindicato, os exercentes da profissão podiam filiar-se a sindicato de profissão idêntica ou similar, da localidade mais próxima, designando seu representante;

l) base territorial distrital, municipal, intermunicipal, estadual, interestadual e nacional;

m) gratuidade dos cargos e incompatibilidade do exercício de função diretiva com outra remunerada pela entidade, sendo permitida, porém, a fixação de gratificação, pela assembleia em favor daqueles que tivessem de se afastar de seus empregos para o exercício do mandato, mas nunca superior à remuneração recebida no emprego;

n) abstenção de qualquer propaganda de ideologias sectárias e de caráter político ou religioso e ainda de candidaturas a cargos eletivos;

o) proibição de intervenção, sob qualquer pretexto, de pessoas estranhas ao sindicato em sua administração, salvo o caso de exercentes de cargos de caráter técnico, mediante autorização da assembleia;

p) encaminhamento ao Ministro de Estado de relatório dos acontecimentos sociais, consignando, obrigatoriamente, as alterações do quadro associativo e fatos previstos no decreto;

q) possibilidade de formação em um mesmo município de uniões para a coordenação dos interesses gerais das respectivas profissões, de federações estaduais (apenas excepcionalmente, regionais ou nacionais) e de confederações da agricultura, e pecuária, da indústria, do comércio e depois, dos transportes, das comunicações e das profissões liberais;

r) proteção do dirigente de sindicato, sendo vedada qualquer forma de impedimento do exercício de seu mandato e a transferência injustificada para local ou mister que dificultasse seu desempenho, a juízo do Ministro. Proibia-se, também, a dispensa, suspensão, rebaixamento funcional ou de salário, com o fito de obstar a filiação ou permanência em sindicato ou mesmo de sua fundação. Havendo demissão, o empregador seria penalizado com o pagamento de indenização;

s) desconto em folha de pagamento da contribuição dos filiados, desde que autorizada por convenção coletiva;

t) penalidades que iam de multa ao fechamento do sindicato;

u) pluralidade sindical.

O art. 5º exigia, para os sindicatos profissionais, a reunião mínima de 1/3 dos empregados exercentes da mesma profissão na respectiva localidade. Daí a observação de Evaristo de Moraes Filho de que somente poderiam caber três sindicatos, no máximo, de cada profissão. “A rigor, viriam a existir unicamente dois, porque, dada a exigência de um terço para cada sindicato, dificilmente se daria a divisão ótima desta quantidade para constituição de cada nova associação. Bastava não coincidir tal número perfeito — e é o que se dava na realidade — para desfalcar o último sindicato, que poderia ser criado do mínimo exigido por lei”.[110]

1.5. **Decreto-lei n. 1.402, de 1939**. Em 1937, Vargas implantou o Estado Novo, após o golpe que anulou a liberdade política e social. Logo foi

(110) *O sindicato único*, cit., p. 226.

imposta a Carta Constitucional redigida por Francisco Campos, Ministro da Justiça, que não escondia sua inspiração fascista. Seu art. 138 era cópia literal da Declaração XXVIII da Carta del Lavoro, de 21 de abril de 1927.

O art. 137 tratava da legislação do trabalho, que deveria observar, dentre outros preceitos, que "os contratos coletivos de trabalho concluídos pelas associações legalmente reconhecidas de empregadores, trabalhadores, artistas e especialistas serão aplicados a todos os empregados, trabalhadores, artistas e especialistas que elas representam".

A greve e também o *lock-out* eram declarados recursos antissociais nocivos ao trabalho e ao capital e incompatíveis com os superiores interesses da produção nacional.

Quanto à organização sindical, o art. 138 foi assim redigido: "A associação profissional ou sindical é livre. Somente, porém, o sindicato regularmente reconhecido pelo Estado tem o direito de representação legal dos que participarem da categoria de produção para que foi constituído e de defender-lhes os direitos perante o Estado e as outras associações profissionais, estipular contratos coletivos de trabalho obrigatórios para todos os seus associados, impor-lhes contribuições e exercer em relação a eles funções delegadas de Poder Público".

O Decreto-lei n. 1.402, de 5 de julho de 1939, implantou uma nova ordem sindical. Dessa vez coube a Oliveira Vianna sua redação:

a) era lícita a associação para fins de estudo, defesa e coordenação dos interesses profissionais dos empregadores, empregados, trabalhadores por conta própria, intelectuais, técnicos ou manuais, quando exercentes da mesma profissão ou de profissões similares ou conexas;

b) somente as associações registradas no Ministério do Trabalho, Indústria e Comércio eram reconhecidas, tendo como prerrogativas: 1) representar perante as autoridades administrativas e judiciárias os interesses gerais da profissão e os individuais dos associados relativos à atividade profissional; 2) fundar e manter agências de colocação; 3) celebrar contratos coletivos de trabalho; 4) eleger ou designar seus representantes; 5) colaborar com o Estado, como órgãos técnicos e consultivos, no estudo e na solução dos problemas relacionados com a profissão; 6) impor contribuições a todos que participem da profissão ou das categorias representadas;

c) órgão de colaboração com os poderes públicos no desenvolvimento da solidariedade das profissões e de subordinação aos interesses nacionais;

d) reconhecimento a cargo do Ministério do Trabalho, Indústria e Comércio;

e) unicidade sindical;

f) base territorial distrital, municipal, intermunicipal, estadual, interestadual e excepcionalmente nacional;

g) faculdade de instituição de delegacias ou seções;

h) funcionamento condicionado à observância dos seguintes pressupostos: 1) abstenção de qualquer propaganda de doutrinas incompatíveis com as instituições e os interesses da Nação, bem como de candidaturas a cargos eletivos estranhos à entidade; 2) proibição do exercício de cargo eletivo cumulativamente com o de emprego remunerado pelo sindicato; 3) gratuidade do exercício dos cargos;

i) formação embrionária por meio de associações pré-sindicais, num regime pluralista;

j) investidura da associação mais representativa, como sindicato, por ato do Ministro do Trabalho;

k) administração exercida por uma diretoria executiva constituída no máximo de sete e no mínimo de três membros, que elegeria dentre eles o presidente, mais o conselho fiscal composto de três pessoas, incumbido de fiscalizar a gestão financeira, sendo o órgão principal a assembleia geral, ao qual cumpria eleger a administração, o conselho fiscal e também os delegados junto aos órgãos superiores;

l) proteção dispensada ao empregado eleito para cargo de administração ou representação, vedando qualquer forma de impedimento para o exercício de suas funções, inclusive transferência sem causa justificada a juízo do Ministro, para local ou mister que dificultasse ou inviabilizasse o desempenho do mandato, perdendo-o se fosse por ele mesmo solicitada ou aceita. Caso o empregador despedisse, suspendesse, rebaixasse funcionalmente ou reduzisse o salário de empregado com o propósito de impedir que o mesmo organizasse ou se filiasse a sindicato, ou, enfim, exercesse direito de natureza sindical, seria punido com multa, sem prejuízo da reparação pecuniária devida;

m) garantia da liberdade sindical, entendida como direito de filiação;

n) estruturação vertical com sindicatos na base, federações ao meio e confederações no vértice. Federações, de âmbito estadual, constituídas por um mínimo de cinco sindicatos, podendo, mediante autorização ministerial, ter extensão maior, interestadual e até nacional. Cumpria-lhes agrupar os sindicatos filiados para a coordenação de seus interesses. Confederações, de nível nacional, reconhecidas pelo Presidente da República, dispostas em regime de paralelismo absoluto, uma para cada segmento patronal, outra profissional: indústria, comércio, transporte marítimo e aéreo, transporte terrestre, comunicações e publicidade, crédito, educação e cultura. Isolada, a confederação das profissões liberais;

o) gestão financeira controlada pelo Ministério, a quem deviam ser encaminhadas a previsão orçamentária, a prestação de contas e até o relatório de atividades, consignando, inclusive, as alterações havidas no quadro associativo. Constituíam receita das associações sindicais: as contribuições de sócios, as doações, os legados, as multas, os bens e valores adquiridos e as rendas produzidas e a contribuição imposta ao grupo representado, prevendo-se sua disciplinação através de regulamento especial, ou seja, aí estava o nascedouro da contribuição sindical. Os atos de malversação e dilapidação do patrimônio constituíam crime contra a economia popular;

p) vedação de interferência de pessoas estranhas ao sindicato em sua administração ou em seus serviços, excetuados os prepostos do Ministério e os funcionários contratados mediante autorização da assembleia, excluídos aqueles que tivessem os mesmos impedimentos que acarretavam a inelegibilidade dos associados;

q) sistema repressivo, de modo que, ocorrendo dissídio ou circunstância capaz de perturbar o funcionamento da entidade, poderia o Ministro nela intervir, designando um delegado para administrá-la;

s) eleição para escolha da administração, conselho fiscal e delegação federativa conforme as instruções baixadas pelo Ministério. Eram inelegíveis quem professasse ideologias incompatíveis com as instituições ou os interesses da Nação e vedada a reeleição;

r) os atos da diretoria, do conselho ou da assembleia, contrários a lei, eram passíveis de revisão a cargo do Ministério do Trabalho, Indústria e Comércio, mediante recurso do interessado;

s) penalidades impostas pelo Ministério do Trabalho, desde multa até a cassação da carta de reconhecimento, passando pela suspensão de diretores, destituição e fechamento da entidade. A cassação da carta, a cargo do chefe do Poder Executivo, podia se dar, inclusive quando não fossem obedecidas "as diretrizes da política econômica ditadas pelo Presidente da República", ou criado obstáculos à sua execução. Possível a dissolução, "por se achar a associação incursa nas leis que definem crimes contra a personalidade internacional, a estrutura e a segurança do Estado e a ordem política e social";

t) proibida a filiação a organizações internacionais;

u) vedada a sindicalização dos servidores públicos e empregados das instituições paraestatais. Os trabalhadores rurais ficavam de fora.

Estava criado o sindicalismo oficialista.[111]

---

(111) Para conhecer os textos completos da legislação citada, O Sindicato em um Mundo Globalizado, do autor.

1.6. **A organização sindical na CLT**. Através da Portaria Ministerial n. SC-791, de 29 de janeiro de 1942, o Ministro do Trabalho Alexandre Marcondes Filho nomeou uma comissão para estudar e organizar um anteprojeto de Consolidação das Leis de Proteção ao Trabalho e da Previdência Social, composta de dez membros, sendo o grupo incumbido de cuidar da matéria trabalhista integrado por Oscar Saraiva, consultor jurídico do Ministério, e pelos procuradores Arnaldo Lopes Süssekind, José de Segadas Vianna e Dorval Lacerda.(112)

Pouco, porém, foi alterado quanto à disciplinação dada pela Lei Sindical de 1939.

Portanto, o sindicato continuou com as mesmas prerrogativas e os mesmos deveres. O autoritarismo repressivo não mudou de estilo; ao contrário, foi fortalecido.

O enquadramento sindical, instituído pelo Decreto-lei n. 2.381, de 9 de julho de 1949, organizou as categorias profissionais em função das atividades econômicas a elas correspondentes.

O imposto sindical não se distanciou da disciplinação dada pelos Decretos-lei ns. 2.381, de 1940, e 4.298, de 1942.

1.7. **A organização sindical depois da CLT**. Com a redemocratização do país foi aprovada a Constituição de 18 de setembro de 1946, que no art. 159 deu nova feição à organização sindical: "É livre a associação profissional ou sindical, sendo reguladas por lei a forma de sua constituição, a sua representação legal nas convenções coletivas de trabalho e o exercício de funções delegadas pelo Poder Público". O art. 158 reconheceu o direito de greve, deixando para a lei a regulamentação de seu exercício.

Não veio a lei sindical, e poucas alterações sofreu a CLT. O direito de greve continuou sendo negado.

Significativo foi o ressurgimento do sindicalismo de resistência, especialmente no governo João Goulart, quando o Comando Geral dos Trabalhadores — CGT —, assume feição de autêntica central, tendo como opositores organizações de direita, como Movimento Sindical Democrático — MSD — e o Movimento de Renovação Sindical — MRS. A reação atribui ao Presidente da República o propósito de implantar uma "República Sindicalista" e em março de 1964 o país sofre outro golpe militar, impondo a ditadura, que só chegaria ao fim em 15 de março de 1985. Foram 1.565 intervenções em sindicatos.

A Constituição de 1967 e a Emenda n. 1, de 1969, pouco mudaram quanto à organização sindical, mas a greve foi proibida nos serviços públicos e nas atividades essenciais.(113)

---

(112) Portaria SC n. 791, de 29 de janeiro de 1942.

(113) Art. 159. É livre a associação profissional ou sindical; a sua constituição, a representação legal nas convenções coletivas de trabalho e o exercício de funções delegadas de Poder Público serão reguladas em lei.

Finalmente, a Constituição de 1988 consagrou no art. 8º a autonomia, a liberdade e a unicidade sindical.

2. **Considerações**. A Constituição brasileira, no art. 8º, equipara associação profissional e sindical, com impropriedade manifesta, pois cuida na verdade da organização sindical em suas duas modalidades, de trabalhadores ou profissionais e de empregadores ou patronais.

As primeiras compreendem trabalhadores assalariados e, portanto, empregados e autônomos, que trabalham por conta própria, inclusive como avulsos, e também os profissionais liberais propriamente ditos. As segundas dizem respeito a empresas, qualquer que seja sua constituição e natureza, mesmo sem fins lucrativos.

Significativo que a associação sindical tenha tratamento diferenciado da associação comum, essa disciplinada no art. 5º, incisos XVII a XXI.

3. **Disciplinação constitucional.** No inciso I do art. 8º, a Constituição deu ênfase à autonomia dos sindicatos, e no V, à liberdade individual negativa. Da organização sindical propriamente dita cuidam os incisos II e IV. O primeiro adota o modelo do sindicato único, atribuindo aos trabalhadores e aos empregadores a determinação da área territorial de suas associações de classe; o segundo elege a estrutura vertical com o sistema confederativo:

> "II — é vedada a criação de mais de uma organização sindical, em qualquer grau, representativa de categoria profissional ou econômica, na mesma base territorial, que será definida pelos trabalhadores ou empregadores interessados, não podendo ser inferior à área de um Município;
>
> IV — a assembleia geral fixará a contribuição que, em se tratando de categoria profissional, será descontada em folha, para custeio do sistema confederativo da representação sindical respectiva, independentemente da contribuição prevista em lei."

4. **Disciplinação legal**. A organização sindical brasileira é regida pela Consolidação das Leis do Trabalho, mas tendo presente a autonomia consagrada no art. 8º da Constituição e seu inciso I.

5. **Estrutura**. A estruturação das organizações sindicais brasileiras, de trabalhadores ou de empregadores, num regime de unicidade com autonomia,

---

§ 1º Entre as funções delegadas a que se refere este artigo, compreende-se a de arrecadar, na forma da lei, contribuições para o custeio da atividade dos órgãos sindicais e profissionais e para a execução de programas de interesse das categorias por ele representadas.
§ 2º É obrigatório o voto nas eleições sindicais.
Art. 158, XXI. "greve, salvo o disposto no art. 157, § 7º".
Art. 157, § 7º Não será permitida greve nos serviços públicos e atividades essenciais.
A Emenda de 1969 só mudou de lugar os dispositivos, o primeiro como art. 166, o segundo como inciso XX do art. 165.

tem como suporte necessário três elementos fundamentais: a) a qualificação do grupo para o qual a entidade foi constituída (qualificação sindical); b) a extensão territorial (base territorial); c) e os níveis de constituição (sistema confederativo).

5.1. **Categoria.** A qualificação da representação já não se prende ao enquadramento prévio das categorias, determinado pelo Ministério do Trabalho, mas a definição pelos trabalhadores ou empregadores interessados, como se infere da redação defeituosa do inciso II do art. 8º, posto que, se podem definir a extensão territorial, podem também qualificar a representação.

A categoria, não como elemento do corporativismo fascista, mas como meio de organização das classes profissionais e empresariais, é que determina a qualificação, devendo a primeira corresponder à segunda, não com equivalência absoluta, mas, quando menos, com aproximação razoável.

De qualquer modo, categoria tem conceituação legal, no art. 511 da Consolidação das Leis do Trabalho; a patronal, como união com base na solidariedade de interesses econômicos; a profissional, como a coletividade que opera em uma mesma atividade econômica; e a diferenciada, fundada na profissão. A configuração da categoria empresarial ou profissional atém-se a atividades idênticas, similares ou conexas, mas sempre homogêneas:

"Art. 511. É lícita a associação para fins de estudo, defesa e coordenação dos seus interesses econômicos ou profissionais de todos os que, como empregadores, empregados, agentes ou trabalhadores autônomos ou profissionais liberais exerçam, respectivamente, a mesma atividade ou profissão ou atividades ou profissões similares ou conexas.

§ 1º A solidariedade de interesses econômicos dos que empreendem atividades idênticas, similares ou conexas, constitui o vínculo social básico que se denomina categoria econômica.

§ 2º A similitude de condições de vida oriunda da profissão ou trabalho em comum, em situação de emprego na mesma atividade econômica ou em atividades econômicas similares ou conexas, compõe a expressão social elementar compreendida como categoria profissional.

§ 3º Categoria profissional diferenciada é a que se forma dos empregados que exerçam profissões ou funções diferenciadas por força de estatuto profissional especial ou em consequência de condições de vida singulares.

§ 4º Os limites de identidade, similaridade ou conexidade fixam as dimensões dentro das quais a categoria econômica ou profissional é homogênea e a associação é natural."

A qualificação ou o enquadramento, apenas para melhor compreensão, atém-se à atividade principal, conforme jurisprudência já assentada antes mesmo da Constituição de 1988. De fato, a atividade preponderante, prevista no § 3º do art. 581, não se prestava a determinar a qualificação, pois supõe múltiplas atividades, mas voltadas para uma unidade de produção. Foi o que permitiu a configuração da agroindústria no âmbito da indústria, que melhor protegia os trabalhadores, excluídos da Consolidação das Leis do Trabalho e do Sistema Geral da Previdência Social, entendimento adotado pelo Supremo Tribunal Federal em sua Súmula n. 196:

"Ainda que exerça atividade rural, o empregado de empresa industrial ou comercial é classificado de acordo com a categoria do empregador."(114)

De se notar que o art. 581 foi posto para definir o recolhimento da contribuição sindical:

"§ 2º Entende-se por atividade preponderante a que caracterizar a unidade de produto, operação ou objetivo final, para cuja obtenção todas as demais atividades convirjam, exclusivamente em regime de conexão funcional."

Outra situação, múltiplas atividades, de igual modo, situam-se no mesmo dispositivo:

"§ 1º Quando a empresa realizar diversas atividades econômicas, sem que nenhuma delas seja preponderante, cada uma dessas atividades será incorporada à respectiva categoria econômica, sendo a contribuição sindical devida à entidade sindical representativa da mesma categoria, procedendo-se, em relação às correspondentes sucursais, agências ou filiais, na forma do presente artigo."

Comum a integração indústria e comércio, por exemplo no ramo das vendedoras de veículos que tem conjugada oficina de reparos e manutenção ou da fiação que também confecciona vestuário ou peças de tecidos. Muito se disputou a propósito do comércio da indústria de panificação e confeitarias. Se bem que a medida seja divisionista, separando trabalhadores próximos, vinculados a um mesmo empregador, indispensável que cada setor produtivo situe-se em áreas físicas distintas e pessoal próprio para cada um.

a) **Dissociação.** Possível, em princípio, a dissociação de categorias concentradas para a constituição de um sindicato de representação específica como permite o artigo da representação 571 da Consolidação das Leis do Trabalho:

"Qualquer das atividades ou profissões concentradas na forma do parágrafo único do artigo anterior poderá dissociar-se do sindicato principal, formando um sindicato específico, desde que o novo sindicato, a juízo da Comissão do Enquadramento Sindical, ofereça possibilidade de vida associativa regular e de ação sindical eficiente."

O dispositivo se mantém exceto a menção à Comissão do Enquadramento Sindical já extinta. De todo modo, a dissociação subordina-se a

(114) Estranhamente, sem nenhuma justificação, o Tribunal Superior do Trabalho, em maio de 1993, cancelou sua Súmula n. 157: "Os trabalhadores agrícolas das usinas de açúcar integram categoria profissional de industriários, beneficiando-se dos aumentos normativos obtidos pela referida categoria".

quatro condições: a) deliberação democrática de assembleia dos interessados, ou seja, daqueles que vão deixar o sindicato de origem e transferir-se para outro a ser criado; b) validação da deliberação desde que o número de apoiadores da medida seja superior ao dos associados do sindicato preexistente, excluídos, é claro, os participantes da assembleia; c) possibilidade de vida associativa regular, que se supõe, quando a deliberação for democrática; d) ação sindical eficiente que se revelará depois.

Não é, contudo, o que vem ocorrendo, diante de interpretação equivocada do Ministério do Trabalho a propósito da liberdade sindical pois concede o registro mesmo quando reduzido número de participantes de uma assembleia vazia aprova a dissociação. E assim procede até para transferir a representação de um para outro sindicato.

Dissociação não é a mesma coisa que fragmentação. Se categoria tornou-se denominação rejeitada em razão de sua origem corporativista, hoje seu significado é de grupo, classe ou ramo, preferida pelo Anteprojeto de Lei Sindical saído do Fórum Nacional do Trabalho. Logo, um setor da atividade econômica bem determinado e facilmente perceptível e não uma subespécie, como *fast food*, aceita incorretamente pelo Ministério do Trabalho, o que permitiria sindicatos das churrascarias, das pizzarias etc., ou então da indústria de relógios de pulso, de bolso, de parede.

O Tribunal Superior do Trabalho acolheu o entendimento na Orientação Jurisprudencial n. 23 da Sessão de Dissídios Coletivos:

> "Legitimidade *ad causam*. Sindicato representativo de segmento profissional ou patronal. Impossibilidade. A representação sindical abrange toda a categoria, não comportando separação fundada na maior ou menor dimensão de cada ramo ou empresa."

b) **Desmembramento territorial**. A legislação é omissa quanto ao desmembramento que, no entanto, segue o mesmo regramento traçado para a dissociação. No caso, o entendimento dominante tanto no Ministério do Trabalho como na Justiça do Trabalho prestigia o município como base natural do sindicato. No sistema brasileiro, assistencialista, procede o raciocínio, diante da concentração dos serviços no município sede. O que se observa, porém, é a concentração de municípios distantes na base. Mas, não fosse assim, muitos trabalhadores seriam inorganizados e, por isso, incluídos na representação das federações.

5.2. **Base territorial.** Pode-se dizer que constitui a área geográfica de representação. No regime de tutela ministerial, conforme o § 1º do art. 517 da CLT, a base territorial era outorgada pelo Ministro do Trabalho; sua dimensão podia ser até distrital, pouco conhecida, mas nacional, só excepcionalmente, mediante autorização ministerial.

A Constituição estabeleceu como extensão mínima, igual à área de um município, impedindo com isso a organização sindical no âmbito da empresa (art. 8º, II).

O sistema confederativo será visto adiante.

6. **Organização profissional e empresarial**. A qualificação categorial ou grupal atém-se como regra à atividade empresarial e, sendo profissional, excepcionalmente, à profissão.

Categoria, como denominação dos grupos profissional e econômico, traz consigo o estigma do corporativismo, seu reconhecimento oficial para inserir-se como força num sistema de produção e economia dirigidas pelo Estado. Hoje, num regime democrático, mantém-se mas simplesmente como representação de grupos vinculados por interesses comuns. Neste sentido, a Constituição menciona categoria nos incisos III e IV do art. 8º, tendo recepcionado os conceitos contidos nos §§ 2º, 3º e 4º do art. 511 da Consolidação das Leis do Trabalho.

A categoria profissional constitui o conjunto de empregados que se ativam numa mesma atividade econômica ou em atividades assemelhadas, unidos por força do trabalho em comum. A atividade econômica, por sua vez, é a expressão da solidariedade em função de interesses econômicos daqueles que empreendem atividades idênticas, similares ou conexas. Pode-se dizer, portanto, que a constituição básica assenta-se normalmente na atividade econômica e excepcionalmente na profissão, dos que se diferenciam por serem regidos por estatuto profissional ou particularidades especiais, tendo como limite mínimo a área de um município.

A organização sindical forma-se unitária ou pluralmente. No primeiro caso, o sindicato único, no segundo, uma pluralidade de sindicatos para a representação de grupo profissional ou empresarial idêntico.

7. **Unicidade sindical.** A Lei Sindical de 1931 (Decreto n. 19.770) já adotara a estrutura unitária, dispondo que só seria reconhecida como sindicato a associação que reunisse maior número de associados.

Com a Constituição de 1934, experimentou-se a pluralidade. O Decreto n. 24.694 do mesmo ano seguiu seu comando.

Já o Decreto-lei n. 1.402, de 1939, esse sim, moldado segundo o modelo corporativista, foi incisivo, determinando no art. 6º que não seria reconhecido mais de um sindicato para cada profissão.

Com essa roupagem, foi assumido pelo art. 516 da Consolidação das Leis do Trabalho: "Não será reconhecido mais de um sindicato representativo da mesma categoria econômica ou profissional, ou profissão liberal, em uma dada base territorial".

A Constituição de 1946 e, como ela, a de 1967 e sua emenda de 1969 limitaram-se a assegurar a liberdade sindical, transferindo para a lei ordinária sua disciplinação. Com isso, na sua vigência, o legislador ordinário tanto poderia optar pela unicidade como pela pluralidade.

Finalmente, a Constituição de 1988 compatibilizou autonomia com unicidade sindical. No inciso II do art. 8º, vedou a criação de mais de uma organização sindical, em qualquer grau, representativa de categoria profissional ou econômica, na mesma base territorial.

O unitarismo consequentemente é amplo, alcançando todas as formas de organização que compõem o sistema confederativo e, portanto, os sindicatos, as federações e confederações.

Unicidade sindical é a unidade da classe, trabalhadora ou empresarial, para a defesa de seus direitos individuais e interesses coletivos, significando a representação única de um mesmo grupo profissional ou econômico em uma determinada região.

O modelo sofre duras críticas a pretexto de ter sido moldado no regime fascista de Mussolini, adotado pelo regime instituído na ditadura de Getúlio Vargas. No entanto, como demonstraram Evaristo de Moraes Filho e Arion Sayão Romita, muito antes, a unicidade já era a bandeira dos socialistas, o regime adotado na União Soviética. Escreveu o primeiro: "(...) a adoção do sindicato único não se prende ao surgimento do fascismo no cenário político dos últimos anos. O destino do primeiro não está subordinado à sorte do segundo. Não pode perecer pelo mau uso que dele foi feito. Importa sempre fixar o quadro total da organização social e política, e não somente um de seus aspectos. (...) O mal não estava na forma do sindicato único, e sim no uso político que dele se fez, como verdadeira prisão das classes operárias, sem liberdade, sem autonomia, sem governo próprio. Refletia, ali, o sindicato único, a forma de Estado totalitário de partido único. Residia o mal em toda organização social e política e não na simples maneira adotada de sindicalização. E tanto isso é verdade que muito antes do fascismo já pregavam as classes operárias francesas a adoção do sindicato único como a melhor política a ser erguida na defesa de seus interesses profissionais".[115] O segundo: "O sindicato único não era uma invenção do fascismo italiano, pois já fora consagrado na Rússia. Vários institutos do Direito Corporativo não eram exclusivos do fascismo italiano (...). O sindicato fascista é, assim, sindicato único, embora o sindicato único não seja privativo do fascismo. Antes da Itália, a União Soviética adotara a unidade sindical, com base nos ensinamentos de Lenin (...). Não há dúvida de que, cronologicamente, a União Soviética precedeu a Itália na adoção da unicidade sindical, mas desta circuns-

(115) *O sindicato único*, cit., p. 179 e ss.

tância não há como supor que tenha o sindicato único soviético influenciado o italiano nem o brasileiro. O sindicato único não é, portanto, fascista na sua origem. Há historicamente três tipos de sindicato único: o adotado pelos regimes corporativos (Itália fascista, Portugal de Salazar, Espanha de Franco, Brasil até hoje); o que existiu na União Soviética; e o de países como a Alemanha e o Reino Unido, onde há a possibilidade jurídica de pluralidade sindical, porém neles prevalece a unicidade sindical por deliberação espontânea dos interessados. Foi com base nas observações de Maxime Leroy, divulgadas em livro de 1913, que Evaristo de Moraes Filho demonstrou ter sido o sindicato único preconizado pelas classes operárias francesas, 'como a melhor política a ser erguida na defesa de seus interesses profissionais'. Como a união faz a força e a profissão é uma, único há de ser o sindicato (...) A ideia do sindicato único era difundida na Europa no começo do século XX. Não era privativa do comunismo soviético nem do fascismo italiano".[(116)]

A propósito, como anota João Guilherme Vargas Netto, "depois da greve geral de março de 1944, contra os ocupantes nazistas, os dirigentes sindicais da resistência reuniram-se clandestinamente em Roma e assinaram a declaração sobre a realização da unidade sindical, conhecida como Pacto de Roma, de 3 de junho de 1944, dois dias antes da entrada dos exércitos aliados na cidade", dele constando: "Os representantes das principais correntes sindicais dos trabalhadores italianos — comunistas, democrata-cristãos e socialistas —, depois de uma ampla troca de pontos de vista sobre o problema sindical na Itália, libertada do invasor alemão e de seus cúmplices fascistas, convencidos que a unicidade de todos os trabalhadores, sem distinção de opiniões políticas e de fé religiosa, é o instrumento mais eficaz para a imensa tarefa de reconstrução do país (tarefa que se apoiará necessariamente nas forças de trabalho), declaram com ênfase e com unanimidade o seguinte: Realizar a unidade sindical através da constituição, por uma iniciativa comum, de um único organismo confederativo em todo o território nacional, denominado Confederação Geral Italiana do Trabalho; de uma única federação nacional para cada setor de atividade produtiva; de uma única Câmara Confederativa do Trabalho em cada província; de um único sindicato local e provincial para cada setor e categoria de atividade produtiva". A pluralidade sindical somente se instaurou depois da cisão na CGIL em 1948 e segundo Piero Craveri: "A ruptura da unidade organizativa foi proposta como elemento determinante do enfraquecimento do sindicato na relação de conflito entre capital e trabalho. Foi provocada por um projeto político amadurecido fora do sindicato, nos partidos da nova maioria (sem os comunistas, observa Vargas Netto), sob a pressão conjunta, proveniente do Vaticano e dos Estados Unidos". Os trabalhadores italianos, conclui, que derrotaram o fascismo queriam a unicidade e a pluralidade sindical lhes foi imposta".[(117)]

---

(116) ROMITA, Arion Sayão. *O fascismo no direito do trabalho brasileiro.* São Paulo: LTr, 2001. p. 39, 66/69.
(117) Unicidade sindical: resposta a uma questão. *Debate Sindical,* n. 39, set./nov. 2001. O livro de CRAVERI, Piero. *Sindacato e instituzioni nel dopo guerra.* Bolonha: Mulino, 1977. p. 237.

Vargas Netto lembra, ainda, que após a deposição de Getúlio Vargas e a eleição da Assembleia Constituinte, "nos salões das Classes Laboriosas, reuniu-se em janeiro de 1946 o Primeiro Congresso Sindical dos Trabalhadores do Estado de São Paulo, com a participação de 65 entidades aderentes, entre uniões sindicais de diversas cidades (intersindicais), federações, sindicatos e associações profissionais. Na pauta do congresso, segundo as resoluções aprovadas, discutiram-se a legislação trabalhista, o padrão de vida (com exigências de reforma agrária, industrialização crescente do País, aumento geral dos salários, duplicação do salário mínimo e luta contra a inflação), a previdência social, as condições de trabalho e a organização e liberdade sindicais". Foi aprovada uma resolução especial contra a pluralidade sindical que "recomendava a todas as organizações aderentes o combate sem tréguas à ideia da pluralidade sindical" e sugeria a "ampliação nos locais de trabalho, nos sindicatos e no seio das classes trabalhadoras da propaganda e defesa do sistema atual de unicidade sindical, com as reformas somente compatíveis com os legítimos interesses da organização associativa dos trabalhadores" (o que queria dizer: "reconhecimento em cada localidade, para fins legais, apenas um sindicato representativo da categoria profissional, industrial ou de ofícios vários, ou seja, a unicidade sindical") "(...) Derrotado o Estado Novo e o fascismo, realizadas as eleições e instaurada a Constituinte, os trabalhadores em luta exigiram unanimemente a unicidade sindical".(118)

O fenômeno repetiu-se após a Revolução dos Cravos de 1974, que derrubou o regime fascista português, instalado por Oliveira Salazar. A esquerda vitoriosa adotou a unicidade sindical de feição socialista, sem os componentes anteriores de colaboracionismo com o Estado e submissão à sua tutela repressiva, mas como autêntica união de forças para a ascensão social e ação política.

A. Monteiro Fernandes ressalta que a revolução manteve a unicidade sindical que seria um dos pilares do modelo de relações coletivas do trabalho, expressamente consagrado na lei sindical de 1975.(119) Mas logo foram afastados e nas revisões constitucionais de 1982 e 1989, graças à atuação dos democratas burgueses, mais afinados com o capitalismo europeu,

(118) Um congresso histórico. *Revista da Federação dos Comerciários do Estado de São Paulo*, n. 169, nov./dez. 2002.

(119) A recente evolução do direito do trabalho em Portugal. *Revista Jurídica*, n. 3, p. 14, 1984. CARVALHO, Antônio Nunes. O poder empresarial e os recentes desenvolvimentos legislativos do direito do trabalho português. *Revista do Tribunal Regional do Trabalho da 23ª Região*, p. 35, jul. 1996/jul. 1997.

O professor português, em conferência proferida em 1980, transcrita pela *Synthesis*, 1/85, anota que "As estruturas sindicais herdadas do corporativismo permaneciam de pé, com dificuldades de reordenamento interno e, consequentemente, reduzida a ação externa". Mas, no período de 1975/1976, deu-se o "reordenamento sindical", quando "os sindicatos recuperaram o seu normal papel de interlocutores negociais" (p. 16).

"reduziram-se as excessivas marcas ou expressões ideológicas, conjunturais vindas de 1975, e, em particular, referências ao socialismo e que, em particular, lhes aperfeiçoaram os direitos fundamentais".[(120)] A Constituição de 1976, como ressalva Antônio Nunes Carvalho, assentou o modelo de organização sindical no pluralismo.[(121)]

A unicidade sindical não assume por si mesma o corporativismo fascista, não só por sua origem, mas pela marca ideológica que conserva. É certo que a Lei Sindical de 1939 teve como ponto de partida a Constituição outorgada, de 1937, copiada da Carta del Lavoro italiana, e assim foi transportada para a Consolidação das Leis do Trabalho, mas o que dela sobrou foi democratizada, por força de sua compatibilização com a Constituição de 1988, que colocou acima do que dela sobrou a autonomia e a liberdade sindical. Corporativista é o sistema, ainda que mascarado pelo liberalismo, até porque o pluralismo também conviveu com ditaduras ferozes. A unicidade só é boa num sistema efetivamente democrático. A Lei Sindical de 1931 também adotou a unicidade, mas sem se servir do modelo fascista. E não seria de se acreditar que seus redatores, Evaristo de Moraes, Joaquim Pimenta, todos socialistas, fossem inspirar-se no regime que combatiam. Mesmo em nossa democracia relativa, num regime capitalista, meio social-democrata, meio neoliberal, desde 1988, quando a Constituição deu grandeza à autonomia sindical, nenhuma intervenção foi imposta a organizações sindicais.

Se a Constituição de 1988 é democrática, também o é a unicidade sindical que foi exaustivamente discutida na Assembleia Constituinte. Já na Comissão da Ordem Social, o substitutivo apresentado dispunha que "Não será constituída mais de uma organização sindical em qualquer grau, representativa de uma categoria profissional ou econômica em cada base territorial". No anteprojeto elaborado pela Comissão de Sistematização, adotou-se o regime da pluralidade combinado com a maior representatividade, assim definido: "se mais de um sindicato pretender representar o mesmo segmento categorial ou a mesma comunidade de interesses profissionais, somente um terá direito à representação perante o Poder Público, conforme a lei". Na segunda versão, que foi levada ao Plenário, retomou-se o modelo adotado pela Constituição de 1946: "é livre a associação profissional ou sindical. A lei definirá as condições para seu registro perante o Poder Público e para sua representação nas convenções coletivas". Na Comissão de Sistematização, o deputado Vivaldo Barbosa (PDT-RJ) apresentou emenda, assinada por cerca de cem constituintes, propondo a adoção da unicidade nos seguintes termos: "Não será constituída mais de uma organização sindical, em qualquer grau, representativa de uma categoria profissional ou econômica, em cada base territorial,

(120) FIUZA, Ricardo Arnaldo Malheiros. Os 94 anos da república portuguesa e a Constituição do "25 de abril". *Revista Del Rey Jurídica*, Minas Gerais, n. 14, p. 24.
(121) Artigo cit., p. 36.

a qual será definida pelos trabalhadores, não podendo ser inferior a de um município". A emenda foi combatida por José Genoino (PT-SP) e Luiz Inácio Lula da Silva (PT-SP), tendo este, por sua vez, apresentado outra, contrária: "É livre a associação profissional ou sindical em todos os níveis; a aquisição da personalidade jurídica de direito privado pela associação profissional ou sindical se dará mediante registro em cartório". Vivaldo Barbosa desistiu de sua emenda em favor da apresentada por Geraldo Campos (PSDB-DF), idêntica. A emenda de Lula foi rejeitada recebendo o apoio de apenas cinco Constituintes. Oitenta e oito rejeitaram-na. A emenda Geraldo Campos foi afinal aprovada com 63 votos favoráveis contra 19 contrários. No Plenário, foi votado o destaque apresentado pelo deputado Luiz Gushiken (PT-SP), com a seguinte redação: "é livre a associação profissional ou sindical; observado o seguinte: I — a lei não poderá exigir autorização do Estado para a fundação de sindicato, reservado o registro no órgão competente". Na oportunidade, encaminhando a votação, em nome de seus partidos, manifestaram-se Roberto Freire (PCB-PE), assinalando que a pluralidade enfraquecia a luta dos trabalhadores, só interessando ao patronato, no que foi secundado por Haroldo de Lima (PC do B-BA), para quem a pluralidade sindical é contrária aos interesses da classe operária, valendo como arma da burguesia Ao final, 269 constituintes rejeitaram a emenda, apoiando a unicidade sindical, contra 78 votos favoráveis e 6 abstenções.[122]

Em conclusão, se não é democrática, não é também a Justiça do Trabalho e tudo mais que se contém na Constituição.

Defendem a unicidade, dentre outros, José Martins Catharino, Orlando Gomes, Luiz de Pinho Pedreira da Silva e o autor.

Do lado das centrais, conta com o apoio da CGT, da CGTB, da CAT e das bases da FS. Mas foi a bandeira do Comando Geral dos Trabalhadores, anterior a 1964, sendo aprovada nos principais congressos de trabalhadores.

7.1. **Unicidade relativa (multiplicidade de associações e sindicato único).** Evaristo de Moraes Filho, quando escreveu o Anteprojeto de Código do Trabalho, em 1963, por solicitação do governo Jânio Quadros, adotou a unicidade relativa, que permitia, a qualquer tempo, ainda que depois de reconhecido o sindicato, que pudesse uma associação obter o seu registro como sindicato específico com a consequente perda da representação pelo já existente, se provasse ser mais representativo. Para efeito de reconhecimento, especificava o anteprojeto que, "quando mais de uma associação pleitear o registro como sindicato, o mesmo será concedido à mais representativa, tendo em consideração: I — o número de associados; II — o patrimônio; III — a data de fundação; IV — os serviços sociais que presta".[123]

---

(122) *Diário da Assembleia Constituinte,* n. 289, 10.8.88.

(123) *Anteprojeto de código do trabalho.* Brasília: Imprensa Oficial, 1963. p. 204

Justificando a proposição, escreveu: "Embora mantendo a unidade sindical, regime a que tendem confessadamente todas as legislações europeias e americanas, mantém-se um regime de pluralidade de associação profissionais, que podem, a qualquer tempo, provar que são mais representativas que o sindicato reconhecido, sendo cassado o registro deste e passando ela a ser a entidade sindical representativa da categoria. Anima-se com isso a dinâmica da vida associativa profissional, criando uma permanente emulação entre as organizações e não permitindo que o sindicato durma sobre os louros conquistados, deixando de representar efetivamente a classe".[(124)]

Pinho Pedreira aplaudiu a ideia: "Com essas cautelas e outras, exigidas pela OIT (...) e a democratização, pode-se conservar, em seu arcabouço, a nossa atual estrutura sindical da pluralidade de associações profissionais, mas com uma só reconhecida, como 'associação mais representativa' (...) A fórmula do reconhecimento de uma só associação como a mais representativa realiza uma síntese, pela qual se alcança a unidade na pluralidade (...). O certo será o reconhecimento da 'associação mais representativa', única entre as diversas associações constituídas, podendo-se denominar todas de 'sindicato', para tornar mais visível a pluralidade, embora apenas de direito, ou continuando a designar como 'sindicato' a reconhecida e de 'associações profissionais' as outras, para acentuar a unidade, de fato".[(125)]

Já não temos as associações profissionais como embriões necessários dos sindicatos, tal como exigia o art. 515 da CLT. Mas, fora de qualquer dúvida, o sistema imaginado por Evaristo, próximo do sindicato mais representativo, democratizaria ainda mais a organização de classe, estimulando a representatividade e privilegiando a autenticidade, permitindo a ratificação da Convenção n. 87 da OIT.

7.2. **Unicidade nas bases e pluralidade nos órgãos superiores.** Outra forma de unicidade relativa seria mantê-la nas bases, para os sindicatos, e permitir a pluralidade nos órgãos superiores, federações, confederações e centrais. Foi a forma defendida pela Federação dos Trabalhadores nas Indústrias da Alimentação e Afins e seus filiados, que possibilitaria a convivência das múltiplas centrais existentes.

8. **Pluralidade sindical.** A Constituição de 1934 consagrou a pluralidade. No parágrafo único do art. 120 escreveu-se que "A lei assegurará a pluralidade sindical e a completa autonomia dos sindicatos".

Mas a lei sindical, Decreto n. 24.694, não se sabe ao certo se propositada ou equivocadamente, anulou a garantia quando exigiu para a fundação de

---

(124) *Anteprojeto,* cit., p. 204 e 68.

(125) SILVA, Luiz de Pinho Pedreira da. Unidade ou pluralidade sindical? In: *Ensaios de direito do trabalho.* São Paulo: LTr, 1998. p. 150/152.

sindicatos de empregados a reunião de um terço dos exercentes da mesma profissão na localidade a ser abrangida (art. 4º, II, *a*), de sorte que, no máximo, somente três associações poderiam coexistir paralelamente.

A pluralidade para a maior parte dos teorizadores modernos seria a melhor expressão da liberdade sindical, tendo como fundamento principal a Convenção n. 87 da OIT que no art. 2º assegura aos trabalhadores e aos empregadores o direito de constituírem as organizações sindicais que entenderem mais convenientes.

Os defensores do pluralismo, quase todos, reconhecem que a liberdade sindical como expressão do individualismo, para os trabalhadores como classe, constitui um mal insuperável, que compromete decisivamente suas lutas e, portanto, suas conquistas.

O certo é que o pluralismo absoluto como expressão da liberdade individual perdeu espaço para o unitarismo que se impõe com a determinação do sindicato mais representativo.

No governo Fernando Collor de Mello, a Comissão de Modernização das Relações de Trabalho propôs a adoção da pluralidade, o que se repetiu no governo Fernando Henrique Cardoso. A primeira, diante do impedimento do presidente, viu seu projeto ser arquivado pelo sucessor, Itamar Franco; a segunda apresentou várias proposições que não foram levadas em conta, prevalecendo a Proposta de Emenda Constitucional n. 623 da Força-Tarefa constituída no âmbito do Ministério do Trabalho, que foi arquivada na Câmara dos Deputados. A Proposta teve o apoio isolado da central Força Sindical, sendo combatida pela Coordenação Confederativa dos Trabalhadores (CCT), com apoio decisivo da CUT e da CGT.

A PEC n. 623 alterava o art. 8º da Constituição da República, posto nestes termos: "Art. 8º. É assegurada a liberdade sindical, mediante os seguintes princípios: I — a lei não poderá exigir autorização do Estado para a fundação de sindicatos, ressalvado o registro como pessoa jurídica na forma da lei civil, vedadas ao poder público a interferência e a intervenção na organização sindical".

O pluralismo absoluto significa muitas vezes admitir a participação de agrupamentos concorrentes e rivais, motivados pela disputa que travam e animados por lideranças políticas quase sempre partidarizadas, nas negociações e no trato do dia a dia com um adversário único. É imaginar um sindicato para cada central, outro ou outros, de inspiração religiosa, sem nunca faltar o oficialista estimulado pelo Estado, além do imobilista apoiado pelos empregadores, para se ter o quadro das negociações coletivas comprometidas, condenadas ao insucesso diante da organização contrária, dos empregadores, sempre unidos.

Pinho Pedreira desmistificou a ideia da pluralidade absoluta que a seu ver não existe hoje no mundo. Como nos diz, "os países democráticos, em que prevalece a tese de pluralidade sindical, a exemplo da França, Bélgica, Itália, Holanda, Luxemburgo, Portugal, Espanha, instituem uma pluralidade qualificada como simplesmente de direito, um sistema misto que consiste em admitir o funcionamento de mais de um sindicato para a mesma categoria, porém reconhecendo pelo menos um deles como 'a associação mais representativa'. E prossegue: "Esse é o caso da Argentina, cuja legislação autoriza a pluralidade de associações inscritas mas só permite uma associação com 'personalidade gremial', exatamente a mais representativa (...) Nos próprios países anglo-saxônicos (Inglaterra, Estados Unidos, Canadá, Austrália, Nova Zelândia), fiéis à pluralidade sindical, com frequência atribui o órgão competente a um sindicato a condição de agente exclusivo para a negociação coletiva".(126)

Aliás, o conceito figura na própria Constituição da OIT, pois no § 5º do art. 3º dispõe-se o seguinte: "os membros se obrigam a designar os delegados e conselheiros técnicos não governamentais de acordo com as organizações profissionais mais representativas de empregadores ou de trabalhadores, segundo o caso, sempre que tais organizações existam no país de que se trate".

Arion Sayão Romita defende o pluralismo, mas sem perder de vista que "é da própria essência do sindicalismo a marcha no sentido da unidade (...)".(127) Mesmo a OIT considera que a pluralidade, quando menos, é um grave complicador. A unidade seria o ideal, mas não pode ser imposta por lei.(128)

Orlando Gomes escreveu que "a divergência entre unitaristas e pluralistas tem um pronunciado sabor político. No fundo, é um aspecto parcial da luta entre duas concepções antiéticas do mundo: a concepção individualista e a concepção socialista. A pluralidade é fator de desagregação que debilita o movimento sindical; além do que dificulta o funcionamento da convenção coletiva e das comissões paritárias, mas, conclusivamente, só a unidade permite o fortalecimento e a expansão do movimento sindical, porque corresponde à sua natureza e a seu sentido de reação contra a desorganização nas relações de produção".(129)

Para José Martins Catharino, "o pluralismo divide forças, e, dessarte, enfraquece a capacidade sindical de pressionar e reivindicar, e o monismo,

(126) *Ensaios de direito do trabalho*, cit., p. 147.
(127) *Direito sindical brasileiro*, cit., p. 87/88.
(128) La libertad sindical. *Recompilación de decisiones del comité de libertat sindical del consejo de administración de la OIT*. Oficina Internacional del Trabajo, 1976, verbete n. 25. p. 14.
(129) *Direito do trabalho. Estudos*. São Paulo: LTr, 1979. p. 169/173. Na concepção do professor baiano, a defesa do pluralismo é uma palavra de ordem do liberalismo. Igualmente Oris de Oliveira entende que "a opção pela unidade sindical ou pela pluralidade é eminentemente política, portanto ideológica (Unidade e pluralidade sindical. In: *Curso de direito constitucional do trabalho, estudos em homenagem ao professor Amauri Mascaro Nascimento*. São Paulo: LTr, 1991. v. II, p. 31).

repartido territorialmente, melhor propicia a união dos mais próximos — tal foi a proximidade que fez nascer o sindicalismo, e, ao mesmo tempo, interioriza diversidades secundárias, sem provocar divisões separatistas e reciprocamente enfraquecedoras — a atomização, os 'sindicatos de papel', e, até, 'poeira sindical'.[130]

Ricardo Maranhão retira da história fato que bem ilustra a disputa: "O Governo Linhares se preocupava em fazer uma política que detivesse o avanço de comunistas e 'queremistas' nos sindicatos sem apelar para a repressão pura e simples; por isso, chegou a promulgar um decreto em 19 de janeiro que destruía de uma penada os princípios da estrutura sindical da ditadura, estabelecendo a liberdade sindical. Mas ao decretar o princípio da pluralidade para os órgãos de classe, visava, como diz Timothy Harding, a enfraquecer a influência do PTB-PCB cuja aliança se fortalecia como princípio da unidade sindical".[131]

Roberto A. Santos coloca a questão nestes termos: "Tudo indica que a Convenção n. 87 teve em vista universalizar um formato de sindicalismo validado pelos centros de poder dos países de capitalismo avançado. Ora, desde há muito está demonstrado que a pretensão à universalidade nas teorias sociais (e no direito) funciona amiúde como instrumento de racionalização de interesses econômicos (...) De maneira que nem todas as normas contidas na Convenção podem ser aceitas por outras nações no âmbito de uma demanda de autonomia sindical".[132]

8.1. **Pluralidade relativa. (O sindicato mais representativo).** Mas nem sempre a pluralidade permite o exercício da plena liberdade sindical pelos trabalhadores, dividindo-os conforme os interesses de grupos, ideologizados ou não. Em países europeus, as centrais trazem a marca dos comunistas, socialistas e democratas-cristãos.

Por isso mesmo a OIT procurou atenuar os efeitos danosos da pluralidade, reconhecendo a unicidade através do sindicato mais representativo. Assim os verbetes 27 e 38.[133] Para a OIT, "não é contrário ao princípio de liberdade de escolha, estabelecido pela Convenção n. 87, o fato de se distinguir entre o sindicato mais representativo e os demais sindicatos; mas essa distinção não significa que se possam proibir outros sindicatos aos quais desejasse filiar-se certo número de trabalhadores".[134] Nesse sentido, aliás, firmou-se a jurisprudência do Comitê de Liberdade Sindical do Conselho de Administração,

(130) *Tratado de direito sindical*, cit., p. 108.
(131) Citado por MARANHÃO, Ricardo. *Sindicatos e democratização.* Brasil 1945-1950. São Paulo: Brasiliense, 1979. p. 45.
(132) Sindicalismo e mudança social: problemas da reorganização do sindicato no Brasil. In: *Trabalho e sociedade na lei brasileira.* São Paulo: LTr, 1993. p. 136.
(133) *La libertad sindical,* verbete n. 27, cit., p. 14.
(134) *A liberdade sindical.* São Paulo: LTr/OIT, 1993. p. 43.

como se vê das seguintes ementas: "O Comitê decidiu que, quando as autoridades têm a faculdade de celebrar votações com objeto de determinar o sindicato majoritário que há de representar os trabalhadores nas negociações coletivas, sempre devem celebrar-se tais votações se existirem dúvidas quanto a qual sindicato desejam os trabalhadores que os represente". "O Comitê estimou que, para animar o desenvolvimento harmonioso de negociações coletivas e evitar os conflitos, conviria aplicar sempre, quando existam, os procedimentos destinados a designar os sindicatos mais representativos para os fins de negociação coletiva, quando não se saiba claramente por qual desses sindicatos desejam optar os trabalhadores. Quando não existirem tais procedimentos, seria o caso de as autoridades examinarem a possibilidade de instituir regras objetivas a respeito.[135]

Júlio César do Prado Leite, consultor técnico da OIT, também reconhecendo os perigos derivados da multiplicidade sindical que "divide e impera", admite que "não seriam incompatíveis com a Convenção n. 87 certos cuidados destinados a evitá-los, por exemplo, quando se defere a sindicatos mais representativos certos direitos particulares, especialmente em matéria de negociação coletiva, desde que a determinação dos sindicatos mais representativos se faça de forma objetiva e independente e que, a qualquer momento, se possa reexaminar a situação de fato sobre a liderança em tal representatividade, não afetados, por tais concessões especiais, os direitos de os demais sindicatos funcionarem normalmente".[136]

Para Guilhermo Cabanelas deve-se entender por organização mais representativa aquela que melhor representa os trabalhadores ou os empregadores. E este não seria, necessariamente, o que contasse com maior número de filiados. Citando Evaristo de Moraes Filho, considera três fatores: a) importância, b) atividade; c) independência.[137]

Mas importa saber como se dará a determinação do sindicato mais representativo. Na Argentina, o credenciamento é dado à associação que possuir maior filiação, considerada a média do semestre anterior; é o sistema de credenciamento gremial, determinado pela autoridade administrativa do trabalho. Amauri Mascaro Nascimento nos dá conta do sistema americano: "Nos Estados Unidos a criação de sindicatos de trabalhadores depende do empregador, havendo o reconhecimento voluntário entre as partes. Se a maioria dos trabalhadores de uma unidade de negociação quer um sindicato, há um acordo entre eles e o empregador. Até 1974 o empregador podia opor-se ao reconhecimento do sindicato de trabalhadores havendo um motivo de boa-fé. A partir dessa ocasião, por força de uma decisão judicial, o empregador

---

(135) *La libertad sindical*, verbetes ns. 36 e 37, cit., p. 18.
(136) *Inflação, política salarial e sindicatos no Brasil*. São Paulo: LTr, 1985. p. 99.
(137) *Derecho sindical y corporativo*, cit., p. 204.

não tem que motivar a recusa, cabendo a um juiz ou a outro órgão verificar se a pretensão dos trabalhadores está em ordem. Essa verificação é feita geralmente com o pedido para que os cartões preenchidos pelos trabalhadores, mediante os quais formalizam a pretensão, sejam apresentados. Se estiverem em ordem, não se poderá objetar à pretensão. O empregador tem o direito de exigir que os trabalhadores façam uma eleição conduzida pelo Governo, caso tenha dúvidas sobre os cartões. O sindicato tem que entregar ao governo uma petição com o apoio de 30% pelo menos dos trabalhadores da unidade de negociação. Se o empregador entender que a unidade não é adequada, o National Labor Relations Board , em audiência, determinará qual é a unidade adequada, base de representação sindical, caso em que ficaria retardada por meses a solução da questão".[(138)]

Gino Giuni enfrenta o tema, considerando que a legislação italiana estabelece dois critérios eletivos para a determinação dos sindicatos de maior representatividade. O primeiro seria o histórico, baseado no dado confederal. "E a história e a realidade sociológica do sindicalismo italiano são (...) uma história e uma realidade de 'confederações' (...). O critério (...) se resolve com a referência às 'confederações majoritariamente representativas no plano nacional'. Enfim, consideram-se os seguintes elementos: a) consistência numérica; b) presença equilibrada em amplo arco de setores produtivos; c) difusão em todo o território nacional; d) realização de atividade de contratação e, em geral, de autotutela em caráter contínuo e sistemático."[(139)]

O reconhecimento do sindicato mais representativo traduz-se em só admitir a pluralidade na atuação secundária, melhor dizendo, durante o tempo de inércia, para impor a unidade no momento mais preciso de ação, quando, efetivamente, cuida de defender interesses coletivos.

No Brasil, é indispensável ter presente nossa tradição cultural. Primeiro, não há sombra de dúvida que a determinação do sindicato mais representativo ficaria com o empregador. Seu apego ao poder de mando, ao direito de propriedade, faz com que escolha seu interlocutor numa negociação que, em princípio, não lhe convém. E, dentro de uma multiplicidade de pretendentes, ficará com o mais dócil ou, o mais fraco. Em outras palavras, com o menos representativo. Caberá, portanto, ao outro, conforme o apoio que tiver na base, opor-se e impor sua representatividade. Para tanto não terá outra expressão de força senão a greve.

---

(138) Vantagens e desvantagens do sistema norte-americano de relações do trabalho. *Revista LTr* 48-12/1.427.

Ernesto Krotoschin refere-se ao relatório da OIT que admite a possibilidade de o caráter representativo ser passível de negativa e até de supressão, se a organização tiver uma direção comunista ou na qual tenham infiltrado-se elementos comunistas (*Instituciones de derecho del trabajo*. Buenos Aires, 1968. p. 205).

(139) *Direito sindical*, cit., p. 71/72.

8.2. **Unicidade e pluralidade concomitantes**. A originalidade da ideia foi mais arranjo político do que consenso costurado no Fórum Nacional do Trabalho. O Fórum foi democrático quando permitiu uma etapa de discussão e negociação entre adversários; no caso, as representações dos trabalhadores e dos empregadores; só que, em relação à formação de centrais, o capital ficou de fora, apoiado em uma alternativa de pronto admitida pelos demais participantes, inclusive o Estado, através do Ministério do Trabalho: simplesmente não queriam organizar-se em central. Assim, a disputa situou-se num outro plano; de um lado, as duas centrais defensoras do pluralismo: — CUT e Força Sindical, do outro, as demais. Conforme as regras regimentais, não havendo consenso; caberia ao Estado impor sua proposta, e não havia nenhuma, até porque o governo Lula, que trocara a roupagem meio revolucionária e contestatória pelo assistencialismo conciliatório e populista, não pretendia desgostar os sindicatos de base, sabidamente unitaristas, alguns cutistas e quase todos forcistas, com uma proposta de pluralismo. Daí o consenso inusitado: a) os sindicatos já constituídos, durante o período de transição, continuariam existindo num sistema de unicidade, perdendo o registro se não conseguissem a representatividade mínima de 20 filiados; b) perdendo a representação, valeria o pluralismo; c) para as entidades criadas após a aprovação da lei, o sistema seria de pluralismo puro.

Como se sabe, o anteprojeto não vingou.

8.3. **Pluralismo puro**. O Anteprojeto supostamente consensuado no Fórum foi arquivado, mas a Proposta de Emenda Constitucional n. 369, redigida na Casa Civil, ainda sob o comando do Ministro José Dirceu, para lhe dar amparo, foi remetida ao Congresso Nacional em março de 2005 e desde então aguarda o parecer do relator Maurício Rands (PT-PE), sem contar com o interesse dos atores que compuseram o Fórum, nem dos legisladores. A PEC revoga o inciso II do art. 8º da Constituição, abrindo espaço para a implantação da pluralidade ampla.

9. **Organização territorial.** Base territorial significa a área geográfica que tem a organização sindical.

Na disciplinação autoritária traçada pela CLT, a revelar a mais completa submissão dos sindicatos ao Estado, o Ministro do Trabalho outorgava e delimitava a base territorial (art. 517, § 1º). Talvez por isso a unicidade foi determinada tendo em conta uma dada base territorial como especificou o art. 516. Esta podia alcançar um ou mais municípios, um ou mais Estados, mas só excepcionalmente poderia ser de âmbito nacional, mediante autorização do Ministro em razão das peculiaridades da categoria. Podia ser, também, distrital, modalidade que não encontrou receptividade no Brasil.

A Constituição de 1988, no inciso II do art. 8º, estabeleceu que a base territorial tem como limite mínimo a área de um Município, vedando, por consequência, tanto o sindicato distrital como também o formado no âmbito da empresa, mas permitindo a livre constituição de organizações de nível nacional.

Mas significativo foi prever que a base territorial será definida pelos trabalhadores ou empregadores interessados. Com isso ficou sepultado o controle oficial na delimitação da área de ação dos sindicatos.

O Brasil tem dimensões de continente e distâncias consideráveis a separar os centros de concentração de trabalhadores. Por isso, apesar de tudo, o sindicato nacional só se mostra apropriado quando o grupo profissional ou econômico ativa-se deslocando-se por todo o território, como é o caso dos aeronautas, do pessoal empregado na construção de estradas, ferrovias. Mesmo assim, inspirada no sindicalismo alemão e americano, a CUT caminha para a centralização de seus filiados em função de organismos nacionais.

As associações de empregadores, como regra, tem dimensão estadual. Para os sindicatos profissionais constitui grave anomalia a extensão de sua área geográfica quando mantém a administração baseada na Capital ou na cidade de maior concentração de empresas. Sem a instalação de delegacias, sem presença efetiva e permanente nas demais localidades, abdica da representação de fato, deixando a mostra o propósito único de receber as contribuições compulsórias sem qualquer contraprestação.

No regime de sindicato único, isso não quer dizer monopólio de representação. Enganam-se os desavisados que, por comodismo, acreditam que a base possa significar direito adquirido. A CLT só tratou especificamente da dissociação de categorias, esquecendo-se do desmembramento territorial. Esse, contudo, é perfeitamente possível. Assim, a área territorial concentrada é passível de ser dividida, desde que se respeite a limitação mínima correspondente à extensão de um município. Exemplificativamente, um sindicato estadual poderá perder um ou mais municípios, desde que assim deliberem livre e democraticamente os interessados, no caso, os trabalhadores ou os empregadores dos municípios que se desgarrarão do original. O mesmo pode-se dizer de sindicatos intermunicipais, interestaduais ou nacionais.

O processo de desmembramento corresponde ao de dissociação de grupos. Supõe necessariamente uma deliberação coletiva tomada em assembleia. Logo, a convocação deve partir dos mentores da medida com ampla divulgação, de modo a atingir todos os interessados. Por conseguinte, se o propósito consiste em fundar um sindicato municipal, dissociado de outro, digamos intermunicipal, a assembleia contará com a participação apenas dos trabalhadores ou empregadores que se ativam no município. A partir da deliberação tomada, seguir-se-á o registro da nova entidade.

Da mesma forma, é possível a ampliação da base para estendê-la a outros municípios, outros estados, ou assumir todo o país, respeitados sempre os princípios basilares de unicidade sindical e democracia, ficando assim vedada a invasão de área de outros sindicatos e atendendo necessariamente à vontade livre dos interessados. Vale dizer que, também, para o acréscimo territorial não basta a vontade da direção do sindicato, mas a vontade coletiva manifestada através de assembleia convocada com transparência, tendo participação expressiva.

10. **Organização vertical. Sistema confederativo de representação sindical.** A CLT só admitiu a organização vertical, de forma piramidal, na qual a base é o sindicato, tendo no meio a federação e no vértice a confederação, sempre em função da categoria ou da atividade.

O sistema confederativo foi incluído na Constituição em lugar impróprio, no inciso IV do art. 8º, que cuida das contribuições de custeio.

Historicamente, sabe-se que isso deveu-se ao justificado receio das confederações de se verem marginalizadas na organização sindical, substituídas pelas centrais, e para manterem-se era preciso que a Constituição, expressamente, previsse sua indispensabilidade. Daí o esforço conjunto das confederações de trabalhadores e de empregadores e vitorioso que resultou na menção ao sistema confederativo da representação sindical respectiva.

10.1. **Federação.** A conceituação que lhe deu a CLT no § 3º do art. 534 é extremamente imprecisa, dele extraindo-se que é o órgão coordenador dos interesses dos sindicatos nela agrupados.

O § 2º do dispositivo mantém-se apenas parcialmente, pois já não possui o Ministro do Trabalho competência para autorizar a constituição de federações interestaduais ou nacionais. Admite-se, no entanto, que a base territorial mínima da federação é a área de um Estado, exigindo-se para seu reconhecimento a adesão de, pelo menos, cinco sindicatos, representando a maioria absoluta do grupo profissional ou econômico.

Não foi recepcionado o § 1º, segundo o qual, no caso de já existir federação de grupos concentrados, a criação de outra, mediante dissociação ou desmembramento, só será admitida se não reduzir a menos de cinco os filiados à primeira. Seria vedar a criação de entidade sindical, afrontando o art. 8º da Constituição.

Segundo dispõe o § 3º, a federação como união de sindicatos não tem o direito de representação das atividades ou profissões agrupadas.

De notar que os trabalhadores, assim como os empregadores, enquanto inorganizados sindicalmente, são representados por suas federações, portando representação anômala e imprópria, já que constituídas por pessoas jurídicas. De fato, a federação é uma associação de sindicatos, não tendo, em princípio, representação de pessoas físicas. Sendo assim, quando se cuida de fundar sindicato específico, resultante de desmembramento territorial, não lhes é dado o direito de insurgirem-se a pretexto de preservarem a unicidade sindical. Até porque natural, normal, é a organização de classe, e absolutamente extraordinária a marginalização.

Em duas hipóteses a federação representa os trabalhadores e empregadores inorganizados. Nas negociações coletivas, como consigna com clareza o art. 611 da CLT no § 2º, de modo a abrangê-los nos acordos e nas convenções que celebrar e nos dissídios coletivos, segundo previsão do art. 857, parágrafo único do mesmo diploma.

Tratando-se de organização de sindicatos, esses nela estão representados por sua delegação. Conforme especifica o art. 538, são dois os delegados, mas apenas um com direito a voto.

A CLT é omissa quanto ao processo de escolha dos delegados federativos. O art. 529, cuidando das condições de elegibilidade, refere-se a cargos de administração ou representação. Mas serão eleitos sempre, até porque a aquisição de estabilidade supõe eleição e o art. 543 da CLT é preciso nesse sentido.

A Portaria n. 186 do Ministério do Trabalho e Emprego passou por cima da Constituição e permitiu a pluralidade de federações e confederações, com aceitação tácita de todos, sindicatos patronais e profissionais, Judiciário e Ministério Público.

10.2. **Confederações**. As confederações são a instância superior da estruturação sindical, formadas por federações, tendo extensão sobre todo o território nacional.

Conforme dispõe o art. 535 da CLT: “As Confederações organizar-se-ão com o mínimo de 3 federações e terão sede na Capital da República. Não fere a autonomia exigir que sua fundação tenha o apoio de um número mínimo de aderentes e, sendo órgão central, tenha sua sede na capital do país”.

As confederações são formadas por federações, mas não foi determinada sua finalidade, entendendo-se que lhes cumpre a coordenação dos interesses das federações filiadas.

O Supremo Tribunal Federal reconheceu que, a partir de 1988, graças à autonomia conquistada, as confederações já não dependem de reconhecimento pelo Presidente da República, como exigia o § 3º do art. 537 da CLT, podendo ser criadas livremente pelas federações profissionais ou patronais.

A instância máxima das confederações é o Conselho de Representantes, no qual cada federação filiada participa através de sua delegação composta de dois membros efetivos e dois suplentes, com direito a apenas um voto.

11. **Organização horizontal.** Na configuração do sistema confederativo ficaram de fora as centrais e as organizações horizontais.

Organização horizontal é a concertação de entidades de múltiplos setores em diferentes planos territoriais, um ou mais municípios, um ou mais estados ou todo o país.

Já era conhecida em 1945, quando foi fundado o Movimento Unificado dos Trabalhadores — MUT —, contando com trezentos dirigentes sindicais de 13 Estados. Sua bandeira principal foi a defesa da unicidade sindical. Em 1953, destacou-se o Pacto de Unidade Intersindical — PUI —, em 1961 o Pacto de Unidade e Ação — PUA —, que teve origem no movimento grevista que foi deflagrado atingindo empresas estatais e em 1963 o Pacto de Ação Conjunta — PAC.

E tiveram presença e atuação no período pré-ditadura de 1964. Exemplos marcantes foram o Fórum Sindical de Debates da Baixada Santista, a Comissão Permanente das Organizações Sindicais — CPOS —, do Rio de Janeiro, e o Comando Geral dos Trabalhadores — CGT —, fundado em 1962. Todos assumidamente de esquerda, com participação dos militantes comunistas, socialistas, trabalhistas e católicos progressistas. À direita, formaram-se o Movimento Sindical Democrático — MSD —, o Movimento de Renovação Sindical — MRS — e a Resistência Democrática dos Trabalhadores Livres — REDETRAL —, que participaram decisivamente do golpe militar, com apoio decisivo do patronato mais retrógrado, das organizações golpistas apoiadas pela CIA americana como o IBAD e o IPES.(140) Mesmo a ala conservadora do governo João Goulart chegou a fundar uma organização de centro-direita, a União Sindical dos Trabalhadores — UST —, em 1963.

Ressurgem agora, com força, como conselhos ou uniões locais ou regionais.(141)

11.1. **Centrais.** As centrais não compõem o sistema confederativo e assim já decidiu o Supremo Tribunal Federal. No entanto, impuseram-se no cenário político e sindical do país.

Mas já em 1908 os anarco-sindicalistas, em conjunto com os socialistas, fundaram a Confederação Operária Brasileira — COB —, com o apoio de 50 associações do Rio de Janeiro, de São Paulo, do Rio Grande do Sul, da Bahia e de Pernambuco, que ressurgiu em 1913.

Em 1929 foi fundada a Confederação Geral dos Trabalhadores do Brasil — CGTB. Mais tarde, em 1946, a Confederação dos Trabalhadores do Brasil, CTB. Não tardou a reação que veio em maio de 1947, por meio do Decreto n.

---

(140) DREIFUSS, René Armand. *1964:* a conquista do estado. ação política, poder e golpe de classe. Rio de Janeiro: Vozes, 1981, p. 305 e ss.

(141) Por exemplo, os Conselhos das Entidades Sindicais das Regiões de Piracicaba, Marília e de Araçatuba.

23.046, assinado pelo General Eurico Gaspar Dutra, suspendendo o funcionamento da central, sendo seu ato legitimado pelo Supremo Tribunal Federal. Em seguida, **400 sindicatos** sofreram intervenção, número que só foi superado na ditadura militar de 1964.

O movimento sindical reorganizou-se, opondo-se ao regime repressivo, enfrentando-o. Em 1978, os sindicatos autênticos, tendo à frente as novas lideranças, Luiz Inácio Lula da Silva, Arnaldo Gonçalves, Hugo Perez, dentre outros, desafiaram a direção "pelega" da Confederação Nacional dos Trabalhadores nas Indústrias, dirigida por Ary Campista, impedindo que realize seu congresso, instalando o seu, paralelo, nas mesmas dependências, quando aprovou sua Carta de Princípios, que traçou as bases do novo sindicalismo.

Eclodem as greves no ABC paulista que se irradiam para todo o Estado e depois para o país inteiro.

O Congresso Nacional dos Metalúrgicos, em 1979, realizado em Poços de Caldas, Minas Gerais, à revelia de seus organizadores, aprova moção a favor da anistia ampla e irrestrita. Adiante, o Encontro dos Dirigentes Sindicais, de Gragoatá, Rio de Janeiro, no mesmo ano, reúne os sindicatos de resistência. Desses conclaves revelam-se lideranças que excedem os limites de suas bases para assumirem grandeza nacional.[(142)]

A Conferência da Classe Trabalhadora — CONCLAT —,em agosto de 1981, na Praia Grande (SP), contou com a participação de 480 sindicatos urbanos, com 3.108 delegados, 384 sindicatos rurais, com 969, 32 associações de funcionários públicos, com 48, 176 associações pré-sindicais, com 875, 33 federações urbanas, com 90, 17 federações rurais, com 134, e 4 confederações (agricultura, professores, trabalhadores em comunicações e servidores públicos) com 22 delegados. A partir daí surgiram as centrais, mas, apesar de tudo, significou a divisão do movimento sindical no Brasil.

As centrais tornaram-se definitivas e não somente ocuparam o lugar das confederações, mas, também, tornaram-se os organismos de coordenação dos sindicatos. Sua marca fundamental foi a ideologização assumida, que, por sua vez, determina o perfil dos filiados.

11.1.a) **Central Única dos Trabalhadores — CUT**. Primeiro, a Central Única dos Trabalhadores — CUT —, fundada no mês de agosto de 1983, em São Bernardo do Campo, sob o comando de Luiz Inácio Lula da Silva. Presidiu-

(142) Luiz Inácio Lula da Silva (Sindicato dos Metalúrgicos de São Bernardo do Campo), Arnaldo Gonçalves (Sindicato dos Metalúrgico de Santos), Hugo Perez (Sindicato dos Eletricitários de São Paulo), José Cicote (Sindicato dos Metalúrgico de Santo André), Francisco Calasans Lacerda (Sindicato dos Hoteleiros de São Paulo), Anísio Vieira de Carvalho (Sindicato dos Empregados em Trólebus de São Paulo), Enilson Simões, "Alemão" (Sindicato das Centrais de Abastecimento de São Paulo), Olívio Dutra (Sindicato dos Bancário do Rio Grande do Sul), José Sinésio Corrêa (Sindicato dos Borracheiros de São Paulo), Raimundo Rosa de Lima e Afonso dos Santos Souza, dentre outros.

a inicialmente Jair Meneguelli, depois, Vicentinho Paulo da Silva, João Felício e Luiz Marinho, todos ligados ao Partido dos Trabalhadores — PT; os dois primeiros e o último, como Lula, saídos do Sindicato dos Metalúrgicos de São Bernardo do Campo, que presidiram, o segundo, do Sindicato dos Professores, todos paulistas.

A CUT adquiriu expressão inconfundível, defendendo um novo modelo de organização sindical. Assim como o PT, tornou-se uma federação de tendências, na qual se integraram, num primeiro momento, a Corrente Sindical Classista — CSC —, com autonomia e voz própria, muito mais um compartimento do Partido Comunista do Brasil — PC do B —, e os seguidores do Partido Socialista Organização e Luta — PSOL —, do Partido Socialista dos Trabalhadores Unificado — PSTU — e do Partido da Causa Operária — PCO —, todos de tendência trotskista.

Quando Luiz Inácio Lula da Silva assumiu o governo, muitos de seus membros foram aproveitados, como Jaques Wagner, Ricardo Berzoini, Luiz Gustchken, Olívio Dutra, Jair Meneguelli, João Vaccari, os dois primeiros, ministros do Trabalho, o segundo, das Comunicações, o terceiro, das Cidades.

11.1.b) **Confederação Geral dos Trabalhadore — CGT**. Seguiu-se a Confederação Geral dos Trabalhadores — CGT —, fundada em 1983, no Congresso que procurou, sem êxito, ser a II CONCLAT. Presidente Joaquinzão dos Santos Andrade, do Sindicato dos Metalúrgicos de São Paulo, secretário Antônio Rogério Magri, do Sindicato dos Eletricitários, também de São Paulo. Na eleição realizada em 1989, Joaquinzão foi batido por Magri, que assumiu a presidência. Mas os militantes da facção política MR-8 (Movimento Revolucionário 8 de Outubro), que procurava manter-se como compartimento do PMDB, resistiu e prosseguiu com outra CGT paralela.

A primeira, a bem dizer, foi refundada em abril de 1992, em São Paulo, com a participação de 1.314 delegados de 961 entidades de 16 estados. Magri, escolhido pelo Governo Fernando Collor de Mello para dirigir o Ministério do Trabalho, fora substituído por Canindé Pegado, do setor de telecomunicações do Rio Grande do Norte, sendo sucedido por Enir Severino da Silva e depois por Antônio Carlos dos Reis "Salim", também paulistas, presidentes do mesmo Sindicato dos Eletricitários.

11.1.c) **Central Geral dos Trabalhadores Brasil — CGTB.** A dissidência Central Geral dos Trabalhadores, para diferenciar-se da primeira, teve de acrescentar o B de Brasil em seu nome. Preside-a Antônio Netto, do Sindicato dos Empregados do Ramo de Processamento de Dados, de São Paulo, em litígio com seu antigo e principal companheiro de diretoria, Ubiraci Dantas.

11.1.d) **Força Sindical — FS**. A Força Sindical nasceu sob a direção de Luiz Antônio Medeiros em março de 1991, sucedido por Paulinho Pereira da Silva, os dois com passagem pela presidência do Sindicato dos Metalúrgicos de São Paulo. Atribui-se à FS o sindicalismo de resultados. Deu apoio ao governo Fernando Henrique Cardoso, inclusive nas reformas neoliberais que culminaram com a chamada legislação de flexibilização de direitos que instituiu o contrato por prazo determinado, a tempo parcial, a suspensão do contrato e o banco de horas. Foi a única central que defendeu a PEC n. 623, destinada a implantar a pluralidade sindical. Adesão importante a do Sindicato dos Eletricitários de São Paulo, historicamente ligado à CGT.

11.1.e) **União Sindical Independente — USI.** A União Sindical Independente do Brasil sucedeu o Movimento Sindical Democrático, de direita, que desempenhou papel de importância para o golpe militar de 1964, sob o comando do juiz classista do Tribunal do Trabalho de São Paulo, Antonio Pereira Magaldi. Ressuscitou e democratizou-se com Paulo Fernandes Lucânia e, em meados do ano 2001, passou com seus filiados, quase todos do setor comerciário, para a Força Sindical. Extinguiu-se, pouco a pouco, sem ser notado.

11.1.f) **Central Autônoma dos Trabalhadores — CAT.** A Central Autônoma dos Trabalhadores ressurgiu em março de 1995, presidida por Laerte Teixeira da Costa, sob o abrigo da Central Latino-Americana de Trabalhadores — CLAT —, sucessora da Confederação Americana dos Sindicatos Cristãos — CLASC. Mas não conseguiu atingir o propósito de tornar-se uma central de fundo vocacional. Mesmo assim, filiava-se à Confederação Mundial dos Trabalhadores — CMT —, marcadamente católica.

11.1.g) **Social Democracia Sindical — SDS.** A Social Democracia Sindical, dissidência da Força Sindical, deveu-se a seu secretário, Enilson Simões "Alemão", que foi do MR-8, do PCB e, antes, talvez, o mais expressivo ativista da base de apoio de Lula. Assumiu-se como braço político do PSDB, expressão da Social Democracia. Inicialmente, a Frente Social Democrata de Sindicatos (FSDS) foi fundada em 30 de abril de 1996. Segundo revela sua revista, participaram do ato 1.200 trabalhadores de 467 entidades baseadas em 18 estados do país.

11.1.h) **Central Brasileira de Trabalhadores e Empreendedores — CBTE.** Surgiu até uma central mista de trabalhadores e empresários, a Central Brasileira de Trabalhadores e Empreendedores, que logo se qualificou como expressão sindical do Partido da Frente Liberal — PFL —, de centro-direita. Acabou fundindo-se com a CGTB.

11.1.i) **Nova Central Sindical dos Trabalhadores** — NCST. As confederações sentiram que cada vez mais perdiam importância no sindicalismo brasileiro e internacional, superadas pelas centrais, e tendiam ao desaparecimento, apesar de terem conseguido na Assembleia Nacional Constituinte a criação do sistema confederativo de representação sindical.

Assim, inicialmente, procuraram aglutinar-se num agrupamento intersindical, nos moldes da Corrente Sindical Classista criada pelo PC do B, batizada como Coordenação Confederativa dos Trabalhadores — CCT. Pouco depois, em junho de 2005, com José Calixto Ramos, presidente da Confederação Nacional dos Trabalhadores nas Indústrias — CNTI, a frente, dissidências da FS, como o Sindicato dos Trabalhadores do Ramo de Hospedagem e Alimentação, presidido por Francisco Calasans Lacerda, e Luiz Tenório de Lima, personagem histórico do movimento sindical, remanescente do CGT pré-1964, transformou-se na Nova Central Sindical dos Trabalhadores. Teve o apoio da Confederação dos Trabalhadores em Transportes Terrestres, CNTTT, Confederação Nacional dos Trabalhadores em Telecomunicações, CNTEEC, Confederação Nacional dos Trabalhadores nas Indústrias da Alimentação, CNTA, e da Confederação Nacional dos Trabalhadores em Turismo e Hospitalidade, CONTRATUH, presidida por Moacyr Roberto Tesch Auedrsvald.

11.1.j) **União Geral dos Trabalhadores — UGT.** Outra forte dissidência da FS, formada pelos Sindicatos dos Comerciários e dos Padeiros e Confeiteiros de São Paulo, liderados por Ricardo Path e Chiquinho Pereira, somada com a Confederação Geral dos Trabalhadores — CGT, ainda presidida por Antonio Carlos dos Reis, "Salim", com a Central Autônoma dos Trabalhadores — CAT — e com a Social Democracia Sindical — SDS, que resistia com Enilson Simões, "Alemão" e Antonio Flores, que chegou a ocupar a vice-presidência do Sindicato dos Metalúrgicos de São Paulo; depois de militar no PCB, deu vida à União Geral dos Trabalhadores, que tomou a denominação também histórica de organizações horizontais, antes ressuscitada em Ribeirão Preto.

11.1.k) **Central dos Trabalhadores e Trabalhadoras do Brasil — CTB.** Em dezembro de 2007 a Corrente Sindical Classista do PC do B desligou-se da CUT para formar uma central própria, a CTB.

11.1.l) **Central Sindical dos Profissionais — CSP.** Fundada em 2008, na verdade, uma central dos profissionais liberais. Não foi reconhecida pelo Ministério do Trabalho por não ter comprovado a representatividade exigida pela Lei n. 11.648, de 2008.

11.1.m) **Coordenação Nacional de Lutas — CONLUTAS** — Central Sindical Popular. Dissidência da CUT, formada pelos grupos militantes do Partido Socialista, Organização e Luta — PSOL —, Partido da Causa Operária — PCO — e do Partido Socialista dos Trabalhadores Unificado — PSTU. Apesar de atuar como autêntica central, ainda não requereu seu reconhecimento como tal.

11.1.n) Outras. As entidades de servidores públicos, decepcionadas com a atuação da CUT frente às medidas do governo Luiz Inácio Lula da Silva, que afetavam seus interesses, anunciaram a fundação de uma central própria que não se afirmou. Seguiu-se a retirada dos militantes do Partido Socialista Unificado dos Trabalhadores — PSTU —, formando a CONLUTAS, que passou depois a CSP — Conlutas — Central Sindical e Popular.

O Censo Sindical 2002 do IBGE revelou a representatividade das centrais, deixando de mencionar a CGTB e a USI:

Centrais	Filiados		Sindicatos filiados	Trabalhadores filiados	Crescimento (%)
	1991	2001			
CUT	1.688	2.834	65,85%	62.21	70
FS	294	839	19,49%	22.42	185
CGT	102	238	5,53%	3,94	133
SDS		287	8,70%	8,70	
CGTB	163				
USI	35				
CAT			2,00%	1,21	

As centrais CUT e FS não aceitaram os números, dando os seus:

Centrais	Entidades filiadas	Trabalhadores filiados
CUT	3.321	22.200 milhões
FS	1.842	16 milhões[143]

12. **Disciplinação legal**. Somente no ano 2008 a Lei n. 11.648, de 31 de março, deu vida ao que já existia de fato: a organização horizontal da classe trabalhadora em centrais, mas plurais, reconhecendo o que já existia de fato. Como já exposto, as organizações patronais ficaram de fora e a razão foi explicada no FNT: simplesmente não queriam organizar-se como centrais.

12.1. **Pluralidade**. A Constituição, no inciso II do art. 8º, foi enfática ao vedar a criação de mais de uma organização sindical, em qualquer grau, representativa de categoria profissional ou econômica, na mesma base territorial; a par disso, criou o sistema confederativo da representação sindical. Com o reconhecimento da central, fora de dúvida, passara a integrar o sistema, mas só uma poderia ser admitida uma única. Porém, como já haviam assumido seu papel antes mesmo da legitimação pela via legal e as confederações também se organizaram na NCST enquanto os empregadores desde o FNT ficaram de fora por vontade própria, não houve contestação.

(143) Os espaços em claro significam que o IBGE não tem informações.

Para os poucos teorizadores que enfrentaram o tema, como Amauri Mascaro Nascimento, as centrais não se prendiam à vedação constitucional porquanto não representavam uma categoria, mas organizações sindicais. Para nós, no entanto, a inconstitucionalidade é flagrante, pois o inciso II do art. 8º menciona organização e não sindicato, sendo que a primeira tem alcance amplo, envolvendo toda a estrutura verticalizada e horizontal. Não fosse assim, também federações e confederações poderão se atomizar num sistema de pluralismo, pois da mesma forma não representam categorias, mas organizações de sindicatos.(144)

12.3. **Representação.** Como se lê no art. 1º da Lei n. 11.648, a central tem base necessariamente nacional, mas equivocadamente dá-lhe, como finalidade, a representação geral dos trabalhadores. Geral quer dizer total, e o erro maior está em defini-la no singular, quando o art. 2º abre espaço para múltiplas centrais e mesmo o art. 1º, no inciso I, esclarece que só representam as organizações a ela filiadas. Organizações, no caso, são aquelas que compõem o sistema confederativo, que se mantém diante do texto constitucional, desde os sindicatos de base até as confederações, passando pelas federações. Portanto, ao contrário do que diz o dispositivo, não possuem representação geral, mas restrita, só dos trabalhadores filiados aos sindicatos, seus associados, das federações e confederações, também associadas.

Outro equívoco redacional está no inciso I do art. 1º, que lhes dá a prerrogativa de exercer a representação dos trabalhadores por meio das organizações sindicais a ela filiados, pois federações e confederações que também se integram em seu corpo associativo não representam trabalhadores, mas seus sindicatos, as primeiras, e as federações, as últimas.

12.4. **Prerrogativas.** Como visto, se valesse o que a aliança capital/trabalho/Estado consensuou no Fórum, as centrais seriam a instância principal da organização sindical. Mas a lei só lhes deu duas prerrogativas: a) a coordenação da representação dos trabalhadores por meio das organizações sindicais a ela filiados; b) participação nas negociações em fóruns, colegiados de órgãos públicos e demais espaços de diálogo social que possuam composição tripartite, nos quais sejam discutidos assuntos de interesse geral dos trabalhadores.

No projeto original — e assim foi aprovado na Câmara dos Deputados —, em vez de coordenação, dava-se às centrais competência de representação; antes: "exercer a representação dos trabalhadores por meio das organizações sindicais a ela filiadas"; depois: "coordenar a representação dos trabalhadores, por meio das organizações sindicais a ela filiados". Traduzindo: será coordenar

(144) AROUCA, José Carlos. *Centrais. Autonomia e unicidade. Revista LTr*, São Paulo: LTr, v. 72, n. 10, p. 1.159 e ss., out. 2008.

a atuação dos sindicatos, das federações e confederações que se incluam em seu quadro associativo, suas campanhas, seus movimentos, mesmo as negociações coletivas, ainda que não possuam legitimidade para substituí-los em Juízo. A primeira, coordenação das atividades das entidades filiadas, confunde-se com a que o § 3º do art. 534 da CLT atribuiu às federações: "É permitida a qualquer federação, para o fim de lhes coordenar os interesses, agrupar os Sindicatos de determinado município ou região a ela filiados, mas a união não terá direito de representação das atividades ou profissões agrupadas". Naturalmente, a federação só coordena a atuação dos sindicatos. Esses, como explícito na Constituição, inciso III do art. 8º, têm como prerrogativa/dever a defesa dos direitos e interesses coletivos ou individuais da categoria para a qual foi constituído, inclusive em questões judiciais ou administrativas. Fora isso, as federações defendem os interesses coletivos dos trabalhadores ainda inorganizados em sindicato, nas negociações voltadas para a celebração de acordos e convenções coletivas, como expressam os arts. 613, parágrafo único, e 859, ambos da CLT. Já as confederações, de âmbito nacional, têm como atribuição específica a defesa dos mesmos interesses, mas de trabalhadores inorganizados, na falta de federação.

Ao longo dos anos, umas e outras nos respectivos planos, estadual, interestadual e nacional, cuidaram de aglutinar as categorias representadas em cursos e congressos, mas, acima de tudo, exerceram atividade política, como instâncias de representação de classe, papel que perderam para as centrais em razão de seu imobilismo e vocação para o oficialismo. A segunda prerrogativa visa a dar expressão legal ao art. 10 da Constituição: "É assegurada a participação dos trabalhadores e empregadores nos colegiados dos órgãos públicos em que seus interesses profissionais ou previdenciários sejam objeto de discussão e deliberação". Expressão legal porque, de fato, as centrais já haviam ocupado a gosto dos governantes as cadeiras de representação dos trabalhadores nos colegiados de formação tripartite, voltados para a discussão e deliberação de matérias de natureza trabalhista e previdenciária. Nesse passo, a lei foi adiante para colocar como sinônimos ou instâncias superiores fóruns, conselhos e demais espaços de diálogo social, e ampliou seu espectro para todos os assuntos de interesse geral dos trabalhadores.

De qualquer modo, a Lei n. 11.648 regulamenta o art. 10 da Constituição Federal, atendendo à Convenção n. 144 da OIT, que procura realizar a tríplice aliança Estado/capital/trabalho para a obtenção da paz social, ainda que breve e simbólica. Mas, como visto, a lei veio depois do fato, isto é, quando os colegiados tripartites já estavam compostos.

12.5. **Autonomia**. A Lei n. 11.648, repetindo a Medida Provisória n. 293, no art. 4º, deu ao Ministério do Trabalho competência para aferir o preenchimento dos requisitos de representatividade, podendo, conforme o § 1º, "mediante consulta às centrais sindicais, baixar instruções para disciplinar os procedimentos necessários à aferição dos requisitos de representatividade, bem como para alterá-los com base na análise dos índices de sindicalização dos sindicatos filiados às centrais sindicais", cabendo-lhe, ainda, divulgar anualmente a relação das centrais legitimadas e sua representatividade, providência necessária para sua participação nos colegiados tripartites.

Enfim, a autonomia sindical tão sonhada, alcançada em 1988, ficou reduzida e comprometida com a intervenção ministerial, exercendo o poder autoritário para credenciar as centrais, isto é, reconhecê-las e outorgar-lhes o registro.(145)

12.6. **Poder político e financeiro**. As centrais assumem agora com apoio legal, no seu conjunto, a representação dos trabalhadores, mas apenas no plano político, para a defesa de assuntos de seu interesse geral, inclusive de natureza trabalhista e previdenciária. Os colegiados, fóruns e conselhos, necessariamente tripartites, realizarão a aliança possível entre capital, trabalho e governo, num sistema assumidamente capitalista, mas mesmo que, limitada ao discurso programático, promova a dignificação do trabalho humano juntamente com a livre-iniciativa.

Além do mais, as centrais terão não só força política, mas também financeira, dividindo 10% da receita advinda do desconto anual de um dia de salário de todos os trabalhadores.

Com sabedoria, o projeto não aumentou o valor unitário da contribuição, abrindo mão da metade da parcela que era atribuída à chamada "conta emprego e salário", que ajudava no financiamento do seguro-desemprego.

Estima-se um bolo de R$ 124 milhões a ser dividido entre as centrais que conseguirem o credenciamento.(146)

O Ministério do Trabalho reconheceu como centrais, conforme os índices de representatividade, as seguintes centrais:

CUT	35,84%
FS	12,33%
UGT	6,29%
NCST	6,27%
CTB	5,09%
CGTB	5,02%

(145) Assim também concluiu José Alberto Couto Maciel na análise da Medida Provisória n. 223 (*Revista de Direito do Trabalho*, Consulex, n. 12, 30.6.2006).

(146) Estimativa do Ministério do Trabalho com base no valor recolhido em 2006, R$ 1,24 bilhão. A CUT, que tem hoje um orçamento de R$ 5 milhões; receberá cerca de R$ 33 milhões a FS aumentará sua receita de R$ 1,44 milhões para R$ 13 milhões; a NCST, com receita de apenas R$ 100 mil, pulará para R$ 8 milhões, importância que deverá receber a UGT.

5.1. SINDICATO RURAL

Sumário. 1. Considerações. 2. Disciplinação constitucional. 3. Disciplinação legal. 4. Organização sindical rural e a OIT. 5. Enquadramento sindical. 5.1. Trabalhador da agroindústria. 5.2. Tratorista. 5.3. Empregados de escritório. 5.4. Enquadramento sindical rural hoje.

1. **Considerações**. José Martins Catharino ocupa-se com a tipologia do camponês, referindo-se aos trabalhadores não proprietários, arrendatários, posseiros, parceiros, todos autônomos, e os empregados. Na pecuária tem-se a figura do engajado. Mas, preponderantemente, classificam-se os trabalhadores em permanentes e temporários.(147)

A primeira lei sindical dirigiu-se ao setor rural. Decreto n. 979, de 6 de janeiro de 1903, só revogada expressamente em 1933, com o Decreto n. 23.611. Daí a afirmação de Catharino: "... em matéria sindical, começamos por onde deveríamos terminar", acrescentando que "esse romantismo legislativo iria, mais tarde, ressurgir com o Decreto-lei n. 7.038, de 10 de novembro de 1944, sobre sindicalização rural, que nasceu morto, apesar dos esforços do Ministério do Trabalho, Indústria e Comércio".(148)

O Decreto n. 1.637, de 5 de janeiro de 1907, misturou sindicalismo e cooperativismo. Como assinalou Carlos Alberto Gomes Chiarelli, embora tivesse aberto a possibilidade de sindicalização para todas as classes, sua preocupação predominante foi o trabalho cooperativo. "Era mais a utilização do Sindicato como mecanismo institucional para permitir um esforço cooperativista nacional".(149)

A Consolidação das Leis do Trabalho, de 1943, na alínea *b* do art. 7º, excluiu de seu alcance "os trabalhadores rurais, assim considerados aqueles que, exercendo funções diretamente ligadas à agricultura e à pecuária, não sejam empregados em atividades que, pelos métodos de execução dos respectivos trabalhos ou pela finalidade de suas operações, se classifiquem como industriais ou comerciais".

(147) *O trabalhador rural brasileiro*. Rio de Janeiro: Freitas Bastos, 1958. p. 31.
(148) *Op. cit.*, p. 25.
(149) *Teoria e prática do sindicalismo brasileiro*. São Paulo: LTr, 1974. p. 44.

A Constituição de 1946, no art. 156, dispunha que "a lei facilitará a fixação do homem no campo, estabelecendo planos de colonização e de aproveitamento das terras públicas. Para esse fim serão preferidos os nacionais e, dentre eles, os habitantes das zonas empobrecidas e os desempregados".

Aplicava-se, ainda, o Código Civil, que nos arts. 1.222, 1.230, 1.231 e 1.236 dispunha sobre locação de serviços agrícolas.[(150)]

Malta Cardozo, em seu histórico *Tratado de Direito Rural Brasileiro,* expressou a reação patronal à organização sindical dos trabalhadores do campo. A seu ver, era necessário um estatuto peculiar à agricultura, diante da imensidade do território nacional, do espírito federativo decorrente da diversificação das zonas e regiões do país, da dificuldade de comunicações, do analfabetismo, do pauperismo, do nomadismo ancestral, devendo atender à conveniência de uma relativa limitação do número de sindicatos. Defendia a inclusão na atividade econômica dos arrendatários, empreiteiros, meeiros e parceiros e adotava a seguinte classificação: sindicatos da lavoura, da pecuária e rurais — esses, mistos — e de indústrias rurais. Indústria rural seria "o conjunto das atividades econômicas, as quais, em fase primária de industrialização, utilizam matéria-prima de origem agrícola, nas próprias regiões de cultura, sem imprimir à mesma transformação essencial, mas indispensáveis para tornar os produtos utilizáveis e comerciáveis pelos produtores, associados ou isoladamente".[(151)]

A lei de sindicalização rural de 1944, Decreto-lei n. 7.038, de 10 de novembro, dispunha que "exerce profissão rural, como empregador, trabalhador autônomo ou como empregado, quem explora estabelecimento rural ou presta-lhe serviço como dirigente, parceiro, auxiliar, empreiteiros, agregado ou assalariado".

---

(150) Art. 1.222. No contrato de locação de serviços agrícolas, não havendo prazo estipulado, presume-se o de 1 (um) ano agrário, que termina com a colheita ou safra da principal cultura pelo locatário explorada.

Art. 1.230. Na locação agrícola, o locatário é obrigado a dar ao locador atestado de que o contrato está findo; e, no caso de recusa, o juiz a quem competir, deverá expedi-lo, multando o recusante em cem a duzentos mil-réis, a favor do locador.

Esta mesma obrigação subsiste, se o locatário, sem justa causa, dispensar os serviços do locador, ou se este, por motivo justificado, der por findo o contrato.

Todavia, se, em qualquer destas hipóteses, o locador estiver em débito, esta circunstância constará do atestado, ficando o novo locatário responsável pelo devido pagamento.

Art. 1.231. O locatário poderá despedir o locador por qualquer das causas especificadas no art. 1.229, ainda que o contrário tenha convencionado.

§ 1º Se o locador for despedido por alguma das causas ali particularizadas sob os ns. I, III e V, terá direito à retribuição vencida, sem responsabilidade alguma para com o locatário.

§ 2º Se for despedido por algum dos fundamentos ali admitidos sob os ns. II, IV e VI, terá direito à retribuição vencida, respondendo, porém, por perdas e danos.

Art. 1.236. A alienação do prédio agrícola onde a locação dos serviços se opera, não importa a rescisão do contrato, salvo ao locador opção entre continuá-lo com o adquirente da propriedade, ou com o locatário anterior.

(151) *Tratado de direito rural brasileiro*. São Paulo: Saraiva, 1953. v. 1, p. 190 e ss.

Seguindo o modelo varguista, o sindicato era órgão de colaboração com o Estado, cumprindo-lhe prestar serviços de assistência social, empenhar-se para atingir a conciliação nos dissídios do trabalho.

O Decreto-lei n. 7.038, para Paulo Guilherme de Almeida, atendera aos princípios da exclusividade, pelo qual os sindicatos rurais seriam sempre de empregadores ou de empregados, e da bilateralidade, pelo qual se separam de modo justo e consentâneo com a realidade social os setores fundamentalmente diversos dos que trabalham por conta própria daqueles que trabalham por conta de outrem.[152]

Como definia seu art. 2º, §§ 1º e 2º: "são empregadores rurais as pessoas físicas ou jurídicas, proprietárias ou arrendatários, os que exploram atividade rural, na lavoura, na pecuária ou nas indústrias rurais, por conta própria, utilizando-se do trabalho alheio ou não, seja em economia individual, coletiva ou de família" (art. 2º, § 1º). "São empregados rurais, trabalhadores ou operários rurais aqueles que se dedicam profissionalmente às atividades rurais, em economia individual, coletiva ou de família, na lavoura, na pecuária ou nas indústrias rurais, com o fito de ganho e por conta de outrem" (art. 2º, § 2º).

Outros diplomas, como menciona, vieram sem alterar substancialmente as características do enquadramento: Decreto-lei n. 7.449, de 9 de abril de 1945, Decreto-lei n. 8.127, de 24 de outubro de 1945, e Decreto n. 19.882, de 24 de outubro de 1945.

Em 1955, a Lei n. 2.613, de 23 de setembro, dispôs sobre a criação do Serviço Social Rural, estabelecendo uma contribuição incidente sobre a folha de salários, atingindo as seguintes atividades: 1. indústria do açúcar; 2. indústria de laticínios; 3. charqueadas; 4. indústria do mate; 5. extração de fibras vegetais e descaroçamento do algodão; 6. indústria de beneficiamento de café; 7. indústria e beneficiamento de arroz; 8. extração de sal; 9. extração de madeira, resina e lenha; 10. matadouros; 11. frigoríficos rurais; 12. costumes rurais; 13. olaria. Seguiu-se-lhe o Decreto-lei n. 58, de 21 de novembro do mesmo ano, que estabeleceu nova forma de contribuição, agora com base no módulo de propriedade.

A propósito, Ubiracy Torres Cuóco mostrou-se perplexo, vendo, com o critério de enquadramento, a hipótese de empregador sem empregado, que encontraria suas raízes no Estatuto da Terra.

E, com efeito, cuidava-se de qualificar como trabalhador rural aquele que individualmente ou em regime de economia familiar explorava a terra, mas sem o concurso de empregado.[153]

---

(152) A sistemática do enquadramento sindical rural. *Revista LTr*, São Paulo: LTr, 36/11.
(153) *Enquadramento sindical no direito brasileiro.* São Paulo: LTr, 1984. p. 30.

Em 1963 veio o Estatuto do Trabalhador Rural, aprovado pela Lei n. 4.214. Trabalhador rural, segundo o art. 2º, era "toda pessoa física que presta serviços a empregador rural, em propriedade rural ou prédio rústico, mediante salário em dinheiro ou *in natura*, ou parte in natura e parte em dinheiro". Por sua vez, a teor da definição traçada pelo art. 3º, considerava-se empregador rural "a pessoa física ou jurídica, proprietário ou não, que explore atividades agrícolas, pastoris ou na indústria rural, em caráter temporário ou permanente, diretamente, ou através de prepostos".

A indústria rural foi assim qualificada no § 1º: "Considera-se indústria rural a atividade industrial exercida em qualquer estabelecimento rural não compreendido na Consolidação das Leis do Trabalho".

O art. 4º equiparou ao empregador rural "toda pessoa física ou jurídica que, por conta de terceiro, execute qualquer serviço ligado às atividades rurais mediante utilização do trabalho de outrem".

O estatuto procurou seguir de perto a CLT na disciplinação da organização sindical. Mas, como observou Segadas Vianna, copiou mal o art. 511, deixando de considerar a figura do parceiro, do pequeno proprietário rural.

O Estatuto legitimou a associação sindical para fins de estudo, defesa e coordenação dos interesses econômicos ou profissionais (art. 114). Como observou Aluysio Sampaio, esqueceu-se do parceiro, que, embora trabalhador rural, não era empregado.[154]

Em 1964, o Decreto n. 53.517, de 31 de janeiro, reconheceu a Confederação Nacional dos Trabalhadores na Agricultura, como entidade sindical de grau superior, para coordenar os interesses profissionais dos trabalhadores da agricultura, pecuária e similares, produção extrativa rural, bem como dos trabalhadores autônomos e pequenos proprietários rurais, em todo o território nacional. O Decreto enquadrou o arrendatário, o parceiro e o pequeno proprietário rural no mesmo sindicato de empregados.

2. **Disciplinação constitucional**. A falta de empenho das organizações de classe rurais conduziu a adoção do parágrafo único do art. 8º e do § 2º do art. 10 do Ato das Disposições Constitucionais Transitórias da Constituição, deixando de equipará-las com as urbanas:

O primeiro:

> "As disposições deste artigo aplicam-se à organização de sindicatos rurais (...) atendidas as condições que a lei estabelecer (art. 8º, parágrafo único)."

O segundo:

> "Até ulterior disposição legal, a cobrança para o custeio das atividades dos sindicatos rurais será feita juntamente com o do imposto territorial rural, pelo mesmo órgão arrecadador."

---

(154) *Estatuto do trabalhador rural comentado*. São Paulo: Revista dos Tribunais, 1972. p. 241 e ss.

3. **Disciplinação legal**. A Lei n. 5.889, de 8 de janeiro de 1973, que substituiu o Estatuto do Trabalhador Rural, definiu o trabalhador e o empregador rural:

"Art. 2º Empregado rural é toda pessoa física que, em propriedade rural ou prédio rústico, presta serviços de natureza não eventual a empregador rural, sob a dependência deste e mediante salário.

Art. 3º Considera-se empregador rural, para os efeitos desta Lei, a pessoa física ou jurídica, proprietária ou não, que explore atividade agroeconômica, em caráter permanente ou temporário, diretamente ou através de prepostos e com auxílio de empregados.

§ 1º Inclui-se na atividade econômica referida no *caput* deste artigo a exploração industrial em estabelecimento agrário não compreendido na Consolidação das Leis do Trabalho.

§ 2º Sempre que uma ou mais empresas, embora tendo cada uma delas personalidade jurídica própria, estiverem sob direção, controle ou administração de outra, ou ainda quando, mesmo guardando cada uma sua autonomia, integrem grupo econômico ou financeiro rural, serão responsáveis solidariamente nas obrigações decorrentes da relação de emprego.

Art. 4º Equipara-se ao empregador rural a pessoa física ou jurídica que, habitualmente, em caráter profissional, e por conta de terceiros, execute serviços de natureza agrária mediante utilização do trabalho de outrem.

Art. 17. As normas da presente Lei são aplicáveis, no que couber, aos trabalhadores rurais não compreendidos na definição do art. 2º que prestem serviços a empregador rural."

Mas quanto ao enquadramento e à contribuição, o art. 19 manteve a sistemática do Decreto-lei n. 1.166, de 1971:

"O enquadramento e a contribuição sindical rurais continuam regidos pela legislação ora em vigor; o seguro social e o seguro contra acidente do trabalho rurais serão regulados por lei especial."

"Art. 1º Para efeito do enquadramento sindical, considera-se:

I — trabalhador rural:

a) a pessoa física que presta serviço a empregador rural, mediante remuneração de qualquer espécie:

b) quem, proprietário ou não, trabalhe individualmente ou em regime de economia familiar, assim entendido o trabalho dos membros da mesma família, indispensável à própria subsistência e exercido em condições de mútua dependência e colaboração, ainda que com ajuda eventual de terceiros.

II — empresário ou empregador rural:

a) a pessoa física ou jurídica que tendo empregado, empreende, a qualquer título, atividade econômica rural;

b) quem, proprietário ou não e mesmo sem empregado, em regime de economia familiar, explore imóvel rural que lhe absorva toda a força de trabalho e lhe garanta a subsistência e progresso social e econômico em área igual ou superior à dimensão do módulo rural da respectiva região;

c) os proprietários de mais de um imóvel rural, desde que a soma de suas áreas seja igual ou superior à dimensão do módulo rural da respectiva região."

"Art. 3º Somente será reconhecido para a mesma base territorial, um sindicato de empregados e outro de empregadores rurais, sem especificação de atividades ou profissão, ressalvando às entidades já reconhecidas o direito à representação constante da respectiva carta.

§ 1º Para efeito de cobrança da contribuição sindical dos empregadores rurais, organizados em empresas ou firmas, a contribuição sindical será lançada e cobrada proporcionalmente ao capital social, e para os não organizados dessa forma, entender-se-á como capital o valor adotado para o lançamento do imposto territorial do imóvel explorado, fixado pelo INCRA, aplicando-se, em ambos os casos, as percentagens previstas no art. 580, III, da Consolidação das Leis do Trabalho.

§ 2º A contribuição devida às entidades sindicais da categoria profissional será lançada e cobrada dos empregadores rurais e por estes descontada dos respectivos salários tomando-se por base um dia de salário mínimo regional, pelo número máximo de assalariados que trabalhem nas épocas de maiores serviços, conforme declarado no cadastramento do imóvel.

§ 3º A contribuição dos trabalhadores referidos no item I, letra *b,* do art. 1 será lançada na forma do disposto no art. 580, letra *b*, da Consolidação das Leis do Trabalho e recolhida diretamente pelo devedor, incidindo, porém, a contribuição apenas sobre um imóvel.

§ 4º Em pagamento dos serviços e reembolso de despesa, relativos aos encargos decorrentes deste artigo, caberão ao Instituto Nacional de Colonização e Reforma Agrária (INCRA), 15% (quinze por cento) das importâncias arrecadadas, que lhe serão creditadas diretamente pelo órgão arrecadador.

Art. 5º A contribuição sindical de que trata este Decreto-lei será paga juntamente com o imposto territorial rural do imóvel a que se referir.

Art. 6º As guias de lançamento da contribuição sindical, emitidas pelo Instituto Nacional de Colonização e Reforma Agrária (INCRA), na forma deste Decreto-lei, constitui documento hábil para a cobrança judicial da dívida, nos termos do art. 606 da Consolidação das Leis do Trabalho.

Parágrafo único. O recolhimento amigável ou judicial das contribuições sindicais em atraso, somente poderá ser feito diretamente no órgão arrecadador, que providenciará as transferências e créditos, na forma dos arts. 7º e 9º deste Decreto-lei.

Art. 7º O produto da arrecadação da contribuição sindical rural, depois de deduzida a percentagem de que trata o § 4º do art. 4º, será transferido, diretamente, pela agência centralizadora da arrecadação, à respectiva entidade, obedecidas a distribuição e as normas fixadas em instruções baixadas pelos Ministros do Trabalho e Previdência Social e da Agricultura.

§ 1º A aplicação da contribuição sindical rural, objetivando o desenvolvimento setorial e atendidas as peculiaridades de cada categoria, será feita pelas respectivas entidades, nos termos de instruções baixadas pelos Ministros do Trabalho e Previdência Social e da Agricultura, que estabelecerão normas visando a harmonizar as atividades sindicais com os propósitos sociais, econômicos e técnicos da agricultura.

§ 2º As transferências previstas neste artigo serão feitas para a conta corrente das entidades credoras na Agência do Banco do Brasil.

§ 3º Se não existir agência local do Banco do Brasil, as transferências serão feitas para a conta corrente no estabelecimento bancário aprovado pelo Delegado Regional do Trabalho, obedecido o disposto no Decreto-lei n. 151, de 9 de fevereiro de 1967.

§ 4º Se não existir entidade representativa ou coordenadora das categorias respectivas, com jurisdição na área de localização do imóvel rural de que se trata, proceder-se-á de acordo com o disposto na Consolidação das Leis do Trabalho sobre a matéria.

Art. 8º Compete ao Ministro do Trabalho e Previdência Social dirimir as dúvidas referentes ao lançamento, recolhimento e distribuição de contribuição sindical de que trata este Decreto-lei, expedindo, para esse efeito, as normas que se fizerem necessárias, podendo estabelecer o processo previsto no art. 2º e avocar, a seu exame e decisão, os casos pendentes."

O Decreto n. 73.626, de 12 de fevereiro de 1974, seguiu nossa tradição de regulamentar o que não exigia nem acréscimo nem aclaramento:

"Art. 2º Considera-se empregador rural, para os efeitos deste Regulamento, a pessoa física ou jurídica, proprietária ou não, que explore atividade agroeconômica, em caráter permanente ou temporário, diretamente ou através de prepostos e com auxílio de empregados.

§ 3º Inclui-se na atividade econômica (...), a exploração industrial em estabelecimento agrário.

§ 4º Consideram-se como exploração industrial em estabelecimento agrário (...) as atividades que compreendem o primeiro tratamento de produtos agrários in natura sem transformá-los em sua natureza, tais como:

I — o beneficiamento, a primeira modificação e o preparo dos produtos agropecuários e hortigranjeiros e das matérias-primas de origem animal ou vegetal para posterior venda ou industrialização;

II — o aproveitamento dos subprodutos oriundos das operações de preparo e modificação dos produtos in natura (...)

§ 5º Para os fins previstos no § 3º, não será considerada indústria rural aquela que, operando a primeira transformação do produto agrário, altere a sua natureza, retirando-lhe a condição de matéria-prima.

Art. 3º Empregado rural é toda pessoa física que, em propriedade rural ou prédio rústico, presa serviços de natureza não eventual a empregador rural, sob a dependência deste e mediante salário."

Mas no tocante ao enquadramento e à contribuição sindical, simplesmente reproduziu o texto do Decreto-lei:

"Art. 24. Aplicam-se ao empregado e empregador rural as normas referentes ao enquadramento e contribuição sindical constantes do Decreto-lei n. 1.166, de 15 de abril de 1971."

4. **Organização sindical rural e a OIT**. Desde 27 de setembro de 1995, entrou para nosso ordenamento a Convenção n. 141 da Organização Internacional do Trabalho, que dispões sobre as organizações de trabalhadores rurais.(155) Interessante que o instrumento internacional constitui cópia da Convenção n. 87:

"Art. 1º A presente Convenção aplica-se a todas as categorias de organizações de trabalhadores rurais, aí incluídas as organizações que não se limitam a estes trabalhadores, mas que os representam.

Art. 2º Para efeito da presente Convenção, a expressão "trabalhadores rurais abrange todas as pessoas dedicadas, nas regiões rurais, a tarefas agrícolas ou artesanais ou a ocupações similares ou conexas, tanto se se trata de assalariados como, ressalvadas as disposições do § 2º deste artigo, de pessoas que trabalhem por conta própria, como arrendatários, parceiros e pequenos proprietários.

2. A presente Convenção aplica-se apenas àqueles arrendatários, parceiros ou pequenos proprietários cuja principal fonte de renda seja a agricultura e que trabalhem a terra por conta própria ou exclusivamente com a ajuda de seus familiares, ou recorrente eventualmente a trabalhadores suplentes e que: a) não empreguem mão de obra permanente; ou b) não empreguem mão de obra numerosa, com caráter estacionário ou c) não cultivem suas terras por meio de parceiros ou arrendatários.

Art. 3º 1. Todas as categorias de trabalhadores rurais, quer se trate de assalariados ou de pessoas que trabalhem por conta própria, têm direito de constituir, sem prévia autorização, as organizações que estimem convenientes, assim como o direito de a elas se afiliarem, com a única condição de observar os estatutos das mesmas.

2. Os princípios da liberdade sindical deverão ser plenamente respeitados; as organizações de trabalhadores rurais deverão ter um caráter independente e voluntário, e permanecer livres de toda ingerência, coerção ou repressão.

3. A aquisição da personalidade jurídica pelas organizações de trabalhadores rurais não estará sujeita à condições cuja natureza limite a aplicação das disposições dos §§ 1º e 2º do presente artigo.

4. Ao exercer os direitos que se lhes reconhecem no presente artigo, os trabalhadores rurais e suas respectivas organizações devem, bem como as demais pessoas ou coletividade organizadas, respeitar a legalidade.

(155) A Convenção n. 141 foi aprovada em 1975, na 60ª reunião da Conferência Internacional do Trabalho, em Genebra, entrando em vigor no plano internacional em 24 de novembro de 1977. No Brasil, sua aprovação deu-se através do Decreto Legislativo n. 5, de 1º de abril de 1993, sendo ratificada em 27 de setembro de 1994 e promulgada pelo Decreto n. 1.703, de 17 de dezembro de 1995.

5. A legislação nacional não desconsiderará nem será aplicada de forma a desconsiderar as garantias previstas no presente artigo.

Art. 4º Um dos objetivos da política nacional de desenvolvimento rural deverá ser facilitar o estabelecimento e a expansão, com caráter voluntários, de organizações de trabalhadores rurais fortes e independentes, como meio eficaz de assegurar a participação destes trabalhadores, sem discriminação conforme previsto na Convenção sobre discriminação (emprego e ocupação), de 1958, no desenvolvimento econômico e social e nos benefícios que dele derivem.

Art. 5º 1. Para permitir que as organizações de trabalhadores rurais desempenhem um papel no desenvolvimento econômico e social, todo Estado-Membro que ratifique esta Convenção, deverá adotar e por em prática uma política de promoção destas organizações, sobretudo com vistas a eliminar os obstáculos que se opõem à sua criação e desenvolvimento e ao desempenho de suas atividades legítimas, assim como aquelas discriminações de natureza legislativa e administrativa de que as organizações de trabalhadores rurais e seus afiliados possam ser objeto.

2. Todo Estado-Membro que ratifique esta Convenção deverá garantir que a legislação nacional, dadas as circunstâncias especiais do setor rural, não obstruirá o estabelecimento e o desenvolvimento das organizações de trabalhadores rurais.

Art. 6º Deverão ser adotadas medidas para promover a maior compreensão possível da necessidade de se estimular o desenvolvimento de organizações de trabalhadores rurais e da contribuição que estas podem aportar para melhorar as oportunidades de emprego e as condições gerais de trabalho e de vida nas regiões rurais, bem como para incrementar a renda nacional e obter uma melhor distribuição da mesma."

5. **Enquadramento sindical.** A Portaria n. 71, de 2 de fevereiro de 1965, ensaiou o enquadramento sindical rural, seguindo a linha já traçada para os trabalhadores urbanos.

No casuísmo dos tecnocratas do Ministério do Trabalho cabiam três atividades econômicas e quatro grupos profissionais:

1º grupo
empregadores na lavoura
cultivadores de café; cultivadores de cana-de-açúcar; cultivadores de cereais, grãos, leguminosas, raízes, tubérculos e similares; cultivadores de flores, frutas, hortaliças e similares; cultivadores de fumo; cultivadores de plantas têxteis, medicinais, oleaginosas, forrageira, sementes e mudas.

2º grupo
empregadores na pecuária
criadores de aves; criadores de bovinos e equinos; criadores de ovinos, caprinos e suínos.

3º grupo
empregadores na produção extrativa rural
produtos rurais de ceras e fibras vegetais; produtos rurais de gomíferas; produtos rurais de erva-mate; produtos rurais de madeira e lenha; produtos rurais de plantas medicinais, oleoginosas e taníferas; produtos rurais de couros e peles de animais silvestres.

4º grupo
empregadores na administração
administradores e responsáveis; auxiliares da administração em geral; técnicos em geral (inclusive profissionais liberais).

Depois, o Decreto-lei n. 789, de 26 de agosto de 1969, no art. 1º, conceituou o trabalhador rural como: a) "a pessoa física que presta serviços a empregador rural, mediante remuneração de qualquer espécie; b) quem, proprietário ou não, trabalhe individualmente ou em regime de economia familiar, assim entendido o trabalho dos membros da mesma família, indispensável à própria subsistência e exercido em condições de mútua dependência e colaboração, ainda que com a ajuda eventual de terceiros". Quanto ao empregador rural, adotou-se esta definição: a) a pessoa física ou jurídica que, tendo empregado, empreende a qualquer título atividade econômica rural; b) quem mesmo em regime de economia familiar, e ainda que sem empregado, explora área que exceda o módulo rural ou outro limite que venha a ser fixado para cada região, pelo Ministério do Trabalho e Previdência Social.

Adiante, o Decreto-lei n. 1.166, de 15 de abril de 1971, definiu o enquadramento sindical do trabalhador e do empregador rural, com apoio em dois fatores: a) a qualificação do trabalho; b) a área do imóvel. Assim, empregador seria aquele que exerça: I — atividade com empregador (em área de qualquer dimensão); II — atividade em áreas iguais ou superiores (individuais ou somadas) ao módulo regional (com ou sem empregado). Por sua vez, considerar-se-ia de natureza empregatícia toda: I — prestação de serviço, mediante remuneração; II — atividade sem empregado ou com a ajuda eventual de terceiros (em área inferior ao módulo regional); III — atividade em áreas inferiores (singulares ou somadas) ao módulo regional (sem empregado ou com a ajuda eventual de terceiros).[156]

O patronato insurgiu-se com a equiparação dos pequenos proprietários aos trabalhadores assalariados.

(156) TAMBELLINI, J. Machado. *A nova lei do trabalho rural*. São Paulo: LTr, 1974. p. 100.

Em 1973, o Estatuto foi revogado através da Lei n. 5.889, de 8 de junho, que praticamente estendeu as normas da CLT aos trabalhadores rurais, como defendiam Cesarino Júnior e Segadas Vianna.(157)

O Decreto cuidou de definir o safreiro ou safrista como o trabalhador que se obriga a prestação de serviços mediante contrato de safra (art. 19).

5.1. **Trabalhador da agroindústria**. Agroindústria vem de ser a indústria que beneficia matéria-prima oriunda da agricultura.(158)

Antes mesmo da CLT, em 21 de novembro de 1942, fora editado o Estatuto da Lavoura Canavieira (Decreto-lei n. 3.855), que separava as figuras do fornecedor de cana (aquele que, cultivando terras próprias ou alheias, vende o produto rural *in natura* às usinas) e dos usineiros (aqueles que, utilizando-se de cana fornecida por terceiros ou de cana própria, destinam todo o produto rural à fabricação do açúcar cristal), além dos lavradores (colonos e assalariados), aos quais garantia-se habitação gratuita, área de terra para plantio e, especialmente, "indenização no caso de despedida injusta". Os litígios entre empregados e empregadores deviam ser dirimidos pela Justiça do Trabalho.

Posteriormente, o Decreto-lei n. 6.969, de 19.10.1944, em seu art. 19, substituiu lavrador de cana por trabalhador rural, como sendo "... aquele que presta serviços na lavoura canavieira, em caráter permanente, periódico ou transitório", garantindo-lhe, "durante a prestação de serviços industriais na usina" a proteção dada pela CLT e demais leis de proteção ao trabalhador, inclusive as que regulam o salário.

Daí o surgimento da extraordinária controvérsia. O trabalhador da usina de açúcar só seria industriário enquanto trabalhasse na usina.

Importante ter presente que o usineiro era obrigado a valer-se de cana própria, de até 60% do contingente que constituísse sua quota para moagem (art. 48 do Estatuto), além do que não se reputava fornecedor de cana o acionista, o sócio ou os parentes até o 2º grau dos proprietários (art. 27).

A disputa que se travou tinha em conta a maior proteção do trabalhador rural, enquanto o usineiro, é claro, adotava para seus empregados o regime que lhe propiciava menos encargos.

Até que o Supremo Tribunal Federal, diante da ressalva contida na letra *b* do art. 7º consolidado, editou a Súmula n. 157, posta nestes termos: "Ainda que exerça atividade rural, o empregado de empresas industrial ou comercial é classificado de acordo com a categoria do empregador".

---

(157) LIMA, Rusinete Dantas de. *O trabalhador rural no Brasil*. São Paulo: LTr, 1992. p. 13 e ss.
(158) FERREIRA, Aurélio Buarque de Holanda. *Novo dicionário da língua portuguesa*. 1. ed. Rio de Janeiro: Nova Fronteira.

Passou a importar, portanto, não a natureza do trabalho desempenhado, mas a finalidade das operações. A transformação industrial do bem agrícola ou da pecuária determinou a qualificação do empregador e, por via de consequência, a de seus empregados.

Se a finalidade da usina consistia na transformação da cana em açúcar, o produto final definia seu enquadramento como indústria e seus empregados como industriários.

O alcance da decisão não abarcava apenas os trabalhadores da lavoura canavieira, mas também dos frigoríficos, das vinícolas, dos campos de reflorestamento.

Enfim, consagrou-se a teoria finalística.

Não demorou, e o Tribunal Superior do Trabalho acompanhou a Corte Suprema, aprovando a Súmula n. 57, cancelada sem justificação pela Resolução n. 3/1993: "os trabalhadores agrícolas das usinas de açúcar integram categoria profissional dos industriários, beneficiando-se dos aumentos normativos obtidos pela referida categoria".

Diante da definição dada pelo Estatuto do Trabalhador Rural (pessoa física que presta serviços a empregador rural, em propriedade rural ou prédio rústico, mediante salário pago em dinheiro ou *in natura*, ou parte *in natura* e parte em dinheiro), concluiu-se ter sido superada a teoria finalística, bastando para a caracterização do trabalho rural o desempenho de atividade ligada à agricultura ou à pecuária.

Além do mais, surgia a figura da indústria rural, ou seja, a atividade industrial exercida em qualquer estabelecimento rural não compreendido na Consolidação das Leis do Trabalho (art. 3º, § 1º).

Rezende Puech lutou até a exaustão para dar ao trabalhador da agroindústria proteção adequada, sublinhando em um de seus pronunciamentos que "pode acontecer que um mesmo empregado realize, simultaneamente, trabalho rural e industrial (por exemplo: cuidando do gado, ordenhando as vacas e operando na correspondente indústria de laticínios). Nessa hipótese, deve ser enquadrado consoante os próprios fundamentos do direito do trabalho, na categoria profissional que enseja maior proteção à sua atividade".(159)

Apesar de tudo, a controvérsia se mantém acesa, pois decidiu o Tribunal Superior do Trabalho: "Enquadramento sindical. Trabalhador em agroindústria. Empresa de plantio de cana-de-açúcar e de produção de açúcar e álcool. Atividade preponderante do empregador. Não é indústria rural 'aquela que, operando a primeira transformação do produto agrário, altere a sua natureza,

(159) AROUCA, José Carlos. Os trabalhadores da agroindústria e seu enquadramento sindical. *Suplemento LTr*, n. 76, ago. 1973.

retirando-lhe a condição de matéria-prima'. Art. 2º, § 5º, do Decreto n. 73.626/1974" (Proc. TST RR n. 356.097/97- 3ª Turma, rel. Min. Gelson de Azevedo, DJU 3.3.2000).

5.2. **Tratorista.** Quanto ao tratorista, discute-se sua qualificação. Não seria integrante da categoria diferenciada dos motoristas porque não conduz um veículo rodoviário, mas um instrumento de trabalho. De tal modo, segue o enquadramento comum, conforme a natureza da atividade preponderante do empregador. Neste sentido, o entendimento jurisprudencial: "Trabalhador rural. Tratorista. Empregadora rural. Caracterização. Para a caracterização do trabalhador na categoria rural, necessário se faz observar, além da função desempenhada pelo laboralista, a atividade econômica da reclamada. Se os serviços prestados inserem-se no quadro definido como empresa rural, indispensável o reconhecimento do obreiro como trabalhador rural. Agiganta-se ainda mais o enquadramento quando a atividade desenvolvida é a de tratorista". (TRT/15ª Reg. Proc. 20205/99, Rel. Luis Carlos Cândido Martins Sotero da Silva)

5.3. **Empregados de escritório**. Não tem valia o estapafúrdio entendimento da sepultada Comissão do Enquadramento Sindical, sempre na contramão da realidade, a ponto de decidir que os trabalhadores exercentes de atividades burocráticas e nos escritórios estavam enquadrados na categoria profissional dos comerciários. (Proc. n. 301.402/72, rel. Ageu Cavalcante Lemos, *Rev. LTr*, 40/1.083)

São, também, rurícolas, em razão da atividade econômica principal de seu empregador.

5.4. **Enquadramento sindical rural hoje**. Já não existe enquadramento sindical como foi pensado pelos tecnocratas do Ministério do Trabalho, ou seja, determinação prévia das atividades e profissões, de sorte a mantê-las alinhadas em categorias paralelas e correspondentes, num regime unitário que levava em conta as atividades empresariais específicas ou similares ou conexas.

Num primeiro momento, Arnaldo Lopes Süssekind achou que o quadro de atividades e profissões anexo à Consolidação das Leis do Trabalho manteve-se com a Constituição de 1988.[160] O Supremo Tribunal Federal também, na mesma linha, concluiu que só a base territorial supunha determinação por parte dos trabalhadores ou empregadores interessados, já que as categorias preexistiam e não se sujeitavam a mutações.[161]

(160) Comentários à Constituição, *Op. cit.*, p. 38.

(161) "Sindicato. Criação por desmembramento. Categoria diferenciada. A organização sindical pressupõe a representação de categoria econômica ou profissional. Tratando-se de categoria diferenciada, definida à luz do disposto no § 3º do art. 511 da Consolidação das Leis do Trabalho, descabe cogitar de desmembramento por iniciativa dos interessados, consideradas as funções exercidas pelos sindicalizados. O disposto no parágrafo único do art. 570 do referido Diploma aplica-se às hipóteses de

Todavia, a autonomia sindical conquistada e consagrada no art. 8º e em seu inciso I não abre espaço para interpretações negativistas: "É livre a associação profissional ou sindical...". I — a lei não poderá exigir autorização do Estado para a fundação de sindical, ressalvado o registro no órgão competente, vedadas ao Poder Público a interferência e a intervenção na organização sindical".

Assim, a autonomia coletiva privada pressupõe a liberdade ampla dos interessados — trabalhadores e empregadores — em organizar-se em associações de classe conforme lhes aprouver, ressalvada apenas a unicidade sindical para uma mesma coletividade em idêntica base territorial.

Mas não subsiste o quadro de atividades e profissões anexo à Consolidação das Leis do Trabalho. Logo, na trilha do art. 7º da Constituição, trabalhadores urbanos e rurais têm iguais direitos. O parágrafo único do art. 8º estabelece que seus dispositivos aplicam-se à organização dos sindicatos rurais, atendidas as disposições que a lei estabelecer.

Não existe lei diferenciadora, mantendo-se, assim, naquilo que não revelar incompatibilidade com a Constituição, a Lei n. 5.889, de 1973.

A organização sindical, portanto, atenderá, antes de tudo, à vontade livre e majoritária dos trabalhadores e empregadores interessados, mediante deliberação que atenda aos princípios de democracia interna, em assembleia convocada amplamente e realizada com a mais absoluta transparência, assegurando-se a todos igualdade de oportunidade e de tratamento, especialmente de voz e voto.

Desse modo, organizar-se-ão, de um lado, os trabalhadores autônomos e assalariados, de outro, os empregadores e aqueles que trabalham a terra em equipe de familiares, sem o concurso de empregados.

Na organização dos trabalhadores, conforme se decidir, serão incluídos os colonos, os boias-frias, os eventuais, os safristas, os agregados, todas as qualificações usuais e tradicionais.

Os trabalhadores da agroindústria, por sua vez, livremente, definirão sua organização de classe, específica ou não, integrando-se nos sindicatos rurais ou de industriários.

Para Paulo Guilherme de Almeida, era um absurdo "enquadrar o arrendatário, o parceiro e o pequeno proprietário rural em um sindicato de empregados,

---

existência de categorias similares ou conexas e não de categoria diferenciada... A definição atribuída aos trabalhadores e empregadores diz respeito à base territorial do sindicato — art. 8º, inciso II, da Constituição Federal — e não à categoria em si, que resulta das peculiaridades da profissão ou da atividade, na maioria das vezes regida por lei especial, como ocorre em relação aos aeronautas." (Rec, Extraord. em Mandado de Segurança n. 21.305-1, rel. Min. Marco Aurélio, *Revista LTr*, 56-01/10).

exigindo-lhes o recolhimento da contribuição sindical e facultando-lhes a sindicalização". Nessa direção opinou Cesarino Júnior para quem "o empresário rural, seja o pequeno proprietário, seja o parceiro ou arrendatário, explore grande ou pequeno imóvel rural, não pode ser enquadrado na categoria de trabalhador rural", devendo ser enquadrado na Confederação Nacional da Agricultura, "de acordo com a letra, o espírito e a tradição do Direito Sindical e do Direito Rural, tanto brasileiros como comparados". Em sentido contrário, manifestara-se anteriormente Evaristo de Moraes Filho, que, em parecer, concluiu "pela inteira representatividade da Confederação Nacional dos Trabalhadores na Agricultura, não só dos assalariados em geral, como igualmente dos pequenos proprietários e dos produtores autônomos, cujos interesses bem se diferenciam e não se confundem com os interesses econômicos dos grandes proprietários rurais, empresários organizados, que se servem de mão de obra alheia mediante remuneração, arrendamento, parceria, e assim por diante. Esta a única, a grande e a verdadeira diferenciação socioeconômica no campo brasileiro".

Há evidência de que não existe comunhão de interesses entre trabalhadores rurais assalariados e pequenos proprietários, ainda que estes se ativem em regime familiar, sem o concurso de empregados. Afinal, os primeiros não possuem terra, mas apenas a força do trabalho, e lidam em troca do salário; os segundos possuem terra, ainda que pouca, sem ter recursos suficientes para sua exploração, mas o que almejam é dela extrair o produto para a venda e obtenção de resultado positivo. Só no primeiro caso existe o conflito entre o capital e o trabalho. Plenamente possível, assim, a organização independente dos assalariados.(162)

Em setembro de 1996, o Superior Tribunal de Justiça decidiu que "1. no atual momento do ordenamento jurídico brasileiro, há aprofundado prestígio à autonomia sindical e se incentiva a constituição de entidades por categorias econômicas ou profissionais específicas. 2. Não há direito a qualquer Federação de impedir o desligamento de seus quadros de uma determinada categoria específica, haja vista que esta, por seus Sindicatos, possuem liberdade para assim proceder. 3. Não é de se prestigiar a formação eclética de entidade sindical constituída por empregados rurais e proprietários rurais" (Recurso Especial n. 74.986, rel. Min. José Delgado).

Na mesma linha, em 1999, foi resolvida a pendência do Sindicato dos Empregados Rurais de Itapetininga: "após o advento da Lei n. 5.889/1973, os trabalhadores rurais são categoria diversa da dos pequenos proprietários rurais, nada estando a impedir que componham sindicatos diferentes"

(162) Em 1991, a Federação dos Trabalhadores na Agricultura do Estado de São Paulo procurou anular o registro sindical concedido à Federação dos Empregados Rurais Assalariados do Estado de São Paulo.

(Embargos de Divergência em Recurso Especial n. 38.527, rel. Min. Demócrito Reinaldo).

6. **Contribuição sindical rural**. A ressalva do parágrafo único do art. 8º da Constituição, acenando para a especificação em lei futura de possíveis condições especiais e diferenciadoras quanto aos sindicatos rurais, é suficiente para justificar a "cobrança das contribuições para o custeio das atividades dos sindicatos rurais" juntamente com a do imposto territorial rural, pelo mesmo órgão arrecadador", "até ulterior disposição legal", conforme outra ressalva, agora do § 2º do art. 10 do Ato das Disposições Constitucionais Transitórias. Claro está que a medida deveu-se à pressão da Confederação Nacional da Agricultura, temerosa em ver assumir o controle da arrecadação pelo Ministério do Trabalho.

Ainda que incompleta a segunda ressalva, restrita à manutenção do órgão arrecadador, foi o bastante para se entender que toda a regulamentação ordinária pertinente à contribuição foi recepcionada.

O art. 19 do Estatuto do Trabalhador Rural, Lei n. 5.889, de 8 de janeiro de 1973, taxativamente manteve a propósito da contribuição sindical a sistemática do Decreto-lei n. 1.166, de 15 de abril 1971, assim dispondo:

> "O enquadramento e a contribuição sindical rurais continuam regidos pela legislação ora em vigor; o seguro social e o seguro contra acidente do trabalho rurais serão regulados por lei especial."

O art. 1º do Decreto-lei cuidou de conceituar trabalhador e empregador rural:

> "I — trabalhador rural: a) a pessoa física que presta serviço a empregador rural mediante remuneração de qualquer espécie; b) quem, proprietário ou não, trabalhe individualmente ou em regime de economia familiar, assim entendido o trabalho dos membros da mesma família, indispensável à própria subsistência e exercido em condições de mútua dependência e colaboração, ainda que com ajuda eventual de terceiros;
>
> II — empresário ou empregador rural: a) a pessoa física ou jurídica que, tendo empregado, empreende, a qualquer título, atividade econômica rural; b) quem, proprietário ou não, e mesmo sem empregado, em regime de economia familiar, explore imóvel rural que lhe absorva toda força de trabalho e lhe garanta a subsistência e progresso social e econômico em área superior a dois módulos rurais da respectiva região; c) os proprietários de mais de um imóvel rural, desde que a soma de suas áreas seja superior a dois módulos rurais da respectiva região."
>
> (com redação dada pela Lei n. 9.701, de 17.11.1998).

Há de se distinguir trabalhador rural assalariado, portanto, empregado de um empregador rural, o autônomo, que trabalha por conta própria e aquele que explora a terra em regime familiar de subsistência.

O art. 3º, no § 1º, cuidou da contribuição dos empregadores, separando--os em empresas ou firmas organizadas e inorganizados. Para os primeiros, determinou que "para efeito de cobrança da contribuição sindical dos empregadores rurais, organizados em empresas ou firmas, a contribuição sindical será lançada e cobrada proporcionalmente ao capital social".

Para os segundos especificou que se entenderia como "capital o valor adotado para o lançamento do imposto territorial do imóvel explorado, fixado pelo INCRA".

Determinou, também, que em ambos os casos seriam aplicadas as porcentagens previstas no art. 580, III, da CLT:

Classes de capital	Alíquota (%)
1) até 150 vezes o maior valor de referência	0,8
2) acima de 150, até 1.500 vezes o maior valor de referência	0,2
3) acima de 1.500 até 150.000 vezes o maior valor de referência	0,1
4) acima de 150.000 até 800.000 vezes o maior valor de referência	0,02

Em relação aos trabalhadores, o § 2º estabeleceu que "a contribuição devida às entidades sindicais da categoria profissional será lançada e cobrada dos empregadores rurais e por estes descontada dos respectivos salários tomando-se por base um dia de salário mínimo regional, pelo número máximo de assalariados que trabalhem nas épocas de maiores serviços, conforme declarado no cadastramento do imóvel".

Segundo o § 3º, "a contribuição dos trabalhadores referidos no item I, letra *b*, do art. 1º, trabalhadores assalariados, portanto, será lançada na forma do disposto no art. 580, letra *b*, da Consolidação das Leis do Trabalho e recolhida diretamente pelo devedor, incidindo, porém, a contribuição apenas sobre um imóvel". Equivocadamente, refere-se o texto à letra *b*, quando o certo é inciso I. Logo, sob qualquer forma de remuneração.

O órgão arrecadador, Instituto Nacional de Colonização e Reforma Agrária (INCRA), teria, na forma do § 4º, como pagamento pelos serviços e reembolso de despesas, relativos aos encargos assumidos, 15% das importâncias arrecadadas, que lhe serão creditadas diretamente pelo órgão arrecadador.

O art. 5º especificou que a contribuição sindical patronal será paga juntamente com o imposto territorial rural do imóvel a que se referir, e as guias de lançamento da contribuição serão emitidas pelo INCRA, constituindo documento hábil para a cobrança judicial da dívida, nos termos do art. 606 da Consolidação das Leis do Trabalho.

Finalmente, o art. 7º determinou que "o produto da arrecadação da contribuição sindical rural, depois de deduzida a percentagem de que trata o § 4º do art. 4º, será transferido, diretamente, pela agência centralizadora da arrecadação, à respectiva entidade, obedecidas a distribuição e as normas fixadas em instruções baixadas pelos Ministros do Trabalho, da Previdência Social e da Agricultura, sendo que 'a aplicação da contribuição sindical rural, objetivando o desenvolvimento setorial e atendidas as peculiaridades de cada categoria, será feita pelas respectivas entidades, nos termos de instruções baixadas pelos Ministros do Trabalho e Previdência Social e da Agricultura, que estabelecerão normas visando a harmonizar as atividades sindicais com os propósitos sociais, econômicos e técnicos da agricultura'. De resto, "compete ao Ministro do Trabalho e Previdência Social dirimir as dúvidas referentes ao lançamento, ao recolhimento e à distribuição de contribuição sindical de que trata este Decreto-lei, expedindo, para esse efeito, as normas que se fizerem necessárias, podendo estabelecer o processo previsto no art. 2º e avocar, a seu exame e decisão, os casos pendentes".

Por força da Lei n. 8.022, de 12 de abril de 1990, a administração da receita prevista passou para a Secretaria da Receita Federal. Todavia, já em 1994, a Lei n. 8.847, de 28 de janeiro, que dispõe sobre o imposto incidente sobre a propriedade rural, determinou que em 31 de dezembro de 1966 cessava a atribuição dada à Secretaria da Receita Federal:

> "Art. 24. A competência de administração das seguintes receitas, atualmente arrecadadas pela Secretaria da Receita Federal por força do art. 1º da Lei n. 8.022, de 12 de abril de 1990, cessará em 31 de dezembro de 1996:
>
> I — Contribuição Sindical Rural, devida à Confederação Nacional da Agricultura — CNA e à Confederação Nacional dos Trabalhadores na Agricultura — CONTAG, de acordo com o art. 4º do Decreto-lei n. 1.166, de 15 de abril de 1971, e art. 580 da Consolidação das Leis do Trabalho — CLT."

Com isso, a partir de então a Confederação Nacional da Agricultura (CNA) assumiu a cobrança da contribuição, entendendo representar o sistema sindical rural. Consoante sua orientação, o cálculo da contribuição é efetuado com base nas informações prestadas pelo proprietário rural ao Cadastro Fiscal de Imóveis Rurais, administrado pela Secretaria da Receita Federal, adotando-se os seguintes critérios: a) pessoa física: a contribuição é calculada com base no Valor da Terra Nua Tributável da propriedade, constante do cadastro da Secretaria da Receita Federal, utilizado para pagamento do imposto sobre a Propriedade Territorial Rural; b) pessoa jurídica: a contribuição é calculada com base na Parcela do Capital Social atribuída ao imóvel.(163)

---

(163) Contribuição sindical 2005. *Coletânea Estudos Gleba* n. 32, Confederação da Agricultura e Pecuária do Brasil.

A CNA tem-se como legitimada pelo inciso I do art. 24 da Lei n. 8.847, de 28 de janeiro de 1994, fundada no art. 606 da CLT. Em favor da tese defendida pela CNA, o Superior Tribunal de Justiça reconheceu sua legitimidade para cobrar a contribuição sindical rural.(164) O equívoco é manifesto, embora tenha o Tribunal de Justiça do Estado de São Paulo decidido que "a circunstância da divisão da verba entre outras entidades, restando à autora (CNA) apenas parte do montante, não lhe retira a legitimidade ordinária. A titularidade é, unicamente, da Confederação Nacional da Agricultura, descabendo a alegação de que estaria pleiteando direito alheio. Não há que se confundir o vínculo posterior, de repartir o montante recebido, com a posição, legal e primária, de credora e, assim, como titular do direito de receber".(165)

Independentemente da natureza da contribuição, só tem legitimação para cobrá-la o detentor do crédito. O sistema confederativo instituído pelo inciso IV do art. 8º da Constituição não reduz a autonomia das entidades sindicais consideradas na sua individualidade, que não se submetem às confederações, que de resto não foram aquinhoadas com poderes de controle e direção da organização sindical como um todo. Acrescente-se que as confederações, assim como as federações, não detêm poderes de representação nem de trabalhadores nem de empregadores, mas apenas de coordenação; as primeiras, das federações constituídas; as outras, por sua vez, num plano menor, das organizações de base: sindicatos. Melhor dizendo, confederações aglutinam pessoas jurídicas, ou seja, as federações e estas, da mesma forma, os sindicatos. Mas apenas esses representam trabalhadores ou empregadores. O inciso IV do art. 8º nem elevou as confederações a um plano acima dos sindicatos nem lhes transferiu o controle e a tutela antes conferidos ao Ministério do Trabalho. Entendimento noutro sentido conduziria inevitavelmente à conclusão de que a autonomia tratada na cabeça do dispositivo e em seu inciso I configuram um direito menor, só reservado às organizações de cúpula, sem sobrar espaço para os sindicatos de base. A propósito, vale ressaltar que a contribuição sai dos salários dos trabalhadores ou da receita das empresas.

Por consequência, apenas as pessoas titulares de créditos, sem sobreposição de outras, têm legitimidade para cobrar a parcela que lhes toca da contribuição, ficando dispensado tanto o "lançamento" como a "certidão de dívida ativa" para instrumentalização do crédito, como medida preparatória para autêntica execução fiscal delegada.

A organização sindical é ou não é autônoma, sem se admitir meio-termo. Salva a evidência que o art. 24 da Lei n. 8.847, de 1994, não se conforma com

---

(164) Proc. n. 315.919, 1ª Turma, rel. Min. Humberto Gomes de Barros, decisão de 28.8.2001.
(165) Proc. Apelação Civil n. 094.977-4/5, rel. Juiz Marcus Andrade, julgamento de 15 de outubro de 1988.

a autonomia que veio quatro anos depois com a Constituição. Logo, nem a CNA nem a CONTAG foram legitimadas para administrar receita de federações que não estão obrigadas a filiarem-se a seus quadros, nem de sindicatos, que, por sua vez, são livres para associarem-se ou não a essas.

O art. 606 da CLT, anterior à Constituição de 1988, não permite dúvidas de interpretação, sendo preciso ao dispor que: "Às entidades sindicais cabe, em caso de falta de pagamento da contribuição sindical, promover a respectiva cobrança judicial, mediante ação executiva, valendo como título de dívida a certidão expedida pelas autoridades regionais do Ministério do Trabalho".

De tal modo, à falta de recolhimento da contribuição, o sindicato — e não a confederação — promoverá a ação para cobrança da quota que lhe cabe no rateio, 60%, assim como a federação cobrará a sua, 15%, e a confederação a que lhe tocou, 5%. Pecaria pelo absurdo admitir que as confederações, administrando as receitas da contribuição sindical, pudessem, também, cobrar a parte reservada ao Estado, 20%.

7. **Contribuições associativa, assistencial, confederativa**. Quanto a essas, nada diferencia sindicatos rurais e urbanos, podendo os primeiros, livremente, através da assembleia geral, fixar a contribuição devida pelos sócios, aprovar a chamada assistencial que figurará nos acordos e nas convenções, podendo, também, ser inserida nas sentenças normativas. A contribuição confederativa seguirá, em tudo, o regramento do inciso IV do art. 8º, restrita aos filiados, conforme entendimento fixado na Súmula n. 666 do Supremo Tribunal Federal.

5.2. SINDICATO DE SERVIDOR PÚBLICO

Sumário: 1. Considerações. 2. Militares. 3. Disciplinação constitucional. 4. Disciplinação legal. 5. Organização. 6. Administração pública. 7. Agentes públicos. 8. Regime jurídico. 9. Organização sindical. 10. Sustentação financeira. 11. Negociações coletivas. 11.1. Considerações. 11.2. Empregados de empresas públicas, sociedades de economia mista e de fundações privadas. 11.3. Servidores públicos. 11.4. Negociação coletiva e a OIT. 11.5. Conteúdo. 11.6. Conclusão. 12. Greve. 12.1. Considerações. 12.2. Empregados de empresas públicas e sociedades de economia mista. 12.3. A greve vista pela OIT e no direito comparado. 12.4. A greve no serviço público. 12.5. Serviços essenciais. 13. Dissídio coletivo.

1. **Considerações**. Para o Estado, nem sempre o servidor público deve organizar-se em sindicato. Com efeito, a unidade da classe assume expressão política que dá força às reivindicações coletivas que poderão ser defendidas por meio da greve.

A lei sindical de 1931 (Decreto n. 19.770), no parágrafo único do art. 11, foi taxativa ao dispor que "não entram na classe de empregados: a) os empregados ou funcionários públicos, para os quais, em virtude da natureza de suas funções, subordinadas a princípios de hierarquia administrativa, decretará o Governo um estatuto legal". Dir-se-á que se vivia em um Estado autoritário. Todavia, nem a experiência democrática de 1934 alterou o quadro e, assim, o Decreto n. 24.694 daquele ano repetiu a medida restritiva em seu art. 4º: "Os funcionários públicos não poderão sindicalizar-se". Mas o parágrafo único atenuou um pouco o rigor: "Não entram na categoria de funcionários públicos os empregados manuais, intelectuais e técnicos de empresas agrícolas, industriais e de transportes, a cargo da União, dos Estados ou dos municípios".

Depois, o Decreto-lei n. 1.402 do Estado Novo, editado em 1939, no art. 53, simplesmente vedou aos servidores dos Estados e das instituições paraestatais a sindicalização.

A Consolidação das Leis do Trabalho, no art. 7º, *c*, expressamente afastou de seu alcance os "servidores públicos do Estado e das entidades paraestatais, de autarquias administrativas, cujos empregados estejam sujeitos a regime especial de trabalho, em virtude de lei, e aos empregados das empresas de propriedade da União Federal, quando por estas ou pelos Estados administradas, salvo em se tratando daqueles cuja propriedade ou administração resultem de circunstâncias transitórias".

Em 1945, com o Decreto-lei n. 8.079, de 11 de outubro, foi dada outra redação ao texto, vedando a aplicação da CLT: "c) aos funcionários públicos da União, dos Estados e dos Municípios e aos respectivos extranumerários em serviço nas próprias repartições; d) aos servidores de autarquias paraestatais, desde que sujeitos a regime próprio de proteção ao trabalho que lhes assegure situação análoga à dos funcionários públicos". Ainda, acrescentou ao art. 7º o parágrafo único com esta redação: "Aos trabalhadores a serviço de empresas industriais da União, dos Estados e dos Municípios, salvo aqueles classificados como funcionários públicos, aplicam-se os preceitos da presente Consolidação", revogado pouco mais de um mês depois, pelo Decreto-lei n. 8.249, de 29 de novembro.

A CLT, no art. 566, foi incisiva: "Não podem sindicalizar-se os servidores do Estado e os das instituições paraestatais". Adiante, em 1985, a Lei n. 7.449, de 20 de dezembro excluiu da proibição "os empregados das sociedades de economia mista, da Caixa Econômica Federal e das fundações criadas e mantidas pelo Poder Público da União, dos Estados e Municípios".

Finalmente, com a Constituição de 1988 foi assegurado aos servidores públicos o direito de organização sindical, como consignado no art. 37, inciso VI, e de greve, no inciso VII, primeiro, na forma de lei complementar, depois, com a Emenda n. 19, de 4 de junho de 1998, simplesmente "nos termos e nos limites definidos em lei específica".

A Constituição, no art. 39, concedeu aos servidores públicos os mesmos direitos individuais atribuídos aos trabalhadores urbanos e rurais, constantes dos incisos IV (salário mínimo), VI (irredutibilidade do salário), VII (garantia mínima de salário quando a remuneração for variável), IX (remuneração acrescida pelo trabalho noturno), XII (salário-família), XIII (jornada normal de oito horas diárias ou 44 horas semanais), XV (repouso semanal remunerado), XVII (férias anuais com remuneração acrescida de 1/3), XVIII (licença à gestante), XIX (licença-paternidade), XX (proteção do mercado de trabalho da mulher), XXII (redução dos riscos inerentes ao trabalho) e XXX (isonomia de tratamento).

Na redação original, o art. 173 da Constituição, no § 1º, determinava que "a empresa pública, a sociedade de economia mista e outras entidades que explorem atividade econômica sujeitam-se ao regime jurídico próprio das empresas privadas, inclusive quanto às obrigações trabalhistas e tributárias", A Emenda n. 19, de 1988, jogou para a frente o regime a ser adotado: "A lei estabelecerá o estatuto jurídico da empresa pública, da sociedade de economia mista e de suas subsidiárias que explorem atividade econômica de produção e comercialização de bens ou de prestação de serviços (...)".

2. **Militares.** A Constituição, no art. 142, § 3º, IV, negou aos militares a sindicalização e o exercício do direito de greve, estendendo a vedação aos que servem os Estados, o Distrito Federal e os Territórios, na forma do art. 42, § 1º:

"IV — ao militar são proibidas a sindicalização e a greve (CF. art. 142, § 3º, IV)."

Aplicam-se aos militares dos Estados, do Distrito Federal e dos Territórios, além do que vier a ser fixado em lei, as disposições do art. 14, § 8º; do art. 40, § 9º; e do art. 142, §§ 2º e 3º, cabendo à lei estadual específica dispor sobre as matérias do art. 142, § 3º, inciso X, sendo as patentes dos oficiais conferidas pelos respectivos Governadores (CF, art. 42, § 1º).

3. **Disciplinação constitucional.** Como se viu, o art. 37 da Constituição, nos incisos VI e VII, assegura aos servidores públicos o direito de organizarem-se em sindicato e de defenderem seus interesses por meio da greve:

"VI — é garantido ao servidor público civil o direito à livre associação sindical;

VII — o direito de greve será exercido nos termos e nos limites definidos em lei específica."

Por sua vez, o art. 173, no § 1º, relegou para a lei ordinária a determinação do regime jurídico das empresas públicas e sociedades de economia mista:

"§ 1º A lei estabelecerá o estatuto jurídico da empresa pública, da sociedade de economia mista e de suas subsidiárias que explorem atividade econômica de produção ou comercialização de bens ou de prestação de serviços, dispondo sobre:

II — a sujeição ao regime jurídico próprio das empresas privadas, inclusive quanto aos direitos e obrigações civis, comerciais, trabalhistas e tributários."

4. **Disciplinação legal**. A Lei n. 8.112, de 11 de dezembro de 1990, que trata do regime jurídico dos servidores públicos civis da União, das autarquias e das fundações públicas federais, no art. 240, reafirma o direito à organização sindical:

"Ao servidor público civil é assegurado, nos termos da Constituição Federal, o direito à livre associação sindical e os seguintes direitos, entre outros, dela decorrentes:

a) de ser representado pelo sindicato, inclusive como substituto processual;

b) de inamovibilidade do dirigente sindical, até 1 (um) ano após o final do mandato, exceto se a pedido;

c) de descontar em folha, sem ônus para a entidade sindical a que for filiado, o valor das mensalidades e contribuições definidas em assembleia geral da categoria."

As alíneas *d* e *e* foram revogadas pela Lei n. 9.527, de 10 de dezembro de 1997.

5. **Organização sindical do servidor público e a OIT**. A Convenção n. 151 da OIT, aprovada na 64ª reunião de 1978, realizada em Genebra, dispõe sobre a proteção do direito de sindicalização e os procedimentos para definir as condições de emprego no serviço público:

"I. Alcance e Definições

Art. 1º 1. Esta Convenção aplica-se a todas as pessoas admitidas pela Administração Pública na medida em que disposições mais favoráveis de outras convenções internacionais do trabalho não lhes sejam aplicáveis.

2. Será definida por leis ou regulamentos nacionais a medida em que se aplicarão as garantias providas nesta Convenção a servidores de escalões superiores cujas funções são normalmente consideradas como de formulação de políticas ou de gerenciamento, ou a servidores cujos deveres são de natureza altamente confidencial.

3. Será definida por leis ou regulamentos nacionais a extensão em que se aplicarão às forças armadas e à polícia as garantias providas nesta Convenção.

Art. 2º Para os fins desta Convenção, o termo 'servidor público' significa toda pessoa protegida pela Convenção, nos termos de seu art. 1º.

Art. 3º Para os fins desta Convenção, o termo 'organização de servidores públicos' significa toda organização, qualquer que seja sua composição, cuja finalidade seja promover e defender os interesses de servidores públicos.

II. Proteção do direito de sindicalização.

Art. 4º 1. Os servidores públicos gozarão de adequada proteção contra atos de discriminação antissindical com referência a seu trabalho.

2. Essa proteção aplicar-se-á mais particularmente com relação a atos destinados a: a) sujeitar a atividade de servidores públicos à condição de que não se filiem a organização de servidores públicos ou, se filiados, renunciem à sua condição de membro; b) causara demissão de um servidor público ou prejudicá-lo de qualquer outro modo, por sua filiação a uma organização de servidores públicos ou por sua participação nas atividades normais dessa organização.

Art. 5º 1. As organizações de servidores públicos gozarão de completa independência das autoridades públicas.

2. As organizações de servidores públicos gozarão de adequada proteção contra quaisquer atos de ingerência de autoridade pública em sua constituição, funcionamento ou administração.

3. Serão especialmente considerados atos de ingerência, nos termos deste artigo, ações que visem promover a constituição de organizações de servidores públicos sob o controle de uma autoridade pública, ou apoiar organizações de servidores públicos com meios financeiros ou outros, com o objetivo de submeter essas organizações ao domínio de uma autoridade pública.

III. Facilidades a serem concedidas às organizações de servidores públicos

Art. 6º 1. Essas facilidades serão propiciadas a representantes de reconhecidas organizações de servidores públicos, de modo que estejam em condições de desempenhar suas funções pronta e eficientemente, durante suas horas de trabalho ou fora delas.

2. A concessão dessas facilidades não prejudicará o bom funcionamento da administração ou do serviço concernente.

3. A natureza e a extensão dessas facilidades serão definidas de acordo com os métodos referidos no art. 74 desta Convenção ou por outros meios apropriados.

IV. Procedimentos para definir termos e condições de serviço.

Art. 7º Medidas apropriadas às condições nacionais serão tomadas, quando necessário, para incentivar e promover o pleno desenvolvimento e utilização de mecanismos de negociação de termos e condições de trabalho entre as autoridades públicas concernentes e organizações de servidores públicos, assim como de outros métodos que permitam aos representantes de servidores públicos participar da definição dessas matérias.

V. Solução de conflitos.

Art. 8º Será buscada, de acordo com as condições nacionais, por meio da negociação entre as partes ou de mecanismo independente e imparcial, como mediação, conciliação e arbitragem, constituído de modo que assegure a confiança das partes envolvidas, a solução de conflitos que possam resultar da definição de termos e condições de trabalho.

VI. Direitos civis e políticos.

Art. 9º Os servidores públicos, da mesma forma que os demais trabalhadores, terão os direitos civis e políticos essenciais ao exercício normal da liberdade sindical, sujeitos apenas às obrigações decorrentes de seu regime jurídico e da natureza de suas funções."

O Presidente Luiz Inácio Lula da Silva, em 2008, encaminhou ao Congresso Nacional a Mensagem n. 58, no dia 14 de fevereiro, com proposta para sua aprovação, o que se deu com o Decreto Legislativo n. 819, de outubro de 2009; foi promulgada pelo Decreto n. 206, do dia 8 de abril de 2010, juntamente com a Recomendação n. 159, mas com ressalvas que não desnaturam seu alcance.

6. **Administração pública**. Hely Lopes Meirelles conceitua a administração pública como "o conjunto de órgãos instituídos para consecução dos objetivos do Governo", isso no seu sentido formal; já no material, seria "o conjunto das funções necessárias aos serviços públicos em geral", e numa acepção operacional, "o desempenho perene e sistemático, legal e técnico dos serviços próprios do Estado ou por ele assumidos em benefício da coletividade". De tal modo, conclui: "numa visão global, a Administração é,

pois, todo o aparelhamento do Estado preordenado à realização de serviços visando à satisfação das necessidades coletivas", distinguindo-se de governo, que é "atividade política e discricionária, enquanto a administração é neutra, normalmente vinculada à lei ou à norma técnica".(166)

A Constituição, no art. 18, estabelece que "A organização político-administrativa da República Federativa do Brasil compreende a União, os Estados, o Distrito Federal e os Municípios...". Por sua vez, na conformidade do art. 2º, "São Poderes da União, independentes e harmônicos entre si, o Legislativo, o Executivo e o Judiciário".

A administração pública assume duas formas: direta e indireta. A primeira corresponde basicamente a um conjunto de órgãos que, sob a direção de um chefe, coordena e executa as atividades administrativas — vale dizer, a organização do poder executivo e seus ministérios —, "sem prescindir da adoção de processos técnicos de descentralização que permita distribuir as tarefas do Estado, dentro do quadro permanente de sua administração, por organismos ou repartições que descentralizam os serviços administrativos, aumentando a sua eficiência".(167)

A organização administrativa da União é disciplinada pelo Decreto-lei n. 200, de 25 de fevereiro de 1967, que no art. 4º dá sua dimensão: "A administração federal compreende: I — a administração direta, que se constitui dos serviços integrados na estrutura administrativa da Presidência da República e dos ministérios".

A administração indireta vem no inciso II: "a administração indireta, que compreende as seguintes categorias de entidades, dotadas de personalidade jurídica própria: a) autarquias; b) empresas públicas; c) sociedades de economia mista; d) fundações públicas". As entidades compreendidas na administração indireta vinculam-se ao ministério em cuja área de competência estiver enquadrada sua principal atividade, conforme estabelece o parágrafo único do dispositivo.

As entidades autárquicas, na definição de Celso Antônio Bandeira de Mello, são pessoas jurídicas de Direito Público de capacidade exclusivamente administrativa,(168) ou, de acordo com o Decreto-lei n. 200, "o serviço autônomo, criado por lei, com personalidade jurídica, patrimônio e receita próprios, para executar atividades típicas da administração pública, que requeiram, para seu melhor funcionamento, gestão administrativa e financeira descentralizada (art. 5º, I)".

(166) *Direito administrativo brasileiro.* São Paulo: Malheiros, 2000. p. 59/60.
(167) CAVALCANTE, Themistocles Brandão. *Tratado de direito administrativo.* Rio de Janeiro: Freitas Bastos, 1960. v. 2, p. 70/71.
(168) *Curso de direito administrativo.* São Paulo: Malheiros, 2000. p. 130.

As autarquias podem desempenhar atividades econômicas, educacionais, previdenciárias e quaisquer outras outorgadas pela entidade estatal-matriz, mas sem subordinação hierárquica, sujeitas apenas ao controle finalístico de sua administração e da conduta de seus dirigentes, segundo Hely Lopes Meirelles.(169)

Empresa pública, na conceituação legal do inciso II do citado art. 5º do Decreto-lei n. 200, é "a entidade dotada de personalidade jurídica de direito privado, com patrimônio próprio e capital exclusivo da União, criada por lei para a exploração de atividade econômica que o Governo seja levado a exercer por força de contingência ou de conveniência administrativa, podendo revestir-se de qualquer das formas admitidas em direito".

"Pessoas jurídicas de Direito Privado, instituídas pelo Poder Público, mediante autorização de lei, com capital exclusivamente público, para a prestação de serviço público ou a realização de atividade econômica de relevante interesse coletivo, nos moldes da iniciativa particular, podendo revestir qualquer forma e organização empresarial", segundo Hely Lopes Meirelles.(170)

Sociedade de economia mista, na forma do inciso III do art. 5º do Decreto-lei n. 200, é a "entidade dotada de personalidade jurídica de direito privado, criada por lei para a exploração de atividade econômica, sob a forma de sociedade anônima, cujas ações com direito a voto pertençam, em sua maioria, à União ou à entidade da administração indireta".

"Pessoas jurídicas de Direito Privado" — a definição é também de Hely Lopes Meirelles — "com participação do Poder Público e de particulares no seu capital e na sua administração, para a realização de atividade econômica ou serviço público outorgado pelo Estado". Observa que "revestem a forma das empresas particulares, admitem lucro e regem-se pelas normas das sociedades mercantis, com as adaptações impostas pelas leis que autorizarem sua criação e seu funcionamento".(171)

E segundo o inciso IV do dispositivo, "fundação pública é a entidade dotada de personalidade jurídica de direito privado, sem fins lucrativos, criada em virtude de autorização legislativa, para o desenvolvimento de atividades que não exijam execução por órgãos ou entidades de direito público, com autonomia administrativa, patrimônio próprio gerido pelos respectivos órgãos de direção, e funcionamento custeado por recursos da União e de outras fontes".

Bandeira de Mello não concorda, dando-lhe outra conceituação; seriam, em vigor, apenas autarquias.(172) Por força da Emenda Constitucional n. 19, de 1998, teria voltado a sua primitiva natureza, de entidade com personalidade

(169) *Op. cit.*, p. 61.
(170) *Op. cit.*, p. 339.
(171) MEIRELLES, Hely Lopes. *Op. cit.*, p. 342/343.
(172) MELLO, Celso Antônio Bandeira de. *Curso de direito administrativo*. São Paulo: Malheiros, p. 143.

jurídica de Direito Privado, cabendo à lei complementar, na redação dada ao inciso XIX do art. 37 da Constituição, definir sua área de atuação.[173]

7. **Agentes públicos.** A expressão agentes públicos, para Bandeira de Mello, designa "genérica e indistintamente os sujeitos que servem ao Poder Público como instrumentos expressivos de sua vontade ou ação, ainda quando o façam apenas ocasional ou episodicamente". Consequentemente, como conclui, "quem quer que desempenhe funções estatais, enquanto às exercita, é um agente público".

Podem ser classificados em três grupos: a) agentes políticos; b) servidores estatais; c) particulares em atuação de colaboração com o Poder Público.

Agentes políticos, conforme o ensinamento de Bandeira de Mello, são os titulares dos cargos estruturais à organização política do País, ou seja, os que integram o arcabouço constitucional do Estado, o esquema fundamental do Poder, o Presidente da República, os Governadores, Prefeitos e respectivos vices, os Ministros e Secretários das diversas Pastas, Senadores, Deputados Federais e Estaduais e os Vereadores.

Em nosso ordenamento jurídico não há mais a figura do funcionário público, apesar de a denominação vir integrando-se e mantendo-se em nossa linguagem comum. Servidores públicos, em sentido amplo, são todos os agentes públicos que se vinculam à Administração Pùblica direta e indireta do Estado, independentemente do regime jurídico: a) estatutário regular, geral, ou peculiar; b) celetista, isto é, regido pela Consolidação das Leis do Trabalho, de natureza profissional empregatícia.

Hely Lopes Meirelles, que estudou o tema, expondo-o com clareza, classifica os servidores públicos em sentido amplo, como: a) agentes políticos; b) servidores públicos em sentido estrito ou estatutários; c) empregados públicos; d) pessoal contratado por tempo determinado.

"Servidores públicos em sentido estrito ou estatutário são os titulares de cargo público efetivo ou em comissão, com regime jurídico estatutário geral ou peculiar e integrantes da Administração direta, das autarquias e das fundações públicas com personalidade de Direito Público", enquanto "empregados públicos são todos os titulares de emprego público (e não de cargo público) da Administração direta e indireta, sujeitos ao regime jurídico da CLT".[174]

8. **Regime jurídico.** Originariamente, o art. 39 da Constituição determinou que a União, os Estados, o Distrito Federal e os Municípios instituiriam, no âmbito de sua competência, regime jurídico único e planos de carreira para

(173) MEIRELLES, Hely Lopes. *Op. cit.*, p. 3219.
(174) MEIRELLES, Hely Lopes. *Op. cit.*, p. 374/376.

os servidores da administração pública direta, das autarquias e das fundações públicas". Por força da Emenda n. 19, foi afastada a exigência do regime jurídico único, ficando a determinação destinada a instituição de "conselho de política de administração e remuneração de pessoal, integrado por servidores designados pelos respectivos Poderes". De tal modo, o regime poderá ser estatutário, celetista e administrativo especial, e em razão da autonomia política, a União, os Estados, o Distrito Federal e os Municípios poderão estabelecer regime jurídico não contratual para os titulares de cargo público, sempre através de lei geral ou de leis específicas para determinadas categorias profissionais, como pensa Hely Lopes Meirelles.[175]

O art. 37 da Constituição distingue cargos, empregos e funções públicas, prevendo no inciso II que "a investidura em cargo ou emprego público depende de aprovação prévia em concurso público de provas ou de provas e títulos, de acordo com a natureza e a complexidade do cargo ou emprego, na forma prevista em lei, ressalvadas as nomeações para cargo em comissão declarado em lei de livre nomeação e exoneração".

O inciso IX ressalva que "a lei estabelecerá os casos de contratação por tempo determinado para atender a necessidade temporária de excepcional interesse público".

Para dar efetividade ao dispositivo constitucional, veio a Lei n. 8.745, de 9 de dezembro de 1993.

No tocante à remuneração, o inciso X assim dispõe: "a remuneração dos servidores públicos e o subsídio de que trata o § 4º do art. 39 somente poderão ser fixados ou alterados por lei específica, observada a iniciativa privativa em cada caso, assegurada revisão geral anual, sempre na mesma data e sem distinção de índices".

9. **Organização sindical**. A Constituição Federal rompeu com o autoritarismo do Estado e admitiu a livre organização sindical dos servidores civis na sua conceituação mais ampla, só vedando-a para os servidores militares, conforme expressa o inciso IV do art. 143, já transcrito: "ao militar são proibidas a sindicalização e a greve".

A sua vez, a Lei n. 8.112, de 1990, no art. 240, como se viu, deu a extensão da medida, assegurando ao servidor público civil não só a livre associação sindical, mas também os seguintes direitos, entre outros, dela decorrentes: a) de ser representado pelo sindicato, inclusive como substituto processual; b) de inamovibilidade do dirigente sindical, até 1 (um) ano após o final do mandato, exceto se a pedido; c) de descontar em folha, sem ônus para a entidade sindical a que for filiado, o valor das mensalidades e contribuições definidas em assembleia geral da categoria.

---

(175) *Op. cit.*, p. 176.

Naturalmente, como a Constituição não fez qualquer ressalva, mas, ao contrário, deu o direito à livre associação sindical, nele compreendem-se todos seus componentes situados no art. 8º:

a) autonomia sindical, ressalvado o registro no órgão competente, ficando vedada qualquer interferência ou intervenção do Poder Público em sua organização de classe (inciso I);

b) regime unitário, sendo vedada a criação de mais de uma organização sindical, em qualquer grau, na mesma base territorial, que será definida pelos trabalhadores interessados, não podendo ser inferior à área de um Município (inciso II); neste ponto há que se atentar para a decisão do Supremo Tribunal Federal que reconheceu em favor dos sindicatos de servidores públicos direito à contribuição sindical, condicionado, porem, a satisfação do requisito da unicidade. (RMS n. 21758/DF, Rel. Min. Sepúlveda Pertence, 1ª Turma, DJ 4.11.1994);

c) defesa dos direitos e interesses coletivos ou individuais do grupo representado, inclusive em questões judiciais ou administrativas (inciso III);

d) fixação pela assembleia geral da contribuição para custeio do sistema confederativo da representação sindical respectiva, que será descontada em folha de pagamento, independentemente da contribuição prevista em lei (inciso IV);

e) liberdade sindical, de modo que nenhuma servidor será obrigado a filiar-se ou a manter-se filiado a sindicato (inciso V);

f) extensão ao aposentado filiado do direito de votar e ser votado em seu sindicato (inciso VII);

g) proibição de dispensa do servidor sindicalizado a partir do registro da candidatura a cargo de direção ou representação sindical e, se eleito, ainda que suplente, até um ano após o final do mandato, salvo se cometer falta grave nos termos da lei (inciso VIII).

De tal modo, a organização dos servidores em sindicato atenderá aos princípios básicos que se aplicam aos trabalhadores urbanos, inclusive a forma de constituição, mediante deliberação da assembleia dos interessados e do registro no Ministério do Trabalho e Emprego.

Antônio Álvares da Silva entende que as organizações de servidores não são limitadas pela base territorial mínima, "por não constituírem uma categoria profissional a que o Estado se oponha como categoria econômica", concluindo que podem "organizar-se como entenderem mais adequado". De tal modo, "poderão decidir se vão constituir um sindicato nacional ou uma central com ramificações estaduais, regionais e municipais (...) ou se vão constituir tantos sindicatos quantos são os serviços, ramos, funções ou repartições públicas: sindicatos da Polícia Federal, dos Médicos públicos, dos servidores da Secretaria de Segurança Pública, da Justiça do Trabalho ou da Justiça Federal".[(176)]

(176) *Os servidores públicos e o direito do trabalho*. São Paulo: LTr, 1993. p. 74/75.

A organização sindical brasileira, todavia, possui parâmetros que não poderão ser desprezados: a) o registro no órgão competente; b) a observância do sistema de unicidade sindical que se opõe ao pluralismo; c) o limite territorial mínimo, correspondente à área de um município; d) a aglutinação em função de um grupo identificado pelo trabalho em comum num mesmo segmento organizado, de realização da administração.

De tal modo, não se admitirá que para um mesmo agrupamento se constitua mais de uma organização sindical ou que essa assuma base distrital ou se situe apenas no âmbito de uma repartição pública.

Possível, sim, que as organizações de base, isto é, os sindicatos, sejam municipais, intermunicipais, estaduais, interestaduais ou nacionais, como também que envolvam tão somente servidores de um município ou de diferentes municípios próximos, estaduais ou federais, autárquicos ou somente fundacionais. Possível, ainda, que sejam constituídos para representar um segmento da administração direta ou indireta, municipal, estadual, do Distrito Federal ou da União, como dos servidores do Poder Executivo ou do Ministério da Saúde, da Secretaria da Saúde do Estado ou do Município, do Legislativo municipal ou dos servidores da Justiça do Trabalho e até do Poder Judiciário do Estado.

O sistema vigente adota como princípio básico a organização em função da atividade preponderante ou principal, o que equivale à natureza da organização administrativa.

10. **Sustentação financeira.** Até hoje não se pacificou a disputa quanto à extensão da contribuição sindical aos servidores públicos.

Contra, fica Sergio Pinto Martins, fincado em que "o art. 578 da CLT trata apenas de funcionários privados e não públicos". Da mesma forma, a seu ver, "o inciso IV, do art. 8º da Constituição, também diz respeito, apenas, aos funcionários do setor privado e não público, pois o § 2º do art. 39 da Lei Maior não faz remissão ao art. 8º da Constituição". Daí concluir que há necessidade de lei específica para permitir a cobrança da contribuição.[177]

Nota-se por parte da administração pública forte reação contra a organização sindical de seus empregados, enquanto seus sindicatos de classe, por sua vez, não revelam maior preocupação em reclamar o desconto do tributo.

Todavia, o Supremo Tribunal Federal reconheceu o direito dos sindicatos de servidores ao recebimento da contribuição sindical.

"Sindicato de servidores públicos: direito a contribuição sindical compulsória (CLT, art. 578 ss.), recebida pela Constituição (art. 8º, IV, *in fine*), condicio-

(177) *Contribuições sindicais*. São Paulo: Atlas, 1998. p. 61.

nado, porém, à satisfação do requisito da unicidade. 1. A Constituição de 1988, à vista do art. 8º, IV, *in fine*, recebeu o instituto da contribuição sindical compulsória, exigível, nos termos dos arts. 578 ss. CLT, de todos os integrantes da categoria, independentemente de sua filiação ao sindicato (cf. Adin n. 1.076, medida cautelar, Pertence, 15.6.1994). 2. Facultada a formação de sindicatos de servidores públicos (CF, art. 37, VI), não cabe exclui-los do regime da contribuição legal compulsória exigível dos membros da categoria (Adin n. 962, 11.11.1993, Galvão). 3. A admissibilidade da contribuição sindical imposta por lei é inseparável, no entanto, do sistema de unicidade (CF, art. 8º, II), do qual resultou, de sua vez, o imperativo de um organismo central de registro das entidades sindicais, que, à falta de outra solução legal, continua sendo o Ministério do Trabalho (MI n. 144, 3.8.1992, Pertence). 4. Dada a controvérsia de fato sobre a existência, na mesma base territorial, de outras entidades sindicais da categoria que o impetrante congrega, não há como reconhecer-lhe, em mandado de segurança, o direito a exigir o desconto em seu favor da contribuição compulsória pretendida." (RMS n. 21758 /DF, Rel. Min. Sepúlveda Pertence, 1ª Turma, DJ 4.11.1994)

Como lhes é negada — o que se verá adiante — a negociação coletiva e assim a convenção coletiva, não têm a contribuição assistencial.

Sua sustentação dá-se assim através da contribuição associativa.

Quanto aos empregados de empresas públicas ou de economia mista, não pairam dúvidas. Tanto elas como seus empregados contribuem sem diferenciação em relação às empresas privadas.

11. Negociações coletivas.

11.1. **Considerações**. Dificuldade maior está em determinar o alcance das negociações envolvendo a administração pública. Antes de tudo é indispensável distinguir os servidores em sentido amplo, isto é, os chamados estatutários, diante do regime jurídico a que estão subordinados, regidos pelo Estatuto dos Servidores Públicos, e os empregados de empresas públicas e sociedades de economia mista, os chamados "celetistas", porque equiparados aos trabalhadores comuns, aos quais se aplica a Consolidação das Leis do Trabalho.

11.2. **Empregados de empresas públicas, sociedades de economia mista e de fundações privadas**. Diante do que dispunha o § 1º do art. 173 da Constituição, os empregados de empresas públicas e sociedades de economia mista submetiam-se ao regime jurídico próprio das empresas privadas, inclusive quanto às obrigações trabalhistas, de sorte que ficam ao amparo do art. 7º, inciso XXVI, que, "entre outros direitos sociais, lhes garante 'o reconhecimento das convenções e dos acordos coletivos de trabalho'. Com a Emenda Constitucional n. 19, de 4 de junho de 1998, como já visto, o § 1º do art. 173 mudou de redação, mas deixou acertado que "A lei estabelecerá o estatuto jurídico da empresa pública, da sociedade de economia mista e de suas subsidiárias que explorem atividade econômica de produção ou comercialização de bens ou de prestação de serviços, dispondo sobre: I — sua função social e formas de fiscalização pelo Estado e pela sociedade; II — a sujeição ao regime jurídico próprio das empresas privadas, inclusive quanto aos direitos e às obrigações civis, comerciais, trabalhistas e tributários".

Conforme observa Luiz de Pinho Pedreira da Silva, "muitos administrativistas não enquadram esses trabalhadores na categoria dos servidores públicos". E vai adiante: "têm, igualmente, direito à negociação os servidores civis admitidos por meio de contrato de trabalho para prestação de serviços a pessoas jurídicas de direito público ou a fundações instituídas pelo poder público, mas como de direito privado, porque se trata de 'trabalhadores', a que se refere e beneficia o citado art. 7º".

Com respeito aos empregados celetistas das fundações e das autarquias, o Tribunal Superior do Trabalho firmou entendimento restritivo, negando-lhes o direito à negociação coletiva:

> "Dissídio coletivo. Conselhos de Fiscalização do Exercício Profissional — Natureza Autárquica. Impossibilidade jurídica do pedido.
>
> Sendo os Suscitados autarquias federais, criadas por lei, com personalidade jurídica de direito público, a negociação coletiva não se viabiliza, nos termos dos arts. 39, § 2º, 37, X, 61, § 1º, II, *a*, e 169, parágrafo único, da Constituição Federal. Embora contratados pelo regime da CLT, não se reconhece aos servidores dos entes públicos o direito de firmar acordos e convenções coletivas, e, consequentemente, de ajuizar dissídios coletivos. Processo extinto sem julgamento do mérito. Proc. TST n. 66.316/2002, Rel. Min. Rider Nogueira de Brito, votação unânime. DJ. 6.2.2004."

Ressalte-se que a remuneração dos servidores públicos só poderá ser fixada e alterada por lei (CF. art. 37, X), por iniciativa do Presidente da República; assim também a criação de cargos, funções ou empregos públicos, na administração direta e autárquica (CF. art. 61, § 1º, II, *a*). Daí a decisão proferida pelo Tribunal Superior do Trabalho: "Ação coletiva. Item n. 5 da Orientação Jurisprudencial da egrégia SDC. De acordo com a jurisprudência iterativa deste Tribunal Superior do Trabalho e do excelso Supremo Tribunal Federal, entidade de direito público não pode figurar no polo passivo de ações coletivas. Assim, verificada a dissonância da sentença normativa com o entendimento consagrado neste Tribunal Superior do Trabalho, há de ser concedido o efeito suspensivo ao recurso ordinário interposto, até seu julgamento definitivo pela egrégia Seção Especializada em Dissídios Coletivos. (Proc. TST AGES n. 614441/2002, Rel. Min. Francisco Fausto, DJ 14.11.2003).

Por conseguinte, estão à margem das negociações coletivas, sem direito de ter disciplinação profissional por acordo ou convenção coletiva de trabalho.

11.3. **Servidores públicos**. Como se viu, a Constituição reconheceu aos servidores, nos incisos VI e VII do art. 37, o direito à organização sindical e de greve, omitindo a negociação coletiva. Pior, o § 3º do art. 39 não lhes estendeu o reconhecimento dos acordos e das convenções coletivas, incluso no inciso XXVI do art. 7º.

"Aplica-se aos servidores ocupantes de cargo público o disposto no art. 7, IV, VII, VIII, IX, XII, XIII, XV, XVI, XVII, XVIII, XIX, XX, XXII e XXX, podendo a lei estabelecer requisitos diferenciados de admissão quando a natureza do cargo o exigir."(178)

O tema provocou extraordinária polêmica que se mantém, colocando os teorizadores em posições radicalmente contrárias.

José Alberto Couto Maciel interpreta o texto constitucional concluindo pela exclusão do direito à negociação coletiva com a administração: "a) os servidores públicos descritos no art. 37 da Constituição da República têm direito à associação sindical; b) tal direito não concede aos seus sindicatos o reconhecimento das convenções e dos acordos coletivos, nem lhes dá o direito de ser parte em dissídio coletivo de natureza econômica; c) o poder normativo da Justiça do Trabalho não tem influência sobre a União, os Estados, o Distrito Federal e os Municípios; d) os sindicatos dos servidores públicos referidos no art. 39 da Constituição podem ingressar na Justiça do Trabalho com dissídio coletivo de natureza jurídica; e) aos referidos sindicatos cabe atuar como órgãos de pressão junto às autoridades governamentais para obtenção dos benefícios dos servidores, inclusive utilizando-se da greve a ser regida por lei complementar".

Em abono de sua tese, deduz argumentação contundente, distinguindo o grupo como servidores propriamente ditos, da administração pública, das autarquias e fundações, aos quais se aplicaria o regime único previsto no art. 39 da Constituição, e servidores de empresas públicas e sociedades de economia mista, os quais trabalham para empregadores, na forma que expressava a redação do § 1º do art. 173 da Constituição, que já podiam ser sindicalizados e sujeitos da negociação coletiva e de dissídios coletivos. A partir daí, precisa que a relação existente entre o servidor e o Estado não é de emprego, mas de trabalho, estatutária e não contratual, não havendo cláusulas bilaterais relativas a vantagens e deveres, bem como à remuneração. "A relação jurídica, acrescenta, é fixada unilateralmente, em Leis, Decretos e

(178) A nova redação do § 3º deveu-se à Emenda Constitucional n. 19, de 4.6.1998.

Regulamentos que estabelecem estatutariamente os direitos e deveres do funcionário público, dentro do regime único criado pela nova Constituição.[179]

Em posição contrária, Washington Luiz de Trindade assenta que "a sindicalização dos servidores públicos leva inevitavelmente à negociação coletiva, exigindo uma lei especial que defina os contornos de quem pode e do que pode ser tratado em mesa de negociação".[180]

Luiz de Pinho Pedreira da Silva vai na mesma linha, ressalvando, porém, diante do direito positivo, que enquanto não possuirmos, "como desejável, uma lei sobre a negociação coletiva do setor público, ficará esta, salvo em relação a alguns aspectos muito particulares, como o da eficácia jurídica dos acordos (...) subordinada à mesma disciplina da negociação coletiva do setor privado". "Assim" — afirma — "não poderá haver convenção coletiva de trabalho entre os servidores civis e o respectivo empregador, porque o art. 611 da Consolidação das Leis do Trabalho só permite a sua celebração entre entidades sindicais de trabalhadores e de empregadores". Mas se, para o Direito do Trabalho, todo empregador é empresa, possível será a celebração de acordo coletivo mediante negociação direta entre a pessoa de direito público e o sindicato de classe.

Para nós, não procede o argumento sempre repetido daqueles que negam aos servidores o direito de negociação coletiva, invocando sua omissão no § 3º do art. 39 da Constituição, pois a omissão do legislador esbarra na notável contradição ao atribuir-lhes, nos incisos VI e XIII, a possibilidade de flexibilizarem direitos fundamentais, como salários e jornadas, mediante negociações coletivas.

Com isso, uma visão mais social, tendo em conta que a organização sindical tem como objetivo principal a obtenção de melhores condições de trabalho, dentre as quais o salário justo, acrescendo-se que a greve se presta para defender os interesses coletivos do grupo organizado, o princípio da razoabilidade conduz à conclusão de que têm os servidores direito à negociação coletiva.

11.4. **Negociação coletiva e a OIT**. Luiz de Pinho Pedreira da Silva anota que a liberdade sindical dos funcionários públicos foi reconhecida após o término da segunda guerra e logo depois foi reconhecido o direito de greve, mas "atualmente os sindicatos de pessoal de serviço público figuram entre as organizações que experimentam a expansão mais rápida em muitos países industrializados e em desenvolvimento", como reconhece a OIT. Ainda segundo o organismo, "os governos se mostravam relutantes em aceitar as

(179) Os sindicatos de servidores públicos. Impossibilidade de aplicação de convenções, acordos coletivos e dissídios coletivos de natureza econômica. *Revista LTr*, 55-03/291 e ss.

(180) A sindicalização dos servidores públicos e a negociação coletiva. In: *Relações coletivas de trabalho*. São Paulo: LTr, 1989. p. 423.

limitações quanto à sua faculdade de determinar as condições de emprego dos servidores públicos, pois na maioria dos países o Estado, como empregador, tem poder discricionário a esse respeito". O certo, no entanto, é que pouco a pouco "foi-se ampliando o campo de muitas normas, como as de promoção por merecimento, proteção contra a despedida arbitrária em virtude de disposição regulamentares, segurança no emprego, regimes vantajosos de aposentadoria e seguros sociais e outras garantias de tratamento equitativo. Graças a esses direitos — ainda segundo a OIT —, tornaram-se os empregados públicos mais protegidos sob muitos pontos de vista".(181)

A Convenção n. 98 da OIT, ratificada pelo Brasil por meio do Decreto n. 33.196, excluía expressamente os servidores públicos de seu âmbito (art. 6º). Quanto aos militares e à polícia, deixava para a legislação nacional determinar o que seria viável aplicar. Seu objetivo estava em fomentar e promover o pleno desenvolvimento e a utilização dos meios de negociação voluntária entre empregadores ou organizações de empregadores, com o objetivo de regular, por meio de convenções, os termos e as condições de emprego, como dispõe seu art. 4º. A falta foi sanada em 1978, com a aprovação da Convenção n. 151, ainda não ratificada pelo Brasil, que trata do direito de sindicalização e das relações do trabalho na administração pública. A Convenção, tratando do direito de sindicalização e dos procedimentos para determinação das condições de emprego na administração pública, estabelece em seu art. 7º que se adotem medidas adequadas às condições nacionais para estimular e fomentar o pleno desenvolvimento e a utilização de procedimentos de negociação entre as autoridades públicas competentes e as organizações de empregados públicos sobre as condições de emprego, ou quaisquer outros métodos que permitam aos representantes dos empregados públicos participar na determinação dessas condições.

Segundo a Convenção n. 151, são abrangidas todas as pessoas empregadas pela administração pública, salvo disposições mais favoráveis de outras convenções internacionais de trabalho (art. 1º, § 1º), podendo a legislação nacional excluir do campo de incidência das suas regras os servidores ou empregados públicos de alto nível, considerados como tais aqueles cujas funções possuem poder decisório ou sejam de natureza altamente confidencial (art. 1º, § 3º). Mas, principalmente, como se lê no art. 1º, é permitido ao Estado estabelecer modalidades especiais para sua aplicação, inclusive fixar em que medida alcançará as forças armadas e a polícia.

11.5. **Conteúdo**. Configura extrema dificuldade determinar o conteúdo das negociações e, por consequência, dos instrumentos normativos. Neste ponto, segundo Pinho Pedreira, "como assinalado pela OIT, existe a

---

(181) OIT. Liberdad sindical y procedimientos para determinar las condiciones de empleo en el serviço público. *Informe VII,* Genebra, p. 39, transcrito por Pinho Pedreira.

negociação coletiva no setor público, mas quem diz a última palavra é só uma das partes: o governo"; e repete o que Von Potobsky preconizou para a Argentina: "o legislador, numa futura lei sobre a matéria, confere eficácia normativa aos acordos, com as reservas do caso, se não se ajustarem às bases legais, às previsões orçamentárias e aos mecanismos de correção"; para concluir, acertadamente mais uma vez: "É o que no Brasil, onde prevalece o regime estatutário, poderão conseguir com a sua força e as suas pressões legítimas as organizações profissionais dos servidores públicos".(182)

Arion Sayão Romita propôs em 1993 um anteprojeto de lei para regulamentar a negociação coletiva dos servidores públicos civis da União, dos Estados, do Distrito Federal e dos Municípios, admitindo como objeto as seguintes matérias: a) remuneração; b) classificação dos cargos e das funções e formação profissional; c) jornada e horário de trabalho, inclusive por serviço noturno; d) cláusulas econômicas relativas à prestação dos serviços de natureza sindical, previdenciária ou assistencial; e) outras matérias de interesse comum dos servidores e da administração pública. Só que "a conversão em lei do estipulado em negociação coletiva sobre criação de cargos, funções ou empregos públicos ou aumento de remuneração dependerá sempre da iniciativa do Chefe do Poder Público, além do que não seriam objeto de qualquer negociação as decisões da Administração, por qualquer de seus Poderes, referentes à organização do serviço público. De resto, a lei orçamentária consignaria recursos suficientes para atender à majoração da remuneração dos servidores públicos decorrente de negociação coletiva".(183)

Segundo o anteprojeto, "nas negociações coletivas (...) os Poderes e as entidades da União e os servidores públicos serão representados: I — O Poder Executivo pela Comissão de Negociação, subordinada diretamente ao Chefe do Poder Executivo; II — a Câmara dos Deputados, o Senado Federal, os Tribunais, as Assembleias Legislativas e as Câmaras Municipais por seus respectivos Presidentes; III — as autarquias e fundações públicas pelos seus dirigentes máximos; IV — os servidores públicos pelo sindicato representativo da categoria, desde que devidamente registrado, ou, na falta deste, e sucessivamente, pela respectiva Federação ou Confederação".

Como especifica o inciso X do art. 37 da Constituição, "a remuneração dos servidores públicos e o subsídio de que trata o § 4º do art. 39 somente poderão ser fixados ou alterados por lei específica, observada a iniciativa privativa em cada caso, assegurada revisão geral anual, sempre na mesma data e sem distinção de índices".

Da mesma forma, segundo o inciso XI, "a remuneração e o subsídio dos ocupantes de cargos, funções e empregos públicos da administração direta,

---

(182) A problemática da negociação coletiva dos servidores públicos. *Revista LTr*, 54-3, p. 269 e ss.
(183) A greve dos servidores públicos. *Revista da Academia Nacional de Direito do Trabalho,* Greve, p. 31, 1993.

autárquica e fundacional, dos membros de qualquer dos Poderes da União, dos Estados, do Distrito Federal e dos Municípios, dos detentores de mandato eletivo e dos demais agentes políticos e os proventos, pensões ou outra espécie remuneratória, percebidos cumulativamente ou não, incluídas as vantagens pessoais ou de qualquer outra natureza, não poderão exceder o subsídio mensal, em espécie, dos Ministros do Supremo Tribunal Federal".(184)

Ademais, sem a Lei Complementar n. 101, de 4 de maio de 2000 (Lei de Responsabilidade Fiscal), que obriga a União, os Estados, os Municípios e o Distrito Federal, tanto os Poderes Executivo, Legislativo e Judiciário, como também o Ministério Público e ainda as administrações diretas, os fundos, as autarquias, as fundações e as empresas estatais dependentes, deve atender, com relação às despesas com pessoal, o que impõe seu art. 19: "Para os fins do disposto no caput do art. 169 da Constituição, a despesa total com pessoal, em cada período de apuração e em cada ente da Federação, não poderá exceder os percentuais da receita corrente líquida, a seguir discriminados: I — União, 50%; II — Estados, 60%; III — Municípios, 60%".

Como acentua Pinho Pedreira, "a negociação coletiva dos servidores públicos não há de ser igual à dos trabalhadores privados. Se não chegar a bom termo, o Estado ditará unilateralmente as condições de trabalho, como acontece na Espanha".(185)

"No Brasil, nos diz Roberto A. O. Santos, os resultados de uma negociação coletiva, se acaso disserem respeito a salários, terão que passar pelo Legislativo, mas a partir de um projeto originário do Presidente da República (art. 61, § 1º, *a*, da Constituição)."(186)

Washington Luiz da Trindade encerra sua análise afirmando que "a negociação coletiva com o Poder Público vai exigir uma lei especial que defina os contornos de quem pode e do que pode ser tratado em mesa de negociação coletiva".(187)

11.6. **Conclusão**. Como demonstra Roberto A. O. Santos, "se até princípio do século XIX alguém falasse em negociação coletiva com o Estado, despertaria com certeza sérias suspeitas políticas. As relações entre o Poder Público e seus funcionários eram dominadas pelo pressuposto de que o Estado encarnava o grande e talvez exclusivo papel de agente do bem comum". "Predominava no quadro burocrático brasileiro", escreve o professor paraense, "uma camada média relativamente bem aquinhoada em comparação com a massa operária; bem paga, com emprego estável e suficiente distinção social, ela podia prescindir de engajamento nas lutas reivindicatórias.

(184) Conforme a redação dada pela Emenda Constitucional n. 19, de 1998.
(185) A negociação coletiva do setor público. In: *Direito sindical brasileiro.* São Paulo: LTr, 1998. p. 264.
(186) *Trabalho e sociedade*, cit., p. 40/41.
(187) *Relações de trabalho*, cit., p. 423.

A ascensão de status do funcionalismo parece ter sido ainda mais pronunciada a partir da Revolução de 1930...".

O servidor público zelava pelo cargo ocupado e pela condição privilegiada que ostentava. Acima de tudo, tinham importância fundamental a garantia do emprego, a possibilidade de carreira, a percepção de proventos de aposentadoria, iguais aos vencimentos da ativa.

Mas seguiu-se o declínio vertiginoso. Primeiro, diante das sucessivas políticas econômicas iniciadas com a ditadura militar, através da Circular n. 10, de 19 de junho de 1964, definindo a política salarial para toda a administração direta e indireta, o que levou a perda de substância dos salários do setor público, adiante com a supressão de vantagens adquiridas ao longo do tempo.[188] Depois foram as privatizações, recomendadas pelo Fundo Monetário Internacional e atendidas pelo Presidente Fernando Henrique Cardoso. O Estado perdeu o controle dos serviços essenciais como eletricidade, abastecimento, transporte, ensino, saúde, reduzindo seu pessoal, que passou para a atividade privada e então conheceu a prática que temia: a começar pela demissão, instabilidade no emprego, redução de direitos básicos, etc.

Pesquisa do Banco Nacional de Desenvolvimento Econômico — BNDES — com apoio nas Relações Anuais de Informações Sociais — RAIS —, do ano 2000, mostrou que 25,3% dos 28 milhões de empregos formais estão na administração pública, coisa de 7,2 milhões de trabalhadores, que recebem 6,5 salários mínimos, em média. Na instância federal, o ganho é de aproximadamente 17,1 salários mínimos, contra 1,7 na Paraíba. Na esfera estadual, o ganho médio desce para 6,9 salários mínimos; e para 4 nos municípios, nas empresas estatais chega a 6,1.

Essa massa de trabalhadores distribui-se pela União, 12,7%; estados, 39, 7%; prefeituras, 31,8%; empresas estatais, 16.5%.

Mas no levantamento não se levou em conta os terceirizados, empregados de empresas privadas que trabalham para o Estado.

Conforme levantamento feito por Amir Khair, da Fundação Getúlio Vargas, a rigidez do sistema tem provocado o imobilismo e a desmotivação dos servidores, vem dar no absenteísmo, cerca de 15% contra apenas 3% na atividade privada. Além disso, há extraordinária e injustificada distorção salarial, com ganhos acima do que é praticado no mercado para pessoal de nível mais baixo. No Executivo, o salário médio chega a ser três vezes inferior ao do Judiciário.[189]

Num regime democrático, a administração pública deve atender aos interesses do povo e o servidor público trabalha e pelo trabalho é pago para,

(188) *Op. cit.*, p. 26 e ss.

(189) *O Estado de S. Paulo*, 20.2.2005.

como qualquer trabalhador comum, prover o sustento próprio e familiar e também ocupar espaço na sociedade de consumo. Todavia, atua para que o Estado em suas diferentes materializações sirva a população que contribui para pagar quem deve servi-lo.

Não basta a incorporação da Convenção n. 151 ao nosso ordenamento jurídico, dependente de regulamentação precisa que defina os agentes da administração legitimados a negociar e os limites da própria negociação, quando o atendimento das reivindicações dependerem de aprovação por lei. Apesar disso, têm sido frequentes as negociações, inclusive exitosas. Prova disso é a Mesa Nacional de Negociação Permanente na Administração Pública Federal — MNNP —, de 2002, com a presença de ministros do Estado, dovice-presidente da República, parlamentares e doze entidades de classe do funcionalismo público, formando duas bancadas — do governo e a sindical — e dez mesas setoriais implantadas em dez ministérios. O resultado foi expressivo: 47 negociações concluídas, 5 planos especiais de cargos criados, 112 tabelas remuneratórias reestruturadas, envolvendo nada menos do que 1.116.138 servidores. Outra experiência, o Sistema de Negociação Permanente para a Eficiência na Prestação dos Serviços Públicos Municipais de São Paulo — SINP —, de 2002, composto de representantes do Governo Municipal, do funcionalismo público e de mais um Conselho Consultivo constituído por representantes da sociedade civil, como o DIEESE, o Conselho Municipal da Saúde e a Câmara Municipal; figura importante a de um *ombudsman* que atuava também como mediador nas negociações; do lado dos trabalhadores, 31 associações de classe. Outra experiência, a negociação coletiva no Sistema Único de Saúde — SUS —, de 1993, quando foi instituída a Mesa Nacional de Negociação Permanente do Sistema Único de Saúde. Em 2004, os policiais civis de Alagoas e do Piauí reivindicavam aumento salarial de 75% e 40%. O Governo de Alagoas propôs 20%. Enquanto isso, o Governo de Minas Gerais e os representantes das polícias civil e militar fechavam um acordo com a concessão de aumento de 6% mais 10% de adicional de periculosidade. A greve dos servidores do Poder Judiciário do Estado de São Paulo foi encerrada com acordo: reajuste salarial de 14% e reposição do trabalho dos dias de paralisação mediante compensação. O Ministério do Planejamento ofereceu para seu pessoal em greve reajustamento escalonado por categorias, 10,79% para os professores do segundo grau, 29,38% para a área de seguridade social. Na greve dos professores e servidores das Escolas Técnicas e Faculdades de Tecnologia, o pleito era de reposição salarial. A contraproposta do Ministério do Planejamento foi de reajuste salarial de 4% quando o pedido chegava a 30%, em média. Técnicos da Receita Federal reivindicavam 100% de aumento nos salários iniciais. Advogados da União receberam contraproposta de reajustamento parcelado; 17% foi a proposta do governo para os agentes e escrivães da polícia federal; aumento de 30% para os auditores.[190]

(190) Conforme notícias extraídas dos jornais do primeiro semestre do ano.

Assim, a tardia providência simplesmente legalizará o que se vem praticando. E pode-se afirmar com segurança que o retardamento não mudará o quadro traçado. Os servidores da Administração Direta, da União, dos Estados e dos Municípios, independentemente do nível e dos diferentes setores, continuarão reivindicando, defendendo suas reivindicações através da greve, submetidas ao mesmo processo de negociações coletivas, tudo a imagem do que se verifica na atividade privada.

12. **Greve.**

12.1. **Considerações**. Como se viu, a Constituição Federal, no art. 37, inciso VII, assegurou aos servidores públicos o direito de greve; primeiro, na forma a ser disciplinada por lei complementar, depois, com a Emenda Constitucional n. 19, de 1998, de acordo com lei específica:

> "O direito de greve será exercido nos termos e nos limites definidos em lei específica."

A teor do art. 69 da Constituição, a lei complementar só se diferencia da comum por exigir maioria absoluta para sua aprovação, podendo sua iniciativa partir, como se lê do art. 61, de qualquer membro ou Comissão da Câmara dos Deputados, do Senado Federal, do Congresso Nacional, do Presidente da República.

Lei específica outra coisa não é senão lei comum, no caso, tendo como tema o exercício do direito de greve pelos servidores públicos.

Todavia, o texto não foi até hoje regulamentado.

A omissão do Poder Legislativo deu causa ao ajuizamento do Mandado de Injunção n. 20-4/DF, quando o Supremo Tribunal Federal acolheu por maioria simples o voto do relator, Ministro Celso de Mello, entendendo que a norma constitucional é de eficácia contida. Mas deferiu o pedido, reconhecendo a mora legislativa do Congresso Nacional, determinando, por isso, que fosse cienificado para editar a lei regulamentadora. O entendimento foi repetido no julgamento dos Processos ns. 438-2/GO e 485-4/MT, dos quais foram relatores, respectivamente, os Ministros Néri da Silveira e Maurício Corrêa. Cabe mencionar que os Ministros Carlos Velloso e Francisco Rezek defenderam a aplicação da Lei n. 7.783.(191)

Não se revelou nenhuma vontade do Poder Legislativo nem do Executivo em regulamentar o dispositivo constitucional. O grande desafio na regulamentação do direito, agora constitucional, é determinar quais são os serviços e as atividades essenciais que deverão ser atendidas de modo a não afetar a vida, a saúde e a segurança da comunidade.(192)

(191) Conforme Cláudio Shinji Hanada, *Tribuna do Direito*, fev. 2005.
(192) Nesta linha, o Projeto do Senador Aloysio Nunes Ferreira.

12.2. **Empregados de empresas públicas e sociedades de economia mista**. Reitere-se o quanto se aduziu a propósito das negociações coletivas. As empresas públicas e sociedades de economia mista exercem atividades reservadas primordialmente aos particulares. O art. 173 da Constituição, com a redação que lhe deu a Emenda Constitucional n. 19, de 1998, no inciso II, sujeita-as ao regime jurídico próprio das empresas privadas, inclusive quanto aos direitos e às obrigações civis, comerciais, trabalhistas e tributárias. Além disso, o inciso IV do art. 170, que dá a dimensão da ordem econômica, assegura a livre concorrência.

Os empregados de empresas públicas e sociedades de economia mista são regidos por contratos de trabalho, seguindo o chamado regime celetista, de modo que estão sob o abrigo do art. 9º da Constituição.

12.3. **A greve vista pela OIT e no direito comparado**. A OIT não aprovou nenhuma convenção para reconhecer a greve como direito dos trabalhadores. Procura-se atenuar sua omissão invocando-se as Convenções ns. 87 e 98; a primeira, por assegurar a liberdade sindical, na qual se conteria implicitamente; a segunda, por incentivar a negociação coletiva que tem na greve um de seus componentes.

A OIT adotou no Verbete n. 293 entendimento no sentido de que "o direito de greve dos trabalhadores e de suas organizações constitui um dos meios essenciais de que dispõem para promover e de defender os seus interesses profissionais". Todavia, nos Verbetes ns. 572 e 573, excepcionaram os servidores:

> "Verbete n. 572. O reconhecimento do princípio da liberdade sindical aos funcionários públicos não implica necessariamente no direito de greve.
>
> Verbete n. 573. O direito de greve pode ser objeto de restrições, inclusive de proibições, quando se trata da função pública ou de serviços essenciais, já que nesses casos a greve pode causar graves prejuízos à coletividade nacional."

Antônio Álvares da Silva, diante das estatísticas da OIT, anota que, "em mais de 36 países, a greve nos serviços públicos é proibida. Em cerca de 26 é permitida. Em outros, há um meio-termo entre a proibição e a permissão: a autorização com limitações, geralmente em relação a serviços considerados essenciais e necessários prestados pelo Estado à sociedade".(193)

Arion Sayão Romita identifica quatro grupos no exame que faz sobre a legislação de greve em diferentes países: a) aqueles que reconhecem expressamente o direito; b) os que não distinguem entre os setores público e privado; c) os que têm legislação omissa; d) finalmente, aqueles que proíbem seu exercício. No primeiro grupo, coloca o Canadá, a Espanha, a França, a

---

(193) *Op. cit.*, p. 108/112.

Finlândia, a Grécia, o México, Portugal, a Suécia. No segundo, destaca-se a Itália, no terceiro, a Alemanha, e no quarto, o Chile, os Estados Unidos, o Japão, a Holanda, a Suíça, a Venezuela, alcançando maior rigidez na Colômbia, na Costa Rica, no Panamá. Esclarece, ainda, que há países em que, por falta de disciplinação legal, a questão é grandemente controvertida, como no Uruguai, na Áustria, na Dinamarca e na Bélgica.[194]

12.4. **A greve no serviço público**. Apesar da inexistência de lei, a greve dos servidores públicos tornou-se comum, significando força de pressão e unidade da classe, servindo de exemplo os movimentos que paralisaram a Justiça Comum de São Paulo por 81 dias em 2001 e em 2004 por 91 dias.

Pararam também outros serviços essenciais: a polícia federal exigindo o cumprimento de lei que assegura aos agentes, papiloscopistas e escrivães salário correspondente ao nível superior, os fiscais agropecuários do Ministério da Agricultura, os servidores do Ministério do Planejamento, da Saúde, até mesmo das Delegacias Regionais do Ministério do Trabalho e Emprego, da Fundação Nacional da Saúde, do Instituto Nacional de Colonização e Reforma Agrária, INCRA, do Instituto Nacional do Seguro Social, INSS, auditores da Receita Federal, do Instituto Brasileiro de Geografia e Estatística — IBGE, advogados e promotores da Advocacia Geral da União, professores e funcionários das Escolas Técnicas e das Faculdades de Tecnologia do Estado de São Paulo. "Abril começa com 10 mil servidores em greve" era a manchete de jornal, referindo-se também aos procuradores federais, da Fazenda e do Banco Central.

Mas foi além e chegou à polícia militar de Minas Gerais, do Piauí e de Alagoas.

12.5. **Serviços essenciais**. Tal como os trabalhadores do setor privado, têm os servidores interesses coletivos, anseiam por salários capazes de prover o sustento e a condição social, normas seguras e razoáveis de trabalho, garantias de respeito à dignidade.

Não foi à toa que Eugênio Roberto Haddock Lobo assinalou que, "com a concordância ou não do Estado, a greve é um fato social inevitável e em qualquer sistema social, pois trata-se de uma atitude de legitimidade indispensável para manter um equilíbrio, por débil que seja, entre os que detêm o poder de mando e os que devem obedecer, na órbita das relações de trabalho".[195]

A disciplinação do direito de greve em relação aos servidores públicos não pode distanciar-se das negociações coletivas e da solução arbitrada do

(194) A *greve dos servidores públicos*, cit., p. 31/32.

(195) A greve no Brasil e sua relação com o direito no tempo, greve. In: Obra coletiva. *Academia Nacional de Direito do Trabalho*, cit., p. 65.

conflito não resolvido por intermédio da Justiça do Trabalho. Nesse sentido, não se pode desprezar parâmetros a serem observados, desde o descaso injustificado ou injusto do Poder Público até a indispensabilidade de tratamento isonômico entre as duas classes de trabalhadores; empregados da atividade privada, servidores da administração pública.[196]

Defendem alguns, diante da longa e continuada omissão do Estado, que, tendo os servidores o direito de greve, essa seria regida pela Lei n. 7.783, de 1989. Na votação do Mandado de Injunção n. 20-4/DF, em maio de 1994, o Ministro Carlos Velloso, vencido, mesmo reconhecendo que a norma constitucional é de eficácia contida, entendeu aplicável o diploma. Que não foi pensada em função dos servidores. Por isso o serviço público não se inseriu no art. 10, que elenca os qualificados como essenciais. Mas terão essa natureza não só os nela previstos, relacionados com assistência médica e hospitalar, processamento de dados ligados a serviços essenciais, mas também aqueles indispensáveis à consecução da atividade administrativa em sua essência, como o funcionamento dos órgãos fundamentais dos Poderes Executivo, Legislativo e Judiciário, da polícia, da vigilância sanitária, dentre outros.

Em vez de cogitar de numa lei, o Poder Executivo editou um Decreto, n. 1.480, de 3 de maio de 1995, "sobre os procedimentos a serem adotados em casos de paralisações dos serviços públicos federais", que obviamente não deu resposta ao problema que desafia a administração pública:

> "Art. 1º Até que seja editada a lei complementar a que alude o art. 37, inciso VII, da Constituição, as faltas decorrentes de participação de servidor público federal, regido pela Lei n. 8.112, de 11 de dezembro de 1990, em movimento de paralisação de serviços públicos não poderão, em nenhuma hipótese, ser objeto de: I — abono; II — compensação; ou III — cômputo, para fins de contagem de tempo de serviço ou de qualquer vantagem que o tenha por base.
>
> § 1º Para os fins de aplicação do disposto neste artigo, a chefia imediata do servidor transmitirá ao órgão de pessoal respectivo a relação dos servidores cujas faltas se enquadrem na hipótese nele prevista, discriminando, dentre os relacionados, os ocupantes de cargos em comissão e os que percebam função gratificada.
>
> § 2º A inobservância do disposto no parágrafo precedente implicará na exoneração ou dispensa do titular da chefia imediata, sem prejuízo do ressarcimento ao

(196) Para se ter uma visão realista da greve como instrumento de pressão que se sobrepõe à disciplinação jurídica, é interessante lembrar que, "no início do ano 2000, juízes federais e trabalhistas ameaçaram, pela primeira vez, fazer greve geral pela obtenção de aumento de vencimentos. Na véspera de sua eclosão, o Supremo Tribunal Federal encontrou uma saída paliativa: uma liminar do ministro Nelson Jobim autorizou o pagamento de verba complementar correspondente ao auxílio-moradia recebido por deputados..." (*Folha de S. Paulo*, 17.4.2002).

Tesouro Nacional dos valores por este despendidos em razão do ato comissivo ou omissivo, apurado em processo administrativo regular.

Art. 2º Serão imediatamente exonerados ou dispensados os ocupantes de cargos em comissão ou de funções gratificadas constantes da relação a que alude o artigo precedente.

Art. 3º No caso em que a União, autarquia ou fundação pública for citada em causa cujo objeto seja a indenização por interrupção, total ou parcial, da prestação dos serviços desenvolvidos pela Administração Pública Federal, em decorrência de movimento de paralisação, será obrigatória a denunciação à lide dos servidores que tiverem concorrido para o dano.

Parágrafo único. Compete ao Advogado-Geral da União expedir as instruções necessárias ao cumprimento do disposto neste artigo."

A greve que comprometer os serviços públicos não deve penalizar a população, atingindo, por exemplo, hospitais, onde procura assistência a parcela mais carente da sociedade, que não possui meios para pagar um médico particular ou comprar medicamentos. Quando uma creche fica inativa diante dos braços cruzados de suas atendentes, quando as salas de aula se esvaziam porque os professores deixaram de trabalhar, quem é afetado, muitas vezes, não é o Estado, mas as crianças pobres, filhas de pobres que não terão como compensar o tempo perdido. Mas os filhos de ricos estarão melhor situados nas escolas da rede privada, onde os professores recebem salários mais elevados.

O princípio da razoabilidade aliado ao da solidariedade, junto ao dever do Estado de atender à população, prestam-se para qualificar como essenciais os serviços mantidos para atender os pobres, os idosos, aposentados, os menores. Ninguém negará que os servidores do INSS em toda sua extensão, da FEBEM, independentemente do regime jurídico, e os serventuários do Poder Judiciário vinculam-se a serviços essenciais.

Arion Sayão Romita não se limitou a dissertar sobre o tema, enfrentou-o com um anteprojeto de lei, no qual estabeleceu com extraordinária síntese e precisão: "Nos serviços públicos que dizem respeito à vida humana, à saúde, à segurança, à previdência social, ao meio ambiente e à prevenção de desastres naturais, o sindicato e os servidores ficam obrigados a garantir, durante a greve, a prestação dos serviços indispensáveis ao atendimento das necessidades inadiáveis da comunidade. Parágrafo único. Em caso de inobservância da obrigação a que se refere este artigo por parte do sindicato e dos servidores, o Ministério Público do Trabalho promoverá, perante a Justiça Federal, ação civil pública, requerendo as medidas cautelares cabíveis".[197]

(197) *Op. cit.*, p. 35. O texto, de 1993, atualizado, por certo substituiria Justiça Federal por Justiça do Trabalho.

13. **Dissídio coletivo**. Nada causou maior perplexidade **do que** a referência que o art. 114 da Constituição fez à competência da Justiça do Trabalho para julgar dissídios individuais e coletivos envolvendo entes da administração pública direta ou indireta dos Municípios, dos Estados, da União e do Distrito Federal.

Arion Sayão Romita fez completa análise das relações coletivas de trabalho no setor público a propósito das negociações, assinalando: "Em bom número de países, a determinação das condições de trabalho no serviço público não mais depende de pronunciamento unilateral da administração, tendo generalizado a prática de admitir uma participação direta ou indireta dos servidores públicos no processo de tomada das decisões que concernem à sua atividade". Quanto ao Brasil, conclui que os servidores da administração indireta que prestam serviços às empresas públicas, às sociedades de economia mista e a outras entidades que exploram atividade econômica gozam do direito de negociação coletiva, pois tais pessoas jurídicas sujeitam-se ao regime jurídico próprio das empresas privadas (CF, art. 173, § 1º). Mesmo admitindo que se trata de matéria controvertida, escreve que "os servidores públicos sujeitos ao regime estatutário também dispõem do direito de negociação coletiva, embora a Constituição Federal não seja explícita a respeito do tema". Voltando-se para o dissídio coletivo, opina pela impossibilidade de seu ajuizamento contra o Poder Público, pois "a sentença normativa proferida pelos Tribunais do Trabalho, no exercício de sua competência normativa, é fonte formal do Direito do Trabalho, criadora de novos direitos. O processo se torna meio de constituir "novas condições de trabalho, equivalentes a uma regulamentação para os grupos conflitantes". Daí a dificuldade de compatibilizar o dissídio coletivo com o regime jurídico estatutário, submisso ao princípio de legalidade (Constituição Federal, art. 37); se a regulação do regime jurídico estatutário fica encastelada na reserva legal, esse regime não pode sofrer a interferência do Poder Judiciário, já que a regulação por lei pressupõe atividade dos dois outros Poderes segundo mandamentos constitucionais específicos.(198)

O Supremo Tribunal Federal suspendeu liminarmente a aplicação do art. 240, alínea *e,* da Lei n. 8.112, quanto à expressão "e coletivamente", que atribuía à Justiça do Trabalho competência para apreciar os conflitos de interesses suscitados pelos sindicatos de servidores públicos.(199)

Diante disso, pode-se até admitir que a controvérsia travada deixa de ter efeitos práticos.

---

(198) Servidor público, sindicalização, negociação coletiva, conflitos coletivos, direito de greve. *Revista LTr*, 56-07/789 e ss.

(199) Adin n. 492-1, rel. Min. Carlos Velloso, DOU 2.8.1991. p. 9919.

O Tribunal Superior do Trabalho, na leva de precedentes editados em 1998, firmou o entendimento segundo o qual "aos servidores públicos não foi assegurado o direito de reconhecimento de acordos e convenções coletivas de trabalho, pelo que, por conseguinte, também não lhes é facultada a via do dissídio coletivo, à falta de previsão legal".[200]

(200) Precedente n. 5.

5.3. SINDICATO DE EMPREGADOS DOMÉSTICOS

Sumário. 1. Considerações. 2. Disciplinação constitucional. 3. Organização sindical. 4. Negociações coletivas.

1. **Considerações.** Os empregados domésticos, preponderantemente as empregadas domésticas, sempre foram uma força de trabalho desprotegida, à margem da previdência social e da legislação trabalhista. A Consolidação das Leis do Trabalho, no art. 7º, excluía-os de seu alcance, conceituando-os, na alínea a, como "os que prestam serviços de natureza não econômica à pessoa ou à família, no âmbito residencial destas".

Só em 1972, com a Lei n. 5.859, de 11 de dezembro, foram assegurados aos domésticos alguns e poucos direitos: registro na Carteira de Trabalho e Previdência Social (art. 2º), férias anuais de 20 dias (art. 3º), os benefícios e serviços da Previdência Social (art. 4º). A Lei n. 10.208, de 23 de março de 2001, acenou com sua inclusão no sistema do Fundo de Garantia do Tempo de Serviço, não como um direito, mas como um favor dos empregadores que ficaram com a faculdade de inscrever seus empregados como beneficiários do sistema (art. 3º-A). Como consequência, apenas nessa situação terão direito, ainda, ao seguro-desemprego (art. 6º-A e § 1º).

2. **Disciplinação constitucional.** A Constituição de 1988, no art. 7º, ampliou os direitos sociais do empregado doméstico, identificados em seu parágrafo único: salário mínimo, irredutibilidade salarial, décimo terceiro salário, repouso semanal remunerado, férias anuais, licença à gestante, licença-paternidade, aviso prévio e aposentadoria.

> "Parágrafo único. São assegurados à categoria dos trabalhadores domésticos os direitos previstos nos incisos IV, VI, VIII, XV, XVII, XVIII, XIX, XXI e XXIV, bem como a sua integração à previdência social."

3. **Organização sindical.** Inegável o direito dos empregados domésticos de se organizarem como classe em sindicato. O art. 8º da Constituição inclui-se no Título II, que cuida dos direitos e das garantias fundamentais, e no Capítulo II "dos direitos sociais", não excepcionando nenhum agrupamento de trabalhadores ou de empregadores. Seu parágrafo único apenas ressalva

o atendimento às condições que forem estabelecidas pela lei ordinária em relação às organizações de sindicatos rurais, não excepcionando as associações de empregados domésticos. De tal modo, é irrecusável o reconhecimento de seus sindicatos.

Empregados domésticos são aqueles que prestam serviços de natureza contínua, no âmbito residencial de pessoa ou família, desde que não haja fins lucrativos, conforme a conceituação dada pelos arts. 1º da Lei n. 5.859, de 11 de dezembro de 1972, e 3º, inciso I, do Decreto n. 71.885, de 9 de março de 1973.

Irrelevante, assim, a natureza do serviço desempenhado, por motorista, enfermeiro, secretária, faxineira, cozinheira; importa apenas o local da prestação: residência ou mesmo casa de veraneio e até sítio de recreação e lazer, desde que nele não se desenvolva atividade econômica.

A categoria do doméstico é una, dispersa, marcada ainda pelo tratamento diferenciado quanto aos direitos sociais. Sua organização, consequentemente, é precária.

4. **Negociações coletivas.** O art. 7º da Constituição, no parágrafo único, identificou os direitos assegurados à categoria dos domésticos sem mencionar o inciso XXVI —: reconhecimento das convenções e dos acordos coletivos de trabalho —, gerando com isso o mesmo entendimento que resulta em negar aos servidores públicos o direito à negociação coletiva.

Valeria, de tal modo, o argumento já colocado diante da atribuição aos domésticos do direito previsto no inciso VI do art. 7º: irredutibilidade do salário, salvo o disposto em convenção ou acordo coletivo. Como não houve ressalva expressa do texto constitucional, mas, ao contrário, previsão literal de aplicação do direito social, é inegável que também os domésticos poderão ter seus salários reduzidos, desde que através de negociações com seu sindicato de classe, expressa em instrumento normativo, acordo ou convenção coletiva. Por consequência, existe o direito amplo de negociações para correção dos salários e ajustamento de melhores condições de trabalho, exigindo sua instrumentalização, da mesma forma, em acordo ou convenção. E, sendo recusada a negociação ou quando essa não se esgotar sem solução do conflito, será possível o ajuizamento do dissídio coletivo, ainda que de comum acordo.

O empregador doméstico é definido no inciso II do art. 3º do Decreto n. 71.885, de 9 de março de 1973, como a pessoa ou família que admite a seu serviço empregado doméstico que, como já observado, não era abrangido pela Consolidação das Leis do Trabalho. Essa, no entanto, no § 1º do art. 2º, equiparou ao empregador, para os efeitos exclusivos da relação de emprego, os profissionais liberais, as instituições de beneficência, as associações recreativas ou outras instituições sem fins lucrativos que admitirem trabalhadores como empregados.

Não se pode negar, assim, que o empregado doméstico é também um trabalhador que depende do salário para o sustento próprio e familiar e que tem um empregador que o remunera em troca do serviço que lhe é prestado.

Duvidosa será a aglutinação de pessoas ou famílias que se valem do trabalho doméstico para formar uma associação de classe enquanto empregadores de serviçais no âmbito de suas residências, levados pela solidariedade de interesses.

Não é assim, porém, que entende a Justiça do Trabalho. O Tribunal da Segunda Região julgou o Sindicato dos Trabalhadores Domésticos de São Paulo carecedor da ação "por faltar possibilidade jurídica à sua pretensão (...) já que a Constituição Federal não assegurou aos empregados domésticos o direito ao reconhecimento de normas coletivas. Por outro lado, no dissídio coletivo há a bipolaridade de partes. Porém não existe categoria econômica correspondente, pois o empregador doméstico não foi, não é e nunca será uma categoria econômica nem por ficção jurídica" (Proc. TRT/SP n. 150/90-A, acórdão n. 359/1991, rel. Rubens Tavares Aidar). A decisão foi confirmada pelo Tribunal Superior do Trabalho "em face do texto constitucional" (Proc. RO-DC 33588/91.3, ac. SDC 589/1992, rel. Min. Marcelo Pimentel, DJ 11.12.1992, p. 23782). O Tribunal da 15ª Região seguiu o mesmo entendimento: "Dissídio coletivo (...) Empregados domésticos. Manutenção da diferenciação jurídica na Constituição Federal/88. Inaplicabilidade dos institutos normativos do direito coletivo do trabalho. Extinção do processo sem julgamento do mérito. Aos empregados domésticos, embora a Constituição Federal/88 tenha-lhes conferido vários direitos previdenciários e trabalhistas, não os equiparou ao trabalhador comum, prevalecendo, em nosso sistema, a diferenciação jurídica. Tampouco houve reconhecimento dos títulos normativos referentes aos mesmos. E, dadas as peculiaridades da atividade do doméstico, não há como contrapor-lhe uma atividade 'econômica' ou 'empresarial' que pudesse discutir reivindicações, devendo merecer do Estado apenas uma proteção mínima, como o faz a atual Constituição Federal". (Proc. TRT/15ª Reg. n. 44/93-D, acórdão n. 1020/93-A, rel. Carlos Alberto Moreira Xavier) Da mesma forma, o Tribunal Superior do Trabalho manteve a decisão adotada: "Dissídio coletivo, Sindicato de trabalhadores domésticos. Impossibilidade jurídica. A categoria dos trabalhadores domésticos é, ainda, uma categoria limitada no que tange a direitos coletivos e individuais, não lhe tendo sido assegurado, no que tange àqueles, o reconhecimento dos acordos e das convenções coletivas (art. 7º, parágrafo único, da Carta Magna), o que afasta, por incompatibilidade lógica, a possibilidade de negociação coletiva e, finalmente, de chegar-se ao estágio final do ajuizamento da ação coletiva [art. 114, § 2º]". (Proc. TST-RO-DC 112.868/94.7, acórdão SDC 1271/94, rel. Min. Manoel Mendes de Freitas)

5.4. APOSENTADOS

Sumário: 1. Introdução. 2. Disciplinação constitucional. 3. Disciplinação legal. 4. Direitos e deveres.

1. **Introdução**. Os aposentados organizados influíram na Assembleia Constituinte e conseguiram, sem dificuldades, equipararem-se aos trabalhadores ativos, pelo menos para o exercício dos direitos sindicais de maior grandeza.

Pode-se dizer que foi um exagero, pois esse direito poderia ser alcançado através de assembleia e disciplinação estatutária. Mas havia empolgação e vontade de acabar com o sufoco imposto pela ditadura militar, animando todos os setores da sociedade civil, além do que, no regime da CLT, o art. 540, no § 2º, castrava-lhes os direitos fundamentais, colocando-os como simples figurantes no quadro associativo.

> "Os associados de sindicatos de empregados, de agentes ou trabalhadores autônomos e de profissões liberais que forem aposentados, estiverem em desemprego ou falta de trabalho, ou tiverem sido convocados para prestação de serviço militar, não perderão os respectivos direitos sindicais e ficarão isentos de qualquer contribuição, não podendo, entretanto, exercer cargo de administração sindical ou de representação econômica ou profissional."

De fato, o dispositivo perdeu eficácia, pois não se compatibiliza com o princípio da autonomia, representando ingerência restritiva de direitos, na organização sindical.

O sistema previdenciário brasileiro permite aposentadorias precoces, o reemprego e até a manutenção do emprego sem comprometer o benefício.

De tal modo, há duas espécies de aposentado: o que depois de jubilado continua na ativa, no mesmo ou em outro emprego, e aquele que vai para a inatividade. O primeiro, enquanto tiver a mesma qualificação profissional, não se afastando da categoria, nem perde a qualidade de associado, com os direitos a ela inerentes, nem mesmo de dirigente do sindicato de classe, como se dá reiteradamente. Se passa a compor outra categoria, deixa uma e ingressa em outra, podendo filiar-se ao novo sindicato e até eleger-se para dirigi-lo.

Do contrário, tornando-se inativo, mantém a filiação no mesmo sindicato e, com a garantia introduzida pelo inciso VII do art. 8º da Constituição, assegura sua elegibilidade e o direito de votar. Se pode tanto, deve-se concluir por interpretação lógica que mantém o direito de participar das assembleias, com direito de voz e voto, a menos que tenha destinação específica, voltada para um subgrupo ou tema que só interessa diretamente aos trabalhadores ativos.

Antes, tornara-se comum o trabalhador associado aposentar-se e continuar associado, isento da taxa social, por imposição legal, mas perdendo o mais precioso: o direito de elegibilidade e a condição de eleitor.

O empenho dos aposentados não foi injustificado diante da controvérsia que se mantinha acesa quanto aos efeitos da aposentadoria no contrato de trabalho, mesmo sem o afastamento do emprego. Além do mais, multiplicavam-se as organizações de aposentados, desde associações autônomas como departamentos internos de sindicatos.

Dimas Ferreira Lopes indaga se podem ou não os sindicatos postular visando a representar os aposentados. E responde afirmativamente, porque no seu entender incluem-se na categoria e, segundo o art. 5º, inciso LXX, da Constituição Federal, têm os sindicatos legitimação processual para impetrar mandado de segurança coletivo em defesa de seus membros ou associados.[(201)]

2. **Disciplinação constitucional**. O art. 8º, no inciso VII assegurou ao aposentado o direito de votar e ser votado nas organizações sindicais.

> "VII — o aposentado filiado tem direito a votar e ser votado nas organizações sindicais."

3. **Disciplinação legal**. Derrogado o art. § 2º do art. 540 da CLT, nada veio substitui-lo, ficando o vazio legislativo.

4. **Direitos e deveres**. A aposentadoria definitiva importa na extinção do contrato de trabalho e a inatividade afasta o trabalhador do grupo profissional no qual se incluía, determinando sua representação sindical.

Para muitos, os aposentados devem organizar-se autonomamente, posto que não possuem interesses coincidentes com os ativos e nem empregadores. Com essa visão, a Força Sindical estimulou a fundação do Sindicato Nacional dos Aposentados. Claro está que a organização autônoma dos aposentados diferencia-se do propósito da norma constitucional, até porque seus objetivos serão dirigidos necessariamente para a defesa do sistema previdenciário, da manutenção e melhoria dos proventos advindos da situação de segurado e mesmo de beneficiários de planos de previdência complementar. Exemplo concreto da ação desenvolvida está na defesa da correção dos valores das aposentadorias e pensões, de sorte a manter seu poder aquisitivo, como exige o art. 201, § 4º, da Constituição.

---

(201) Aposentados e representação sindical. *Revista LTr*, 61-03/339.

Outros sindicatos preferem organizar em departamentos específicos seus antigos militantes, depois de passarem para a inatividade. A propósito, os aposentados obviamente são aqueles que, com seus dependentes, mais se utilizam dos serviços assistenciais, especialmente dos setores médicos e ambulatoriais. Por isso, tornaram-se uma frente situacionista, obediente. Aliás, era comum os membros da administração aposentarem-se e mesmo afastados de seus empregos e até quando rescindidos seus contratos continuarem no exercício de seus mandatos, situação que foi legalizada com o dispositivo constitucional.

De qualquer modo, a Constituição atropelou a autonomia sindical e optou pela segunda hipótese, de manter os inativos organizados em seus sindicatos, até porque nada impede que, após a jubilação, o trabalhador mantenha-se no sindicato no qual se filiara e ingresse também naquele constituído para representação autônoma dos aposentados.

Nada impede, porém, que sejam isentados do pagamento da contribuição associativa ou que o estatuto a exija como condição para manterem a elegibilidade e o direito de voto, inclusive nas assembleias.

Tem importância prática saber da situação do aposentado que, enquanto empregado, não possuía filiação sindical. A interpretação do texto constitucional permite situá-lo em uma linha de continuação iniciada necessariamente quando na ativa, pois o que se lhe assegurou foi a manutenção dos direitos básicos do sócio. De tal modo, não perde o direito de voz e de voto na assembleia, quando geral, eis que já não possui interesse direto nos temas discutidos nas assembleias específicas, como as que se destinam à determinação dos interesses coletivos a serem defendidos junto ao patronato nas negociações coletivas. E também a condição de eleitor e de elegibilidade nos pleitos convocados para a escolha da administração das entidades sindicais.

5. **Sindicato de aposentados**. Se o aposentado mantém seus direitos na jubilação, até mesmo de eleger-se para a administração do sindicato, é forçoso concluir que não foi qualificado como categoria, até porque não tem outro contraponto senão o Estado, em uma relação de forças.

Levando-se à risca o que se pode extrair do inciso VII do art. 8º da Constituição, o aposentado só encontra espaço na entidade a que se filiou enquanto vinculado a um emprego. Esse raciocínio conduz, necessariamente, à conclusão de os sindicatos de aposentados existentes ficarem a margem da organização sindical, com agravo da garantia do art. 561 da CLT, que reserva a palavra sindicato às organizações como tal reconhecidas. Significa dizer que não têm a prerrogativa de defender direitos e interesses, individuais e coletivos, perante os órgãos administrativos e judiciários, de fixar através da assembleia geral a contribuição confederativa.

Serão, assim, simples associações civis.

5.5. COLÔNIAS DE PESCADORES

Sumário: 1. Disciplinação constitucional. 2. Disciplinação legal. 3. Colônia de pescadores e organização sindical.

1. **Disciplinação constitucional**. Não chegou às manchetes dos jornais nem ocupou espaços secundários da imprensa, mas só mesmo a atuação de bastidores dos interessados e o pouco empenho em conhecer a importância do tema justifica a inclusão no texto constitucional, ao lado da lamentável ressalva que discrimina os sindicatos rurais das colônias de pescadores:

"Art. 8º

Parágrafo único. As disposições deste artigo aplicam-se à organização de sindicatos rurais e de colônias de pescadores, atendidas as condições que a lei estabelecer."

2. **Disciplinação legal**. Tardiamente, só em 2008 a Lei n. 11.699 cuidou da inclusão das colônias de pescadoras na organização sindical. Assim, conforme seu art. 1º, "as colônias de pescadores, as federações estaduais e a Confederação Nacional dos Pescadores foram reconhecidas como órgãos de classe dos trabalhadores do setor artesanal da pesca, com forma e natureza jurídica próprias, mas obedecendo ao princípio da livre organização previsto no art. 8º da Constituição". O art. 2º é taxativo: "Cabe às Colônias, às Federações Estaduais e à Confederação Nacional dos Pescadores a defesa dos direitos e interesses da categoria, em juízo ou fora dele, dentro de sua jurisdição". Completa-o o art. 3º, que se limita a assegurar: "I — plena autonomia e soberania de suas Assembleias Gerais; II — representar, perante os órgãos públicos, contra quaisquer ações de pesca predatória e de degradação do meio ambiente; III — faculdade de montagem de bens e serviços para o desenvolvimento profissional, econômico e social das comunidades pesqueiras."

O art. 4º garantiu em parte a liberdade sindical positiva, só esquecendo o direito de participação e atuação livres, seguras, num quadro de democracia interna: "É livre a associação dos trabalhadores no setor artesanal da pesca no seu órgão de classe, comprovando os interessados sua condição no ato da admissão".

A autonomia foi enunciada no art. 4º: "As Colônias de Pescadores são autônomas, sendo expressamente vedado ao Poder Público, bem como às Federações e à Confederação, a interferência e a intervenção na sua organização". O parágrafo único prevê a autonomia em relação, também, à confederação e às confederações: "São vedadas à Confederação Nacional dos Pescadores a interferência e a intervenção na organização das Federações Estaduais de Pescadores".

Uma coisa é irrefutável: a lei foi mal redigida. É ler seus artigos seguintes:

"Art. 6º As Colônias de Pescadores são criadas em assembleias de fundação convocadas para esse fim pelos trabalhadores do setor pesqueiro artesanal da sua base territorial.

Art. 7º As Colônias de Pescadores, constituídas na forma da legislação vigente após feita a respectiva publicação e registrados os documentos no cartório de títulos e documentos, adquirem personalidade jurídica, tornando-se aptas a funcionar.

Art. 8º As Federações têm por atribuição representar os trabalhadores no setor artesanal de pesca, em âmbito estadual, e a Confederação, em âmbito nacional.

Art. 9º As Colônias de Pescadores, as Federações Estaduais e a Confederação Nacional dos Pescadores providenciarão e aprovarão os estatutos, nos termos desta Lei."

3. **Colônia de pescadores e organização sindical**. Claro que os pescadores têm o direito de organizar-se em sindicatos profissionais quando empregados de trabalhadores autônomos, quando se ativam por conta própria. E não precisava nada mais, até porque sindicato é uma coisa e colônia de pescadores é outra.

Carlos Alberto Gomes Chiarelli, com propriedade, observa que a colônia de pescadores é "muito mais fruto de diretrizes prefixadas e caminhos precisamente traçados pela ação do Estado". Melhor esclarecendo, escreve que foram instituídas por vontade do Poder político, à época do sufocante "Estado Novo". "Comprometido com teses do corporativismo autoritário, no qual alicerçava seu embasamento doutrinário, o regime da época, flagrantemente ditatorial, predispôs-se a usar, domesticadas e submetidas, as espontâneas estruturas intermediárias da sociedade, manietando, por exemplo, a sindical. Não satisfeito com a amplitude e consequência de tal estratégia, instituiu corpo novo na vida associativa profissional, e o fez totalmente dependente da vontade do Poder Público, criador, disciplinador e tutor. Eis o berço da colônia de pescadores que buscou, com o tempo, estabelecer um espaço, mínimo que fosse, de autonomia decisória, com êxito relativo".[202]

(202) *Trabalho na Constituição.* São Paulo: LTr, 1990. p. 115. v. II. direito coletivo.

De qualquer modo, tem-se uma disposição com grandeza constitucional que equipara as colônias de pescadores às organizações sindicais. O que é pior: concorrem com os sindicatos dos pescadores e, neste ponto, não se pode esquecer que o antigo quadro de atividades e profissões da CLT colocava ao lado da atividade econômica “armadores de pesca” as categorias profissionais dos “patrões de pesca” e “dos “pescadores”.[(203)]

O ideal seria simplesmente dar às colônias de pescadores já constituídas as prerrogativas, os direitos e deveres que têm os sindicatos profissionais, ressalvando, contudo, que não poderiam concorrer num sistema de unicidade com aqueles já existentes, permitindo na hipótese sua fusão, ainda que mantida como um departamento próprio do sindicato existente.

O certo é que as colônias resistem como aglutinação de pescadores autônomos, simples, que enfrentam as grandes corporações pesqueiras, que pouco a pouco sufocam suas colônias. O tema, fora de qualquer dúvida, interessa ao estudo da questão social, mas pouca importância tem para o direito sindical.

(203) 5º grupo do plano da Confederação Nacional dos Trabalhadores em Transportes Marítimos, Fluviais e Aéreos.

PARTE 6. ORGANIZAÇÃO NOS LOCAIS DE TRABALHO

Sumário: 1. Considerações. 2. Disciplinação constitucional. 3. Disciplinação legal. 4. Organização nos locais de trabalho e a OIT. 5. Comissões de fábrica. 6. Delegados sindicais. 7. Cogestão. 8. Comissão de Consulta e Colaboração. 9. Representação Interna.

1. **Considerações**. A organização nos locais de trabalho constitui a forma mais autêntica de democratização do sindicalismo para assumir seu papel natural e permitir-lhe atuação eficaz.

Todavia, sua implantação esbarra no direito de propriedade, na extensão do poder que tem o empregador no âmbito de sua empresa.

A primeira restrição que sofreu deveu-se ao Decreto-lei n. 229, de 1967, que impôs a constituição de Comissões Internas de Prevenção de Acidentes do Trabalho — CIPAs —, de composição paritária, sendo a representação dos empregados eleita nos locais de trabalho. A garantia do emprego só veio com a Lei n. 6.514, de 22 de dezembro de 1977.

O *Anteprojeto de Código do Trabalho*, de Evaristo de Moraes Filho, cuidava dos conselhos de empresas, pensados para cooperar com a direção e a melhoria das condições coletivas de trabalho e da vida do pessoal, sem com isso prejudicar as prerrogativas dos sindicatos.

No governo João Batista Figueiredo, cogitou-se de substituir o sindicato nas empresas por unidades de negociações, dele desvinculadas, eleitas pelos empregados, o que se repetiu quando da implantação da participação nos lucros e resultados, na primeira versão da Medida Provisória n. 794, de 29 de dezembro de 1994, no final do governo Itamar Franco, que só foi alterada quando o Supremo Tribunal Federal proclamou a inconstitucionalidade de seu art. 2º, que atribuía a uma comissão não sindical, simplesmente eleita pelos trabalhadores, o ajuste do acordo coletivo de trabalho, diante da indispensabilidade dos sindicatos nas negociações coletivas, como exige o inciso VI do art. 8º da Constituição.

O projeto da Comissão de Modernização da Legislação do Trabalho, do Governo Collor, também cuidou da representação dos trabalhadores na empresa, assim dispondo: "Art. 39. Respeitado o disposto no art. 11 da Constituição, o representante dos trabalhadores e o empregador, de comum acordo, deliberarão sobre a proporcionalidade da representação. Art. 40. Compete à representação dos trabalhadores na empresa: I — estimular a solução negociada dos conflitos individuais e coletivos; II — tomar ciência das iniciativas do setor de administração dos recursos humanos, contribuindo para o seu aperfeiçoamento e a sua execução; III — acompanhar a implementação dos projetos de modernização e automação, procurando evitar que se tornem fator de desemprego; IV — apurar eventuais denúncias de práticas discriminatórias; V — contribuir para a adoção de medidas de proteção ao meio ambiente; VI — assistir o empregado nas rescisões contratuais ocorridas no âmbito da empresa, valendo o que for pactuado como acordo ou transação para todos os efeitos legais; VII — estimular todas as ações que visem a integrar os trabalhadores na empresa. § 1º Os representantes dos trabalhadores: a) terão consideradas como de serviço efetivo, sem prejuízo do salário e de outras vantagens, as horas necessárias ao efetivo exercício da representação; b) poderão afastar-se do serviço para participar de reunião, curso de formação ou seminário, cabendo à empresas o pagamento do salário quando o evento for de sua iniciativa; c) terão acesso aos locais de trabalho na empresa, quando necessário ao cumprimento de suas funções de representação, desde que não interfiram na atividade normal da empresa; d) receberão da empresa as facilidades apropriadas para o eficaz cumprimento das suas atribuições. § 2º É vedada a dispensa arbitrária ou sem justa causa do candidato a representante, como titular ou suplente, desde a comunicação da candidatura e, se eleito, até um ano após o término do mandato, que, salvo estipulação em contrário, será de dois anos. § 3º A sentença que concluir pela improcedência do inquérito determinará a reintegração do empregado, com o pagamento dos salários e das demais vantagens correspondentes ao período de suspensão e o restabelecimento de todos os direitos e das vantagens anteriores a esta. Art. 41. É vedado ao empregador criar ou, por qualquer meio, incentivar, promover ou manter conselho, comissão ou órgão equivalente, com o objetivo de, sob seu controle, assumir as atribuições dos representantes dos trabalhadores. Art. 42. É vedado ao empregador, em relação ao representante, titular ou suplente, impedir ou dificultar o exercício de suas funções e atribuições ou prejudicá-lo por qualquer meio, em razão de sua representação".

A justificação era singela: regulamentar o art. 11 da Constituição, procurando abrir espaço diante do número insignificante de apenas um representante, de modo a determinar outros, através de entendimentos diretos, "à luz das características da própria empresa: âmbito nacional, estadual ou municipal, quantidade de estabelecimentos em cada um desses âmbitos, etc.".

Consignou, ainda, no Relatório, que "a atividade conciliatória é a sua característica marcante e o sucesso na condução deste propósito redundará no amadurecimento da relação capital-trabalho e no consequente decréscimo do número de ações na Justiça do Trabalho".

A Comissão Permanente de Direito Social do Governo Fernando Henrique Cardoso sugeriu nova redação ao art. 11 da Constituição, nestes termos: "É assegurada à representação dos trabalhadores por local de trabalho, independentemente da representação sindical, com número de representantes, funções, competências, responsabilidades e garantias aos seus membros, conforme o estabelecido em lei. Parágrafo único. Nas empresas com até dez empregados, assegura-se a eleição do delegado de pessoal, de acordo com a lei".

Outra proposta foi a supressão do art. 11 e adoção do Projeto de Lei n. 4.309, em trâmite no Congresso Nacional, que contempla, dentre outros, os seguintes aspectos: a) comissão obrigatória nas empresas com mais de 10 empregados; b) número mínimo de representantes e suplentes; c) mandato de 3 anos prorrogável por mais três, gratuito e exercido em horário de trabalho; d) escolha por eleição direta; e) garantia no emprego para os representantes; f) competência da comissão.

2. **Disciplinação constitucional**. A pálida e tímida concessão dada pelo art. 11 da Constituição consistiu na representação interna, apenas nas empresas com mais de duzentos empregados, através de um único, sem nenhuma garantia, para intermediar junto ao empregador seus interesses:

> "Nas empresas de mais de duzentos empregados, é assegurada a eleição de um representante destes com a finalidade exclusiva de promover-lhes o entendimento direto com os empregadores."

No inciso XI do art. 7º, repetiu o direito até hoje dependente de regulamentação ordinária, que já figurava na Constituição de 1967, de participação, mas apenas excepcionalmente, na gestão da empresa, "nos casos e nas condições que forem estabelecidos", como forma de integração do trabalhador em sua vida e seu desenvolvimento:[204]

> "participação nos lucros, ou resultados, desvinculada da remuneração, e, excepcionalmente, participação na gestão da empresa, conforme definido em lei."

3. **Disciplinação legal**. A Lei n. 12.353, de 28 de dezembro de 2010, disciplinou a participação de empregados nos conselhos de administração das empresas públicas e sociedades de economia mista, suas subsidiárias e controladas e demais empresas em que a União, direta ou indiretamente,

(204) Art. 158, V.

detenha a maioria do capital social com direito a voto, dispondo que o representante dos trabalhadores será escolhido dentre os empregados ativos da empresa pública ou sociedade de economia mista, pelo voto direto de seus pares, em eleição organizada pela empresa em conjunto com as entidades sindicais que os representem. A medida foi completada pela Portaria n. 26 do Ministério do Planejamento, Orçamento e Gestão, de 11 de março de 2011.

4. **Organização nos locais de trabalho e a OIT**. A Convenção n. 135 e a Recomendação n. 143 da OIT cuidam da proteção e das facilidades a serem dispensadas a representantes de trabalhadores nas empresas.

A Convenção n. 135, aprovada na 56ª reunião da Conferência Internacional do Trabalho de 1971, realizada em Genebra, teve sua aprovação no Brasil através do Decreto Legislativo n. 86, de 14 de dezembro de 1989, sendo ratificada no dia 18 de maio de 1990; foi promulgada pelo Decreto n. 131, de 22 de maio de 1991, com vigência a partir de 18 de maio do mesmo ano.

Para a convenção, na forma de seu art. 1º, "Os representantes de trabalhadores na empresa gozarão da efetiva proteção contra qualquer ato que os prejudique, incluída a demissão, em virtude de suas funções ou atividades como representantes de trabalhadores ou de sua filiação sindical ou de participação em atividades sindicais, desde que atuem de conformidade com as leis vigentes ou contratos coletivos ou outros acordos convencionais em vigor".

"Essas facilidades, segundo o art. 2º, 1. serão dispensadas a representantes de trabalhadores na empresa que lhes permitam o pronto e eficiente desempenho de suas funções". 2. Para esse efeito, serão tomadas em consideração as características do sistema de relações industriais do país e as necessidades, a dimensão e as possibilidades da empresa interessada. 3. A concessão dessas facilidades não prejudicará a eficiência operacional da empresa interessada.

A representação tanto poderá ser dos empregados como sindical, segundo o art. 3º: "Para os fins desta Convenção, a expressão 'representantes de trabalhadores' significa pessoas reconhecidas como tais por lei ou prática nacionais, quer sejam: a) representantes sindicais, isto é, representantes nomeados ou eleitos por sindicatos ou pelos membros desses sindicatos, ou b) representantes eleitos, isto é, representantes livremente eleitos pelos trabalhadores da empresa de acordo com disposições de leis ou regulamentos nacionais ou de acordos coletivos, e cujas funções não incluem atividades reconhecidas como prerrogativas exclusivas de sindicatos no país interessado.

O art. 4º estabelece a forma de constituição da representação: "Leis e regulamentos nacionais, contratos coletivos, laudos arbitrais ou sentenças judiciais podem definir o tipo ou os tipos de representantes de trabalhadores que terão o direito à proteção e às facilidades previstas nesta Convenção, com a ressalva do art. 5º: 'Quando houver, na mesma empresa, representantes sindicais e representantes eleitos, medidas apropriadas serão tomadas, quando necessário, para assegurar que a existência de representantes eleitos não seja utilizada para enfraquecer a posição dos sindicatos envolvidos ou de seus representantes, e para estimular a cooperação em todos os assuntos relevantes entre os representantes eleitos e os sindicatos interessados e seus representantes'."

5. **Comissões de fábrica**. As comissões de fábrica surgiram espontaneamente como reação dos trabalhadores ao imobilismo de seus sindicatos sufocados pela ditadura militar, ou estimuladas pelos sindicatos que se opunham ao regime e algumas vezes organizadas por militantes políticos, especialmente estudantes ou religiosos. Foi o que ocorreu nas cidades de Osasco, no Estado de São Paulo, e Contagem, Minas Gerais, em 1968, contribuindo decisivamente para a eclosão das greves que acabaram por representar inusitado desafio ao regime de exceção.

A partir de 1978 intensificou-se a criação de comissões de fábrica nas empresas de grande porte, no ABC, em São Paulo, e nas cidades próximas.[205]

A importância das comissões estava em sua independência no relacionamento com as empresas, assumindo caráter nitidamente reivindicatório. Acabaram por se tornar ou a irradiação das oposições aos sindicatos imobilistas, esgotando-se quando não conseguiam assumi-los, ou então a projeção dos sindicatos autênticos nos locais de trabalho.

O certo é que à falta de legislação que as reconhecesse e de garantia de atuação de seus membros, sua instituição dependia necessariamente de negociações coletivas, e diante da recusa patronal em admiti-las, foram pouco a pouco perdendo importância.

6. **Delegados sindicais**. Não se trata da figura encontrada na Consolidação das Leis do Trabalho, nos arts. 517, § 2º, 522, § 3º e 523, mas o representante do sindicato nos locais de trabalho. Os primeiros são meros auxiliares da administração sindical para dirigir as subsedes regionais.

Os sindicatos autênticos insistiram em reconhecê-lo nas negociações, armando-os com estabilidade no emprego. A reação patronal foi pronta e insuperável.

O Ministério do Trabalho, por sua vez, via no delegado a imagem do agitador político, opondo-se decisivamente a sua legitimação, ao contrário da

---

(205) ABC, identificação das três cidades vizinhas: Santo André, São Bernardo do Campo e São Caetano do Sul. Algumas vezes, é acrescentado o D de Diadema. Todas tiveram importância decisiva no cenário sindical, diante da ação de resistência de seus sindicatos de trabalhadores metalúrgicos.

Justiça do Trabalho, que acolheu reivindicação do Sindicato dos Ceramistas de Itu, dando-lhes as mesmas garantias dos dirigentes sindicais, tendo o Ministro Mozart Victor Russomano, na presidência do Tribunal Superior do Trabalho, negado o pedido de efeito suspensivo formulado pelo empregador (Processo n. 10.563/1973). Além do mais, a imprensa destacou o acordo coletivo celebrado pelo Sindicato dos Metalúrgicos de São Paulo com a empresa Rádio Frigor S.A., pelo qual um representante dos empregados, sindicalizado, seria eleito, gozando estabilidade no emprego. A escolha recaiu numa mulher, com reconhecida militância sindical.

O entusiasmo dos sindicatos de resistência esfriou quando a Justiça do Trabalho mudou de posição, negando a reivindicação diante do voto contrário dos juízes classistas representantes dos trabalhadores.

7. **Cogestão**. A comissão de fábrica não vai além da interiorização do sindicato nos locais de trabalho. Portanto, não se cogita da cogestão, ainda mais num sistema capitalista e de domínio absoluto do empregador. Aliás, difícil imaginá-la nas empresas transnacionais e principalmente nestes tempos de globalização e redução dos postos de trabalho.

Distingue-se a cogestão, como instituição capitalista, da autogestão, socialista. A primeira seria a forma de integrar o trabalhador na empresa, democratizando a relação de emprego de sorte a constituir uma parceria com o empregador, dividindo com ele a direção da empresa, ao passo que a segunda seria a assunção pelos empregados de seu controle.

A Constituição de 1967 inscreveu no inciso V do art. 158 que assegurava a integração do trabalhador na vida e no desenvolvimento da empresa com participação nos lucros e, excepcionalmente, na gestão, nos casos e nas condições que forem estabelecidos. O que nunca se deu, mesmo depois que a Emenda de 1969 e a Constituição de 1988, no inciso XI do art. 7º, repetiram inutilmente o dispositivo.

Era evidente o propósito das Constituições de criarem simples enfeite sem nenhuma efetividade, tanto que admitiram a cogestão, mas apenas "excepcionalmente". Carlos Alberto Gomes Chiarelli estranhou a redação, "como não se justificou nas Constituições anteriores a sua presença intrometida e desnecessária; precoce e presunçosa recomendação (felizmente, sem força impositiva). Melhor ficaria se retirada da Constituição".(206) A mesma perplexidade demonstra Antônio Álvares da Silva, que indaga: "Por que este 'excepcionalmente'? Estaria o legislador constituinte com medo da generalização da cogestão, tratando-a por isso como exceção? Ou quis introduzir o tema por doses homeopáticas com receio de reação da classe empresarial? Ou simplesmente quis fazer as tradicionais 'conciliações' já próprias de nossos

(206) *Trabalho na Constituição*, cit., p. 115.

institutos constitucionais quando versem matéria polêmica, tratando de agradar a todos sem agradar de fato a ninguém, além de deformar, pela generalização excessiva, o assunto disciplinado?".[207]

Participar da gestão da empresa implica em dividir com o empregador sua administração. Como o dispositivo vincula-se à participação nos lucros e resultados, de rigor concluir que essa será a contrapartida a ser dada aos trabalhadores. A redação adotada transferiu para a legislação ordinária sua regulamentação que veio com a Lei n. 10.101, de 19 de dezembro de 2000. Essa, todavia, dispôs apenas quanto à primeira parte, omitindo-se quanto à cogestão. Além disso, nas primeiras versões da Medida Provisória reeditada 77 vezes, o sindicato fora afastado das negociações destinadas à instituição dos planos de participação, afetos à comissões paritárias constituídas livremente. Só depois que o Supremo Tribunal Federal reconheceu a inconstitucionalidade da medida, diante do comando do inciso VI do art. 8º, que impõe a presença do sindicato no processo negocial, foi assumida a redação definitiva do art. 2º.[208]

O texto, além do mais, deu à participação nos lucros e/ou resultados forma de integração entre o capital e o trabalho e incentivo à produtividade, "nos termos do art. 7º, inciso XI, da Constituição", entendendo que seria o suficiente para configurar a cogestão.

Não se ouviram vozes de protesto, nem mesmo partidas dos sindicatos.

8. **Comissão de Consulta e Colaboração**. Para os defensores do institucionalismo, fortemente inspirados pela igreja católica, a empresa, assim como a família, são sociedades naturais, que constituem a base insubstituível do desenvolvimento da personalidade humana. Dessa forma, a empresa seria uma unidade com função essencialmente social onde o trabalhador se integrasse definitivamente. Por isso mesmo, dirigindo a prestação do trabalho, o empregador exerce poder disciplinar, marcado pelo fundo didático, mas, também, punitivo, contemplando como penalidade máxima a rescisão do contrato por justa causa.

A partir das ideias de Luiz José de Mesquita, o Deputado Carlos Alberto Gomes Chiarelli apresentou projeto de lei que impunha a constituição de comissão interna da empresa nos estabelecimentos que empregassem mais de 35 empregados, tendo por objetivo prevenir e resolver dissídios individuais

---

(207) *Cogestão no estabelecimento e na empresa*. São Paulo: LTr, 1991. p. 251.

(208) Art. 2º A participação nos lucros ou resultados será objeto de negociação entre a empresa e seus empregados, mediante um dos procedimentos a seguir descritos, escolhidos pelas partes de comum acordo:

I — comissão escolhida pelas partes, integrada, também, por um representante indicado pelo sindicato da respectiva categoria;

II — convenção coletiva.

de trabalho, com poderes de solucioná-los administrativamente no âmbito da empresa. Seu modelo eram as Comissões Internas de Prevenção de Acidentes do Trabalho. Representantes dos empregadores por eles designados e dos empregados eleitos em assembleia convocada pelo sindicato aberta a todos, independentemente de filiação sindical.

Cuidava o projeto, primeiro, de regular o processo disciplinar, prevendo recurso para a Comissão contra a imposição de penalidades pelo empregador, que, vendo frustrados os esforços voltados para a conciliação, solucionaria o dissídio, seja abrandando, cancelando ou mantendo a penalidade ou o ato impugnado. De qualquer modo, o processo administrativo, caso houvesse reclamação judicial, seria apresentado em Juízo, como elemento para sua instrução.

O Decreto-lei n. 229, de 1967, introduziu o art. 621 da Consolidação das Leis do Trabalho, para permitir que as convenções e os acordos instituíssem comissões mistas de consulta e colaboração no plano da empresa, devendo mencionar a forma de constituição, o modo de funcionamento e suas atribuições, assim como o plano de participação nos lucros:

> "As Convenções e os Acordos poderão incluir, entre suas cláusulas, disposição sobre a constituição e funcionamento de comissões mistas de consulta e colaboração, no plano da empresa e sobre participação nos lucros. Estas disposições mencionarão a forma de constituição, o modo de funcionamento e as atribuições das comissões, assim como plano de participação, quando for o caso."

Entretanto, as Comissões não despertaram nenhum interesse dos trabalhadores, que raramente incluem-na em suas pautas de reivindicações, inclusive quando pleiteiam a participação nos lucros ou resultados, e muito menos dos empregadores, caindo no vazio.

9. **Representação interna.** A Constituição brasileira assegura o direito de propriedade (art. 5º, XXII), mas não ilimitadamente, pois deve atender a sua função social (*idem*, XXIII), constituindo princípio norteador da ordem econômica e, portanto, da empresa (art. 170, III). Desse modo, é possível a interiorização da organização sindical nos locais de trabalho.

Todavia, a Constituição, no art. 11, limitou-a extraordinariamente, pois só admitiu a eleição de um único representante dos empregados e, ainda assim, nas empresas com mais de duzentos, determinando, desde logo, suas atribuições: promover-lhes o entendimento direto com o empregador.

A representação interna não se confunde com representação sindical, de modo que mais se aproxima do sistema de constituição das Comissões Internas de Prevenção de Acidentes do Trabalho — CIPAs —, com eleição livre, não sendo a filiação ao sindicato requisito de elegibilidade.

O texto constitucional não assegurou ao representante dos trabalhadores garantia de emprego, o que inviabiliza sua atuação, ficando para a negociação coletiva a determinação do que significará a promoção do entendimento direto com o empregador, como também do processo eleitoral. Entendimento, no caso, não será manter negociações coletivas diante da reserva dada aos sindicatos que delas devem participar obrigatoriamente. O Tribunal Superior do Trabalho procurou atenuar a omissão, editando o Precedente n. 87: "Nas empresas com mais de 200 empregados é assegurada a eleição direta de um representante, com as garantias do art. 543, e seus parágrafos, da CLT".

No Fórum Nacional do Trabalho, quando se cuidou da reforma da legislação sindical, não houve consenso quanto à instituição da representação dos trabalhadores nos locais de trabalho, diante da reação dos empregadores, temerosos em verem criada no interior de suas empresas uma organização sindical paralela. Depois, já conhecido o projeto de lei escrito pelos técnicos ministeriais, a insurgência partiu das centrais, dado que a organização nos locais de trabalho assumiu a figura de representação interna, não sindical, mas legitimada para manter negociações coletivas e celebrar o contrato coletivo de trabalho. Autêntico sindicato constituído no âmbito da empresa, a margem dos consensos obtidos no Fórum. Diante disso, a bancada oficial que nele tinha assento, constituída basicamente pelo Ministro do Trabalho e do Emprego e por seus assessores, repetiu no projeto redigido, a partir de nova redação do art. 11, que se limitou a assegurar "a representação dos trabalhadores nos locais de trabalho, na forma da lei".

PARTE 7. ADMINISTRAÇÃO

1. Introdução. a) **Antes de 1988.** Os autores da CLT pensaram a organização dos sindicatos segundo o modelo vigente em 1943, regido pela Carta de 1937, outorgada pelo Estado Novo, sem respaldo popular. O sindicato, supostamente livre, como foi escrito no art. 138, não passava de um organismo sob controle do Poder Executivo, que o reconhecia, para situá-lo como representante legal dos participantes da categoria de produção para a qual fora constituído. Com isso habilitavam-se a defender seus direitos perante o Estado e outras associações profissionais. Não se esqueceu de atribuir-lhe funções delegadas para receber a contribuição sindical, o que se repetiu nas Constituições seguintes, de 1946, 1967 e em sua Emenda de 1969.

Natural, assim, que a administração ficasse amoldada a um modelo rígido e insuscetível de modificações. Por mais que o tempo tivesse desgastado-o, pondo à mostra sua superação, foi mantido até 1988.

1.1. **Sindicatos**. A CLT foi rigorosa quando tratou da administração, só admitindo uma diretoria executiva, um conselho fiscal e a delegação junto ao órgão superior.

Não foi escrito, mas infere-se que a instância maior dos sindicatos é a assembleia geral.

Tratando-se de sindicato, de empregados ou de empregadores, de profissionais liberais e de trabalhadores autônomos, a diretoria executiva deveria compor-se de um mínimo de três e no máximo sete membros, com igual número de suplentes. Mandato: três anos, admitida a reeleição. Segundo dispôs o art. 522, a diretoria depois de eleita elegeria seu presidente.

O conselho fiscal, composto de três membros efetivos e outros três suplentes, seria eleito com a diretoria, tendo competência restrita à fiscalização da gestão financeira do sindicato.

Cumpria à direção executiva a representação e a defesa dos interesses da entidade perante os poderes públicos e as empresas.

Cada sindicato elege dois delegados federativos efetivos e outros dois suplentes, embora apenas um tenha direito a voto.

1.2. **Federações.** A administração também compõe-se dee diretoria, conselho fiscal e conselho de representantes, que é a instância superior, equivalente à assembleia. A diferença está em que a participação é restrita aos delegados dos sindicatos filiados.

O art. 538 só fixou o número mínimo de diretores executivos: três. O conselho fiscal, esse, sim, é constituído de três membros. Mandato: três anos. O presidente deve ser escolhido pelos demais membros da diretoria, após sua eleição. A delegação confederativa compõe-se, da mesma forma, de dois membros titulares e dois suplentes, com apenas um votante. De resto, na conformidade do art. 539, no tocante à administração das federações, aplicar-se-á, no que couber, as disposições constantes das Seções II e III, contendo-se naquela o número de dirigentes.

1.3. **Confederação.** A administração das confederações segue em tudo a mesma linha traçada para as federações. No caso, o Conselho de Representantes é constituído pelos delegados de cada federação filiada.

1.4. **Estatuto**. A CLT foi engendrada com astúcia e habilidade. O pedido de reconhecimento, dirigido ao Ministro do Trabalho, devia ser instruído com um exemplar do estatuto, e o art. 518 não deixou de definir seu conteúdo mínimo, inclusive a afirmação de que a entidade agiria como órgão de colaboração com os poderes públicos e as demais associações no sentido da solidariedade social e subordinação dos interesses econômicos ou profissionais ao interesse nacional. Nisso se lê a renúncia à luta de classes. Interesse nacional, de outra parte, nas ditaduras de 1937 e 1964, tinha significado de abstenção de reivindicações não consentidas pelos ministros da área econômica dos quais o do trabalho não passava de porta-voz. Além disso, o estatuto devia cuidar, ainda, do processo eleitoral. Mas no § 2º do dispositivo vinha a ressalva de que o processo de reconhecimento seguiria as instruções baixadas pelo Ministro do Trabalho. Vai daí e veio o chamado estatuto padrão, um para as associações profissionais, outro para sindicatos, mais um para federações e o quarto para confederações. E ai de quem se atrevesse a mudar a posição de uma vírgula. Era o suficiente para impedir o reconhecimento.

Por conseguinte, até 1988, quando, finalmente, foi conquistada a autonomia sindical, não se votava um estatuto democrático, segundo a vontade livre dos trabalhadores ou empresários. O estatuto era imposto de cima para baixo, conforme a redação dada pelos tecnocratas do Ministério do Trabalho.

1.5. **Processo eleitoral.** A CLT traçou os princípios básicos do processo eleitoral, prevendo condições de elegibilidade e de qualificação como eleitor.

Diante do arcabouço construído, a direção executiva e o conselho fiscal compunham-se numa mesma chapa.

Além de prever prazos mínimo e máximo para a realização do pleito, cuidou-se de *quorum* e maioria. Na primeira convocação, exigia-se *quorum* de 2/3 do colégio eleitoral, ou seja, da totalidade dos associados. Como era inviável sua obtenção, quase sempre representava-se uma sessão "fantasma", sem divulgação, restrita aos dirigentes do sindicato. Então vinha a segunda convocação, quando o *quorum* baixava para 50% do colégio. Para a terceira e última, bastava mais de 40%.

Pior ainda a maioria absoluta exigida na primeira convocação.

De resto, o processo eleitoral, da mesma forma, não era livre, pois seguia as instruções baixadas pelo Ministério do Trabalho.

Para completar o quadro autoritário que se impunha aos sindicatos, a apuração ficava a cargo do Ministério Público do Trabalho e, concluído o pleito, o resultado era encaminhado ao Ministério do Trabalho para, como se dizia, homologá-lo ou dar a palavra final. Não era bem isso que estava escrito no § 2º do art. 532: "Competirá à Diretoria em exercício, dentro de 30 (trinta) dias da realização das eleições e não tendo havido recurso, dar publicidade ao resultado do pleito, fazendo comunicação ao órgão local do Ministério do Trabalho da relação dos eleitos, com os dados pessoais de cada um e a designação da função que vai exercer". Mas era o que ocorria com frequência.

Os recursos eram decididos pelo Ministro.

1.6. **Gestão financeira.** Não se pode esquecer que o sindicato, mesmo após a Constituição de 1988, exerce função delegada pelo Estado, na qual se compreende a de arrecadar contribuições para o custeio da atividade e execução de programas de interesse da categoria que representa. Extirpou-se do texto constitucional a menção à função delegada, mas manteve-se a contribuição.

Não somente por isso, mas também para manter os sindicatos atrelados ao Estado, a CLT foi extremamente autoritária quando cuidou da gestão financeira e de sua fiscalização.

Primeiro, o art. 548 definiu o patrimônio, com esta constituição: a) as contribuições devidas aos sindicatos pelos que participem das categorias econômicas ou profissionais ou das profissões liberais representadas pelas referidas entidades, sob a denominação de contribuição sindical, pagas e arrecadadas na forma do Capítulo III deste Título; b) as contribuições dos associados, na forma estabelecida nos estatutos ou pelas assembleias gerais; c) os bens e valores adquiridos e as rendas produzidas pelos mesmos; d) as doações e os legados; e) as multas e outras rendas eventuais.

Além de dispor sobre a alienação, locação e aquisição de bens imóveis, cuidou-se detalhadamente do orçamento e da suplementação orçamentária, mas sem esquecer da cuidadosa disciplinação dos registros contábeis.

O art. 552 da CLT equipara os atos de malversação ou dilapidação do patrimônio das entidades sindicais ao crime de peculato. Além do mais, quem lesar o patrimônio de qualquer entidade sindical ou não tiver aprovadas suas contas de exercício em cargo de administração — logo, qualquer associação, não necessariamente sindical — tornava-se inelegível (CLT, art. 530, I e II). Equivocadamente, o Ministério Público do Trabalho, através da Coordenadoria Nacional de Promoção da Liberdade Sindical — CONALIS —, extravasando sua competência funcional, editou a Orientação n. 5 para atribuir-se fiscal da gestão financeira dos sindicatos:

> "os atos que importem em malversação ou dilapidação do patrimônio das associações ou entidades sindicais são de interesse público tutelável pelo Ministério Público do Trabalho."

1.7. **Controle**. Bem, já se viu que o sindicato é uma associação especial que não se confunde com a comum diante de seus fins institucionais e da extensão da sua representação, que envolve a categoria como um todo, obrigando-a através da convenção coletiva que vem de ser a lei categorial ou do grupo. Para afastar os fantasmas do passado, um passado de cinquenta e oito anos de subordinação absoluta ao Estado, a Constituição, no art. 8º, assegurou às associações profissionais ou sindicais a autonomia, destacando no inciso I que o Estado não poderia sob qualquer pretexto intervir ou interferir na organização sindical.

Como se viu, as contas dos administradores das entidades sindicais são aprovadas pela assembleia geral, em escrutínio secreto, com prévio parecer do conselho fiscal. Claro que a autonomia afasta a intromissão do Ministro do Trabalho, que segundo o texto consolidado, § 8º do art. 551, estabeleceria prazos e procedimentos para sua elaboração e destinação.

Mas, já visto, também, que o sindicato ainda recebe a contribuição sindical, geral, paga inclusive pelos trabalhadores e empregadores sem filiação.

Daí a ideia do controle externo, amplo, envolvendo toda a receita, inclusive contribuição associativa, ou restrita, limitada à aplicação da contribuição sindical, mas sempre, em qualquer situação, a cargo do Tribunal de Contas da União.

Já referido que na tramitação do projeto que resultou na Lei n. 11.648, de 2008, que legitimou as centrais sindicais, o Congresso aprovou a medida que acabou por ser vetada pelo Presidente Luiz Inácio Lula da Silva. Seria o bastante para pôr fim à polêmica. Todavia, o Tribunal de Contas entendeu que "As aplicações dos recursos provenientes da contribuição sindical, de natureza compulsória, por parte das Confederações Sindicais, estão sujeitas à fiscalização por parte do Tribunal de Contas da União". No voto, o Ministro relator assentou que "Quanto ao recente veto ao art. 6º da Lei n. 11.648, de 31 de março de 2008, que obrigava as organizações sindicais a apresentarem prestação de contas perante o Tribunal de Contas, tem-se que esse veto em nada altera a obrigatoriedade da prestação de contas das parcelas da contribuição sindical recebidas pelas entidades sindicais arroladas no art. 589 da CLT, conforme dispõe o texto constitucional, pois o TCU, de fato, não interfere na forma de organização das atividades sindicais, mas, sim, fiscaliza as contas dessas entidades relativas a essas contribuições, pois não resta dúvida de que quem recebe dinheiro público deve prestar contas da sua utilização". Na fundamentação, o relator reporta-se ao art. 71, II e IV, da Constituição para concluir pela competência do Tribunal sobre todos os órgãos que "... de algum modo, gerenciam recursos públicos atinentes ao Erário".

Bem lido o texto constitucional, concluiremos de outro modo:

> "O controle externo, a cargo do Congresso Nacional, será exercido com o auxílio do Tribunal de Contas da União, ao qual compete:
>
> ...
>
> II — julgar as contas dos administradores e demais responsáveis por dinheiros, bens e valores públicos da administração direta e indireta, incluídas as fundações e sociedades instituídas e mantidas pelo Poder Público federal, e as contas daqueles que derem causa a perda, extravio ou outra irregularidade de que resulte prejuízo ao erário público;
>
> ...
>
> IV — realizar, por iniciativa própria da Câmara dos Deputados, do Senado Federal, de Comissão técnica ou de inquérito, inspeções e auditorias de natureza contábil, financeira, orçamentária, operacional e patrimonial, nas unidades administrativas dos Poderes Legislativo, Executivo e Judiciário, e demais entidades referidas no inciso II."

Primeiro, não se trata de dinheiro público, mas privado, dos trabalhadores ou dos empregadores; segundo, eventual irregularidade não resulta prejuízo ao erário público porquanto os valores são canalizados diretamente para entidades privadas, no caso, sindicatos, federações, confederações e centrais, sendo que a parcela destinada ao órgão público, Ministério do Trabalho e Emprego, é depositada diretamente na chamada "Conta Especial Emprego e

Salário". Outra coisa: os depósitos são creditados nas contas dos beneficiários pela Caixa Econômica Federal na conformidade das instruções emanadas do Ministério.

Não se pode confundir entidade sindical com os conselhos de fiscalização profissional, que são autarquias. E nunca é demais lembrar que a Ordem dos Advogados está imune à ação fiscalizadora do Tribunal de Contas em face de sua natureza especial e de seus fins institucionais marcados no art. 44 da Lei n. 8.906, de 1994:

"A Ordem dos Advogados do Brasil — OAB, serviço público, dotada de personalidade jurídica e forma federativa, tem por finalidade:

I — defender a Constituição, a ordem jurídica do Estado democrático de direito, os direitos humanos, a justiça social, e pugnar pela boa aplicação das leis, pela rápida administração da justiça e pelo aperfeiçoamento da cultura e das instituições jurídicas."

Desse modo, remanesce o autocontrole exercido pela assembleia geral, sabendo-se que, a teor do art. 552 consolidado, "Os atos que importem em malversação ou dilapidação do patrimônio das associações ou entidades sindicais ficam equiparados ao crime de peculato julgado e punido na conformidade da legislação penal". Não é tudo, a associação sindical deve aplicar seus recursos segundo a previsão orçamentária e de acordo com o estatuto, como determina o art. 549 da CLT: "A receita dos Sindicatos, Federações e Confederações só poderá ter aplicação na forma prevista nos respectivos orçamentos anuais, obedecidas as disposições estabelecidas na lei e nos seus estatutos". E se desvia-se de seus fins, desobedecendo o comando da assembleia, ofendendo o estatuto, poderá até ser dissolvido por iniciativa do Ministério Público do Trabalho ou de qualquer associado, como permite o art. 670 do Código de Processo Civil de 1939, mantido pelo art. 1.218. VII, do atual: "Continuam em vigor até serem incorporados nas leis especiais os procedimentos regulados pelo Decreto-lei n. 1.608, de 18 de setembro de 1939, concernentes: VII — à dissolução e liquidação das sociedades (arts. 655 a 674)". Art. 670: "A sociedade [lembrando que na forma do art. 44 do Código Civil, as entidades sem fins lucrativos foram diferenciadas das sociedades como associações] civil com personalidade jurídica que promover atividade ilícita ou imoral será dissolvida por ação direta, mediante denúncia de qualquer do povo, ou do órgão do Ministério Público". Além disso, o Código Civil, no art. 50, é preciso ao dispor que "Em caso de abuso da personalidade jurídica, caracterizado pelo desvio de finalidade, ou pela confusão patrimonial, pode o juiz decidir a requerimento da parte, ou do Ministério Público, quando lhe couber intervir no processo, que os efeitos de certas e determinadas relações de obrigações sejam estendidos aos bens particulares dos administradores ou sócios da pessoa jurídica".

Defendemos em nosso *O Sindicato em um mundo globalizado* o controle indireto, mediante denúncia de associado ou de outra entidade classista através de um Conselho Sindical constituído democraticamente pelo conjunto dos sindicatos, das federações e confederações, podendo hoje incluir-se também as centrais.[209]

1.8. **Atividade política**. O sindicato como aglutinação de forças, ideologizado, foi controlado com mão forte pelo Estado e severamente reprimido.

A CLT atribuiu-lhe como dever colaborar com os poderes públicos no desenvolvimento da solidariedade social (arts. 514 e 518). Mas foi além e vedou a pessoas físicas ou jurídicas, estranhas, qualquer interferência na sua administração ou nos seus serviços, salvo os delegados ministeriais e os empregados (art. 525). Estes, todavia, não poderiam professar ideologias incompatíveis com as instituições ou os interesses da Nação nem pública e ostensivamente, por atos ou palavras, defenderem princípios ideológicos de partido político cujo registro tivesse sido cassado, ou de associação ou entidade de qualquer natureza, cujas atividades fossem consideradas contrárias ao interesse nacional e cujo registro fosse cancelado ou tido seu funcionamento suspenso por autoridade competente, em outras palavras, o Partido Comunista (art. 530, *a*, e VI).[210]

Eram inelegíveis aqueles que professassem ideologias incompatíveis com os interesses da Nação, motivo pelo qual, para a inscrição de candidatos, exigia-se o atestado de ideologia (art. 530, *a*, revogado pela Lei n. 1.667, de 1952).

Não se admitia a filiação a organizações internacionais, exceto quando o Poder Executivo a tanto autorizasse (art. 565).

Apesar de tudo, os sindicatos mais atuantes tinham a presença e influência do Partido Comunista e do Partido Trabalhista Brasileiro (PTB), fundado por Getúlio Vargas. A partir do governo Juscelino Kubitschek, notadamente, no de João Goulart, tornou-se mais acentuada, com a atuação do Comando Geral dos Trabalhadores — CGT.

1.9. **Atividade econômica**. **a)** O art. 564 vedava o exercício de atividade econômica: "Às entidades sindicais, sendo-lhes peculiar e essencial a atribuição representativa e coordenadora das correspondentes categorias ou profissões, é vedado, direta ou indiretamente, o exercício de atividade econômica".

b) **Depois de 1988**. A Constituição manteve o regime de unicidade conjugada com a mais ampla autonomia já conhecida. Tanto assim que até

(209) *Op. cit.*, p. 570.

(210) A alínea *a* foi revogada em 1952 pela Lei n. 1.667 e o inciso VI acrescentado pelo Decreto-lei n. 229, de 1967, revogado pela Lei n. 8.665, de 1994.

hoje não se registra nenhuma intervenção em sindicato, aliás, vedada pelo inciso I do art. 8º.

Foram derrogadas todas as normas que refletiam a intervenção do Estado na administração dos sindicatos, a saber: a) parágrafo único do art. 521, que vedava a atribuição de contraprestação ao dirigente sindical afastado de seu emprego, só lhe permitindo a atribuição de uma gratificação nunca excedente ao valor de sua remuneração; b) os §§ 1º do art. 522 e 3º do art. 538 que impunham a eleição indireta do presidente, a cargo dos diretores eleitos. c) art. 524, no que interfere na soberania da assembleia geral; d) todas as disposições dos arts. 524 e 529 a 532 respeitantes às eleições sindicais; e) o art. 525, que vedava a participação de pessoas estranhas ao sindicato em sua administração e na rede de serviços; f) os arts. 526 a 528, que dispunham sobre os empregados, livros de registro de associados e a intervenção administrativa pelo Ministério do Trabalho; g) arts. 540 a 542, que mais uma vez permitiam a intervenção ministerial na administração do sindicato; h) os parágrafos do art. 549, arts. 550 a 552, relativos à gestão financeira.

Mesmo em relação ao art. 522, muitos entendem que também foi derrogado, sendo livre a composição numérica da diretoria executiva, ficando limitada, apenas, a extensão da estabilidade àqueles que excederem aos números nele referidos. De tal sorte, possível ao sindicato e também às federações e confederações, substituírem o conselho fiscal por outra instância incumbida de fiscalizar a gestão financeira.

2. **Disciplinação constitucional**. A Constituição não traz nenhum dispositivo que se refira à administração. Todavia, tem importância decisiva para sua compreensão o art. 8º e seu inciso I, que tratam da autonomia sindical:

> "É livre a associação profissional ou sindical, observado o seguinte:
>
> I — a lei não poderá exigir autorização do Estado para a fundação de sindicato, ressalvado o registro no órgão competente, vedadas ao Poder Público a interferência e a intervenção na organização sindical."

3. **Disciplinação legal**. A Consolidação das Leis do Trabalho, no modelo autoritário, forjado, tendo como base a tutela exercida pelo Ministério do Trabalho, trata da administração sindical nos arts. 522 (sindicato), 538 (federações e confederações), 548 a 552 (gestão financeira), exigindo do intérprete cuidado para saber o que se manteve depois de 1988 com a tardia conquista da autonomia sindical:

> "Art. 522. A administração do Sindicato será exercida por uma diretoria constituída, no máximo, de 7 (sete) e, no mínimo, de 3 (três) membros e de um Conselho Fiscal composto de 3 (três) membros, eleitos esses órgãos pela Assembleia Geral.
>
> § 2º A competência do Conselho Fiscal é limitada à fiscalização da gestão financeira do Sindicato.

§ 3º Constituirão atribuição exclusiva da Diretoria do Sindicato e dos Delegados Sindicais, a que se refere o art. 523, a representação e a defesa dos interesses da entidade perante os poderes públicos e as empresas, salvo mandatário com poderes outorgados por procuração da Diretoria, ou associado investido em representação prevista em lei.

Art. 538. A administração das federações e confederações será exercida pelos seguintes órgãos: a) Diretoria; b) Conselho de Representantes; c) Conselho Fiscal.

§ 1º A Diretoria será constituída no mínimo de 3 (três) membros e de 3 (três) membros se comporá o Conselho Fiscal, os quais serão eleitos pelo Conselho de Representantes com mandato por 3 (três) anos.

§ 2º Só poderão ser eleitos os integrantes dos grupos das federações ou dos planos das confederações, respectivamente.

§ 4º O Conselho de Representantes será formado pelas delegações dos Sindicatos ou das Federações filiadas, constituída cada delegação de 2 (dois) membros, com mandato por 3 (três) anos, cabendo 1 (um) voto a cada delegação.

§ 5º A competência do Conselho Fiscal é limitada à fiscalização da gestão financeira.

Art. 539. Para a constituição e administração das Federações serão observadas, no que for aplicável, as disposições das Seções II e III do presente Capítulo.

Art. 548. Constituem o patrimônio das associações sindicais: a) as contribuições devidas aos Sindicatos pelos que participem das categorias econômicas ou profissionais ou das profissões liberais representadas pelas referidas entidades, sob a denominação de contribuição sindical, pagas e arrecadadas na forma do Capítulo III deste Título; b) as contribuições dos associados, na forma estabelecida nos estatutos ou pelas Assembleias Gerais; c) os bens e valores adquiridos e as rendas produzidas pelos mesmos; d) as doações e legados; e) as multas e outras rendas eventuais

Art. 549. A receita dos Sindicatos, Federações e Confederações só poderá ter aplicação na forma prevista nos respectivos orçamentos anuais, obedecidas as disposições estabelecidas na lei e nos seus estatutos."

4. Administração.

4.1. **Sindicato**. Como se viu, ainda se discute a propósito da vigência do art. 522 da CLT. Bom repetir: a autonomia conquistada com a Constituição de 1988 é ampla e submete-se apenas aos princípios fundamentais da legalidade, do tratamento isonômico, da democracia interna, da razoabilidade.

Na delimitação da autonomia, é necessário ter presente que o sindicato tem como dever/prerrogativa a defesa de direitos e interesses, não simplesmente individuais, mas também coletivos, podendo, para tanto, valer-se do direito de greve. Sendo assim, desde logo, afasta-se qualquer intervenção ou ingerência do Poder Público na administração dos sindicatos. É, aliás, o que está escrito no art. 8º, no inciso I da Constituição, tantas vezes destacado.

Significa dizer que os trabalhadores e empregadores são livres para dispor coletivamente sobre a administração de seus sindicatos. Por exemplo, é possível estabelecer que a direção será exercida por um colegiado. A fiscalização orçamentária poderá ser atribuída à uma junta eleita na assembleia. A delegação federativa não será necessariamente votada, sendo facultado constituí-la pelo presidente do sindicato, que terá direito a voz e voto, até porque cabe-lhe representar o sindicato, ou pelo conjunto diretivo, que majoritariamente dará a expressão democrática da posição a ser levada junto ao órgão federativo.

Cada sindicato precisará os cargos da administração, conforme a vontade de seus representados. Por certo, terá um presidente ou um secretário, tanto faz, contanto que lhe confira o estatuto poderes de representação. Alguém terá de se responsabilizar pela parte financeira, não necessariamente um tesoureiro, mas o secretário de finanças, até porque a responsabilidade deverá ser repartida com o presidente, a começar pela assinatura conjunta de cheques, ordens de pagamento, etc. A secretaria, fora de qualquer dúvida, guarda o perfil dos associados, evidenciando sua posição frente ao sindicato, o que recomenda um secretário. Daí para a frente, é saber o que a assembleia prioriza: secretaria incumbida dos serviços, de educação, formação sindical, de comunicações, etc.

Os mandatos logo foram ampliados para quatro e até cinco anos. Pode? Sim, atendendo-se sempre ao princípio da razoabilidade que deve imperar como substitutivo da rígida determinação legal, quando restritiva e injustificada. Não fará sentido algum estender os mandatos de forma a superar os que imperam no Poder Legislativo. Neste ponto, merece menção o fato de a duração dos mandatos estar prevista no art. 515 da CLT, pertinente às associações sindicais, embriões dos sindicatos, que deixaram de existir.

O quadro diretivo somado ao de representantes, considerados como tais os delegados junto à federação, não passava de vinte e quatro, assim distribuído:

Efetivos		Suplentes
Diretoria	7	7
Conselho fiscal	3	3
Delegação federativa	2	2
	12	12
Total		24

Como a CLT, no art. 543, § 2º, já assegura aos trabalhadores eleitos para cargos de direção sindical, inclusive suplentes, estabilidade no emprego, desde o registro de suas candidaturas até doze meses após o término dos mandatos, provocou disputa ainda não resolvida definitivamente, saber se quando ultrapassado o limite de vinte e quatro, os demais dirigentes ainda terão a mesma garantia.

Nesse sentido, a Orientação Jurisprudencial n. 266 do Tribunal Superior do Trabalho (SDI I — Subseção de Dissídios Individuais): "O art. 522 da CLT, que limita a sete o número de dirigentes sindicais, foi recepcionado pela Constituição Federal de 1988".

Divergimos. O texto atenta contra a autonomia sindical e o bom-senso. Rendendo-se ao princípio da razoabilidade que defendemos, não será razoável um sindicato com base em um único município, representativo de reduzido grupo profissional, manter mais do que sete diretores. Assim, também, quando um sindicato com base territorial ampla, mas sem contar com subsedes ou delegacias nos municípios agregados. Mas atentará contra a realidade vivida se pensarmos em sindicatos de grande porte, representando mais de cem mil trabalhadores, alcançando todo um Estado, com múltiplas delegacias regionais, limitada sua direção a sete diretores.

E ofende a lógica admitir que as federações não sofram qualquer limitação, de modo que possam contar até com uma centena de diretores, todos garantidos com estabilidade no emprego.

Não se trata de argumentação forçada, pois as federações patronais, como regra, reservam uma vice-presidência a cada sindicato filiado.

De qualquer modo, tratando-se de um ente coletivo, de representação classista, dotado de poder, inclusive para dispor de direitos individuais e criar direitos e deveres de classe, a instância superior e soberana há de ser necessariamente a assembleia geral.

Como em nome da classe o sindicato arrecada contribuições, inclusive compulsórias, constituindo um patrimônio a ser gerido, podendo gravá-lo e até aliená-lo, a administração tem de se subordinar a uma instância de fiscalização e controle.

4.2. **Federação.** Possível afirmar que a federação constitui o coletivo dos sindicatos, a coordenação útil quando sua atuação não pode dispensar a participação dos demais, representativos do mesmo grupo em bases territoriais diversas. É o que se dá comumente nas chamadas negociações coletivas de nível estadual, interestadual ou mesmo nacional, conforme a extensão do órgão federativo.

Tudo que se disse a propósito dos sindicatos aplica-se às federações.

O art. 534 só subsiste para determinar que apenas com um mínimo de cinco sindicatos possa criar uma federação, ainda que esse número não represente a maioria absoluta do grupo, sob pena de ferimento da autonomia.

A dissociação, como o desmembramento, não fica mais condicionada à reserva necessária de cinco filiados compondo o órgão de origem, sob pena de vedar a criação de federações específicas e estaduais quando a eclética ou a nacional tiver composição limitada a dez filiados.

Se o município é a base natural dos sindicatos, é razoável entender que o Estado seja a mesma base das federações.

4.3. **Confederação.** O que se disse a propósito de sindicatos e federações aplica-se às confederações.

5. **Estatuto.** Já não existe o estatuto padrão, de modo que trabalhadores e empregadores são livres para redigirem seus estatutos, tal como ficou assentado na Convenção n. 87 da OIT.

Os estatutos constituem a lei interna e, como tal, obrigam os filiados, tanto assim que a Convenção destacou, no seu dispositivo principal, que "os trabalhadores e os empregadores têm o direito, sem autorização prévia, de constituir organizações de sua escolha, assim como de se filiar a estas organizações, à condição única de se conformarem com os estatutos destas últimas".

6. **Assembleia geral**. A assembleia, todavia, fará sua autorregulamentação, que irá para o estatuto ou o regimento interno, constituindo-se lei de regência para a associação e seus filiados. Desse modo, nele será disposto sobre a convocação, *o quorum*, a maioria, a votação nominal ou secreta.

Com isso fica superada a discussão quanto à vigência dos arts. 612 e 859 da CLT, que tratam de *quorum* qualificado para as assembleias destinadas a aprovar a celebração de acordos e convenções coletivas e ajuizamento de dissídio coletivo. O *quorum* será sempre o estatutário.

No caso, é de se ver que a chamada primeira convocação não passa de inutilidade absoluta, entrave meramente formal, já que, como regra, a assembleia instala-se na segunda convocação, quando o *quorum* é menor. Importa é que seja assegurada igualdade de tratamento aos participantes, de voz e voto, que se paute pelos princípios de democracia interna, inclusive quanto ao acesso dos filiados que não poderá ser obstado por meio de artifícios ou expedientes maliciosos. O retrato da assembleia deve ser transportado para uma ata, redigida com simplicidade, mas seriedade, reproduzindo o que de essencial aconteceu: número de presentes, propostas apresentadas e discutidas, processo de votação e apuração. Por certo, ninguém exigirá que seja — como ainda é comum — manuscrita ou datilografada. Indispensável é que seja autêntica e contenha autenticação.

O mesmo se diga quanto à forma de convocação da assembleia. O chamado edital, publicado na imprensa escrita, além de custoso, supõe que todos os trabalhadores ou empregadores dediquem-se à leitura de todos os jornais diariamente. São conhecidas as práticas dos sindicatos imobilistas e/ou pelegos em publicar edital de convocação de assembleias decisivas, de eleições, seguindo rigorosamente as instruções do Ministério do Trabalho, em jornal de circulação regular, só que em meio a ofertas de imóveis, anúncios do comércio. A convocação deve ser ampla e transparente, através de comunicados afixados nos quadros de avisos das empresas, por meio de boletins distribuídos nas proximidades dos locais de trabalho, por emissão sonora partida dos conhecidos "carros de som".

7. **Processo eleitoral.** Tratando-se de uma organização privada, livre e autônoma, cabe-lhe a autorregulamentação, inclusive quanto ao processo para a eleição da administração.

Nesse sentido a Convenção n. 87 da OIT, quando no art. 3º assegura o direito de eleger livremente seus representantes. Não quer dizer, porém, que a liberdade e a autonomia possam significar abuso e autoritarismo de poucos. Indispensável ter presente que o sindicato representa a organização de uma coletividade, de modo que seu comando deve-se a ela e não àqueles que temporariamente assumem sua administração. Sendo assim, em tudo, mas especialmente na eleição dos dirigentes, deverão ser seguidos dois princípios: democracia interna e razoabilidade.

Democracia interna implica na igualdade de oportunidades, não podendo o regimento obstacular o direito de votar e de ser votado, na previsão de uma instância recursal, também coletiva, independente e neutra, na garantia de transparência da convocação das eleições e dos procedimentos a serem adotados, na possibilidade de efetiva fiscalização, de lisura na coleta de votos e de sua apuração.

Razoabilidade, por sua vez, vem de ser a adoção de procedimentos de fácil compreensão e atendimento.

Diante disso, é possível até considerar como parâmetros as regras que seguem as eleições para os cargos da administração pública.

O processo eleitoral, assim, deve ser definido pela assembleia geral e materializado no próprio estatuto ou como regimento especial, constituindo, porém, seu apêndice.

O mesmo se diga quanto a eventuais alterações, sempre a exigir aprovação da assembleia com força de alteração estatutária.

8. **Gestão financeira**. A autonomia sindical, como já visto e como tantas vezes se repetiu, afastou a subjugação dos sindicatos ao Estado, liberando-

se da tutela indesejável do Ministério do Trabalho que dela se aproveitava para exercer seu autoritarismo, determinando seus destinos, naturalmente conforme sua vocação política. Por isso, pode-se afirmar que os arts. 548 a 551 da Consolidação das Leis do Trabalho não se mantêm diante do significado que tem de intervenção na organização sindical.

Entretanto, autonomia — repetimos — não se confunde com arbítrio. A atuação sindical tem de se pautar atendendo em tudo o princípio da legalidade que se afirma conjugado com outro, também fundamental, o princípio da democracia. Desse modo, a gestão financeira dos sindicatos não poderá distanciar-se de sua feição estrutural, como organização de uma coletividade que tem, por isso mesmo, como instância superior e soberana, a assembleia geral. Essa, portanto, determinará como será organizada a gestão financeira e sua fiscalização.

O sindicato mantém-se, em princípio, com as contribuições de seus filiados. E, como qualquer organização, tem despesas, algumas necessárias e insuperáveis, com encargos fiscais e também sociais quando emprega trabalhadores para serviços essenciais, de manutenção, apoio, etc. De se ver que, tratando-se de organização de empregadores, esses não podem se afastar da direção de suas empresas. Mas, quando se tem organizações de trabalhadores, é preciso que se tenha presente a formação de suas direções, homens, muitas vezes simples, saídos das fábricas, dos pontos de venda, do campo para a direção de uma estrutura burocratizada que exige não apenas a atuação sindical, mas a administração de setores como departamento jurídico, ambulatório médico, colônia de férias, cursos, imprensa, etc. Daí a indispensabilidade de um corpo técnico de advogados, médicos, contadores, operadores de informática e pessoal auxiliar, como ascensoristas, faxineiras, motoristas.

As despesas assumem vulto, aproximando-se da arrecadação, exigindo como qualquer associação previsão e prestação de contas. Isso, no entanto, não poderá pautar-se pelo casuísmo, de sorte que uma e outra providência, assim como a disciplinação da gestão financeira, terão de compor o estatuto social.

Mas a receita é constituída, também, por contribuições daqueles que não têm filiação sindical, como a chamada contribuição negocial, que é descontada em folha de salários e recolhida pelas empresas. A terceira contribuição, no caso, a sindical, compõe a receita e atinge todos aqueles que integram o grupo profissional ou econômico. Essa, no entanto, tem natureza especial e diferenciada e seu controle é exercido pelo Ministério do Trabalho. A contribuição chega ao sindicato mediante crédito que a Caixa Econômica Federal lhe atribui e tem destinação especificada. O Tribunal de Contas da União decidiu que a contabilidade sindical deve destacar separadamente rendas próprias (mensalidades, contribuição negocial) e rendas decorrentes da contribuição sindical, determinando ao Ministério do Trabalho e Emprego a cientificação das entidades sindicais para a partir do mês de janeiro de 2012 assim procederem.

A direção sindical elege-se propulsionada pela liderança revelada nos locais de trabalho, nas greves, nas assembleias ou, no caso dos empregadores, na defesa dos interesses econômicos dos diferentes segmentos empresariais, como exportação, subsídios. Só que os líderes logo são transformados em burocratas com o encargo de dirigir uma secretaria de serviços ou de finanças. Tratando-se de sindicatos profissionais, os dirigentes serão pagos com as contribuições arrecadadas. Mas o sindicato é o conjunto, a coletividade de trabalhadores ou de empresários, e não o colegiado diretivo. Portanto, não basta a prestação de contas meramente formal. É indispensável que o estatuto contemple a constituição de uma instância fiscalizadora da arrecadação e de sua aplicação, o conselho fiscal referido no art. 522 consolidado. Salta a evidência que especialmente os sindicatos profissionais dependerão do trabalho técnico de contadores para a preparação da previsão orçamentária e do balanço.

Se para atuar o sindicato conta com autonomia plena, bastando-lhe atender aos princípios da legalidade e da democracia interna, de se ver que mesmo a assembleia, como expressão da coletividade, na elaboração do estatuto, não se desvincula do princípio da razoabilidade que estará presente, acima mesmo do órgão incumbido da fiscalização, para determinar que tudo seja transparente de forma a impedir qualquer prática ofensiva ao patrimônio.

É exatamente isso que faz preservar ainda hoje o art. 552, dispondo que "os atos que importem em malversação ou dilapidação do patrimônio das associações ou entidades sindicais ficam equiparados ao crime de peculato, julgado e punido na conformidade da legislação penal".

Além do mais, ainda com fundamento no princípio da razoabilidade, os gastos do sindicato com o pessoal devem ater-se à possibilidade financeira da entidade. Vale dizer, não se mantém a imposição restritiva, aliás desconsiderada até pelo Ministério do Trabalho, de se pagar ao dirigente de entidade profissional, quando afastado de seu emprego para dedicar-se em tempo integral ao sindicato, uma gratificação limitada ao valor do salário. Mas a retribuição, com caráter remuneratório, será sempre compatível com os recursos da entidade.

9. **Imunidade tributária**. O sindicato, como tantas vezes referido, é uma associação especial, colocada acima das comuns diante do tratamento diferenciado que lhe dá a Constituição e da representação ampla que alcança em nosso sistema, extravasando o quadro associativo para abranger a categoria como um todo, mas principalmente como partícipe indispensável

da negociação com o capital para resolver os conflitos coletivos, de modo que a convenção é muito mais do que a contratação coletiva, pois projeta seus efeitos além das partes signatárias. Como associação classista, não tem fins lucrativos, o que não significa impedimento para aplicação da receita no mercado de ações e até para participação em empresas visando à obtenção de recursos para custeio de seus fins. Estes, sim, não se confundem com atividade econômica geradora de lucros.

A Constituição, quando cuida da tributação, prevê também a limitação do poder de tributar e, no art. 150, VI, c, veda não apenas à União, mas também aos Estados, ao Distrito Federal e aos Municípios, instituir impostos sobre o patrimônio, a renda ou os serviços das entidades sindicais, atendidos os requisitos legais:

"Sem prejuízo de outras garantias asseguradas ao contribuinte, é vedado à União, aos Estados, ao Distrito Federal e aos Municípios:

...

VI — instituir impostos sobre:

...

c) patrimônio, renda ou serviços dos partidos políticos, inclusive suas fundações, das entidades sindicais dos trabalhadores, das instituições de educação e de assistência social, sem fins lucrativos, atendidos os requisitos da lei."

A lei, no caso, o Código Tributário Nacional, Lei n. 5.172, de 25 de outubro de 1966, com a alteração dada pela Lei Complementar n. 104, de 10 de janeiro de 2001, que no art. 14, reportando-se ao 9º, repete o texto constitucional para condicionar a imunidade aos seguintes requisitos:

"Art. 9º É vedado à União, aos Estados, ao Distrito Federal e aos Municípios:

...

IV — cobrar imposto sobre:

...

c) o patrimônio, a renda ou serviços dos partidos políticos, inclusive suas fundações, das entidades sindicais dos trabalhadores, das instituições de educação e de assistência social, sem fins lucrativos, observados os requisitos fixados na Seção II deste Capítulo.

§ 1º O disposto no inciso IV não exclui a atribuição, por lei, às entidades nele referidas, da condição de responsáveis pelos tributos que lhes caiba reter na fonte, e não as dispensa da prática de atos, previstos em lei, assecuratórios do cumprimento de obrigações tributárias por terceiros.

Art. 14. O disposto na alínea *c* do inciso IV do art. 9º é subordinado à observância dos seguintes requisitos pelas entidades nele referidas:

I — não distribuírem qualquer parcela de seu patrimônio ou de suas rendas, a qualquer título;

II — aplicarem integralmente, no País, os seus recursos na manutenção dos seus objetivos institucionais;

III — manterem escrituração de suas receitas e despesas em livros revestidos de formalidades capazes de assegurar sua exatidão.

§ 1º Na falta de cumprimento do disposto neste artigo, ou no § 1º do art. 9º, a autoridade competente pode suspender a aplicação do benefício.

§ 2º Os serviços a que se refere a alínea c do inciso IV do art. 9º são exclusivamente, os diretamente relacionados com os objetivos institucionais das entidades de que trata este artigo, previstos nos respectivos estatutos ou atos constitutivos."

Desse modo, irrecusável que a imunidade condiciona-se unicamente aos requisitos acima e o sindicato nem distribui lucros ou rendimentos, aplica seus recursos unicamente para a consecução de seus fins, que são, primeiro, os consignados no inciso III do art. 8º da Constituição: a defesa de direitos e interesses individuais e coletivos do grupo representado, depois os assumidos no estatuto social, inclusive prestação de serviços e assistência social, como é o caso da educação, da formação, do lazer, etc.

Mesmo assim, a remuneração dos dirigentes sindicais, muitas vezes, tem sido usada como complicador para negar a imunidade.

A Consolidação das Leis do Trabalho, no art. 521, proibia a remuneração dos membros da administração dos órgãos sindicais, permitindo apenas a concessão de uma gratificação fixada pela assembleia geral, até o limite do salário percebido na empresa:

"São condições para o funcionamento do Sindicato:

...

c) gratuidade do exercício dos cargos eletivos;

...

Parágrafo único. Quando, para o exercício de mandato, tiver o associado de sindicato de empregados, de trabalhadores autônomos ou de profissionais liberais de se afastar do seu trabalho, poderá ser-lhe arbitrada pela Assembleia Geral uma gratificação nunca excedente da importância de sua remuneração na profissão respectiva."

A medida, de cunho moralista, tinha como objetivo impedir que o trabalhador fizesse do sindicato um meio de vida, a escalada para o enriquecimento à custa da categoria, dela se afastando. Com o tempo, se viu que, ao contrário, o modelo corporativo conduzia à corrupção, ao peleguismo ou à utilização de expedientes como ajuda de custo, verba de representação, já que o exercício do mandato, pelo menos nos grandes centros, não era a mesma coisa que o trabalho na fábrica, no canteiro de obras, no volante de um caminhão, no interior de um hotel ou no balcão de uma loja ou padaria. Passando de operário à dirigente de classe, o trabalhador tem de se igualar ao empregador, de se apresentar às autoridades sem o macacão ou o uniforme de trabalho, enfim, deve substituir o ônibus pelo táxi, a marmita pelo restaurante. O sistema da CLT era de tal modo negativo para os trabalhadores que implicava na suspensão do contrato de trabalho, exceto se prevista a interrupção em norma coletiva ou por benesse do empregador, conforme previsto no § 2º do art. 543, excluindo-o do regime previdenciário. O mal foi reconhecido pela Lei n. 5.107, de 13 de setembro de 1966, que instituiu o sistema do Fundo de Garantia do Tempo de Serviço e permitiu, no caso de licença não remunerada, do membro da administração, "para o melhor desempenho" — conforme o texto legal — "das funções de direção ou representação sindical, no caso de optar pelo regime", ser "amparado", "cabendo à entidade o encargo de cumprir o disposto no art. 2º da lei", isto é, efetuar os depósitos em sua conta bancária vinculada. Mais tarde, o Ministério do Trabalho admitiu que no mês de dezembro a gratificação fosse paga em dobro para compensar a falta do 13º salário.[211]

Antes mesmo de a Constituição assegurar a autonomia e a liberdade de redação do estatuto, sem as amarras do Ministério do Trabalho, o texto consolidado perdeu eficácia e as assembleias passaram a fixar não mais uma gratificação, mas contraprestação de natureza salarial. A Lei da Previdência Social n. 8.212, de 1991, no art. 12, § 5º, estabelece que "o dirigente sindical mantém, durante o exercício do mandato eletivo, o mesmo enquadramento no Regime Geral da Previdência Social — RGPS — de antes da investidura".

Desse modo, irrelevante para ter direito à imunidade o pagamento de contraprestação remuneratória aos membros da administração e representação, entendida como o coletivo que promove a atuação do sindicato, o colegiado de trabalhadores ou de empregadores eleitos pela classe para administrá-lo e conduzi-lo em função dos objetivos institucionais.

Além do mais, a Secretaria da Receita Federal firmou entendimento no sentido de que a remuneração dos dirigentes sindicais não afeta a imunidade tributária.[212]

Fernando Facury Scaft vincula a imunidade à cidadania e aos fins dos órgãos legitimados e da efetividade de sua atuação: "A existência de atividades imunes à tributação implica em reconhecer que sua implementação deve

(211) O Secretário de Relações do Trabalho Ildélio Martins, que integraria depois o Tribunal Superior do Trabalho, acolheu recurso que fiz em favor dos diretores do Sindicato dos Borracheiros de São Paulo, contra decisão do Delegado Regional de São Paulo, assinalando que "o exercício do mandato sindical não podia ser causa de empobrecimento do sindicalista".

(212) Decisão n. 39/1997 da 4ª Região Fiscal, citada por Lúcia Helena Briski Young (*Entidades sem fins lucrativos* — imunidade e isenção tributária. São Paulo: Juruá, 2008. p. 79).

atender às finalidades estabelecidas na Constituição. E que tais finalidades devem ser alcançadas por estas instituições/atividades ao lado, em conjunto, com o próprio Estado. Ou seja, se desonera de impostos porque a atuação de partidos políticos, escolas, sindicatos é importante para atingir os objetivos da sociedade, constitucionalmente estabelecidos, *pari passu* com a própria máquina estatal. O Estado e tais instituições/atividades são coadjuvantes, e não concorrentes, na consecução dos objetivos sociais estabelecidos na Constituição da República".

Justificando seu entendimento, anota: "No mesmo sentido, ao estabelecer que o ITR — Imposto Territorial Rural — 'não incidirá sobre pequenas glebas rurais, definidas em lei, quando as explore, só ou com sua família, o proprietário que não possua outro imóvel' (art. 154, § 4º), a Constituição cria mais uma hipótese de imunidade, pois o direito deflui diretamente do texto constitucional. No caso em apreço, é necessário que uma lei defina o que deve ser entendido por pequena gleba rural para poder ser implementada a norma. Contudo, o que a lei definirá serão apenas parâmetros laterais ao núcleo central da desoneração explicitada no texto constitucional. É a mesma situação do art. 150, VI, *c*".

Quanto aos sindicatos arremata: "As entidades sindicais dos trabalhadores, para poderem gozar do direito à imunidade de impostos (art. 150, VI, *c*), devem obedecer também ao seguinte: respeito à unicidade sindical; defesa dos direitos e interesses coletivos ou individuais da categoria que representa, inclusive em questões judiciais ou administrativas; reconhecer a liberdade associativa e participar obrigatoriamente nas negociações coletivas de trabalho (incisos do art. 8º, CF/1988)".[213]

De fato, o sindicato, é um órgão classista, de resistência, que realiza ou deve realizar a sintonia entre o capital e o trabalho para igualá-los até onde for possível num regime social-democrata-capitalista, como definiu nossa Constituição, colocando com um único pilar do Estado Democrático de Direito o valor social do trabalho e a livre-iniciativa. Portanto, o sindicato não se presta à filantropia e não é necessariamente um órgão de utilidade pública.

Kiyoshi Harada, enfrentando a controvérsia ainda não solucionada no que se refere à seguridade social, anota: "A imperfeição técnica redacional tem gerado dúvidas, tanto na doutrina, quanto na jurisprudência. Para os agentes do fisco o preceito constitucional estaria cuidando de uma isenção, porque a Lei n. 8.212/1991, em seu art. 55, traça os requisitos para a fruição da isenção dessas entidades beneficentes. Deve-se afastar, desde logo, a interpretação de baixo para cima. O texto constitucional deve ser interpretado de conformidade com o conjunto de normas constitucionais privilegiando os

(213) *Cidadania e imunidade tributária*. Disponível em: <http//www.mp.pr.gov.br/3proc/Cidadania.doc>.

princípios expressos e implícitos. Trata-se de entidades beneficentes que integram o chamado terceiro setor, isto é, aquelas que figuram entre o poder público e o setor privado, secundando a ação do Estado no campo assistencial. Apesar da distinção terminológica, essas entidades beneficentes são as mesmas instituições de assistência social referidas no art. 150, VI, *c*, da CF, beneficiárias de imunidade tributária, por desempenharem atividades cabentes entre as finalidades e obrigações do Estado. Trata-se, sem dúvida de caso de imunidade. No Judiciário, ao menos, não há mais dúvida, de que o texto constitucional refere-se à imunidade e não à isenção. Contudo, a Corte Suprema ainda não decidiu definitivamente quanto à natureza da lei referida na parte final daquele § 7º (Adins ns. 1.902 e 2.028). Em sede de medida cautelar, o STF entendeu que seria aplicável apenas o art. 14 do CTN, que estabelece os requisitos para a fruição da imunidade tributária. No mérito, contudo, há voto divergente no sentido de que o § 7º refere-se à lei ordinária, porque quando se tratar de lei complementar o texto é sempre expresso nesse sentido". E assim concluiu: "Não nos parece que possa prosperar essa linha de argumentação ao teor do disposto no art. 146, II, da Constituição Federal, que diz caber à lei complementar: '... II — regular as limitações constitucionais ao poder de tributar". Se a regulamentação das limitações constitucionais já está sob reserva de lei complementar, claro está que o § 7º do art. 195 da CF não precisaria ser redundante". Embora advirta que "não é pacífico na doutrina o conceito de imunidade como limitação do poder de tributar", entende que "as entidades beneficentes de assistência social referidas no § 7º do art. 195 da CF são imunes, não se aplicando dispositivos regulamentares".[214]

Hoje está pacificado que as entidades sindicais gozam de imunidade relativa ao imposto de renda, à Contribuição para o Financiamento da Seguridade Social — COFINS (enquanto empregadora) —, Imposto sobre a Propriedade de Veículos Automotores — IPVA —, Imposto Predial e Territorial Urbano — IPTU.

A Receita Federal já firmou posição também sobre a manutenção de escolas pelas entidades sindicais e cobrança de pequena taxa para seu custeio, concluindo que a prática não ilide a imunidade. Nessa linha, defende que, pela mesma razão, a utilização das colônias de férias pode ser cobrada.

10. **Atividade política**. Nem a Constituição nem a legislação ordinária vedam hoje a atuação política dos sindicatos que, aliás, está presente na sua rotina.

A CUT confunde-se com o Partido dos Trabalhadores — PT —, embora mantenha-se como autêntica federação de tendências, como a Corrente Sindical Classista — CSC —, ligada ao PC do B. Dela, em 2005, desligaram-se os militantes do PSTU para fundar a Coordenação Nacional de Lutas —

(214) Controvérsia acerca da imunidade tributária das entidades filantrópicas, texto de fev. 2009.

CONLUTAS. A SDS surgiu como dissidência da Força Sindical, assumindo--se como braço sindical do PSDB. Até uma estranha central mista, de trabalhadores e empreendedores, nasceu proclamando seu estreitamento com o PFL.

Na Argentina, durante o governo de Juan Peron, os sindicatos constituíram sua base de sustentação. Nos Estados Unidos, a poderosa AFL-CIO apoia, inclusive financeiramente, o Partido Democrata.

Fora de dúvida, o que não se pode admitir é a partidarização das organizações sindicais, até por respeito à democracia, à liberdade de pensamento e, portanto, de ideologia, de credo. Mas o sindicato deve defender um pensamento ideológico que represente os anseios defendidos pela classe trabalhadora, que almeja conquistar sua ascensão social, rompendo com tudo que represente discriminação, desigualdade. Possível e desejável, assim, que, quando menos, assuma a defesa de teses que pendam para a esquerda ou para o socialismo.

10.1. Desincompatibilização para disputa de cargo de representação política.

A contribuição sindical compulsória impõe também restrições aos mandatários de cargos de administração sindical, no caso, para a disputa de cargos eletivos de representação política. A Lei Complementar n. 64, de 18 de maio de 1990, tratando das inelegibilidades no art. 1º, incluiu os dirigentes de associações de classe, desde que não se afastem do cargo no quadrimestre anterior à realização do pleito:

"Art. 1º São inelegíveis:

(...)

II — para Presidente e Vice-Presidente da República:

(...)

g) os que tenham, dentro dos 4 (quatro) meses anteriores ao pleito, ocupado cargo ou função de direção, administração ou representação em entidades representativas de classe, mantidas, total ou parcialmente, por contribuições impostas pelo poder público ou com recursos arrecadados e repassados pela Previdência Social;

(...)

III — para Governador e Vice-Governador de Estado e do Distrito Federal:

a) os inelegíveis para os cargos de Presidente e Vice-Presidente da República especificados na alínea a do inciso II deste artigo e, no tocante às demais alíneas, quando se tratar de repartição pública, associação ou empresas que operem no território do Estado ou do Distrito Federal, observados os mesmos prazos;

(...)

IV — para Prefeito e Vice-Prefeito:

a) no que lhes for aplicável, por identidade de situações, os inelegíveis para os cargos de Presidente e Vice-Presidente da República, Governador e Vice-Governador de Estado e do Distrito Federal, observado o prazo de 4 (quatro) meses para a desincompatibilização;

(...)

V — para o Senado Federal:

a) os inelegíveis para os cargos de Presidente e Vice-Presidente da República especificados na alínea a do inciso II deste artigo e, no tocante às demais alíneas, quando se tratar de repartição pública, associação ou empresa que opere no território do Estado, observados os mesmos prazos;

(...)

VI — para a Câmara dos Deputados, Assembleia Legislativa e Câmara Legislativa, no que lhes for aplicável, por identidade de situações, os inelegíveis para o Senado Federal, nas mesmas condições estabelecidas, observados os mesmos prazos;

VII — para a Câmara Municipal:

a) no que lhes for aplicável, por identidade de situações, os inelegíveis para o Senado Federal e para a Câmara dos Deputados, observado o prazo de 6 (seis) meses para a desincompatibilização."

11. **Atividade econômica**. Nada na Constituição ou na lei a proibir ou a permitir o exercício de atividade econômica.

O Código Civil, no art. 53, define a associação como união de pessoas que se organizam para fins não econômicos, no que se distingue da sociedade, contrato de pessoas "que reciprocamente se obrigam a contribuir, com bens ou serviços, para o exercício de atividade econômica e a partilha, entre si, dos resultados, a teor do art. 981".

Nada impede, porém, que o sindicato constitua uma empresa para a prestação de serviços e mesmo para a consecução de fins econômicos, desde que prevista a hipótese em seu estatuto e a aprovação pela assembleia geral. Sabe-se que algumas entidades, dentre as quais destaca-se o Sindicato dos Bancários de São Paulo, que mantém uma gráfica de porte considerável, já acumulam experiência nesse sentido. Muitas já exploram comercialmente suas colônias de férias, como a Federação dos Comerciários de São Paulo. O Sindicato dos Empregados em Hotéis, Restaurantes, Bares e Similares, também de São Paulo, possui restaurante e hotel-escola, abertos ao público em geral.

O grande complicador está em um sindicato de trabalhadores tornar-se empregador.

PARTE 8. SUSTENTAÇÃO FINANCEIRA

Sumário: 1. Introdução. 2. Disciplinação constitucional. 3. Disciplinação legal. 4. Contribuições compulsórias e a OIT. 5. Espécies. 6. Contribuição associativa. 6.1. Conceito. 6.2. Natureza jurídica. 6.3. Fato gerador. 6.4. Procedimento. 7. Contribuição sindical. 7.1. Conceito. 7.2. Natureza jurídica. 7.3. Sujeitos. 7.4. Procedimento. 8. Contribuição assistencial. 8.1. Conceito. 8.2. Natureza jurídica. 8.3. Procedimento. 8.4. Oposição. 8.5. Fato gerador. 9. Contribuição confederativa. 9.1. Conceito. 9.2. Natureza jurídica. 9.3. Fato gerador. 9.4. Sujeitos. 9.5. Aplicação. 9.6. Alcance. 9.6.a) Indisponibilidade salarial. 9.6.b) Liberdade sindical negativa. 9.6.c) Alcance. 9.6.d) Solução final dada pelo STF. 9.7 Identificação com a contribuição assistencial. 9.8. Competência para a solução dos litígios 9.9. Conclusão.

1. **Introdução**. No sistema repressivo anterior a 1988 o Ministério do Trabalho controlava a atuação financeira dos sindicatos, desde a arrecadação até a aplicação da receita, através da homologação da previsão orçamentária, sua suplementação e da prestação de contas. O art. 550 da CLT determinava que "os sindicatos, federações e confederações submeterão, até 30 de junho de cada ano, à aprovação do Ministério do Trabalho, Indústria e Comércio, na forma das instruções que expedir, seu orçamento de receita e despesa para o próximo ano". O artigo seguinte, 551, por sua vez, impunha-lhes que "até 31 de março de cada ano" enviassem ao Ministério "o relatório do ano anterior", dele constando "as principais ocorrências verificadas, as alterações do quadro de associados, o balanço do exercício financeiro, o balanço patrimonial e uma demonstração especial de emprego do imposto sindical arrecadado no ano anterior". O "Diário" obrigatório para registro dos "fatos administrativos de gestão financeira e patrimonial" seria rubricado pelo Delegado Regional do Trabalho.

Os títulos de renda e bens imóveis só poderiam ser alienados com autorização do Ministério.

O Decreto-lei n. 229, de 1967, aperfeiçoou o sistema autoritário, passando a exigir, além do livro Diário, um livro-caixa para registro do movimento financeiro da contribuição sindical e outro restrito às rendas próprias, e para instruir o relatório do exercício findo: comparativo da receita orçada com a arrecadação, da autorizada com a realizada, balanços financeiro e patrimonial, demonstrativo das variações patrimoniais, termo de conferência dos valores em caixa, extrato das contas-correntes, demonstração especial da aplicação da contribuição sindical arrecadada.

A atenuação do sistema se deu com a Lei n. 6.386, de 1976, que substituiu a homologação ministerial pela publicação do resumo do orçamento e da prestação de contas no Diário Oficial, da autorização para alienação de bens, mas da mesma forma sua aquisição ou locação, à prévia avaliação ou pela Caixa Econômica Federal, pelo Banco Nacional da Habitação ou por instituição habilitada para tal fim. Tudo porém devia seguir as instruções baixadas pelo Ministério do Trabalho.

Conquistada a autonomia, o Ministério afastou-se e os sindicatos puderam gerir sua receita, inclusive aplicando-a livremente. Mas não chegou a ponto de assumir atividade econômica.

A receita dos sindicatos discriminada no art. 548 da CLT advém das seguintes fontes: a) contribuição sindical; b) contribuição associativa; c) bens e valores adquiridos e rendas por eles produzidas; d) doações e legados; e) multas e outras rendas eventuais. Hoje, pode-se acrescentar mais duas: f) contribuição negocial; g) contribuição confederativa. Mas a sindical chegará ao fim quando for disciplinada por lei a negocial.

Desse modo, é possível afirmar que a sustentação das organizações sindicais se dá através de contribuições voluntárias e compulsórias. Voluntárias são aquelas pagas livremente pelos trabalhadores ou empregadores, mas que se tornam obrigatórias com o ingresso no quadro associativo. Compulsórias são as que obrigam a todos que integram uma categoria profissional ou uma atividade econômica, independentemente de filiação.

2. **Disciplinação constitucional**. A Constituição vigente não outorga ao sindicato função delegada para impor contribuições a seus representados, como faziam as anteriores, desde a de 1934. Mas, expressamente, mantém a contribuição prevista em lei, ou seja, a sindical. Além disso, criou no mesmo inciso IV do art. 8º, no qual lhe deu abrigo, a contribuição destinada ao custeio do sistema confederativo da representação sindical.

> "Art. 8º IV — a assembleia geral fixará a contribuição que, em se tratando de categoria profissional, será descontada em folha, para custeio do sistema confederativo da representação sindical respectiva, independentemente da contribuição prevista em lei."

O art. 149 da Constituição trata da contribuição social de interesse das categorias econômicas e profissionais:

"Compete exclusivamente à União instituir contribuições sociais, de intervenção no domínio econômico e de interesse das categorias profissionais ou econômicas, como instrumento de sua atuação nas respectivas áreas, observado o disposto nos arts. 146, III, e 150, I e III, e sem prejuízo do previsto no art. 195, § 6º, relativamente às contribuições a que alude o dispositivo."

E o § 2º do art. 10 do Ato das Disposições Constitucionais Transitórias mantém até a edição de lei ordinária o sistema de cobrança da contribuição sindical rural:

"Até ulterior disposição legal, a cobrança das contribuições para o custeio das atividades dos sindicatos rurais será feita juntamente com a do imposto territorial rural, pelo mesmo órgão arrecadador."

3. **Disciplinação legal**. A Consolidação das Leis do Trabalho, no art. 548, arrola os fundos que constituem o patrimônio das associações sindicais, com menção às contribuições sindical e dos associados.

"Constituem o patrimônio das associações sindicais:

a) as contribuições devidas aos Sindicatos pelos que participem das categorias econômicas ou profissionais ou das profissões liberais representadas pelas referidas entidades, sob a denominação de contribuição sindical, pagas e arrecadadas na forma do Capítulo III deste Título;

b) as contribuições dos associados, na forma estabelecida nos estatutos ou pelas Assembleias Gerais;

c) os bens e valores adquiridos e as rendas produzidas pelos mesmos;

d) as doações e legados;

e) as multas e outras rendas eventuais."

O art. 462 da CLT protege o salário, mas permite que dele se desconte os adiantamentos e o que for imposto por lei ou convenção coletiva de trabalho:

"Ao empregador é vedado efetuar qualquer desconto nos salários do empregado, salvo quando este resultar de adiantamentos, de dispositivos de lei ou de contrato coletivo."

A contribuição associativa tem sua disciplinação traçada no estatuto, sendo, portanto, fixada e corrigida pela assembleia geral.

Da contribuição sindical, cuida com minúcias todo o Capítulo III da Consolidação das Leis do Trabalho, nos arts. 578 a 610. A Comissão da Contribuição Sindical tratada nos arts. 595 a 597 foi extinta pela Lei n. 4.589, de 11 de dezembro de 1964, que também os revogou, e com eles, o art. 594.

Como assinalado, a Lei n. 11.648, de 31 de março de 2008, que reconheceu oficialmente as centrais sindicais, decretou a extinção da contribuição sindical e a revogação de toda a sua disciplinação a se dar com a aprovação de lei que implante a contribuição negocial.

A lei ordinária não cogita da contribuição destinada ao custeio do sistema confederativo de representação sindical.

De resto, a contribuição assistencial e suas assemelhadas — retributiva, de revigoramento ou fortalecimento sindical — resultam de negociações coletivas sem ter expressa previsão legal.

4. **Contribuições compulsórias e a OIT**. Inicialmente, a OIT se opôs às contribuições sindicais quando impostas compulsoriamente, entendendo que afrontava o princípio da liberdade sindical. Mas logo admitiu que o desconto nos salários de contribuição, mesmo determinado por lei, impondo a cobrança de uma cotização de solidariedade, atingindo trabalhadores não sindicalizados, mas que se beneficiaram do contrato coletivo ajustado, não era incompatível com os princípios da liberdade sindical, como sumulado em seu verbete n. 112.[215]

A Convenção n. 95 da OIT, dirigida à proteção do salário, aprovada pelo Decreto Legislativo n. 24, de 29 de maio de 1956, ratificada pelo Brasil em 25 de abril de 1957 e promulgada pelo Decreto n. 41.721, de 25 de junho de 1957, em seu art. 8º, 1, assim dispõe:

> "Descontos em salários não serão autorizados, senão sob condições e limites prescritos pela legislação nacional ou fixados por convenção coletiva ou sentença arbitral."

Fácil observar a semelhança que tem o texto com o art. 482 da Consolidação das Leis do Trabalho.

Para a OIT, "O sistema de se deduzir automaticamente dos salários uma cotização para fins de solidariedade, a cargo de trabalhadores não sindicalizados que desejam servir-se dos benefícios obtidos por meio do contrato coletivo de trabalho de que é parte a organização sindical interessada, não está coberto pelas pertinentes normas internacionais do trabalho, mas não é considerado incompatível com os princípios de liberdade sindical".[216]

Por isso, Edésio Passos, com razão ,conclui que a OIT legitima a conduta sindical relativamente ao desconto da contribuição assistencial.[217]

5. **Espécies**. Inicialmente, o custeio da atuação dos sindicatos devia-se à contribuição associativa ou social, que é a forma comum de sustentação de toda e qualquer associação. Depois, em 1940, a receita foi fortalecida pela contribuição compulsória, fixada e controlada pelo Estado, primeiro imposto,

(215) *Libertad sindical*, cit., p. 44.
(216) *A liberdade sindical*, cit., p. 67.
(217) Relações de trabalho. Transformação social. *Decisório Trabalhista,* p. 88, 1999.

depois contribuição sindical. Adiante, através de negociações coletivas, em acordo ou convenções coletivas e muitas vezes em sentenças normativas proferidas em dissídios coletivos, foi instituída a contribuição assistencial, de reforço, revigoramento ou fortalecimento sindical. Finalmente, a Constituição de 1988 criou a contribuição que se conhece como confederativa.

6. **Contribuição associativa**. A contribuição social ou associativa é fixada e reajustada pela assembleia geral, obrigando os filiados, atribuindo-lhes, conforme a disciplinação estatutária, o direito de participação e utilização dos serviços.

Participação quer dizer direito de voz e voto nas assembleias, de disputar cargos de direção e representação, de votar e ser votado para cargos de direção, logo, direito fundamental que têm os filiados.

Acesso aos serviços significa a utilização da rede assistencial, as instalações destinadas ao lazer. Inicialmente, não passava de assistência jurídica em questões relacionadas com o trabalho.

Como se sabe, os trabalhadores assalariados, autônomos, avulsos e profissionais liberais, como pessoas físicas, filiam-se ao sindicato, assim como os empregadores, tanto individuais como pessoas jurídicas, e assim assumem o encargo de mantê-lo mediante pagamento da contribuição social. As federações, porém, organizam apenas os sindicatos, como pessoas jurídicas, que por sua vez agrupam-se nas confederações. Por conseguinte, os sindicatos sustentam as federações, e essas, as confederações, através das contribuições associativas fixadas pelos respectivos conselhos de representantes, na forma de seus estatutos.

6.1. **Disciplinação legal**. A Consolidação das Leis do Trabalho só dispõe quanto a seu desconto em folha de salários e recolhimento ao destinatário no art. 545:

> "Os empregadores ficam obrigados a descontar na folha de pagamento dos seus empregados, desde que por eles devidamente autorizados, as contribuições devidas ao Sindicato, quando por este notificados, salvo quanto à contribuição sindical, cujo desconto independe dessas formalidades.
>
> Parágrafo único. O recolhimento à entidade sindical beneficiária do importe descontado deverá ser feito até o décimo dia subsequente ao do desconto, sob pena de juros de mora no valor de 10% (dez por cento) sobre o montante retido, sem prejuízo de multa prevista no art. 553 e das cominações penais relativas à apropriação indébita."

6.2. **Conceito**. A contribuição social é inerente às associações, sendo a contrapartida estatutária fixada e reajustada pela assembleia geral, como expressão da liberdade sindical positiva.

6.3. **Natureza jurídica**. Para Egon Felix Gottschalk, a natureza da contribuição é contratual.[218] A adesão voluntária ao quadro associativo da entidade sindical implica em direitos e obrigações aprovados pela assembleia geral e transportados para o estatuto. A inadimplência compromete a realização desses direitos, alguns de importância fundamental, como de votar e ser votado, de participar plenamente das assembleias e dos eventos, outros, secundários, de usufruir dos serviços organizados.

Desse modo, pode-se dizer que a natureza jurídica da contribuição é estatutária, inerente à situação de associado, voluntária, por ser livre a filiação, mas compulsória como condição de permanência.

6.4. **Fato gerador**. Sem nenhuma dúvida, a natureza obrigatória da contribuição deriva da vontade coletiva do conjunto de associados, emanada da assembleia geral.

6.5. **Procedimento**. A Consolidação das Leis do Trabalho procurou facilitar o recebimento da contribuição social, impondo no art. 545 aos empregadores seu desconto em folha de salários até o décimo dia subsequente ao do mês básico, cominando a inadimplência com multa de dois a cem valores de referência, dobrada na reincidência, além de criminalizar retenção dolosa.

Todavia, condicionou a obrigação patronal à prévia e expressa autorização do trabalhador. A restrição deveu-se à razoável precaução em preferir esconder a filiação sindical, muitas vezes, causa da rescisão do contrato e inclusão na "lista negra", responsável pela marginalização no mercado de trabalho.

A ressalva foi abrandada e desprezada diante do reconhecimento da sindicalização como expressão de cidadania e propósito de inclusão social, conduzindo a Justiça do Trabalho a normatizar como condição contratual o desconto da contribuição sem nenhuma outra formalidade senão o envio da relação de sócios pelo sindicato, que assim se responsabiliza pela exatidão de suas informações. A reiteração do entendimento refletiu-se nas negociações coletivas, tornando comum a cláusula normativa.

7. **Contribuição sindical**. O financiamento das organizações sindicais sempre foi motivo de controvérsias apaixonadas. A Lei Sindical de 1931 inaugurou o regime de tutela do Estado, dando ao Ministério do Trabalho permissão para atender a pedidos de subvenção e auxílios destinados a cobrir as despesas com a criação e manutenção de serviços assistenciais[219], providência que se repetiu com a Lei de 1934.[220]

---

(218) *Norma pública e privada no direito do trabalho*. São Paulo: Saraiva, 1944. p. 143.

(219) Decreto n. 19.770, de 19.3.1931, art. 8º, *a:* Poderão, igualmente, os sindicatos pleitear perante o Ministério do Trabalho, Indústria e Comércio:
a) medidas de proteção, auxílios, subvenções, para os seus institutos de assistência e de educação, já existentes ou que se venham a criar.

(220) Decreto n. 24.694, de 12.7.1934, art. 2º, § 1º, *c:* Como órgão de defesa profissional, é facultado aos sindicatos:

A Constituição de 1937 atribuiu aos sindicatos o exercício de funções delegadas do Poder Público, abrindo campo propício para a instituição de contribuições compulsórias[221], sendo complementada pela Lei Sindical de 1939.[222]

Mas foi com o Decreto-lei n. 2.377, de 8 de julho de 1940, que surgiu o imposto sindical, amaldiçoado pelos teorizadores do Direito do Trabalho, rejeitado por alguns sindicatos, mas abençoado pela maioria.

A Consolidação das Leis do Trabalho transpôs para o art. 513, letra *e*, a prerrogativa de "impor contribuições a todos aqueles que participam das categorias econômicas ou profissionais ou das profissões liberais representadas", materializando, assim, o exercício de função delegada pelo Estado que atravessou as Constituições de 1946[223] e 1967[224], inclusive sua Emenda de 1969, o que permitiu a manutenção do texto consolidado.

Vergastada por Evaristo de Moraes Filho, para quem, restabelecida a democracia, em 1946, era "verdadeiramente exorbitante" a cobrança compulsória de uma taxa, quando era livre a sindicalização.[225] Teotônio Monteiro de Barros, professor de economia política da Faculdade de Direito do Largo São Francisco, não se cansou de apontar sua inconstitucionalidade num regime democrático.[226] Por isso mesmo, quase todos os governantes acenaram com sua extinção sem levar adiante o propósito anunciado.

A contribuição sindical justificou a autoritarismo do Ministério do Trabalho e impulsionou o surgimento dos dirigentes imobilistas e pelegos. Mas, também, permitiu durante algum tempo a atuação sindical.

Na ditadura militar, o Decreto-lei n. 229, de 28 de fevereiro de 1967, seguindo a Lei n. 5.172, de 25 de outubro do ano anterior (art. 217, I), alterou

---

c) pleitear junto aos poderes públicos, para os seus serviços de previdência e assistência social, auxílios, subvenções e outros favores, ou a criação desses mesmos serviços, quando por falta de recursos, não os puderem instituir ou manter.

(221) CF de 1937, art. 138. "A associação profissional ou sindical é livre. Somente, porém, o sindicato regularmente reconhecido pelo Estado tem o direito de representação legal dos que participarem da categoria de produção para que foi constituído e de defender-lhes os direitos perante o Estado e as outras associações profissionais, estipular contratos coletivos de trabalho obrigatórios para todos os seus associados, impor-lhes contribuições e exercer em relação a eles funções delegadas de Poder Público.

(222) Decreto-lei n. 1.402, de 5.7.1939, art. 3º. São prerrogativas dos sindicatos:
f) impor contribuições a todos aqueles que participam das profissões ou categorias representadas.

(223) CF de 1946, art. 159. É livre a associação profissional ou sindical, sendo reguladas por lei a forma de sua constituição, a sua representação legal nas convenções coletivas de trabalho e o exercício de funções delegadas pelo Poder Público.

(224) CF de 1967, art. 159. É livre a associação profissional ou sindical; a sua constituição, a representação legal nas convenções coletivas de trabalho e o exercício de funções delegadas de Poder Público serão regulados em lei.

(225) *O sindicato único*, cit., p. 287.

(226) *O imposto sindical. Legislação do trabalho*, 1951. p. 39.

a denominação para disfarçar a natureza tributária, passando de imposto para contribuição. Antes, o Marechal Castelo Branco anunciou — e não cumpriu — a iniciativa de medida legal tendente a acabar com o imposto, o que se repetiu no governo Fernando Collor de Mello, que chegou a encaminhar ao Congresso Nacional projeto de lei nesse sentido, que se perdeu, por falta de empenho. Quando a presidência foi ocupada por Fernando Henrique Cardoso, anunciou-se que repousava em sua mesa uma minuta de medida provisória dispondo sobre a tardia extinção do tributo, que, apesar da mudança de nome, não perdera sua natureza.

7.1. **Disciplinação legal**. A contribuição manteve-se como parte substancial do patrimônio das associações sindicais, tendo extensa e curiosa disciplinação.

Em resumo: valor equivalente a uma diária para os trabalhadores assalariados, descontada em folha de pagamento do mês de março, recolhida até final de abril em conta da Caixa Econômica Federal. Tratando-se de trabalhadores autônomos, avulsos ou profissionais liberais, importância correspondente a 30% do maior valor de referência, que recolherão diretamente. No caso de empregadores, importância proporcional ao capital social, recolhido no mês de janeiro.

Facultou-se aos profissionais liberais optarem pelo pagamento da contribuição unicamente à entidade sindical representativa da profissão liberal, o que provocou polêmicas não resolvidas, vez que, sendo assalariado, o profissional, como regra, deixava de ser simplesmente liberal. De qualquer modo, com a Lei n. 7.316, de 28 de maio de 1985, os profissionais liberais, quando assalariados, foram equiparados aos trabalhadores chamados "diferenciados", ficando, destarte, representados pelo sindicato específico da profissão.

Exceção à regra, os advogados, que segundo a Lei n. 8.906, de 4 de julho de 1994, ficam desobrigados do recolhimento de qualquer contribuição corporativa quando pagam a taxa devida à Ordem dos Advogados do Brasil.[227]

O dispositivo aceito sem maior discussão é flagrantemente inconstitucional, diante do comando do inciso IV do art. 8º do Diploma Político que constitucionalizou a contribuição, sem admitir exceções, é a contribuição prevista em lei, que segue a confederativa. Além disso, o tratamento diferenciado que se pretendeu dar aos advogados frente aos demais profissionais liberais de formação superior é flagrantemente discriminatório e fere o princípio da isonomia.

Os depósitos são efetuados na conta-corrente intitulada "Depósitos de Arrecadação da Contribuição Sindical", em nome de cada uma das entidades

(227) Art. 47. O pagamento da contribuição anual à OAB isenta os inscritos nos seus quadros do pagamento obrigatório da contribuição sindical.

sindicais beneficiárias, segundo as instruções expedidas pelo Ministério do Trabalho e Emprego.

Com o reconhecimento oficial das centrais num sistema pluralista foram elas, também, aquinhoadas com uma parcela da contribuição sindical, apesar da histórica mas frágil e desmentida insurgência de algumas, como a CUT, a Força Sindical e a SDS, que apoiaram decisivamente o projeto alinhavado no Poder Executivo com apoio do Presidente Lula, que em outros tempos a combateu com ênfase. Desse modo, o rateio foi redesenhado, mas apenas para as organizações profissionais, pois os empregadores recusaram a ideia de se organizarem em central.

a) para os sindicatos	60%
b) para as federações	15%
c) para as confederações	5%
d) para as centrais	10%
e) para a "Conta Especial Emprego e Salário"	10%

Diante do pluralismo consentido das centrais, apesar da vedação constitucional do inciso II do art. 8º, a atribuição das parcelas ficou vinculada à filiação do sindicato de base, ao qual caberia a indicação de sua beneficiária ao Ministério do Trabalho.

Na falta de sindicato, sua cota-parte irá para a federação do grupo, mas sem essa ficará com a confederação, e também a que caberia à entidade federativa. Se nenhuma instância tiver sido constituída, o total arrecadado será atribuído à chamada "Conta Especial Emprego e Salário".

No projeto original, com um tanto de malícia, os sindicatos indicariam também a federação e a confederação às quais se filiassem para o rateio; era a consecução do projeto de, por via indireta, estabelecer a pluralidade nas instâncias verticalizadas do sistema confederativo.

Os recursos destinados às centrais serão utilizados apenas e exclusivamente para suas atividades de representação geral, que se entende como as que custearem sua atuação junto aos órgãos colegiados da administração pública de formação tripartite a que se refere o art. 10 da Constituição Federal. Bobagem, coisa de redação malfeita e que não será cumprida, pois está claro que se trata de contribuição de custeio e que assim permitirá que atendam aos seus fins mais avançados, de coordenação da ação de seus filiados e atuação livre no plano sindical.

Nesta linha, é bom ter presente que quando da discussão do Projeto de Lei n. 1.990, de 2007, de iniciativa do Poder Executivo, mais se cogitou da contribuição sindical do que do reconhecimento das centrais, que não provocava disputas nem divergências. O deputado Augusto Carvalho (PPS-DF), que presidiu o Sindicato dos Bancários de Brasília, apresentou emenda para tornar facultativo o desconto da contribuição, que valendo dizer, dependeria de autorização prévia do trabalhador. Como ele mesmo reconheceu, seu propósito era extingui-la, mas perdeu-se na redação equivocada, só deixando o condicionamento para os sindicatos de trabalhadores, ferindo desse modo o princípio da isonomia, pois para os mais fortes, os detentores do capital, a exigência era dispensada. Ainda assim a emenda foi aprovada na Câmara Federal, como foi a de iniciativa do deputado Antonio Carlos Pannunzio (PSDB-SP), que submetia a aplicação da contribuição ao controle do Tribunal de Contas da União. A reação das centrais chegou ao Palácio do Planalto e ao Ministério do Trabalho, e a conjugação de forças, com participação destacada do Presidente Lula, levou o Senado a rejeitar as emendas, seguindo o relatório do Senador Paulo Paim (PT-RS). De volta à Câmara Federal, caiu a Emenda Augusto Carvalho, mas passou a Antonio Carlos Pannunzio, vetada pelo Presidente Lula, que justificou a medida lembrando seu passado de dirigente sindical, de 30 anos, lutando por liberdade e autonomia sindical, de mão de obra que, como sublinhou, não poderia compactuar em tirar do Ministério do Trabalho e transferir para o Tribunal de Contas a responsabilidade de fiscalizar as centrais. Apesar da sucessão de equívocos, sabe-se que quis dizer que o princípio da autonomia não permitia a aprovação da emenda.

O Partido Popular Socialista (PPS), para prestigiar o deputado Augusto Carvalho, ajuizou ação direta de inconstitucionalidade objetivando a declaração da inconstitucionalidade dos arts. 579, 582, 583 e 587 da Consolidação das Leis do Trabalho, defendendo que os dispositivos violam a liberdade de associação garantida pelos arts. 5º, XX, e 8º, V, da Constituição quando impõem a cobrança compulsória de uma contribuição, independentemente de serem os obrigados filiados ou não das entidades de classe. Designado relator o Ministro Celso de Mello, o Procurador-geral da República Antonio Fernando Souza manifestou-se pela constitucionalidade dos textos, posto que a contribuição realiza o princípio da igualdade no âmbito do Direito Coletivo do Trabalho, vez que o sindicato obtém vantagem negociada para todos os componentes da categoria, além do que, não fosse assim, estimular-se-ia a inércia dos trabalhadores frente à sindicalização. Já o Partido Democrata — DEM (ex-PFL) — tomou idêntica medida, mas contra o repasse para as centrais, sob o fundamento de não possuírem finalidade precípua para defesa de interesses de uma ou outra categoria.

A omissão patronal em descontar e recolher a contribuição importa em multa administrativa, 3,5 do valor de referência, conforme a natureza da infração e as condições econômicas do infrator. Mas, também, ainda que efetuado o recolhimento tardiamente, pagará o empregador inadimplente multa de 10% nos trinta primeiros dias, com adicional de 2% por mês subsequente de atraso, que reverterá em favor do sindicato. Para o profissional liberal, a punição implica na suspensão do exercício da profissão.

A contribuição é devida, inclusive, no ato da admissão, pelo empregado que ainda não sofreu o desconto.

O ranço burocrático que inspirou a legislação impôs, como condição para o recolhimento da contribuição, a publicação de editais nunca lidos, durante três dias nos jornais de maior circulação, até a oportunidade do desconto. Pode-se dizer que a medida perdeu eficácia. Quando muito, o edital é publicado uma única vez e em um só jornal.

Ainda que valesse o art. 606, e a cobrança do tributo se faria mediante ação de execução moldada pelos privilégios dados à Fazenda Pública, para cobrança da dívida ativa, excetuado o foro especial, com base em título extrajudicial, certidão expedida pelo Ministério do Trabalho e Emprego, o que exigiria, antes de tudo, a inspeção da empresa faltosa, levantamento através da folha de pagamento do mês de março, cálculo do valor correspondente com os acréscimos de multa, juros e atualização monetária e individualização dos créditos dos beneficiários. Desaparelhada para atender à exigência legal, a certidão, como regra, simplesmente foi desprezada. Além do mais, a ação executiva com fundamento em título extrajudicial exigiria não só a certidão, mas também a inscrição da dívida ativa diante do que preconiza o art. 585, VII, do Código de Processo Civil. De modo que a ação de execução do débito será processada na Justiça do Trabalho, devendo os credores deduzirem os valores que lhes cabem mediante cálculos ou artigos a falta de elementos identificadores dos empregados e salários básicos. Credores no caso são os beneficiários, o sindicato, a federação, a confederação, a central e o Ministério do Trabalho, responsável pela Conta Especial Emprego e Salário. Logo, cada beneficiário só poderá executar a cota que lhe for devida.

Exige-se comprovação da quitação do recolhimento para participação em concorrências públicas ou administrativas e fornecimento às repartições autárquicas ou paraestatais.(228)

---

(228) Art. 578. As contribuições devidas aos Sindicatos pelos que participem das categorias econômicas ou profissionais ou das profissões liberais representadas pelas referidas entidades serão, sob a denominação de "contribuição sindical", pagas, recolhidas e aplicadas na forma estabelecida neste Capítulo.

Art. 579. A contribuição sindical é devida por todos aqueles que participarem de uma determinada categoria econômica ou profissional, ou de uma profissão liberal, em favor do Sindicato representativo da mesma categoria ou profissão, ou, inexistindo este, na conformidade do disposto no art. 591.

Art. 580. A contribuição sindical será recolhida, de uma só vez, anualmente, e consistirá:

I — na importância correspondente à remuneração de 1 (um) dia de trabalho, para os empregados, qualquer que seja a forma da referida remuneração;

II — para os agentes ou trabalhadores autônomos e para os profissionais liberais, numa importância correspondente a 30% (trinta por cento) do maior valor de referência fixado pelo Poder Executivo,

De resto, a aplicação da contribuição segue casuístico rol que simplesmente é desconhecido. A atenta leitura do texto, especialmente do inciso II,

---

vigente à época em que é devida a contribuição sindical, arredondada para Cr$ 1,00 (um cruzeiro) a fração porventura existente;

III — para os empregadores, numa importância proporcional ao capital social da firma ou empresa, registrado nas respectivas Juntas Comerciais ou órgãos equivalentes, mediante a aplicação de alíquotas, conforme a seguinte Tabela progressiva:

	Classes de capital	Alíquota
1	Até 150 vezes o MVR	0,8%
2	acima de 150 até 1.500 vezes o MVR	0,2%
3	acima de 1.500 até 150.000 vezes o MVR	0,1%
4	acima de 150.000 até 800.000 vezes o MVR	0,02%

§ 1º A contribuição sindical prevista na Tabela constante do item III deste artigo corresponderá à soma da aplicação das alíquotas sobre a porção do capital distribuído em cada classe, observados os respectivos limites.

§ 2º Para efeito do cálculo de que trata a Tabela progressiva inserta no item III deste artigo, considerar-se-á o valor de referência fixado pelo Poder Executivo, vigente à data de competência da contribuição, arredondando-se para Cr$ 1,00 (um cruzeiro) a fração porventura existente.

§ 3º É fixado em 60% (sessenta por cento) do maior valor de referência, a que alude o parágrafo anterior, a contribuição mínima devida pelos empregadores, independentemente do capital social da firma ou empresa, ficando, do mesmo modo, estabelecido o capital equivalente a 800.000 (oitocentas mil) vezes o maior valor de referência, para efeito do cálculo de contribuição máxima, respeitada a Tabela progressiva constante do item III.

§ 4º Os agentes ou trabalhadores autônomos e os profissionais liberais, organizados em firma ou empresa, com capital social registrado, recolherão a contribuição sindical de acordo com a Tabela progressiva a que se refere o item III.

§ 5º As entidades ou instituições que não estejam obrigadas ao registro de capital social, considerarão como capital, para efeito do cálculo de que trata a Tabela progressiva constante do item III deste artigo, o valor resultante da aplicação do percentual de 40% (quarenta por cento) sobre o movimento econômico registrado no exercício imediatamente anterior, do que darão conhecimento à respectiva entidade sindical ou à Delegacia Regional do Trabalho, observado os limites estabelecidos no § 3º deste artigo.

§ 6º Excluem-se da regra do § 5º as entidades ou instituições que comprovarem, através de requerimento dirigido ao Ministério do Trabalho, que não exercem atividade econômica com fins lucrativos.

Art. 581. Para os fins do item III do artigo anterior, as empresas atribuirão parte do respectivo capital às suas sucursais, filiais ou agências, desde que localizadas fora da base territorial da entidade sindical representativa da atividade econômica do estabelecimento principal, na proporção das correspondentes operações econômicas, fazendo a devida comunicação às Delegacias Regionais do Trabalho, conforme a localidade da sede da empresa, sucursais, filiais ou agências.

§ 1º Quando a empresa realizar diversas atividades econômicas, sem que nenhuma delas seja preponderante, cada uma dessas atividades será incorporada à respectiva categoria econômica, sendo a contribuição sindical devida à entidade sindical representativa da mesma categoria, procedendo-se, em relação às correspondentes sucursais, agências ou filiais, na forma do presente artigo.

§ 2º Entende-se por atividade preponderante a que caracterizar a unidade de produto, operação ou objetivo final, para cuja obtenção todas as demais atividades convirjam, exclusivamente, em regime de conexão funcional.

Art. 582. Os empregadores são obrigados a descontar, da folha de pagamento de seus empregados relativa ao mês de março de cada ano, a contribuição sindical por estes devida aos respectivos Sindicatos.

§ 1º Considera-se 1 (um) dia de trabalho. para efeito de determinação da importância a que alude o item I do art. 580, o equivalente:

que cuida da destinação da contribuição para os sindicatos de empregados, deixa clara a natureza simplesmente assistencialista da contribuição e desfaz

---

a) a 1 (uma) jornada normal de trabalho, se o pagamento ao empregado for feito por unidade de tempo;
b) a 1/30 (um trinta avos) da quantia percebida no mês anterior, se a remuneração for paga por tarefa, empreitada ou comissão.

§ 2º Quando o salário for pago em utilidades, ou nos casos em que o empregado receba, habitualmente, gorjetas, a contribuição sindical corresponderá a 1/30 (um trinta avos) da importância que tiver servido de base, no mês de janeiro, para a contribuição do empregado à Previdência Social.

Art. 583. O recolhimento da contribuição sindical referente aos empregados e trabalhadores avulsos será efetuado no mês de abril de cada ano, e o relativo aos agentes ou trabalhadores autônomos e profissionais liberais realizar-se-á no mês de fevereiro.

§ 1º O recolhimento obedecerá ao sistema de guias, de acordo com as instruções expedidas pelo Ministro do Trabalho.

§ 2º O comprovante de depósito de contribuição sindical será remetido ao respectivo Sindicato; na falta deste, à correspondente entidade sindical de grau superior, e, se for o caso, ao Ministério do Trabalho.

Art. 584. Servirá de base para o pagamento da contribuição sindical, pelos agentes ou trabalhadores autônomos e profissionais liberais, a lista de contribuintes organizada pelos respectivos Sindicatos, e na falta destes, pelas federações ou confederações coordenadoras da categoria.

Art. 585. Os profissionais liberais poderão optar pelo pagamento da contribuição sindical unicamente à entidade sindical representativa da respectiva profissão, desde que a exerça, efetivamente, na firma ou empresa e como tal sejam nelas registrados.

Parágrafo único. Na hipótese referida neste artigo, à vista da manifestação do contribuinte e da exibição da prova de quitação da contribuição, dada por Sindicato de profissionais liberais, o empregador deixará de efetuar, no salário do contribuinte, o desconto a que se refere o art. 582.

Art. 586. A contribuição sindical será recolhida, nos meses fixados no presente Capítulo, à Caixa Econômica Federal, ao Banco do Brasil S/A, ou aos estabelecimentos bancários nacionais integrantes do Sistema de Arrecadação dos Tributos Federais, os quais, de acordo com instruções expedidas pelo Conselho Monetário Nacional, repassarão à Caixa Econômica Federal as importâncias arrecadadas.

§ 1º Integrarão a rede arrecadadora as Caixas Econômicas Estaduais, nas localidades onde inexistam os estabelecimentos previstos no *caput* deste artigo.

§ 2º Tratando-se de empregador, agentes ou trabalhadores autônomos ou profissionais liberais, o recolhimento será efetuado pelos próprios, diretamente ao estabelecimento arrecadador.

§ 3º A contribuição sindical devida pelos empregados e trabalhadores avulsos será recolhida pelo empregador e pelo Sindicato, respectivamente.

Art. 587. O recolhimento da contribuição sindical dos empregadores efetuar-se-á no mês de janeiro de cada ano, ou, para os que venham a estabelecer-se após aquele mês, na ocasião em que requeiram às repartições o registro ou a licença para o exercício da respectiva atividade.

Art. 588. A Caixa Econômica Federal manterá conta corrente intitulada *Depósitos da Arrecadação da Contribuição Sindical*, em nome de cada uma das entidades sindicais beneficiadas, cabendo ao Ministério do Trabalho cientificá-la das ocorrências pertinentes à vida administrativa dessas entidades.

§ 1º Os saques na conta corrente referida no *caput* deste artigo far-se-ão mediante ordem bancária ou cheque com as assinaturas conjuntas do Presidente e do Tesoureiro da entidade sindical.

§ 2º A Caixa Econômica Federal remeterá, mensalmente, a cada entidade sindical, um extrato da respectiva conta corrente, e, quando solicitado, aos órgãos do Ministério do Trabalho.

Art. 589. Da importância da arrecadação da contribuição sindical serão feitos os seguintes créditos pela Caixa Econômica Federal, na forma das instruções que forem expedidas pelo Ministro do Trabalho:
I — para os empregadores:
a) 5% (cinco por cento) para a Confederação correspondente;
b) 15% (quinze por cento) para a Federação;
c) 60% (sessenta por cento) para o Sindicato respectivo; e
d) 20% (vinte por cento) para a "Conta Especial Emprego e Salário".
II — para os trabalhadores:
a) 5% (cinco por cento) para a Confederação correspondente;
b) 10% (dez por cento) para a central sindical;

o equívoco dos juízes do trabalho e dos procuradores do Ministério Público do Trabalho quando negam a contribuição retributiva de solidariedade, impro-

---

c) 15% (quinze por cento) para a Federação;
d) 60% (sessenta por cento) para o Sindicato respectivo; e
e) 10% (vinte por cento) para a "Conta Especial Emprego e Salário".
§ 1º O sindicato de trabalhadores indicará ao Ministério do Trabalho e Emprego a central sindical a que estiver filiado como beneficiária da respectiva contribuição sindical, para fins de destinação dos créditos previstos neste artigo.
§ 2º A central sindical a que se refere a alínea *b* do inciso II do *caput* deste artigo deverá atender aos requisitos de representatividade previstos na legislação específica sobre a matéria.
Art. 590. Inexistindo confederação, o percentual previsto no art. 589 desta Consolidação caberá à federação representativa do grupo.
§ 3º Não havendo sindicato, nem entidade sindical de grau superior ou central sindical, a contribuição sindical será creditada, integralmente, à "Conta Especial Emprego e Salário".
§ 4º Não havendo indicação de central sindical, na forma do § 1º do art. 589 desta Consolidação, os percentuais que lhe caberiam serão destinados à "Conta Especial Emprego e Salário". (NR)
Art. 591. Inexistindo sindicato, os percentuais previstos na alínea *c* do inciso I e na alínea *d* do inciso II do *caput* do art. 589 desta Consolidação serão creditados à federação correspondente à mesma categoria econômica ou profissional.
Parágrafo único. Na hipótese do caput deste artigo, os percentuais previstos nas alíneas *a* e *b* do inciso I e nas alíneas *a* e *c* do inciso II do *caput* do art. 589 dessa Consolidação caberão à confederação. (NR)
Art. 593. As percentagens atribuídas às entidades sindicais de grau superior e às centrais sindicais serão aplicadas de conformidade com o que dispuserem os respectivos conselhos de representantes ou estatutos.
Parágrafo único. Os recursos destinados às centrais sindicais deverão ser utilizados no custeio das atividades de representação geral dos trabalhadores decorrentes de suas atribuições legais.
Art. 601. No ato da admissão de qualquer empregado, dele exigirá o empregador a apresentação da prova de quitação da contribuição sindical.
Art. 602. Os empregados que não estiverem trabalhando no mês destinado ao desconto da contribuição sindical serão descontados no primeiro mês subsequente ao do reinicio do trabalho.
Parágrafo único. De igual forma se procederá com os empregados que forem admitidos depois daquela data e que não tenham trabalhado anteriormente nem apresentado a respectiva quitação.
Art. 605. As entidades sindicais são obrigadas a promover a publicação de editais concernentes ao recolhimento da contribuição sindical, durante 3 (três) dias, nos jornais de maior circulação local e até 10 (dez) dias da data fixada para depósito bancário.
Art. 606. Às entidades sindicais cabe, em caso de falta de pagamento da contribuição sindical, promover a respectiva cobrança judicial, mediante ação executiva, valendo como título de dívida a certidão expedida pelas autoridades regionais do Ministério do Trabalho.
§ 1º O Ministério do Trabalho baixará as instruções regulando a expedição das certidões a que se refere o presente artigo, das quais deverá constar a individualização do contribuinte, a indicação do débito e a designação da entidade a favor da qual é recolhida a importância da contribuição sindical, de acordo com o respectivo enquadramento sindical.
§ 2º Para os fins da cobrança judicial da contribuição sindical, são extensivos às entidades sindicais, com exceção do foro especial, os privilégios da Fazenda Pública, para cobrança da dívida ativa.
Art. 607. São consideradas como documento essencial ao comparecimento às concorrências públicas ou administrativas e para o fornecimento às repartições paraestatais ou autárquicas a prova da quitação da respectiva contribuição sindical e a de recolhimento da contribuição sindical, descontada dos respectivos empregados.
Art. 608. As repartições federais, estaduais ou municipais não concederão registro ou licenças para funcionamento ou renovação de atividades aos estabelecimentos de empregadores e aos escritórios ou congêneres dos agentes ou trabalhadores autônomos e profissionais liberais, nem concederão alvarás de licença ou localização, sem que sejam exibidas as provas de quitação da contribuição sindical, na forma do artigo anterior.
Parágrafo único. A não observância do disposto neste artigo acarretará, de pleno direito, a nulidade dos atos nele referidos, bem como dos mencionados no art. 607.

priamente designada como assistencial, a pretexto de a sindical prestar-se à cobertura dos gastos com as chamadas campanhas salariais, a divulgação, a arregimentação, as negociações coletivas, a greve etc.(229)

---

(229) A contribuição sindical, além das despesas vinculadas à sua arrecadação, recolhimento e controle, será aplicada pelos Sindicatos, na conformidade dos respectivos estatutos, visando aos seguintes objetivos:
I — Sindicatos de Empregadores e de Agentes Autônomos:
a) assistência técnica e jurídica;
b) assistência médica, dentária, hospitalar e farmacêutica;
c) realização de estudos econômicos e financeiros;
d) agências de colocação;
e) cooperativas;
f) bibliotecas;
g) creches;
h) congressos e conferências;
i) medidas de divulgação comercial e industrial no País, e no estrangeiro, bem como em outras tendentes a incentivar e aperfeiçoar a produção nacional;
j) feiras e exposições;
k) prevenção de acidentes do trabalho;
l) finalidades desportivas.
II — Sindicatos de Empregados:
a) assistência jurídica;
b) assistência médica, dentária, hospitalar e farmacêutica;
c) assistência à maternidade;
d) agências de colocação;
e) cooperativas;
f) bibliotecas;
g) creches;
h) congressos e conferências;
i) auxílio-funeral;
j) colônias de férias e centros de recreação;
k) prevenção de acidentes do trabalho;
l) finalidades desportivas e sociais;
m) educação e formação profissional;
n) bolsas de estudo.
III — Sindicatos de Profissionais Liberais:
a) assistência jurídica;
b) assistência médica, dentária, hospitalar e farmacêutica;
c) assistência à maternidade;
d) bolsas de estudo;
e) cooperativas;
f) bibliotecas;
g) creches;
h) congressos e conferências;
i) auxílio-funeral;
j) colônias de férias e centros de recreação;
k) estudos técnicos e científicos;
l) finalidades desportivas e sociais;
m) educação e formação profissional;
n) prêmios por trabalhos técnicos e científicos.
IV — Sindicatos de Trabalhadores Autônomos:
a) assistência técnica e jurídica;
b) assistência médica, dentária, hospitalar e farmacêutica;

A Comissão da Contribuição Sindical tratada nos arts. 595 a 597 foi extinta pela Lei n. 4.589, de 11 de dezembro de 1964.

7.2. **Conceito**. Sergio Pinto Martins adota a seguinte conceituação: "prestação pecuniária, compulsória, tendo por finalidade o custeio de atividades essenciais do sindicato e outras previstas em lei".(230)

Para nós, a contribuição sindical consiste em subvenção da categoria como um todo, por imposição de lei, com respaldo na Constituição, controlada pelo Estado, destinada ao custeio da atividade assistencial das organizações sindicais e do seguro-desemprego.

Primeiro, não constitui poder de tributar como se escreveu na letra "e" do art. 513 da Consolidação das Leis do Trabalho, até porque o sindicato não pode nem reduzir nem aumentar seu valor, impor isenções ou condicionamentos. Tudo — valor, recolhimento, destinação — tem disciplinação legal.

Sua finalidade é meramente assistencialista, como se extrai do art. 592.

7.3. **Natureza jurídica**. Pode-se afirmar que até hoje não se resolveu o extraordinário dilema que o tema oferece. Para uns, seria tributo, para outros, contribuição social, e para muitos, uma contribuição especial estabelecida em lei com respaldo da Constituição Federal.

Dúvida não há de ter sido copiada literalmente da Declaração III da Carta del Lavoro fascista. Criação do corporativismo de Mussolini, só existe presentemente no Brasil, segundo Arion Sayão Romita.(231)

---

c) assistência à maternidade;
d) bolsas de estudo;
e) cooperativas;
f) bibliotecas;
g) creches;
h) congressos e conferências;
i) auxílio-funeral;
j) colônias de férias e centros de recreação;
k) educação e formação profissional;
l) finalidades desportivas e sociais.

§ 1º A aplicação prevista neste artigo ficará a critério de cada entidade, que, para tal fim, obedecerá, sempre, às peculiaridades do respectivo grupo ou categoria, facultado ao Ministro do Trabalho permitir a inclusão de novos programas, desde que assegurados os serviços assistenciais fundamentais da entidade.

§ 2º Os Sindicatos poderão destacar, em seus orçamentos anuais, até 20% (vinte por cento) dos recursos da contribuição sindical para o custeio das suas atividades administrativas, independentemente de autorização ministerial.

§ 3º O uso da contribuição sindical prevista no § 2º não poderá exceder do valor total das mensalidades sociais, consignadas nos orçamentos dos Sindicatos, salvo autorização expressa do Ministro do Trabalho.

(230) *Contribuições,* cit., p. 57.

(231) O *fascismo no direito do trabalho,* cit., p. 78.

Na vigência do Decreto-lei n. 1.402, de 1939, Egon Felix Gottschalk discutiu sua natureza jurídica, concluindo que, em relação à parcela destinada ao Estado, "o imposto sindical é (...) um tributo, decretado pelo Estado, recolhido ao Banco do Brasil, com montante, fixado por lei e cujo produto reverte em favor do Estado sempre na percentagem mínima de 20% e na sua totalidade, desde que não haja uma representação sindical para determinadas categorias ou profissões. É um tributo, administrado e controlado pelo Poder público". Quanto às parcelas atribuídas aos sindicatos, constitui uma subvenção legal permanente, com aplicação rigorosamente preestabelecida".[232]

Segadas Viana nega a natureza de tributo, seria "uma contribuição legal e constitucional em razão dos objetivos que interessam ao Estado", uma delegação de função como contrapartida pelos benefícios reais que presta aos não sindicalizados.[233] Mozart Victor Russomano não vai tão longe, seria uma obrigação compulsória e geral, paga por todos os integrantes da categoria ou da profissão liberal.[234] José Martins Catharino, de sua parte, entende tratar-se de imposto com destinação especial, e não tributo parafiscal.[235]

Nas Constituições democráticas de 1934 e 1946 e nas de 1937 e 1967, inclusive na Emenda de 1969, a contribuição sindical era tributo imposto por lei, controlado pelo Estado, com valor e destinação determinados, atribuída em parte às organizações de classe. Não se pode dizer, portanto, que os sindicatos tivessem mesmo função delegada do Poder Público para impor contribuições a seus representados.

A Constituição de 1988, todavia, constitucionalizou a contribuição, como subvenção da categoria para o custeio parcial de sua organização sindical, através do adendo que se inseriu no inciso IV do art. 8º, pertinente à contribuição confederativa: "... independentemente da contribuição prevista em lei".

Arnaldo Lopes Süssekind assinala o caráter de tributo, "pois reúne os elementos que o configuram como tal (conforme o art. 3º do CTN)".[236]

O Supremo Tribunal Federal assim determinou sua natureza: "A contribuição é espécie tributária distinta, que não se confunde com o imposto, instituída no interesse da categoria profissional e assim não abrangida pela imunidade do art. 19, III, Constituição Federal/1967, ou art. 159, Constituição Federal/ 1988".[237]

(232) *Op. cit.*, p. 165.
(233) *Instituições de direito do trabalho.* Rio de Janeiro: Freitas Bastos, 1957. v. 2, p. 431/436.
(234) *Comentários à consolidação das leis do trabalho.* Rio de Janeiro: José Konfino, 1957. v. 3, p. 935.
(235) *Tratado*, cit., p. 308.
(236) Contribuições sindicais. *Trabalho & Doutrina*, n. 12, p. 10, mar. 1997.
(237) RE-01299304/20, 2ª T., Rel. Min. Carlos Velloso, *Revista LTr*, 55/1039, 1991.

Lembra Ives Gandra Martins a assertiva do Ministro José Carlos Moreira Alves, "pessoas físicas ou jurídicas de direito privado podem arrecadar tributos".[238]

Ressurge daí a polêmica sobre o controle da aplicação, a ponto de aqueles que não veem o sindicato com bons olhos defenderem a fiscalização ampla, independentemente da natureza da receita, acenando com a atuação do Tribunal de Contas da União, mesmo após o veto ao texto aprovado no Congresso Nacional com acolhimento da emenda Antonio Carlos Pannunzio. Nessa linha, o procurador-geral do Ministério Público junto ao Tribunal de Contas anunciou seu propósito de promover uma devassa destinada a apurar desvio de recursos diante da proliferação de sindicatos criados apenas para abocanhar a contribuição, citando como exemplo a fundação de sindicatos de fachada na área de *fast food*. Estranha, porém, a forma preconizada: por amostragem. De sua parte, o subprocurador Paulo Bugarin contestou o veto presidencial, desprovido de fundamentação jurídica, anotando que o Ministério Público pode fiscalizar até mesmo o Supremo Tribunal Federal.

O Tribunal de Contas acabou por entender ser competente para intervir não como regra, mas em face de representação na forma de seu Regimento Interno. Extrai-se da decisão: "A contribuição sindical é uma espécie de contribuição compulsória especial, e como tal, tem natureza tributária, como já reconheceu o Supremo Tribunal Federal (RE n. 180.745/SP e RE n. 129.930/SP). Assim, compete ao TCU fiscalizar a aplicação desses recursos por parte dos sindicatos conforme ficou assente no julgamento do TC n. 014.539/1994-4 (Acórdão n. 505/1995 e Decisão n. 632/1998, ambos do Plenário). Naquela oportunidade registrou-se: "(...) o imposto sindical, também chamado de contribuição sindical, é na verdade contribuição social criada pelos arts. 578 e seguintes da CLT, espécie de tributo referido no art. 149 da Constituição Federal ... não compete ao TCU desenvolver sobre elas ação sistemática de fiscalização ... a intervenção do TCU, no caso, está prevista somente na hipótese de ocorrer irregularidade detectada pela autoridade que liberou os recursos e apontada pelo controle interno, ou então em decorrência de denúncia..."

A justificação para fiscalizar diante de denúncia seria dada pelo art. 71, incisos II e IV da Constituição: "O controle externo, a cargo do Congresso Nacional, será exercido com o auxílio do Tribunal de Contas da União, ao qual compete: (...) II — julgar as contas dos administradores e demais responsáveis por dinheiros, bens e valores públicos da administração direta e indireta, incluídas as fundações e sociedades instituídas e mantidas pelo Poder Público federal, e as contas daqueles que derem causa a perda, extravio ou outra irregularidade de que resulte prejuízo ao erário público; (...) IV — realizar, por

(238) Citação de SÜSSEKIND. *Contribuições sindicais*, cit., p. 10.

iniciativa própria, da Câmara dos Deputados, do Senado Federal, de Comissão técnica ou de inquérito, inspeções e auditorias de natureza contábil, financeira, orçamentária, operacional e patrimonial, nas unidades administrativas dos Poderes Legislativo, Executivo e Judiciário, e demais entidades referidas no inciso II."

Sem sombra de dúvida, a fundamentação é equivocada, pois não se tem na hipótese, como destaca a decisão, nem recursos públicos, nem prejuízos para o erário público. São contribuições da categoria, constituída ou por trabalhadores ou por empregadores, que deságuam nos orçamentos de suas entidades, de natureza privada.[239]

Valioso ter presente que também a Ordem dos Advogados não está sujeita à fiscalização pelo TCU.

7.4. **Sujeitos**. Sujeito ativo é a União, titular da competência para exigir o cumprimento da obrigação correspondente, na forma do Código Tributário Nacional, art. 119. Sujeitos passivos são os contribuintes e o responsável pela efetuação do desconto, diante dos arts. 121 a 123 e 126 do mesmo código, no ensinamento de Catharino.[240]

7.5. **Controvérsias**. a) **Empresas sem empregados**. Ainda hoje a contribuição sindical promove discussões, disputas e controvérsias, como obrigar empresas que não se utilizam de empregados. Seria uma situação singular, mas possível, caso de *holding*, cujo objetivo seria a gestão de participações societárias, sem contar com ao menos uma secretária. Para uns, o fato gerador da contribuição seria o art. 579, segundo o qual seria devida por todas as empresas que participam de uma determinada categoria econômica, inclusive de uma profissão liberal; para outros, o art. 578, que se refere aos empregadores, o que exclui o empresário sem empregados. O Ministério do Trabalho aparentemente resolveu a questão com a Nota Técnica n. 50, de 16 de junho de 2005: "O art. 580 da CLT, ao relacionar os contribuintes, é taxativo ao estabelecer a obrigatoriedade do recolhimento da contribuição sindical tão somente aos empregados (inciso I); agentes ou trabalhadores autônomos e profissionais liberais (inciso II); e empregadores (inciso III). Dessa forma, estão excluídos da hipótese de incidência aqueles que não se enquadram nas classes acima elencadas, tais como os empresários que não mantêm associados". O Tribunal Superior do Trabalho também resolveu a disputa na mesma linha: "O conceito de empregador a que alude o art. 580, III, da CLT, em que pese poder gerar consequências próprias ao direito tributário, não pode ser por este desvirtuado, dissociando-se do disposto no art. 2º da CLT

(239) Ementa: As aplicações dos recursos provenientes da contribuição sindical de natureza compulsória por parte das Confederações sindicais estão sujeitas à fiscalização por parte do Tribunal de Contas da União. Processo TC n. 004.015/2008-7, rel. André Luis de Carvalho.

(240) *Tratado*, cit., p. 309.

(pessoa física ou jurídica que, mediante remuneração, contrata empregados para o desempenho de sua atividade econômica, assumindo, ainda, os riscos do empreendimento). Revela-se insuficiente, assim, para a constituição do fato gerador da contribuição sindical patronal integrar a empresa determinada categoria econômica, sendo necessária também a condição de empregadora, ou seja, possuir empregados (...) Em reiterados julgados, esta Corte vem decidindo no sentido de que apenas as empresas que possuem empregados em seus quadros estão obrigadas a recolher a contribuição sindical patronal. Tal entendimento decorre da interpretação sistemática da legislação que rege a matéria, em especial dos arts. 2º, 579 e 580 da CLT." (RR n. 1300-55.2006.5.17.0012, 1ª Turma, rel. Min. Vieira de Melo Filho, DJ 17.6.2011).[241]

b) **Micro e pequenas empresas**. A Constituição Federal, no art. 170, IX, garantiu às empresas de pequeno porte tratamento favorecido. A par disso, o art. 150, II, impôs tratamento isonômico entre contribuintes em situação equivalente. De outra parte, a Lei Complementar n. 123, de 14 de dezembro de 2006, isentou as microempresas e empresas de pequeno porte do pagamento da contribuição sindical:

"Art. 13. O Simples Nacional implica o recolhimento mensal, mediante documento único de arrecadação, dos seguintes impostos e contribuições,

(...)

§ 3º As microempresas e empresas de pequeno porte optantes pelo Simples Nacional ficam dispensadas do pagamento das demais contribuições instituídas pela União, inclusive as contribuições para as entidades privadas de serviço social e de formação profissional vinculadas ao sistema sindical, de que trata o art. 240 da Constituição Federal, e demais entidades de serviço social autônomo."

Ação direta de inconstitucionalidade proposta pela Confederação Nacional do Comércio foi julgada improcedente, seguindo o voto do Ministro Joaquim Barbosa, que firmou entendimento no sentido de que "o objetivo do Supersimples, sistema nacional instituído com propósito assumidamente protecionista, seria dar às micro e pequenas empresas benefícios que lhes permitam sair dessa condição e passar a um outro patamar, deixando, em muito casos, a informalidade". (ADI n. 4.033).

c) **Servidor público**. O Ministério do Trabalho enfrentou a questão já polêmica no âmbito da administração pública, editando a Instrução Normativa n. 1, de 2008, firmando posição favorável aos sindicatos, tendo como fundamento o art. 578 da CLT.

Contra, pronunciou-se o juiz paraense Georgenor de Sousa Franco Filho. Na sua análise, defende que só o art. 7º faz remissão aos direitos individuais

(241) Conforme MEDEIROS, Fábio; SANTOS, Rebecca Mazzuchelli dos. *Migalhas,* 29.11.201. Disponível em: <http://www; migalhas.com.br/mig_.aspx?cod=145857> Acesso em: 29.11.2011.

aplicáveis aos servidores, omitindo qualquer menção ao art. 8º. De outro lado, para os servidores estatutários não se aplicaria a CLT, mas sim, o art. 240, letra *c*, da Lei n. 8.112, de 11 de dezembro de 1990:

> "Ao servidor público civil é assegurado, nos termos da Constituição Federal, o direito à livre associação sindical e os seguintes direitos, entre outros, dela decorrentes:
>
> a) de ser representado pelo sindicato, inclusive como substituto processual;
>
> b) de inamovibilidade do dirigente sindical, até um ano após o final do mandato, exceto se a pedido;
>
> c) de descontar em folha, sem ônus para a entidade sindical a que for filiado, o valor das mensalidades e contribuições definidas em assembleia geral da categoria."

Concluindo, a última, aprovada pela assembleia geral, não se confundiria com a sindical, que só seria devida pelos empregados sujeitos ao regime consolidado, invocando em favor de sua tese decisão do Tribunal Superior do Trabalho (Processo Tribunal Superior do Trabalho-RO 28300-13.2009.5.08.000, rel. Min. Maria Cristina Peduzzi).[242]

7.6. **Procedimento**. A contribuição sindical tem quatro vertentes, conforme a qualidade do contribuinte. No caso do trabalhador assalariado, seu empregador, no mês de março, obrigatoriamente, procede o desconto em folha de salários de valor equivalente a uma diária normal, quando o pagamento for feito por unidade de tempo, ou 1/30 da quantia percebida no mês anterior, se a remuneração levar em conta tarefa, empreitada ou comissão, considerando sempre as utilidades e a gorjeta. O empregador depositará o montante descontado até o final do mês de abril na Caixa Econômica Federal, no Banco do Brasil ou nos estabelecimentos bancários autorizados, centralizado na primeira. A contribuição dos trabalhadores avulsos é recolhida no mês de abril, a dos autônomos e profissionais liberais, em fevereiro, com base em tabela organizada por seus sindicatos, e a dos empregadores, no mês de janeiro, com base em tabela progressiva, tendo em conta o valor do capital social.

A Caixa Econômica Federal, atenta às instruções do Ministério do Trabalho e Emprego, manterá contas-correntes específicas para cada entidade beneficiada, atribuindo-lhes as parcelas estabelecidas em lei.

Inexistindo sindicato, a parcela que lhe seria atribuída reverterá em favor da federação respectiva, e à falta dessa, irá para a confederação; não havendo federação, sua quota irá para a confederação, e inexistindo qualquer organização de classe no todo, ficará na conta do Estado.

---

(242) Da contribuição sindical para servidor público, o trabalho. *Suplemento DT*, Curitiba, n. 176, p. 6339 e ss., out. 2011.

8. **Contribuição negocial**. Denominação dada à contribuição antes nomeada impropriamente como assistencial por força da Lei n. 11.648, de 2008. O assistencialismo estimulado pela ditadura militar de 1964 conduziu a instalação de custosos ambulatórios médico-odontológicos que se expandiram e multiplicaram à mercê de convênios com o Instituto Nacional de Assistência e Previdência Social, chegando mesmo a construção de hospitais de pequeno e médio porte. Vieram, também, as colônias de férias, impulsionadas com a farta doação de áreas litorâneas e o financiamento a perder de vista. Não faltou a presença do Estado, por meio do Fundo de Assistência Social, para a construção facilitada com empréstimo a longo prazo, de sedes próprias, por vezes majestosas. Daí a necessidade de uma terceira contribuição, já ensaiada no início da década de 1960. É que o imposto sindical não bastava para atender o custeio da profissionalização dos sindicatos, que estendiam o campo de atuação para subsedes e delegacias, com o afastamento dos diretores de seus empregos para dedicação exclusiva em favor da ação sindical.

O Tribunal Superior do Trabalho, primeiro, editou o Precedente n. 74, admitindo o desconto, desde que fosse assegurado o direito de oposição,[243] substituído depois pelo de n. 119:

> "Contribuições sindicais. Inobservância de preceitos constitucionais.
>
> A Constituição da República, em seus arts. 5º, XX e 8º, V, assegura o direito de livre associação e sindicalização. É ofensiva a essa modalidade de liberdade cláusula constante de acordo, convenção coletiva ou sentença normativa estabelecendo contribuição em favor de entidade sindical a título de taxa para custeio do sistema confederativo, assistencial, revigoramento ou fortalecimento sindical e outras da mesma espécie, obrigando trabalhadores no sindicalizados. Sendo nulas as estipulações que inobservem tal restrição, tornam-se passíveis de devolução os valores irregularmente descontados."

O Ministério Público do Trabalho, valendo-se dos poderes que lhe deu a Lei Complementar n. 75, de 20 de maio de 1993, nos arts. 83, IV e 84, II,[245] combateu a contribuição, instaurando inquéritos civis e promovendo ações civis públicas para anular cláusulas de acordos e convenções que a impusessem aos trabalhadores não filiados ao sindicato, em nome da liberdade sindical.

---

(243) Desconto assistencial. Subordina-se o desconto assistencial sindical a não oposição do trabalhador, manifestada perante a empresa até dez dias antes do primeiro pagamento reajustado.

(244) Compete ao Ministério Público do Trabalho o exercício das seguintes atribuições junto aos órgãos da Justiça do Trabalho:

III — promover a ação civil pública no âmbito da Justiça do Trabalho, para defesa de interesses coletivos, quando desrespeitados os direitos sociais constitucionalmente garantidos;

Art. 84. Incumbe ao Ministério Público do Trabalho, no âmbito das suas atribuições, exercer as funções institucionais previstas nos Capítulos I, II, III e IV do Título I, especialmente:

II — instaurar inquérito civil e outros procedimentos administrativos, sempre que cabíveis, para assegurar a observância dos direitos sociais dos trabalhadores.

Não custou muito e também os sindicatos patronais passaram a incluir nos instrumentos normativos a mesma contribuição em seu favor.

A ordem jurídica necessariamente atém-se ao princípio fundamental da legalidade, consagrado no inciso II do art. 5º da Constituição, que, em última análise, é definida pelo Supremo Tribunal Federal, a quem cabe sua defesa como exige o art. 102. E a Corte, por mais de uma vez, entendeu que o desconto da contribuição assistencial não ofende a ordem jurídica, mesmo quando atinge os trabalhadores não filiados ao sindicato, dando-lhe compulsoriedade irrestrita, sem condicioná-la ao direito de oposição. Neste sentido já decidira em 1964:

"O Tribunal Regional, ao homologar acordo celebrado em dissídio coletivo, fê-lo com restrição, somente admitindo contribuição salarial em favor do sindicato, em relação aos que fossem associados deste. Desprovendo a revista, o Tribunal Superior do Trabalho assentou ser defeso ao sindicato impor contribuições aos integrantes da categoria que representa, que não sejam as legais. Extraordinário a que se dá provimento, a unanimidade. Houve violação de lei. Nos termos do art. 513, alínea *e*, da CLT, é prerrogativa dos sindicatos impor contribuições a todos aqueles que participam da categoria." (Ac. STF — 1ª T., RE 52.607 — rel. Min. Pedro Chaves, proferido em 13.10.1964, in *Ementário Trabalhista* de B. Calheiros Bomfim)."

Depois, já na vigência da Constituição de 1988:

"Contribuição — Convenção Coletiva. A contribuição prevista em convenção coletiva, fruto do disposto no art. 513, alínea *e*, da Consolidação das Leis do Trabalho, é devida por todos os integrantes da categoria profissional, não se confundindo com aquela versada na primeira parte do inciso IV do art. 8º da Carta da República (...) Descabe confundir filiação, sempre a depender da manifestação de vontade do prestador dos serviços ou da pessoa jurídica de direito privado que integre a categoria econômica, com o fenômeno da integração automática no âmbito da categoria. Por outro lado, sob a óptica da legislação comum, tem-se a alínea *e* do art. 513 da Consolidação das Leis do Trabalho que revela serem prerrogativas dos sindicatos 'impor contribuições a todos aqueles que participam das categorias econômicas e profissionais ou das profissões liberais representadas'. Vê-se que a imposição não se faz relativamente àqueles que hajam aderido, associando-se ao sindicato, mas também no tocante aos integrantes das categorias. Ora, a Carta de 1988 veio a dar estatura maior a esse preceito, dispondo que: 'IV. a assembleia geral fixará a contribuição que, em se tratando de categoria profissional, será descontada em folha, para custeio do sistema confederativo da representação sindical respectiva, independentemente da contribuição prevista em lei. Esta última é iniludivelmente, portanto, com a contribuição dita confederativa e que visa ao custeio do sistema sindical'." (RE 189960-3, rel. Min. Marco Aurélio, STF, 2ª T., decisão unânime, DJU, 10.8.2001).

"Contribuição. Convenção Coletiva. A contribuição prevista em convenção coletiva, fruto do disposto no art. 513, alínea *e*, da Constituição Federal, é devida por todos os integrantes da categoria profissional, não se confundindo com aquela versada na primeira parte do inciso IV do art. 8º da Carta da República." (RE

189.960-3-SP, Min. Marco Aurélio, DJU 10.8.2000. Proc. STF RE 337.718-3. São Paulo, rel. Min. Nelson Jobim)

Denominação mais apropriada seria contribuição retributiva de representação sindical, que adotamos no anteprojeto de lei acolhido pelas três centrais mais destacadas em Força Sindical, CUT e CGT e também pelo governo Fernando Henrique Cardoso, com o empenho de seu Ministro do Trabalho Paulo Paiva, que o assumiu e encaminhou ao Congresso Nacional, onde se acabou sem nenhum empenho das organizações sindicais. No curso da discussão, prevaleceu o nome dado pelo Deputado Vicentinho Paulo da Silva, então presidente da CUT: contribuição de negociação coletiva.[245]

Compondo o instrumento normativo, o acordo ou a convenção assumem a mesma força que tem a sentença proferida em dissídio coletivo, sendo que, em relação a essa, a teor do parágrafo único do art. 872 da CLT, é exigível através de ação de cumprimento, sendo vedada a discussão da matéria de fato e de direito que lhe deu causa.

De outra parte, o acordo e a convenção não firmam apenas direitos, mas também deveres, obrigando todos os representados, associados ou não, inclusive desfavoravelmente, nos casos de flexibilização dos salários e das jornadas, como permitido nos incisos VI, XII e XIII do art. 8º da Constituição, e em se tratando de contratos com prazo determinado, por tempo parcial, por suspensão do contrato e com instituição de banco de horas.

Além do mais, o art. 613 da CLT, quando traça o conteúdo mínimo dos acordos e das convenções, coloca, no inciso VII, direitos e deveres dos empregados e das empresas. Dos empregados, mesmo não sindicalizados, de retribuir à representação, dos empregadores, de descontar a contribuição e recolhê-la em favor do sindicato.

Apesar de ser compulsória e de alcance geral, obrigando também os não filiados, os opositores da contribuição sindical, especialmente da CUT e da Força Sindical, sempre defenderam a retributiva, assistencial, de negociação

(245) O projeto afastava o imobilismo dos sindicatos acomodados com a receita fácil advinda da contribuição compulsória, condicionando o recebimento a pressupostos de legitimação que se distribuíam conforme a instância beneficiária; sindicato, federação e confederação, como, além de negociações coletivas, também prestação de serviços junto aos tribunais, aos órgãos administrativos, coordenação dos movimentos e campanhas do grupo, etc. Naturalmente, sua aprovação passava pela extinção da contribuição sindical. O desconto seria efetuado em folha de pagamento e as empresas semestralmente comprovariam o recolhimento, acompanhado da relação nominal dos empregados que sofreram o desconto. As entidades sindicais ficam obrigadas, também, a aprovar o Plano de Ação e a respectiva prestação de contas. Era a forma mais correta de controle. A relatoria, inicialmente, ficou com o deputado Paulo Rocha (PT-PE), depois com Luiz Antonio de Medeiros (PFL-SP), presidente da Força Sindical por ocasião da discussão do anteprojeto. Morreu por aí, sem nenhum apoio ou lembrança das organizações sindicais. Mas fora de dúvida inspirou o Anteprojeto do Fórum Nacional do Trabalho, que desprezou os pressupostos de legitimação e estendeu consideravelmente o fim da contribuição sindical, mas manteve a denominação contribuição de negociação coletiva.

coletiva ou negocial, qualquer que fosse sua denominação. E conseguiram unanimidade no Fórum Nacional do Trabalho para a instituição da contribuição de negociação coletiva, com um valor teto de 1% do valor líquido da remuneração anual, parcelada em pelo menos três mensalidades, não comportando oposição, tendo como fundamento a celebração do contrato coletivo ou a comprovação da frustração da negociação coletiva. Desconto em folha de pagamento e reversão conforme a seguinte tabela: a) 10% para as centrais; b) 5% para as confederações; c) 10% para as federações; d) 70% para os sindicatos; e) 5% para o Fundo Solidário de Promoção Sindical — FSPS. Para os empregadores, a contribuição seguiria a linha da sindical: a) 0,8% do valor do capital social da empresa ou unidade econômica registrada nas respectivas juntas comerciais ou órgãos equivalentes; b) para o setor rural, 0,8% do valor da terra nua tributável ou declarada no Imposto sobre a Propriedade Territorial Rural — ITR —, sendo o valor mínimo R$ 100,00. O rateio, não havendo central, ficou em: a) 10% para as confederações; b) 20% para as federações; c) 65% para os sindicatos; 5% para o FSPS.

Segundo o Anteprojeto, a contribuição sindical seria extinta, mas progressivamente, ao longo de cinco anos, para as entidades patronais, e de três, para as profissionais, mantendo-se conforme a seguinte escala: I — para as organizações patronais: a) 75% no terceiro ano; b) 55% no quarto; c) 35% no quinto; II — para as organizações de trabalhadores: a) 75% no primeiro ano; b) 55% no segundo; c) 35% no terceiro.

As centrais já haviam passado a ideia de pluralismo nas instâncias ditas superiores (federações e confederações), dispondo o Anteprojeto que o sindicato indicaria a confederação e a federação para as quais serão destinados os recursos oriundos da contribuição.

Para pôr fim à controvérsia e a superação do entendimento defendido pelo Ministério Público do Trabalho e acolhido pela Justiça do Trabalho, é de prevalência da liberdade individual negativa a Proposta de Emenda Constitucional PEC n. 369, de 2004, que adotou redação ambígua: "a lei poderá autorizar a assembleia geral a estabelecer contribuição em favor das entidades sindicais que será custeada por todos os abrangidos pela negociação coletiva que, em se tratando das entidades sindicais de trabalhadores, será descontada em folha de pagamento". De modo que se perdeu todo o tempo de discussão no Fórum Nacional do Trabalho.

Como já referido, a Lei n. 11.648, de 2008, reconheceu as centrais e lhes deu sustentação financeira, atribuindo-lhe uma parcela da contribuição sindical. Porém já determinou sua extinção e sua substituição por outra, batizada de contribuição negocial, a mesma contribuição retributiva do Projeto das centrais acolhida pelo governo Fernando Henrique Cardoso, a mesma contribuição de negociação coletiva do Anteprojeto do Fórum Nacional do Trabalho; enfim, a mesma contribuição assistencial.

Segundo a disciplinação traçada no art. 7º da lei, os arts. 578 a 610 da Consolidação das Leis do Trabalho — toda a disciplinação da contribuição sindical — vigorarão até que a lei venha a disciplinar a contribuição negocial, vinculada ao exercício efetivo da negociação coletiva e à aprovação em assembleia geral da categoria.

Logo apressou-se o Ministro do Trabalho Carlos Luppi em convocar as centrais para a redação de uma minuta de anteprojeto. Depois de algum tempo de discussão, a Força Sindical, por intermédio de seu presidente Paulinho Pereira da Silva, deu o toque de recolher, retirando seu apoio à contribuição.

8.1. **Conceito**. Trata-se de contribuição fixada pela assembleia, retributiva pela representação da categoria como um todo nas negociações coletivas e sua abrangência nos acordos, nas convenções e sentenças proferidas em dissídios coletivos, destinada à sustentação do sindicato de classe.

Com acerto, Arnaldo Lopes Süssekind vê semelhança com a contribuição de solidariedade, comum em outros países.

A contribuição retributiva ou de solidariedade não é estranha em outros países, na Argentina(246), na Alemanha(247), em Honduras, na Colômbia, no Equador, no Panamá(248), na Suíça.(249) A propósito, valiosa a lição de Arnaldo Lopes Süssekind: "O que o Comitê (de Liberdade Sindical) vem admitindo, para reforçar as finanças do sindicato, é a estipulação de uma quota de solidariedade, ou *canon* de participação, na convenção coletiva por ele ajustada, como decorrência da aplicação *erga omnes* de vantagens estabelecidas no instrumento negociado ou arbitrado, a ser pago exclusivamente pelos não associados. A cobrança dessa quota ou *canon* vem-se generalizando. Argentina, Colômbia, Espanha, Grécia e Reino Unido já a adotaram, exigindo-a dos não associados beneficiados pela negociação ou arbitragem. Na Suíça e na Turquia, as condições ajustadas ou arbitradas não se aplicam *erga omnes*, só beneficiando os não associados que pagarem essa quota ao correspondente sindicato. Segundo revelam publicações da OIT, outro sistema foi adotado na República Árabe da Síria, no Panamá e na Tanzânia, onde os trabalhadores não sindicalizados estão obrigados, independentemente da atuação do sindicato da respectiva categoria ou empresa, a pagar-lhe uma contribuição, se metade dos componentes do grupo representado pertencer ao seu quadro de associados".(250)

---

(246) MAGANO, Octavio Bueno. A organização sindical na nova constituição. *Revista LTr*, v. 53, n. 1, p. 42, jan. 1989.

(247) SILVA, Antônio Álvares da. Convenção coletiva de trabalho perante o direito alemão. Rio de Janeiro: Forense, 1991. p. 58.

(248) CÓRDOVA, Éfren. *Relações coletivas de trabalho na América Latina*. São Paulo: LTr, 1985. p. 173.

(249) *Las negociaciones colectivas*. Genebra: Oficina Internacional del Trabajo, 1960. p. 89.

(250) *Comentários à Constituição*, cit., p. 48.

Amauri Mascaro Nascimento acrescenta o Equador e o Egito, nos quais, "como no Brasil, vigora o tributo sindical compulsório e geral".(251) Sergio Pinto Martins lembra das Filipinas, de Cuba e dos Estados Unidos(252), e José Pastore completa afirmando que "a contribuição fundada na negociação coletiva é praticada, também, no Canadá, no México, na Colômbia, na Argentina, na Irlanda, na França, na Itália, na Espanha, na Suíça, em Israel, na África do Sul, na Austrália, no Peru, no Chile.(253)

Como revela José Pastore, "Na França, seguindo o modelo belga de participação dos sindicatos nos serviços de emprego e desemprego do governo, há uma fonte de recursos públicos, que vem dos comitês tripartites, recursos orçamentários de prefeituras, subvenções do Ministério do Trabalho para programas de formação profissional e do Gabinete do primeiro-ministro para o funcionamento do Instituto de Recherches Econômicos e Sociais, recursos de outros ministérios para funções específicas nos campos da educação, saúde, agricultura, além daqueles provenientes de organismos ligados à saúde e segurança do trabalho, sem falar nos honorários pagos aos dirigentes que prestam serviços nas comissões e nos comitês do governo. Além disso, os sindicatos prestam serviços a seus filiados, de treinamento, assistência jurídica e consultoria no campo de impostos, em especial do imposto de renda (...). Na Espanha, os sindicatos mais representativos são beneficiados com repasses governamentais de recursos advindos como compensação pela participação nos órgãos tripartites. Vale mencionar que ratearam entre si o patrimônio deixado pelos sindicatos fascistas do generalíssimo Franco, o que lhes permite, agora, ter como fonte de renda os aluguéis de imóveis e rendimentos das aplicações dos recursos advindos de sua venda. Em Portugal, da mesma forma, os sindicatos participam de inúmeros órgãos públicos, nos quais prestam serviços em comissões tripartites, recebendo ajuda financeira".(254)

Sua vinculação com as negociações coletivas é evidente, posto que sua exigibilidade se dá com sua inserção nos instrumentos normativos.

8.2. **Natureza jurídica**. Para Amauri Mascaro Nascimento seria uma contribuição destinada ao custeio dos serviços jurídicos, sociais, odontológicos, médicos e outros prestados pelo sindicato; logo, uma contribuição com fins assistenciais, tal como decorre da denominação assumida.

A natureza jurídica da contribuição segue o alcance que lhe dá o intérprete, diante de sua compulsoriedade ou de seu condicionamento a não oposição. Sergio Pinto Martins, por exemplo, entende-a como um desconto de natureza

(251) Contribuição assistencial e ação civil pública. In: *Trabalho & Doutrina*, v. 12, Saraiva, p. 9, mar. 1997.
(252) *Contribuições*. cit., p. 30/38.
(253) *Reforma sindical. Para onde o Brasil quer ir?* São Paulo: LTr, 2003. p. 57 e ss.
(254) *Op. cit.*, p. 23, 38/39/52.

convencional, facultativo, estipulado pelas partes e não compulsório, que seria proveniente de lei, decorrendo da autonomia da vontade dos contratantes ao pactuarem o desconto pertinente na norma coletiva, embora a referida contribuição também possa ser estabelecida em sentença normativa.

A propósito, lembra a opinião de Délio Maranhão, para quem seria uma doação, desde que autorizada pelo trabalhador.[255] Na mesma linha, fica Süssekind, entendendo tratar-se de uma doação consentida, quando não fosse exercido o direito de oposição.[256]

Para nós, a contribuição negocial, de negociação coletiva ou assistencial, apesar da impropriedade da denominação, até porque o assistencialismo só beneficia os associados, é expressão de poder, o mesmo que permite ao sindicato negociar o salário justo e melhores condições de trabalho para todo o grupo que se integra em sua representação, emanada da mesma assembleia que define os interesses coletivos do grupo, tendo assim caráter retributivo para os não filiados e estatutário para os associados.

8.3. **Procedimento**. O procedimento a ser seguido tem início com a assembleia dos interessados, que deverá aprovar a contribuição, com todos os seus complementos, o valor, a periodicidade e, se for o caso, o teto e o piso.

Formalizado o acordo ou a convenção ou ainda julgado o dissídio coletivo, o sindicato dará ciência inequívoca aos trabalhadores e aos empregadores. A estes remeterá as guias apropriadas para recolhimento em conta bancária do sindicato, ou diretamente à sua tesouraria.

8.4. **Oposição**. Como já visto, o Tribunal Superior do Trabalho, num primeiro momento, condicionou o desconto da contribuição a não oposição do trabalhador. O Supremo Tribunal Federal assim também entendeu, e adiante, diversamente, para depois considerar que o tema não tem relevo constitucional.[257]

O direito de oposição tem como fundamento a liberdade sindical, negativa, como se vê, direito de não se filiar ao sindicato. Mas a mesma liberdade não permite que o trabalhador se oponha à cláusula constante de acordo ou convenção coletiva que o vincule a um banco de horas ou o obrigue a trabalhar em escala de revezamento.

Mas, diante da polêmica criada, a contribuição assistencial só se mantém graças à defesa intransigente dos sindicatos, que ficou ainda mais comprometida com a edição da estranha e inusitada Portaria n. 160, de 13 de abril de 2004, do Ministro do Trabalho e Emprego Ricardo Berzoini, que presidiu o

(255) *Direito do trabalho*. São Paulo: FGV, 1978. p. 200.
(256) *Contribuições*, cit., p. 9.
(257) Proc. AI n. 442177, 2ª T., rel. Min. Carlos Velloso, DJ 5.12.2003, p. 29; AgR n. 220623, rel. Min. César Peluso, DJ 15.10.2004, p. 11.

Sindicato dos Bancários de São Paulo. A Portaria em causa cuidou de regulamentar de uma só vez, tardiamente, o inciso IV do art. 8º da Constituição e o art. 513, alínea *e*, da CLT, estabelecendo: "Art. 1º As contribuições instituídas pelos sindicatos em assembleia geral da categoria, em especial a confederativa e/ou as constantes de convenção ou acordo coletivo e sentença normativa, em especial a contribuição assistencial, são obrigatórias apenas para os empregados sindicalizados". Com fúria legisferante, consignou no art. 2º que "O empregador poderá efetuar o desconto, em folha de pagamento de salário, do valor correspondente às contribuições devidas pelos empregados aos sindicatos respectivos e previstas em convenção ou acordo coletivo de trabalho registrados no Ministério do Trabalho e Emprego, em sentença normativa ou em assembleia geral sindical, quando notificado do valor das contribuições. § 1º Para os empregados não sindicalizados, o desconto em folha de pagamento somente poderá ser efetuado mediante prévia e expressa autorização do empregado. I. A autorização de que trata o § 1º será efetuada por escrito e conterá as seguintes informações: A) nome do sindicato para o qual será creditada a contribuição; B) identificação do instrumento coletivo que instituiu a contribuição e o período de vigência; C) identificação do valor ou da forma de cálculo da contribuição; D) identificação e assinatura do empregado. II. A autorização terá validade pelo período de vigência do instrumento coletivo e poderá ser revogada pelo empregado a qualquer tempo. § 2º O desconto em folha de pagamento efetuado sem a devida autorização do empregado não sindicalizado ou com base em instrumento coletivo não registrado no MTE sujeita o empregador à autuação administrativa pela fiscalização do trabalho (Ementa n. 000365-4 — Efetuar descontos nos salários do empregado, salvo os resultantes de adiantamentos, de dispositivos de lei ou convenção coletiva de trabalho)".

A Portaria visava a compelir os sindicatos a apoiar o Anteprojeto de Reforma Sindical do Fórum Nacional do Trabalho; tanto que o Ministro, com o apoio das centrais, que concordaram expressamente em orientar seus filiados para adotarem, desde logo, a contribuição de negociação coletiva, tal como posta no Anteprojeto, editou outra portaria, suspendendo os efeitos da primeira. Só que o Ministério Público ingressou com medida judicial contra a última, obtendo liminar para trancar sua vigência. Pouco depois, o Ministro Marco Aurélio acolheu, também liminarmente, pedido de declaração da inconstitucionalidade — flagrante, aliás, da Portaria.

8.5. **Fato gerador**. A obrigação decorre necessariamente de deliberação de assembleia e disposição em instrumento normativo.

9. **Contribuição confederativa**. O art. 8º, no inciso IV, instituiu a contribuição destinada ao custeio do sistema de representação confederativa:

"a assembleia geral fixará a contribuição que, em se tratando de categoria profissional, será descontada em folha, para custeio do sistema confederativo da representação sindical respectiva, independentemente da contribuição prevista em lei."

Sem a menor sombra de dúvida, seu propósito era substituir a contribuição assistencial, tendo natureza retributiva de representação do grupo como um todo nas negociações coletivas e abrangência irrestrita nos instrumentos normativos; logo, compulsória, não comportando nenhuma forma de oposição.

De fato, a proposta aprovada na Comissão da Ordem Social estabelecia que a assembleia geral fixaria a contribuição destinada ao custeio do sindicato. Já o anteprojeto da Comissão de Sistematização dispunha que "a Assembleia Geral é o órgão deliberativo supremo da entidade sindical, cumprindo-lhe deliberar sobre sua constituição, organização, dissolução, eleição para os órgãos diretivos e de representação; aprovar o seu estatuto e fixar a contribuição da categoria, que poderá ser descontada em folha, mediante autorização por escrito do interessado". A segunda versão acolhia a emenda do deputado Geraldo Campos (PSDB-DF), nestes termos: "A assembleia geral fixará a contribuição da categoria que será descontada em folha para custeio das atividades da entidade". As confederações de trabalhadores e patronais, temerosas de perderem espaço na concorrência com as centrais, unidas, criaram poderoso bloco de pressão que conseguiu encaixar no texto sua tábua de salvação: o sistema confederativo, que o relator, deputado Bernardo Cabral (PMDB-AM), acolheu em seu substitutivo, com apoio do grupo conservador que ficou conhecido como "Centrão". A discussão que se seguiu foi grande. O deputado Carlos Chiarelli (PFL-RS) questionou a emenda, assinalando que ficara mantida a contribuição sindical e, com ela, uma nova, a confederativa. Plínio Arruda Sampaio (PT-SP) defendeu-a, anotando que "o sindicato não atua somente em benefício dos seus associados, mas em benefício de toda a categoria. Tem gastos para fazer esses benefícios que ultrapassam de muito aqueles que teria se unicamente tivesse a defesa dos seus associados, ele defende toda a categoria e, quando ganha, o faz para toda a categoria. O resultado que consegue estende-se a todos os membros da categoria. De modo que sempre foi de nossa tradição que a assembleia geral dos sindicatos vote a contribuição e todos os da categoria paguem por ela". O destaque do deputado Luiz Inácio Lula da Silva (PT-SP) que suprimia a referência ao sistema confederativo foi defendido por Roberto Freire (PCB-PE), que incisivamente assim concluiu: "São os trabalhadores e os empregadores que vão definir, nas suas assembleias gerais, a sua estrutura e a sua contribuição". Mas na votação foi derrotada, recebendo 32 votos contra e 45 favoráveis à proposta original. Finalmente foi votado o destaque do deputado Gastone Righi (PTB-SP) que restringia a contribuição aos filiados do sindicato. O relator, deputado José Fogaça (PMDB-RS), opinou contrariamente. Posta em votação, foi rejeitada pelo voto de 52 Constituintes, tendo o apoio de apenas 23.[(258)] Desse modo, foi aprovado o texto do inciso IV do art. 8º: "a assembleia geral fixará a contribuição que, em se tratando de categoria profissional, será descontada em folha, para custeio do sistema confederativo da representação sindical respectiva, independentemente da contribuição prevista em lei".[(259)]

Todavia, o Supremo Tribunal Federal, inusitadamente, entendeu a palavra categoria do inciso IV do art. 8º como quadro associativo, quando no anterior, III, categoria era o conjunto de trabalhadores que se ativam em uma mesma atividade econômica ou em atividades econômica afins, conforme a conceituação dada pelo § 2º do art. 511 da Consolidação das Leis do Trabalho. Com efeito, segundo o inciso III, o sindicato defende não somente direitos individuais, mas também interesses da categoria, o que justifica os efeitos amplos — *erga omnes*, no melhor juridiquês — dos acordos e das convenções coletivas e sentenças normativas proferidas em dissídios coletivos, dando elasticidade à representação compulsória dos sindicatos profissionais nas negociações coletivas.[(260)]

Como observou Octavio Bueno Magano: "A análise do texto indica pela sua alusão à categoria profissional, e não a associados, que se trata de contribuição exigível de todos os membros daquela. Aliás, para se exigir contribuição apenas de associados, não seria necessária nenhuma autorização, porque tal exigibilidade deriva do próprio conceito de associação".[(261)] No mesmo sentido, as opiniões de Amauri Mascaro Nascimento e Arnaldo Lopes Süssekind. Escreveu o primeiro: "A Constituição é imperativa e ordena o desconto em folha incidente, não apenas sobre os sócios do sindicato, mas sobre todo membro da categoria".[(262)] E o segundo completou: "A contribuição estipulada pela assembleia geral deve ser igual — ainda que em números relativos — para todos os componentes da categoria representada pelo sindicato, sendo devida por todos eles, e não apenas por associados".[(263)]

---

(258) *Anais da Assembleia Nacional Constituinte*, Suplemento "C", n. 171, 27.1.1988, v. I. p. 1.330, Brasília, *Jornal da Constituição,* encarte especial de jun. 1987, ns. 14, 22, 38 e 55.

(259) AROUCA, José Carlos. *Repensando o sindicato.* São Paulo: LTr, 1998. p. 234/235.

(260) Confira-se os textos legais: CF, art. 8º, III — ao sindicato cabe a defesa dos direitos e interesses coletivos ou individuais da categoria, inclusive em questões judiciais ou administrativas;
IV — a assembleia geral fixará a contribuição que, em se tratando de categoria profissional, será descontada em folha, para custeio do sistema confederativo da representação sindical respectiva, independentemente da contribuição prevista em lei;
V — ninguém será obrigado a filiar-se ou a manter-se filiado a sindicato; VI — é obrigatória a participação dos sindicatos nas negociações coletivas de trabalho.
CLT, art. 511, § 2º A similitude de condições de vida oriunda da profissão ou trabalho em comum, em situação de emprego na mesma atividade econômica ou em atividades econômicas similares ou conexas, compõe a expressão social elementar compreendida como categoria profissional.

(261) Relações coletivas de trabalho. In: *Folha de S. Paulo*, 17.5.1991.

(262) Contribuição confederativa. In: *Triálogo*, Ibrart, n. 12, ano III, jul. 1990.

(263) *Comentários à Constituição.* Rio de Janeiro: Freitas Bastos, 1991. v. 2.

Ainda é de Magano o registro: "A primeira (contribuição confederativa) — repita-se — não depende da lei, mas de fixação por parte das assembleias sindicais, no exercício de seu poder autônomo. Esse poder, explica-se, a seu turno, como desdobramento do pluralismo consagrado no art. 1º, V, da Constituição, quer dizer sociedade civil com vários centros de poder, inclusive o sindical".[264]

A Constituição deu ênfase ao princípio da legalidade, inscrito no inciso II do art. 5º como garantia fundamental. Como antes observado, reconheceu os acordos e as convenções coletivas (art. 7º, XXVI), dando aos sindicatos profissionais papel indispensável nas negociações coletivas (art. 8º, VI), atribuiu à assembleia geral definir os interesses coletivos da categoria (art. 9º) e competência aos sindicatos para defendê-los (art. 8º, III). Significa dizer que a convenção coletiva, como já mencionado, constitui a lei interna da categoria representada, isto é, na conceituação legal, o conjunto de trabalhadores que se ativam em uma mesma atividade econômica ou em atividades econômicas afins (CLT. art. 511, § 2º).

Mesmo assim o Supremo Tribunal Federal confirmou seu entendimento, materializando-o na Súmula n. 666: "A contribuição confederativa de que trata o art. 8º, IV, da Constituição, só é exigível dos filiados ao sindicato respectivo". Foi o fim da contribuição constitucional, destinada ao custeio do sistema confederativo em termos: só se comprometiam os trabalhadores filiados, logo, da mesma forma, apenas os sindicatos filiados, as confederações filiadas. Melhor, portanto, majorar a contribuição associativa ou aprovar uma extraordinária, sem ter de reverter parte às instâncias verticalizadas, "superiores", no jargão sindical.

9.1. **Conceito**. Sergio Pinto Martins, para quem a contribuição só obriga os pertencentes ao quadro social, dá-lhe esta definição: "prestação pecuniária, espontânea, fixada pela assembleia geral do sindicato, tendo por finalidade custear o sistema confederativo".[265]

Trata-se, contudo, de imposição constitucional e não simplesmente estatutária. Portanto, para os associados é compulsória. Mas é vinculada ao comando da assembleia, que poderá ou não estabelecê-la, determinar sua periodicidade e estabelecer condicionamentos.

Neste quadro assemelha-se à contribuição associativa, mas possui um componente diferenciador, como é sua destinação. Se presta-se para custear o sistema confederativo, sua legitimação condiciona-se à fixação de quotas que reverterão para as instâncias de níveis superiores: federação e confederação. Essas poderão, através de disposições estatutárias, dimensionar o

(264) Receitas sindicais. *Folha de S. Paulo*, 4.11.1990.

(265) *Op. cit.*, p. 79.

percentual ou valor mínimo ou máximo que lhes serão atribuídos, mas sempre como condição para manter-se a filiação, posto que, sendo deliberação de assembleia, a essa cumprirá definir o quanto destinará às demais organizações do sistema. Afinal, o desconto atingirá os associados do sindicato.

Mas, se como decidiu o Supremo Tribunal Federal, a contribuição só obriga os associados, pode-se concluir que a reversão para a federação dependerá de o sindicato ser seu filiado, de a federação respectiva, da mesma forma, filiar-se à confederação.

Sendo assim, deve-se conceituar a contribuição como participação do sindicato, para custeio do sistema confederativo que compõe com a federação e a confederação, enquanto ligados pelo vínculo associativo.

9.2. **Natureza jurídica.** Süssekind qualificou-a como contribuição *sui generis*, que tem características de tributo.[266] Contrariamente, Antonio Nicácio a considera contribuição instituída pelo próprio sindicato, ou seja, pela assembleia geral, uma prestação pecuniária compulsória, abrangendo toda a categoria econômica ou profissional, decorrente da atribuição de parcela de poder de império do Estado.[267]

A palavra final foi dada pelo Supremo Tribunal Federal, que assentou:

"Contribuição confederativa instituída pela assembleia geral — CF art. 8º, IV — distingue-se da contribuição sindical instituída por lei, com caráter tributário – CF, art. 149 —, assim compulsória. A primeira é compulsória apenas para os filiados do sindicato." RE — 198092/SP, rel. Min. Carlos Velloso, DJ 11.10.1996, p. 38.509.

E negou-lhe natureza tributária:

"Contribuição Confederativa. Art. 8º, IV, da Constituição. Trata-se de encargo que, por despido de caráter tributário, não sujeita senão os filiados da entidade de representação profissional. Interpretação que, de resto, está em consonância com o princípio da liberdade sindical, consagrado na Carta da República." (Supremo Tribunal Federal. RE 189443-1, Rel. Min. Ilmar Galvão, DJU 11.4.97, p. 12.208).

Desse modo, Sergio Pinto Martins conclui: "por ter natureza privada, decorrente do fato de a pessoa participar do sindicato na condição de associado", sendo assim, "facultativa, voluntária, de natureza consensual".[268]

No entanto, como assinalamos, para os associados é compulsória.

(266) *Comentários*, cit., p. 53.
(267) O poder de tributar dos sindicatos — art. 8º, IV, da nova Constituição. *Suplemento Trabalhista LTr*, 37-207/89.
(268) *Op. cit.*, p. 90.

Por conseguinte, a natureza jurídica da contribuição decorre da autonomia coletiva privada, da submissão dos sócios à deliberação democrática da assembleia geral e do regime estatutário.

9.3. **Fato gerador.** O fato gerador da contribuição não é simplesmente a deliberação da assembleia, mas, também, seu condicionamento ao comando constitucional que a diferencia da simplesmente associativa, impondo a reversão de uma quota às associações de nível superior.

9.4. **Sujeitos.** Sujeito passivo, em princípio, os trabalhadores e empregadores associados de seus sindicatos, que suportarão o desconto. Seus destinatários: sindicato, federação e confederação.

9.5. **Aplicação**. Não foram poucos os que viram o dispositivo constitucional como de eficácia contida, dependente de regulamentação ordinária. Ives Gandra Martins assinalou que: "As contribuições especiais no Brasil, sobre terem natureza tributária ... apenas podem ingressar no universo jurídico pelo veículo da lei complementar, colocado no texto constitucional, como garantia do sistema e do contribuinte, simultaneamente." Süssekind, apoiando-se nesse ensinamento, conclui que "sob pena de admitir-se que a Carta Magna deu ao sindicato um poder para tributar maior do que o da União Federal, ter-se-á de concluir que, sem prévia lei disciplinadora dessa contribuição especial, a assembleia geral da aludida associação não poderá dispor sobre o seu fato gerador, a periodicidade, a base de cálculo e os percentuais de distribuição entre as entidades componentes do 'sistema confederativo da representação sindical respectiva' e bem assim fixar ilimitadamente o valor da prestação".[(269)]

O juízo formulado tinha em conta, necessariamente, a vinculação da categoria como um todo, independentemente de filiação.

Celso Ribeiro Bastos tem um ponto básico de interpretação: "O princípio vigorante é o da aplicação imediata, que, no entanto, cede em duas hipóteses: a) quando a Constituição expressamente refere que o direito acenado só será exercitável nos termos e na forma da lei; b) quando o preceito constitucional for destituído de elementos mínimos que assegurem a sua aplicação; é dizer que não pode o vazio semântico ser tão acentuado a ponto de forçar magistrado a converter-se em legislador".[(270)]

Coube ao Supremo Tribunal Federal decidir, e decidiu pela dispensabilidade de lei regulamentadora:

---

(269) Obra coletiva. *Comentários à Constituição*. Rio de Janeiro: Freitas Bastos, 1991. v. 2, p. 54.
(270) *Comentários à Constituição do Brasil*. São Paulo: Saraiva, 1989. v. 2, p. 393.

"Contribuição confederativa. Art. 8º, IV da Constituição. Autoaplicabilidade. Consolidou-se o entendimento, nesta Primeira Turma, de que a contribuição prevista no art. 8º, IV da Constituição, não depende, para ser cobrada, de lei integrativa. Precedentes: RREE 191.022, 198.092 e 189.443." (RE — 199019/SP, Rel. Min. Octávio Gallotti, DJ 16.10.1998, p. 18)

9.6. **Competência para a solução dos litígios**. Muito se discutiu, também, sobre a competência para conhecimento e solução das controvérsias, quando se tratasse de deliberação da assembleia, sem figurar nos instrumentos normativos. Decidiu o Supremo Tribunal Federal: "Convenção coletiva de trabalho: validade de cláusula que obriga os empregadores ao desconto de contribuição confederativa aprovada em assembleia geral da categoria profissional e competência da Justiça do Trabalho para as ações dela decorrentes (...) A mim parece que, no dispositivo constitucional em pauta, 'controvérsias decorrentes da relação de trabalho' não são apenas as que se insiram na relação de emprego estabelecida entre o trabalhador e a empresa. E assim me parece, pela razão singela de que essas últimas já são objeto da primeira hipótese de competência da Justiça do Trabalho, segundo o art. 114, pois consubstanciarão dissídios entre trabalhadores e empregadores, enquanto tais (...). Desse modo, estou em que a Constituição permitiu à lei incluir, na competência da Justiça do Trabalho, ações sindicais que, como a presente, visem a compelir o empregador ao cumprimento de cláusula de convenção ou acordo coletivo que lhe imponha o pagamento ou o desconto de contribuições devidas à entidade: aí se cuida, sim, data vênia, de 'controvérsia decorrente de relação de trabalho, na medida em que este — o vínculo de emprego com cada um dos trabalhadores da categoria — é pressuposto necessário, *conditio sine qua non* da correspondente obrigação de pagamento ou desconto." (RE. 287.227-0, rel. Min. Sepúlveda Pertence, acórdão de 18.12.2000, in *Rev. LTr* 65-04/444)

Com a Emenda n. 45, de 8 de dezembro de 2004, perdeu importância a discussão diante da ampliação dada à Justiça do Trabalho por meio do art. 114, que no inciso III assume, também:

"as ações sobre representação sindical, entre sindicatos, entre sindicatos e trabalhadores, e entre sindicatos e empregadores."

Desse modo, também a cobrança da contribuição sindical se fará perante a Justiça do Trabalho.

9.7. **Conclusão.** O Supremo Tribunal Federal tolheu a discussão quanto ao alcance da contribuição assistencial, passando a entender que o tema esgota-se na esfera ordinária, por se tratar de matéria de natureza infraconstitucional. Assim, até que se volte a enfrentá-lo, pode-se encerrar a polêmica, situando-a nestes limites:

a) contribuição retributiva de representação sindical, impropriamente designada como assistencial, compulsória, obrigando a categoria como um todo, sem comportar o direito de oposição, tendo como fundamento a prerrogativa/dever de defender interesses coletivos da categoria como um todo, mediante negociações coletivas ou em juízo, através do dissídio coletivo. Combatida pelo Ministério Público do Trabalho, negada pela Justiça do Trabalho, ainda assim se mantém, com apoio do patronato, constituindo moeda de troca no procedimento negocial e receita ordinária das entidades de classe;

b) contribuição confederativa: compulsória apenas para os associados do sindicato, perdendo importância diante da natureza que lhe foi dada.

c) contribuição sindical, mantida enquanto não se aprovar a negocial.

d) contribuição negocial, como substitutivo da sindical, prevista em lei, mas dependendo de outra para ter vida própria.

PARTE 9. IMUNIDADES SINDICAIS

Sumário: 1. Considerações. 2. Disciplinação constitucional. 3. Disciplinação legal. 4. O tema no plano internacional. 5. Dirigente e representante sindical. 6. Sindicatos profissionais e patronais. 7. Inamovibilidade. 8. Inalterabilidade funcional. 9. Garantia de emprego. 10. Limitações. 11. Delegados sindicais. 12. Conselhos Consultivos. Comissões Mistas de Consulta e Colaboração, Comissões de Fábrica e similares. 13. Suspensão do contrato de trabalho para exercício do mandato sindical. 14. Atuação e participação.

1. **Considerações**. Everardo Dias já anotara, a propósito dos dirigentes sindicais, que "o líder entrava no escalão moral dos bandidos, dos ladrões, dos *cáftens*, de toda a salsugem que vive à margem da sociedade em luta contra a casta dominante".[271] A história registra perseguições, prisões e até eliminação de homens que, à frente de seus sindicatos, procuraram defender os interesses dos trabalhadores. Claro, pois, que estavam expostos, quando menos a perderem o emprego, passando para as listas negras, de modo que não obteriam outros postos de trabalho. Adiante, "a figura do dirigente sindical moderno", como escreve José Albertino Rodrigues, tornou-se "muito diferente daquele indivíduo dotado de grande capacidade de liderança, de coragem e de resistência, além de uma disposição incomum de luta, que caracterizava o antigo líder operário. Hoje ele precisa ser mais líder e mais dirigente, porque comanda não apenas uma massa de trabalhadores, mas, também, uma organização que, estando a serviço daquela massa, precisa dispor não apenas de um sistema racional de funcionamento interno, mas, também, de um preparo especial para servi-la e enfrentar a organização, aperfeiçoada das empresas, além das entidades patronais e governamentais com quem deve tratar".[272]

(271) *História das lutas sociais no Brasil.* Edaglit, 1962. Everardo Dias completa: "Ser líder, ganhava prisão, deportação, espancamento no xadrez, uma tuberculose galopante ou mesmo a aventura do Bispo Sardinha, nos limites da Noroeste ou nos seringais do Acre, confinamento com trabalho forçado no sertão do Avanhandava".
Vale a referência ao advogado de sindicato: "Se era advogado, ficava sem cliente e a fome rondava seu lar, a polícia vigiava-o hostilmente".
(272) *Sindicato e desenvolvimento no Brasil.* São Paulo: Difusão Europeia do Livro, 1968. p. 146.

No regime do Decreto n. 19.770, de 1931, o art. 13 vedava "aos patrões ou empresas despedir, suspender e rebaixar de categoria, de salário ou de ordenado o operário ou empregado, pelo fato de associar-se ao sindicato de sua classe ou por ter, no seio do mesmo sindicato, manifestado ideias ou assumido atitudes em divergência com os seus patrões". Mas a reparação consistia no pagamento de indenização correspondente ao salário de seis meses e no caso de suspensão de até 30 dias, ao salário de dois meses, que era mantida enquanto perdurasse a suspensão. No caso de rebaixamento de categoria, de salário ou de ordenado, prevalecia o critério adotado para as suspensões, impostas pela autoridade "competente", com recurso para o Ministro do Trabalho, Indústria e Comércio. No caso de tratar-se de empregado garantido pela vitaliciedade, a indenização seria de quantia correspondente a cinco anos de salário, e ao que fosse rebaixado ou tivesse reduzido seu ganho, a três anos, isso depois do "competente processo administrativo".

O Decreto n. 24.694, de 1934, não deixou de proteger o dirigente sindical. Seu art. 29 não permitia que o empregado eleito para cargos de administração ou de representação do sindicato, por motivo de serviço, fosse impedido do exercício de suas funções, transferido sem justa causa, mas a juízo do Ministério, para local ou mister que lhe dificultasse o desempenho da comissão ou do mandato. Seu § 2º já considerava como de licença não remunerada, salvo assentimento do empregador ou cláusula contratual, o tempo de ausência ao trabalho em desempenho de seu mandato, mas isso para o tempo excedente de um dia. O art. 31 vedava a dispensa, a suspensão e o rebaixamento de categoria ou de salário, com a intenção de obstar a associação em sindicato, nele manter-se ou de criar uma associação sindical. Tratando-se de dispensa, receberia indenização de valor equivalente a tantos meses de salário quantos fossem os anos de serviços prestados, e, no caso de "suspensão ou redução" do contrato ou do ganho, remuneração integral por todo o tempo de sua duração.

Com o Decreto-lei n. 1.402, de 1939, chegou-se à redação que seria transportada para a Consolidação das Leis do Trabalho como art. 543: "O empregado eleito para cargo de administração sindical ou representação profissional não poderá, por motivo de serviço, ser impedido do exercício de suas funções, nem transferido sem causa justificada, a juízo do Ministério do Trabalho, Indústria e Comércio, para lugar ou mister que lhe dificulte ou torne impossível o desempenho da comissão ou do mandato". Quanto à reparação, o art. 34 dispôs que "o empregador que despedir, suspender ou rebaixar de categoria o empregado ou lhe reduzir o salário, para impedir que o mesmo se associe a sindicato, organize associação sindical ou exerça os direitos inerentes à condição de sindicalizado, fica sujeito à penalidade prevista no art. 43, alínea *a*, sem prejuízo da reparação a que tiver direito o empregado". Naturalmente, a penalidade, no caso, não passava de multa administrativa.

O Decreto-lei n. 229, de 1967, deu nova redação ao dispositivo, acrescentando-lhe os seis parágrafos. A cabeça do texto ficou assim: "O empregado eleito para cargo de administração ou representação profissional, inclusive junto a órgão de deliberação coletiva, não poderá ser impedido do exercício de suas funções nem transferido para lugar ou mister que lhe dificulte ou torne impossível o desempenho de suas atribuições sindicais".

O § 3º vedava "a dispensa do empregado sindicalizado, a partir do momento do registro de sua candidatura a cargo de direção ou representação sindical", mas apenas até 90 dias "após o final do seu mandato, caso seja eleito, inclusive como suplente, salvo se cometer falta grave devidamente apurada nos termos da Consolidação". Em 1973, a Lei n. 5.911 ampliou para um ano a garantia. Finalmente a Lei n. 7.543, de 2.10.1986, deu-lhe a roupagem que ainda tem.

2. **Disciplinação constitucional**. A Constituição repetiu literalmente, no inciso VIII do art. 8º, a garantia de emprego dada ao dirigente sindical, pelo § 3º do art. 543 da Consolidação das Leis do Trabalho:

"É vedada a dispensa do empregado sindicalizado a partir do registro da candidatura a cargo de direção ou representação sindical e, se eleito, ainda que suplente, até um ano após o final do mandato, salvo se cometer falta grave nos termos da lei."

3. **Disciplinação legal**. A CLT assegura aos dirigentes sindicais, efetivos e suplentes, garantia de inamovibilidade, do emprego, do cumprimento do mandato, inclusive com a suspensão dos contrato de trabalho e de livre atuação:

"Art. 543. O empregado eleito para cargo de administração sindical ou representação profissional, inclusive junto a órgão de deliberação coletiva, não poderá ser impedido do exercício de suas funções, nem transferido para lugar ou mister que lhe dificulte ou torne impossível o desempenho das suas atribuições sindicais.

§ 1º O empregado perderá o mandato se a transferência for por ele solicitada ou voluntariamente aceita.

§ 2º considera-se de licença não remunerada, salvo assentimento da empresa ou cláusula contratual, o tempo em que o empregado se ausentar do trabalho no desempenho das funções a que se refere este artigo.

§ 3º Fica vedada a dispensa do empregado sindicalizado ou associado, a partir do momento do registro de sua candidatura a cargo de direção ou representação de entidade sindical ou de associação profissional, até 1 (um) ano após o final do seu mandato, caso seja eleito, inclusive como suplente, salvo se cometer falta grave devidamente apurada nos termos desta Consolidação.

§ 4º Considera-se cargo de direção ou de representação sindical aquele cujo exercício ou indicação decorre de eleição prevista em lei.

§ 5º Para os fins deste artigo, a entidade sindical comunicará por escrito à empresa, dentro de 24 (vinte e quatro) horas, o dia e a hora do registro da candidatura do seu empregado e, em igual prazo, sua eleição e posse, fornecendo, outrossim, a este, comprovante no mesmo sentido. O Ministério do Trabalho fará no mesmo prazo a comunicação no caso da designação referida no final do § 4º.

§ 6º A empresa que, por qualquer modo, procurar impedir que o empregado se associe a Sindicato, organize associação profissional ou sindical ou exerça os direitos inerentes à condição de sindicalizado fica sujeita à penalidade prevista na letra a do art. 553, sem prejuízo da reparação a que tiver direito o empregado."

Desde 1996, com a Lei n. 9.270, ficou facultado ao juiz, na forma do inciso X do art. 659 da CLT, "conceder medida liminar, até decisão final do processo em reclamações trabalhistas que visem reintegrar no emprego dirigente sindical afastado, suspenso ou dispensado pelo empregador".

"Competem privativamente aos Presidentes das Juntas, além das que lhes forem conferidas neste Título e das decorrentes de seu cargo, as seguintes atribuições:

X — conceder medida liminar, até decisão final do processo, em reclamações trabalhistas que visem reintegrar no emprego dirigente sindical afastado, suspenso ou dispensado pelo empregador."

4. **O tema no plano internacional**. A Convenção n. 98 da OIT não se limita a dar efetividade às negociações coletivas, assegura, também, o direito de sindicalização.

Seu art. 1º levado à risca bastaria para garantir o emprego de quem sofresse despedida arbitrária, mas desde que seja comprovada sua motivação antissindical, seja porque o trabalhador associou-se ao sindicato, seja por ter participado ativamente nas assembleias e manifestações:

"1. Os trabalhadores gozarão de adequada proteção contra atos de discriminação com relação a seu emprego.

2. Essa proteção aplicar-se-á especialmente a atos que visem:

a) sujeitar o emprego de um trabalhador à condição de que não se filie a um sindicato ou deixe de ser membro de um sindicato;

b) causar a demissão de um trabalhador ou prejudicá-lo de outra maneira por sua filiação a um sindicato ou por sua participação em atividades sindicais fora das horas de trabalho ou, com o consentimento do empregador, durante o horário de trabalho."

5. **Dirigente e representante sindical**. Tanto a Constituição como a Consolidação das Leis do Trabalho vedam a dispensa do empregado enquanto candidato e depois, se eleito para cargo de direção ou representação sindical.

Para compreender-se o sentido que se empresta a cargo, é indispensável atentar para os arts. 522 e 538 da CLT. O primeiro: "A administração do sindicato será exercida por uma diretoria ... e um conselho fiscal ....". O segundo trata das federações dispondo que "A administração das federações e confederações será exercida pelos seguintes órgãos: a) Diretoria; b) Conselho de Representantes; c) Conselho Fiscal. O Conselho de Represen-tantes, diante do que estatui o § 4º, será formado pelas delegações dos sindicatos ou das federações filiadas.

Logo, diretoria é o órgão executivo ao qual cabe a administração das diferentes instâncias, do sindicato, da federação e da confederação e a ação na defesa dos direitos e interesses individuais e coletivos da categoria. O conselho fiscal faz parte da administração, tendo competência limitada à fiscalização da gestão financeira. Os delegados compõem o Conselho de Representantes dos organismos superiores como representantes de suas entidades, os sindicatos, nas federações, e essas, nas confederações.

Todos são eleitos. Mesmo assim, o Tribunal Superior do Trabalho entende que o membro do conselho fiscal não representa ou atua na defesa de direitos da classe, tendo competência limitada à fiscalização da gestão financeira, razão pela qual não goza da estabilidade reservada aos dirigentes sindicais:

Na mesma linha reacionária e restritiva a jurisprudência inclina-se por negar a garantia aos delegados federativo e confederativo. Não bastasse o comando expresso do inciso VIII da Constituição e do § 3º do art. 543 da Consolidação das Leis do Trabalho, a Convenção n. 98 da OIT, que integra nosso ordenamento jurídico, repita-se, seria suficiente para vedar a demissão sem justa causa tanto dos membros do conselho fiscal como dos delegados junto às instâncias verticalizadas. Nesta linha, o voto vencido do Ministro Mauricio Godinho Delgado: "Recurso de revista. Suplente de delegado da federação. Estabilidade sindical. Violação. Art. 543, § 3º, da CLT. Ressalvado o entendimento deste Relator no sentido de que as Convenções da OIT ns. 98 e 135, ratificadas pelo Brasil, concedem proteções adequadas e eficientes à representação dos trabalhadores (o que conduziria à extensão da garantia sindical de emprego aos delegados sindicais eleitos), a reiterada jurisprudência do TST, pela SBDI-1 e diversas Turmas, inclusive a 6ª, encaminhou-se na direção de considerar o delegado sindical não abrangido pela definição de cargo de direção ou de representação sindical previsto no § 4º do art. 543 da CLT, fato impeditivo do reconhecimento de sua estabilidade no emprego. Recurso de revista provido".

6. **Sindicatos profissionais e patronais**. De rigor entender-se que quando os textos constitucional e consolidado aludem a empregado sindicalizado restringem a garantia do emprego aos diretores e representantes de sindicatos de trabalhadores, sem cogitar, como seria natural, dos patronais.

A controvérsia surge quando um empregado, geralmente executivo, como se diz, é alçado à posição de diretor do sindicato dos empregadores, integrando um colegiado na qualidade de seu representante.

A hipótese não é incomum, tendo sido debatida no Poder Judiciário, que assim decidiu: "Dirigente Sindical Patronal. Estabilidade Provisória. Demissão no curso do mandato. Indenização. 1. Interpretação restritiva do inciso VIII do art. 8º da Constituição Federal: impossibilidade. Inexistência de norma legal ou constitucional que estabeleça distinção entre o dirigente sindical patronal e o dos trabalhadores. 2. Não perde a condição de empregado o trabalhador que, malgrado ocupe cargo de confiança na empresa empregadora, exerça mandato sindical como representante da categoria econômica. 3. Representante sindical patronal. Dispensa no curso do mandato. Indenização e consectários legais devidos desde a data da despedida até um ano após o final do mandato. Recurso extraordinário conhecido e provido. (RE 217355/MG, Rel. Min. Maurício Corrêa, 2ª Turma, DJ 2.2.2001, p. 142)

7. **Inamovibilidade**. Já foi visto que os sindicatos atuam em sua base territorial. Por conseguinte, o exercício do mandato restringe-se a seus limites. Se é transferido para local que extrapole a base, não poderá exercê-lo.

A Consolidação das Leis do Trabalho, no art. 460, proíbe a transferência do empregado, sem a sua anuência, para localidade diversa da que resultar do contrato, mas desde que acarrete necessariamente a mudança de seu domicílio. O § 2º contempla a hipótese da transferência provisória, permitida em caso de necessidade de serviço, quando poderá o empregador transferir o empregado para localidade diversa da que resultar do contrato.

Mas o dirigente sindical goza de proteção maior, não podendo ser transferido em nenhuma situação, para lugar ou mister que lhe dificulte ou torne impossível o desempenho das suas atribuições sindicais. Logo, ainda que a remoção seja para cidade vizinha, próxima, tornando desnecessária a mudança de domicílio, definitiva ou provisória, será vedada por afastar o dirigente de sua área territorial de atuação.

Além do mais, se a transferência dever-se a sua solicitação ou com ela se conformar, de acordo com a ressalva do § 1º, dar-se-á a perda do mandato.

8. **Inalterabilidade funcional**. O art. 468 da CLT veda, também, a alteração das condições contratuais mesmo quando consentidas pelo empregado, com efeitos danosos, isto é, quando direta ou indiretamente causar-lhe prejuízos, reputando, desde logo, sua nulidade.

Na garantia, compreende-se, em princípio, a inalterabilidade funcional. Mas, tratando-se de dirigente ou representante de sindicato de categoria diferenciada, naturalmente, a alteração atinge o exercício do mandato. É supor um motorista que tem sua função alterada para almoxarife. Claro está que a medida implica em restringir o alcance de sua atuação como dirigente de outro segmento profissional.

Por conseguinte, quando o art. 543 veda medidas tendentes a impedir o exercício de liderança, de modo a dificultar ou tornar impossível o desempenho de suas atribuições sindicais, tem-se que atinge, da mesma forma, a alteração funcional.

9. **Garantia do emprego**. Na verdade, mais do que garantia: estabilidade.

Na redação do art. 543, anterior ao Decreto-lei n. 229, de 1967, a garantia do dirigente sindical não ia além da proibição de transferência sem causa justificada, a juízo do Ministério do Trabalho, para lugar ou mister que lhe dificultasse ou tornasse impossível o desempenho do mandato. O Tribunal Superior do Trabalho, em 1951, viu nisso a garantia do emprego, porque, como afirmou J. Antero de Carvalho, "não seria lógico que a lei, vedando a transferência impeditiva da função sindical, admitisse a dispensa sem justa causa, mediante pagamento de indenização, como se estivéssemos em face de um caso comum".[(273)]

O Tribunal Superior do Trabalho decidiu nesta linha e no Supremo Tribunal Federal, em face do agravo de instrumento interposto; o Ministro Abner de Vasconcelos reconheceu ter se "dado ao preceito inteligência que à maioria dos julgadores pareceu comportar o texto do direito positivo, penetrando-lhe o espírito para desenvolver-lhe o alcance".

Outra controvérsia deu-se para determinar se o alcance da proteção chegava ao suplente da diretoria. Os intérpretes mais conservadores só reconheciam uma expectativa de direito, enquanto não houvesse uma convocação para o exercício efetivo do cargo, posto que, como assinalado por J. Antero de Carvalho, "sendo a estabilidade de que se cogita originária de interpretação (...), não seria o caso de ampliá-la, pois, caso contrário, estaria o intérprete legislando ou favorecendo uma extensão do texto legal".

O Tribunal Superior do Trabalho, em 1962, decidiu que "o suplente de diretoria de sindicato é dirigente sindical. O art. 543 da CLT não fala em diretor em exercício, portanto, goza de estabilidade provisória".

Com a edição do Decreto-lei n. 229, de 1967, encerrou-se a discussão, tendo sido expressamente vedada a dispensa do empregado, a partir do registro de sua candidatura a cargo de direção ou representação sindical, inclusive como suplente.

O art. 8º da Constituição, no inciso VIII, vedou a dispensa do empregado eleito para cargo de direção ou administração sindical, mas o § 3º do art. 543, que se mantém, ressalvou o cometimento de falta grave devidamente apurada nos termos da Consolidação.

---

(273) Retrospecto da estabilidade provisória do dirigente sindical. *Revista LTr*, 41/345.

A estabilidade decenal, prevista no art. 492, distinguia justa causa de falta grave; essa, a teor do art. 493, potencializada pela repetição ou por sua natureza, capaz de assumir significado de séria violação dos deveres e das obrigações do empregado.

A proteção especial dada ao empregado estável está na indispensabilidade de apuração da falta imputada mediante inquérito judicial, só se efetivando a rescisão do contrato quando comprovada.

A apuração dá-se através de inquérito disciplinado no art. 853 da CLT, que será instaurado pelo empregador. Consequência de sua improcedência será a reintegração do empregado no emprego, com pagamento dos salários e das demais vantagens contratuais deixadas de receber durante seu afastamento, segundo estabelece o art. 495.

Muito se polemizou quanto à indispensabilidade do inquérito para apuração da falta grave. A Lei n. 5.107, de 1966, que instituiu o sistema do Fundo de Garantia do Tempo de Serviço, no art. 25, afastou a controvérsia, exigindo que a imputação fosse apurada nos termos da CLT, logo, mediante inquérito.

Como já mencionado, o art. 659 da CLT, no inciso X permitiu ao juiz "conceder medida liminar, até decisão final do processo em reclamações trabalhistas que visem reintegrar no emprego dirigente sindical afastado, suspenso ou dispensado pelo empregador".

Diferentemente da anterior, a Constituição vigente não assegurou o direito à estabilidade, limitando-se a acenar com a relação de emprego protegida contra dispensa arbitrária ou sem justa causa no inciso I do art. 7º, que até hoje depende de regulamentação por via de lei complementar.

A Lei n. 5.107, de 1967, manteve o regime de estabilidade paralelamente ao do FGTS, para o qual exigia-se a opção do empregado. A Lei n. 8.036, de 11 de maio de 1990, por sua vez, substituiu a Lei n. 7.839, de 1989, sem revogar as disposições da CLT que tratam da estabilidade e do inquérito para apuração de falta grave, que assim subsistem no que se refere ao dirigente sindical.

Portanto, a dispensa do empregado eleito para cargo de direção ou representação sindical, mesmo com a substituição da estabilidade pelo regime do FGTS, condiciona-se a sua suspensão e à instauração de inquérito destinado à apuração de falta grave.

Disputa-se acerca do alcance da medida protecionista. Extinguindo-se a empresa, o estabelecimento ou mesmo o setor de trabalho, e ainda, quando transfere-se para outra localidade, entende o Tribunal Superior do Trabalho que se extingue a garantia. De se ver, porém, que o trabalhador é eleito em função da categoria como um todo, não se limitando sua representação aos companheiros da mesma empresa. De qualquer forma, a aplicar-se subsidiariamente as regras da CLT, não se pode perder de vista que o art. 497 estabelece que "extinguindo-se a empresa, sem a ocorrência de motivo de força maior, ao empregado estável despedido é garantida a indenização por rescisão do contrato por prazo indeterminado, paga em dobro", enquanto o art. 498 assegura o mesmo direito na hipótese de fechamento do estabelecimento, de filial ou agência e, ainda, havendo supressão necessária de atividade.

O art. 496 permitia a conversão da estabilidade em indenização dobrada "quando a reintegração do empregado estável for desaconselhável, dado o grau de incompatibilidade resultante do dissídio". Dificilmente se aplicará o dispositivo quando o contrato de trabalho estiver suspenso ou a falta imputada interligar-se com o exercício da representação sindical.

10. **Limitações**. A aplicação do dispositivo tem gerado sérias controvérsias, a começar pelo atendimento da exigência do § 5º, que impõe à entidade sindical proceder a comunicação, por escrito, à empresa, dentro de 24 horas, do dia e da hora do registro da candidatura de seu empregado e, em igual prazo, de sua eleição e posse. A omissão deve ser vista com cuidados, pois será do sindicato e não do candidato, que nem sempre terá como fiscalizar seu cumprimento. Se o empregador não pode ser surpreendido com a atribuição de estabilidade a seu empregado, restringindo seu poder de mando, que lhe permite demitir livremente, não poderá esse sofrer dano por falta que não cometeu. Vale pensar num candidato de oposição, ou em outro, mero suplente, sem comando na formação da chapa inscrita.

Os textos legais tiveram interpretação reducionista. Até a Constituição de 1988, a associação profissional antecedia a investidura sindical. Sem contar com proteção alguma, tornou-se comum o despedimento de suas lideranças. O Tribunal Superior do Trabalho, sendo relator o Ministro Oscar Saraiva, reconheceu a estabilidade do dirigente de associação entendendo que "a garantia dos fins importa em assegurar os meios"[274], decisão repetida pelo Tribunal de São Paulo em processo do qual foi relator o Juiz Hélio Miranda Guimarães. O Tribunal Superior voltaria a adotar o mesmo entendimento, em sua composição plena, decidindo que "Ao membro da administração de uma associação profissional aplica-se o disposto no art. 543 e seus parágrafos da CLT, bem como o determinado na Convenção n. 98 da Organização Internacional do Trabalho".[275] O entendimento do Tribunal acabou por transformar-se no Enunciado n. 222: "Os dirigentes das associações profissionais, legalmente registradas, gozam de estabilidade provisória do empregado". A Lei n. 7.543, de 2.10.1986, veio consagrá-lo e assim manteve-se a garantia enquanto existiu o pluralismo de associações pré-sindicais.

---

(274) Proc. TST n. 1.898/55, DJU 2.3.1956, apenso ao n. 52, p. 365.
(275) Proc. TST E. RR n. 3.578/1968, julgamento de 5.11.1969.

Fora de dúvida, a limitação maior deveu-se à interpretação que se deu aos arts. 522 e 538, §§ 1º e 4º, da CLT. O primeiro: "A administração do sindicato será exercida por uma diretoria constituída, no máximo, de seis e, no mínimo, de três membros ...". O segundo: "§ 1º A Diretoria será constituída no mínimo de três membros e de três membros se comporá o Conselho Fiscal ..."; "§ 4º O Conselho de Representantes será formado pelas delegações dos sindicatos ou das federações filiadas, constituída cada delegação de dois membros ...".

Para surpresa geral, como já mencionado, o Tribunal Superior do Trabalho excluiu da garantia os membros do conselho fiscal a pretexto de não exercerem cargo de representação nem atuarem na defesa dos interesses da classe, restringindo-a àqueles que detêm funções de administração ou representação, apesar de o inciso VIII do art. 8º não comportar nenhuma limitação, que reside exclusivamente no texto consolidado: "Orientação Jurisprudencial (OJ) n. 365 do Tribunal Superior do Trabalho. Estabilidade provisória. Membro de conselho fiscal de sindicato. Inexistência. Membro de conselho fiscal de sindicato não tem direito à estabilidade prevista nos arts. 543, § 3º, da CLT e 8º, VIII, da CF/1988, porquanto não representa ou atua na defesa de direitos da categoria respectiva, tendo sua competência limitada à fiscalização da gestão financeira do sindicato (art. 522, § 2º, da CLT)".

11. **Delegados sindicais.** A CLT faz menção aos delegados sindicais em três oportunidades, no § 2º do art. 517, para facultar aos sindicatos a instituição, dentro de sua base territorial, de delegacias ou seções, para melhor proteção dos associados e da categoria; depois, no § 3º do art. 522, quando estabelece que constitui atribuição exclusiva dos mesmos e da diretoria, a representação e defesa dos interesses da entidade perante os poderes públicos e as empresas. Finalmente, no art. 523, para esclarecer que eles atuarão nas delegacias ou seções instituídas, sendo designados — e não eleitos — pela diretoria, dentre associados radicados no território da região correspondente.

Vê-se, assim, que tem funções — e daí a denominação do cargo — delegadas de atuação sindical na sua região, com as mesmas atribuições, merecendo, por isso, igual proteção. Só que o art. 543 refere-se a empregado eleito. Seria o bastante, segundo os doutrinadores, para negar-lhes a mesma garantia dada aos dirigentes.

O tema ainda suscita controvérsias. Nas negociações coletivas, tornou-se reivindicação comum atribuir-lhes a garantia do emprego, sem a qual, por certo, o delegado continuaria sendo apenas enfeite de nossa legislação.[276]

---

(276) A convenção coletiva do sindicato dos empregados da hotelaria de São Paulo estabelece que nos estabelecimentos com mais de cem empregados haverá eleição direta de um delegado sindical, com as garantias do art. 543 da CLT.

O delegado em causa nada tem a ver com a representação do sindicato nos locais de trabalho, isto é, no interior das empresas. O que se tem de efetivo é ou um diretor eleito ou um funcionário designado para dirigir uma subsede ou uma simples seção do sindicato, como regra em município diverso daquele onde se situa a sede central, ou mesmo em bairro com expressiva concentração de trabalhadores da categoria.

Mas quando se trata de delegado designado não como empregado, mas escolhido dentre os ativistas ou militantes da localidade onde foi instalada a delegacia, é possível concluir que exerce representação sindical e atua para a defesa de direitos e interesses da categoria, sendo de se aplicar ao caso, o princípio defendido pelo Ministro Oscar Saraiva, segundo o qual a garantia dos fins importa na segurança dos meios.

12. **Conselhos Consultivos. Comissões Mistas de Consulta e Colaboração, Comissões de Fábrica e similares.** Os conselhos consultivos tinham a preferência dos sindicatos, porque não exigiam a instalação de delegacias e atendiam à necessidade de ampliação do quadro de diretores de base. Vários sindicatos, que deviam cobrir número expressivo de empresas em área territorial extensa, valiam-se não só dos suplentes, delegados federativos e até membros dos membros do conselho fiscal para a ação sindical, atribuindo-lhes as mesmas funções exercidas pelos titulares da diretoria executiva.

Sem a garantia dos empregos, os sindicatos desinteressaram-se por insistir nos Conselhos.

As Comissões Mistas de Consulta e Colaboração foram incluídas inutilmente no art. 621 da CLT, pelo Decreto-lei n. 229, de fevereiro de 1967, dependendo, para sua instituição, de negociações coletivas, dispondo as convenções ou os acordos sobre a forma de sua constituição, o modo de funcionamento e as atribuições.

As comissões de fábrica ressurgiram no ABC paulista e através de acordos coletivos instalaram-se nas montadoras de veículos automotores, estendendo-se para as multinacionais, inclusive de pneumáticos. As comissões logo assumiram o papel de postos avançados dos sindicatos no âmbito das empresas, acumulando com suas atribuições normais delegação para negociar condições de trabalho, inclusive de natureza econômica. As comissões não eram organizações espontâneas porque seu reconhecimento dependia do apoio do sindicato e de acordo coletivo com a empresa. Mas toda a sua estruturação era objeto de disciplinação no instrumento normativo, inclusive a garantia de emprego de seus componentes.

O patronato não viu com bons olhos as comissões de fábrica que significavam o sindicato dentro de seu estabelecimento. Foi desprezada muitas vezes, pois obrigava os dirigentes a promoverem eleições setorizadas, dando força a seus opositores, com o risco de perderem para eles o controle das comissões. Outros, sem conseguir negociar sua instituição com os empregadores, reagiram, empenhando-se para a eleição de seus ativistas na composição das Comissões Internas de Prevenção de Acidentes do Trabalho (CIPAs), dando-lhes, depois, feição de autênticas comissões de fábrica, mesmo porque tinham garantida pela Constituição a estabilidade no emprego.

Da mesma natureza, as comissões de garagem, que pontificam no setor de transporte.(277)

No setor da hotelaria tornou-se comum a cobrança da gorjeta em nota de despesa, com o nome de "taxa de serviço". Significa, como regra, acrescentar o valor de 10% sobre o total dos gastos efetuados. A tradição criou um sistema de distribuição, mediante a fixação de "pontos" para cada função, com o que se encontrava, ao final, o valor a ser atribuído à cada empregado. O sistema é extremamente interessante para os empregadores, pois permite que a clientela subsidie os salários dos empregados, e o resultado é satisfatório, afinal de contas 10% do faturamento cria um clima bom de trabalho com reflexos na produtividade. Mas a SUNAB (Superintendência Nacional de Abastecimento) condicionou a cobrança da taxa de serviço à sua disciplinação em acordo coletivo de trabalho(278), valorizando a ação sindical e as negociações coletivas. Para assegurar a lisura no rateio, já que a cobrança é efetuada pelo empregador, que, além do mais, retém o dinheiro, foram criadas comissões de fiscalização, incumbindo-lhes verificar a correção dos lançamentos que resultam na fixação do chamado "ponto" unitário que determinará o valor a ser pago a cada trabalhador. Quer dizer, autêntico confronto entre os dois lados, comissão dos empregados e prepostos do empregador. Portanto, somente a garantia de emprego permite que os membros da comissão possam exercer com altivez suas funções. Mas a comissão age por delegação sindical, na medida em que sua instituição deve-se a um acordo coletivo de trabalho negociado com o sindicato, o qual poderá ou não ajustar, também, a garantia de emprego.(279)

---

(277) A convenção coletiva ajustada pelo sindicato de São Paulo previa a eleição das comissões e garantia no emprego de seus membros.

(278) Portaria n. 4, de 22.4.1994, art. 23: "Os restaurantes, churrascarias, bares, meios de hospedagem e similares, só poderão acrescer, compulsoriamente, qualquer importância às notas de despesas de seus clientes (gorjetas) para distribuição a seus empregados, se previstos e nos percentuais estabelecidos por Convenção Coletiva de Trabalho, Acordo Coletivo de Trabalho ou Dissídio Coletivo de Trabalho, devendo as cópias dos citados documentos ficar à disposição da fiscalização, no estabelecimento. Parágrafo único. O percentual a ser acrescido, referido no caput deste artigo, deverá ser obrigatoriamente informado ao consumidor, através do cardápio e constar da Nota Fiscal ou documento equivalente".

(279) Proc. TRT/SP n. 125/79-A, DJ/SP 28.2.1980, p. 42. Pouco antes, o mesmo Tribunal determinou a manutenção da cobrança da taxa de serviço, mas negou a constituição da comissão fiscalizadora. Proc. TRT/SP n. 89/1979, rel. Juiz Aluysio Mendonça Sampaio, julgamento de 10.7.1979. A preservação da comissão, com garantia no emprego, foi repetida nos processos. TRT/SP n. 182/1984, DJ/SP 26.11.1986 e TRT/SP 665/86-A, DJ/SP 26.5.1987.

13. **Suspensão do contrato de trabalho para exercício do mandato sindical**. O § 2º do art. 543 da CLT só garante a licença para exercício do mandato sindical, mas não a remuneração relativa ao período de afastamento que será, em princípio, de suspensão do contrato de trabalho.

Para o afastamento do emprego, o art. 521, no parágrafo único, impõe que seja autorização da assembleia geral. Possível que a suspensão do contrato transforme-se em interrupção, com pagamento dos salários pela empresa, mediante negociação coletiva. A licença poderá ser parcial, comumente denominada "dispensa do ponto", com o que se permite ao dirigente sindical cumprir sua jornada em um único período ou em alguns dias da semana, tudo, naturalmente, na forma que for ajustada com o empregador.

O Tribunal Superior do Trabalho, através do Precedente n. 83, assegurou "a frequência livre dos dirigentes sindicais", mas apenas para participarem de assembleias e reuniões sindicais, devidamente convocadas e comprovadas.

14. **Atuação e participação sindical.** Como se viu, o sindicato não se interiorizou nos locais de trabalho, chegando apenas até suas imediações.

Muitas vezes, o trabalhador recém-admitido no emprego nem sabe onde fica seu sindicato, como proceder para ingressar no seu quadro associativo, o valor da contribuição social.

A democratização do sindicalismo exige, antes de tudo, sua publicização, a divulgação dos programas de ação, seja nos quadros de avisos, por irradiação sonora, partida dos veículos que se postam nas imediações das empresas, de boletins e jornais. Note-se que serão apenas sete diretores, ainda que a base territorial seja extensa, abrigando inúmeras empresas.

A pálida garantia que se tem foi dada pelo Tribunal Superior do Trabalho, através de seu Precedente n. 91: "Assegura-se o acesso dos dirigentes sindicais nas empresas, nos intervalos destinados à alimentação e ao descanso, para desempenho de suas funções, vedada a divulgação de matéria político-partidária ou ofensiva".

PARTE 10. ATUAÇÃO SINDICAL

Sumário. 1. Atuação sindical.

1. **Atuação sindical**. A atuação do sindicato interliga-se diretamente ao alcance que se dá a seus fins. Para uns, e são muitos, sua ação limita-se ao âmbito das relações de trabalho, e assim defesa de direitos individuais e interesses coletivos da categoria para a qual foi constituído. Outros, no entanto, e são poucos, alargam seus objetivos, justificando sua atuação no campo social em toda a sua extensão, alcançando dessa forma, também, a ação política.

No primeiro grupo estão aqueles que traçam como objetivo do sindicato moderno agir como parceiro do capital, procurando a conciliação através de negociações coletivas que se encerram com um tratado de paz representado pelo acordo ou pela convenção coletiva. Fica assim limitada sua atuação às relações de trabalho.

No segundo ficam os que defendem o sindicato de resistência, que acima de tudo buscam a ascensão social da classe trabalhadora, através de reivindicações e negociações permanentes, abrindo seu espaço de luta para a ação política.

De qualquer modo, a atuação do sindicato se dá normalmente nos locais de trabalho, em sua sede e suas irradiações, como delegacias, subsedes, atendendo e assistindo seus representados. Mas, também, nas esferas da administração pública e do Poder Judiciário, na defesa de direitos simplesmente individuais ou coletivos e também de interesses da coletividade que se insere no âmbito de sua representação.

10.1. DEFESA DE DIREITOS INDIVIDUAIS

Sumário. 1. Disciplinação constitucional. 2. Disciplinação legal. 3. Defesa de direitos. 4. Defesa de direitos na esfera administrativa. 5. Defesa de direitos na esfera judicial. 6. Ações coletivas. Substituição processual. 7. Ações coletivas. Aplicação da Lei n. 8.078, de 11 de setembro de 1990 (Código de Defesa do Consumidor). 7.1. Direitos e deveres. 7.2. Direitos difusos. 7.3. Direitos coletivos. 7.4. Direitos homogêneos. 7.5. Efeitos. 7.6. Procedimento.

1. **Disciplinação constitucional**. O art. 8º da Constituição, no inciso III, atribui ao sindicato a defesa dos direitos e interesses individuais e coletivos da categoria, tanto na esfera administrativa como na judicial:

> "ao sindicato cabe a defesa dos direitos e interesses coletivos ou individuais da categoria, inclusive em questões judiciais ou administrativas."

O sindicato também está legitimado para a impetração do mandado de segurança coletivo, previsto no inciso LXX do art. 5º:

> "o mandado de segurança coletivo pode ser impetrado por:
>
> b) organização sindical, entidade de classe ou associação legalmente constituída e em funcionamento há pelo menos um ano, em defesa dos interesses de seus membros ou associados."

O inciso IX do art. 103 da Constituição permite que a entidade sindical de âmbito nacional promova a ação direta de inconstitucionalidade, conforme previsão do inciso IX do art. 103.

> "Podem propor a ação de inconstitucionalidade:
>
> IX — confederação sindical ou entidade de classe de âmbito nacional."

2. **Disciplinação legal**. Possível ao sindicato estar em juízo direta ou supletivamente. Primeiro, na defesa de direitos ou interesses próprios. Na segunda hipótese, apenas para assistir ou substituir seus representados.

Diretamente substitui os membros da categoria nas ações de cumprimento de sentenças normativas, segundo o parágrafo único do art. 872 da

CLT, de acordos e convenções coletivas, diante do que estabelece a Lei n. 8.984, de 7 de fevereiro de 1995:

"Quando os empregadores deixarem de satisfazer o pagamento de salários, na conformidade da decisão proferida, poderão os empregados ou seus sindicatos, independentes de outorga de poderes de seus associados, juntando certidão de tal decisão, apresentar reclamação à Junta ou Juízo competente, observado o processo previsto no Capítulo II deste Título, sendo vedado, porém, questionar sobre a matéria de fato e de direito já apreciada na decisão (CLT, art. 872, parágrafo único)."

"Compete à Justiça do Trabalho conciliar e julgar os dissídios que tenham origem no cumprimento de convenções coletivas de trabalho ou acordos coletivos de trabalho, mesmo quando ocorram entre sindicatos ou entre sindicato de trabalhadores e empregador (Lei n. 8.984/1995)."

A Lei n. 8.073, de 30 de julho de 1990, taxativamente, reconheceu a substituição processual, de modo a abranger a categoria como um todo:

"As entidades sindicais poderão atuar como substitutos processuais dos integrantes da categoria."

À sua vez, a Lei n. 8.078, de 11 de setembro de 1990 (Código de Defesa do Consumidor), acrescentou ao art. 1º da Lei n. 7.347, de 24 de julho de 1985 (Ação Civil Pública), o inciso IV, para prever, também, a responsabilidade por danos morais e patrimoniais causados a qualquer outro interesse difuso ou coletivo:

"Regem-se pelas disposições desta Lei, sem prejuízo da ação popular, as ações de responsabilidade por danos morais e patrimoniais causados:

IV — a qualquer outro interesse difuso ou coletivo."

O art. 81 da Lei n. 8.078, de 1990, no art. 81, conceitua os interesses ou direitos que podem ser defendidos em juízo individualmente ou a título coletivo:

"A defesa dos interesses e direitos dos consumidores e das vítimas poderá ser exercida em juízo individualmente, ou a título coletivo.

Parágrafo único. A defesa coletiva será exercida quando se tratar de:

I — interesses ou direitos difusos, assim entendidos, para efeitos deste Código, os transindividuais, de natureza indivisível, de que sejam titulares pessoas indeterminadas e ligadas por circunstâncias de fato;

II — interesses ou direitos coletivos, assim entendidos, para efeitos deste Código, os transindividuais de natureza indivisível de que seja titular grupo, categoria ou classe de pessoas ligadas entre si ou com a parte contrária por uma relação jurídica base;

III — interesses ou direitos individuais homogêneos, assim entendidos os decorrentes de origem comum."

E o art. 82 define os legitimados para o ajuizamento da ação:

"Para os fins do art. 81, parágrafo único, são legitimados concorrentemente:

I — o Ministério Público;

II — a União, os Estados, os Municípios e o Distrito Federal;

III — as entidades e órgãos da administração pública, direta ou indireta, ainda que sem personalidade jurídica, especificamente destinados à defesa dos interesses e direitos protegidos por este Código;

IV — as associações legalmente constituídas há pelo menos um ano e que incluam entre seus fins institucionais a defesa dos interesses e direitos protegidos por este Código, dispensada a autorização assemblear.

§ 1º O requisito da pré-constituição pode ser dispensado pelo juiz, nas ações previstas no art. 91 e seguintes, quando haja manifesto interesse social evidenciado pela dimensão ou característica do dano, ou pela relevância do bem jurídico a ser protegido."

Indiretamente, o sindicato assiste o trabalhador nas seguintes situações:

"Nos dissídios individuais os empregados e empregadores poderão fazer-se representar por intermédio do sindicato, advogado (...) inscrito na Ordem dos Advogados do Brasil (CLT. art. 791, § 1º)."[280]

"Na audiência de julgamento deverão estar presentes o reclamante e o reclamado, independentemente do comparecimento de seus representantes, salvo nos casos de Reclamatórias Plúrimas ou Ações de Cumprimento, quando os empregados poderão fazer-se representar pelo Sindicato de sua categoria (CLT, art. 843)."

"A reclamação trabalhista do menor de 18 anos será feita por seus representantes legais e, na falta destes, pela Procuradoria da Justiça do Trabalho, pelo sindicato, pelo Ministério Público estadual ou curador nomeado em juízo." (CLT, art. 793)

"§ 2º Se por doença ou qualquer outro motivo poderoso, devidamente comprovado, não for possível ao empregado comparecer pessoalmente, poderá fazer-se representar por outro empregado que pertença à mesma profissão, ou pelo seu sindicato." (CLT, art. 843, § 2º)

O sindicato também presta assistência judiciária aos integrantes da categoria, mesmo não sendo associados, quando desempregados ou percebendo salários até duas vezes o mínimo legal, como determina a Lei n. 5.584, de 1970, em seu art. 14:

"Na Justiça do Trabalho, a assistência judiciária a que se refere a Lei n. 1.060, de 5 de fevereiro de 1950, será prestada pelo Sindicato da categoria profissional a que pertencer o trabalhador.

(280) Na redação da CLT, o dispositivo refere-se, ainda, a solicitador, hoje, estagiário, e a provisionado, figura já extinta.

§ 1º A assistência é devida a todo aquele que perceber salário igual ou inferior ao dobro do mínimo legal, ficando assegurado igual benefício ao trabalhador de maior salário, uma vez provado que sua situação econômica não lhe permite demandar, sem prejuízo do sustento próprio ou da família."

Como compensação, os honorários advocatícios revertem não para os advogados, como seria natural, mas para o próprio sindicato. Não se pode esquecer que a contribuição sindical, diante do que estabelece o art. 592, II, *a*, deve atender, dentre outros fins assistenciais, à prestação de assistência jurídica.

"Os honorários do advogado pagos pelo vencido reverterão em favor do Sindicato assistente." (Lei n. 5.584, art. 16).

3. **Defesa de direitos**. O sindicato tem como objetivo fundamental, num regime de unicidade, a defesa dos direitos e interesses de seus representados, independentemente de filiação. Já no sistema de pluralidade, sua atuação restringe-se aos associados.

A atuação do sindicato, como regra, se dá coletivamente, como ação política, não só quando tem pela frente interesses puramente categoriais, mas quando os interesses transcendem o grupo e anima todos os segmentos profissionais, como se verifica corriqueiramente com o salário mínimo e sua conformação com a natureza que lhe deu o inciso IV do art. 7º da Constituição, para atendimento das necessidades familiares, com a restrição ao trabalho extraordinário, à redução da jornada, à garantia do emprego, etc.

Em que pese a visão reducionista daqueles que reservam ao sindicato papel secundário na sociedade civil, restrito às relações de trabalho, não se exclui a ação decisivamente política, com a defesa da reforma agrária, da indústria nacional, do mercado de trabalho, do meio ambiente, da soberania do país, da intangibilidade da Amazônia, etc.

Cabe ao sindicato, na forma do art. 477, § 1º, da CLT, assistir os trabalhadores de seu âmbito de representação, quando rescindidos os contratos de trabalho, desde que tenham mais de doze meses de emprego, no pagamento das verbas rescisórias. Não se trata de homologação, como se diz, pois o sindicato não chancela os cálculos do empregador, mas assiste o demitido, procurando corrigir e sanar eventuais omissões. Quer dizer, atua defendendo o trabalhador.

Da mesma forma, age assim quando participa da comissão de conciliação prévia, instituída na conformidade do art. 625-C da Lei n. 9.958, de 12 de janeiro de 2000, pois na tentativa conciliatória também defende os direitos diante do conflito de trabalho caracterizado.

4. **Defesa de direitos na esfera administrativa**. De acordo com o art. 10 da Constituição, como se verá adiante, é assegurada a participação

dos trabalhadores e dos empregadores nos colegiados dos órgãos públicos em que seus interesses profissionais ou previdenciários sejam objeto de discussão e deliberação. A participação, todavia, fica a cargo das centrais de trabalhadores e das confederações de empregadores.

Os sindicatos têm acesso às diferentes instâncias da administração, direcionadas para matéria de natureza trabalhista e defesa dos interesses tanto coletivos do grupo representado como individuais de cada um de seus integrantes. É o que se dá especialmente em relação à Previdência Social, à Caixa Econômica Federal, como órgão gestor do FGTS, nas delegacias e divisões regionais do trabalho, especialmente quanto à fiscalização das condições de trabalho, de higiene e segurança do trabalho.

5. **Defesa de direitos na esfera judicial**. O Código de Processo Civil de 1973 reflete o momento em que foi escrito, revestido pela ideologia dominante. Como acentuou seu autor, Alfredo Buzaid, então ministro da Justiça, na Exposição de Motivos: "O processo civil é um instrumento que o Estado põe à disposição dos litigantes a fim de administrar a justiça. Não se destina a simples definição de direitos na luta privada entre os contendores". Trata-se, enfim, de um complexo de normas e formas dirigidas para a solução de litígios individuais dando ênfase ao liberalismo conforme a expressão do art. 6º: "Ninguém poderá pleitear, em nome próprio, direito alheio, salvo quando autorizado por lei". A coletivização ou socialização do processo era desconhecida ou negada pelos processualistas tradicionais. Nos Comentários ao Código de Processo Civil, de 1983, Celso Agrícola Barbi dá como correta a regra traçada no art. 6º "porque, na verdade, é mais conveniente que o legislador deixe a cada pessoa a iniciativa de reclamar em juízo os seus direitos. O titular de um direito é que melhor sabe se lhe convém reclamá-lo e o momento em que deve fazê-lo". Nem por outra razão observa que Lopes da Costa chamava a legitimação extraordinária como anômala.[281]

Todavia, já em 1932, o incipiente direito do trabalho iniciava a coletivização do processo, com a edição do Decreto n. 21.396, de 12 de maio, que criava as Comissões Mistas de Conciliação destinadas a solucionar amigavelmente os poucos conflitos coletivos de trabalho. Se bem que situada na esfera administrativa, sob controle do Ministério do Trabalho, reconhecia a conflituosidade das relações entre capital e trabalho, num plano que transcendia o individual. E não foi inspiração corporativista, posto que antecedia o Decreto n. 21.761, de 23 de agosto do mesmo ano, inspirado na lei francesa, que instituía a convenção coletiva no Brasil.[282] Mas foi, induvidosamente, o embrião do dissídio coletivo surgido com a Carta de 1937, que em seu art. 139, definindo

(281) *Comentários ao código de processo civil.* Rio de Janeiro: Forense, 1983. v. 1, p. 109 e 110.

(282) RIBEIRO, Augusta Barbosa de Carvalho. *O contrato coletivo de trabalho e a lei brasileira.* São Paulo: LTr, 1967. p. 50.

a competência da Justiça do Trabalho, assentava seu papel destinado a "dirimir os conflitos oriundos das relações entre empregados e empregadores, reguladas na legislação social".

A sentença normativa que substituía a convenção coletiva frustrada em tudo a ela se equiparava, recompondo o salário defasado pela inflação e criando melhores e mais justas condições de trabalho. Para dar-lhe efetividade, o art. 872 da Consolidação das Leis do Trabalho, no parágrafo único, fez surgir a chamada ação de cumprimento: "Celebrado o acordo, ou transitada em julgado a decisão, seguir-se-á o seu cumprimento, sob as penas estabelecidas neste Título. Parágrafo único. Quando os empregadores deixarem de satisfazer o pagamento de salários, na conformidade da decisão proferida, poderão os empregados ou seus sindicatos, independentemente de outorga de poderes de seus associados, juntando certidão de tal decisão, apresentar reclamação à Junta ou ao Juízo competente, observado o processo previsto no Capítulo II deste Título, sendo vedado, porém, questionar sobre a matéria de fato e de direito já apreciada na decisão".(283)

Tratando-se de direito resultante de sentença normativa proferida em dissídio coletivo, perdeu importância sua definitividade dada pelo trânsito em julgado, posto que desde 1965, por força da Lei n. 4.725, vigora, com raras interrupções e diferentes disciplinações, o efeito suspensivo, atribuído ao recurso interposto contra a decisão dos Tribunais Regionais, sem o qual poderá ser executada desde logo, o que se repete presentemente no art. 14 da Lei n. 10.192, de 2001, que complementou o último Plano Econômico do governo: "O recurso interposto de decisão normativa da Justiça do Trabalho terá efeito suspensivo, na medida e extensão conferidas em despacho do Presidente do Tribunal Superior do Trabalho".

Já não se cuidava de processo administrativo, mas judicial, reconhecendo a ação coletiva e legitimando como autor o sindicato de classe, ainda que timidamente, tendo como objeto apenas o reajustamento salarial e como tutelados somente os associados, tendo ainda como condicionamento uma decisão transitada em julgado. De qualquer modo, o processo do trabalho avançava na coletivização negada pelo processo comum.

Também o litisconsórcio facultativo — designado reclamação plúrima — assumiu roupagem especial no art. 842 da Consolidação das Leis do Trabalho: "Sendo várias as reclamações e havendo identidade de matéria, poderão ser acumuladas num só processo, se se tratar de empregados da mesma empresa ou do mesmo estabelecimento".

Com a Lei n. 6.514, de 22 de dezembro de 1977, alterou-se a Consolidação das Leis do Trabalho para admitir, através do § 2º do art. 195, a ação

(283) Redação dada pela Lei n. 2.275, de 30.7.1954.

coletiva a cargo do sindicato de classe para a substituição de seus associados, em ações tendo como objeto o adicional de insalubridade ou periculosidade.

Também a Lei n. 8.036, de 11 de maio de 1990, no art. 25, permitiu que o sindicato acionasse diretamente a empresa para compeli-la a efetuar o depósito das importâncias devidas a seus representados em suas contas vinculadas ao FGTS.

Finalmente, a Constituição de 1988, no inciso III do art. 8º, reconheceu o sindicato para, como substituto processual da categoria, defender seus direitos individuais, dando-lhe legitimação ordinária diante de uma prerrogativa um dever:

> "Ao sindicato cabe a defesa dos direitos e interesses coletivos ou individuais da categoria, inclusive em questões judiciais ou administrativas."

Dissecada a redação, temos: "ao sindicato cabe a defesa dos direitos individuais da categoria em questões judiciais", o que só se pode entender como defesa coletiva ampla do grupo representado, independentemente de filiação sindical.

Com efeito, categoria, mesmo demonizada, ainda que democratizada pela Constituição vigente, que lhe extraiu o ranço corporativista, significa apenas o conjunto de trabalhadores que se ativa numa mesma atividade econômica ou em atividades econômicas assemelhadas, bem lido o § 2º do art. 511 consolidado: "A similitude de condições de vida oriunda da profissão ou do trabalho em comum, em situação de emprego na mesma atividade econômica ou em atividades econômicas similares ou conexas, compõe a expressão social elementar compreendida como categoria profissional". A categoria econômica, por sua vez, na definição do § 1º, vem a ser a unidade dos que empreendem a mesma atividade econômica, ainda que simplesmente semelhantes: "A solidariedade de interesses econômicos dos que empreendem atividades idênticas, similares ou conexas constitui o vínculo social básico que se denomina categoria econômica". Exceção apenas à chamada categoria diferenciada, constituída em função da profissão, desde que tenha regulamentação especial, distinguindo-se das demais por peculiaridades próprias: "Categoria profissional diferenciada é a que se forma dos empregados que exerçam profissões ou funções diferenciadas por força de estatuto profissional especial ou em consequência de condições de vida singulares." (§ 3º)

Portanto, a substituição do grupo no processo coletivo ampliou-se para envolvê-lo como um todo.

Além disso, direito individual passou a ser todo aquele que tivesse homogenia diante de um mesmo empregador.

A coletivização do processo se fez sentir com a Ação Popular, disciplinada pela Lei n. 4.717, de 29 de junho de 1965, através da qual o cidadão age em nome da coletividade em defesa dos interesses da sociedade, para a invalidação de atos ou contratos administrativos ou a eles equiparados, ilegais ou lesivos do patrimônio federal, estadual e municipal, ou de suas autarquias, entidades paraestatais e pessoas jurídicas subvencionadas com dinheiro público.(284) A Ação Popular foi incluída no rol de direitos e garantias individuais na Constituição de 1967 através do inciso 38 do art. 144 nestes termos: "Qualquer cidadão será parte legítima para pleitear a anulação ou a declaração de nulidade de atos lesivos do patrimônio da União, dos Estados, dos Municípios, das entidades autárquicas e das sociedades de economia mista".(285)

Seguiu-se à Lei de Ação Civil Pública n. 7.347, de 24 de julho de 1985, "o portentoso instrumento de democracia participativa", na expressão de Kazuo Watanabe(286), dispondo sobre a responsabilidade por danos morais e patrimoniais causados ao meio ambiente, ao consumidor, a bens e direitos de valor artístico, estético, histórico, turístico e paisagístico. O Presidente José Sarney, porém, vetou o inciso IV do art. 1º, que incluía no elenco as ações voltadas para a proteção de qualquer outro interesse difuso ou coletivo. Sua justificação, anotada por Hugo Nigro Mazzilli: "era por demais indeterminada ou ampla e a doutrina a respeito ainda não estava sedimentada".(287)

A Constituição de 1988 incluiu como direito fundamental, no inciso XXXII do art. 5º, a defesa do consumidor, a cargo do Estado. Logo, a omissão da Lei n. 7.347 foi corrigida com o Código de Defesa do Consumidor, Lei n. 8.078, de 11 de setembro de 1990, que no parágrafo único do art. 81 permitiu que "a defesa dos interesses e direitos dos consumidores e das vítimas" seja "exercida em juízo individualmente ou a título coletivo", quando se tratar de: "Parágrafo único. A defesa coletiva será exercida quando se tratar de: I — interesses ou direitos difusos, assim entendidos, para efeitos deste Código, os transindividuais, de natureza indivisível, de que sejam titulares pessoas indeterminadas e ligadas por circunstâncias de fato; II — interesses ou direitos coletivos, assim entendidos, para efeitos deste Código, os transindividuais de natureza indivisível de que seja titular grupo, categoria ou classe de pessoas ligadas entre si ou com a parte contrária por uma relação jurídica base; III — interesses ou direitos individuais homogêneos, assim entendidos os decorrentes de origem comum".

6. **Ações coletivas. Substituição processual**. A Lei n. 8.073, de 1990, deu expressão à substituição processual, a cargo do sindicato, para a

---

(284) MEIRELLES, Hely Lopes. *Mandado de segurança e ação popular*. São Paulo: Revista dos Tribunais, 1980. p. 73.

(285) Ficou como inciso 31 do art. 154 por força da Emenda n. 1, de 1969, com esta redação: "Qualquer cidadão será parte legítima para propor ação popular que vise a anular atos lesivos ao patrimônio de entidades públicas".

(286) *Prefácio de ação civil pública, Lei n. 7. 347/1985* — 15 anos. São Paulo: Revista dos Tribunais, 2002. p. 13.

(287) A defesa dos interesses difusos em juízo, citado MANCUSO, Rodolfo de Camargo. *Ação civil pública*. São Paulo: Revista dos Tribunais, 1996. p. 33.

defesa dos direitos dos membros da categoria, logo, de todos os representados, associados ou não, sem limitar a natureza dos direitos. De tal modo, unificou a ação coletiva, de cumprimento de sentença normativa (CLT, art. 872, parágrafo único), de acordo ou convenção coletiva (Lei n. 8.984, de 7 de fevereiro de 1995), para reivindicar adicionais de insalubridade e periculosidade (CLT, § 2º, art. 195), depósitos do FGTS (Lei n. 8.036, de 1990).

Discute-se se a substituição processual significa legitimação extraordinária ou própria e, assim, ordinária, em razão do inciso III do art. 8º da Constituição, que traça uma prerrogativa dos sindicatos que chega a confundir-se com dever.

Mesmo antes do advento da Constituição de 1988, Kazuo Watanabe defendia as ações coletivas, procurando ler sob outra óptica o texto da lei processual: "(...) o que me parece possível concluir (...) é que, desde que seja interpretado o art. 6º do CPC, com mente mais aberta e com vistas voltadas à globalidade do ordenamento jurídico, principalmente ao sistema constitucional, afigura-se perfeitamente possível chegar-se à admissão da legitimidade *ad causam* das associações criadas com o fim estatutário de promover a defesa de interesses difusos".[288] O art. 6º do Código Processual, dizia Kazuo, "é eminentemente individualista", e no trabalho escrito em 1982 passa em revista as ações coletivas já admitidas, mencionado o art. 129 do Estatuto da Ordem dos Advogados, que confere legitimação para "todos os casos que digam respeito às prerrogativas, à dignidade e ao prestígio da advocacia", a Lei n. 1.134, de 1950, que outorga às associações de classe existentes (...) que congreguem funcionários ou empregados de empresas industriais da União, administradas ou não por ela, dos Estados, dos Municípios e de entidades autárquicas, de modo geral, a faculdade de "representação coletiva ou individual de seus associados perante as autoridades administrativas e a justiça ordinária".

Por isso mesmo Kazuo afirmava que a concepção tradicional que tínhamos era eminentemente individualista.

Rodolfo de Camargo Mancuso observa que, defendendo direitos difusos ou coletivos, verifica-se a legitimação ordinária, pois a lei confere à associação o poder de agir, como "adequada portadora do interesse", enquanto, no caso de direitos homogêneos, verifica-se a substituição processual, nos termos do art. 6º do CPC".[289]

---

(288) Tutela jurisdicional dos interesses difusos e a legitimação para agir. *Revista de Processo*, n. 34, p. 203, abr./jun. 1984.
Kazuo, com sua visão aberta, juntamente com Ada Pellegrini Grinover e Barbosa Moreira, dentre outros, refere-se ao último que afirma com segurança: "Conforme têm assinalado os estudiosos do assunto, a criação de um sistema eficaz de tutela por meio da Justiça suscita aqui problemas de índole peculiar, que precisam ser enfrentados de mente aberta e sem o temor de romper com ideias arraigadas em longa tradição".

(289) *Ação civil pública*, cit., p. 99.

A teorização ainda se esboça na doutrina, mas, no campo do direito sindical, a legitimação dada ao sindicato pelo inciso III do art. 8º da Constituição resulta da corporificação da própria coletividade, unificando e fortalecendo o grupo organizado para a proteção e defesa de seus direitos que individualmente seus componentes só defenderiam precariamente e com riscos significativos. Prova disso é a diferenciação entre associação e sindicato, a primeira tratada no art. 5º, incisos XVII a XXI da Constituição, o segundo, no art. 8º, tendo ínsito poderes para atender à categoria como um todo, enquanto a associação, diante do especificado no inciso XXI, só defende seus associados e, ainda assim, desde que expressamente por eles autorizada.

Muitos teorizadores ainda veem a ação coletiva sindical sob a óptica clássica, partindo sempre da restrição do art. 6º do Código de Processo Civil, expressão do individualismo burguês, para amarrá-la aos limites da legitimação extraordinária. Na visão de Octavio Bueno Magano, a substituição processual, entendida como poder das entidades sindicais de atuarem em nome próprio, na persecução de interesses dos trabalhadores, sem procuração, constituiria atentado à liberdade individual e fonte inesgotável de abuso por parte das cúpulas sindicais.[290]

A partir dos debates travados na Assembleia Constituinte, pode-se aferir o intuito assumido de atribuir ao sindicato a defesa de direitos individuais homogêneos do grupo profissional representado, considerado como um todo. "...Desde a Comissão da Ordem Social, a matéria vinha sendo apresentada", desvenda Cláudio Armando Couce de Menezes. No art. 7º, da Comissão de Ordem Social, estava escrito: "À entidade Sindical incumbe a defesa dos direitos e interesses da categoria, individuais e coletivos, inclusive como substituto processual, em questões judiciais ou administrativas". Por acordo de lideranças, o texto final que foi para a plenária da Assembleia Nacional Constituinte subtraiu a referência expressa à substituição, por tratar, segundo entendimento dos constituintes, de repetição desnecessária e descabida. O intuito foi o de buscar uma melhor técnica legislativa, suprimindo expressões repetitivas sem, contudo, alterar o conteúdo, permanecendo a figura da substituição processual. Assim, sem nenhuma votação, foi retirada do texto a expressão "substituto processual", sob o pressuposto de que o instituto estava preservado. Tanto é verdade que o texto, que acabou prevalecendo, recebeu a Emenda supressiva n. 1.390, não acolhida pela Plenária da Assembleia Nacional Constituinte, e que visava a retirar do inciso III do art. 8º a expressão "ou individuais". Quando da votação, na plenária, da emenda supressiva, a defesa da mesma coube ao deputado Paes Landim, indicado pelo grupo que defendia a alteração do texto. O conteúdo revelava a intenção de eliminar a possibilidade de os sindicatos atuarem como substitutivos

(290) *O Estado de S. Paulo*, 21.6.1993.

processuais, na defesa dos interesses dos membros da categoria por ele representada. Propunha a emenda a seguinte redação: Art. 8º, inciso III. "Ao sindicato cabe a defesa dos direitos e interesses coletivos, inclusive em questões judiciais ou administrativas". Ficou com o deputado Plínio Arruda Sampaio a defesa da manutenção do texto final como atualmente se encontra. Os argumentos por ele utilizados, e que sensibilizaram os constituintes de tal sorte que, dos 400 presentes, 311 votaram pela manutenção do artigo tal como está publicado hoje, com 79 votos favoráveis à retirada da expressão "individual" com 10 abstenções, revelam a vontade dos constituintes de conferir aos sindicatos legitimação extraordinária, com possibilidade de atuarem como substitutos processuais, na defesa dos interesses individuais dos membros da categoria. Ao sustentar, afirmou que: "Sr. Presidente e Srs. Constituintes, volto a pedir a atenção de V. Exas. para essa emenda a fim de que neguem o voto à sua aprovação. O argumento é muito simples: um dos grandes avanços conseguidos por esta Constituição, ao contrário do que disse o nobre constituinte Paes Landim, é a possibilidade de as associações representarem em juízo seus associados. Numa época de gigantes econômicos, numa época em que o coletivo de certa maneira amassa o individual, entregar a um órgão intermediário a possibilidade de defender o cidadão, ao invés de ser um retrocesso, é uma defesa do indivíduo. Ao invés de apagar a individualidade, é um reforço da individualidade concreta." (*Jornal da Amatra* n. 2, ano II, 1989, p. 6).(291)

Com Catharino, entendo tratar-se de legitimação ordinária, própria e especial, pois está escrito no inciso III do art. 8º da Constituição Federal que o sindicato defende interesses individuais da categoria em questões judiciais.(292) Não se trata, assim, de direitos coletivos da categoria, o que poderia levar a conclusão de se tratar de defesa da profissão, mas não, trata-se, isso, sim, de direitos individuais que só podem pertencer ao campo pessoal de cada um daqueles que nela se integram. E referindo-se a questões judiciais, essas, naturalmente, só podem ser tratadas no Poder Judiciário.

A interpretação lógica do texto permite extrair que o sindicato legitima-se para a defesa de direitos difusos, coletivos e homogêneos da categoria, isto é, de seus representados, considerados como tais aqueles que compõem o conjunto de trabalhadores, associados ou não.

Razão tem Jorge Luiz Souto Maior, para quem a crise da Justiça do Trabalho poderia ser resolvida com a adoção de medidas como reformulação do processo de execução, mas, também, com a utilização em larga escala dos mecanismos de defesa coletiva de direitos individuais homogêneos: substituição processual, ação civil pública.(293)

---

(291) Controvérsias sobre a substituição processual. *Revista LTr*, 55-08/928.
(292) *Tratado*, cit., p. 194.
(293) Sumaríssimo: solução ou entrave. *O Trabalho em Revista*, p. 129, jun. 2001.

Mas o avanço do processo do trabalho, diante da coletivização do comum, foi anulado pela Justiça do Trabalho.

Em 28 de abril de 1993 foi editado pelo Tribunal Superior do Trabalho o Enunciado n. 310, que no inciso 1 simplesmente negava a substituição processual: "I — O art. 8º, inciso III, da Constituição da República, não assegura a substituição processual pelo sindicato". E assim seguia: "II — A substituição processual autorizada ao sindicato pelas Leis ns. 6.708, de 30.10.1979, e 7.238, de 29.10.1984, limitada aos associados, restringe-se às demandas que visem aos reajustes salariais previstos em lei, ajuizadas até 3 de julho de 1989, data em que entrou em vigor a Lei n. 7.788; III — A Lei n. 7.788/1989, em seu art. 8º, assegurou, durante sua vigência, a legitimidade do sindicato como substituto processual da categoria; IV — A substituição processual autorizada pela Lei n. 8.073, de 30 de julho de 1990, ao sindicato alcança todos os integrantes da categoria e é restrita às demandas que visem à satisfação de reajustes salariais específicos resultantes de disposição prevista em lei de política salarial; V — Em qualquer ação proposta pelo sindicato como substituto processual, todos os substituídos serão individualizados na petição inicial e, para o início da execução, devidamente identificados, pelo número da Carteira de Trabalho e Previdência Social ou de qualquer documento de identidade; VI — É lícito aos substituídos integrar a lide como assistente litisconsorcial, acordar, transigir e renunciar, independentemente de autorização ou anuência do substituto; VII — Na liquidação da sentença exequenda, promovida pelo substituto, serão individualizados os valores devidos a cada substituído, cujos depósitos para quitação serão levantados através de guias expedidas em seu nome ou de procurador com poderes especiais para esse fim, inclusive nas ações de cumprimento; VIII — Quando o Sindicato for o autor da ação na condição de substituto processual, não serão devidos honorários advocatícios".

Em sentido contrário decidiu o Supremo Tribunal Federal: "Estipulando o art. 8º, III, da Constituição, que ao sindicato cabe a defesa dos direitos coletivos e individuais da categoria, inclusive em questões judiciais e administrativas, não parece, efetivamente, possível, na espécie, deixar de reconhecer-lhe legitimidade para pleitear, como o faz, na defesa do direito da categoria de servidores a que se refere a inicial, em ordem a lograrem condições de auferir as vantagens funcionais decorrentes da isonomia de vencimentos indicada na peça instrutória. Distinta é a situação das entidades associativas, cuja legitimidade para representar seus filiados, judicial ou extrajudicialmente, depende de expressa autorização".[(294)]

A decisão determinou o cancelamento do Enunciado n. 310 em 1º de outubro de 2003, através da Resolução n. 119, depois de dez anos de vigência.

(294) Mandado de Injunção n. 3.475/400, rel. Min. Neri da Silveira, DJU 8.4.1994.

O tema adquiriu significado e importância quando avançou-se na reforma da legislação sindical. Os empregadores, através de suas confederações, negaram apoio à substituição processual, ficando registrado no Relatório Final do Fórum Nacional do Trabalho apenas um princípio: "Na hipótese de impasse em relação à regulamentação da substituição processual, prevalecerá a seguinte proposta: 'É atribuição das Entidades Sindicais de trabalhadores e de empregadores a defesa dos direitos e interesses individuais e coletivos dos trabalhadores e empregadores, inclusive em questões judiciais e administrativas, conforme a lei'."[295]

Ainda se mantém a interpretação restritiva pela Justiça do Trabalho, que limita a substituição aos associados do sindicato e mantém a inútil exigência de identificação dos substituídos, até porque não podem ser ignorados pela administração da empresa que os emprega. Além do mais, permite a desistência e a transação individuais, que anulam o propósito colimado, de proteger o trabalhador hipossuficiente, contra ele mesmo, como exclamava Cesarino Júnior em suas aulas.

7. **Ações coletivas. Aplicação da Lei n. 8.078, de 11 de setembro de 1990 (Código de Defesa do Consumidor).** A Lei n. 8.078, de 1990 (Código de Defesa do Consumidor), acrescentou à Lei n. 7.347, de 1985 (Ação Civil Pública), o inciso IV e legitimou as associações sindicais para a defesa de qualquer interesse difuso ou coletivo (art. 82, IV).

7.1. **Direitos e interesses**. Rodolfo de Camargo Mancuso avalia o interesse sob diferentes ângulos; assim, interesse individual seria o mesmo que um direito subjetivo, do particular em face do Estado, ao passo que o interesse coletivo compreenderia uma síntese de interesses individuais; e arremata: "o interesse coletivo torna-se para o grupo um interesse direto e pessoal, legitimando o grupo a representar a coletividade como um todo".[296]

Arion Sayão Romita, por sua vez, distingue interesses e direitos, ordenando os primeiros como privados ou públicos, individuais ou coletivos, particulares ou gerais, específicos ou difusos. Específicos seriam "os interesses cujos titulares são ou podem ser determinados, difusos os interesses supra ou metaindividuais, que ultrapassam a pessoa singular e subsistem a uma pluralidade de indivíduos, constituindo interesses de grupos ou coletividades, sem um titular particularizado".

Já direito é um interesse juridicamente protegido. O Código de Defesa do Consumidor, no art. 81, refere-se a interesses ou direitos difusos, coletivos e individuais homogêneos. Mancuso, a propósito, deixa à mostra a dificuldade de distinguir tratar-se de dualidade de bens a serem protegidos ou simples

(295) *Relatório final*, p. 52.
(296) *Interesses difusos*. São Paulo: Revista dos Tribunais, 1991, p. 36/42.

sinonímia: "O Código parece que vem atender a uns e outros nesse particular, já que fala em interesses ou direitos difusos e coletivos; terá sido intenção do legislador empregar a fórmula mais abrangente, no propósito, quiçá, de prevenir a formação de eventual jurisprudência de índole restritiva quanto à extensão e compreensão do objeto das ações codificadas".(297)

O mesmo se dá em relação ao inciso III do art. 8º da Constituição, preferindo uns direitos, outros interesses e muitos um e outro, indiferentemente.

7.2. **Direitos difusos.** Direitos difusos são também coletivos, entendidos como tais aqueles que sejam identificados por três marcas: a) transindividuais; b) de natureza indivisível; c) titularidade de pessoas indeterminadas, ligadas por circunstâncias de fato.

Difuso, segundo Dicionário Aurélio da Língua Portuguesa, seria não circunscrito. Tecnicamente, aquilo que é a um só tempo de todos e de ninguém.

São direitos transindividuais, na redação da lei, ou metaindividuais, segundo a terminologia preferida pela doutrina, supraindividuais, pois estão em estado fluído, sem agregação para a defesa por um só ente dotado de competência institucional.

A indeterminação dos titulares ou a difícil determinação prestigia a relevância da tutela. Para Ada Pellegrini Grinover significa isso o rompimento com "o conceito clássico de direito subjetivo, centro de todo o sistema clássico burguês, que investia o indivíduo do exercício de direitos subjetivos, titularizados, claramente em suas mãos".(298) Resulta, de outra parte, do fato de inexistir um vínculo jurídico a agregar os sujeitos afetados, como anota Mancuso, pois a agregação só se dá ocasional e contingencialmente, como o fato de habitarem uma certa região, consumirem certo produto, serem afetados por um mesmo evento originário de obra humana ou da natureza.(299)

Romita define os direitos difusos como "aqueles que dizem respeito a um número indeterminado de sujeitos e se caracterizam por sua individualidade: cada membro do grupo é deles portador não em virtude de uma relação-base que o une aos demais membros, mas por força de sua posição perante um bem insuscetível de apropriação exclusiva".(300)

Quando se quer exemplificar os direitos difusos passíveis de defesa na Justiça do Trabalho, logo assume importância o meio ambiente de trabalho.

---

(297) Obra coletiva. *Comentários ao código de proteção do consumidor*. São Paulo: Saraiva, 1991. p. 275.

(298) Novas tendências da tutela jurisdicional dos interesses difusos. *Revista do Curso de Direito da Universidade Federal de Uberlândia,* n. 13, p. 3, 1978. p. 3, cit., por MANCUSO. *Op. cit.*, p. 68.

(299) *Op. cit.*, p. 69.

(300) Ação civil pública trabalhista. Legitimação do ministério público do trabalho para agir. *Revista LTr*, v. 56, n. 10, p. 1166, out. 1992.

Celso Antonio Pacheco Fiorillo atenta para o inciso XXII do art. 7º da Constituição, que se inclui no rol dos direitos sociais dos trabalhadores, consistente na redução dos riscos inerentes ao trabalho por meio de normas de saúde, higiene e segurança. Para Fiorillo, quando a Constituição, no art. 1º, indicou os valores sociais do trabalho e da livre-iniciativa, destacou, também, a dignidade da pessoa humana como regra fundamental, assegurando-lhe condições de trabalho adequadas, evitando-se e minimizando os riscos inerentes às diferentes funções exercidas. Daí concluir que mesmo os arts. 160 e 161 da Consolidação das Leis do Trabalho, que cuidam da inspeção prévia e do embargo ou da interdição de setores de serviço, máquinas e equipamentos, possibilitando a efetiva redução dos riscos inerentes ao trabalho, gozam de proteção constitucional.(301)

De lembrar que a saúde é direito de todos e dever do Estado, garantido mediante políticas sociais e econômicas que visem à redução do risco de doença e de outros agravos e ao acesso universal igualitário às ações e serviços para sua promoção, proteção e recuperação, de acordo com o texto do art. 196 da Constituição.

Ives Gandra da Silva Martins Filho dá como exemplo, no campo trabalhista, de interesse difuso a terceirização levada a cabo por empresas estatais, implicando na locação de mão de obra para a atividade-fim e também a contratação de pessoal por empresas públicas, sem a realização de concurso.(302)

Traço marcante do direito difuso é a inexistência de vínculo entre os interessados e entre esses e a parte contrária, o que afasta a relação de emprego para sua configuração. Por isso, nos exemplos acima, o conjunto de pessoas aptas para o trabalho é atingido quando se vê preterido pela prática da terceirização ou pela contratação ilegal ou quando a negligência ou omissão do Estado permite que condições penosas, agressivas ou insalubres afetem a saúde ou comprometam a integridade física dos trabalhadores.

7.3. **Direitos coletivos.** São também: a) transindividuais; b) de natureza indivisível, distinguindo-se dos difusos pelo âmbito de alcance: c) de titularidade de grupo, categoria ou classe de pessoas; d) ligados entre si ou com a parte contrária por uma relação jurídica de base.

Trata-se, pois, de direitos de coletividades que não se confundem com agrupamento de direitos individuais, não se configurando “um feixe de interesses individuais da totalidade dos membros de uma entidade ou de parte deles”, como assinala Kazuo Watanabe.(303)

---

(301) *Os sindicatos e a defesa dos interesses difusos no direito processual civil brasileiro.* São Paulo: Revista dos Tribunais, 1995. p. 96/97.

(302) Ação civil pública trabalhista. In: *Ação civil pública.* São Paulo: Centro de Estudos do Ministério Público do Trabalho em São Paulo, 1998. p. 119/121.

(303) *Código brasileiro de defesa do consumidor:* comentado pelos autores do anteprojeto. Rio de Janeiro: Forense Universitária, 1993. p. 506.

7.4. **Direitos homogêneos.** Estes têm como marca o fato de resultarem de origem comum.

Teori Albino Zavascki, a propósito de direitos individuais homogêneos, assinala que são, na verdade, simplesmente direitos subjetivos individuais. A qualificação de homogêneos não desvirtua essa sua natureza, mas simplesmente os relaciona a outros direitos individuais assemelhados, permitindo a defesa coletiva de todos eles".[(304)]

Celso Antonio Pacheco Fiorillo defende que a legitimidade extraordinária do sindicato decorre da Constituição Federal, pois a ele foi dada legitimidade para a defesa, inclusive em juízo, dos direitos e interesses coletivos da categoria, reputando a restrição contida no Enunciado n. 310 do Tribunal Superior do Trabalho, incisos I e IV, inconstitucional, pois fere frontalmente o dispositivo referido; quanto ao inciso II, só poderia ter aplicação até o advento da Constituição de 1988, pois essa autoriza o sindicato a agir como substituto processual, quando lhe confere legitimidade para defender em juízo os direitos individuais da categoria, ressaltando que "não pode a norma infraconstitucional, seja legal, administrativa ou pretoriana, limitar a ação do sindicato, quando o texto constitucional não autoriza".[(305)]

E, com efeito, constitui desacerto interpretar o conteúdo social da Constituição restritivamente. Nesse passo, Fábio Konder Comparato adota como critério dar interpretação às disposições constitucionais na medida do possível, como atributivas de direito e não como metas programáticas ou enunciações de princípios.[(306)]

No terreno do direito do trabalho, em 1980, Evaristo de Moraes Filho considerava que, "pelo indeterminado da representação sindical, cujos limites se confundem com a totalidade da categoria, nisso se diferencia nitidamente o direito coletivo do direito individual do trabalho. O normal seria que o sindicato fosse a própria forma, a própria configuração da atividade ou da profissão. Onde houvesse um interesse abstrato ou concreto a proteger, lá se encontraria o sindicato como órgão legítimo e juridicamente válido. Entre nós, no Brasil, pela quase total ausência de prática e de compreensão da natureza desse direito coletivo, não passam os sindicatos de simples representantes perante as autoridades judiciárias e administrativas dos interesses individuais. Tirante os casos típicos de conflito coletivo de trabalho, reluta-se, ainda, em admitir o sindicato como legítimo representante da classe onde quer que ela se

---

(304) Defesa de direitos coletivos e defesa coletiva de direitos. *Revista do Processo*, n. 78, abr./jul. 1995.

(305) *Op. cit.*, p. 42 e ss.

(306) A Reforma da Empresa, aula inaugural dos *Cursos Jurídicos da Faculdade de Direito de São Paulo*, ano 1983, citado por Kazuo Watanabe, seu colega de classe como eu na Faculdade de Direito do Largo de São Francisco, transcrita por Fiorillo (*Op. cit.*, p. 94).

apresente". Evaristo conclui que, "doutrinariamente e por força mesmo do próprio dispositivo legal (art. 513, *a*, da CLT), não constitui heresia jurídica admitir-se, não mais a mera representação, e sim a substituição processual, ainda nos casos de dissídio individual, sempre que estiver em jogo um interesse da categoria quanto à exata aplicação de qualquer fonte de direito do trabalho, desde a lei ao acordo coletivo. Agiria o sindicato em nome próprio, por força da lei e segundo a natureza da substituição processual".[307]

7.5. **Efeitos**. A ação coletiva num sistema de unicidade sindical produz efeitos *erga omnes*, seguindo de perto o inciso II do art. 103 da Lei de Defesa do Consumidor, abrangendo todos aqueles que tenham sofrido a lesão de direito, ainda que admitidos no emprego após o ajuizamento. Aliás, suas disposições de natureza processual podem ser aproveitadas, até porque têm demonstrado sua utilidade.

Como bem posto por Vera Regina Loureiro Winter, aplica-se o art. 16 da Lei n. 7.347, de 1985, "que subordina todos os componentes do grupo social à autoridade da coisa julgada, salvo se a ação for julgada improcedente por deficiência de prova". "É uma solução idêntica à da Lei de Ação Popular, na qual podem ocorrer três hipóteses: a) a ação é julgada procedente, adquirindo autoridade *erga omnes*; b) a ação é julgada improcedente por ser infundada, adquirindo também autoridade de coisa julgada *erga omnes*; c) a ação é julgada improcedente por deficiência de provas, não adquirindo autoridade de coisa julgada e permitindo qualquer legitimado, inclusive ao que já propôs, intentar novamente a ação, amparado por novas provas".[308]

7.6. **Procedimento**. Tratando-se de ação coletiva, são dispensados adiantamento de custas, honorários periciais e quaisquer outras despesas, e não haverá nem condenação do sindicato autor, salvo comprovada má-fé, em honorários de advogado, custas e despesas processuais.[309]

Competente será sempre a Justiça do Trabalho no foro do local de trabalho, ou na Capital do Estado ou no Distrito Federal, em se tratando de lesão de direitos de âmbito regional ou nacional, desde que os sindicatos deleguem competência à central, à Federação ou Confederação respectiva, conforme o âmbito do dano e a área territorial do órgão federativo.[310]

---

(307) Sindicato — organização e funcionamento. *Revista LTr*, 44-9/1071.

(308) Ação civil pública, uma nova abordagem na justiça do trabalho (citando Édis Milaré). *Revista de Processo*, n. 78, p. 214, abr./jun. 1995.

(309) Lei n. 8.078/1990, art. 87. Nas ações coletivas de que trata este Código não haverá adiantamento de custas, emolumentos, honorários periciais e quaisquer outras despesas, nem condenação da associação autora, salvo comprovada má-fé, em honorários de advogados, custas e despesas processuais.
Parágrafo único. Em caso de litigância de má-fé, a associação autora e os diretores responsáveis pela propositura da ação serão solidariamente condenados em honorários advocatícios e ao décuplo das custas, sem prejuízo da responsabilidade por perdas e danos.

(310) Lei n. 8.078/1990, art. 93. "Ressalvada a competência da Justiça Federal, é competente para a causa a justiça local;

Proposta a ação, o sindicato providenciará sua divulgação através de boletins e comunicado publicado em jornal de circulação regular no local de trabalho dos representados.(311)

Nas ações que tenham por objeto o cumprimento de obrigação de fazer ou não fazer, o juiz concederá a tutela específica da obrigação ou determinará providências que assegurem o resultado prático equivalente ao do adimplemento.(312)

A ação coletiva não induz litispendência para as individuais, mas os efeitos da coisa julgada *erga omnes* e *ultra partes* não beneficiarão os autores destas se não aderirem àquela, requerendo sua suspensão no prazo de trinta dias, a contar da ciência nos autos do ajuizamento da coletiva. Para tanto, sob pena de ser reputado litigante de má-fé, a empresa ré informará, com a defesa, a existência de ações individuais com igual objeto, identificando seus autores que serão cientificados da ação coletiva.(313) Sendo essa julgada improcedente, a individual retomará seu curso.

I — no foro do lugar onde ocorreu ou deva ocorrer o dano, quando de âmbito local;
II — no foro da Capital do Estado ou no Distrito Federal, para os danos de âmbito nacional ou regional, aplicando-se as regras do Código de Processo Civil aos casos de competência concorrente".

(311) Lei n. 8.078/1990, art. 94: "Proposta a ação, será publicado edital no órgão oficial, a fim de que os interessados possam intervir no processo como litisconsortes, sem prejuízo de ampla divulgação pelos meios de comunicação social por parte dos órgãos de defesa do consumidor".

(312) Lei n. 8.078/1990, art. 84: "Na ação que tenha por objeto o cumprimento da obrigação de fazer ou não fazer, o juiz concederá a tutela específica da obrigação ou determinará providências que assegurem o resultado prático equivalente ao do adimplemento.
§ 1º A conversão da obrigação em perdas e danos somente será admissível se por elas optar o autor ou se impossível a tutela específica ou a obtenção do resultado prático correspondente.
§ 2º A indenização por perdas e danos se fará sem prejuízo da multa (art. 287 do CPC).
§ 3º Sendo relevante o fundamento da demanda e havendo justificado receio de ineficácia do provimento final, é lícito ao juiz conceder a tutela liminarmente ou após justificação prévia, citado o réu.
§ 4º O juiz poderá, na hipótese do § 3º ou na sentença, impor multa diária ao réu, independentemente de pedido do autor, se for suficiente ou compatível com a obrigação, fixando prazo razoável para o cumprimento do preceito.
§ 5º Para a tutela específica ou para a obtenção do resultado prático equivalente, poderá o juiz determinar as medidas necessárias, tais como busca e apreensão, remoção de coisas e pessoas, desfazimento de obra, impedimento de atividade nociva, além de requisição de força policial."

(313) Lei n. 8.078/1990, art. 104. As ações coletivas, previstas nos incisos I e II do parágrafo único do art. 81, não induzem litispendência para as ações individuais, mas os efeitos da coisa julgada *erga omnes* ou ultrapartes a quem aludem os incisos II e III do artigo anterior não beneficiarão os autores das ações individuais, se não for requerida sua suspensão no prazo de 30 (trinta) dias, a contar da ciência nos autos do ajuizamento da ação coletiva.

10.2. DEFESA DE INTERESSES COLETIVOS

Sumário: 1. Introdução. 2. Disciplinação constitucional. 3. Defesa direta e indireta.

1. **Introdução**. O sindicato, como organização da coletividade de trabalhadores ou de empregadores, em função da atividade econômica em que se ativam ou que exercem, respectivamente, tem como objeto fundamental a defesa de interesses do grupo como um todo, sendo, num regime de unicidade e, por conseguinte, de não concorrência entre múltiplas entidades, indiferente à filiação para a determinação de seu alcance. Já num regime de pluralidade, em princípio, só defende direitos e interesses de seus associados, exceto quando se adota a unicidade na pluralidade, legitimando o sindicato mais representativo.

Historicamente, importa a ação das organizações de trabalhadores, ficando as patronais em posição secundária.

A defesa de interesses coletivos dá-se de duas maneiras: a) diretamente, como forma de autotutela, na qual situam-se a negociação coletiva e a greve; b) indiretamente, como forma de heterotutela, com a mediação, a arbitragem e a solução jurisdicional através do dissídio coletivo.

Quando o conflito é resolvido amistosamente, o ajuste, como autêntico tratado de paz, é instrumentalizado no acordo ou na convenção coletiva de trabalho.

2. **Disciplinação constitucional**. O mesmo inciso III do art. 8º da Constituição, atrás transcrito, contempla a prerrogativa mais expressiva que se deu ao sindicato, reconhecendo sua tradição histórica: defesa de direitos e interesses coletivos.

3. **Defesa direta e indireta**. Atuando na defesa de interesses coletivos, o sindicato age diretamente, quando só se vale de sua própria ação, sem o concurso de terceiros estranhos à sua estruturação funcional, constituída pelos dirigentes, ativistas e assessores. Assim, definidos pela assembleia os interesses da categoria representada, no todo ou em parte, ainda que dos

empregados de apenas uma empresa, o sindicato vale-se inicialmente das negociações coletivas que, sendo concluídas favoravelmente, com o atendimento total ou parcial das reivindicações defendidas, resultam na celebração do acordo ou da convenção coletiva de trabalho. Do contrário, quando recusadas ou frustradas, pode o sindicato exercer o direito de greve ou as diferentes outras modalidades de pressão, como o boicote, o protesto.

A defesa se dá indiretamente através da conciliação e da mediação.

10.2.A – DEFESA DIRETA

NEGOCIAÇÕES COLETIVAS

1. **Introdução**. Pode-se dizer que as negociações coletivas surgiram com a organização dos trabalhadores como classe. A união espontânea daqueles que vendiam a força de trabalho, como único bem capaz de prover o sustento próprio e familiar, deveu-se à formação de uma nova consciência, partida do reconhecimento da soma dos valores individuais, da unificação das reivindicações mais sentidas e da coletivização da luta por salários mais justos e melhores condições de trabalho.

A organização dos trabalhadores em sindicatos teve como objetivo fundamental a constituição de uma classe e seu reconhecimento como expressão social, com força capaz de afetar os interesses dos detentores do capital e do poder político. O ideal almejado por todos era, acima de tudo, a ascensão na escala social e participação na riqueza nacional, com acesso aos bens básicos da comunidade, como habitação, alimentação, educação, higiene, saúde e garantias na velhice e na enfermidade. Por isso mesmo, as reivindicações perderam a marca individualista, praticamente inviável no início da industrialização e ainda mais no meio rural, para coletivizarem-se, unindo a massa de trabalhadores que atuavam coletivamente, mas se expressavam através de uma comissão escolhida nas reuniões quase sempre clandestinas.

Os proprietários, capitalistas e empresários que eram também os donos do poder, presentes diretamente ou por intermédio de seus aliados nas Assembleias Legislativas e nos diferentes escalões do Poder Executivo, dos municípios, dos estados e da República, além do que sempre próximos do Judiciário, ocupados por seus descendentes, parentes ou amigos, não admitiam sequer que se reivindicasse, já que o poder significava arbítrio para fixar o valor da contraprestação salarial e determinar as condições de trabalho.

Bem mais tarde, a partir da metade do século XIX, as organizações de classe tornaram-se permanentes e conquistaram o reconhecimento e a legalidade.

A greve foi induvidosamente o instrumento de força unitária que compeliu os empregadores a abdicar de seu autoritarismo e ceder para negociar as reivindicações de seus empregados.

Em países avançados, segundo a Organização Internacional do Trabalho, "antes mesmo de as negociações coletivas adquirirem sua atual importância, alguns sindicatos de trabalhadores especializados tratavam de regulamentar os salários unilateralmente, para o que se reuniam e fixavam tarifas sindicais de salários, comprometendo-se solenemente, como membros do sindicato, a não trabalhar com salários inferiores às referidas tarifas. Chegavam, inclusive, a comprometer-se a não trabalhar com obreiros que aceitassem salários inferiores".[314]

A negociação coletiva, como regra, constitui a forma mais marcante da atuação sindical. Seria, como assinala Pinho Pedreira, a realização da liberdade sindical coletiva, ou seja, a liberdade que tem o grupo organizado de autodeterminar-se e de, assim, estabelecer um ordenamento jurídico próprio.[315]

No Brasil, o Decreto n. 21.761, de 23 de agosto de 1932, instituiu a Convenção Coletiva de Trabalho, modelada segundo a lei francesa, sem contudo sensibilizar seus destinatários, trabalhadores e empregadores, diante da incipiente organização dos primeiros e do atraso dos segundos, ciosos de defenderem suas empresas como verdadeiras cidadelas, onde reinavam absolutos. Quando a Constituição de 1934 reconheceu as convenções coletivas de trabalho, implicitamente estava admitindo a livre negociação coletiva.[316] A Carta de 1937 atribuiu ao sindicato reconhecido o direito de estipular contratos coletivos de trabalho obrigatórios para todos os seus associados.[317]

Na vigência da Carta, a Consolidação das Leis do Trabalho disciplinou o contrato coletivo como o convênio de caráter normativo pelo qual dois ou

(314) *Las negociaciones colectivas*. Genebra: OIT, 1960. p. 13.
(315) *Negociação coletiva, em curso de direito constitucional do trabalho. Estudos em homenagem a Amauri Mascaro Nascimento*. São Paulo: LTr, 1991. p. 41.
(316) Art. 121, § 1º A legislação do trabalho observará os seguintes preceitos, além de outros que colimem melhorar as condições do trabalhador: j) reconhecimento das convenções coletivas de trabalho.
(317) Art. 138.

mais sindicatos representativos de categorias econômicas e profissionais estipulam condições que regerão as relações individuais de trabalho no âmbito da respectiva representação.

A Constituição de 1946, no art. 159, tratando do sindicato, transferiu para a lei ordinária dispor sobre sua representação nas convenções coletivas de trabalho, assim mantendo-se na Constituição de 1967 e na Emenda de 1969.[318]

A Constituição de 1988 dela cuidou no inciso VI do art. 8º — "é obrigatória a participação dos sindicatos nas negociações coletivas de trabalho" — e no inciso XIV do art. 7º: "jornada de seis horas para o trabalho realizado em turnos ininterruptos de revezamento, salvo negociação coletiva". O art. 7º, no inciso VI, consagrou a "irredutibilidade do salário, salvo o disposto em convenção ou acordo coletivo" e o XIII do mesmo dispositivo reconheceu, como "direito social a duração do trabalho normal não superior a oito horas diárias e quarenta e quatro semanais, facultada a compensação de horários e a redução da jornada mediante acordo ou convenção coletiva de trabalho". Finalmente, o mesmo art. 7º, no inciso XXVI, consignou o "reconhecimento das convenções e dos acordos coletivos de trabalho".

Como se observa, as negociações coletivas são o nascedouro das convenções e dos acordos coletivos, mas, também, da greve, da mediação, da arbitragem e do dissídio coletivo.

A roupagem que hoje têm as negociações coletivas foi dada pelo Decreto-lei n. 229, de 28 de fevereiro de 1967.

2. **Disciplinação constitucional.** A Constituição no inciso VI do art. 8º, impõe a participação do sindicato nas negociações coletivas:

"É obrigatória a participação dos sindicatos nas negociações coletivas de trabalho."

Nos incisos VI, XIII e XIV do art. 7º, permite a flexibilização dos salários e das jornadas de trabalho mediante negociações:

"VI — irredutibilidade do salário, salvo o disposto em convenção ou acordo coletivo;

XII — duração do trabalho normal não superior a oito horas diárias e quarenta e quatro semanais, facultada a compensação de horários e a redução da jornada, mediante acordo ou convenção coletiva de trabalho.

XIII — jornada de seis horas para o trabalho realizado em turnos ininterruptos de revezamento, salvo negociação coletiva."

Nos §§ 1º e 2º do art. 114, cogita da arbitragem e do dissídio coletivo quando frustrada ou recusada a negociação:

"§ 1º Frustrada a negociação coletiva, as partes poderão eleger árbitros.

(318) Arts. 159 e 166 respectivamente.

§ 2º Recusando-se qualquer das partes à negociação coletiva ou à arbitragem, é facultado às mesmas, de comum acordo, ajuizar dissídio coletivo de natureza econômica, podendo a Justiça do Trabalho decidir o conflito, respeitadas as disposições mínimas legais de proteção ao trabalho, bem como as convencionadas anteriormente."

3. **Disciplinação legal**. A Consolidação das Leis do Trabalho cuida das negociações juntamente com os acordos e as convenções coletivas no Título VI. Não se mantém, contudo, o art. 616, que tratava da intervenção do Ministério do Trabalho e Emprego quando recusada a negociação.

A disciplinação agora é traçada pela Lei n. 10.192, de 2001, nos arts. 10 e 11, com adaptação à Emenda Constitucional que condicionou o ajuizamento do dissídio coletivo à iniciativa conjunta das partes em conflito:

"Art. 10. Os salários e as demais condições referentes ao trabalho continuam a ser fixados e revistos, na respectiva data-base anual, por intermédio da livre negociação coletiva.

Art. 11. Frustrada a negociação entre as partes, promovida diretamente ou através de mediador, poderá ser ajuizada a ação de dissídio coletivo."

O art. 444 da CLT coloca o contrato individual de trabalho conforme o princípio da realidade, de forma que se ajusta às condições que são constituídas no curso de sua duração, mas respeitadas as disposições legais e convencionais:

"As relações contratuais de trabalho podem ser objeto de livre estipulação das partes interessadas em tudo quanto não contravenha às disposições de proteção ao trabalho, aos contratos coletivos que lhes sejam aplicáveis e às decisões das autoridades competentes."

Com as reformas legais impulsionadas pelo neoliberalismo no governo Fernando Henrique Cardoso, a flexibilização foi sacramentada com o comprometimento dos sindicatos pela negociação coletiva em diferentes diplomas legais:

Lei n. 9.601, de 21 de janeiro de 1998, através da qual se criou nova modalidade de contrato de trabalho por prazo determinado:

"Art. 1º As convenções e os acordos coletivos de trabalho poderão instituir contrato de trabalho por prazo determinado, de que trata o art. 443 da Consolidação das Leis do Trabalho — CLT, independentemente das condições estabelecidas em seu § 2º, em qualquer atividade desenvolvida pela empresa ou estabelecimento, para admissões que representem acréscimo no número de empregados.

§ 1º As partes estabelecerão, na convenção ou acordo coletivo referido neste artigo (...)."

A mesma lei, no art. 6º, instituiu o malfadado banco de horas, dando nova redação ao art. 59 da CLT, alterada depois pela Medida Provisória n. 2.164-41, de 29 de agosto de 2001, editada em julho de 1998:

"A duração normal do trabalho poderá ser acrescida de horas suplementares, em número não excedente de 2 (duas), mediante acordo escrito entre empregador e empregado, ou mediante contrato coletivo de trabalho."

Também a Medida Provisória n. 2.164 introduziu na CLT o art. 58-A para permitir o contrato de trabalho a tempo parcial:

"Considera-se trabalho em regime de tempo parcial aquele cuja duração não exceda a vinte e cinco horas semanais.

§ 2º Para os atuais empregados, a adoção do regime de tempo parcial será feito mediante opção manifestada perante a empresa, na forma prevista em instrumento decorrente de negociação coletiva."

Não foi tudo, a Medida Provisória citada permitiu também a suspensão do contrato de trabalho através do art. 476-A da CLT:

"O contrato de trabalho poderá ser suspenso, por um período de dois a cinco meses, para participação do empregado em curso ou programa de qualificação profissional oferecido pelo empregador, com duração equivalente à suspensão contratual, mediante previsão em convenção ou acordo coletivo de trabalho e aquiescência formal do empregado, observado o disposto no art. 471 desta Consolidação."

A Lei n. 10.101, de 19 de fevereiro de 2000, resultante de medida provisória reeditada 77 vezes, disciplinou a participação nos lucros e resultados, através de comissão interna ou negociação coletiva:

"Art. 2º A participação nos lucros ou resultados será objeto de negociação entre a empresa e seus empregados, mediante um dos procedimentos a seguir descritos, escolhidos pelas partes de comum acordo:

(...)

II — convenção ou acordo coletivo.

§ 1º Dos instrumentos decorrentes da negociação deverão constar regras claras e objetivas quanto à fixação dos direitos substantivos da participação e das regras adjetivas, inclusive mecanismos de aferição das informações pertinentes ao cumprimento do acordado, periodicidade da distribuição, período de vigência e prazos para revisão do acordo, podendo ser considerados, entre outros, os seguintes critérios e condições:

§ 12 Dos instrumentos decorrentes da negociação deverão constar regras claras e objetivas quanto à fixação dos direitos substantivos da participação e das regras adjetivas (...)

Art. 4º Caso a negociação visando à participação nos lucros ou resultados da empresa resulte em impasse, as partes poderão utilizar-se dos seguintes mecanismos de solução do litígio:

I — mediação;

II — arbitragem de ofertas finais."

Mas, ainda, no art. 6º, autorizou o trabalho aos domingos no comércio varejista em geral, ressalvada a competência dos municípios, dispondo no parágrafo único:

"O repouso semanal remunerado deverá coincidir, pelo menos uma vez, no período máximo de quatro semanas, com o domingo, respeitadas as demais normas de proteção ao trabalho e outras previstas em acordo ou convenção coletiva."

A Comissão de Conciliação Prévia, criada pela Lei n. 9.958, de 12 de janeiro de 2000, entrou na CLT através dos arts. 625-C, para admitir sua instituição no âmbito do sindicato, e 625-H, para reconhecer os Núcleos Intersindicais de Conciliação Trabalhista:

"Art. 625-C. A Comissão instituída no âmbito do sindicato terá sua constituição e normas de funcionamento definidas em convenção ou acordo coletivo.

Art. 625-H. Aplicam-se aos Núcleos Intersindicais de Conciliação Trabalhista em funcionamento ou que vierem a ser criados, no que couber, as disposições previstas neste Título, desde que observados os princípios da paridade e da negociação coletiva na sua constituição."

4. **Negociação coletiva e a OIT.** A Declaração de Filadélfia, de 1944, impôs à Organização Internacional do Trabalho a obrigação de fomentar a negociação coletiva em todas as nações do mundo, mediante programas que a reconhecessem como direito. Em 1949, em sua 32ª reunião, a OIT aprovou a Convenção n. 98, que dá em seu art. 4º a dimensão do instrumento universalizado para a solução amistosa dos conflitos de trabalho, mediante adoção de medidas adequadas às condições nacionais, quando necessário, para estimular e fomentar entre os empregadores e as organizações de empregadores, de um lado, e as organizações de trabalhadores, de outro, o pleno desenvolvimento e o uso de procedimentos de negociação voluntária com o objetivo de regulamentar, por meio de contratos coletivos, as condições de emprego. A Convenção n. 84 não foi ratificada pelo Brasil, pois restringia-se aos territórios não metropolitanos.

A Convenção n. 98 foi aprovada pelo Brasil por meio do Decreto Legislativo n. 49, de 27 de agosto de 1951, sendo ratificada em 18 de novembro de 1952 e promulgada no dia 29 de junho de 1953, pelo Decreto n. 33.196, ratificado no dia 18 de novembro de 1952, tendo vigência no país a partir do dia 18 de novembro de 1953:

"Art. 4º Medidas apropriadas às condições nacionais serão tomadas, se necessário, para estimular e promover o pleno desenvolvimento e utilização de mecanismos de negociação voluntária entre empregadores ou organizações de empregadores e organizações de trabalhadores, com o objetivo de regular, mediante acordos coletivos, termos e condições de emprego.

Art. 6º Esta Convenção não trata da situação de funcionários públicos a serviço do Estado e nem será de algum modo interpretada em detrimento de seus direitos ou situação funcional."

Adiante, em 1981, foi aprovada a Convenção n. 154, sobre o fomento da negociação coletiva, destinada a complementar a de n. 98, pois em suas considerações afirmava que deveriam produzir-se maiores esforços para realizar os objetivos das normas anteriores, especialmente os princípios gerais enunciados no art. 4º da convenção sobre o direito de sindicalização e de negociação coletiva, de 1949, e no § 1º da recomendação sobre os contratos coletivos, de 1951, que devem ser complementados por medidas apropriadas e destinadas a estimular a negociação coletiva livre e voluntária. A Convenção n. 154 foi aprovada pelo Decreto Legislativo n. 22, de 12 de maio de 1992, ratificada em 10 de julho do mesmo ano, promulgada pelo Decreto n. 1.256, de 19 de setembro de 1994, ingressando em nosso ordenamento jurídico no dia 10 de julho de 1993:

"Art. 1º A presente Convenção aplica-se a todos os ramos da atividade econômica. A legislação ou a prática nacionais poderão determinar até que ponto as garantias previstas na presente Convenção são aplicáveis às Forças Armadas e à Polícia.

No que se refere à administração Pública, a legislação ou a prática nacionais poderão fixar modalidades particulares de aplicação desta Convenção.

Art. 2º Para efeito da presente Convenção, a expressão 'negociação coletiva' compreende todas as negociações que tenham lugar entre, de uma parte, um empregador, um grupo de empregadores ou uma organização ou várias organizações de empregadores, e, de outra parte, uma ou várias organizações de trabalhadores, com o fim de: a) fixar as condições de trabalho e emprego; b) ou regular as relações entre empregadores e trabalhadores; ou regular as relações entre os empregadores ou suas organizações e uma ou várias organizações de trabalhadores, ou alcançar todos estes objetivos de uma só vez.

Art. 3º 1. Quando a lei ou a pratica nacionais reconhecerem a existência de representantes de trabalhadores que correspondam à definição do anexo *b* do art. 3º da Convenção sobre os Representantes dos Trabalhadores, de 1971, a lei ou a prática nacionais poderão determinar até o ponto a expressão 'negociação coletiva' pode igualmente se estender, no interesse da presente Convenção, às negociações com tais representantes.

2. Quando, em virtude do que dispõe o § 1º deste artigo, a expressão 'negociação coletiva' incluir também as negociações com os representantes dos trabalhadores a que se refere o parágrafo mencionado, deverão ser adotadas, se necessário, medidas apropriadas para garantir que a existência destes representantes não seja utilizada em detrimento da posição das organizações de trabalhadores interessadas.

Art. 4º Na medida em que não se apliquem por meio de contratos coletivos, laudos arbitrais ou qualquer outro meio adequado à pratica nacional, as disposições da presente Convenção deverão ser aplicadas por meio da legislação nacional.

Art. 5º 1. Deverão ser adotadas medidas adequadas às condições nacionais no estímulo à negociação coletiva.

2. As medidas a que se refere o § 1º deste artigo devem prover que: a) a negociação coletiva seja possibilitada a todos os empregadores e a todas as categorias de trabalhadores dos ramos de atividade a que se aplique a presente Convenção; b) a negociação coletiva seja progressivamente estendida a todas as matérias a que se referem os anexos *a, b* e *c* do art. 2º da presente Convenção; c) seja estimulado o estabelecimento de normas de procedimento acordas entre as organizações de empregadores e as organizações de trabalhadores; d) a negociação coletiva não seja impedida devido à inexistência ou ao caráter impróprio de tais normas; e) os órgãos e os procedimentos de resolução dos conflitos trabalhistas sejam concedidos de tal maneira que possam contribuir para o estimulo à negociação coletiva.

Art. 6º As disposições da presente Convenção não obstruirão o funcionamento de sistemas de relações de trabalho, nos quais a negociação coletiva ocorra em um quadro de mecanismos ou de instituições de conciliação ou de arbitragem, ou de ambos, nos quais tomem parte voluntariamente as partes na negociação coletiva.

Art. 7º As medidas adotadas pelas autoridades públicas para estimular o desenvolvimento da negociação coletiva deverão ser objeto de consultas prévias e, quando possível, de acordos entre as autoridades públicas e as organizações patronais e as de trabalhadores. Art. 8º As Medidas previstas com o fito de estimular a negociação coletiva não deverão ser concedidas ou aplicadas de modo a obstruir a liberdade de nego de negociação coletiva."

Foram adotadas ainda as Recomendações ns. 91, de 1951, e 163, de 1981, a primeira tratando dos procedimentos a serem observados nas negociações, a segunda, a respeito do fomento e dos meios para sua realização; e afinal ratificada a Convenção n. 151, de 1978, que trata do direito de sindicalização e também de negociação coletiva na administração pública.

5. **Conceito e denominação**. Negociação coletiva, para Pinho Pedreira, é o procedimento utilizado para se chegar a uma convenção coletiva ou a um acordo coletivo que ponha termo ao conflito ou satisfaça à reivindicação formulada por uma das partes interessadas.[319] No entanto, a negociação pode frustar-se e muitas vezes, ainda mais agora, quando se passa a admitir a flexibilização de direitos e às reivindicações dos trabalhadores os empregadores contrapõem as suas. Desse modo, tendo presente nosso ordenamento jurídico, negociação coletiva é o procedimento de tratativas entre um ou mais sindicatos de trabalhadores de um lado, e de outro, um ou mais sindicatos de empregadores ou uma ou mais empresas com o propósito de conciliar o trabalho e o capital a partir das reivindicações de um e outro destinadas a completar as relações de trabalho no âmbito das respectivas representações ou dos contratos de trabalho.

---

(319) *Negociação coletiva*, cit., p. 46.

A conceituação, como se verá adiante, leva em conta os agentes, o objeto, a extensão e o alcance do procedimento, de modo que a denominação, negociação coletiva, deve-se à manutenção do diálogo que supõe necessariamente avanços e recuos de parte a parte.

A natureza da negociação coletiva é de procedimento próprio do direito sindical, tendente a resolver diretamente um pré-conflito de dimensão coletiva através do acordo ou da convenção coletiva de trabalho.

6. **Sujeitos**. Como instrumento destinado ao atendimento de reivindicações dos trabalhadores, o sujeito principal da negociação é sua organização de classe, o sindicato. Este, armado pelo inciso VI do art. 8º de nossa Constituição, detém, no seu lado, o monopólio para negociar novas condições de trabalho.

Conforme o âmbito da negociação, do outro lado, figura como sujeito o sindicato representativo do grupo patronal, vinculado pela identidade da atividade econômica.

O inciso VI do art. 8º seguiu redação equivocada, posto que o texto não outorga exclusividade apenas ao sindicato profissional: "é obrigatória a participação dos sindicatos nas negociações coletivas de trabalho". Nem por outra razão, inicialmente, os sindicatos de empregadores eram acionados pelas empresas, como seus assistentes nas negociações diretas e principalmente no dissídio coletivo, mesmo fundado em greve localizada. No entanto, sua leitura, conjugada com o inciso XXVI do art. 7º, permitiu outro entendimento: "reconhecimento das convenções e dos acordos coletivos de trabalho". Com efeito, se a Constituição admitiu também os acordos coletivos, necessariamente permitiu que os sindicatos de trabalhadores mantenham negociações diretas com as empresas. Desse modo, tratando-se de negociações com âmbito restrito a uma ou mais empresas, essas serão seus sujeitos passivos.

A federação e a confederação não são órgãos coadjuvantes nas negociações, mas simplesmente coordenadoras facultativas da ação sindical, porém, podem assumir o papel de sujeitos quando faltar o sindicato. No caso, a federação representa os trabalhadores inorganizados, e quando os trabalhadores não forem organizados, sem que exista sequer o órgão federativo, serão representados pela confederação, conforme permite o art. 612, § 2º, da CLT: "As Federações e, na falta destas, as Confederações representativas de categorias econômicas ou profissionais poderão celebrar convenções coletivas de trabalho para reger as relações das categorias a elas vinculadas, inorganizadas em Sindicatos, no âmbito de suas representações".

7. **Espécies**. Oscar Ermida Uriarte, técnico da OIT, distingue as negociações coletivas em quatro grupos: a) estática ou de crise, quando limitada no

tempo em função de uma data-base e fora daí só excepcionalmente diante de um conflito concreto, sistema que predomina nos países latino-americanos; b) dinâmica ou permanente, quando prosseguem mesmo após assinada a convenção coletiva, tanto para avaliar sua aplicação como para discutir os problemas ocorrentes de modo a preparar um novo convênio; c) de proteção, também presentes na América Latina, dirigidas necessariamente para a melhoria das condições de trabalho; d) transacional ou concessionária, praticadas em países anglo-saxãos, que permitem também alterar condições de trabalho para torná-las menos favoráveis; e) com intervenção estatal; f) puramente bilaterais com atuação restrita às partes envolvidas; g) centralizadas, quando se negocia em âmbito nacional ou de grandes ramos de atividade; h) descentralizadas, no âmbito da empresa.(320)

O professor uruguaio destaca que na América Latina predomina a negociação limitada à data-base, com forte intervenção estatal.

Na sua avaliação, isso se deve a causas econômicas, histórico-culturais, políticas e sindicais. Dentre as causas econômicas sobressai o subdesenvolvimento, a atividade dirigida para a produção de matéria-prima destinada a exportação, a precária industrialização, com avanço tecnológico reduzido, enfim, o que denomina de economia de encraves, ou seja, a concentração industrial em locais determinados. Como causas histórico-culturais, lembra o sistema jurídico, inspirado no direito romano e nas suas ramificações espanhola, portuguesa e depois francesa, um direito fechado, altamente regulamentado. Como causas de ordem política, apresenta a imagem que os donos do poder têm do sindicato, como um órgão de contestação, revolucionário e subversivo, dando origem ao intervencionismo de controle, exercido pelo Estado. Finalmente, no que concerne à causa sindical, o conformismo, porque, de qualquer modo, o intervencionismo impõe ao capital negociar pelo menos uma vez a cada ano. De tal modo, o sistema dominante diferencia a legislação individual, realmente protecionista da coletiva, que revela o propósito do Estado, não de proteger o trabalhador, mas de controlar politicamente o sindicato e as relações coletivas de trabalho.

A negociação será ampla quando alcançar todos os segmentos representados pelos sindicatos em toda a sua extensão territorial, como, exemplificativamente, a que se travar entre um sindicato de trabalhadores nas indústrias da alimentação com base territorial no Estado de São Paulo e seu correspondente sindicato das indústrias da alimentação da mesma unidade da Federação. Mas será restrita quando envolver um sindicato representativo apenas dos trabalhadores nas indústrias cervejeiras de Ribeirão Preto.

Será de categoria se o grupo profissional for representado no todo ou em parte, como no caso do sindicato dos trabalhadores nas indústrias da cons-

---

(320) Negocição coletiva na América Latina: situação atual e alternativas propostas. Conferência do *Fórum Nacional sobre Segurança e Saúde do Trabahador no Contrato Coletivo de Trabalho*, Ministério do Trabalho, p. 65/66, 1994.

trução de Angra dos Reis e o respectivo sindicato patronal. Mas será de âmbito interno se o mesmo sindicato de trabalhadores envolver-se em negociações com uma construtora.

Será, como regra, a favor ou *in melius*, na sua forma normal e natural, quando objetivar melhores condições de trabalho para os representados, e contra, *in pejus*, quando comprometê-los, obrigando-os a atender a interesses patronais ou flexibilizar direitos assegurados pela Constituição ou por lei. Na primeira situação, exemplificativamente, as negociações objetivam a recomposição dos salários afetados pela inflação, na segunda, diante do permissivo do inciso XIV do art. 7º, elastecer a jornada de seis horas para o trabalho em turnos de revezamento ou adotar o contrato por prazo determinado independentemente da natureza da atividade econômica do empregador e da função dos empregados, diante do que permite a Lei n. 9.601, de 1998.

7.1. **Negociação articulada**. José Francisco Siqueira Neto não esconde sua simpatia pela negociação articulada, que seria a contratação com perspectiva e visão de conjunto do processo, "aquela destinada a unir pelas articulações, juntar formando cadeias, unir", que "consiste em conceber (...) contratações centrais como resultado do trabalho em conjunto dos trabalhadores de uma determinada categoria e depois, de acordo com a organização, a força, a circunstância e o interesse, descentralizar o processo de contratação, no intuito de qualificar a contratação central inclusive".[(321)] Siqueira Neto retomaria a ideia na elaboração do Anteprojeto de Lei Sindical, prevendo a negociação inclusive em âmbito nacional.

Carlos Moreira De Luca, estudando o direito italiano, assinala que a origem da negociação articulada deveu-se ao rompimento com a central patronal Confindústria, "reacionária e que obstaculizava a contratação coletiva". "Em 1962 — prossegue — foi assinado um protocolo de intenções pelas confederações de trabalhadores e os novos sindicatos, estabelecendo as bases do que passou a se chamar de contratação articulada. O acordo previa uma contratação que se desenvolvesse em vários níveis, por agente contratual e por matéria, visando conformar os contratos à realidade local ou empresarial. Assim, os níveis de contratação por agente contratual seriam o nacional de categoria, o setorial e o de empresa. Nos níveis superiores seriam estabelecidas as condições mínimas a serem respeitadas pelos níveis inferiores, fixando-se, ainda, as matérias que poderiam ser rediscutidas nestes níveis, para o estabelecimento de melhores condições".[(322)]

Aluysio de Mendonça Sampaio defende a articulação, mas de dois níveis: a ampla, materializada na convenção coletiva, e a específica, no acordo coletivo que a completaria na conformidade da expressão econômica das empresas.

---

(321) *Contrato coletivo do trabalho*, cit., p. 196/197.

(322) *Convenção coletiva de trabalho. Um estudo comparativo*. São Paulo: LTr, 1991. p. 25/26.

7.2. **Negociação *in pejus* (Flexibilização de direitos)**. A globalização representa a última expressão do capitalismo, expandido e irradiado, especialmente para os países em desenvolvimento, em busca de fôlego e resultados, porém sob controle dos mais ricos que detêm poder econômico e militar, comprometidos em proteger as grandes corporações.

O fenômeno criou um novo modelo de produção e com ele uma nova ordem política e social. Pode-se dizer que com a globalização do capitalismo dá-se a globalização do mercado de trabalho, exigindo: a) o afastamento do Estado das relações econômicas e redução de seu tamanho, gerando o processo de privatizações e o encolhimento da rede de proteção à saúde, ao ensino público, às demandas de transporte coletivo, habitação, etc.; b) a estabilização da moeda, trazendo consigo o congelamento dos salários e a retração do consumo local; c) o livre mercado, sem barreiras, inclusive para supérfluos e investimentos especulativos; d) sucateamento da empresa nacional e sua substituição pelas transnacionais. A globalização tem consequências insuperáveis nas relações de trabalho: a) evolução tecnológica e consequente desemprego; b) redução dos custos, aí incluídos os simplesmente sociais; c) aumento da produtividade com reduzido contingente de mão de obra; d) favorecimento das empresas transnacionais, mediante incentivos, isenções e até concessão de local para sua instalação.

O apoio ideológico à globalização é dado pelo neoliberalismo, privilegiando a livre-iniciativa e entendendo a igualdade dos homens de forma radical.

A nova ordem prega o afastamento do Estado também das relações contratuais, mesmo quando de um lado está um homem simples, sem emprego, que dele depende para subsistir, porque só possui a força de trabalho com a qual obtém o salário indispensável para prover o sustento familiar e de outro uma corporação transnacional manejada por executivos que prestam contas a acionistas invisíveis. Assim, entende-se que a livre estipulação do contrato de trabalho afasta a marca da simples adesão, permitindo a negociação do salário, da jornada, das condições a serem observadas em sua execução. Da mesma forma, livremente rompido, por iniciativa de qualquer dos contratantes, o pagamento das reparações tarifadas importará na quitação do passivo, pondo um ponto final na relação mantida, significando a continuação da tranquilidade que exige a sociedade.

No plano coletivo, igualmente, o Estado deve manter-se alheio e indiferente, deixando que as partes negociem até a exaustão para que o ajuste final, materializado num acordo ou numa convenção coletiva, tenha o significado de verdadeiro tratado de paz a dar grandeza ao Estado Democrático.

Isso reflete-se na liberdade sindical, a permitir que múltiplas organizações, livremente constituídas, possam todas manter negociações coletivas com uma ou diversas empresas e até com a associação que as represente. Assim, segundo os defensores do chamado "moderno direito do trabalho" e do "novo sindicato", se os litígios individuais devem ser resolvidos pela conciliação, os conflitos devem ter solução arbitrada, tudo segundo os modelos consagrados internacionalmente.

De resto, a economia há que seguir as regras determinadas pelo mercado.

Nas relações de trabalho, a globalização deu causa a três fenômenos que hoje dominam a teorização do Direito do Trabalho: a) desregulamentação da legislação tutelar; b) terceirização da mão de obra; c) flexibilização dos direitos individuais.

A natureza tutelar do direito do trabalho, desde então, foi contestada e virada do avesso, pois para o pensamento neoliberal só prejudicava aquele que devia ser protegido. Descobriu-se também que, mesmo quando o Brasil recusava a chamada "cláusula social" para entrar na globalização maior do comércio, a proteção contida na CLT e seus acréscimos atravancavam a ampla abertura do mercado e a derrubada das fronteiras.

Nem foi por acaso que constou de nossa carta de intenções ao Fundo Monetário Internacional (FMI) a subordinação às suas recomendações de urgente mudança nas instituições do trabalho, o que deu causa a Proposta de Emenda Constitucional n. 623/1998, como assinalou um dos mais insuspeitos defensores da flexibilização da legislação do trabalho, José Pastore.[323] No comunicado conjunto do Ministério da Fazenda e do FMI consignou-se, sem nada esconder: "As discussões versaram, ainda, sobre os resultados obtidos até agora em várias reformas estruturais, incluindo as reformas tributária, administrativa e da Previdência Social, a proposta de Lei de Responsabilidade Fiscal, as políticas sociais, a flexibilização do mercado de trabalho e as privatizações".[324]

A proposta inicial consistia em mais uma vez emendar a Constituição, para escrever na cabeça do art. 7º, entre vírgulas, a expressão capaz de salvar a economia nacional: "São direitos dos trabalhadores urbanos e rurais, salvo negociações coletivas, além de outros que visem à melhoria de sua condição social". Mas optou-se por deixar a solução para a lei ordinária e o art. 618 da CLT que só tratava da possibilidade de celebração de acordo ou

(323) O FMI e o Trabalho, artigo no qual Pastore revelava seu receio de a reforma anunciada não atingir os direitos individuais: "Como se vê, o FMI parece perseguir a linha da liberação das amarras das instituições do mercado de trabalho em geral, enquanto o Brasil parece restringir a reforma trabalhista à reformulação da organização sindical e da Justiça do Trabalho" (*O Estado de S. Paulo*, 24.11.1998). O jornal *Folha de S. Paulo* anotou que a pressa na votação do projeto em regime de urgência seria agradar a alguns setores da economia, potenciais doadores de recursos para campanhas eleitorais (*Folha de S. Paulo*, 29.11.2001).

(324) *Folha de S. Paulo*, 5.2.1999.

convenção coletiva diretamente com os empregados, quando se tratasse de empresas e instituições à margem do enquadramento sindical, em outras palavras, texto já desativado, assumiu outro sentido com o Projeto de lei n. 5.483, de 2001: "As condições de trabalho ajustadas mediante convenção ou acordo coletivo prevalecem sobre o disposto em lei, desde que não contrariem a Constituição Federal e as normas de segurança e saúde do trabalho".[325]

O Ministro Francisco Dornelles, da Pasta do Trabalho no governo Fernando Henrique Cardoso, exclamava: "Tudo poderá ser negociado". O projeto ficou conhecido como "negociado x legislado", isto é, negociações *in pejus*, porque para negociar *in melius* bastava a legislação existente e dispensava-se qualquer modificação constitucional.

O projeto, depois de aprovado na Câmara dos Deputados e remetido no Senado, foi arquivado a pedido do Poder Executivo.

Na visão neoliberal do governo Fernando Henrique Cardoso, o sindicato abdicava do modelo tradicional, de órgão reivindicatório, de resistência, para defender direitos e interesses de classe, tornando-se parceiro dos empregadores de forma a conciliar o capital prestigiado com o que restou do trabalho precarizado.

Desse modo, cumpria-lhe manter negociações para flexibilizar o que fosse possível, desde o contrato de trabalho para permitir a adoção das novas modalidades até a jornada de trabalho, para prorrogá-la ou diminui-la, e finalmente o salário, passível de ser reduzido, definitiva ou temporariamente.

8. **Objeto**. Através de negociações coletivas criam-se, modificam-se ou mantêm-se as condições de trabalho.

Dá-se a criação de condições na hipótese de instituição de um plano de participação nos lucros, modificam-se quando eleva-se o adicional para horas extraordinárias, mantêm-se no caso de serem preservadas condições preexistentes.

As negociações coletivas têm como objetivo a melhoria das relações de trabalho e o atendimento das reivindicações comuns. Num sistema econômico de inflação contínua, a mais sentida consiste na recomposição dos salários defasados e assim no restabelecimento de seu valor nominal de compra, normalmente designada como reajustamento ou correção salarial. Por isso

(325) Para o professor José Pastore, assessor da Confederação Nacional da Indústria, por exemplo, "a proposta ficou moderada e cautelosa demais para meu gosto. Ela vai abrir muito pouco a área de negociação de alguns direitos infraconstitucionais e constantes da CLT. A maior parte do engessamento atual decorre da rigidez do art. 7º da Constituição Federal" (*O Estado de S. Paulo*, 7.10.2001).
Da mesma forma, entenderam os dirigentes da FIESP, vendo alterações simplesmente tímidas, pois a reforma devia atingir também a hora extra, descanso semanal, salários, adicional noturno e o direito de férias (*Folha de S. Paulo*, 27.11.2001).

mesmo o dissídio coletivo regular adotou o qualificativo de econômico. Seguem-se seus complementos, como aplicação para os empregados admitidos após a chamada data-base, limitada até o salário já reajustado do empregado exercente de igual função, admitido até doze meses antes e no caso de inexistência de paradigma ou empresa constituída após a data-base, sua aplicação proporcional, a razão de 1/12 do índice de reajustamento por mês de trabalho, valendo a fração igual ou superior a quinze dias como mês completo, e mais, compensação dos aumentos concedidos após a data-base, à exceção dos decorrentes de promoção, de equiparação salarial, término de aprendizagem, transferência e mérito. Também de natureza econômica seria a cláusula relativa à fixação ou correção do piso salarial, referido no inciso V do art. 8º da Constituição. Seguem-se as reivindicações relativas à relação de emprego, pertinentes à jornada de trabalho, aos adicionais, às garantias de emprego, depois as relativas à matéria de saúde, higiene e segurança, a seguir os chamados benefícios sociais, na sequência, as de natureza sindical e, finalmente, as cláusulas de encerramento.

Mas devem submeter-se ao processo negocial a flexibilização dos salários e das jornadas de trabalho, por força dos incisos VI, XIII e XIV da Constituição, para reduzir os salários ou para compensar e reduzir a jornada, e mesmo ampliá-la, no caso de trabalho ininterrupto em turnos de revezamento. Da mesma forma, a instituição e disciplinação da participação nos lucros e/ou resultados, segundo a Lei n. 10.101, de 19.12.2000, a adoção do contrato de trabalho por prazo determinado, ou por tempo parcial, a suspensão do contrato de trabalho, a implantação do banco de horas, a implantação da Comissão de Conciliação Prévia.(326)

Anteriormente à Constituição de 1988 admitia-se a prorrogação das jornadas mediante compensação do trabalho, através de acordo ou convenção coletiva e também quando envolvesse mulheres(327) e menores(328) como dispunha o art. 59 da CLT: "A duração normal do trabalho poderá ser acrescida de horas suplementares em número não excedente de duas, mediante acordo escrito entre empregador e empregado, ou mediante contrato coletivo de trabalho".

---

(326) Os textos estão transcritos em Disciplinação Legal.

(327) Art. 374. A duração normal diária do trabalho da mulher poderá ser no máximo elevada de duas horas, independentemente de acréscimo salarial, mediante convenção ou acordo coletivo nos termos do Título VI desta Consolidação, desde que o excesso de horas em um dia seja compensado pela diminuição em outro, de modo a ser observado o limite de 48 horas semanais ou outro inferior legalmente fixado. (Revogado pela Lei n. 7.855, de 24.10.1989)

(328) "É vedado prorrogar a duração normal diária do trabalho do menor, salvo:

I — até mais 2 (duas) horas, independentemente de acréscimo salarial, mediante convenção ou acordo coletivo nos termos do Título VI desta Consolidação, desde que o excesso de horas em um dia seja compensado pela diminuição em outro, de modo a ser observado o limite máximo de 48 (quarenta e oito) horas semanais ou outro inferior legalmente fixado."

9. **Princípios da negociação coletiva**. José Francisco Siqueira Neto critica a estrutura da negociação coletiva que a seu ver foi consolidada através dos seguintes preceitos: a) data-base ou periodicidade anual rígida; b) limitação do conteúdo especialmente pela legislação de política salarial; c) interferência obrigatória do Poder Judiciário na solução dos conflitos, mediante solicitação da Procuradoria do Trabalho ou de qualquer das partes envolvidas; d) limitação, ainda, da vigência dos instrumentos normativos; e) restrição ao direito de greve, com desprezo de um preceito fundamental, inclusive de seu conceito moderno, que vem a ser sua característica principal, de causar prejuízo à parte contrária, como forma de estabelecer minimamente a correlação de forças no processo de negociação. Vislumbra o coordenador e principal artífice da reforma sindical do governo Lula três propostas para alterar o sistema brasileiro: a) situar a negociação no âmbito da empresa, com poder para desregulamentar até mesmo a legislação de proteção ao trabalho; b) manter o modelo vigente; c) alterar todo o sistema de relações do trabalho, "com ênfase na negociação coletiva (...) por ramo de atividade, partindo do nível nacional e descentralizando até o local de trabalho, como forma de se ter um patamar mínimo de desenvolvimento que não aumentasse as diferenciações regionais, setoriais e até mesmo estaduais, e que fosse também um mecanismo de efetiva regulação do trabalho baseada na realidade do Brasil".[(329)]

9.1. **Princípio da norma mais favorável**. O art. 619 da CLT consagra o princípio da prevalência da norma mais favorável, estabelecendo que nenhuma disposição de contrato individual que contrarie normas da convenção ou do acordo possa superá-las, sendo assim reputada nula de pleno direito. De outra parte, segundo o art. 620, "as condições estabelecidas em convenção, quando mais favoráveis, prevalecerão sobre as estipuladas em acordo".

9.2. **Princípio da lealdade e boa-fé.** A negociação deve ser realizada de boa-fé, constituindo prática antissindical negociar de má-fé.

A boa-fé revela-se quando a parte contrária: a) aceita negociar ou recusa justificadamente a proposta de negociação; b) agenda calendário de reuniões em prazo razoável para início e término; c) oferece contraproposta razoável e justificada; d) negocia em clima amistoso, sem praticar retaliações ou atender a reivindicações constantes da pauta aprovada pela assembleia, como concessão liberal; e) não dispensar os empregados, especialmente aqueles que compõem a comissão de negociações. De parte do sindicato profissional, seria também manter o clima de harmonia, sem o recurso da greve.

9.3. **Princípio da informação**. A negociação coletiva tem como meta fundamental a complementação legal dos contratos individuais de trabalho,

---

(329) Relações de trabalho e a perspectiva de adoção do contrato coletivo de trabalho no Brasil, conferência no *Fórum Nacional sobre Segurança e Saúde do Trabalhador no Contrato Coletivo de Trabalho*, cit., p. 28/29.

desde o reajustamento dos salários até a instituição de benefícios, como plano de assistência médica, seguro de vida, complementação dos proventos da previdência social, passando pelas condições de higiene e segurança até chegar à participação nos lucros.

A prática das negociações até hoje tem nivelado pequenas e grandes empresas, deficitárias e bem-sucedidas, seguindo quase sempre um mesmo padrão.

Para que as negociações sejam efetivas e sérias, é indispensável a troca de informações. As empresas devem, pois, mostrar sua lucratividade, seu projeto de expansão, de contratação ou de enxugamento do pessoal.

Só assim será possível chegar-se a um resultado bom, dando à contraprestação salarial e às condições de trabalho expressão compatível com o resultado da atividade econômica.

A participação nos lucros, naturalmente, supõe o acesso aos registros contábeis das empresas.

9.4. **Princípio da pacificação**. Em outras palavras, o tratado de paz, que fica implícito na celebração do acordo ou da convenção coletiva de trabalho.

Com isso, os trabalhadores dão-se por satisfeitos em suas exigências para só formular outras ou quando vêm ressalvadas no ajuste ou quando motivadas por fatos supervenientes e imprevisíveis. Do contrário, outras reivindicações só serão discutidas em outra negociação coletiva.

10. **Procedimento**. A assembleia, como órgão superior do sindicato, delibera soberanamente sobre relações coletivas do trabalho segundo o regramento traçado no art. 524, alínea *e*, da CLT: "Serão sempre tomadas por escrutínio secreto, na forma estatutária, as deliberações da Assembleia Geral concernentes aos seguintes assuntos: e) pronunciamento sobre relações ou dissídio de trabalho".

A CLT, no art. 612, condiciona a validade da assembleia para celebração de acordo ou convenção às seguintes exigências: a) convocação específica; b) *quorum* de 2/3 na primeira convocação e de 1/3 na segunda, de todos os associados, quando se tratar de convenção, ou dos interessados, isto é, dos segmentos que serão abrangidos, tratando-se de acordo, ou 1/8 dos interessados na segunda, quando o quadro de associados for superior a 5.000; c) observância, no mais, das disposições estatutárias.

Absolutamente formal a previsão de uma primeira, seguida de segunda convocação, com *quoruns* diferentes, ainda mais com intervalo insignificante entre uma e outra. Todavia, tornou-se prática comum, inclusive legislativa.

A exigência de *quorum* altíssimo: 1.400 trabalhadores (1/3) para um contingente de 4.200 associados, exemplificativamente, deveu-se ao autoritarismo da ditadura militar que pretendeu com o Decreto-lei n. 229, de 28 de fevereiro de 1967, frear a ação sindical sem disfarçar o forte conteúdo repressor dominante. De fato, sabidamente inatingível a presença de 2/3 dos filiados, ainda mais quando a base territorial alcançasse mais de um município, na primeira e inútil convocação. Até então, o *quorum* exigido era o mesmo contemplado no art. 859, que cuida do dissídio coletivo: 2/3 dos associados em primeira convocação e 2/3 dos presentes na segunda. Mas, ainda assim, 1/3 constitui número significativo, que a experiência comum sabe que não será atingido. É pensar nas assembleias da OAB, das associações dos juízes ou do Ministério Público, do condomínio dos prédios residenciais, clubes.

O texto, porém, não se mantém por força do princípio da autonomia sindical, devendo ser atendido o *quorum* de instalação e maioria deliberativa estatutário.[330]

A assembleia será geral ou específica. Geral quando interessar a todos os filiados, específica quando disser respeito apenas a uma parcela deles.

A convocação deve atender a um dos princípios fundamentais da liberdade sindical: a democracia interna e assim a ampla publicidade e a transparência, de forma a atingir todos os interessados, ou seja, o conjunto de filiados. Com efeito, até 1988, quando foi adotada a autonomia amplíssima, a ingerência estatal, através do controle exercido pelo Ministério do Trabalho, impunha a observância de *quorum* e formalidades que foram abolidas, prevalecendo, em tudo, a disciplinação estatutária, que deve ser democrática e razoável, sob pena de nulidade por atentar contra direitos fundamentais dos associados. Sendo assim, a convocação já não se prende à publicação de edital, meramente formal, ainda mais quando feita em jornal que sabidamente não é lido pela massa de trabalhadores ou de empregadores, como o Diário Oficial, repositório cartorário. A publicação em órgão da imprensa, custosa, nem sempre atende ao princípio de democracia e transparência, porque traduz simples suposição de ser lido. Melhor mesmo é a convocação direta, através de boletins distribuídos nas proximidades dos locais de trabalho, pela emissão sonora a partir de veículos para tanto aparelhados, bem denominados "carros de som", ou de emissoras de rádio, por via de mensagens divulgadas em horários apropriados.[331]

O estatuto moderno e democrático deve mais é estabelecer uma única convocação, mas prazo razoável entre a convocatória e realização da assembleia.

---

(330) "Neste caso, as deliberações da Assembleia Geral só serão consideradas válidas quando ela tiver sido especialmente convocada para esse fim, de acordo com as disposições dos estatutos da entidade sindical. O *quorum* para validade da Assembleia será de metade mais um dos associados quites; não obtido esse *quorum* em primeira convocação, reunir-se-á a Assembleia em segunda convocação com os presentes, considerando-se aprovadas as deliberações que obtiverem 2/3 (dois terços) dos votos."

(331) A favor da medida, decisão do TRT da 15ª Região, Processo n. 18380-78-2009, rel. Fábio Grasselli, publicado em 1º.9.2011.

A propósito, valioso anotar que a legislação trabalhista quando trata de assembleia não cogita do edital de convocação, como previa a Lei n. 4.330, de 1964, dirigida para a greve.[332]

Presentemente, da mesma forma, entende-se que a convocação da assembleia deve atender às disposições estatutárias, mas sem se afastar dos princípios de democracia interna e de razoabilidade.

A propósito, tornou-se comum a publicação de edital em jornal, como mera formalidade, muitas vezes na imprensa oficial. Os sindicatos mais combativos nunca deixaram de ir além, divulgando a assembleia através de boletins e dos chamados "carros de som".

A assembleia deve num primeiro momento definir os interesses que serão defendidos, da categoria como um todo ou da parcela a ser representada, conferindo ao sindicato poderes para manter negociações com o patronato.

Assim legitimado, o sindicato proporá ao sindicato patronal ou à empresa, conforme o caso, a abertura do processo negocial.

Como se sabe, nossa organização sindical adota o sistema de paralelismo e correspondência entre categoria profissional e atividade econômica. Desse modo, o sindicato dos trabalhadores nas indústrias de panificação negociará com o correspondente sindicato da indústria de panificação. Possível, porém, que as negociações envolvam múltiplos sindicatos de um lado e de outro, como se dá comumente quando alcançam diferentes bases territoriais, sendo, como regra, coordenadas pelas federações, como, exemplificativamente, os diferentes sindicatos dos empregados da hotelaria de um Estado e o sindicato dos hotéis com representação em todo o Estado. No caso, o litisconsórcio ativo ou passivo será facultativo. Possível, ainda, que a negociação diga respeito apenas a uma ou diversas empresas.

A proposta de negociação na disciplinação da CLT não podia ser recusada. O art. 616 assim dispunha: "Os sindicatos representativos de categorias econômicas ou profissionais e as empresas, inclusive as que não tenham representação sindical, quando provocados, não podem recusar-se negociação coletiva". Segundo o § 1º, "Verificando-se recusa à negociação coletiva, cabe aos Sindicatos ou às empresas interessadas dar ciência do fato, conforme o caso, ao Departamento Nacional do Trabalho ou aos órgãos regionais do Ministério do Trabalho para convocação compulsória dos Sindicatos ou das empresas recalcitrantes". Só que, na conformidade do § 2º,

---

(332) Art. 6º A assembleia geral será convocada pela Diretoria da entidade sindical interessada, com publicação de editais em jornais do local da situação da empresa, com a antecedência de 10 dias. § 1º O edital de convocação conterá: a) indicação de local, dia e hora para a realização da Assembleia Geral; b) designação da ordem do dia, que será exclusivamente destinada à discussão das reivindicações e deliberação sobre o movimento grevista.

"No caso de persistir a recusa à negociação coletiva, pelo desatendimento às convocações feitas pelo Departamento Nacional do Trabalho ou pelos órgãos regionais do Ministério do Trabalho ou se malograr a negociação entabulada, é facultada aos Sindicatos ou às empresas interessadas a instauração de dissídio coletivo". Portanto, a obrigação de negociar era simplesmente figurativa e o aparelhamento ministerial não estava investido de poder para punir a recusa, de modo que a única consequência traduzia-se no uso de uma faculdade: o ajuizamento do dissídio coletivo.

Aceita a proposta de negociação, era agendado o calendário de reuniões quando as duas bancadas apresentavam suas razões, propostas e contrapropostas. Com a intervenção ministerial, como se verá, dava-se a mediação. As negociações teriam de ser concluídas até o último dia do prazo de duração da norma anterior, pois, do contrário, caso frustradas sem ajuizamento do dissídio coletivo, fatalmente se perderia a data-base. É que o § 3º do art. 616 estabelecia que: "Havendo convenção, acordo ou sentença normativa em vigor, o dissídio coletivo deverá ser instaurado dentro dos 60 dias anteriores ao respectivo termo final, para que o novo instrumento possa ter vigência no dia imediato a esse termo". No caso, como previsto no parágrafo único do art. 867: a sentença normativa só vigoraria a partir da data de sua publicação.

2. ACORDO E CONVENÇÃO COLETIVA DE TRABALHO

Sumário: 1. Antecedentes. 2. Disciplinação constitucional. 3. Disciplinação legal. 4. Denominação. 5. Natureza jurídica. 6. Sujeitos. 7. Conteúdo. 8. Prazo de duração. 9. Prorrogação, revisão, denúncia e revogação. 10. Nulidades. 11. Solução das divergências. 12. Instrumentalização. 13. Depósito e registro. 14. Efeitos. 15. Tratado de paz.

1. **Antecedentes**. A convenção coletiva de trabalho só pode ser compreendida tendo presente a organização dos trabalhadores como classe, tendo a greve como instrumento destinado à defesa de suas reivindicações e sua ascensão social.

Trata-se de instituto próprio do direito sindical que supõe necessariamente negociações com o lado oposto, empresa, empresas ou seu órgão representativo.

Constitui o ponto de acertamento entre capital e trabalho que se materializa num instrumento com força de lei, após avanços e recuos, renúncias e concessões, tipificando autêntico tratado de paz, contando, para tanto, com o incentivo e a proteção do Estado. Portanto, significa um meio de avanço da classe trabalhadora num regime capitalista que aceita disputar o poder, desde que seja para manter sua supremacia que se realiza com a compensação do lucro.

No plano internacional, seu surgimento deveu-se à industrialização com a concentração de unidades produtivas que dependiam da mão de obra, mas que era aviltada com retribuição insuficiente para atendimento de suas necessidades mínimas e jornadas excessivas, simples acessório para a consecução da atividade econômica, sem merecer qualquer proteção e, portanto, dispensável quando reduzida sua capacidade em razão de enfermidade ou velhice. A mão de obra era explorada até seu esgotamento, sem desprezar-se o trabalho infantil ou semiescravo. Daí a reação dos trabalhadores tendo como único meio de apoio a negação de sua força de trabalho. Num primeiro momento, a greve foi delito, depois, semidelito, e então tolerada até que obteve reconhecimento legal.

No Brasil, a convenção foi esboçada várias vezes, antes mesmo da organização dos trabalhadores, como revela Evaristo de Moraes Filho, diante do projeto de Código Comercial de Inglez de Sousa, de 1912, que permitia aos sindicatos profissionais "contratar diretamente a locação de serviços dos operários associados com empresa determinada ou com várias empresas do mesmo ramo de indústria, salvo aos ditos operários a faculdade de negar o seu assentimento ao contrato". Atenta, também, para o projeto de Código do Trabalho de Maurício de Lacerda, de 1917, que criava comissões de conciliação e arbitragem.(333)

A convenção coletiva entrou para nosso ordenamento jurídico em 1931, na chamada "Era Vargas", através da Lei Sindical instituída pelo Decreto n. 19.770, de 19 de março, que no art. 7º consignava assistir ao sindicato "como pessoas jurídicas (...) a faculdade de firmarem ou sancionarem convenções ou contratos de trabalho dos seus associados com outros sindicatos profissionais, com empresas e patrões nos termos da legislação que a respeito for decretada". Na Exposição de Motivos, o Ministro do Trabalho Lindolfo Collor enfatizava que "o direito sindical começou a ter existência no momento em que acima do direito privado do indivíduo-patrão e do indivíduo-operário se erigiu uma convenção regulando os direitos e os deveres do patrão-classe e do operário-classe".

O Decreto n. 21.396, de 18 de maio de 1932, criou as Comissões Mistas de Conciliação, tendo competência para dirimir os conflitos coletivos de trabalho, prevenindo as greves e os *lock-outs*, assumindo importância para a celebração de convenções coletivas.

Depois, o Decreto n. 21.761, de 23 de agosto de 1932, instituiu a convenção coletiva, tendo como paradigma a lei francesa de 1919, dispondo no art. 11 que "entende-se por convenção coletiva de trabalho o ajuste relativo às condições de trabalho, concluído entre um ou vários empregadores e seus empregados, ou entre sindicatos ou qualquer outro agrupamento de empregadores e sindicatos, ou qualquer outro agrupamento de empregados".

Octavio Bueno Magano assim resumiu seu núcleo: "A — As partes, no contrato, tanto podiam ser sindicatos, como grupos inominados de empregados e empregadores; B — Em se tratando de sindicatos, a aprovação do contrato dependia de duas assembleias de associados, uma de deliberação, outra de ratificação; C — A força obrigatória da convenção se restringia apenas aos associados do Sindicato, podendo, porém, ser estendida aos demais membros da categoria profissional, por ato ministerial; D — Celebrada necessariamente

(333) Evolução do direito das convenções coletivas no Brasil. *Revista LTr*, n. 37, p. 215.

por escrito, devia ser registrada junto ao Ministério do Trabalho, no prazo de 30 dias, entrando em vigor 30 dias após a sua assinatura; E — Os associados do sindicato podiam se subtrair aos efeitos da convenção dele demitindo-se, no prazo de 10 dias e provando haverem votado contra ela ou não comparecido à assembleia que a ratificara".[334]

Como se sabe, a Constituição republicana de 1881, liberal, em se tratando de coletividades, apenas proclamava a garantia do direito de associação e de reunião, de modo geral. Mas a que a substituiu, de 1934, de feição social-democrática, seguindo os diplomas dos países europeus, e aproximando-se da Constituição de Weimar, contemplava todo um título para dispor sobre a ordem econômica e social, reservando o art. 121, alínea *j*, do § 1º, para reconhecer as convenções coletivas de trabalho.[335]

Seguiu-se a Carta de 1937, que no art. 138 assim dispôs: "A associação profissional ou sindical é livre. Somente, porém, o sindicato regularmente reconhecido pelo Estado tem o direito de representação legal dos que participarem da categoria de produção para que foi constituído, e de defender--lhes os direitos perante o Estado e as outras associações profissionais, estipular contratos coletivos de trabalho obrigatórios para todos os seus associados, impor-lhes contribuições e exercer em relação a eles funções delegadas de poder público". Embora o texto restringisse os efeitos do contrato coletivo aos associados, o art. 137, em outra linha, contraditoriamente, estabelecia na alínea a que "A legislação do trabalho observará, além de outros, os seguintes preceitos: a) os contratos coletivos de trabalho concluídos pelas associações, legalmente reconhecidas, de empregadores, trabalhadores, artistas e especialistas, serão aplicados a todos os empregados, trabalhadores e especialistas que elas representam". Armou-se, com isso, disputa doutrinária quanto ao alcance, amplo ou restrito.

A Consolidação das Leis do Trabalho conceituou o contrato coletivo no art. 611 como o convênio de caráter normativo pelo qual dois ou mais sindicatos representativos de categorias econômicas e profissionais estipulam condições que regerão as relações individuais de trabalho, no âmbito da respectiva representação, definindo no art. 612 seu alcance: "O contrato coletivo celebrado nos termos do presente Capítulo aplica-se aos associados dos sindicatos convenentes, podendo tornar-se extensivo a todos os membros das respectivas categorias, mediante decisão do Ministro do Trabalho, Indústria e Comércio".

---

(334) *Convenção coletiva do trabalho*. São Paulo: LTr, 1972. p. 29.

(335) Art. 121, § 1º A legislação do trabalho observará os seguintes preceitos, além de outros que colimem melhorar as condições do trabalhador: j — reconhecimento das convenções coletivas de trabalho.

Após o término da segunda guerra, tornou-se comum o contrato de nível menor, restrito ao âmbito da empresa, que foi aceito tanto pela autoridade administrativa como pela Justiça do Trabalho, que não lhe negava homologação.

A Constituição de 1946 retomou a antiga denominação, convenção coletiva, dando-lhe respaldo no art. 157, XIII: "reconhecimento das convenções coletivas". O Decreto-lei n. 229, de 28 de fevereiro de 1967, promoveu alterações de vulto em sua disciplinação: a) substituiu a denominação contrato coletivo, conformando-a com a acolhida pela Constituição; b) estendeu sua aplicação às categorias representadas pelos sindicatos convenentes, independentemente de filiação, abolindo assim a extensão ministerial; c) simplificou sua celebração, dispensando a exigência de duas assembleias, uma para definir as reivindicações e autorizar o processo negocial, outra para aprovar sua celebração; d) impôs a observância de *quorum* de difícil atingimento: 2/3 dos associados na primeira convocação e 1/3 na segunda, ou 1/8 quando o quadro social fosse superior a 5.000 filiados; e) suprimiu o ranço autoritário da homologação a cargo da autoridade ministerial pelo simples depósito do instrumento para fins de registro; f) proibiu, ainda que timidamente, sem nenhuma sanção, a recusa à negociação; g) reconheceu o acordo coletivo como forma de convenção limitada ao âmbito de uma ou mais empresas; h) comprometeu a data-base, passível de alteração prejudicial quando ultrapassado o prazo de 60 dias para esgotamento das negociações; i) criou uma rede de nulidades, de cláusulas dos contratos individuais contrárias ao comando das convencionadas, ou quando infringissem a política econômica do governo; j) inutilmente, admitiu a constituição de comissões mistas de consulta e colaboração no plano da empresa e participação nos lucros; l) admitiu o acordo anômalo, feito diretamente pelos trabalhadores e pela empresa, quando nem o sindicato nem a federação nem a confederação assumissem o comando das negociações.

A Constituição de 1967 e sua Emenda de 1969 não se distanciaram da anterior para assegurar aos trabalhadores o reconhecimento das convenções coletivas de trabalho.(336)

No Anteprojeto de Código do Trabalho de Evaristo de Moraes Filho, de 1963, como convenção coletiva, foi acolhida sua forma atípica de acordo coletivo.

2. **Disciplinação constitucional**. A convenção coletiva e o acordo coletivo de trabalho foram reconhecidos como direitos sociais dos trabalhadores no inciso XXVI do art. 7º da Constituição:

"reconhecimento das convenções e acordos coletivos de trabalho."

---

(336) Constituição de 1967, art. 158, XIV, e Emenda n. 1, de 1969, art. 165, IV.

3. **Disciplinação legal**. A Consolidação das Leis do Trabalho dedicou todo o Título VI à negociação e à convenção coletiva de trabalho.

No que toca à convenção, os textos legais aplicáveis são os seguintes, a começar pela CLT:

Conceituação, art. 611:

"Convenção Coletiva de Trabalho é o acordo de caráter normativo, pelo qual dois ou mais Sindicatos representativos de categorias econômicas e profissionais estipulam condições de trabalho aplicáveis, no âmbito das respectivas representações, às relações individuais do trabalho."

Acordo coletivo, art. 611, § 1º:

"É facultado aos Sindicatos representativos de categorias profissionais celebrar Acordos Coletivos com uma ou mais empresas da correspondente categoria econômica, que estipulem condições de trabalho, aplicáveis no âmbito da empresa ou das empresas acordantes às respectivas relações de trabalho."

Sujeitos supletivos, federação e confederação vêm referidos no § 2º:

"§ 2º As Federações e, na falta destas, as Confederações representativas de categorias econômicas ou profissionais poderão celebrar convenções coletivas de trabalho para reger as relações das categorias a elas vinculadas, inorganizadas em Sindicatos, no âmbito de suas representações."

Assembleia, art. 612:

"Os Sindicatos só poderão celebrar Convenções ou Acordos Coletivos de Trabalho, por deliberação de Assembleia Geral especialmente convocada para esse fim, consoante o disposto nos respectivos Estatutos, dependendo a validade da mesma do comparecimento e votação, em primeira convocação, de 2/3 (dois terços) dos associados da entidade, se se tratar de Convenção, e dos interessados, no caso de Acordo, e, em segunda, de 1/3 (um terço) dos membros.

Parágrafo único. O *quorum* de comparecimento e votação será de 1/8 (um oitavo) dos associados em segunda convocação, nas entidades sindicais que tenham mais de 5.000 (cinco mil) associados."

Conteúdo mínimo, art. 613:

"As Convenções e os Acordos deverão conter obrigatoriamente:

I — designação dos Sindicatos convenentes ou dos Sindicatos e empresas acordantes;

II — prazo de vigência;

III — categorias ou classes de trabalhadores abrangidas pelos respectivos dispositivos;

IV — condições ajustadas para reger as relações individuais de trabalho durante sua vigência;

V — normas para a conciliação das divergências surgidas entre os convenentes por motivos da aplicação de seus dispositivos;

VI — disposições sobre o processo de sua prorrogação e de revisão total ou parcial de seus dispositivos;

VII — direitos e deveres dos empregados e empresas;

VIII — penalidades para os Sindicatos convenentes, os empregados e as empresas em caso de violação de seus dispositivos."

Formalização, art. 613, parágrafo único:

"Parágrafo único. As Convenções e os Acordos serão celebrados por escrito, sem emendas nem rasuras, em tantas vias quantos forem os Sindicatos convenentes ou as empresas acordantes, além de uma destinada a registro."

Depósito e registro, art. 614:

"Os Sindicatos convenentes ou as empresas acordantes promoverão, conjunta ou separadamente, dentro de 8 (oito) dias da assinatura da Convenção ou Acordo, o depósito de uma via do mesmo, para fins de registro e arquivo, na Secretaria de Emprego e Salário, em se tratando de instrumento de caráter nacional ou interestadual, ou nos órgãos regionais do Ministério do Trabalho, nos demais casos.

§ 1º As Convenções e os Acordos entrarão em vigor 3 (três) dias após a data da entrega dos mesmos no órgão referido neste artigo.

§ 2º Cópias autênticas das Convenções e dos Acordos deverão ser afixadas de modo visível, pelos Sindicatos convenentes, nas respectivas sedes e nos estabelecimentos das empresas compreendidas no seu campo de aplicação, dentro de 5 (cinco) dias da data do depósito previsto neste artigo.

§ 3º Não será permitido estipular duração de Convenção ou Acordo superior a 2 (dois) anos."

Processo de prorrogação, revisão, denúncia e revogação, art. 615:

"O processo de prorrogação, revisão, denúncia ou revogação total ou parcial de Convenção ou Acordo ficará subordinado, em qualquer caso, à aprovação de Assembleia Geral dos Sindicatos Convenentes ou partes acordantes, com observância do disposto no art. 612.

§ 1º O instrumento de prorrogação, revisão, denúncia ou revogação de Convenção ou Acordo será depositado, para fins de registro e arquivamento na repartição em que o mesmo originariamente foi depositado, observado o disposto no art. 614.

§ 2º As modificações introduzidas em Convenção ou Acordo, por força de revisão ou de revogação parcial de sua cláusulas, passarão a vigorar 3 (três) dias após a realização do depósito previsto no § 1º."

Acordo direto entre empregados e empresa, art. 617:

"Os empregados de uma ou mais empresas que decidirem celebrar Acordo Coletivo de Trabalho com as respectivas empresas darão ciência de sua resolução, por escrito ao Sindicato representativo da categoria profissional, que terá o prazo de 8 (oito) dias para assumir a direção dos entendimentos entre os interessados, devendo igual procedimento ser observado pelas empresas interessadas com relação ao Sindicato da respectiva categoria econômica.

§ 1º Expirado o prazo de 8 (oito) dias sem que o Sindicato tenha se desincumbido do encargo recebido, poderão os interessados dar conhecimento do fato à Federação a que estiver vinculado o Sindicato e, em falta dessa, à correspondente Confederação, para que, no mesmo prazo, assuma a direção dos entendimentos. Esgotado esse prazo, poderão os interessados prosseguir diretamente na negociação coletiva até final.

§ 2º Para o fim de deliberar sobre o Acordo, a entidade sindical convocará Assembleia Geral dos diretamente interessados, sindicalizados ou não, nos termos do art. 612."

Princípio da norma mais favorável, ou seja, a supremacia dos acordos e das convenções sobre os contratos individuais de trabalho, art. 619:

"Nenhuma disposição de contrato individual de trabalho que contrarie normas de Convenção ou Acordo Coletivo de Trabalho poderá prevalecer na execução do mesmo, sendo considerada nula de pleno direito."

Supremacia do acordo sobre a convenção coletiva, art. 620:

"As condições estabelecidas em Convenção, quando mais favoráveis, prevalecerão sobre as estipuladas em Acordo."

Disposição sobre comissões mistas de consulta e colaboração/participação nos lucros: art. 621:

"As Convenções e os Acordos poderão incluir, entre suas cláusulas, disposição sobre a constituição e funcionamento de comissões mistas de consulta e colaboração, no plano da empresa e sobre participação nos lucros. Estas disposições mencionarão a forma de constituição, o modo de funcionamento e as atribuições das comissões, assim como plano de participação, quando for o caso."

Penalidades: art. 622:

"Os empregados e as empresas que celebrarem contratos individuais de trabalho, estabelecendo condições contrárias ao que tiver sido ajustado em Convenção ou Acordo que lhes for aplicável, serão passíveis da multa neles fixada.

Parágrafo único. A multa a ser imposta ao empregado não poderá exceder da metade daquela que, nas mesmas condições, seja estipulada para a empresa."

Nulidades: art. 623:

"Será nula de pleno direito disposição de Convenção ou Acordo que, direta ou indiretamente, contrarie proibição ou norma disciplinadora da política econômico-financeira do Governo ou concernente à política salarial vigente, não produzindo quaisquer efeitos perante autoridades e repartições públicas, inclusive para fins de revisão de preços e tarifas de mercadorias e serviços.

Parágrafo único. Na hipótese deste artigo, a nulidade será declarada, de ofício ou mediante representação, pelo Ministro do Trabalho, ou pela Justiça do Trabalho, em processo submetido ao seu julgamento."

Solução de controvérsias: art. 625:

"As controvérsias resultantes da aplicação de Convenção ou de Acordo celebrado nos termos deste Título serão dirimidas pela Justiça do Trabalho."

Disposições legais derrogadas: arts. 618 e 624.

A Lei n. 10.192, de 2001, que complementou o chamado "Plano Real", refere-se ao acordo e à convenção coletiva no art. 13:

"No acordo ou convenção e no dissídio, coletivos, é vedada a estipulação ou fixação de cláusula de reajustem ou correção salarial automática vinculada a índice de preços.

§ 1º Nas revisões salariais na data-base anual, serão deduzidas as antecipações concedidas no período anterior à revisão.

§ 2º Qualquer concessão de aumento salarial a título de produtividade deverá estar amparada em indicadores objetivos."

Uma única referência faz a Lei de Greve, n. 7.783, de 1989, no art. 14:

"Constitui abuso do direito de greve a inobservância das normas contidas na presente Lei, bem como a manutenção da paralisação após a celebração de acordo, convenção ou decisão da Justiça do Trabalho.

Parágrafo único. Na vigência de acordo, convenção ou sentença normativa não constitui abuso do exercício do direito de greve a paralisação que:

I — tenha por objetivo exigir o cumprimento de cláusula ou condição;

II — seja motivada pela superveniência de fato novo ou acontecimento imprevisto que modifique substancialmente a relação de trabalho."

Por sua vez, o Estatuto do Ministério Público do Trabalho, Lei Complementar n. 75, de 20 de maio de 1993, no art. 83, inciso IV, atribui-lhe a promoção de ações coletivas para a declaração de nulidade de cláusula de acordo ou convenção coletiva, quando violarem as liberdades individuais ou coletivas ou os direitos individuais indisponíveis dos trabalhadores:

"Compete ao Ministério Público do Trabalho o exercício das seguintes atribuições junto aos órgãos da Justiça do Trabalho:

(...)

IV — propor as ações cabíveis para declaração de nulidade de cláusula de contrato, acordo coletivo ou convenção coletiva que viole as liberdades individuais ou coletivas ou os direitos individuais indisponíveis dos trabalhadores."

Já visto na seção anterior que as Leis ns. 10.101, de 2000 (participação nos lucros — art. 2º, II), 9.601, de 1998 (contrato por prazo determinado e banco de horas, arts. 443 e 59 da CLT), a Medida Provisória n. 2.164-41, de 1998 (suspensão do contrato de trabalho e contrato por tempo parcial, arts. 476-A e 58-A da CLT), 9.958, de 2000 (comissões de conciliação prévia, arts. 625-A a 625-H), dispõem sobre negociações coletivas, mas também, ainda que implicitamente, sobre acordos e convenções coletivas.

4. **Denominação**. A Constituição Federal, no art. 7º, inciso XXVI, adotou convenção coletiva, denominação que já figurava na Consolidação das Leis do Trabalho a partir do Decreto-lei n. 229, de 1967.

Já se viu que, como convenção, figurou no Decreto n. 21.761, de 1932, nas Constituições de 1934, de 1946 e de 1967. Só foi contrato coletivo na Carta de 1937 e na CLT de 1943.

Getúlio Vargas, na Exposição de Motivos que acompanhou a mensagem à Assembleia Constituinte, empregava indiferentemente convenção e contrato coletivo.

Num primeiro momento, a discussão ficou num plano meramente teórico. Preferiu convenção Evaristo de Moraes Filho, para quem contrato coletivo confundia-se com o contrato de equipe.[(337)]. Da mesma forma, Orlando Gomes, que, apesar da dificuldade de conceituação, vincula-a à natureza jurídica que se lhe dê, tendo convenção como a menos imprópria.[(338)] Octavio Bueno Magano por sua vez, seguindo Mozart Victor Russomano, vê nas duas denominações sinônimos jurídicos, pois, como afirmado pelo último, "técnica e terminologicamente, não existe diferença entre os dois vocábulos".[(339)] José Martins Catharino, com razão, prefere convenção sindical normativa, na qual está implícito de trabalho.[(340)]

Contrato coletivo foi a denominação acolhida pela Carta del Lavoro e pelo Código do Trabalho da União Soviética, conforme observa Orlando Gomes em sua obra clássica.[(341)]

A OIT, na Recomendação n. 91, de 1951, utiliza contrato coletivo para compreender todo acordo escrito relativo às condições de trabalho e de emprego, celebrado entre um empregador, um grupo de empregadores ou uma ou várias organizações de empregadores, por uma parte, e, por outra, uma ou várias organizações representativas de trabalhadores ou, na ausência de tais organizações, representantes dos trabalhadores interessados, devidamente eleitos e autorizados por esses últimos, de acordo com a legislação nacional.

---

(337) *Evolução*, art. cit., p. 215.
(338) *A convenção coletiva de trabalho*. São Paulo: LTr, 1995. p. 25.
(339) *Convenção coletiva*, cit., p. 37.
(340) *Tratado*, cit., p. 194/195.
(341) *Op. cit.*, p. 20/21.

O sindicalismo, como assinalado anteriormente, antes opunha dois agrupamentos ideologizados e assim bem identificados: o progressista, assumidamente nacionalista, de esquerda, com predomínio dos militantes do PCB e do PTB de Vargas, de um lado, e de outro, o conservador, de direita, oficialista, ligado aos Estados Unidos. Mais tarde, o primeiro dividiu-se, dele destacando-se o grupo mais próximo da social-democracia, com vínculos conflitantes, desde organizações trotskistas até a chamada esquerda católica. Diante de seu rompimento com a estruturação legal, empolgou parte expressiva da intelectualidade, sociólogos e historiadores principalmente, distinguindo-se pela denominação que lhe deram: o novo sindicalismo, que se destacou pelas greves de 1978 a partir do Sindicato dos Metalúrgicos de São Bernardo do Campo, de onde saiu o presidente Luiz Inácio Lula da Silva e grande parte de seus auxiliares mais próximos instalados no governo. A visão que tinha da legislação trabalhista da chamada "Era Vargas" era de crítica exacerbada, vendo o contrato individual de trabalho como o elo da exploração dos trabalhadores, passível, todavia, de rompimento através de seu oposto, o contrato coletivo. A partir de então, contrato coletivo passou a representar aspiração, como forma de inclusão social, pelo menos como foi defendido pela CUT e por seus militantes. Muitos passaram a acreditar que contrato coletivo seria a substituição total do contrato individual, de forma que todas as condições de trabalho, desde a admissão até a rescisão, tudo seria negociado entre empresas e sindicato. Desde então, convenção e contrato coletivo deixaram de ser sinônimos e passaram a ser significações ideologizadas de um mesmo negócio jurídico, o tratado de paz que encerra exitosamente as negociações coletivas.

De tal modo, José Francisco Siqueira Neto potencializou o contrato coletivo para tornar-se "a alternativa plausível e realista para nossa realidade. "Baseada na consagração dos princípios da Liberdade e da Autonomia Sindical, essa alternativa busca desenvolver a contratação coletiva de trabalho de maneira flexível e pragmática, permanente e sem os limites da legalidade repressiva".[342]

Conclui-se, portanto, que convenção e contrato coletivo, efetivamente, têm o mesmo sentido e significado. De qualquer modo, contrato ou convenção coletiva, como escreveu Orlando Gomes, "(...) foi a instituição que, pela primeira vez, permitiu aos trabalhadores influir, real e positivamente, na determinação das condições de trabalho".[343]

5. **Natureza jurídica**. Tornou-se comum na doutrina perquirir-se a natureza jurídica do instituto sob análise. Não que constitua visível inutilidade, mas, pelo menos, impropriedade quando se procura conceituá-la a partir de padrões civilistas.

---

(342) *Contrato coletivo de trabalho*, cit., p. 215.
(343) *Op. cit.*, p. 31.

A natureza jurídica da convenção do contrato coletivo, hoje, situa-se em apenas três vertentes: a) contratual; b) normativa; c) mista. Mesmo assim, os autores, quando se filiam ou combatem a primeira, não deixam de passá-la à frente das teorias que procuram determinar o tipo respectivo, a saber: a) teoria do mandato; b) da gestão de negócios; c) da estipulação em favor de terceiros; d) contrato inominado; e) personalidade moral fictícia. Quanto à segunda, as teorias avalizadas são: a) pacto social; b) solidariedade necessária; c) representação legal; d) uso ou costume industrial. No tocante à terceira, assumem importância: a) lei delegada; b) sindicalista integral; c) ordenamento corporativo.[344]

Adquiriu importância a reavaliação feita por Orlando Gomes, normativista, em sua obra de 1936, contratualista depois. Para Octavio Bueno Magano, a natureza contratualista decorre do acordo de vontades, de tratar-se de complementação dos contratos individuais, conteúdo majoritariamente obrigacional e universalização terminológica.[345] Orlando Gomes assinala que "as teorias normativistas objetivam demonstrar que a convenção coletiva de trabalho é uma verdadeira lei".[346]

Amauri Mascaro Nascimento, diante da conceituação dada pelo art. 611 da Consolidação das Leis do Trabalho, acordo de caráter normativo, afasta desde logo a concepção contratual. Mas não deixa de registrar a posição assumida por Cesarino Junior a propósito do direito social, "no qual se ajustam as convenções coletivas".[347]

Nem contrato nem lei, entendem outros, e com carradas de razão, pois os institutos que priorizam as coletividades, objetivando resguardar seus interesses, têm natureza própria e peculiar, deixando de ser simplesmente contratualista ou normativista, mas, fundamentalmente, social, podendo ser entendido como instituto especial da coletividade organizada dos trabalhadores destinada a dar significado ao valor social do trabalho.[348]

6. **Sujeitos**. A convenção coletiva constitui hoje expressão do direito sindical, como instrumento da coletividade organizada dos trabalhadores, voltada para substituir o contrato individual de adesão, determinado pelo empregador, por um contrato coletivo, negociado com o sindicato de classe, tendo como objetivo principal obter o salário justo e melhores condições de trabalho, como forma de inclusão social. Por conseguinte, no primeiro plano, o sujeito é necessariamente um ente coletivo, o sindicato, e à sua falta, a federação, e

---

(344) Para conhecê-las, GOMES, Orlando. *Op. cit.*, p. 64/65, e MAGANO, Octavio Bueno. *Op. cit.*, p. 43/53.

(345) *Convenção coletiva*, cit., p. 44/46.

(346) *Op. cit.*, p. 176.

(347) *Direito sindical*, cit., p. 266.

(348) AROUCA, José Carlos. *Repensando*, cit., p. 265.

por último, a confederação, quando faltarem os dois primeiros. Nesse sentido, o § 2º do art. 611 da CLT. Poderá ser, também, a central, desde que qualificada como organismo sindical, e na conformidade da disciplinação que lhe der a lei, assistente ou coordenadora da atuação unificada de seus filiados, e até mesmo legitimada por disposição estatutária ou deliberação de assembleia. Mas sempre será uma organização de natureza sindical.

A convenção é a materialização literal da negociação. De tal modo, sujeitos são aqueles que dela participaram. Assim, no outro lado, primeiramente figura a organização coletiva da atividade econômica correspondente. Exemplo, o sindicato dos trabalhadores borracheiros negociará com o sindicato da indústria de pneumáticos e os dois serão os sujeitos da convenção que celebrarem.

Reconhecido o acordo coletivo de âmbito menor, será seu sujeito uma empresa isolada ou um grupo de empresas. No exemplo, o sindicato dos trabalhadores borracheiros poderá firmar um acordo equivalente à convenção com uma ou mais indústrias de pneumáticos. Assim, o regramento do art. 611, § 1º, da CLT.

O Decreto-lei n. 229, de 1967, não foi só avanço, mas também retrocesso intencional, quando pretendeu afastar a ação sindical nas grandes empresas, permitindo, através da redação dada ao art. 617, a negociação direta entre a empresa e seus empregados. Para isso, os trabalhadores teriam que, primeiro, notificar seu sindicato para assumirem o comando das negociações dentro de oito dias; na recusa ou omissão, a notificação seria renovada, agora endereçada à federação respectiva; repetindo-se ou a omissão ou a recusa, seria notificada a confederação e verificado o mesmo procedimento, observado sempre o prazo de oito dias, poderiam trabalhadores e empregador celebrar o acordo coletivo. Esta é a redação do dispositivo: "Os empregados de uma ou mais empresas que decidirem celebrar Acordo Coletivo de Trabalho com as respectivas empresas darão ciência de sua resolução, por escrito, ao Sindicato representativo da categoria profissional, que terá o prazo de 8 (oito) dias para assumir a direção dos entendimentos entre os interessados, devendo igual procedimento ser observado pelas empresas interessadas com relação ao Sindicato da respectiva categoria econômica. § 1º Expirado o prazo de 8 (oito) dias sem que o Sindicato tenha se desincumbido do encargo recebido, poderão os interessados dar conhecimento do fato à Federação a que estiver vinculado o Sindicato e, em falta dessa, à correspondente Confederação, para que, no mesmo prazo, assuma a direção dos entendimentos. Esgotado esse prazo, poderão os interessados prosseguir diretamente na negociação coletiva até o final. § 2º Para o fim de deliberar sobre o Acordo, a entidade sindical convocará Assembleia Geral dos diretamente interessados, sindicalizados ou não, nos termos do art. 612.

Flagrante o desvirtuamento que se impôs às convenções, pois os empregados só decidiriam celebrar um acordo coletivo diretamente com o empregador se dele recebessem uma proposta que poderia ser lesiva, mas provida de forte e irresistível pressão. Mesmo assim, comprometia-se o sindicato, forçando-o a convocar a assembleia, que não ficaria restrita aos associados. Evaristo de Moraes Filho percebeu que, mesmo parecendo à primeira vista um repto às entidades sindicais omissas ou desidiosas, iria permitir a volta dos malfadados acordos de empresa, nos quais os empregados ficam à mercê dos seus empregadores, desamparados do apoio da sua associação de classe", seria, a seu ver, em suma, um dispositivo retrógrado, "por ser um desestímulo à política da sindicalização em massa, tão e tantas vezes pregada no Brasil, mas sempre sem êxito".(349)

No governo João Baptista Figueiredo, seu Ministro do Trabalho, Murilo Macedo, foi além, empolgado com o propósito de modernizar as relações coletivas de trabalho, permitindo que a negociação coletiva pudesse ter como ator, também, as unidades de negociação, organizadas diretamente entre empregados e empregadores. Tamanho o casuísmo da medida que procurava dar ao art. 611 a seguinte redação: "A negociação coletiva de trabalho será realizada pela unidade de negociação, organizada para tal fim, obedecendo a data-base da categoria respectiva. § 1º A unidade de negociação será organizada entre empregados e empregadores, sessenta dias antes da data-base da categoria, segundo regulamento a ser baixado pelo Conselho Federal de Relações do Trabalho, que disciplinará, também, dentro do princípio da paridade, o número máximo de membros da unidade, seu mandato, sistemática de recondução e procedimentos para a negociação. § 2º A unidade de negociação poderá ser dos seguintes tipos: a) Comissão interempresarial de empregados e empregadores; b) Comissão interempresarial de empregados e empregados da mesma categoria; c) Sindicato de categoria econômica e profissional, ou, na falta deste, federação respectiva ou ainda, na falta desta, confederação correspondente. § 3º A opção por qualquer das comissões de que tratam as alíneas a e *b* do parágrafo anterior dependerá da concordância de ambas as partes através de procedimento eleitoral a ser regulado pelo Conselho Federal de Relações do Trabalho. § 4º O acordo intraempresarial prevalecerá sobre o acordo interempresarial, e este, sobre a convenção coletiva, salvo se, no conjunto, as normas do acordo predominante forem injustificadamente desfavoráveis aos empregados. § 5º O acordo coletivo e a convenção coletiva prevalecerão sobre as disposições da legislação do trabalho, desde que representem, no conjunto, situação mais vantajosa para o empregado e não contrariem direitos assegurados na Constituição da República, nas convenções internacionais incorporadas do direito brasileiro e não interfiram com normas pertinentes ao funcionamento da administração pública do trabalho".

(349) *Evolução*, cit., p. 128.

7. **Conteúdo**. O art. 613 da CLT determina o conteúdo mínimo obrigatório: a) designação das partes convenentes; b) prazo de duração e início de vigência; c) abrangência; d) condições de trabalho; e) processo conciliatório para solução das divergências decorrentes da aplicação dos dispositivos acordados; f) processo de prorrogação e de revisão, total ou parcial; g) direitos e deveres dos trabalhadores e empresas abrangidas; g) penalidades aplicáveis no caso de violação das normas pactuadas.

A identificação das partes constitui não apenas obrigação formal, mas fundamental, de todo e qualquer negócio jurídico que implique em direitos e obrigações.

As condições de trabalho compõem o núcleo da convenção, podendo ser classificadas como cláusulas: a) econômicas; b) sociais; c) sindicais; d) de higiene e segurança; e) de acertamento.

a) **cláusulas econômicas.** Desde seu aparecimento entre nós, a convenção coletiva tem como objetivo principal o reajustamento dos salários diante de sua desvalorização pela inflação. No período da ditadura militar, os tecnocratas experimentaram as mais diferentes fórmulas sempre empenhados em tabelar a majoração dos salários, impedindo que as partes envolvidas nas negociações, os sindicatos e a empresas ou mesmo a Justiça do Trabalho fossem além do permitido.

A política salarial prosseguiu quando a democracia foi reconquistada, mas, ainda assim, a inflação atingiu níveis assustadores, provocando os chamados expurgos, ou seja, a subtração de parte expressiva da inflação acumulada para a correção dos salários. E assim foram os chamados Planos Bresser, Verão, Collor I e Collor II, até chegar ao Plano Real. Antes, o Tribunal Superior do Trabalho e com ele os Tribunais Regionais, no julgamento dos dissídios coletivos, limitavam-se a aplicar os índices indicativos da inflação oficial, o que, obviamente, refletia-se nas negociações coletivas e, portanto, na conclusão dos acordos e das convenções coletivas. Após isso, diante da defeituosa redação do art. 13 da Lei n. 10.192, de 2001, que veda o reajuste salarial automático a índices de preços, firmou entendimento no sentido de que a reposição do valor nominal dos salários não podia vincular-se à medida da inflação. O Tribunal de São Paulo superou a restrição para simplesmente arbitrar o índice de reajustamento, tendo como parâmetro o Índice Nacional de Preços ao Consumidor (INPC).

De qualquer modo, a compreensão equivocada do dispositivo, pois, como será fácil perceber, a vedação só se voltava para reajustamentos automáticos, provocou novo achatamento dos salários a ponto de, na avaliação do Departamento Intersindical de Estatística e Estudos Sócio Econômicos (DIEESE), mais de 50% das convenções assinadas não terem conquistado a reposição da inflação cheia do período anterior.

Cláusula de natureza econômica, também, é o piso salarial, que, como regra, é corrigido na data-base pelo mesmo índice de correção dos salários.

b) **condições de trabalho**. Neste bloco figuram todos os componentes destinados a complementar as condições de trabalho, sejam decorrentes de lei ou de imposição patronal. Assim, normas relacionadas com a duração das jornadas, intervalos para descanso e refeição, turnos de revezamento, escalas de folgas, tolerância para entradas tardias, justificação e abono de faltas, fornecimento de comprovantes de pagamento, etc.

Têm importância especial as garantias de emprego, do enfermo, de quem está próximo da aposentadoria, também cláusulas sindicais, dentre outras, a afixação de quadros de avisos nos locais de trabalho, acesso aos mesmos etc.

8. **Prazo de duração**. O prazo de duração dos acordos e das convenções coletivas é de no máximo dois anos, segundo determina o art. 614, § 3º, da CLT.

Mesmo nada prevendo sobre duração mínima, tornou-se lugar-comum fixá-lo em doze meses ou pelo menos no que toca às cláusulas de fundo econômico, como reajustamento dos salários, do piso, gratificações, vale-refeição. Da mesma forma, resguardou-se no patamar mínimo a cláusula pertinente à contribuição assistencial.

Não se confundem duração e eficácia. Gabriel Moura Magalhães, juiz do Tribunal de São Paulo, pioneiramente, defendia que, mesmo vencido o prazo de duração da norma coletiva, suas cláusulas mantinham a eficácia até que fossem substituídas ou revogadas por outro instrumento. De outro modo, seria admitida a redução do salário, quando fixado com base no piso salarial, a alteração prejudicial de condições de trabalho, com a supressão de benefícios.

A Lei n. 10.192, de 14 de fevereiro de 2001, nascida de medida provisória no Governo Itamar Franco, para complementar o Plano Real, no art. 19, revogou, entre outros dispositivos, o § 1º da Lei n. 8.542, de 23 de dezembro de 1992, assim redigido: "As cláusulas dos acordos, convenções ou contratos coletivos de trabalho integram os contratos individuais de trabalho e somente poderão ser reduzidas ou suprimidas por posterior acordo, convenção ou contrato coletivo de trabalho".

Foi ajuizada Ação Direta de Inconstitucionalidade, tendo o juiz relator, Ministro Marco Aurélio, deferido liminarmente a suspensão do dispositivo, por entender que "A revogação de tais parágrafos (o 1ª assegurava que "As condições de trabalho bem como as cláusulas salariais, inclusive os aumentos reais, ganhos de produtividade do trabalho e pisos salariais proporcionais à extensão e à complexidade do trabalho, serão fixados em contrato, convenção ou acordo coletivo de trabalho, laudo arbitral ou sentença normativa, observadas, dentre outros fatores, a produtividade e a lucratividade do setor ou da empresa") pela MP n. 1.620/1998 significa, pois, que a integração das cláusulas dos acordos, convenções ou contratos coletivos de trabalho aos contratos individuais do trabalho poderá ser reduzida ou suprimida por acordos, convenções ou contratos coletivos posteriores, mediante negociação coletiva ou sentença normativa em dissídio coletivo e, ainda unilateralmente, pelo empregador, se expirada a vigência dos aludidos instrumentos normativos por falta do respectivo respaldo posterior para alterar ou ratificar o acordado anteriormente".

Todavia, a ação foi julgada extinta e cassada a medida liminar, posto que, "tratando-se de ação direta de inconstitucionalidade contra medida provisória, é necessário o aditamento da petição inicial quanto às reedições posteriores da medida inicialmente impugnada".

9. **Prorrogação, revisão, denúncia e revogação**. Possível a prorrogação das cláusulas convencionadas, sua revisão, especialmente quando alteradas substancialmente as condições que determinaram seu acertamento, bem assim a denúncia, entendida como ato unilateral, naturalmente fundamentado em defeito ou vício capaz de anulá-la ou revogação, quando houver conjugação de vontades.

As medidas de exceção deverão em tudo atender as mesmas condições de celebração da convenção, partindo, portanto, de deliberação da assembleia, consoante a regra do art. 615, mesmo entendendo-se ser dispensável em se tratando de denúncia.

A redação é ruim e não distingue com clareza denúncia e revogação, a ponto de permitir que todas as formas previstas, prorrogação, revisão, denúncia e revogação possam ser total ou parcial. Com efeito, Octavio Bueno Magano distingue denúncia e revogação, definindo a primeira como "ato em virtude do qual uma das partes contratantes notifica a outra do término da convenção ou do acordo existente entre ambas" para assim evitar sua prorrogação, mas, inexistindo essa hipótese em nosso ordenamento, poderia verificar-se "no caso de revisão de convenção ou acordo, justificada pela substancial modificação da situação de fato existente no momento da respectiva estipulação", ao passo que revogação corresponderia ao ato através do qual as partes convenentes, de comum acordo, ponham fim à convenção, antes do termo final nela previsto".[350]

O Tribunal Superior do Trabalho não admite a prorrogação tácita diante do entendimento consolidado no sentido de as cláusulas convencionais não integrarem os contratos individuais de trabalho.

---

(350) *Convenção coletiva*, cit., p. 94.

Possível aceitar, no entanto, que o prazo limite de duração dos acordos e das convenções, face à possibilidade de revisão de suas cláusulas, possa ser superado quando a prorrogação tiver previsão expressa no próprio instrumento normativo, validada por assembleia convocada para esse fim.

10. **Nulidades**. A evidência que a convenção ou o acordo serão nulos quando presentes os vícios previstos no art. 166 do Código Civil: a) incapacidade absoluta dos signatários, no caso dos representantes de qualquer das partes acordantes; b) ilicitude, impossibilidade ou indeterminação do objeto; c) ilicitude do motivo determinante, comum a ambas as partes; d) forma diversa da prescrita em lei; e) preterição de solenidade reputada essencial por força de lei; f) ter como objetivo fraudar lei imperativa. E será passível de anulação quando, na forma do art. 171 do Código Civil; a) a incapacidade dos signatários for relativa; b) marcada por vício resultante de erro, dolo, coação, estado de perigo, lesão.

Todavia, o art. 623 contemplou nulidade específica, determinada pelo Decreto-lei n. 229, para atender à supremacia do economicismo sobre os valores sociais, que ditavam as diretrizes oficiais implantadas pelos Ministérios da Fazenda e/ou do Planejamento. Assim, limitou a livre negociação do componente fundamental das convenções, impondo às partes o atendimento das normas disciplinadoras da política econômico-financeira do governo ou concernente à política salarial vigente, sob pena de o ajuste ser tido como nulo de pleno direito, "não produzindo quaisquer efeitos perante autoridades e repartições públicas, inclusive para fins de revisão de preços e tarifas de mercadorias e serviços". No caso, a nulidade seria declarada de ofício por quem tivesse de cumprir a convenção ou mediante representação, a cargo do Ministério do Trabalho ou da Justiça do Trabalho em processo submetido a seu julgamento, que assim via reduzido seu chamado poder normativo.

Paralelamente, o art. 624 condicionou "a vigência de cláusula de aumento ou reajustamento salarial que implique elevação de tarifas ou de preços sujeitos à fixação por autoridade pública ou repartição governamental" a "prévia audiência dessa autoridade ou repartição e sua expressa declaração no tocante à possibilidade de elevação da tarifa ou do preço e quanto ao valor dessa elevação".

Mesmo a Lei n. 10.192, de 2001, no art. 13, vedou no acordo ou na convenção a estipulação ou fixação de cláusula de reajuste ou correção salarial automática vinculada a índice de preços, de modo que sua transgressão importa em nulidade da cláusula.

Não se pode esquecer que o art. 9º da Consolidação das Leis do Trabalho fulmina com nulidade absoluta todos os atos tendentes a desvirtuar, impedir ou fraudar a aplicação de seus preceitos, dentre os quais se inclui o Título VI, que trata das negociações e dos instrumentos normativos.

11. **Solução das divergências.** As controvérsias resultantes da aplicação das convenções ou de acordo são dirimidas pela Justiça do Trabalho. Neste sentido já especificava o art. 625 da CLT. Todavia, o Tribunal Superior do Trabalho firmou sua jurisprudência dando-se por incompetente para conhecer e julgar ações de cumprimento de cláusulas ajustadas em acordos e convenções, apegando-se ao superado parágrafo único do art. 872, que restringia a substituição processual pelo sindicato à hipótese de sentença normativa. A tese reducionista foi superada pela Lei n. 8.984, de 7 de fevereiro de 1995, que deu competência à Justiça do Trabalho para "conciliar e julgar os dissídios que tenham origem no cumprimento de convenções coletivas de trabalho ou acordos coletivos de trabalho mesmo quando ocorram entre sindicatos ou entre sindicato de trabalhadores e empregadores".

A discussão perdeu importância com a Emenda Constitucional n. 45, de 2004, que sem nenhum embaraço, claramente, colocou na competência da Justiça do Trabalho: "as ações sobre representação sindical, entre sindicatos, entre sindicatos e trabalhadores, e entre sindicatos e empregadores".(351)

12. **Instrumentalização**. A convenção deverá ser instrumentalizada por escrito em texto sem emendas ou rasuras em tantas vias quantos forem os convenentes, mais uma destinada ao registro.

13. **Depósito e registro**. Celebrada a convenção, essa será depositada na Secretaria de Emprego e Salário ou no órgão regional do Ministério do Trabalho e Emprego, conforme seu alcance para fins de registro. No primeiro caso, quando se tratar de convenção de âmbito nacional ou interestadual.

Anteriormente ao Decreto-lei n. 229, de 1967, o Ministério do Trabalho, autoritariamente, tinha competência para homologar a convenção, de modo que sem seu aval não surtiria efeito.

O Ministério do Trabalho e Emprego, complementando a Portaria n. 282, de 6 de agosto de 2007, editou a Instrução Normativa n. 6 do mesmo dia, para informatizar o registro de acordos e convenções coletivas previsto no art. 614 da Consolidação das Leis do Trabalho.

Em 18 de abril de 2005, com a Portaria n. 197, foi exigido das entidades sindicais o cadastramento com nome de batismo ou atualização de dados para o Cadastro Nacional de Entidades Sindicais, primeiro, facultativamente, depois, compulsoriamente, com a Instrução Normativa n. 2, de 1 de dezembro de 2005, pois elevada a condição indispensável para o registro de acordos e convenções coletivas.(352) A Instrução anterior n. 1, de 24 de março de 2004,

---

(351) Art. 114, III.

(352) A Instrução, no art. 4º, § 6º, estabelecia que, para se verificar a capacidade dos signatários do instrumento coletivo, as entidades sindicais deveriam estar com suas informações atualizadas no Cadastro Nacional das Entidades Sindicais.

já impunha que o pedido de registro seguisse o modelo cartorário traçado na Secretaria de Relações do Trabalho, mantendo a tendência à burocratização como indicação dos números de inscrição no Cadastro de Pessoa Física da Secretaria da Receita Federal dos signatários das convenções ou dos acordos coletivos, inclusive dos procuradores constituídos. No afã legislativo veio a Instrução n. 3, de 4 de abril de 2006, para deixar bem claro que a entidade sindical sem a atualização de dados no Cadastro, quando requeresse o depósito de convenção ou acordo, teria de anexar cópia do estatuto, ata de posse da diretoria e comprovante de endereço e ata de apuração da última eleição. Mais do que apego à burocracia inútil que até a ditadura quis jogar no lixo com a criação do Ministério da Desburocratização comandado por Hélio Beltrão, o que ficava às claras era o propósito de controle dos sindicatos e o restabelecimento da tutela. E veio a Instrução Normativa n. 6, de 6 de agosto de 2007, instituindo o Sistema Mediador para fins de depósito, registro e arquivo de acordos e convenções coletivas. Nas palavras do Secretário de Relações do Trabalho, de observância obrigatória.

O Sistema Mediador cuidadosa e didaticamente, na linha cartorária, conceitua instrumento normativo, depósito, registro, arquivo e até solicitante e signatários. O depósito será feito via internet. O requerimento de registro será gerado pelo Sistema. Se as entidades acordantes tiverem retardado o cadastramento, com o requerimento será feito automaticamente, pois para o registro da convenção será indispensável prestar as informações e juntar os documentos que interessam ao Ministério: comprovante do registro sindical, estatuto social, ata de posse da diretoria e os inúteis comprovantes de endereço e ata de apuração da última eleição.

Fora de dúvida, o sistema é ilegal e inconstitucional. De fato, a convenção ou o acordo serão agora analisados, avaliados em sua forma e seu conteúdo. Segundo o art. 9º, "Após o protocolo do requerimento de registro do instrumento transmitido via internet ao Ministério do Trabalho e do Emprego por meio do Sistema Mediador, o servidor competente deverá cadastrar o seu depósito no módulo desse Sistema e informar a data do protocolo e o número do processo e iniciar a sua análise formal". A forma do instrumento nos é dada pelo parágrafo único do art. 613 da CLT: "As Convenções e os Acordos serão celebrados por escrito, sem emendas nem rasuras, em tantas vias quantos forem os Sindicatos convenentes ou as empresas acordantes, além de uma destinada a registro". Verificada a regularidade das informações enviadas — segundo o § 1º do art. 9º da Instrução —, o servidor deverá efetuar o registro do instrumento coletivo no banco de dados do Sistema Mediador e informar aos interessados, por meio de ofício. Mas, do contrário, como consignado no § 2º, "As irregularidades serão notificadas ao solicitante para as retificações necessárias, que deverão ser efetuadas até o termo final da vigência do instrumento coletivo". A CLT, no art. 613, elenca o conteúdo mínimo das convenções e dos acordos coletivos: "I — designação dos Sindicatos convenentes ou dos Sindicatos e empresas acordantes; II — prazo de vigência, que na conformidade do § 3º do art. 614, III, não poderá ter duração superior a dois anos; III — categorias ou classes de trabalhadores abrangidas pelos respectivos dispositivos; IV — condições ajustadas para reger as relações individuais de trabalho durante sua vigência; V — normas para a conciliação das divergências surgidas entre os convenentes por motivos da aplicação de seus dispositivos; VI — disposições sobre o processo de sua prorrogação e de revisão total ou parcial de seus dispositivos; VII — direitos e deveres dos empregados e das empresas; VIII — penalidades para os Sindicatos convenentes, os empregados e as empresas em caso de violação de seus dispositivos". Como se lê no art. 611, através da convenção os acordantes estipulam condições de trabalho aplicáveis, no âmbito das respectivas representações, às relações individuais do trabalho. Vale dizer, configura-se a lei interna do grupo representado, ainda que empregados de uma ou mais empresas, tratando-se de acordo coletivo. Apesar do comando da lei, a Instrução, no art. 9º, § 3º, permite que o analista ministerial vete o conteúdo do instrumento: "Em caso de nulidade, o servidor deverá promover o arquivamento sem registro do instrumento coletivo, justificando seu ato, e informar aos interessados por meio de ofício". E arremata o § 4º: "Expirada a vigência do instrumento coletivo sem que tenham sido efetuadas as retificações necessárias, o processo será arquivado sem registro". Só que na forma do § 1º do art. 614 da CLT a convenção ou o acordo entram em vigor três dias após a data da entrega dos mesmos nos órgãos regionais do Ministério do Trabalho. E sabidamente têm efeitos amplos e gerais, *erga omnes*, no juridiquês culto. Bem, os "analistas" ministeriais podem agora analisar os instrumentos normativos e invalidar o que entendem no seu subjetivismo, ser formalmente irregular ou nulo no seu núcleo. Exemplo: abrangência passou a ser base territorial e não categorias ou classes de trabalhadores abrangidos pelos respectivos dispositivos, como está escrito no inciso III do art. 613 da CLT. E a base territorial tem de ser reproduzida exaustivamente, mesmo quando os acordantes não têm dúvidas quanto a sua extensão. Significa dizer que, para uma convenção de âmbito interestadual ou com múltiplos sindicatos profissionais, serão alinhados centenas de municípios do Estado, e se de âmbito nacional, do país. Irregularidade formal já entendera o Tribunal do Trabalho da Segunda Região, que constituía matéria de ordem interna, e o Tribunal Superior do Trabalho seguiu esta linha cancelando sua Instrução n. 4, de 14 de junho de 1993, que inviabilizava o dissídio coletivo mediante exigências de natureza formal, pertinentes à realização da assembleia, edital convocatório, *quorum*, lista de presença, rodadas de negociações coletivas, justificação das reivindicações etc.[353]

---

(353) A Instrução só foi cancelada dez anos depois pela Resolução n. 116, de 20 de março de 2003.

Quanto ao conteúdo das convenções e dos acordos, isto é, suas cláusulas, o Ministério do Trabalho perdeu a competência para interferir e julgá-las muito antes da consagração da autonomia sindical. Foi em 1967, com o Decreto-lei n. 229, dia 28 de fevereiro da ditadura, que o art. 614 da CLT trocou homologação por depósito para fins de registro e arquivo: "Os contratos coletivos serão celebrados por escrito, em três vias, pelas diretorias dos sindicatos convenentes, ficando cada parte com uma das vias e sendo a outra via remetida, dentro de 30 dias da assinatura, ao Ministério do Trabalho, da Indústria e comércio, para homologação, registro e arquivamento". E hoje: "Os Sindicatos convenentes ou as empresas acordantes promoverão, conjunta ou separadamente, dentro de 8 (oito) dias da assinatura da Convenção ou do Acordo, o depósito de uma via do mesmo, para fins de registro e arquivo, no Departamento Nacional do Trabalho, em se tratando de instrumento de caráter nacional ou interestadual, ou nos órgãos regionais do Ministério do Trabalho, nos demais casos".[(354)]

Registro, como foi posto com acerto no inciso II do art. 4º da Instrução, é "o ato administrativo de assentamento da norma depositada", e depósito, "o ato de entrega do instrumento coletivo ou do requerimento de registro, quando o instrumento for transmitido via internet ao Ministério do Trabalho e do Emprego, para fins de registro" (inciso II), enquanto arquivo não passa de "ato de organização e guarda dos documentos registrados, para fins de consulta". Conclusivamente, não possui o Ministério do Trabalho e Emprego competência para "analisar" o conteúdo das cláusulas normativas e negar o registro com apoio no entendimento de "analistas" anônimos. A Instrução, no art. 12, é taxativa: "O órgão responsável pelo registro deverá dar conhecimento ao Ministério Público do Trabalho quando forem verificados, no instrumento coletivo registrado, indícios de irregularidades quanto à legitimidade ou representatividade das partes, ou quanto ao conteúdo de suas cláusulas". O Ministério Público do Trabalho, valendo-se da prerrogativa que lhe deu a Lei Complementar n. 75, de 1993, requisitou às superintendências regionais do trabalho cópias das convenções e dos acordos coletivos levados a registro. Isso, porém, longe está de torná-las, sem que tanto fosse solicitado, instrumento auxiliar para a análise do que os interessados ajustaram para reger as relações individuais de trabalho no âmbito das respectivas representações. Além disso, atuação do Ministério Público do Trabalho deve seguir a competência que lhe deu o art. 127 da Constituição, restrita à defesa da ordem jurídica, do regime democrático e dos interesses sociais e individuais indisponíveis.

A Instrução também é inconstitucional quando ofende a autonomia sindical, sem esquecer que o art. 7º reconheceu as convenções e os acordos coletivos

(354) Anteriormente, art. 613.

e o art. 8º, no inciso VI, deu aos sindicatos profissionais monopólio negocial, tornando obrigatória sua participação nas negociações coletivas.

Como se extrai do Manual do Mediador que instrui como manejar o computador para obter o registro da convenção ou acordo, as partes que negociaram e resolveram diretamente o conflito coletivo não mais poderão determinar a ordem de colocação das cláusulas ajustadas, nem mesmo numerá-las. Terão de se modelar conforme os grupos e subgrupos determinados pelos técnicos ministeriais. A numeração será feita automaticamente pelo Sistema.

14. **Efeitos**. No regime do Decreto n. 21.761, de 1932, através do qual a convenção coletiva ingressou em nosso ordenamento jurídico, a convenção coletiva só obrigava os filiados das partes convenentes. Dizia seu art. 5º: "Desde que preencham as formalidades exigidas pelos artigos anteriores, as convenções coletivas obrigam tanto aos sindicatos ou agrupamentos que as ajustarem ou que vierem a aderir, como aos seus componentes, os quais não ficarão exonerados das obrigações assumidas pelo fato de se retirarem a sua adesão ou deixarem de fazer parte dos sindicatos ou agrupamentos. § 1º Todo empregador e sindicato, ou agrupamento de empregadores ou empregados de uma mesma região e do mesmo ramo de atividade profissional, poderá, em qualquer tempo, aderir à convenção coletiva celebrada, desde que consistam as partes convenentes e, neste caso, a adesão só se tornará operante quando feito o registro e arquivamento no Ministério do Trabalho, Indústria e Comércio, aos termos do art. 2º deste decreto. § 2º O componente de um sindicato ou de qualquer outra associação que não haja concordado em ratificar uma convenção coletiva, quer tenha votado contra ela, quer não tenha comparecido à assembleia ratificadora, poderá exonerar-se de qualquer compromisso, demitindo-se, por escrito, do sindicato ou associação no prazo de dez dias, contados da data em que tiver realizado a referida assembleia".

A partir da Lei n. 2.693, de 23 de dezembro de 1955, o art. 611 da CLT conceituou o contrato coletivo de trabalho como o convênio destinado a estipular condições que regerão as relações individuais de trabalho, no âmbito da respectiva representação.

A Constituição, no inciso III do art. 8º, atribui ao sindicato a defesa dos interesses coletivos da categoria, dando mais força para entender que os efeitos dos acordos e das convenções coletivas são *erga omnes*, beneficiando a categoria como um todo, independentemente de filiação sindical.

15. **Tratado de paz**. Claro que o contrato ou a convenção coletiva constitui meio para atenuar os conflitos de classe, e por isso mesmo encerra-se com um tratado de paz. Fora de dúvida, pretender-se-á que isso fique claro, com punições àqueles que deixarem de cumprir o ajustado, inclusive os sindicatos

profissionais. Como tratado de paz, importa, acima de tudo, a cessação do conflito com o afastamento da ação do Estado intervencionista. Mesmo assim, a classe patronal rejeita a constituição de comissões ainda que paritárias para acompanhamento da aplicação do contrato/da convenção ou solução dos litígios individuais e conflitos coletivos decorrentes.

João de Lima Teixeira Filho, que coordenou a reforma da lei sindical do governo Fernando Collor de Mello, salienta que "a obrigação de paz consiste no dever jurídico a que se submetem as partes de não recorrer a medidas que comprometam ou reabram o conflito já composto do instrumento normativo regulador das condições específicas de trabalho durante a respectiva vigência, ou de recorrer a meios de força dentro de determinadas regras — em síntese, é a garantia da estabilidade a termo das relações jurídicas no campo dos interesses abstratos das categorias profissional e econômica, definidos através do processo de negociação coletiva concluído. Induz, pois, à harmonia social, preconizada na Carta Magna, com a solução pacífica das controvérsias"[(355)] Seria mesmo "a obrigação implícita que se confunde com o compromisso de cumprir o acordo", conforme Santiago Perez del Castillo[(356)], ou o "dever de paz" que impede a greve desencadeada na vigência da convenção, segundo Octavio Bueno Magano[(357)], até porque "toda convenção coletiva é um tratado de paz", como conclui Antônio Álvares da Silva.[(358)]

Por isso, Carlos Alberto Gomes Chiarelli acentua que o contrato coletivo "é um instituto peculiar ao capitalismo contemporâneo, para fixação das regras básicas do relacionamento entre capital x trabalho, consequentemente das condições essenciais do processo de produção, através da negociação direta entre as partes".[(359)]

Independentemente da paz acertada, a negociação coletiva deve ter caráter permanente diante de desafios ocorrentes, novos, não percebidos ou mal resolvidos.

---

(355) A obrigação de paz e os instrumentos normativos. In: *Relações coletivas de trabalho*. São Paulo: LTr, 1989. p. 405.
(356) *O direito de greve*. São Paulo: LTr, 1994. p. 290.
(357) *Manual*, cit., p. 150.
(358) *Direito coletivo do trabalho*. Rio de Janeiro: Forense, 1979. p. 101.
(359) *Trabalho na Constituição*, cit., p. 79.

10.3. GREVE

Sumário. 1. Introdução. 2. Disciplinação constitucional. 3. Disciplinação legal. 4. Repressão. 5. Conceito. 6. Natureza jurídica. 7. Sujeitos. 8. Legitimação (qualificação). 9. Pressupostos. 10. Modalidades. 10.1. Greve política. 10.2. Greve de protesto. 10.3. Greve de solidariedade. 10.4. Greve tartaruga. 10.5. Outras modalidades. 11. Garantias e proibições. 12. Suspensão do contrato de trabalho. 13. Atividades e serviços essenciais. 14. Atendimento das necessidades da comunidade. 15. Atendimento das necessidades do empregador. 16. Cessação. 17. Punições. 18. *Lock-out*.

1. **Introdução**. A Constituição do Império, de 1824, aboliu as corporações de ofício, e era o que bastava naqueles tempos para advertir os poucos trabalhadores assalariados do atrevimento em desafiar a ordem pública cruzando os braços (art. 179, inciso XXV). Seguiu-se em 1891 a primeira Constituição republicana, que admitiu a livre associação (art. 72, § 8º).

No princípio, greve era crime, punível com pena de 1 a 3 meses de prisão celular, segundo o art. 205 do Código Penal de 1890: "Causar ou provocar a cessação de trabalho, para impor aos operários e patrões aumento ou diminuição de serviço ou salário".

Não passaram mais de dez meses de sua vigência e o Decreto n. 1.162, de dezembro, atenuou a tipificação para condicioná-la a ameaças ou violência. Foi o suficiente para Evaristo de Moraes, com sua visão social avançada, enxergar na medida o reconhecimento do direito de greve, legitimado quando faltassem os condicionamentos proibidos. E foi assim que entendeu a Suprema Corte.

Mas veio o Decreto-lei n. 21.296, de 1932, voltado para punir grevistas com dispensa do emprego, e as associações profissionais, representadas pelos seus dirigentes. Para os estrangeiros: expulsão do país.

Em 1934, na era varguista, a Constituição democrática, aprovada por uma assembleia popular, reconheceu os sindicatos e a pluralidade sindical (art. 120), também as convenções coletivas (art. 121, *j*), mas deixou para a Justiça do Trabalho, de feição administrativa, dirimir as questões entre empregadores e empregados (art. 122). Sobre greve, nenhuma palavra.

A Lei de Segurança n. 38, de 4 de abril de 1935, classificou como crime contra a ordem social "instigar ou preparar a paralisação de serviços públicos ou de abastecimento da população" e "induzir empregadores ou empregados a cessação ou suspensão do trabalho por motivos estranhos às condições do mesmo".

Com o Estado Novo, a Carta de 1937 criminalizou a greve, declarada, conforme o discurso corporativo, recurso antissocial, nocivo ao trabalho e ao capital, sendo incompatível com os superiores interesses da produção nacional (art. 139).

O Decreto-lei n. 431, de 1938, qualificou como crime induzir empregados e empregadores à cessação do trabalho.

No ano seguinte, o Decreto-lei n. 1.327 criou a Justiça do Trabalho, marcando-a com o estigma punitivo, quando capitulou para os trabalhadores que sem autorização do tribunal abandonassem o serviço ou desobedecessem sua decisão a pena de suspensão até seis meses ou dispensa, além de perda do cargo de representação profissional, e, mais ainda, incompatibilização para exercê-lo no prazo de dois a cinco anos. E já previa multa contra o sindicato que desobedecesse o Tribunal. Se a rebeldia partisse da assembleia, seria cancelado o registro da associação, sindical ou não. Quem, ainda que estranho à categoria, instigasse à prática das infrações previstas ou se houvesse "feito cabeça de coligação de empregadores ou empregados" pegaria prisão de seis meses a três anos. No serviço público, as penas dobravam.

Naturalmente, a Consolidação das Leis do Trabalho, de 1943, seguiu a linha da Carta de 1937 e nada mais fez do que punir quem se atrevesse a participar de greve.[360] No mesmo rumo fora o Código Penal de 1940.

Em 1945, depois de encerrado o conflito que opôs o nazi-fascismo contra os aliados, na Conferência de Chapultepec, no México, o Brasil assinou a Ata na qual se continha a Declaração de Princípios da América, que no item 1º, inciso II, recomendava que se considerasse de interesse público internacional uma legislação social protetora da população obreira, assegurando o reconhecimento do direito de associação dos trabalhadores, dos contratos coletivos e do direito de greve.

A redemocratização do país não impediu que o presidente Dutra assinasse, em março de 1946, pouco mais de dois meses após assumir a presidência da República, o Decreto-lei n. 9.070, que não se compatibilizava com a Constituição aprovada logo depois, em 18 de setembro, por uma assembleia livre e democrática. De fato, o art. 158 reconheceu o direito de greve, se bem que transferindo para a lei ordinária sua regulamentação. O

(360) Arts. 722 e 723 a 725, o primeiro cuida do *lock-out,* os seguintes cuidam da greve, sendo que esses foram revogados pela Lei n. 9.842, de 7.10.1999.

decreto não se prestava para tanto, pois em verdade proibia o exercício do direito. Distinguia a atividade econômica em fundamental e acessória. Na primeira situação, impunha a notificação prévia do órgão local do Ministério do Trabalho, que, por sua vez, promoveria a mediação. Não sendo atingida a conciliação, dentro de dez dias, o processo administrativo seria remetido à Justiça do Trabalho para decidir no prazo de vinte dias úteis. Somente depois de ajuizado o dissídio coletivo era permitida a cessação do trabalho. Desse modo, não havia como chegar à greve, pois o Tribunal decidia antes. De resto, desatendidas as condições impostas, ficava autorizada a rescisão dos contratos de trabalho por justa causa.

Não bastasse tanto, o decreto assumia natureza penal, capitulando como crime contra a organização do trabalho deixar o presidente do sindicato de promover a solução do dissídio coletivo, ficando sujeita a entidade à intervenção ministerial. Para os estrangeiros, ainda, a expulsão do país.

Só no ano de 1953, a Lei n. 1.802, de 5 de janeiro, substituiu o Decreto-lei n. 431, mas não deixou de prever punição para aquele que instigasse, preparasse, dirigisse ou ajudasse a paralisação de serviços públicos ou de abastecimento da cidade.

Seguiu-se a Lei n. 4.330, aprovada em julho de 1964, sob a ditadura militar. Passou para a história como a lei antigreve[361]. Assembleia convocada através de edital com antecedência de, pelo menos, dez dias, *quorum* para deliberação de 2/3 em 1ª e 1/3 em 2ª convocação, observado um interregno mínimo de dois dias, deliberações votadas mediante escrutínio secreto, apuração a cargo do Ministério Público do Trabalho. Era vedada a interferência de estranhos, a menos que fossem agentes ministeriais, é claro. Depois disso tudo, o presidente da assembleia remeteria ao Ministério do Trabalho cópia autenticada da ata lavrada, que por sua vez instauraria o processo administrativo conciliatório com assistência do Ministério Público do Trabalho.

A deflagração da greve ficava condicionada à notificação prévia dos empregadores, com prazo de 5 dias nas atividades acessórias e 10 nas fundamentais, com cópias para os agentes locais do Ministério do Trabalho, aos quais incumbiria a manutenção da ordem e proteção dos estabelecimentos contra danos.

A rede de conexão chegava ao Ministério Público do Trabalho para suscitar, de ofício, o dissídio coletivo.

Dentre as atividades fundamentais incluiu-se a hotelaria. Naquelas que não pudessem sofrer paralisação, as autoridades fariam funcionar os serviços. De outra parte, a requerimento do empregador ou por determinação da Justiça

(361) Surpresa: seu relator na Câmara dos Deputados foi Ulisses Guimarães.

do Trabalho, os grevistas ficavam obrigados a organizar turmas emergenciais para conservar as máquinas "e tudo que na empresa exigisse assistência permanente", de modo a assegurar o reinício do trabalho, logo após a cessação do movimento.

Aviso prévio de 72 horas quando a greve devesse a atraso no pagamento de salários ou descumprimento de sentença normativa transitada em julgado.

Decorridos os prazos e sendo "impossível" a conciliação, aí, sim, poderia ter início a greve, mas fora do local de trabalho, porque as autoridades garantiriam o acesso aos que quisessem prosseguir na prestação de serviços.

Nada de ocupação do estabelecimento, nada de cartazes ofensivos às autoridades ou aos empregadores, sob pena de caracterizar falta grave e responsabilização criminal.

Só a greve lícita suspendia o contrato de trabalho. Enfim, a ilícita, assim qualificada pela Justiça do Trabalho, implicava na rescisão. Mas sendo lícita, ficava autorizado o pagamento dos salários do período.

A adjetivação dando pela ilegalidade pegava não só quando desatendido o autoritarismo da lei, mas, também, quando deflagrada por razões políticas, sociais, solidariedade, desvinculação das relações de trabalho específicas ou quando tivesse por fim alterar condição de acordo, convenção ou sentença normativa em vigor, exceto quando modificados substancialmente os fundamentos em que se apoiavam.

A greve terminava não só por deliberação da assembleia, mas, ainda, com o julgamento do dissídio coletivo.

A Constituição de 1967, escrita pelos juristas do regime e aprovada por um Congresso amordaçado, assegurou o direito de greve (art. 158, inciso XXI), exceto nos serviços públicos e em atividades essenciais, conforme fossem definidas em lei (art. 157, § 7º). A emenda de 1969, menos democrática ainda, repetiu os textos (arts. 165, XX e 162).

Em 1978, no governo do general Ernesto Geisel, o Decreto-lei n. 1.682, de agosto, proibiu a greve nas atividades essenciais, não só nas já catalogadas, mas, ainda, nas que fossem definidas por decreto.

Especificou-se que, sem prejuízo das sanções penais, o empregado que participasse de greve em serviços públicos ou atividades essenciais cometeria falta grave punível com advertência, suspensão ou despedimento por justa causa.

A greve deixou de ser fato social, passando a depender sua legitimidade de reconhecimento ministerial. E mais, quando delito, era severamente punido, inafiançável, não sendo passível de suspensão a pena imposta. Da decisão, só cabia recurso sem efeito suspensivo.

Finalmente, a Constituição de 1988 erigiu a greve como direito, dando-lhe previsão no art. 9º.

No governo José Sarney, a Medida Provisória n. 50, de 27 de abril de 1989, restringiu o que seria direito, prevendo até a requisição civil, prevista no art. 22, III, da Constituição, inclusive de pessoas, naturalmente os grevistas, sem dispensar o regime punitivo, alcançando o sindicato e os trabalhadores.

Mas aprovou-se a Lei n. 7.783, de 28 de junho de 1989, que foi logo flexibilizando no art. 14 o que antes era direito, para restringir seu exercício à defesa da relação de trabalho na chamada "data-base", e assim, dirigido para a renovação da convenção coletiva, com periodicidade, como regra, anual. Duas exceções apenas: a) quando descumprida cláusula ou condição de acordo, convenção coletiva ou de lei; b) se motivada por fato novo superveniente ou acontecimento imprevisto que modifique substancialmente a relação de trabalho.

De outra parte, configurando um conflito coletivo, sua solução poderia ser transferida para a Justiça do Trabalho, como permitia o § 2º do art. 114 da Constituição: "Recusando-se qualquer das partes à negociação ou à arbitragem, é facultado aos respectivos sindicatos ajuizar dissídio coletivo, podendo a Justiça do Trabalho estabelecer normas e condições, respeitadas as disposições convencionais e legais mínimas de proteção ao trabalho".

Isso provocou a construção de jurisprudência que dava a exata dimensão que tem hoje o direito de greve, inclusive sua flexibilização, que dele subtrai a força inicial para igualar o conjunto de trabalhadores, individualmente fracos e hipossuficientes, tornando-os fortes para o enfrentamento com os empregadores, de modo a torná-lo apenas um quase direito.

2. **Disciplinação constitucional**. O art. 9º da Constituição assegura para os trabalhadores o direito de greve como forma de defesa de seus interesses coletivos, competindo-lhes defini-los, bem assim determinar a oportunidade para seu exercício:

> "É assegurado o direito de greve, competindo aos trabalhadores decidir sobre a oportunidade de exercê-lo e sobre os interesses que devam por meio dele defender.
>
> § 1º A lei definirá os serviços ou atividades essenciais e disporá sobre o atendimento das necessidades inadiáveis da comunidade.
>
> § 2º Os abusos cometidos sujeitam os responsáveis às penas da lei."

Não se legitima assim como direito a greve dos empregadores, o *lock-out*.

3. **Disciplinação legal**. A disciplinação legal foi dada pela Lei n. 7.783, de 28 de junho de 1989:

"Art. 1º É assegurado o direito de greve, competindo aos trabalhadores decidir sobre a oportunidade de exercê-lo e sobre os interesses que devam por meio dele defender.

Parágrafo único. O direito de greve será exercido na forma estabelecida nesta Lei."

Conceituação:

"Art. 2º Para os fins desta Lei, considera-se legítimo exercício do direito de greve a suspensão coletiva, temporária e pacífica, total ou parcial, de prestação pessoal de serviços a empregador."

Notificação prévia:

"Art. 3º Frustrada a negociação ou verificada a impossibilidade de recursos via arbitral, é facultada a cessação coletiva do trabalho.

Parágrafo único. A entidade patronal correspondente ou os empregadores diretamente interessados serão notificados, com antecedência mínima de 48 (quarenta e oito) horas, da paralisação."

Deliberação da assembleia:

"Art. 4º Caberá à entidade sindical correspondente convocar, na forma do seu estatuto, assembleia geral que definirá as reivindicações da categoria e deliberará sobre a paralisação coletiva da prestação de serviços.

§ 1º O estatuto da entidade sindical deverá prever as formalidades de convocação e o *quorum* para a deliberação, tanto da deflagração quanto da cessação da greve.

§ 2º Na falta de entidade sindical, a assembleia geral dos trabalhadores interessados deliberará para os fins previstos no *caput*, constituindo comissão de negociação."

Representação:

"Art. 5º A entidade sindical ou comissão especialmente eleita representará os interesses dos trabalhadores nas negociações ou na Justiça do Trabalho."

Garantias:

"Art. 6º São assegurados aos grevistas, dentre outros direitos:

I — o emprego de meios pacíficos tendentes a persuadir ou aliciar os trabalhadores a aderirem à greve;

II — a arrecadação de fundos e a livre divulgação do movimento.

§ 1º Em nenhuma hipótese, os meios adotados por empregados e empregadores poderão violar ou constranger os direitos e garantias fundamentais de outrem.

§ 2º É vedado às empresas adotar meios para constranger o empregado ao comparecimento ao trabalho, bem como capazes de frustrar a divulgação do movimento.

§ 3º As manifestações e atos de persuasão utilizados pelos grevistas não poderão impedir o acesso ao trabalho nem causar ameaça ou dano à propriedade ou pessoa."

Suspensão dos contratos de trabalho e garantia dos empregos:

"Art. 7º Observadas as condições previstas nesta Lei, a participação em greve suspende o contrato de trabalho, devendo as relações obrigacionais, durante o período, ser regidas pelo acordo, convenção, laudo arbitral ou decisão da Justiça do Trabalho.

Parágrafo único. É vedada a rescisão de contrato de trabalho durante a greve, bem como a contratação de trabalhadores substitutos, exceto na ocorrência das hipóteses previstas nos arts. 9º e 14."

Dissídio coletivo: O art. 8º perdeu sua eficácia diante da Emenda Constitucional n. 45, de 2004, que deu ao § 3º do art. 114 a seguinte redação: (362)

"§ 3º Em caso de greve em atividade essencial, com possibilidade de lesão do interesse público, o Ministério Público do Trabalho poderá ajuizar dissídio coletivo, competindo à Justiça do Trabalho decidir o conflito."

Garantia dos interesses das empresas:

"Art. 9º Durante a greve, o sindicato ou a comissão de negociação, mediante acordo com a entidade patronal ou diretamente com o empregador, manterá em atividade equipes de empregados com o propósito de assegurar os serviços cuja paralisação resultem em prejuízo irreparável, pela deterioração irreversível de bens, máquinas e equipamentos, bem como a manutenção daqueles essenciais à retomada das atividades da empresa quando da cessação do movimento.

Parágrafo único. Não havendo acordo, é assegurado ao empregador, enquanto perdurar a greve, o direito de contratar diretamente os serviços necessários a que se refere este artigo."

Serviços e atividades essenciais:

"Art. 10 São considerados serviços ou atividades essenciais:

I — tratamento e abastecimento de água; produção e distribuição de energia elétrica, gás e combustíveis;

II — assistência médica e hospitalar;

III — distribuição e comercialização de medicamentos e alimentos;

IV — funerários;

V — transporte coletivo;

VI — captação e tratamento de esgoto e lixo;

---

(362) O art. 8º tinha esta redação: A Justiça do Trabalho, por iniciativa de qualquer das partes ou do Ministério Público do Trabalho, decidirá sobre a procedência, total ou parcial, ou improcedência das reivindicações, cumprindo ao Tribunal publicar, de imediato, o competente acórdão.

VII — telecomunicações;

VIII — guarda, uso e controle de substâncias radioativas, equipamentos e materiais nucleares;

IX — processamento de dados ligados a serviços essenciais;

X — controle de tráfego aéreo;

XI — compensação bancária."

Atendimento das necessidades inadiáveis da comunidade:

"Art. 11. Nos serviços ou atividades essenciais, os sindicatos, os empregadores e os trabalhadores ficam obrigados, de comum acordo, a garantir, durante a greve, a prestação dos serviços indispensáveis ao atendimento das necessidades inadiáveis da comunidade.

Parágrafo único. São necessidades inadiáveis, da comunidade aquelas que, não atendidas, coloquem em perigo iminente a sobrevivência, a saúde ou a segurança da população."

"Art. 12. No caso de inobservância do disposto no artigo anterior, o Poder Público assegurará a prestação dos serviços indispensáveis."

Notificação prévia:

"Art. 13 Na greve, em serviços ou atividades essenciais, ficam as entidades sindicais ou os trabalhadores, conforme o caso, obrigados a comunicar a decisão aos empregadores e aos usuários com antecedência mínima de 72 (setenta e duas) horas da paralisação."

Abuso do direito:

"Art. 14 Constitui abuso do direito de greve a inobservância das normas contidas na presente Lei, bem como a manutenção da paralisação após a celebração de acordo, convenção ou decisão da Justiça do Trabalho.

Parágrafo único. Na vigência de acordo, convenção ou sentença normativa não constitui abuso do exercício do direito de greve a paralisação que:

I — tenha por objetivo exigir o cumprimento de cláusula ou condição;

II — seja motivada pela superveniência de fatos novo ou acontecimento imprevisto que modifique substancialmente a relação de trabalho."

Penalização:

"Art. 15 A responsabilidade pelos atos praticados, ilícitos ou crimes cometidos, no curso da greve, será apurada, conforme o caso, segundo a legislação trabalhista, civil ou penal.

Parágrafo único. Deverá o Ministério Público, de ofício, requisitar a abertura do competente inquérito e oferecer denúncia quando houver indício da prática de delito."

Servidor público:

"Art. 16. Para os fins previstos no art. 37, inciso VII, da Constituição, lei complementar definirá os termos e os limites em que o direito de greve poderá ser exercido."

Lock-out:

"Art. 17. Fica vedada a paralisação das atividades, por iniciativa do empregador, com o objetivo de frustrar negociação ou dificultar o atendimento de reivindicações dos respectivos empregados (*lock-out*).

Parágrafo único. A prática referida no *caput* assegura aos trabalhadores o direito à percepção dos salários durante o período de paralisação."

4. **Repressão**. Greve foi delito, prática nociva aos interesses da Nação e prática subversiva. A CLT, na linha determinada pela Carta de 1937, foi extremamente repressiva. O art. 722 punia o *lock-out* e o 723 a greve com multa, perda do cargo de representação profissional e suspensão da condição de elegibilidade para cargo de representação profissional. O art. 725 mandava para a prisão quem, — empregado ou empregador ou estranho a um e outro — instigasse ou encabeçasse movimentos paredistas. Felizmente, já não se mantém em nosso ordenamento.

Jorge Severiano Ribeiro, em 1944, e Djalma Lúcio Gabriel Barreto, em 1965, escreveram sobre o delito de greve.(363)

O ideal do homem é ascender na escala social, de forma a poder participar da riqueza produzida e dos bens fundamentais da sociedade, como educação, cultura, lazer, proteção à saúde, à velhice, à inatividade. A classe trabalhadora, como já dito e repetido tantas vezes, não possui outra fonte de renda senão a força de seu trabalho, manual, técnico ou intelectual, indispensável para prover a subsistência própria e familiar. Assim, a ascensão exige salário e condições de trabalho no mínimo razoáveis, que possam atender às necessidades básicas da vida em sociedade.

Quando o interesse transcende a individualidade, até porque sua defesa não sensibilizará sequer a chefia imediata, não chegando nem à mesa de decisão da empresa, mas anima toda a coletividade de empregados ou mesmo de um segmento profissional, o instrumento de pressão, único, pode-se dizer, é a negação da força de trabalho, comprometendo a atividade empresarial.

A paralisação, como movimento de massa, coloca os trabalhadores em confronto com os detentores do capital e dos postos de trabalho. Mas nem sempre a oportunidade é apropriada e muitas vezes não se tem o equilíbrio necessário para o confronto. A greve como ação deve atingir duramente o

---

(363) Dos crimes e das infrações no direito do trabalho. *Revista do Trabalho*, 1944, e *Comentários à nova lei de greve. Imprensa Oficial do Estado de São Paulo*, 1965.

adversário até fazê-lo curvar-se batido e atender às reivindicações ou, quando menos, obrigá-lo a negociar. Por isso, peca pelo absurdo, significando desvio de conduta inadmissível atingir a população indefesa sem ferir a parte contrária, interrompendo o trânsito das principais vias públicas ou rodovias, impondo sofrimento a quem não participa da contenda. Não tem nenhum brilho a greve que paralisa serviços públicos dirigidos às camadas mais pobres da população, de escolas e hospitais, sem afetar os mais afortunados, que podem custear o ensino e os cuidados com saúde na rede privada.

A greve deve conquistar o apoio popular para ser realmente vitoriosa. Quando se volta contra o povo, não passa de um expediente oportunista e inútil.

5. **Conceito**. Para Cesarino Junior, greve "é a recusa coletiva e combinada do trabalho com o fim de obter, pela coação exercida sobre os patrões, sobre o público ou sobre os poderes do Estado, melhores condições de emprego ou a correção de certos males dos trabalhadores".(364)

Extrai-se do art. 2º da Lei n. 7.783 a conceituação da greve admitida legalmente, a suspensão coletiva, temporária e pacífica, total ou parcial, da prestação pessoal de serviços a empregador.

Em princípio, a greve como ação coletiva constitui a expressão mais forte do sindicato, mas são inúmeros e atuais os exemplos de movimentos feitos à margem do sindicato e até mesmo contra a vontade de seus mentores, no geral, acomodados, "pelegos" ou oficialistas. Mesmo as greves de 1978 que se iniciaram no ABC paulista, como admitem aqueles que dirigiram o Sindicato dos Metalúrgicos de São Bernardo do Campo, iniciaram-se espontaneamente.

Na sua dimensão histórica, a greve é o instrumento de força da classe trabalhadora que se exerce através da suspensão do trabalho para forçar o empregador diretamente ou no seu conjunto a atender as suas reivindicações, podendo também dirigir-se contra o Estado para os mesmos fins.

6. **Natureza jurídica**. A greve é instituto peculiar do Direito Sindical e não se ajusta aos princípios civilistas nem a seus métodos de interpretação.

Daí Octavio Bueno Magano limitar-se a conceituá-la como um fato social, "expressão objetiva da ação dos trabalhadores, resultando ou na suspensão ou no abandono ou na cessação do trabalho".(365)

Em 1959, na vigência do Decreto-lei n. 9.070, Segadas Viana indagava no título de sua obra se a greve seria direito ou violência.(366) Evaristo de Moraes

(364) *Direito social*, cit., p. 285.
(365) *Manual*, cit., p. 165.
(366) *Greve. Direito ou violência.* Rio de Janeiro: Freitas Bastos, 1959.

Filho, em tese anterior, analisava o reconhecimento da greve como direito, depois de passar por delito.(367)

A greve é um fato social e universal, com conotações econômicas e políticas, que marca a história da classe trabalhadora na disputa com o capital, por melhores condições de salário e de trabalho diante da aspiração de ascensão social.

7. **Sujeitos**. Sujeitos ativos são sempre os trabalhadores como coletividade organizada espontaneamente ou através de seu sindicato de classe.

O direito de greve insere-se com destaque no âmbito do Direito Sindical como expressão da autotutela. Por isso mesmo, em princípio, seu exercício se dá através da ação dos sindicatos.

No sistema estrutural brasileiro, confederativo e unitário, o sindicato de base representa os trabalhadores enquanto as federações só aglutinam pessoas jurídicas, no caso, sindicatos, que se organizam, por sua vez, em confederações. Mesmo fora, mas como direito de conquista, as centrais agrupam em seu seio toda e qualquer organização sindical e, portanto, sindicatos, federações e confederações.

A lei deu legitimidade suplementar aos chamados órgãos superiores: federações e confederações, para, excepcionalmente, assumirem a defesa dos interesses e direitos individuais e coletivos de pessoas físicas, trabalhadores ou empregadores, isso quando inorganizados em sindicatos. Às confederações também, mas quando, além de não estarem agrupados em sindicatos, não forem representados por federação. Assim dispõe o § 2º do art. 611 da Consolidação das Leis do Trabalho(368) quando trata de acordos e convenções coletivas e na mesma linha o parágrafo único do art. 857 que cuida do ajuizamento de dissídio coletivo.(369) A Lei n. 7.783 é omissa no tocante à atuação das associações de grau superior, no caso de greve. Todavia, a defesa de interesses coletivos passa necessariamente pelas negociações, e quando recusadas ou frustradas, pode armar-se com a greve. Se podem a federação como a confederação celebrar convenções coletivas e negociar em favor de trabalhadores inorganizados, compete-lhes num primeiro passo convocar a assembleia, que poderá, também, aprovar que a defesa dos

---

(367) Do delito ao direito de greve. Um quarto de século na vida italiana. *Serviço de Documentação do Ministério do Trabalho, Indústria e Comércio*, 1956.

(368) § 2º As Federações e, na falta destas, as Confederações representativas de categorias econômicas ou profissionais poderão celebrar convenções coletivas de trabalho para reger as relações das categorias a elas vinculadas, inorganizadas em Sindicatos, no âmbito de suas representações (com redação dada pelo Decreto-lei n. 229, de 28.2.1967).

(369) Parágrafo único. Quando não houver sindicato representativo da categoria econômica ou profissional, poderá a representação ser instaurada pelas federações correspondentes e, na falta destas, pelas confederações respectivas, no âmbito de sua representação (acrescentado pela Lei n. 2.693, de 23.12.1955).

interesses definidos se dê através da greve. Só que A Lei n. 7.783 foi além e admitiu que a greve possa ser deliberada pelos trabalhadores na falta de entidade sindical, como nos diz seu art. 4º, § 2º. No caso, eles próprios constituirão uma comissão de negociação que assumirá sua representação, inclusive na Justiça do Trabalho, como especifica o art. 5º. Em princípio, pode parecer disposição eivada de inconstitucionalidade diante da precisão do inciso VI do art. 8º da Constituição, que exige a participação dos sindicatos nas negociações coletivas. Mas, impropriamente, o texto refere-se a sindicatos e não a organização sindical, pois as federações e confederações compõem o sistema confederativo. As federações estão sediadas nas capitais dos Estados, e as confederações, na capital do país, e assim, distantes dos focos de irrupção das greves, o que legitima a atuação isolada dos trabalhadores, sem que isso impeça que os organismos de cúpula se agitem e assumam a direção do movimento grevista.

De outro lado, a greve poderá afetar uma ou mais empresas ou todo um segmento da atividade econômica. Sujeito passivo, portanto, serão a empresa ou as empresas atingidas no primeiro caso e o sindicato patronal no segundo. A solução autônoma do conflito se dá através do acordo ou da convenção coletiva, de modo que as negociações serão tratadas diretamente com a empresa ou as empresas afetadas, sem prejuízo de, na hipótese do conflito, atingir toda a atividade, atuar o sindicato de classe.

8. **Legitimação (qualificação)**. Orlando Gomes e José Martins Catharino, antes mesmo da Constituição de 1988, já advertiam que definir o direito de greve implicava em restringir seu alcance.

Na vigência da Lei n. 4.330, a greve era legal ou ilegal, de maneira que o direito era restrito, só legitimado quando atendidos os pressupostos legais. A Lei n. 7.783, de 1989, logo no art. 2º manteve a limitação e, portanto, a potência do direito, para só reconhecê-lo quando se ajustasse à definição que acolheu: "Para os fins desta Lei, considera-se legítimo exercício do direito de greve a suspensão coletiva, temporária e pacífica, total ou parcial da prestação pessoal de serviços". E no já referido art. 14 foi além, adotando um novo qualificativo: "Constitui abuso do direito de greve a inobservância das normas contidas na presente Lei, bem como a manutenção da paralisação após a celebração de acordo, convenção ou decisão da Justiça do Trabalho".

Com isso, a greve passou a ser qualificada como legal ou ilegal, legítima ou ilegítima, abusiva ou não abusiva, conforme seguisse ou não às formalidades impostas.

João Carlos Araújo distingue greve formalmente e materialmente abusiva, na primeira situação, quando desatendidas as providências legais, na segunda, caso os interesses defendidos sejam impróprios, inconvenientes, inviáveis.[370]

---

(370) *Ação coletiva de trabalho*. São Paulo: LTr, 1993. p. 71.

No projeto de Código do Trabalho de Dorval Lacerda, apresentado na Câmara dos Deputados por Carlos Lacerda, a greve seria procedente ou improcedente e assim, também, a primeira versão de outra proposição, elaborada no governo José Sarney.

Antes, a Constituição de 1946 reconhecia o direito, mas deixava para a lei ordinária sua disciplinação, permitindo, desse modo, limitar ou condicionar seu exercício. Diferentemente, o Diploma de 1988 traçou o conteúdo do direito, especificando que os trabalhadores definiriam a oportunidade de sua deflagração e os interesses a serem defendidos. Se podem, livremente, determinar o momento oportuno para suspenderem o trabalho, conclui-se que não estão obrigados a submeterem-se ao esgotamento de prazo previamente anunciado. Em outras palavras, o texto constitucional permite a greve surpresa.

Objeta-se que nenhum direito é absoluto, o que implica em sua flexibilização. Isso, contudo, só se admite numa linha de juridicidade absoluta, desprezando a força do fenômeno social, com sua conotação política. É que a greve, muitas vezes, significa oposição à ordem vigorante em um dado momento histórico, assumindo propósito de ruptura com o sistema opressor, como ocorreu em toda parte para conter jornadas excessivas de trabalho e se repete pelo mundo afora para impedir o avanço do modelo defendido pelos neoliberais.

9. **Pressupostos**. A greve constitui direito potencializado constitucionalmente, instrumento dos trabalhadores para a defesa de seus interesses coletivos e, portanto, também, para a proteção de direitos individuais. Trata-se, pois, de expressão da autonomia coletiva privada, tanto na determinação dos interesses a serem defendidos como da oportunidade para tanto. Nesse passo, o art. 4º da Lei n. 7.783 estabelece que a assembleia será convocada na conformidade das disposições estatutárias, que disporão inclusive quanto às formalidades e ao *quorum* a serem observados. Significa dizer que se respeita a autonomia sindical, prestigiando por via reflexa a autonomação grupal com a regulamentação dos procedimentos internos pelos próprios interessados. Isso leva a concluir que não se mantém os quóruns exigidos pelos arts. 612 e 859 da Consolidação das Leis do Trabalho. Com efeito, se para definir interesses coletivos a serem defendidos através da greve valem as disposições estatutárias, não faz sentido impor regras draconianas para a definição de interesses de igual dimensão que serão simplesmente submetidos à negociação.

O art. 3º, por sua vez, só faculta a cessação coletiva do trabalho, conforme sua dicção, quando frustrada a negociação ou verificada a impossibilidade de recurso à via arbitral. Mas a negociação pode ser proposta, sem significar que deva ser obrigatória. Possível que qualquer das partes a recuse, e quanto a isso o § 2º do art. 114 da Constituição é preciso quando dispõe na introdução: "Recusando-se qualquer das partes à negociação ou à arbitragem, é facultado aos respectivos sindicatos ajuizar dissídio coletivo...".

A mediação supostamente compulsória, a cargo do Ministério do Trabalho e Emprego, tratada no art. 616 da Consolidação das Leis do Trabalho já perdera eficácia com a Lei n. 10.192, de 2001, que no art. 11 dera-lhe tratamento diverso, estabelecendo que, "Frustrada a negociação entre as partes, promovida diretamente ou através de mediador, poderá ser ajuizada a ação de dissídio coletivo". Com isso deixou de ter importância a chamada "mesa-redonda", promovida perante a Delegacia Regional do Trabalho.

Por conseguinte, os pressupostos formais para o exercício do direito de greve são: a) deliberação de assembleia, convocada e realizada segundo o regramento estatutário; b) recusa ou malogro das negociações coletivas.

Quando a assembleia define seus interesses ou expede um comando para a defesa de direitos, uns e outros se consolidam como expressão de vontade coletiva, justificando-se por si mesmos. Podem ser até impróprios, impertinentes, inviáveis, mas não sendo ilícitos, impossíveis, não comportam rotulação de inegociáveis, vedada sua defesa através da greve. Nada impede a greve para com ela exigir-se o cumprimento de lei, como, aliás, está subentendido no inciso I do art. 13 da Lei n. 7.783.

E não serão, ainda, atos isolados de violência que macularão o direito, até porque a Constituição é taxativa ao responsabilizar pelos abusos que forem cometidos, isto é, aqueles que praticarem os atos qualificados como abusivos.

Enfim, a greve pode até ser marcada por excessos, sem que isso implique em sua qualificação negativa.

A propósito, qual a razão para tanto? Abrir espaço para retaliações como dispensas, individualizando o fato coletivo?

10. **Modalidades**. Como regra, a greve constitui o instrumento que tem a classe trabalhadora para atingir os empregadores fazendo-os ceder para atenderem as suas reivindicações por salários mais justos e melhores condições de trabalho. Portanto, em princípio, movimento de natureza trabalhista. Mas pode assumir conotações diferentes: política de solidariedade.

10.1. **Greve política**. A corrente restritivista é majoritária a perder de vista, negando o direito de greve por razões alheias a reivindicações relacionadas com a relação de trabalho. O sindicato seria, portanto, uma instituição permitida para defender interesses de classe, nunca, porém, interesses sociais, inclusive os inerentes à cidadania, que não seriam, portanto, passíveis de defesa coletiva grupal, só ao alcance do Ministério Público do Trabalho diante da prerrogativa que lhe dá o art. 127 da Constituição.[(371)] Trocando em miúdos, greve política, nem pensar.

---

(371) O Ministério Público é instituição permanente, essencial à função jurisdicional do Estado, incumbindo-lhe a defesa da ordem jurídica, do regime democrático e dos interesses sociais e individuais indisponíveis.

A Lei n. 4.330, taxativamente, incluiu no rol das causas determinantes da ilegalidade a deflagração por motivos políticos, partidários, religiosos e até sociais.

Mas o direito do trabalho surgiu na empolgação de disputas políticas, ideologizadas, e principalmente o direito coletivo é, na essência, politizado. Nada a ver com partidos, pois não é nem deve ser partidarizado.

Enquadra-se como política a chamada greve geral que tem como fim imediato um bem coletivo, mas amplíssimo, que extravasa os limites de um grupo profissional, exemplificativamente, a oposição contra o aumento do custo de vida, dos preços de serviços essenciais.

10.2. **Greve de protesto**. Não deixa de ser na essência uma greve política quando se presta a externar positivamente a defesa de um interesse contrariado por ato patronal ou do Estado, como dispensas coletivas, instituição de plano de demissão voluntária, fixação do salário mínimo em valor insignificante, edição de medida provisória voltada para a flexibilização de direitos.

10.3. **Greve de solidariedade**. O Decreto-lei n. 9.070 referia-se à greve de solidariedade ou de protesto, que a teor do § 2º de seu art. 2º ficava sujeita às suas disposições, apenas para os efeitos punitivos que encerrava.

Já a Lei n. 4.330 foi mais explícita, delimitando rigidamente o exercício do direito relativo, só admitindo-o para "melhoria ou manutenção das condições de trabalho vigentes na empresa ou em empresas correspondentes à categoria", conforme a dicção do art. 2º. Quanto à greve de solidariedade, era capitulada como ilegal, pois desprovida de "quaisquer reivindicações que interessem direta ou legitimamente a categoria profissional".

10.4. **Greve tartaruga**. A referência que se tem está no Decreto-lei n. 9.070, que alude à "diminuição sensível e injustificada" do ritmo de trabalho.

10.5. **Outras modalidades**. A imaginação permitiu a criação de diferentes modalidades de greve, até mesmo sem a suspensão do trabalho, como a "greve japonesa", configurada com o uso de lenços, braceletes ou distintivos, capazes de exteriorizar a situação contra a qual se insurge, concentrações, marchas, a "tenda docente", conhecida na Argentina, instalada diante do Congresso, noticiada por Oscar Ermida Uriarte[372], a greve de ocupação, e até de danificação da produção na linha de montagem, batizada como "vaca louca", experimentada nas montadoras do ABC.

11. **Garantias e proibições**. As garantias são três, dispostas no art. 6º da Lei n. 7.783, de 1989: I — o emprego de meios pacíficos tendentes a

(372) *A flexibilização da greve*. São Paulo: LTr, 2000. p. 33 e ss.

persuadir ou aliciar os trabalhadores a aderirem à greve; II — a arrecadação de fundos e a livre divulgação do movimento; II — vedação de as empresas adotarem meios para constranger os empregados a comparecerem ao trabalho, bem como capazes de frustrar a divulgação do movimento (§ 2º).

As proibições estão nos §§ 1º e 3º: I — Em nenhuma hipótese, os meios adotados por empregados e empregadores poderão violar ou constranger os direitos e as garantias fundamentais de outrem; II — as manifestações e os atos de persuasão utilizados pelos grevistas não poderão impedir o acesso ao trabalho nem causar ameaça ou dano à propriedade ou pessoa.

Em outras palavras, proíbe-se o piquete e ampara-se o "fura-greve". Mesmo contra as lições da história e a realidade social.

Bem, o piquete configura a espécie de falta coletiva. Mas pode ser um piquete pacífico, só persuasivo, ou então defensivo, figurando uma barreira humana que deva ser atravessada para dar acesso ao local de trabalho.

Poesia, contradireito? Por certo, expressões de relevo no governo Luiz Inácio Lula da Silva conheceram e ensinaram a atuação diferenciada dos piquetes e da ocupação do estabelecimento.

Historicamente, a polícia sempre protegeu o capital e assim a empresa que representa a propriedade privada. A greve, mesmo legitimada, traz consigo a marca da desordem, da subversão, de sorte que defender a ordem pública, muitas vezes, significa acabar com o tumulto, conforme seu tempo, a base de cassetetes, pata de cavalo, gás lacrimogêneo e outros engenhos mais modernos.

12. **Suspensão do contrato de trabalho**. Quando o art. 7º da Lei n. 7.783, de 1989, determina que a greve suspende o contrato de trabalho dá-lhe extraordinária carga de força, impedindo que o empregador se valha do poder inerente, que lhe dá o capital, de dispor livremente de seus empregados. Enfim, fica vedado despedi-los. Seria imunidade absoluta ou restrita a participação pacífica no movimento. Quer dizer, um ato faltoso estranho ao conflito seria passível de reação patronal, representada pela rescisão pronta do contrato, por exemplo: furto, ofensa física ou moral por razões particularizadas, descoberta de práticas irregulares na administração. Além disso, não é a greve que implica na suspensão, mas a participação no movimento. Desse modo, o "fura-greve" que assume seu posto sujeita-se ao dito "poder potestativo" que permite ao empregador decidir sobre a continuação dos empregos.

Cessado o conflito, restabelece-se a soberania ilimitada do capital, abrindo espaço para a retaliação em todos seus graus. Mas a denúncia não será faltosa quando fundada em fatos ocorridos durante a suspensão contratual.

Ainda que o Tribunal qualifique a greve como ilegal ou abusiva, mesmo assim, a participação pacífica não constitui falta grave. Nessa linha, a jurisprudência que deu na Súmula n. 316 do Supremo Tribunal Federal.[373] Pacífica, no caso, não tem sentido de participação contemplativa ou secundária. Também a posição de comando ou de ativista não constitui procedimento belicoso; da mesma forma, a atuação decisiva na comissão de negociações, a defesa inflamada das reivindicações nas proximidades dos locais de trabalho, a distribuição de panfletos.

Outra coisa: a greve é ação coletiva que tem legitimação constitucional e que, portanto, mistura força e direito. Se é assim, a participação não pode ser avaliada em diferentes graus, de modo a quantificar e qualificar a conduta individual. Por conseguinte, o excesso, o desvio, a violência, o abuso, quando ultrapassam os contornos do individualismo, exigem punição coletiva, sob pena de o tratamento desigual desqualificar a falta.

O voluntarismo patronal, arbitrário ou impensado, que determina demissões enquanto suspensos os contratos, não paga o preço limitado aos salários devidos no período de suspensão. É que o ato praticado está maculado pelo vício da nulidade, de modo que não se limpa só porque esgotou-se o período de graça. Quer dizer, o ato nulo não se convalida, e será preciso que outro ponha fim ao contrato.

13. **Atividades e serviços essenciais**. O elenco do art. 10 pretendeu ser exaustivo, mesmo perdendo-se na alternativa serviços ou atividades, quando essas compreendem aqueles.

A interpretação restritiva atenta contra o interesse maior do povo em geral. Por isso, quando se lê, logo no inciso II, assistência médica e hospitalar, deve-se entender que abrange a ambulatorial ou qualquer outra modalidade afim. Mas em tempos de privatização dos serviços públicos, não se pode desprezar atividades ainda exercidas pelo Estado, mas já cogitadas de serem transferidas para os particulares, como o sistema prisional, a previdência social. Mas fundações públicas que adotam o regime celetista para reger seu quadro funcional, muitas vezes, têm como objetivo serviços essenciais, sem previsão, contudo, no elenco do art. 10, o internamento de menores, como a Fundação Casa (ex-FEBEM), por exemplo. Acrescente-se, para uma reflexão, o cuidado com animais e o dever de alimentá-los num parque zoológico.

Um frigorífico, em princípio, não desenvolve atividade-fim que possa ser adjetivada como essencial, no entanto, o tratamento da água utilizada na produção não pode comprometer as fontes de abastecimento da população, e aí o serviço próprio assume feição de essencialidade. Ao contrário, sem nenhum relevo a administração e os setores burocráticos de uma indústria de produção ou distribuição de energia elétrica.

(373) "A simples adesão à greve não constitui falta grave."

Enfim, a atividade em si nem sempre é essencial, posto que a essencialidade é da natureza do serviço.

14. **Atendimento das necessidades da comunidade**. Para a Constituição, serviços ou atividades essenciais relacionam-se com as necessidades inadiáveis da comunidade que devem ser atendidas. Com o complemento dado pela lei ordinária, foram definidas como aquelas capazes de comprometer não só a saúde e a segurança, mas a própria vida.

Trata-se de dever que transcende a relação de emprego, os objetivos que animam os grevistas, portanto, dever social de solidariedade, de respeito para com a comunidade, alheia ao conflito. Assim, em princípio, cabe à direção do sindicato, em conjunto com os ativistas, traçar o plano a ser observado no curso da paralisação. Naturalmente, se dará ciência do projeto ao patronato. Qualquer divergência não resolvida provocará a configuração do impasse, exigindo não simplesmente a mediação, mas, principalmente, vontade e empenho efetivo das partes para chegarem ao acerto final.

A intervenção do Ministério Público do Trabalho, em defesa dos interesses sociais da população, tem de se ater não só ao sentido que o art. 127 da Constituição dá à instituição, mas, também, a sua delimitação, traçada no parágrafo único do art. 11 da Lei n. 7.783: "bens fundamentais de vida, saúde e segurança".

O impasse constitui parte do conflito de interesses que legitima medida cautelar preparatória do dissídio coletivo. Sendo assim, competirá tanto ao presidente do Tribunal ou ao juiz instrutor como ao relator sorteado decidir a extensão da medida e as responsabilidades das partes. Possível, também, que o pedido de cautela acompanhe a representação de ajuizamento do dissídio.

Compreender o alcance da medida tem sido um desafio nem sempre bem resolvido. Claro que ninguém melhor do que os atores da trama, trabalhadores e empregadores, saberão como atender às necessidades emergenciais da população. Por certo, a depender da vontade exclusiva dos trabalhadores, a participação na greve será total, enquanto para o outro lado a reserva para o atendimento emergencial será a mais ampla possível. Fora disso, é de se exigir do juiz que decida tendo como fundamento o princípio da razoabilidade. Para tanto, é indispensável que a solicitação partida do empregador, de seu sindicato ou do Ministério Público do Trabalho municie-o com razões aparelhadas e, portanto, convincentes.

Não basta, pois, fincar o pedido ou decidi-lo singelamente com a determinação de se manter em operação um percentual de empregados, desprovido de justificação, como se dá corriqueiramente. É necessário, sobretudo, que o provimento assegure os bens protegidos sem com isso anular o exercício do direito que se deu aos trabalhadores.

15. **Atendimento das necessidades do empregador**. Outra a hipótese contemplada no art. 9º quando se cuida do atendimento de interesses diretos da empresa: "Durante a greve, o sindicato ou a comissão de negociação, mediante acordo com a entidade patronal ou diretamente com o empregador, manterá em atividade equipes de empregados com o propósito de assegurar os serviços cuja paralisação resultem em prejuízo irreparável, pela deterioração irreversível de bens, máquinas e equipamentos, bem como a manutenção daqueles essenciais à retomada das atividades da empresa quando da cessação do movimento". Trata-se induvidosamente de disposição que fere o art. 9º da Constituição, posto que nele não foi contemplada, não se comportando na ressalva que só se refere a serviços ou atividades essenciais, capazes de afetar a comunidade. Aqui só o contendente é atingido e em interesse exclusivamente seu. Seria o caso de um serviço de concretagem cuja interrupção implicaria na perda irreparável do material em uso. Já decidiu o Supremo Tribunal Federal que "Aos acordos e convenções coletivas de trabalho, assim como às sentenças normativas, não é lícito estabelecer limitações a direito constitucional dos trabalhadores, o que nem à lei é permitido".(374)

Mais uma vez a providência deve ser estabelecida de comum acordo pelas partes em conflito, sem com isso inviabilizar ou reduzir a força da greve.

A sanção, no caso, não comporta a imposição de multa por existir previsão expressa no parágrafo único do dispositivo: "Não havendo acordo, é assegurado ao empregador, enquanto perdurar a greve, o direito de contratar diretamente os serviços necessários a que se refere este artigo". Possível, porém, superada a tese da inconstitucionalidade, que, comprovada a recusa do sindicato em negociar a constituição da equipe, a formulação de pedido de antecipação da tutela. Preciso, entretanto, que demonstre ter apresentado solicitação razoável e justificada, renovando seus fundamentos para permitir que a solução seja justa e não comprometa o resultado da greve, ainda mais quando envolver atividade comum.

Greve é guerra, sem confraternização entre os adversários, muitas vezes, com participação da polícia, quase sempre postada do lado mais forte. Por isso, quando o art. 9º da Lei n. 7.783 impõe ao sindicato atender às necessidades do empregador, fora de qualquer dúvida, flexibiliza o direito e extravasa o conteúdo rígido da Constituição.

Segundo o texto legal, "Durante a greve, o sindicato ou a comissão de negociação, mediante acordo com a entidade patronal ou diretamente com o empregador, manterá em atividade equipes de empregados com o propósito de assegurar os serviços cuja paralisação resultem em prejuízo irreparável, pela deterioração irreversível de bens, máquinas e equipamentos, bem como

---

(374) RR n. 234.186-3, rel. Min. Sepúlveda Pertence, decisão de 5.6.2001.

a manutenção daqueles essenciais à retomada das atividades da empresa quando da cessação do movimento". Mas "não havendo acordo, é assegurado ao empregador, enquanto perdurar a greve, o direito de contratar diretamente os serviços necessários".

Não lhe segue racionalmente nenhuma contrapartida que possa assegurar o equilíbrio entre as partes em disputa. O dispositivo assenta-se na perspectiva de acordo desacompanhado de qualquer parâmetro, melhor dizendo, colocado, também, em direção de mão única. Recusado pelo sindicato profissional ou frustrada a negociação, porque o resultado possível não satisfazia ao segmento patronal, abre-se-lhe o direito de contratar diretamente trabalhadores para a execução dos serviços necessários em jogo. Mas se a recusa ou a intransigência vem por parte desses, nada se acrescenta em favor dos trabalhadores, e mesmo assim legitima-se a contratação dos "fura-greves".

Imperioso, mais uma vez, que se atente para a literalidade do § 2º do art. 9º da Constituição e seus parágrafos. Ainda que se entenda não encerrar um direito completo, pelo menos seu comando não exige complementação para dar-lhe efetividade. Conclui-se, pois, que o dispositivo não passa pelo exame da constitucionalidade.

16. **Cessação**. A greve tem começo e fim. Inicia-se quando a assembleia geral determina a oportunidade para sua eclosão na defesa dos interesses que se dispôs defender. Como manifestação da autonomia coletiva, cessa quando atingidos os fins propostos ou quando ela mesma decide sua cessação, ou porque perdeu força ou encerrou-se o conflito.

Constitui interferência abusiva do Poder Público impor seu fim, inclusive através da Justiça do Trabalho, sem que o conflito tenha sido resolvido.

Quando o art. 14 qualifica a greve como abusiva depois de julgado o dissídio, supõe solucionado definitivamente o conflito. Do contrário, pecaria pelo seu unilateralismo, pela ofensa ao princípio da isonomia, consagrado no inciso II do art. 5º da Constituição, impor a retomada do trabalho sem que se resolva o conflito que se mantém quando desatendidas as reivindicações defendidas.

Configura-se o que chamamos decisão de mão única, ou seja, a decisão judicial não tem força para impor seu cumprimento imediato, comportando sua revisão recursal e até o efeito suspensivo, capazes os dois de projetar a solução real para depois de um e até dois anos. Mas os trabalhadores são compelidos a cumpri-la de imediato e reassumir seus postos, desmobilizando-se e retomando seus afazeres, sem qualquer pressão contra os empregadores ou comprometimento da produção. Para eles, a decisão não tem o mesmo efeito, podem dela recorrer ou pedir sua suspensão.

Por isso, bem lido o texto do art. 14 e compreendido com visão mais social que literal, será entendido com outro sentido, isto é, transitada em julgado a decisão, não terá sentido manter o estado de beligerância, que se volta agora não mais contra o empregador, mas contra o Poder Judiciário.

Do contrário, será mesmo decisão de mão única, unilateral e discriminatória.

17. **Punições**. O atendimento das necessidades fundamentais da coletividade, tratando-se de atividade essencial, importa em limitar o exercício do direito que assumiu grandeza constitucional. Todavia, é a Constituição que o limita quando transfere para a lei ordinária a definição dos serviços e das atividades essenciais e o atendimento das necessidades inadiáveis da comunidade. A regulamentação veio com o art. 11 da Lei n. 7.783 e não dá margem a dúvidas quanto a seu alcance, não permitindo que a empresa ou o patronato, como se dá comumente, requeiram em sua representação inicial para a instauração do dissídio coletivo que se determine ao sindicato profissional o atendimento das necessidades fundamentais, pois a providência exige levantar sua extensão, elaborar e executar um plano apropriado, o que só será possível quando para tanto conjuguem suas vontades os trabalhadores e os empregadores.

O Ministério Público do Trabalho, também, em cumprimento a sua função institucional de defesa dos interesses sociais, promove a instauração da instância para a defesa do interesse público[375] e aí pede que se dê cumprimento ao texto da lei de modo que as partes, de comum acordo, atendam à imposição legal. Quando não, assim procede na audiência, no momento em que lhe é dado manifestar-se sobre o processo.

Em síntese, o que se pede é a redução da dimensão da greve, renúncia ao direito de não trabalhar, logo, obrigação de não fazer greve.

Atendida a solicitação, determina o Juiz Presidente do Tribunal ou o instrutor na forma regimental que as partes envolvidas assegurem a continuação dos serviços inadiáveis, sem o que ficará comprometida a sobrevivência, a saúde ou a segurança da população.

Assim, antecipa-se a tutela, consoante o que preceitua o § 3º do art. 273 do Código de Processo Civil, "provimento de natureza mandamental, que deve ser cumprido no próprio processo de conhecimento, independentemente de instauração de execução autônoma".[376]

Como permite o art. 461, § 5º, da lei processual, é dado ao juiz antecipar a tutela através de *astreintes*, melhor dizendo, multas.

---

(375) Art. 83, VIII da Lei Complementar n. 75, de 20 de maio de 1993: "Compete ao Ministério Público do Trabalho o exercício das seguintes atribuições junto à Justiça do Trabalho: VIII — instaurar a instância em caso de greve, quando a defesa da ordem jurídica ou o interesse público assim o exigir".

(376) GARCIA, Gustavo Filipe Barbosa. Nova reforma do CPC: a Lei n. 10.444 e o processo trabalhista. *Jornal Trabalhista*, n. 962, p. 20, 21.4.2002.

Parte no processo é o sindicato profissional, representando a coletividade dos trabalhadores interessados. A ordem emanada do juiz dirige-se aos sindicatos, à empresa e aos trabalhadores, ficando todos adstritos ao cumprimento da determinação judicial, pelo que, sendo desobedecida, responderão pelo pagamento da multa.

Salta à primeira vista d'olhos que a responsabilidade é proporcional e autônoma, diante da inexistência de solidariedade de interesses entre os dois lados envolvidos.

Se são obrigados num dos planos os trabalhadores e seu sindicato de classe, importa saber se respondem, da mesma forma, proporcional e autonomamente. A dúvida assume razoabilidade quando se sabe que participam do movimento aqueles que não possuem filiação sindical. Mas o que dizer quanto aos "fura-greve", sócios ou não do sindicato. E como resolver a questão quando se depara com uma greve dita "selvagem", espontânea, à margem do controle sindical?

Mais uma vez, há que se considerar o órgão de classe num regime unitário, representando o grupo profissional como um todo. Se assume a direção do movimento, só ele tem legitimidade para agir em nome da coletividade, e também processualmente, sendo vedada, em ação de natureza coletiva, a intervenção individual dos representados, tanto dos empregados como dos empregadores.[377]

Conclui-se, pois, que a menção a trabalhadores no texto legal é meramente redundante, pois a greve é um fenômeno coletivo e apenas o sindicato profissional representa a coletividade.

Mas é induvidoso que a multa penalizará aquele que desatendeu à ordem judicial, inclusive, se for o caso, as duas partes em conflito.

No julgamento de mérito, decidirá o Tribunal se houve desobediência e quem desobedeceu, confirmando ou relevando a multa estabelecida por antecipação, podendo mesmo alterar seu valor para mais ou para menos. É o que se pode interpretar construtivamente da leitura do art. 461, § 6º, do Código de Processo Civil: "O juiz poderá, de ofício, modificar o valor ou a periodicidade da multa, caso verifique que se tornou insuficiente ou excessiva".

Sentença condenatória, de se ver, cuja execução, a teor do que estabelece o art. 680, letra *b*, da Consolidação das Leis do Trabalho cabe, à Justiça do Trabalho: "Compete, ainda, aos Tribunais Regionais ou às suas Turmas: b — fiscalizar o cumprimento de suas próprias decisões". No caso, mediante delegação de competência a uma das varas do trabalho de sua jurisdição, para execução da multa imposta.

(377) Neste caso, quando a greve transcende os limites da empresa.

Naturalmente, a decisão atentará para a prova produzida, capaz de configurar o inadimplemento da obrigação.

A especial proteção que a lei dispensa dirige-se à comunidade e não às empresas que sofreram os efeitos da paralisação, nem aos trabalhadores empenhados na defesa de seus interesses. De tal modo, a indenização pelo dano causado à população local deve reverter em seu benefício. Com o advento da lei que disciplina a Ação Civil Pública, cogitou-se da criação de fundo gerido por um Conselho Federal ou Conselhos Estaduais com participação do Ministério Público e de representantes da comunidade, sendo seus recursos destinados à reconstituição dos bens lesados.[(378)] O Código de Defesa do Consumidor, mais tarde, determinou que as indenizações devidas em função de sua aplicação, reverteriam para o mesmo fundo[(339)], que, afinal, se tornou o Fundo de Defesa de Direitos Difusos.[(380)]

18. ***Lock-out***. *Lock-out* é a greve patronal, desferida como reação à ação ou pretensão dos empregados.

Sem relevância para o direito do trabalho a suspensão da atividade empresarial como protesto em defesa de interesses econômicos, dirigida ou não contra o Estado. Na primeira hipótese, manifestação de ordem política.

Como visto, a Constituição de 1934 sequer fez menção à greve, enquanto a Carta autoritária de 1937 colocou-a juntamente com o *lock-out* num mesmo patamar: recursos antissociais. A redemocratização do país conduziu a Assembleia Constituinte de 1946 a reconhecer a suspensão do trabalho como direito em tese, mas com cautela, a ser melhor definida pela lei ordinária.

O Decreto-lei n. 9.070 admitia o *lock-out*, tanto que no art. 11 assim dispunha: "o fechamento do estabelecimento ou a suspensão do serviço, por motivo de dissídio de trabalho em desatenção aos processos e prazos conciliatórios e decisórios, ou a falta de cumprimento devido às decisões dos tribunais competentes, importará para os empregadores responsáveis na obrigação do pagamento de salários em dobro, sem prejuízo das medidas cabíveis para a execução do julgado". E "em se tratando de atividades fundamentais, o tribunal competente poderá determinar a ocupação do estabelecimento ou serviço, nomeando depositário para assegurar a continuidade dos mesmos, até que cesse a rebeldia do responsável".

Na mesma linha, a Lei n. 4.330, implicitamente, o reconhecia quando o art. 30 determinava que poderiam ser aplicáveis ao *lock-out*, no que coubesse, suas disposições, enquanto o art. 29 equiparava-o à greve, penalizando o incitamento a uma e outra, bem assim o aliciamento de pessoas estranhas à profissão ou à atividade.

---

(378) Lei n. 7.347, de 24.7.1985, arts. 13 e 20.

(379) Lei n. 8.078, de 11.9.1990.

(380) Decreto n. 1.306, de 9.11.1994.

Com precisão, a Constituição de 1988 só admitiu a greve como direito dos trabalhadores[381], de modo a comprometer o *lock-out* como prática ilícita. Assim, o art. 17 da Lei n. 7.783 pode expressamente vedar "a paralisação das atividades, por iniciativa do empregador, com o objetivo de frustrar negociação ou dificultar o atendimento de reivindicações dos respectivos empregadores", tomando o cuidado de destacar entre parênteses e entre aspas, após o texto, a palavra *lock-out*.

Para agravá-la, acentuou no parágrafo único: "A prática referida no *caput* assegura aos trabalhadores o direito à percepção dos salários durante o período de paralisação".

Por conseguinte, a greve patronal não se confunde com a suspensão da atividade por razões estruturais ou organizacionais, nem mesmo por força de dificuldades como falta de matéria-prima ou excesso de estoque. A propósito, o Decreto-lei n. 368, de 19 de dezembro de 1968, no inciso III do art. 1º, impede a empresa em débito salarial com seus empregados de ser dissolvida.[382]

---

(381) "É assegurado o direito de greve, competindo aos trabalhadores decidir sobre a oportunidade de exercê-lo e sobre os interesses que devam por meio dele defender."

(382) Segundo definição do parágrafo único do texto, "considera-se em débito salarial a empresa que não paga, no prazo e nas condições da lei ou do contrato, o salário devido a seus empregados".

10.4 — DEFESA INDIRETA — MEDIAÇÃO

Sumário: 1. Introdução. 2. Disciplinação legal. 3. Conceito. 4. Sujeitos. 5. Espécies. 6. Procedimento. 7. Efeitos. 8. Prática. 9. Conciliação. 10. Mediação e conciliação. 11. Mediação e conciliação de litígios individuais.

1. **Introdução.** A mediação, como instrumento auxiliar para a solução de litígios individuais e conflitos coletivos, não faz parte de nossa cultura e assim fica à margem da história pátria, diante da preferência pela intervenção do Estado por intermédio do Poder Judiciário.

Com a crise que marca o processo judicial, moroso e caro, busca-se formas alternativas para resolver as disputas e controvérsias, destacando-se sempre a mediação e a arbitragem.

O Decreto-lei n. 229, de 1965, introduziu na Consolidação das Leis do Trabalho um sistema misto de conciliação e mediação, a cargo do Ministério do Trabalho, disciplinado no art. 616 e em seus §§ 1º e 2º: "Sendo recusada a negociação direta, o sindicato ou a empresa dariam ciência do fato à autoridade ministerial para a convocação compulsória da parte contrária". Não havia, porém, obrigatoriedade em atendê-la, de modo que, persistindo a recusa, só restava a instauração do dissídio coletivo.

Aceita a convocação, as partes reuniam-se em sessão que acabou apelidada como "mesa-redonda", quando um fiscal do trabalho, como regra, conduzia as partes à conciliação, sem que estivesse obrigado a formular propostas.

Em 1983, no governo Ernesto Geisel, seu Ministro do Trabalho, Murilo Macedo, assinou o Decreto n. 88.984, instituindo o Serviço Nacional de Mediação e Arbitragem, que nunca saiu do papel.

O Ministério do Trabalho, no governo José Sarney, editou a Portaria n. 3.122, de 5 de julho de 1988, voltada para a composição dos conflitos individuais e coletivos de trabalho, valendo-se para tanto da "mesa-redonda".

A Constituição, no § 2º do art. 114, quando recusada a negociação coletiva, permitiu aos sindicatos, desde logo, o ajuizamento do dissídio coletivo, dispensando, assim, o processo administrativo de mediação, de modo que o art. 616 e seus §§ 1º e 2º perderam a eficácia.

Mediação de verdade aconteceu na greve de 1917, quando a imprensa, espontaneamente, procurou aproximar o comando de greve eclodida em São Paulo, com os empresários, diante da extraordinária resistência dos trabalhadores, apesar da forte repressão em defesa das empresas(383).

2. **Disciplinação legal**. A Constituição de 1988 e as Constituições que a antecederam silenciam a propósito da mediação.

A Medida Provisória n. 1.035, de 1995, que complementou o chamado Plano Real, convertida na Lei n. 10.192, de 14 de fevereiro de 2001, estabeleceu no art. 11 que, frustrada a negociação direta, direta ou por intermédio de mediador, poderão as partes ajuizar o dissídio coletivo:

> "Frustrada a negociação entre as partes, promovida diretamente ou através de mediador, poderá ser ajuizada a ação de dissídio coletivo.
>
> § 1º O mediador será designado de comum acordo pelas partes ou, a pedido destas, pelo Ministério do Trabalho e Emprego, na forma da regulamentação de que trata o § 5º deste artigo.
>
> § 2º A parte que se considerar sem as condições adequadas para, em situação de equilíbrio, participar da negociação direta, poderá, desde logo, solicitar ao Ministério do Trabalho e Emprego a designação de mediador, que convocará a outra parte.
>
> § 3º O mediador designado terá prazo de até trinta dias para a conclusão do processo de negociação, salvo acordo expresso com as partes interessadas.
>
> § 4º Não alcançado o entendimento entre as partes, ou recusando-se qualquer delas à mediação, lavrar-se-á ata contendo as causas motivadoras do conflito e as reivindicações de natureza econômica, documento que instruirá a representação para o ajuizamento do dissídio coletivo.
>
> § 5º O Poder Executivo regulamentará o disposto neste artigo."

Cumprindo a determinação do § 5º, o dispositivo foi regulamentado pelo Decreto n. 1.572, de 28 de julho de 1995:

> "Art. 1º A mediação na negociação coletiva de natureza trabalhista será exercida de acordo com o disposto neste Decreto.
>
> Art. 2º Frustrada a negociação direta, na respectiva data-base anual, as partes poderão escolher, de comum acordo, mediador para composição do conflito.

---

(383) Participaram do Comitê da Imprensa representantes dos principais jornais de São Paulo, 49 empresas firmaram o acordo, sendo que, pelos registros da época, 23 já haviam resolvido o conflito. *Os Companheiros de São Paulo*, Paula Beiguelmann, Símbolo, 1977. p. 88. Também Yara Aun Khoury trata da matéria em seu *As greves de 1917 em São Paulo*. São Paulo: Cortez, 1981. p. 24.

§ 1º Caso não ocorra a escolha na forma do *caput* deste artigo, as partes poderão solicitar, ao Ministério do Trabalho, a designação de mediador.

§ 2º A parte que se considerar sem as condições adequadas para, em situação de equilíbrio, participar de negociação direta, poderá, desde logo, solicitar ao Ministério do Trabalho a designação de mediador.

§ 3º A designação de que tratam os parágrafos anteriores poderá recair em:

a) mediador previamente cadastrado nos termos do art. 4º desde que as partes concordem quanto ao pagamento dos honorários por ele proposto por ocasião da indicação; ou

b) servidor do quadro do Ministério do Trabalho, sem ônus para as partes.

Art. 3º Nos casos previstos nos §§ 1º e 2º do artigo anterior, a designação do mediador competirá:

I — ao Delegado Regional do Trabalho, quando se tratar de negociação de âmbito local ou regional; ou

II — ao Secretário de Relações do Trabalho do Ministério do Trabalho, na hipótese de negociação de âmbito nacional.

Art. 4º O Ministério do Trabalho manterá cadastro de profissionais para o exercício da função de mediador para subsidiar a escolha pelas partes.

§ 1º A inscrição no cadastro far-se-á, mediante requerimento do interessado, perante a Delegacia Regional do Trabalho, desde que o requerente demonstre:

a) comprovada experiência na composição dos conflitos de natureza trabalhista;

b) conhecimentos técnicos relativos às questões de natureza trabalhista.

§ 2º Preenchidos os requisitos referidos no parágrafo anterior, caberá ao Delegado Regional do Trabalho expedir o competente ato declaratório, que será publicado no Diário Oficial da União.

§ 3º O credenciamento terá validade pelo prazo de três anos contados da data de sua publicação, facultado ao Delegado Regional do Trabalho o respectivo cancelamento, mediante despacho fundamentado.

§ 4º É vedado o credenciamento de servidores públicos ativos.

Art. 5º O mediador designado terá o prazo máximo de trinta dias para a conclusão do processo de negociação, salvo acordo expresso com as partes interessadas.

Parágrafo único. Tendo em vista circunstâncias de ordem pública, o Delegado Regional do Trabalho poderá solicitar redução no prazo de negociação.

Art. 6º Não alcançado o entendimento entre as partes, na negociação direta ou por intermédio de mediador, lavrar-se-á, de imediato, ata contendo:

I — as causas motivadoras do conflito;

II — as reivindicações de natureza econômica.

Art. 7º O Ministro de Estado do Trabalho expedirá as instruções necessárias ao cumprimento do disposto neste Decreto."

Seguiram-se as Portarias ns. 817 e 818, ambas de 30 de agosto de 1995, a primeira destinada a estabelecer critérios para participação do mediador nos conflitos de negociação coletiva de natureza trabalhista, a segunda voltada para a determinação dos critérios necessários ao credenciamento de mediador perante a Delegacia Regional do Trabalho:

"Art. 1º Frustrada a negociação direta, as partes, em comum acordo, poderão requerer ao Ministério do Trabalho a designação de mediador para a composição do conflito.

Parágrafo único: Entende-se frustrada a negociação após esgotados os seguintes procedimentos:

I — apresentação ou recebimento da pauta de reivindicações;

II — análise da pauta pela representação patronal;

III — realização da primeira reunião ou rodada de negociação direta;

IV — Inexistência de consenso entre as partes sobre o conteúdo total ou parcial da pauta de reivindicações.

Art. 2º A parte que se considerar sem as condições adequadas para, em situação de equilíbrio, participar da negociação direta, poderá requerer ao Ministério do Trabalho a designação de mediador para início do processo de negociação.

Art. 3º O exercício da mediação integra o processo de negociação coletiva de trabalho e visa a oferecer às partes informações sobre os efeitos e consequências do conflito, formular propostas ou recomendações às representações em litígio e estimulá-las à solução aceitável.

Art. 4º Não alcançando o entendimento entre as partes e esgotado o prazo de 30 (trinta) dias previsto no art. 5º do Decreto n. 1.572, de 28 de julho de 1995, o mediador concluirá o processo de negociação e lavrará a ata contendo as causas motivadoras do conflito e as reivindicações de natureza econômica.

Parágrafo único. A ata de que cogita este artigo abordará, também, o comportamento ético das partes no curso da negociação.

Art. 5º As Delegacias Regionais do Trabalho manterão serviço de acompanhamento das negociações coletivas, informando seus resultados, mensalmente, à Secretaria de Relações do Trabalho." (Portaria n. 817/1995).

"Art. 1º O Ministério do Trabalho, nos termos do Decreto n. 1.572, de 28 de julho de 1995, manterá cadastro de profissionais para o exercício da função de mediador, para subsidiar a escolha pelas partes.

§ 1º A inscrição far-se-á mediante requerimento do interessado, perante a Delegacia Regional do Trabalho, desde que o requerente comprove possuir experiência em composição de conflitos trabalhistas e conhecimentos técnicos relativos às questões de natureza trabalhista.

§ 2º A experiência na composição dos conflitos de natureza trabalhista será comprovada com a apresentação de cópia autenticada das atas de reuniões de negociação coletiva que tenha participado, na qual conste o seu nome.

§ 3º Os conhecimentos técnicos relativos às questões de natureza trabalhista serão comprovadas pela atuação em uma das seguintes áreas:

I — advocacia trabalhista;

II — área de recursos humanos;

III — área de relações sindicais.

Art. 2º Preenchidos os requisitos nos §§ 2º e 3º do art. 1º, caberá ao Delegado Regional do Trabalho, após ouvida a Divisão ou Seção de Relações do Trabalho, expedir o competente ato declaratório, que será publicado no "Diário Oficial" da União.

Art. 3º É vedado o credenciamento de servidores públicos ativos.

Art. 4º A Delegacia Regional do Trabalho, periodicamente, dará conhecimento às entidades sindicais do cadastro de mediadores.

Art. 5º Esta Portaria entra em vigor na data de sua publicação." (Portaria n. 818/1995)

Também a Lei n. 10.101, de 19 de fevereiro 2000, na qual se converteu Medida Provisória n. 1.982, com a qual foi regulamentada a participação nos lucros, prevista no inciso XI do art. 7º da Constituição, previu, no art. 4º, a mediação como mecanismo de solução do litígio, caso a negociação resultasse em impasse:

"Caso a negociação visando á participação nos lucros ou resultados da empresa resulte em impasse, as partes poderão utilizar-se dos seguintes mecanismos de solução de litígio:

I — mediação;

§ 2º O mediador ou o árbitro será escolhido de comum acordo entre as partes."

3. **Conceito**. Mediação é a intervenção de terceiro neutro para a aproximação das partes, de forma voluntária ou compulsória, através de agentes do Estado ou de particulares, de modo a contribuir para a solução de litígios individuais e conflitos coletivos.

No sistema em vigor, a mediação é meramente facultativa, exercida tanto pelo Estado como por particulares conforme a vontade conjunta das partes envolvidas.

José Augusto Rodrigues Pinto vê a mediação como forma qualificada de transação, classificando-se como um negócio jurídico destinado a fazer cessar o conflito de interesses.(384)

---

(384) *Direito sindical e coletivo do trabalho*. São Paulo: LTr, 1998. p. 262.

4. **Sujeitos**. São sujeitos da mediação, além do mediador, as partes envolvidas no conflito a ser resolvido, isto é, os mesmos que participaram ou deviam participar da negociação coletiva e que estão legitimados para a assinatura do acordo ou da convenção coletiva de trabalho: a) o sindicato profissional necessariamente; b) o correspondente sindicato patronal; c) uma ou mais empresas.

5. **Espécies**. A mediação no Brasil, como se extrai da legislação existente, pode ser: a) quanto ao ordenamento jurídico — voluntária ou compulsória; b) quanto à natureza do conciliador — exercida por particulares ou pelo Estado; c) quanto à iniciativa — promovida de comum acordo pelas partes envolvidas no conflito ou isoladamente pela parte que não se sentir em condições de equilíbrio para negociar; d) quanto à oportunidade — requerida após a recusa ou frustração das negociações ou antes mesmo de provocá-las.

No Brasil, a mediação é simplesmente voluntária, como decorre da literalidade do art. 11 da Lei n. 10.192. O mediador tanto poderá ser, a critério das partes, um particular credenciado pelo Ministério do Trabalho e Emprego como um servidor do órgão estatal, diante do que estabelece o § 3º do art. 2º do Decreto n. 1.572/1995. A iniciativa será, em princípio, das partes, segundo o texto do mesmo art. 2º, mas, excepcionalmente, do sindicato, por força da ressalva do § 2º do dispositivo. Finalmente, dar-se-á, como regra, quando frustrada a negociação direta ou antes de seu início, na hipótese de a parte não se sentir em posição de equilíbrio para enfrentar o adversário, como permite o citado § 2º.

6. **Procedimento.** Segundo a disciplinação legal que se tem, a mediação será sempre facultativa e adotada, como regra, por vontade comum das partes envolvidas no conflito.

Poderá ser exercida pelo Ministério do Trabalho e Emprego, por intermédio de seus agentes, tal como se dava anteriormente, na forma do art. 614 da Consolidação das Leis do Trabalho, ou seja, numa “mesa redonda”, quando o Delegado Regional do Trabalho ou um servidor da Delegacia, com alguma especialização, procurava aproximar as partes e conduzi-las para a solução do conflito, formulando propostas ou ouvindo-as em separado e transmitindo informalmente suas contrapropostas.

Mas poderá ser exercida, também, por particulares cadastrados no Ministério do Trabalho e Emprego.

Para tanto, o particular, que não será servidor público, deverá inscrever-se na Delegacia Regional do Trabalho, comprovando experiência na composição de conflitos do trabalho e conhecimentos técnicos na área.

A comprovação da experiência se dá por meio de atas de reuniões de negociação coletiva da qual tenha participado. Trata-se de exigência que restringe a qualificação do mediador, pois, sabidamente, quem participa de negociações coletivas são os dirigentes de sindicatos, de empresas, e seus assessores, como regra, advogados, economistas, administradores, gerenciadores de recursos humanos.

Quanto aos conhecimentos técnicos, deverá o interessado comprovar sua atuação em uma das seguintes áreas: a) advocacia trabalhista; b) recursos humanos; c) relações sindicais.

O credenciamento terá validade pelo prazo de três anos contados da data de sua publicação, facultado ao Delegado Regional do Trabalho o respectivo cancelamento, mediante despacho fundamentado.

A mediação, em princípio, será requerida conjuntamente pelas partes.

Tratando-se de mediação estatal, o requerimento será dirigido ao Secretário de Relações do Ministério do Trabalho e Emprego, quando o conflito exceder os limites de um Estado ou, do contrário, ao respectivo Delegado Regional. Esse designará o mediador na conformidade da prática adotada, pois não existe oficialmente um serviço organizado de mediação com pessoal especializado.

Já visto que, excepcionalmente, a parte que se considerar sem condições adequadas para, em situação de igualdade com o adversário, manter negociações coletivas poderá desde logo requerer a mediação ministerial. Nessa hipótese, a autoridade convocará a parte contrária para participar da mediação. Fora de qualquer dúvida, a medida é inaceitável, fruto de avaliação equivocada dos redatores do Decreto, pois sindicato sem condições de negociar de igual para igual com o adversário deve promover sua dissolução. É como diz Antônio Álvares da Silva: "... em nenhum lugar do mundo se presume a hipossuficiência dos sindicatos dos empregados".[385]

O mediador designado terá prazo de até trinta dias para a conclusão do processo de negociação, salvo acordo expresso das partes dispondo de outro modo. Não será, porém, prazo fechado, pois, tendo em vista circunstâncias de ordem pública — entenda-se, greve ou ameaça de greve, especialmente capaz de afetar atividade ou serviços essenciais —, o Delegado Regional do Trabalho poderá solicitar redução no prazo de negociação.

Mas, sendo recusada a mediação, ou não se alcançando o entendimento, será lavrada ata contendo as causas motivadoras do conflito e as reivindicações de natureza econômica. Como o ajuizamento do dissídio coletivo tornou-se consensual a partir da Emenda n. 45, que alterou o § 2º do art. 114 da Constituição, a parte final do § 4º do art. 11 da Lei n. 10.192, que determina

(385) *Folha de S. Paulo*, 29.11.2001.

a juntada da ata lavrada pelo mediador, para instruir a representação do dissídio coletivo, tornou-se dispensável.

As portarias ministeriais pecam pela excentricidade, pelo conteúdo meramente literário e pelo muito que tem de inútil ou equivocada. Equivocada quando cuida de dimensionar a frustração das negociações, que se caracterizaria quando esgotados os seguintes procedimentos: a) apresentação ou recebimento da pauta de reivindicações; b) análise da pauta pela representação patronal; c) realização da primeira reunião ou rodada de negociação direta; d) inexistência de consenso entre as partes sobre o conteúdo total ou parcial da pauta de reivindicações. Apenas a última hipótese configura o esgotamento da negociação, que também poderá simplesmente ser recusada. Literária quando nela se diz que "o exercício da mediação integra o processo de negociação coletiva de trabalho e visa a oferecer às partes informações sobre os efeitos e as consequências do conflito, formular propostas ou recomendações às representações em litígio e estimulá-las à solução aceitável", ou, como se escreveu adiante: "A ata de que cogita este artigo abordará, também, o comportamento ético das partes no curso da negociação".

De fato, a mediação presta-se unicamente para aproximar as partes que não conseguiram diretamente resolver o conflito. Para tanto, poderá o mediador formular propostas, ouvir e transmitir contrapropostas, mas, acima de tudo, valerá sua autoridade para conduzi-las a um resultado satisfatório.

A mediação privada será sempre requerida em conjunto pelas partes, as quais escolherão livremente o mediador credenciado pelo Ministério do Trabalho e Emprego. Caberá a elas fixar o prazo para sua conclusão e também acertar o valor dos honorários a serem pagos e a forma de pagamento, inclusive, se for o caso, do rateio. Se houver consenso, poderão requerer à autoridade ministerial a designação.

7. **Efeitos**. A mediação não se realiza quando requerida por um dos dissidentes, fragilizada e recusada pelo adversário. Encerra-se quando se frustra a autocomposição. Se as partes chegam a um entendimento, mesmo com a participação do mediador público ou privado, o instrumento assumirá sempre a figura de acordo ou convenção coletiva de trabalho, que será depositado no órgão competente do Ministério do Trabalho e Emprego para registro.

Anteriormente à Emenda Constitucional n. 45/2004, frustrada a mediação, restava às partes valerem-se da arbitragem ou do dissídio coletivo. Para quase todos os teorizadores só restou a primeira hipótese.

8. **Prática da mediação**. Nestes tempos de globalização, quando as empresas transnacionais cada vez mais assumem importância e poder, não se pode desprezar o modelo norte-americano. E logo pensou-se em importar

o figurino de mediação praticado nos Estados Unidos. Cuida-se mesmo de instituí-lo como forma de solução de disputas civis e comerciais, com apoio da Ordem dos Advogados do Brasil, da Escola Superior da Magistratura e do Superior Tribunal de Justiça, com o concurso de representante do Consulado norte-americano e assessoria do Instituto para Estudo e Desenvolvimento de Sistema Legais, entidade norte-americana. É que nos Estados Unidos, como se noticiou, 65% dos litígios são solucionados por meio de acordo, num espaço de apenas um ano. Além de tudo, a mediação já é adotada em 34 países, na conformidade das informações divulgadas pela OAB.[386]

A mediação vem crescendo cada vez mais como prática para a solução de litígios nos Estados Unidos e no Canadá, tendo como pedra de toque "a convicção segundo a qual as partes são capazes de resolver seus próprios conflitos por elas mesmas, ficando para o juiz apenas as disputas que efetivamente não puderam ser solucionadas pela autocomposição".[387]

Verdade mesmo é que a crise do direito, que é também do processo e do Poder Judiciário, afetando a atuação dos advogados e juízes, compromete sua imagem junto aos jurisdicionados, vale dizer, e ao povo, conduz a procura de meios alternativos para a solução de litígios e conflitos, civis, comerciais e agora trabalhistas.

A dificuldade está na remuneração do mediador, pois a OAB quer ter a reserva para fixá-la, enquanto os que já se intitulam "profissionais" (*sic*) reivindicam que cada Estado tenha uma tabela própria, de acordo com sua realidade socioeconômica, "para evitar distorções". De outra parte, a OAB quer ter, ainda mais, o monopólio para formação dos mediadores.[388]

Enganam-se aqueles que pensam a mediação como meio de solução das contendas trabalhistas, sem ter presente que noutro lado ela é defendida como instrumento auxiliar para resolver disputas envolvendo importâncias significativas, entre empresas transnacionais e capitalistas de grande envergadura.

O certo é que não se tem conhecimento de dados confiáveis que revelem a prática da mediação, oficial ou privada, nem se conhece mediadores credenciados.

9. **Conciliação**. A doutrina, diante de práticas adotadas em outros países, invariavelmente disserta sobre a conciliação para diferenciá-la da mediação. O traço distintivo seria o papel desempenhado pelo terceiro. Na conciliação, seu comportamento não iria além da condução das partes nas negociações, aproximando-as para chegarem a um ponto comum, mas sem formular propostas.

(386) *Consultor Jurídico*, 4.10.2001.
(387) DUBUGRAS, Regina Maria Vasconcelos. A prática da mediação nos Estados Unidos e no Canadá. *Magistratura & Trabalho*, set./out. 2001.
(388) *Tribuna do Direito*, nov. 2001.

José Augusto Rodrigues Pinto conceitua a conciliação como "a atividade de alguém que tenta aproximar os protagonistas de um conflito de interesses, estimulando-os a encontrar solução negociada que lhe ponha fim", tendo natureza jurídica de transação.[389]

Na visão de Octavio Bueno Magano, conciliação é o negócio jurídico em que as partes respectivas, com a assistência de terceiro, põem fim a conflito entre elas existente".[390]

Seu destaque no plano internacional nos é dado por Efrén Cordova, para quem representaria "o ponto de união entre as novas tendências para o comportamento autônomo, e as velhas tradições intervencionistas", citando a Argentina, o México e o Panamá, que têm feito dela "o centro de uma nova política dinâmica de solução de conflitos".[391]

Assinala o professor uruguaio Hector-Hugo Barbagelata a existência na América Latina de um número importante de países, nos quais a conciliação é obrigatória.[392]

Conciliação como forma de procedimento obrigatório, a cargo do Ministério do Trabalho, tivemos com a Lei n. 4.330, de 1964, no art. 11, que impunha à autoridade do Ministério do Trabalho, recebendo a comunicação do sindicato sobre a decretação da greve, a adoção de todas as providências para conciliar as partes envolvidas, com assistência do Ministério Público. Da mesma forma, a Consolidação das Leis do Trabalho, nos arts. 860 e 862, dispõe que, ajuizado o dissídio coletivo, será designada audiência de conciliação, e não chegando as partes a uma composição, o presidente do tribunal submeterá a elas a solução que a seu ver é capaz de resolver o conflito.

Na legislação trabalhista, presentemente, a conciliação constitui forma de solução dos litígios individuais, extrajudicialmente, como no caso da Lei n. 9.958, de 2000 (Comissão de Conciliação Prévia), ou judicialmente, obrigatória nos processos conhecidos pela Justiça do Trabalho.[393]

10. **Mediação e conciliação**. Em princípio, pode-se dizer que a conciliação é o objetivo da mediação, tanto quanto o é da negociação direta.

Já visto, a mediação consiste na condução das negociações por um terceiro, neutro, que tem conhecimentos básicos sobre ação sindical, envolvendo não só a economia nacional, mas, também, conflitos coletivos e formas

(389) *Direito sindical*, cit., p. 258/259.

(390) *Manual*, cit., p. 189.

(391) *As relações coletivas de trabalho na América Latina*. São Paulo: LTr/OIT/Ibrart, 1985. p. 230/231.

(392) *O direito do trabalho na América Latina*. Rio de Janeiro: Forense, 1985. p. 277.

(393) Art. 846. Aberta a audiência, o juiz ou presidente proporá a conciliação.

Art. 850. Terminada a instrução, poderão as partes aduzir razões finais, em prazo não excedente de 10 (dez) minutos para cada uma. Em seguida, o juiz ou presidente renovará a proposta de conciliação, e não se realizando esta, será proferida a decisão.

de solução, bem assim seu acompanhamento para armazenar e avaliar o que outros grupos, profissionais e econômicos, negociaram e ajustaram em acordos e convenções.

A mediação não chegou a ponto de criar uma reserva de mercado de trabalho. Qualquer particular poderá ser escolhido pelas partes dissidentes para conduzi-las a um ajuste coletivo. Não será uma mediação, mas não deixará de ser um processo de conciliação, promovido alguém que esporadicamente assume o papel de aproximar as partes dissidentes e contribuir para sua solução. É imaginar um conflito de grandes proporções, afetando, digamos, o setor de transporte coletivo urbano de passageiros e alguém com tradição no trato de temas sindicais, respeitado pelas partes envolvidas, se dispor a auxiliá-las para chegarem a um ponto comum ou mesmo ser, para tanto, por elas convidado. Exemplificando: o secretário de transportes e até o prefeito do município, no caso traçado, ou da saúde, da educação, em greves que afetam hospitais ou escolas.

Para Efrén Cordova, "na prática de quase todos os países, não se estabeleçam distinções entre conciliação e mediação".[394] Magano faz esta distinção: "do conciliador se espera que acene às partes como solução equitativa do conflito, em conformidade com as pretensões por elas externadas". Não se afirma que o conciliador deva assumir o papel de juiz. A sua atividade não é, como já vimos, de natureza jurisdicional,mas sim, administrativa. Não lhe cumpre, por aplicar a lei ao caso concreto, porém, ao revés, acenar às partes com a possibilidade de uma solução equitativa do conflito. Mas ressalva: "O conciliador tanto como o mediador, tem função ativa".[395] Amauri Mascaro Nascimento anota a observação da Organização Internacional do Trabalho: "Na prática, esse procedimento nem sempre deu, ao que parece, muito bons resultados, devido à dificuldade de encontrar peritos independentes e suficientemente qualificados que fossem aceitos por ambas as partes".[396]

José Augusto Rodrigues Pinto não se perde com a teorização; avaliando--a em nosso país, conclui, com toda razão: "não é componente de nossa cultura ou tradição. Ao contrário, ambas (conciliação e mediação) sinalizam uma atitude de desconfiança e ceticismo acentuados a respeito da pureza de intenções e da eficiência do processo".[397] Por sua vez, Wilson de Souza Campos Batalha e Sílvia Marina Labate Batalha reconhecem que tanto a mediação como a arbitragem não apresentam perspectivas para a solução das disputas, "porque as partes envolvidas preferem o pronunciamento judiciário, na hipótese de serem frustradas as tentativas de autocomposição".[398]

---

(394) *Op. cit.,* p. 231.
(395) *Manual,* cit., p. 190.
(396) *Direito sindical,* cit., p. 311.
(397) *Op. cit.,* p. 265.
(398) *Sindicatos sindicalismo.* São Paulo: LTr, 1994. p. 303.

11. **Mediação e conciliação de litígios individuais**. Cumpre ao sindicato, como já referido tantas vezes, também, a defesa dos direitos individuais de seus representados.

Extrajudicialmente, a defesa se dá em qualquer situação, até mesmo quando o direito é negado por razões de fato ou de direito; exemplificando: negativa de trabalho extraordinário ou de identidade de funções para efeito de equiparação salarial; prática de falta grave justificadora da rescisão contratual. Quando o sindicato assiste o trabalhador, por ocasião do pagamento das verbas rescisórias, no caso de pedido de demissão ou despedimento sem justa causa, abre-se para o sindicato oportunidade para a defesa dos direitos que são reclamados, mas negados.

Não se trata de conciliação nem de mediação, mas de assistência como forma de defesa, o que afasta a neutralidade que se exige do conciliador e do mediador. Mesmo quando o sindicato procura uma conciliação mercê da intransigência patronal, não perde seu papel fundamental de defensor dos direitos de seu representado. O mesmo se dá quando participa da Comissão de Conciliação Prévia criada pela Lei n. 9.958, de 12 de janeiro de 2000, que introduziu na Consolidação das Leis do Trabalho os arts. 625-A a 625-H. A Comissão instituída no âmbito do sindicato terá sua constituição e suas normas de funcionamento definidas em convenção ou acordo coletivo, e como atribuição, tentar conciliar os conflitos individuais de trabalho.

PARTE 11. SOLUÇÃO DOS CONFLITOS COLETIVOS

1 — ARBITRAGEM

Sumário: 1. Introdução. 2. Disciplinação constitucional. 3. Disciplinação legal. 4. Conceito. 5. Natureza jurídica. 6. Espécies. 7. Sujeitos. 8. Objeto. 9. Aplicação da Lei n. 9.307, de 1996. 9.1. Cláusula compromissória de arbitragem. 9.2. Compromisso arbitral. 9.3. Procedimento. 9.4. Laudo arbitral. 10. Conclusão.

1. **Introdução**. O juízo arbitral como forma alternativa de acesso ao Poder Judiciário para solução dos litígios já tinha previsão no Código Civil de 1916, admitindo que as pessoas capazes de contratar pudessem, a qualquer tempo, mediante compromisso escrito, louvar-se em árbitros que lhes resolvessem as pendências judiciais ou extrajudiciais, podendo esses, desde que autorizados, julgarem por equidade, fora das regras e formas de direito; os árbitros, como juízes de fato e de direito, poderiam ser qualquer um do povo, desde que tivessem a confiança das partes.(399)

E figurou inutilmente, sem uso efetivo, no Código de Processo Civil de 1939.(400) Pontes de Miranda já alertava: "O compromisso tem de ser para determinada causa ou determinadas causas. Não vale em geral. É preciso que a respeito delas possam transigir as partes. É contrário à ordem pública e aos bons costumes se uma das partes foi constrangida a fazê-lo devido a superioridade econômica ou política da outra", registrando que "o seu recente ressurgimento é obra do capitalismo tardio".(401)

Com efeito, diante da formação cultural de nosso povo o instituto ficou relegado a raras disputas entre empresas multinacionais. Mesmo assim foi repetido no Código de Processo Civil vigente, sem despertar maior interesse.(402)

(399) Arts. 1.037 a 1.048.

(400) Decreto-lei n. 1.608, de 18.9.1939, arts. 1.031 a 1.046.

(401) *Comentários ao código de processo civil*. Rio de Janeiro: Forense, 1949. v. 6, p. 536.

(402) Arts. 1.072 a 1.102.

De tempos para cá, transferir a solução dos litígios e conflitos do trabalho para a alçada de árbitros privados assumiu feição de modernidade.

Em 1983, como já visto, o Decreto n. 88.984 instituiu o Serviço Nacional de Mediação e Arbitragem, que nunca teve aplicação.

Enfim, a Constituição de 1988 abriu espaço nos dois parágrafos do art. 114 para adotá-la. Também a Lei Complementar n. 75, de 20 de maio de 1993, atribuiu ao Ministério Público do Trabalho competência para atuar como árbitro nos dissídios de competência da Justiça do Trabalho, mas apenas quando fosse solicitado pelas partes.(403) Mesmo assim, nada mudou, continuando a arbitragem simples enfeite de nossa legislação.

A Lei n. 9.307, de 1996, deu-lhe nova roupagem revogando as regras que se continham nos Códigos Civil (de 1916) e Processual. Dispõe seu art. 1º que "as pessoas capazes de contratar poderão valer-se da arbitragem para dirimir litígios relativos a direitos patrimoniais disponíveis".

Após seis anos, o Supremo Tribunal Federal reconheceu sua constitucionalidade, entendendo não atentar a garantia de acesso ao Poder Judiciário para a defesa de lesão ou ameaça de lesão de direito.(404)

No governo neoliberal de Fernando Henrique Cardoso, a chamada Força-Tarefa criada no âmbito do Ministério do Trabalho engendrou para o que significaria a modernização das relações do trabalho, texto que foi remetido ao Congresso Nacional como Proposta de Emenda Constitucional n. 623, que dava ao art. 114 a seguinte redação:

> "Compete à Justiça do Trabalho processar e julgar os dissídios individuais e coletivos de natureza jurídica (...)
>
> § 1º Frustrada a negociação, os conflitos coletivos, a pedido conjunto das partes, poderão ser submetidos à arbitragem, inclusive da Justiça do Trabalho.
>
> § 2º Recusando-se qualquer das partes à negociação ou à arbitragem, é facultado aos respectivos sindicatos, em comum acordo, ajuizar dissídio coletivo de natureza econômica, podendo a Justiça do Trabalho, em caráter excepcional, estabelecer normas e condições, conforme dispuser a lei, respeitadas as disposições convencionais e legais mínimas de proteção ao trabalho."

A Proposta, ambiciosa, não vingou; foi arquivada na Câmara dos Deputados.

José Pastore, com exagero, noticia a existência em 2001 de 95 instituições de arbitragem, 20 voltadas para o setor do trabalho, às quais foram submetidas cerca de 14 mil litígios, com solução para 78,6%.(405) Sobre o Tribunal Arbitral

(403) Art. 83, XI.

(404) Art. 51, XXXV.

(405) *O Estado de S. Paulo,* 4.6.2002.

do Comércio, seus mentores dão conta do insucesso, revelando ser simplesmente ignorado.[406] Sabe-se do Tribunal de Arbitragem do Estado de São Paulo, privado, de custo elevado, cuja atuação dirige-se para a liquidação do "passivo trabalhista", isto é, conciliação com quitação amplíssima.

2. **Disciplinação constitucional**. A Constituição, no art. 114, alterado pela Emenda Constitucional n. 45, manteve a arbitragem sem nenhuma modificação:

"§ 1º Frustrada a negociação coletiva, as partes poderão eleger árbitros.

§ 2º Recusando-se qualquer das partes à negociação coletiva ou à arbitragem, é facultado às mesmas, de comum acordo, ajuizar dissídio coletivo de natureza econômica, podendo a Justiça do Trabalho decidir o conflito, respeitadas as disposições mínimas legais de proteção ao trabalho, bem como as convencionadas anteriormente."

3. **Disciplinação legal**. A legislação infraconstitucional de natureza trabalhista refere-se à arbitragem no art. 4º da Lei n. 10.101, de 19 de fevereiro de 2000 que disciplinou a participação nos lucros e resultados:

"Art. 4º Caso a negociação visando à participação nos lucros ou resultados da empresa resulte em impasse, as partes poderão utilizar-se dos seguintes mecanismos de solução do litígio:

I — mediação;

II — arbitragem de ofertas finais."

Da mesma forma, a Lei n. 8.630, de 25 de fevereiro de 1993, que dispõe sobre o regime jurídico da Exploração dos Portos Organizados e das Instalações Portuárias, no art. 23, adota a arbitragem para resolver conflitos específicos.

"Deve ser constituída, no âmbito do órgão de gestão de mão de obra, Comissão Paritária para solucionar litígios decorrentes da aplicação das normas a que se referem os arts. 18, 19 e 21 desta Lei.[407]

(406) *Tribuna do Direito*, jul. 2002.

(407) Art. 23. Deve ser constituída, no âmbito do órgão de gestão de mão de obra, Comissão Paritária para solucionar litígios decorrentes da aplicação das normas a que se referem os arts. 18, 19 e 21 desta Lei.

§ 1º Em caso de impasse, as partes devem recorrer à arbitragem de ofertas finais.

§ 2º Firmado o compromisso arbitral, não será admitida a desistência de qualquer das partes.

§ 3º Os árbitros devem ser escolhidos de comum acordo entre as partes e o laudo arbitral proferido para solução da pendência possui força normativa, independentemente de homologação judicial.

Art. 18. Os operadores portuários devem constituir, em cada porto organizado, um órgão de gestão de mão de obra do trabalho portuário, tendo como finalidade:

I — administrar o fornecimento da mão de obra do trabalhador portuário e do trabalhador portuário avulso;

II — manter, com exclusividade, o cadastro do trabalhador portuário e o registro do trabalhador portuário avulso;

§ 1º Em caso de impasse, as partes devem recorrer à arbitragem de ofertas finais.

§ 2º Firmado o compromisso arbitral, não será admitida a desistência de qualquer das partes.

§ 3º Os árbitros devem ser escolhidos de comum acordo entre as partes e o laudo arbitral proferido para solução da pendência possui força normativa, independentemente de homologação judicial."

Finalmente, a Lei n. 7.783 de 1989, que trata do exercício do direito de greve, a ela faz referência no art. 3º:

"Frustrada a negociação ou verificada a impossibilidade de recursos via arbitral, é facultada a cessação coletiva do trabalho."

4. **Conceito**. Arbitragem é meio de solução heterônoma de litígios e conflitos, a cargo de terceiro, alheio ao Poder Judiciário, mas investido de

---

III — promover o treinamento e a habilitação profissional do trabalhador portuário, inscrevendo-o no cadastro;
IV — selecionar e registrar o trabalhador portuário avulso;
V — estabelecer o número de vagas, a forma e a periodicidade para acesso ao registro do trabalhador portuário avulso;
VI — expedir os documentos de identificação do trabalhador portuário;
VII — arrecadar e repassar, aos respectivos beneficiários, os valores devidos pelos operadores portuários, relativos à remuneração do trabalhador portuário avulso e aos correspondentes encargos fiscais, sociais e previdenciários.
Parágrafo único. No caso de vir a ser celebrado contrato, acordo, ou convenção coletiva de trabalho entre trabalhadores e tomadores de serviços, este precederá o órgão gestor a que se refere o *caput* deste artigo e dispensará a sua intervenção nas relações entre capital e trabalho no porto.
Art. 19. Compete ao órgão de gestão de mão de obra do trabalho portuário avulso:
I — aplicar, quando couber, normas disciplinares previstas em lei, contrato, convenção ou acordo coletivo de trabalho, inclusive, no caso de transgressão disciplinar, as seguintes penalidades:
a) repreensão verbal ou por escrito;
b) suspensão do registro pelo período de dez a trinta dias;
c) cancelamento do registro.
II — promover a formação profissional e o treinamento multifuncional do trabalhador portuário, bem assim programas de realocação e de incentivo ao cancelamento do registro e de antecipação de aposentadoria;
III — arrecadar e repassar, aos respectivos beneficiários, contribuições destinadas a incentivar o cancelamento do registro e a aposentadoria voluntária;
IV — arrecadar as contribuições destinadas ao custeio do órgão;
V — zelar pelas normas de saúde, higiene e segurança no trabalho portuário avulso;
VI — submeter à Administração do Porto e ao respectivo Conselho de Autoridade Portuária propostas que visem à melhoria da operação portuária e à valorização econômica do porto.
§ 1º O órgão não responde pelos prejuízos causados pelos trabalhadores portuários avulsos aos tomadores dos seus serviços ou a terceiros.
§ 2º O órgão responde, solidariamente com os operadores portuários, pela remuneração devida ao trabalhador portuário avulso.
§ 3º O órgão pode exigir dos operadores portuários, para atender a requisição de trabalhadores portuários avulsos, prévia garantia dos respectivos pagamentos.
Art. 21. O órgão de gestão de mão de obra pode ceder trabalhador portuário avulso em caráter permanente, ao operador portuário.

poder equivalente, que decide a controvérsia de forma definitiva. Com propriedade, José Augusto Rodrigues Pinto dá-lhe a seguinte conceituação: "um processo de solução de conflitos jurídicos pelo qual o terceiro, estranho aos interesses das partes, tenta conciliar e, sucessivamente, decide a controvérsia".(408)

5. **Natureza jurídica**. A arbitragem é meio alternativo para a defesa de direitos, assemelhada ao processo judicial, que coloca um terceiro neutro na posição do juiz e encerra a disputa através de laudo com natureza de sentença. Seria a particularização do processo de acordo com a vontade das partes em litígio.

José Augusto Rodrigues Pinto reconhece a dificuldade em determinar sua natureza jurídica sempre dependente do sistema legislativo que lhe dá efetividade, concluindo tratar-se de ato jurídico, tanto como a conciliação e a mediação, como processo que se completa como transação, quando o árbitro consegue uma solução negociada, ou como sentença, quando a solução é imposta, inclusive na hipótese de homologação judicial.

De qualquer modo, a arbitragem é um bloqueio da greve como quer a Recomendação n. 92 da OIT, segundo a qual, uma vez adotada a arbitragem voluntária para a solução dos conflitos, as partes devem se abster da greve.

6. **Espécies**. A arbitragem, assim como a conciliação e a mediação, assume formas variadas conforme a legislação do país. As mais conhecidas são: a) conforme a liberdade das partes — voluntária e compulsória; b) segundo a natureza do órgão arbitral — pública e privada; c) diante da figura do árbitro — individual ou colegiado; d) conforme a natureza — de direito ou por equidade; e) livre ou de ofertas finais.

Octavio Bueno Magano classifica a arbitragem em voluntária e obrigatória, "a primeira, quando as partes têm liberdade de a escolher ou não, como meio de solucionar o conflito em que se encontram envolvidas", hipótese em que terão igual liberdade para a seleção do árbitro ou dos árbitros. Obrigatória será "quando o Estado impõe às partes conflitantes a obrigatoriedade de submeterem o conflito à decisão do árbitro, antes de optarem por outra via de solução".(409)

Classificação mais completa é apresentada por José Augusto Rodrigues Pinto: a) facultativa ou obrigatória, "conforme resulte de livre convenção das partes ou seja imposta por lei (...) como quando o Estado impõe imperativamente o comparecimento ante o respectivo órgão arbitral para a elucidação do conflito"; b) privada ou oficial, "conforme seja o árbitro contratado pelas partes sem nenhuma vinculação com o poder público, ou quando é servidor

(408) *Op. cit.*, p. 269.
(409) *Manual*, v. III, cit., p. 193.

de organismo estatal"; c) unipessoal ou colegiada, "conforme o árbitro seja pessoa física ou a incumbência for entregue a órgão colegiado"; d) convencional ou regulamentada, "conforme o árbitro tenha ampla liberdade de atuação, em termos de dimensionar as questões e resolver o conflito ou trabalhe entre balizas limitativas da decisão arbitral"; e) de direito ou de equidade, "conforme as partes prefiram a decisão dentro das normas que disciplinem o objeto do conflito ou a despeito delas, se isso for conveniente"; f) de oferta final, "que condiciona o árbitro a decidir, escolhendo à oferta de uma das partes"; g) por pacote, "que condiciona a decisão do árbitro ao conjunto (pacote) da proposta de uma das partes"; h) medianeira, "que permite ao árbitro decidir como mediador, ou seja, baseando-se nas ofertas das partes".(410)

A arbitragem, segundo nosso sistema, será voluntária, resultante da vontade conjunta das partes, se bem que numa relação de desequilíbrio econômico poderá ser voluntária só aparentemente, na verdade, imposta pelo mais forte através da cláusula arbitral que resulta na solução pelo arbitramento. E, conforme a opinião dominante, por ora, será privada, podendo ser pública e jurisdicional se vingar o Anteprojeto do Fórum Nacional do Trabalho.

7. **Sujeitos**. Tal como na conciliação e na mediação, sujeitos são as partes conflitantes.

Alonso Garcia, citado por Alfredo Ruprecht, considera partes na arbitragem "quem integra ou possa integrar uma convenção coletiva de trabalho".(411)

8. **Objeto**. Para José Augusto Rodrigues Pinto, "constitui objeto da arbitragem a negociação e decisão a ser aplicada a qualquer tipo de conflito de interesses".

Quando o impasse disser respeito à participação nos lucros ou resultados ou também no âmbito do porto, restrito às hipóteses previstas na Lei n. 8.630, de 1993, o objeto ficará restrito às propostas finais. Mas poderá ficar assim delimitado quando no curso das negociações as partes dispuserem, nesse sentido, no compromisso arbitral. Ofertas finais não significam necessariamente impor ao árbitro a opção por uma delas, mas a partir delas até seu limite, diferentemente da espécie "por pacote", de origem norte-americana, lembrada por José Augusto Rodrigues Pinto.

Do contrário, o objeto será o impasse configurado pelo elenco de reivindicações, isto é, os interesses coletivos definidos pela assembleia do sindicato, negados pela justificação deduzida pelo adversário.

No sistema brasileiro, antes de tudo, o objeto será o conteúdo econômico da pauta: reajustamento dos salários, aumento real, a título de produtividade,

(410) *Op. cit.*, p. 274.
(411) *Conflitos coletivos de trabalho.* São Paulo: LTr, 1979. p. 242.

piso salarial, etc. Depois, as chamadas reivindicações de natureza social, os benefícios, enfim, as chamadas cláusulas sindicais, e por derradeiro, prazo de duração, início de vigência, cumprimento, acompanhamento. Enfim, tudo aquilo que poderia compor um acordo ou uma convenção coletiva ou então uma sentença normativa proferida em dissídio coletivo.

9. Aplicação da Lei n. 9.307, de 1996. Como observado, após seis anos de discussão e polêmica acesa, o Supremo Tribunal Federal concluiu que a Lei n. 9.307, de 1996, que trata da arbitragem, é constitucional, não atentando contra a garantia de acesso ao Poder Judiciário para a defesa de lesão ou ameaça de lesão de direito.[(412)]

Em que pese entendermos que o diploma não se aplica à arbitragem dos conflitos de trabalho, individuais e coletivos, exigindo disciplinação própria, simples, célere e graciosa, o tema não foi pacificado, gerando controvérsias que colocam os teorizadores em posições antagônicas.

No que se refere à arbitragem para solução de litígios individuais, José Francisco Siqueira Neto, autor principal do Anteprojeto de Reforma Sindical, já afirmava que "não tem a importância atribuída por alguns a questão da disponibilidade dos direitos trabalhistas (...) pois, ao contrário do que imaginam alguns (uns sinceramente, outros não), o acolhimento da arbitragem, *a priori*, em nada atenta contra o direito do trabalho e seus princípios".[(413)] Luiz Carlos Amorim Robortella, seu defensor, ressalva, porém, no que toca aos conflitos individuais, "que não se pode pretender sua extensão pura e simples, pois envolve uma convenção de arbitragem que, na prática, poderia ser imposta aos empregados pelos empregadores", e, precavido, recomenda que a extensão da arbitragem às relações individuais de trabalho "se estabeleça por negociação coletiva da categoria, onde seriam fixadas as hipóteses de validade da convenção individual de arbitragem, os empregados que a poderiam celebrar, bem como os nomes dos árbitros de confiança das partes".[(414)] Luiz de Pinho Pedreira da Silva, estudando o princípio da irrenunciabilidade de direitos, refere-se a "uma verdade que nem todos querem reconhecer: a irrenunciabilidade dos direitos pelo trabalhador constitui um princípio fundamental, e mais do que isto, peculiar do Direito do Trabalho". Respondendo à indagação que ele mesmo formula, quais as fontes jurídicas de que promanam direitos irrenunciáveis, reporta-se "aos direitos assegurados por leis, convenções coletivas e acordos coletivos de trabalho", ressaltando: "Todos esses atos normativos são insuscetíveis de derrogação, seja pela vontade de uma das partes ou de ambas, salvo se a derrogação for mais benéfica ao trabalhador. Logo, a renúncia pelo empregado, em seu prejuízo, a direito

(412) Art. 5º, XXXV.

(413) A solução extrajudicial dos conflitos individuais do trabalho. *Trabalho & Doutrina*, Saraiva, n. 14, p. 60/62, set. 1997.

(414) Medição e arbitragem. Solução extrajudicial dos conflitos do trabalho. *Trabalho & Doutrina*, n. 14, São Paulo: Saraiva, p. 79.

derivado de lei trabalhista, convenção coletiva de trabalho ou acordo coletivo de trabalho é negócio jurídico nulo".(415)

A propósito, Octavio Bueno Magano, antes do advento do diploma, escrevia: "No que concerne às causas trabalhistas, há desde logo uma dificuldade a enfrentar-se. Nos termos do Código Civil e do Código de Processo Civil, só são passíveis de arbitragem os direitos patrimoniais sobre os quais se admita transação. Ora, em relação aos direitos trabalhistas, o entendimento dominante é o de que não comportam nem renúncia nem transação", acrescentando que "em doutrina, fala-se mesmo no princípio da irrenunciabilidade dos direitos trabalhistas".(416)

Jorge Luiz Souto Maior vê na arbitragem, se voltada para a área trabalhista, efeitos perversos, a ponto de criar um novo sistema que se baseia "na liberdade do direito de renunciar", lembrando que Caio Mário da Silva Pereira dá como irrenunciáveis os direitos de proteção aos economicamente fracos ou contratualmente inferiores (garantias asseguradas aos trabalhadores, etc.)".(417) Wilson de Souza Campos Batalha, jurista insuspeito que representou a classe patronal no Tribunal do Trabalho da Segunda Região por mais de três décadas, defendendo a inadmissibilidade do juízo arbitral no Direito Processual do Trabalho, já nos idos de 1960, era enfático: "Permitir ao empregado estipular com o empregador, por ocasião do contrato de trabalho, o juízo arbitral, com especificação dos árbitros, fora tornar sem sentido o caráter protetor do Direito do Trabalho".(418)

É de se afastar a aplicação da Lei n. 9.307 a partir da leitura de seu art. 1º, que taxativamente dá-lhe efetividade para dirimir litígios relativos a direitos patrimoniais disponíveis. Os direitos trabalhistas, como regra, têm natureza alimentar e a têm induvidosamente os salários e demais complementos remuneratórios ou substitutivos, como as férias e o aviso prévio. Todavia, tratando-se de conflito coletivo não há, como regra, disputa acerca de direitos patrimoniais, mas impasse na solução negociada de interesses de grupo.

Sem sombra de dúvida, a Lei n. 9.307 não foi pensada em função de litígios ou conflitos do trabalho, individuais ou coletivos, o que se infere pela leitura dos §§ 1º e 2º de seu art. 2º: "A arbitragem poderá ser de direito ou de equidade, a critério das partes. § 1º Poderão as partes escolher, livremente, as regras de direito que serão aplicadas na arbitragem, desde que não haja violação aos bons costumes e à ordem pública. § 2º Poderão, também, as partes convencionar que a arbitragem se realize com base nos princípios gerais de direito, nos usos e costumes e nas regras internacionais de comércio.

(415) *Principiologia do direito do trabalho*. São Paulo: LTr, 1999. p. 124 e 128.
(416) Arbitragem. *Revista LTr*, 52-1/28.
(417) Arbitragem e direito do trabalho. *Revista LTr*, 61-02/155.
(418) *Tratado elementar de direito processual do trabalho*. São Paulo: Konfino, 1960. v. 1, p. 201.

Quanto aos conflitos coletivos, a Constituição legitima a arbitragem.

Sua leitura, a nosso ver, conduz a conclusão de sua ineficácia diante do componente político-social que se espera da intervenção de terceiros num embate que não se ajusta ao modelo estruturado para resolver questões civis e comerciais, envolvendo, quase sempre, interesses econômicos de corporações transnacionais, que não confiam no Poder Judiciário local.

E multiplicam-se os escritórios que se propõem a praticar a arbitragem no âmbito trabalhista, ostentando, quase sempre, a qualificação de Tribunais, direcionados para relações individuais, sem merecer aceitação dos empregadores face a insegurança que sentem frente ao entendimento da Justiça do Trabalho de não reconhecer a transação de direitos de natureza alimentar. Neste ponto, é valioso ter presente o art. 841 do Código Civil: "Só quanto a direitos patrimoniais de caráter privado se permite a transação".

Desse modo, é indispensável, ainda que sem maiores divagações, passar em revista a disciplinação legal que temos.

O art. 1º dirige-se a litígios individuais.[419] O 2º permite a arbitragem de direito ou de equidade. Num sistema de unicidade sindical, os efeitos da arbitragem serão *erga omnes* apenas no âmbito da representação sindical, inclusive para dirimir controvérsias de interpretação de cláusula de acordo, convenção coletiva, laudo arbitral ou disposição legal específica, como no caso dos portuários, ou então, limitada ao âmbito da empresa, quando se tratar de cláusula de regimento interno.

> § 1º Poderão as partes escolher, livremente, as regras de direito que serão aplicadas na arbitragem, desde que não haja violação aos bons costumes e à ordem pública.

Poderão, também, conforme o § 2º, convencionar que a arbitragem se realize com base nos princípios gerais de direito, nos usos e costumes, especialmente, levando em conta os acordos e as convenções realizados com categorias de representação afim, na mesma região geoeconômica. Claro que as regras internacionais de comércio só dizem respeito à arbitragem civil ou comercial.[420]

Como se verá adiante, a cláusula compromissória de arbitragem não se conforma com a ação sindical que tem a greve como instrumento fundamental para a defesa de seus interesses coletivos, submetendo-se à vontade da assembleia.[421]

---

(419) Art. 1º As pessoas capazes de contratar poderão valer-se da arbitragem para dirimir litígios relativos a direitos patrimoniais disponíveis.

(420) § 2º Poderão, também, as partes convencionar que a arbitragem se realize com base nos princípios gerais de direito, nos usos e costumes e nas regras internacionais de comércio.

(421) Art. 3º As partes interessadas podem submeter a solução de seus litígios ao juízo arbitral mediante convenção de arbitragem, assim entendida a cláusula compromissória e o compromisso arbitral.

O art. 9º cuida do compromisso arbitral que não comporta a forma judicial, interligada sempre à cláusula compromissória. Diante da informalidade das negociações coletivas, independe da assinatura de testemunhas ou de instrumentalização pública.(422)

O conteúdo básico do compromisso naturalmente relativizará as exigências do art. 10, devendo, em atenção ao princípio do contraditório,

---

Art. 4º A cláusula compromissória é a convenção através da qual as partes em um contrato comprometem-se a submeter à arbitragem os litígios que possam vir a surgir, relativamente a tal contrato.
§ 1º A cláusula compromissória deve ser estipulada por escrito, podendo estar inserta no próprio contrato ou em documento apartado que a ele se refira.
Art. 5º Reportando-se as partes, na cláusula compromissória, às regras de algum órgão arbitral institucional ou entidade especializada, a arbitragem será instituída e processada de acordo com tais regras, podendo, igualmente, as partes estabelecer na própria cláusula, ou em outro documento, a forma convencionada para a instituição da arbitragem.
Art. 6º Não havendo acordo prévio sobre a forma de instituir a arbitragem, a parte interessada manifestará à outra parte sua intenção de dar início à arbitragem, por via postal ou por outro meio qualquer de comunicação, mediante comprovação de recebimento, convocando-a para, em dia, hora e local certos, firmar o compromisso arbitral.
Parágrafo único. Não comparecendo a parte convocada ou, comparecendo, recusar-se a firmar o compromisso arbitral, poderá a outra parte propor a demanda de que trata o art. 7º desta Lei, perante o órgão do Poder Judiciário a que, originariamente, tocaria o julgamento da causa.
Art. 7º Existindo cláusula compromissória e havendo resistência quanto à instituição da arbitragem, poderá a parte interessada requerer a citação da outra parte para comparecer em juízo a fim de lavrar-se o compromisso, designando o juiz audiência especial para tal fim.
§ 1º O autor indicará, com precisão, o objeto da arbitragem, instruindo o pedido com o documento que contiver a cláusula compromissória.
§ 2º Comparecendo as partes à audiência, o juiz tentará, previamente, a conciliação acerca do litígio. Não obtendo sucesso, tentará o juiz conduzir as partes à celebração, de comum acordo, do compromisso arbitral.
§ 3º Não concordando as partes sobre os termos do compromisso, decidirá o juiz, após ouvir o réu, sobre seu conteúdo, na própria audiência ou no prazo de dez dias, respeitadas as disposições da cláusula compromissória e atendendo ao disposto nos arts. 10 e 21, § 2º, desta Lei.
§ 4º Se a cláusula compromissória nada dispuser sobre a nomeação de árbitros, caberá ao juiz, ouvidas as partes, estatuir a respeito, podendo nomear árbitro único para a solução do litígio.
§ 5º A ausência do autor, sem justo motivo, à audiência designada para a lavratura do compromisso arbitral, importará a extinção do processo sem julgamento de mérito.
§ 6º Não comparecendo o réu à audiência, caberá ao juiz, ouvido o autor, estatuir a respeito do conteúdo do compromisso, nomeando árbitro único.
§ 7º A sentença que julgar procedente o pedido valerá como compromisso arbitral.
Art. 8º A cláusula compromissória é autônoma em relação ao contrato em que estiver inserta, de tal sorte que a nulidade deste não implica, necessariamente, a nulidade da cláusula compromissória.
Parágrafo único. Caberá ao árbitro decidir de ofício, ou por provocação das partes, as questões acerca da existência, validade e eficácia da convenção de arbitragem e do contrato que contenha a cláusula compromissória.

(422) Art. 9º O compromisso arbitral é a convenção através da qual as partes submetem um litígio à arbitragem de uma ou mais pessoas, podendo ser judicial ou extrajudicial.
§ 1º O compromisso arbitral judicial celebrar-se-á por termo nos autos, perante o juízo ou tribunal, onde tem curso a demanda.
§ 2º O compromisso arbitral extrajudicial será celebrado por escrito particular, assinado por duas testemunhas, ou por instrumento público.

determinar a configuração do impasse, com o arrolamento das reivindicações e a sua justificação, bem assim as razões de sua recusa.(423)

O compromisso extingue-se na forma do art. 12: Extingue-se o compromisso arbitral: I — escusando-se qualquer dos árbitros, antes de aceitar a nomeação, desde que as partes tenham declarado, expressamente, não aceitar substituto; II — falecendo ou ficando impossibilitado de dar seu voto algum dos árbitros, desde que as partes declarem, expressamente, não aceitar substituto; e III — tendo expirado o prazo a que se refere o art. 11, inciso III, desde que a parte interessada tenha notificado o árbitro, ou o presidente do tribunal arbitral, concedendo-lhe o prazo de dez dias para a prolação e apresentação da sentença arbitral.

Ao contrário do que se dá com a mediação, que limita seu exercício às pessoas ou aos escritórios credenciados, para atuar como árbitro basta ser capaz e merecer a confiança das partes através da indicação comum. Neste sentido o art. 13: "Pode ser árbitro qualquer pessoa capaz e que tenha a confiança das partes".(424) Esse terá como dever agir com imparcialidade, independência, competência, diligência e discrição, como exige o § 6º. Os

---

(423) Art. 10. Constará, obrigatoriamente, do compromisso arbitral:
I — o nome, profissão, estado civil e domicílio das partes;
II — o nome, profissão e domicílio do árbitro, ou dos árbitros, ou, se for o caso, a identificação da entidade à qual as partes delegaram a indicação de árbitros;
III — a matéria que será objeto da arbitragem; e
IV — o lugar em que será proferida a sentença arbitral.
Art. 11. Poderá, ainda, o compromisso arbitral conter:
I — local ou locais, onde se desenvolverá a arbitragem;
II — a autorização para que o árbitro ou os árbitros julguem por equidade, se assim for convencionado pelas partes;
III — o prazo para apresentação da sentença arbitral;
IV — a indicação da lei nacional ou das regras corporativas aplicáveis à arbitragem, quando assim convencionarem as partes;
V — a declaração da responsabilidade pelo pagamento dos honorários e das despesas com a arbitragem; e
VI — a fixação dos honorários do árbitro, ou dos árbitros.
Parágrafo único. Fixando as partes os honorários do árbitro, ou dos árbitros, no compromisso arbitral, este constituirá título executivo extrajudicial; não havendo tal estipulação, o árbitro requererá ao órgão do Poder Judiciário que seria competente para julgar, originariamente, a causa que os fixe por sentença.
(424) § 1º As partes nomearão um ou mais árbitros, sempre em número ímpar, podendo nomear, também, os respectivos suplentes.
§ 2º Quando as partes nomearem árbitros em número par, estes estão autorizados, desde logo, a nomear mais um árbitro. Não havendo acordo, requererão as partes ao órgão do Poder Judiciário a que tocaria, originariamente, o julgamento da causa a nomeação do árbitro, aplicável, no que couber, o procedimento previsto no art. 7º desta Lei.
§ 3º As partes poderão, de comum acordo, estabelecer o processo de escolha dos árbitros, ou adotar as regras de um órgão arbitral institucional ou entidade especializada.
§ 4º Sendo nomeados vários árbitros, estes, por maioria, elegerão o presidente do tribunal arbitral. Não havendo consenso, será designado presidente o mais idoso.
§ 5º O árbitro ou o presidente do tribunal designará, se julgar conveniente, um secretário, que poderá ser um dos árbitros.

impedimentos são os mesmos que se aplicam aos juízes.(425) O árbitro será juiz de fato, gozando de prerrogativas especiais(426):

> As partes poderão nomear quantos árbitros quiserem, sempre em número par, sob pena de ficar implícito o consentimento para que os indicados nomeiem outro de modo a compor um conjunto impar. O procedimento será o mais singelo possível, e em tudo dependerá do consenso das partes, inclusive quanto as regras a serem observadas, eventuais despesas, sua satisfação e adiantamento.(427)

A substituição do árbitro seguirá sempre o que for estipulado no compromisso.(428)

O procedimento arbitral seguirá, como já observado, as regras estabelecidas pelas partes ou aquelas que forem adotadas inflexivelmente pelas instituições arbitrais e delas tenham ciência inequívoca. Desse modo, sempre excluindo a intervenção incidental da Justiça do Trabalho, os dispositivos postos na lei devem adequar-se à informalidade exigida pela arbitragem de um conflito trabalhista.(429)

---

(425) Art. 14. Estão impedidos de funcionar como árbitros as pessoas que tenham, com as partes ou com o litígio que lhes for submetido, algumas das relações que caracterizam os casos de impedimento ou suspeição de juízes, aplicando-se-lhes, no que couber, os mesmos deveres e responsabilidades, conforme previsto no Código de Processo Civil.

§ 1º As pessoas indicadas para funcionar como árbitro tem o dever de revelar, antes da aceitação da função, qualquer fato que denote dúvida justificada quanto à sua imparcialidade e independência.

O § 2º diz respeito à intervenção judicial no caso de negado o compromisso arbitral: § 2º O árbitro somente poderá ser recusado por motivo ocorrido após sua nomeação. Poderá, entretanto, ser recusado por motivo anterior à sua nomeação, quando: a) não for nomeado, diretamente, pela parte; ou b) o motivo para a recusa do árbitro for conhecido posteriormente à sua nomeação.

Assim também o art. 15. A parte interessada em arguir a recusa do árbitro apresentará, nos termos do art. 20, a respectiva exceção, diretamente ao árbitro ou ao presidente do tribunal arbitral, deduzindo suas razões e apresentando as provas pertinentes.

Parágrafo único. Acolhida a exceção, será afastado o árbitro suspeito ou impedido, que será substituído, na forma do art. 16 desta Lei.

(426) Art. 17. Os árbitros, quando no exercício de suas funções ou em razão delas, ficam equiparados aos funcionários públicos, para os efeitos da legislação penal.

Art. 18. O árbitro é juiz de fato e de direito, e a sentença que proferir não fica sujeita a recurso ou a homologação pelo Poder Judiciário.

(427) Art. 13. § 7º Poderá o árbitro ou o tribunal arbitral determinar às partes o adiantamento de verbas para despesas e diligências que julgar necessárias.

(428) Art. 16. Se o árbitro escusar-se antes da aceitação da nomeação, ou, após a aceitação, vier a falecer, tornar-se impossibilitado para o exercício da função, ou for recusado, assumirá seu lugar o substituto indicado no compromisso, se houver.

§ 1º Não havendo substituto indicado para o árbitro, aplicar-se-ão as regras do órgão arbitral institucional ou entidade especializada, se as partes as tiverem invocado na convenção de arbitragem.

§ 2º Nada dispondo a convenção de arbitragem e não chegando as partes a um acordo sobre a nomeação do árbitro a ser substituído, procederá a parte interessada da forma prevista no art. 7º desta Lei, a menos que as partes tenham declarado, expressamente, na convenção de arbitragem, não aceitar substituto.

(429) Art. 19. "Considera-se instituída a arbitragem quando aceita a nomeação pelo árbitro, se for único, ou por todos, se forem vários. Parágrafo único. Instituída a arbitragem e entendendo o árbitro ou

Fundamental porém é que, na forma do parágrafo do art. 21, "serão, sempre, respeitados no procedimento arbitral os princípios do contraditório, da igualdade das partes, da imparcialidade do árbitro e de seu livre convencimento".

As partes poderão ter assistência de advogados e assessores, bem assim indicar seus representantes para acompanhá-la, postular por intermédio de advogado, respeitada, sempre, a faculdade de designar quem as represente ou assista no procedimento arbitral.[430]

A arbitragem, como forma de solução de conflito, inicia-se com a tentativa de conciliação a cargo do árbitro ou do tribunal arbitral. Chegando as partes a um acordo, este poderá ser instrumentalizado no próprio laudo, se assim solicitarem ou em acordo ou convenção coletiva.[431]

A arbitragem trabalhista só comporta a produção de provas quando a providência for assentada no compromisso ou adotada de comum acordo. Será possível, por exemplo, no caso de participação nos lucros, em que pese faltar ao nosso sistema o dever de informação pelas partes.[432]

---

o tribunal arbitral que há necessidade de explicitar alguma questão disposta na convenção de arbitragem, será elaborado, juntamente com as partes, um adendo, firmado por todos, que passará a fazer parte integrante da convenção de arbitragem".
Art. 20. A parte que pretender arguir questões relativas à competência, suspeição ou impedimento do árbitro ou dos árbitros, bem como nulidade, invalidade ou ineficácia da convenção de arbitragem, deverá fazê-lo na primeira oportunidade que tiver de se manifestar, após a instituição da arbitragem.
§ 1º Acolhida a arguição de suspeição ou impedimento, será o árbitro substituído nos termos do art. 16 desta Lei, reconhecida a incompetência do árbitro ou do tribunal arbitral, bem como a nulidade, invalidade ou ineficácia da convenção de arbitragem, serão as partes remetidas ao órgão do Poder Judiciário competente para julgar a causa.
§ 2º Não sendo acolhida a arguição, terá normal prosseguimento a arbitragem, sem prejuízo de vir a ser examinada a decisão pelo órgão do Poder Judiciário competente, quando da eventual propositura da demanda de que trata o art. 33 desta Lei.
Art. 21. A arbitragem obedecerá ao procedimento estabelecido pelas partes na convenção de arbitragem, que poderá reportar-se às regras de um órgão arbitral institucional ou entidade especializada, facultando-se, ainda, às partes delegar ao próprio árbitro, ou ao tribunal arbitral, regular o procedimento.
§ 1º Não havendo estipulação acerca do procedimento, caberá ao árbitro ou ao tribunal arbitral discipliná-lo.
(430) Art. 21, § 3º As partes poderão postular por intermédio de advogado, respeitada, sempre, a faculdade de designar quem as represente ou assista no procedimento arbitral.
(431) Art. 21, § 4º Competirá ao árbitro ou ao tribunal arbitral, no início do procedimento, tentar a conciliação das partes, aplicando-se, no que couber, o art. 28 desta Lei.
Art. 28. Se, no decurso da arbitragem, as partes chegarem a acordo quanto ao litígio, o árbitro ou o tribunal arbitral poderá, a pedido das partes, declarar tal fato mediante sentença arbitral, que conterá os requisitos do art. 26 desta Lei.
(432) Art. 22. Poderá o árbitro ou o tribunal arbitral tomar o depoimento das partes, ouvir testemunhas e determinar a realização de perícias ou outras provas que julgar necessárias, mediante requerimento das partes ou de ofício.
§ 1º O depoimento das partes e das testemunhas será tomado em local, dia e hora previamente comunicados, por escrito, e reduzido a termo, assinado pelo depoente, ou a seu rogo, e pelos árbitros.
§ 2º Em caso de desatendimento, sem justa causa, da convocação para prestar depoimento pessoal, o árbitro ou o tribunal arbitral levará em consideração o comportamento da parte faltosa, ao proferir sua sentença; se a ausência for de testemunha, nas mesmas circunstâncias, poderá o árbitro ou o presidente

A sentença arbitral não comporta recursos como estabelece o art. 18, mas apenas espécie de embargos de declaração para sanar erro material, dúvida, omissão ou contradição.[433] Será proferida no prazo estipulado pelas partes ou em prazo razoável, não se aplicando aquele previsto no art. 23, seis meses. E será instrumentalizada em laudo que terá os componentes de uma sentença: relatório, fundamentação e dispositivo.[434]

---

do tribunal arbitral requerer à autoridade judiciária que conduza a testemunha renitente, comprovando a existência da convenção de arbitragem.

§ 3º A revelia da parte não impedirá que seja proferida a sentença arbitral.

§ 4º Ressalvado o disposto no § 2º, havendo necessidade de medidas coercitivas ou cautelares, os árbitros poderão solicitá-las ao órgão do Poder Judiciário que seria, originariamente, competente para julgar a causa.

§ 5º Se, durante o procedimento arbitral, um árbitro vier a ser substituído fica a critério de o substituto repetir as provas já produzidas.

(433) Art. 30. No prazo de cinco dias, a contar do recebimento da notificação ou da ciência pessoal da sentença arbitral, a parte interessada, mediante comunicação à outra parte, poderá solicitar ao árbitro ou ao tribunal arbitral que:

I — corrija qualquer erro material da sentença arbitral;

II — esclareça alguma obscuridade, dúvida ou contradição da sentença arbitral, ou se pronuncie sobre ponto omitido a respeito do qual devia manifestar-se a decisão.

Parágrafo único. O árbitro ou o tribunal arbitral decidirá, no prazo de dez dias, aditando a sentença arbitral e notificando as partes na forma do art. 29.

(434) Art. 23. A sentença arbitral não comporta recursos como será proferida no prazo estipulado pelas partes. Nada tendo sido convencionado, o prazo para a apresentação da sentença é de seis meses, contado da instituição da arbitragem ou da substituição do árbitro.

Parágrafo único. As partes e os árbitros, de comum acordo, poderão prorrogar o prazo estipulado.

Art. 24. A decisão do árbitro ou dos árbitros será expressa em documento escrito.

§ 1º Quando forem vários os árbitros, a decisão será tomada por maioria. Se não houver acordo majoritário, prevalecerá o voto do presidente do tribunal arbitral.

§ 2º O árbitro que divergir da maioria poderá, querendo, declarar seu voto em separado.

Art. 25. Sobrevindo no curso da arbitragem controvérsia acerca de direitos indisponíveis e verificando-se que de sua existência, ou não, dependerá o julgamento, o árbitro ou o tribunal arbitral remeterá as partes à autoridade competente do Poder Judiciário, suspendendo o procedimento arbitral.

Parágrafo único. Resolvida a questão prejudicial e juntada aos autos a sentença ou acórdão transitados em julgado, terá normal seguimento a arbitragem.

Art. 26. São requisitos obrigatórios da sentença arbitral:

I — o relatório, que conterá os nomes das partes e um resumo do litígio;

II — os fundamentos da decisão, onde serão analisadas as questões de fato e de direito, mencionando-se, expressamente, se os árbitros julgaram por equidade;

III — o dispositivo, em que os árbitros resolverão as questões que lhes forem submetidas e estabelecerão o prazo para o cumprimento da decisão, se for o caso; e

IV — a data e o lugar em que foi proferida.

Parágrafo único. A sentença arbitral será assinada pelo árbitro ou por todos os árbitros. Caberá ao presidente do tribunal arbitral, na hipótese de um ou alguns dos árbitros não poder ou não querer assinar a sentença, certificar tal fato.

Art. 27. A sentença arbitral decidirá sobre a responsabilidade das partes acerca das custas e despesas com a arbitragem, bem como sobre verba decorrente de litigância de má-fé, se for o caso, respeitadas as disposições da convenção de arbitragem, se houver.

Art. 29. Proferida a sentença arbitral, dá-se por finda a arbitragem, devendo o árbitro, ou o presidente do tribunal arbitral, enviar cópia da decisão às partes, por via postal ou por outro meio qualquer de comunicação, mediante comprovação de recebimento, ou, ainda, entregando-a diretamente às partes, mediante recibo.

A sentença arbitral gera os mesmos efeitos da judicial, e na hipótese, configura o acordo ou a convenção coletiva que as partes não conseguiram realizar diretamente.(435)

Na forma do art. 32, "é nula a sentença arbitral se: I — for nulo o compromisso; II — emanou de quem não podia ser árbitro; III — não contiver os requisitos do art. 26 desta Lei; IV — for proferida fora dos limites da convenção de arbitragem; V — não decidir todo o litígio submetido à arbitragem; VI — comprovado que foi proferida por prevaricação, concussão ou corrupção passiva; VII — proferida fora do prazo, respeitado o disposto no art. 12, inciso III, desta Lei; e VIII — forem desrespeitados os princípios de que trata o art. 21, § 2º, desta Lei".

Como estipula o art. 33, "A parte interessada poderá pleitear ao órgão do Poder Judiciário competente a decretação da nulidade da sentença arbitral, nos casos previstos" no prazo de noventa dias, sendo que a decisão proferida decretará a nulidade da sentença arbitral nas hipóteses dos incisos I, II, VI, VII e VIII, sendo que nas demais determinará que seja proferido novo laudo.(436)

9.1. **Cláusula compromissória de arbitragem**. A convenção de arbitragem, conforme especifica o art. 3º da Lei n. 9.307, compreende a cláusula compromissória e o compromisso arbitral.

Cláusula compromissória, como a define o art. 4º, "é a convenção através da qual as partes em um contrato comprometem-se a submeter à arbitragem os litígios que possam vir a surgir, relativamente a tal contrato", devendo ser estipulada por escrito, mas podendo, também, estar inserta no próprio contrato ou em documento apartado que a ele se refira.

Admiti-la para litígios individuais seria negar o conteúdo tutelar do direito do trabalho, pois o empregador, parte mais forte na relação a ser constituída, detentor do emprego, do qual depende o mais fraco para subsistir, poderia impor sua vontade, fugindo, assim, do alcance da Justiça do Trabalho. E induvidosamente, em que pese o entendimento do Supremo Tribunal Federal, nega o direito de acesso ao Poder Judiciário. Além disso, a arbitragem privada é custosa, e não tendo o trabalhador, ainda mais quando rescindido seu contrato de trabalho, então desempregado, como arcar com o pagamento

---

(435) Art. 31. A sentença arbitral produz, entre as partes e seus sucessores, os mesmos efeitos da sentença proferida pelos órgãos do Poder Judiciário e, sendo condenatória, constitui título executivo.

(436) Art. 33. A parte interessada poderá pleitear ao órgão do Poder Judiciário competente a decretação da nulidade da sentença arbitral, nos casos previstos nesta Lei.

§ 1º A demanda para a decretação de nulidade da sentença arbitral seguirá o procedimento comum, previsto no Código de Processo Civil, e deverá ser proposta no prazo de até noventa dias após o recebimento da notificação da sentença arbitral ou de seu aditamento.

§ 2º A sentença que julgar procedente o pedido:

I — decretará a nulidade da sentença arbitral, nos casos do art. 32, incisos I, II, VI, VII e VIII;

II — determinará que o árbitro ou o tribunal arbitral profira novo laudo, nas demais hipóteses.

dos honorários do árbitro, acabaria rendendo-se, ao que for escolhido pelo empregador.

Vale a pena reprisar que no tocante aos conflitos coletivos, de interesses ou de reivindicações, não se pode perder de vista a garantia constitucional do direito de greve, que pertence aos trabalhadores, os quais em assembleia definirão seus interesses e a oportunidade de defendê-los com a suspensão do trabalho. Se é assim, a cláusula compromissória impediria o exercício do direito e, mais do que isso, sua adoção passaria a ter peso de barganha para se chegar à convenção ou ao acordo coletivo.

Desse modo, a cláusula não se ajusta com o sentido especial que se dá à negociação coletiva, a ela se sobrepondo, reduzindo seu alcance e comprometendo decisivamente seus fins.

No caso, existindo a cláusula compromissória, a valer o art. 5º da Lei n. 9.307, seria de se admitir a vinculação do sindicato não mais à atuação que lhe é própria, de luta e reação contra as condições desfavoráveis que impedem a ascensão social de seus representados, submisso às regras de órgão arbitral institucional ou à entidade especializada, mesmo sem conhecê-las. E o papel da Justiça do Trabalho seria, face ao que se contém no § 7º do art. 7º da lei, impor-lhe o compromisso arbitral.

9.2. **Compromisso arbitral**. Segundo a definição dada pelo art. 9º da lei, compromisso arbitral é a convenção por meio da qual as partes submetem um litígio à arbitragem de uma ou mais pessoas, podendo ser judicial ou extrajudicial.

O compromisso indicará desde logo o árbitro ou a entidade à qual as partes delegarão a sua indicação, podendo, também, determinar que se faça por equidade.

A arbitragem, como alternativa à solução jurisdicional, deve ser aplicada restritivamente. Se, pelas razões já expostas, a Lei n. 9.307 não se presta para resolver litígios individuais, ainda não se aprovou outra com fins específicos, mesmo tendo a Lei n. 10.101 referido-se à arbitragem como forma de solução para o impasse nas negociações voltadas para a instituição de plano de participação nos lucros e/ou resultados.

Todavia, o certo é que a Constituição, com precisão, dela cogita em se tratando de conflito coletivo, quando frustrada ou recusada a negociação coletiva. Portanto, irrecusável sua admissão quando configurado o impasse.

Não há regras próprias, apenas aquelas da lei civil e comercial. Resta saber como proceder.

9.3. **Procedimento.** A arbitragem será de direito ou de equidade, a critério das partes, podendo essas, livremente, estabelecer as regras de direito a serem aplicadas, inclusive os princípios gerais de direito, usos e costumes, assegurado o respeito aos bons costumes e a ordem pública, consoante a expressão do § 1º do art. 2º da Lei n. 9.307.

Do compromisso constará a identificação das partes, dos árbitros ou a identificação da entidade incumbida da arbitragem, o local onde será proferido o laudo e, naturalmente, a matéria a ser enfrentada. No caso, os interesses coletivos aprovados pela assembleia e as razões que justificam a recusa à negociação ou a rejeição às reivindicações apresentadas, com a caracterização do impasse.

Na hipótese de conflito de interesses, em princípio, a solução arbitral não será de direito, mas de equidade, entendendo-se como tal o procedimento que se apoia numa visão da ordem econômica e social, a primeira fundada na valorização do trabalho, na livre-iniciativa, tendo por fim assegurar uma existência digna, conforme os ditames da justiça social, com base no primado do trabalho e como objetivo, além da justiça social, o bem-estar, atendendo o que a Constituição inscreveu nos arts. 170 e 193.

As partes, já no compromisso, definirão as regras a serem seguidas, que não serão necessariamente as da Lei n. 9.307, que se aproximam do procedimento judicial, sobre competência, suspeição, impedimento, nulidades, prazo para sua arguição, produção de provas, audiência, revelia, tomada de depoimentos pessoais, inquirição de testemunhas, condução coercitiva, realização de perícia, etc. Claro que muitas vezes será imprescindível a produção de provas, como para a constatação e apuração de lucros, mas sempre diante do que for acertado previamente pelas partes.

9.4. **Laudo arbitral**. O laudo arbitral, resolvidas as questões prejudiciais, terá relatório, fundamentação para análise das questões de fato e de direito e dispositivo, em que serão resolvidas as questões submetidas ao juízo, e, se for o caso, com fixação de prazo para cumprimento da decisão. A sentença, ainda, decidirá sobre a responsabilidade das partes acerca das custas e despesas e, eventualmente, sobre verba decorrente da litigância de má-fé. Comporta também a correção de erro material, esclarecimento a propósito de obscuridade, dúvida, contradição, além de pronunciamento sobre ponto omitido. A sentença produz entre as partes os mesmos efeitos de uma decisão judicial, constituindo-se título executivo. Poderá o Poder Judiciário, mediante provocação da parte, pronunciar sua nulidade, hipótese em que determinará ao árbitro (ou tribunal) que profira novo laudo, podendo a nulidade também ser arguida não mediante embargos do devedor, como previsto no art. 33, § 3º da lei, mas na defesa frente a uma ação de cumprimento.

Enfim, um processo particular, à margem do Estado. A privatização do Poder Judiciário.

10. **Conclusão**. A arbitragem chega quando perde importância nos países onde é praticada. Na França, por exemplo, nunca foi utilizada para resolver os conflitos coletivos de trabalho, como atestam Sebastião Antunes Furtado, Jean-Chistophe Sciberras, Cláudia Antunes Lopes Trancozo e Rômulo Silveira da Rocha Sampaio.[437]

No Brasil, não se tem conhecimento de sua utilização pelos sindicatos, até porque contendem capital e trabalho e a disputa não se encerra com o laudo, mas se renova enquanto persistir a desigualdade social e econômica. E a disputa, além do mais, tem componente essencialmente político, que empolga diferentemente na conformidade ideológica assumida.[438]

Adverte Efrén Cordova, técnico da OIT, passando em revista a prática nos principais países da Europa, inclusive Itália e Espanha, bem assim nos Estados Unidos e no Japão: "a arbitragem trabalhista vem decaindo nos últimos anos e seu uso se faz cada vez mais raro nos conflitos de natureza econômica ocorridos nos países industrializados. A função arbitral, na sua perspectiva, que antes parecia prioritária, vem perdendo importância em quase todos os países. "Pode-se hoje inclusive falar de seu ocaso", substituída pela conciliação, "através de funcionários especializados, que gozam de independência e têm garantia de carreira". A arbitragem nos Estados Unidos, nos diz, só é importante "em relação aos conflitos jurídicos, 90% dos contratos coletivos que lá se concluem preveem um sistema privado de solução paritária das reclamações, que, na hipótese de insucesso, se resolvem pela arbitragem de um terceiro, escolhido pelas partes. Mas, nos conflitos de natureza econômica, a arbitragem voluntária só tem relevância em bem poucos casos".[439]

O tempo dará a exata dimensão de sua aplicação ou rejeição. No primeiro caso, possível desde logo adivinhar que em tudo seguirá a linha das decisões da Justiça do Trabalho proferidas nos dissídios coletivos, determinando o reajustamento dos salários em conformidade com os índices oficiais indicativos da inflação, mantendo as condições preexistentes, acompanhando seus precedentes

(437) *Solução dos conflitos coletivos de trabalho no setor privado* (estudos dos sistemas do Brasil e da França). Minas Gerais: Genesis, 2004. p. 136.

(438) No dia a dia, distante da teorização, os advogados de sindicatos brincavam: Indico o Walter Barelli (então, diretor técnico do DIEESE), dizia o defensor dos trabalhadores. E eu, o Delfim Neto, retrucava o patronal. Que tal então D. Paulo Evaristo Ans, voltava o primeiro? Resposta final: Nem pensar!

(439) O caso da arbitragem nos conflitos coletivos. In: *Relações coletivas do trabalho*. São Paulo: LTr, 1989. p. 562/571.

11.2. SOLUÇÃO JURISDICIONAL (DISSÍDIO COLETIVO)

Sumário: 1. Introdução. 2. Disciplinação constitucional. 3. Disciplinação legal. 4. Conceituação. 5. Espécies. 5.1. Dissídio coletivo de natureza econômica. 5.2. Dissídio coletivo jurídico. 5.3. Dissídio coletivo decorrente de greve em atividade essencial. 6. Processo de dissídio coletivo. 6.1. Natureza. 6.2. petição inicial. 6.3. Ajuizamento de comum acordo. Pressuposto processual ou nova modalidade de dissídio coletivo. 6.4. Juízo competente. 6.5. Legitimação ativa e passiva. 6.6. Oposição. 6.7. Protesto. 7. Conciliação. 8. Instrução. 9. Julgamento. 10. Sentença normativa. 11. Conteúdo. 12. Efeitos. 12.1. Efeito suspensivo. 13. Recursos. 14. Extensão. 15. Revisão. 16. Duração e eficácia.

1. **Introdução**. O dissídio coletivo entrou para nosso ordenamento jurídico em 1932, com a criação das Comissões Mistas de Conciliação (Decreto n. 21.396, de 12.5.1932), pouco antes do surgimento das Juntas de Conciliação e Julgamento (Decreto n. 22.132, de 25.11.1933). A Constituição da República (de 1891, emendada em 1926) não continha normas sobre direitos sociais. As Comissões Mistas surgiram para dirimir dissídios entre empregados e empregadores, mediante arbitramento, tanto assim que o diploma estabelecia: "Verificada a impossibilidade de conciliação, do que igualmente se lavará ata, por todos assinada, o presidente da Comissão proporá às partes submeter o litígio à juízo arbitral". "Aceito o alvitre, assumirão os dissidentes o compromisso, em ata por todos assinada, de cumprir, sem restrições, o laudo que for proferido". "Do laudo deverão constar, além do compromisso das partes pela sua fiel execução, as circunstâncias e os motivos que determinaram o dissídio entre empregadores e empregados". Não sendo aceita a proposta de conciliação e recusado o juízo arbitral por uma das partes, encerrava-se a instância, ficando o conflito sem decisão. Até aí, tinha-se forma de arbitragem facultativa; todavia, podia o Ministro nomear uma comissão "que sobre o dissídio proferirá o seu laudo". As comissões eram absolutamente inoperantes, só funcionando vez ou outra.

Com a criação do Ministério do Trabalho, Indústria e Comércio, em novembro de 1930, Getúlio Vargas cumpriu a promessa de realizar seu programa de renovação social, e logo reconheceu a convenção coletiva com o Decreto n. 21.761, de 23 de agosto de 1932.

A Justiça do Trabalho nasceu com a criação das Comissões Mistas de Conciliação, por meio dos Decretos ns. 21.396, voltadas para os conflitos coletivos, e 22.132, os litígios individuais.

A Carta de 1937, notadamente corporativista, criou o Conselho de Economia Nacional, composto de representantes dos vários ramos da produção nacional, designados pelas associações ou pelos sindicatos de empregados e de empregadores; tinha como atribuição principal promover a organização corporativa da economia nacional e também editar normas reguladoras dos contratos coletivos de trabalho entre os sindicatos da mesma categoria da produção ou entre associações representativas de duas ou mais categorias (arts. 57 e 61, alíneas *a* e *c*). O art. 139 declarava a greve recurso antissocial, nociva ao trabalho e ao capital, incompatível com os superiores interesses da produção nacional, e instituía a Justiça do Trabalho para dirimir os conflitos oriundos das relações entre empregadores e empregados, reguladas pela legislação social. De tal modo, é fácil concluir que deixava os sindicatos em papel secundário quando tivessem de defender os interesses de seus representados.

Com o fim da Segunda Guerra, caiu a ditadura Vargas, iniciando-se a redemocratização do país. A Constituição de 1946, em seu art. 123, deu competência à Justiça do Trabalho para conciliar e julgar os dissídios coletivos, dispondo o § 2º que "a lei especificará os casos em que as decisões nos dissídios coletivos poderão estabelecer normas e condições de trabalho". A Constituição de 1967 repetiu o texto quase literalmente, que não foi afetado pela Emenda de 1969.[440]

Depois, a Constituição de 1988 ampliou extraordinariamente a competência da Justiça do Trabalho para conciliar e julgar os dissídios coletivos entre trabalhadores e empregadores, abrangidos os entes de direito público externo e da administração pública direta e indireta dos Municípios, do Distrito Federal, dos Estados e da União (art. 114), podendo estabelecer normas e condições (*idem*, § 2º).

Finalmente a Emenda n. 45, de 8 de dezembro de 2004, manteve o poder normativo e o dissídio coletivo, mas com outro figurino, para arbitrar a solução do conflito.

2. Disciplinação constitucional. O art. 114 emendado deixou de especificar genericamente a competência da Justiça do Trabalho "para conciliar e julgar os dissídios individuais e coletivos entre trabalhadores e empregadores,

(440) Arts. 134, § 1º, e 142, § 2º na Emenda.

abrangidos os entes de direito público externo e da administração direta e indireta dos Municípios, do Distrito Federal, dos Estados e da União, e, na forma da lei, outras controvérsias decorrentes da relação de trabalho, bem como os litígios que tenham origem no cumprimento de suas próprias sentenças, inclusive coletivas", dispondo por ordem numérica o elenco de competências. Foi mantido o § 1º: Frustrada a negociação coletiva, as partes poderão eleger árbitros.

Já o § 2º, dirigido para o dissídio coletivo, foi posto nestes termos:

> "Recusando-se qualquer das partes à negociação coletiva ou à arbitragem, é facultado às mesmas, de comum acordo, ajuizar dissídio coletivo de natureza econômica, podendo a Justiça do Trabalho decidir o conflito, respeitadas as disposições mínimas legais de proteção ao trabalho, bem como as convencionadas anteriormente."[(441)]

E foi acrescentado o § 3º com a seguinte redação:

> "Em caso de greve em atividade essencial, com possibilidade de lesão do interesse público, o Ministério Público do Trabalho poderá ajuizar dissídio coletivo, competindo à Justiça do Trabalho decidir o conflito."

A alteração substancial foi, pois, a configuração do dissídio coletivo como processo especial, próximo da arbitragem, que exige a concorrência de vontades das partes em conflito, exceto em caso de greve, quando o ajuizamento será de competência exclusiva do Ministério Público do Trabalho.

Todavia, manteve-se o inciso III do art. 8º da Constituição, que confere às entidades sindicais, como prerrogativa/dever, a defesa de interesses coletivos em questões judiciais, significando isso sua legitimação para o ajuizamento do dissídio coletivo de trabalho:

> "ao sindicato cabe a defesa dos direitos e interesses coletivos ou individuais da categoria, inclusive em questões judiciais ou administrativas."

Para alguns teorizadores, poucos, a defesa dos interesses coletivos em questões judiciais atrai a garantia inscrita no inciso XXXVI do art. 5º da Constituição:

> "a lei não excluirá da apreciação do Poder Judiciário lesão ou ameaça a direito."

3. **Disciplinação legal**. Enquanto mantido o dissídio coletivo, com ele se mantém a disciplinação dada pelo pouco que restou da Consolidação das Leis do Trabalho e da Lei n. 10.192, de 2001.

---

(441) A redação anterior do § 2º era esta: Recusando-se qualquer das partes à negociação ou à arbitragem, é facultado aos respectivos sindicatos ajuizar dissídio coletivo, podendo a Justiça do Trabalho estabelecer normas e condições, respeitadas as disposições convencionais e legais mínimas de proteção ao trabalho.

O art. 856 já perdera eficácia em 1967 quando o Decreto-lei n. 229 acrescentou à CLT o § 2º do art. 616 para só admitir a instauração do dissídio coletivo pelos sindicatos ou pelas empresas interessadas, perdendo o presidente do Tribunal a competência para fazê-lo de ofício sempre que ocorresse a suspensão do trabalho.(442) Adiante, o art. 114 da Constituição de 1988 seguiu nesta linha e com ele a Lei n. 10.192, de 2001. Quanto ao Ministério Público do Trabalho, no caso de greve, sua prerrogativa ficou limitada à hipótese de comprometimento de atividade ou serviços essenciais, conforme a atribuição que lhe deu o inciso VIII do art. 83 da Lei Complementar n. 75, de 1993:

> "Compete ao Ministério Público do Trabalho o exercício das seguintes atribuições junto aos órgãos da Justiça do Trabalho:
>
> VIII — instaurar instância em caso de greve, quando a defesa da ordem jurídica ou o interesse público assim o exigir."

Recusada a mediação ou não sendo alcançado o entendimento entre as partes será lavrada ata contendo as causas motivadoras do conflito e as reivindicações, a qual instruirá a petição inicial, na forma do art. 10, § 4º, da Lei n. 10.192:

> "Não alcançado o entendimento entre as partes, ou recusando-se qualquer delas à mediação, lavrar-se-á ata contendo as causas motivadoras do conflito e as reivindicações de natureza econômica, documento que instruirá a representação para o ajuizamento do dissídio coletivo."

Quando o art. 857 refere-se com impropriedade a associações sindicais, induvidosamente tem presente apenas as organizações sindicais legitimadas, isto é, os sindicatos, substituídos, quando inexistentes, pelas federações, e à sua falta, pelas confederações. Sobrevive, assim, com essa visão o parágrafo único:

> "A representação para instaurar a instância em dissídio coletivo constitui prerrogativa das associações sindicais, excluídas as hipóteses aludidas no art. 856, quando ocorrer suspensão do trabalho.
>
> Parágrafo único. Quando não houver sindicato representativo da categoria econômica ou profissional, poderá a representação ser instaurada pelas federações correspondentes e, na falta destas, pelas confederações respectivas, no âmbito de sua representação."

E representação observará as determinações dos arts. 858 da CLT e 12 da Lei n. 10.192:

---

(442) CLT, art. 856. A instância será instaurada mediante representação escrita ao Presidente do Tribunal. Poderá ser também instaurada por iniciativa do presidente, ou, ainda, a requerimento da Procuradoria da Justiça do Trabalho, sempre que ocorrer suspensão do trabalho.

CLT, art. 616, § 2º No caso de persistir a recusa à negociação coletiva, pelo desatendimento às convocações feitas pelo Departamento Nacional do Trabalho ou órgãos regionais do Ministério do Trabalho ou se malograr a negociação entabulada, é facultada aos Sindicatos ou empresas interessadas a instauração de dissídio coletivo.

"A representação será apresentada em tantas vias quantos forem os reclamados e deverá conter:

a) designação e qualificação dos reclamantes e dos reclamados e a natureza do estabelecimento ou do serviço;

b) os motivos do dissídio e as bases da conciliação (CLT. art. 858)

No ajuizamento do dissídio coletivo, as partes deverão apresentar, fundamentadamente, suas propostas finais, que serão objeto de conciliação ou deliberação do Tribunal, na sentença normativa." (Lei n. 10.192, art. 12)

Quanto à disciplinação da assembleia, antes traçada no art. 859(443), já se assentou que a mesma em tudo seguirá a previsão estatutária:

Ficou superada em parte a disposição do art. 860 e no total a de seu parágrafo único. Recebida a representação inicial, será designada audiência de conciliação, sendo facultado ao empregador fazer-se representar por preposto que tenha conhecimento dos fatos e cujas declarações obrigarão a parte, tal como se contém no art. 861:

"Recebida e protocolada a representação, e estando na devida forma, o Presidente do Tribunal designará a audiência de conciliação, dentro do prazo de 10 (dez) dias, determinando a notificação dos dissidentes, com observância do disposto no art. 841 (art. 860).

É facultado ao empregador fazer-se representar na audiência pelo gerente, ou por qualquer outro preposto que tenha conhecimento do dissídio, e por cujas declarações será sempre responsável (art. 861).

Recebida e protocolada a reclamação, o escrivão ou chefe de secretaria, dentro de 48 (quarenta e oito) horas, remeterá a segunda via da petição, ou do termo, ao reclamado, notificando-o ao mesmo tempo, para comparecer à audiência de julgamento, que será a primeira desimpedida, depois de 5 (cinco) dias.

§ 1º A notificação será feita em registro postal com franquia. Se o reclamado criar embaraços ao seu recebimento ou não for encontrado, far-se-á a notificação por edital, inserto no jornal oficial ou no que publicar o expediente forense, ou, na falta, afixado na sede da Junta ou Juízo." (art. 841)

Na audiência, o juiz instrutor procurará aproximar as partes da conciliação, e não sendo essa obtida, submeterá a elas a solução que lhe pareça capaz de resolver o conflito:

"Na audiência designada, comparecendo ambas as partes ou seus representantes, o Presidente do Tribunal as convidará para se pronunciarem sobre as bases da

(443) Art. 859. A representação dos sindicatos para instauração da instância fica subordinada à aprovação de assembleia, da qual participem os associados interessados na solução do dissídio coletivo, em primeira convocação, por maioria de 2/3 (dois terços) dos mesmos, ou, em segunda convocação, por 2/3 (dois terços) dos presentes.

conciliação. Caso não sejam aceitas as bases propostas, o Presidente submeterá aos interessados a solução que lhe pareça capaz de resolver o dissídio." (CLT, art. 860)

Havendo acordo, esse será levado à homologação pelo Tribunal, através de sua composição plena ou da Seção Especializada. Do contrário, ou no caso de revelia, mesmo de ambas as partes, o processo será submetido a julgamento, ouvido o Ministério Público do Trabalho. Poderá o juiz instrutor, diretamente, ou o presidente da Seção, mediante solicitação do relator, conforme estabelecer o Regimento Interno, determinar a realização de diligências para melhor instrução do processo:

> "Na audiência designada, comparecendo ambas as partes ou seus representantes, o Presidente do Tribunal as convidará para se pronunciarem sobre as bases da conciliação. Caso não sejam aceitas as bases propostas, o Presidente submeterá aos interessados a solução que lhe pareça capaz de resolver o dissídio." (CLT, art. 862)
>
> "Havendo acordo, o Presidente o submeterá à homologação do Tribunal na primeira sessão." (art. 863)

A conciliação ficou comprometida pelo autoritarismo da Lei n. 10.192, que no art. 13 veda nos acordos, nas convenções e também nos dissídios coletivos, afetando seriamente o poder normativo da Justiça do Trabalho, a estipulação ou fixação de cláusula de reajustamento ou correção salarial automática vinculada a índice de preços, além de exigir que os aumentos concedidos a título de produtividade sejam justificados:

> "Não havendo acordo, ou não comparecendo ambas as partes ou uma delas, o presidente submeterá o processo a julgamento, depois de realizadas as diligências que entender necessárias e ouvida a Procuradoria." (art. 864).
>
> "No acordo ou convenção e no dissídio, coletivos, é vedada a estipulação ou fixação de cláusula de reajuste ou correção salarial automática vinculada a índice de preços.
>
> § 1º Nas revisões salariais na data-base anual, serão deduzidas as antecipações concedidas no período anterior à revisão.
>
> § 2º Qualquer concessão de aumento salarial a título de produtividade deverá estar amparada em indicadores objetivos." (Lei n. 10.192, art. 13).

A decisão que se proferir deverá, como qualquer outra, ser fundamentada, sob pena de nulidade, diante da determinação do art. 93, inciso XI, da Constituição. Mas deverá, como exige o art. 12 da Lei n. 10.192 em seu § 1º, em seu conjunto, traduzir a justa composição do conflito de interesses das partes e guardar adequação com o interesse da coletividade, significando isso que as propostas finais das partes nem sempre orientarão o julgador, constituindo, unicamente, a alteração das reivindicações aprovadas na assembleia dos trabalhadores e a resistência patronal que deu causa ao impasse.

"A decisão que puser fim ao dissídio será fundamentada, sob pena de nulidade, deverá traduzir, em seu conjunto, a justa composição do conflito de interesses das partes, e guardar adequação com o interesse da coletividade."

O § 1º do art. 12 implicou na derrogação do art. 766 da CLT, que determinava o estabelecimento, em dissídios sobre estipulação de salários, de condições que equilibrassem as relações entre capital e trabalho.[444]

De resto, a revisão dos salários será sempre anual, na data-base, compensadas as antecipações concedidas no período anterior, tudo na conformidade do consignado no § 1º do art. 13 da Lei n. 10.192:

"Nas revisões salariais na data-base anual, serão deduzidas as antecipações concedidas no período anterior à revisão."

Sem maior expressão, simples cautela de ordem interna, persistem os arts. 865 e 866. O último conforma-se hoje com a disposição regimental, perdendo importância diante da facilidade de locomoção e do avanço tecnológico, capaz de permitir a realização de audiência a distância.

"Sempre que, no decorrer do dissídio, houver ameaça de perturbação da ordem, o presidente requisitará à autoridade competente as providências que se tornarem necessárias." (art. 865)

"Quando o dissídio ocorrer fora da sede do Tribunal, poderá o presidente, se julgar conveniente, delegar à autoridade local as atribuições de que tratam os arts. 860 e 862. Nesse caso, não havendo conciliação, a autoridade delegada encaminhará o processo ao Tribunal, fazendo exposição circunstanciada dos fatos e indicando a solução que lhe parecer conveniente." (art. 866)

O art. 867 foi derrogado pelo § 2º do art. 12 da Lei n. 10.192, para entender-se que as partes serão intimadas da decisão através da publicação do acórdão no órgão oficial, sendo dispensada a notificação postal. Todavia, o parágrafo único do art. 867 da CLT determina a vigência da norma coletiva: a) "a partir da data de sua publicação, quando ajuizado o dissídio coletivo, após o prazo do art. 616, § 3º", isto é, após o vencimento do prazo de duração da norma revisanda, "ou quando não existir acordo, convenção ou sentença normativa em vigor na data do ajuizamento; b) a partir do dia imediato ao termo final de vigência do acordo, convenção ou sentença normativa, quando ajuizado o dissídio no prazo do art. 616, § 3º".

"A sentença normativa deverá ser publicada no prazo de quinze dias da decisão do Tribunal." (Lei n. 10.192, art. 12, § 2º)

"Da decisão do Tribunal serão notificadas as partes, ou seus representantes, em registrado postal, com franquia, fazendo-se, outrossim, a sua publicação no jornal oficial, para ciência dos demais interessados.

(444) Nos dissídios sobre estipulação de salários, serão estabelecidas condições que, assegurando justos salários aos trabalhadores, permitam também justa retribuição às empresas interessadas.

Parágrafo único. A sentença normativa vigorará:

a) a partir da data de sua publicação, quando ajuizado o dissídio após o prazo do art. 616, § 3º, ou, quando não existir acordo, convenção ou sentença normativa em vigor, da data do ajuizamento;

b) a partir do dia imediato ao termo final de vigência do acordo, convenção ou sentença normativa, quando ajuizado o dissídio no prazo do art. 616, § 3º." (CLT, art. 867).

"Havendo convenção, acordo ou sentença normativa em vigor, o dissídio coletivo deverá ser instaurado dentro dos 60 (sessenta) dias anteriores ao respectivo termo final, para que o novo instrumento possa ter vigência no dia imediato a esse termo." (CLT,. art. 616, § 3º)

Se bem que a rigidez do dispositivo perdeu em parte seu efeito maldoso, entendendo-se que, sendo aceita a proposta de negociação e aberto o diálogo entre as partes, tacitamente fica garantida a data-base. Ademais, é possível dar ao art. 10 da Lei n. 10.192 interpretação no sentido de as datas-bases terem sido preservadas:

"Os salários e as demais condições referentes ao trabalho continuam a ser fixados e revistos, na respectiva data-base anual, por intermédio da livre negociação coletiva."

Da decisão proferida caberá recurso ordinário, podendo o Presidente do Tribunal Superior do Trabalho imprimir-lhe por despacho efeito suspensivo.

"O recurso interposto de decisão normativa da Justiça do Trabalho terá efeito suspensivo, na medida e extensão conferidas em despacho do Presidente do Tribunal Superior do Trabalho." (Lei n. 10.192, art. 14)

Os arts. 868 a 871 há muito deixaram nosso ordenamento jurídico, como se verá adiante.

O cumprimento das decisões não se alinha com a regra traçada no art. 872 e seu parágrafo único, pois o inciso III do art. 8º da Constituição deu grandeza à substituição processual, permitindo que toda e qualquer cláusula da sentença normativa possa ser exigida de imediato, a menos que seus efeitos sejam suspensos na forma do art. 13 da Lei n. 10.192.

A revisão de sentença normativa, tal como tratada no art. 873, só será admitida quando o prazo de sua duração for além de doze meses, contrariando a jurisprudência já pacificada. Para tanto, indispensável a solicitação conjunta das partes, não tendo legitimação para tanto nem o Tribunal diretamente ou o Ministério Público do Trabalho nem as empresas representadas pelo sindicato patronal quando esse tiver figurado na ação. Mas, sendo proposta, o julgamento caberá ao Tribunal, tudo consoante os textos dos arts. 874 e 875.

"A revisão poderá ser promovida por iniciativa do Tribunal prolator, da Procuradoria da Justiça do Trabalho, das associações sindicais ou de empregador ou empregadores interessados no cumprimento da decisão." (CLT, art. 874)

"A revisão será julgada pelo Tribunal que tiver proferido a decisão, depois de ouvida a Procuradoria da Justiça do Trabalho." (CLT. art. 875)

4. **Conceituação**. Dissídio é conflito na espécie, conflito do trabalho, mas coletivo, logo, de grupo profissional, envolvendo não um direito negado, mas interesses, portanto, reivindicações que não possuem embasamento legal ou o possuem, mas insuficiente para atender às necessidades básicas dos trabalhadores.

Possível, também, que sejam interesses econômicos, do grupo empresarial, de uma ou mais empresas.

No sistema brasileiro, fica próximo da arbitragem, mas de um conflito de interesses que não foi resolvido pelas partes, como forma de heterocomposição, através da atuação jurisdicional.

Pode-se, pois, conceituar o dissídio coletivo como ação especial, através da qual as partes em conflito submetem suas posições diante dos interesses resistidos, à solução jurisdicional a cargo da Justiça do Trabalho.

5. **Espécies**. Pacificou-se na doutrina que os dissídios classificam-se em dois tipos: a) econômicos ou de interesses; b) declaratórios ou jurídico. O Regimento Interno do Tribunal Superior do Trabalho foi além, adotando a seguinte classificação: a) de natureza econômica; b) de natureza jurídica; c) originários; d) de revisão; e) de declaração sobre a paralisação do trabalho decorrente de greve dos trabalhadores.[445] No Tribunal da Segunda Região criou-se o dissídio em função do estado de greve.

5.1. **Dissídio coletivo de natureza econômica**. Apesar de sua notória impropriedade, a denominação foi incorporada ao nosso sistema e o dissídio econômico passou a ser o comum, em função da uma data-base, ainda que não se restrinja a condições meramente econômicas, como aumento salarial, fixação ou correção do salário piso, reajustamento de suplementos remuneratórios, tais como gratificações, etc., mas também a outras, voltadas para a complementação dos contratos individuais de trabalho, dispondo sobre jornadas, repousos, garantias de emprego, etc. O tema, agora, para uns já não comporta discussões, pois o art. 114 da Constituição, no § 2º, só teria contemplado o dissídio coletivo de natureza econômica; para outros, abre-se espaço para novas indagações e disputas.

Os interesses coletivos podem ser enfeixados conforme sua natureza: a) econômica propriamente dita, isto é, reajustamento dos salários; fixação ou correção do piso salarial; de suplementos remuneratórios, como vale-refeição, diárias para viagens, etc.; b) complementares das relações de trabalho, tais como duração da jornada, inclusive quando se tratar de turnos

(445) Art. 313.

ininterruptos de revezamento, escala de folgas, abono de faltas, gozo de férias; c) garantias de emprego, dentre outras, do trabalhador em idade de convocação para o serviço militar, do enfermo, às vésperas da aposentação, do acidentado com sequelas irreversíveis; d) saúde, higiene e segurança do meio ambiente de trabalho, destacando-se a constituição de comissões técnicas paritárias para atuarem de modo a neutralizar ou eliminar os agentes agressivos, instalação de bebedouros de água potável; plantão ambulatorial noturno; fornecimento gratuito de medicamentos aos vitimados por acidentes do trabalho ou moléstia profissional, treinamento e informações sobre riscos ambientais; direito de recusa ao trabalho em razão de risco grave ou iminente; convênios médicos; acesso do trabalhador aos resultados de seus exames médicos periódicos; e) relações sindicais, especialmente quadro de avisos do sindicato nos locais de trabalho, livre ingresso dos dirigentes no âmbito da empresa para contato com os trabalhadores, participação sindical na convocação e realização de eleições para composição das Comissões Internas de Prevenção de Acidentes do Trabalho; f) cláusulas de formalização e acertamento, ação de cumprimento, prazo de duração, início de vigência.

Distinguem-se reajustamento salarial e aumento real que a Lei n. 10.192 denomina aumento a título de produtividade. O reajustamento simplesmente recompõe o valor nominal dos salários, afetado pela inflação. Até 1965, com o advento da Lei n. 4.725, a negociação era aparentemente livre e da mesma forma os Tribunais para arbitrarem o salário justo. A intervenção estatal revelava-se indiretamente, sempre através do Ministério do Trabalho, que munia seu setor de estatística, o SEPT —, Serviço de Estatística da Previdência e do Trabalho, para divulgar índices que se situavam abaixo da inflação real, levantada por outras instituições. Até que o DIEESE —, Departamento Intersindical de Estatística e Estudos Socioeconômicos —, criado pelo movimento sindical operário, com seus bravos técnicos —, José Albertino Rodrigues, Lenina Pomaranz, Walter Barelli e outros —, passou a apresentar índices mais próximos da realidade, o Índice do Custo de Vida (ICV). A Justiça do Trabalho, todavia, invariavelmente, valia-se dos oficiais. Depois, a política salarial do governo, criou em laboratórios dos Ministérios da Fazenda e do Planejamento, sempre com a conivência do Ministério do Trabalho, não mais índices apenas, mas também fórmulas, provocando o chamado "arrocho salarial", ou seja, reajustamentos autorizados, sempre inferiores a inflação reconhecida. E a Justiça do Trabalho outra coisa não fez senão segui-las rigorosamente. Por último, adotou-se o Índice Nacional de Preços ao Consumidor (INPC) do Instituto Brasileiro de Geografia e Estatística (IBGE) para medir a inflação dos doze meses anteriores à data-base.

Quanto ao aumento real, efetivo e, portanto, independente da perda inflacionária, a Lei n. 6.708, de 1979, deu legalização ao que não passava de criação normativa da Justiça do Trabalho, instituindo o chamado aumento a título de produtividade. Mas produtividade tinha a ver com o mercado consumidor, com a competitividade entre as empresas e também com o comércio internacional, e, assim, não se conseguiu conceituá-la, apesar dos esforços de Walter Barelli, que idealizou o aumento de produtividade agregado, considerando o empenho do trabalhador na produção. Diante da falta de identidade do qualificativo, o Tribunal Superior do Trabalho preferiu adotar um índice único, indiferente à natureza da atividade econômica e da especificidade da categoria profissional, fixando-o em 4%.[446]

O piso salarial foi também criação dos sindicatos, procurando elevar o nível do salário mínimo, vital e baixo. O nome não era bem visto e o Tribunal Superior do Trabalho acabou por denominá-lo salário normativo. Mas com o primeiro foi incluído na Instrução n. 1, de 1966, determinando seu valor pela aplicação de 1/12 do índice de reajustamento global para cada mês ou fração igual ou superior a 15 dias, desde a data-base até a data de vigência da norma, incidente sobre o salário mínimo em vigor. Adiante, o Tribunal Superior do Trabalho mudou o rumo de sua jurisprudência para só reajustar o salário normativo preexistente, pelo mesmo índice do reajustamento decretado.

Finalmente, a Constituição, no inciso V do art. 8º, incluiu como direito social o piso salarial proporcional à extensão e complexidade do trabalho.

5.2. **Dissídio coletivo jurídico.** O dissídio coletivo de natureza jurídica não seria simples sucedâneo da solução cômoda de uma qualquer controvérsia de interpretação, mas, necessariamente, um conflito coletivo resultante de disputa quanto à interpretação de cláusula convencional, regulamento interno ou até dispositivo de lei específico do grupo interessado, sempre diante de um caso concreto.

Sua finalidade, portanto, consiste na interpretação do direito, mas frente a um conflito estabelecido, e na presença de interesses coletivos, ou seja, a declaração da existência ou inexistência de uma relação jurídica.

O texto constitucional, contudo, literalmente, como já assinalado, só prevê o dissídio coletivo de natureza econômica. Desse modo, em princípio, o conflito simplesmente jurídico terá de ser resolvido por outro meio, mediante ação declaratória comum, proposta no Tribunal Regional, seguindo a mesma linha de entendimento que justificou o ajuizamento da ação anulatória de cláusula de acordo ou convenção coletiva. E com efeito, tratando-se de declaração fundada em cláusula de sentença normativa, não seria razoável permitir sua interpretação por juiz de grau inferior, e, sendo assim, o mesmo tratamento seria indispensável quando envolvesse cláusula com igual efeito, ajustada em acordo ou convenção coletiva de trabalho. Nessa linha, a uniformização

(446) O Tribunal Regional de São Paulo, da mesma forma, sem nenhum apoio fático ou científico, fixou o índice em 7%.

se torna insuperável, devendo a ação declaratória coletiva assumir configuração própria e especial para também compreender dissídio fundado em norma de regimento interno ou texto de lei específico da categoria profissional ou da atividade econômica.

Não se esqueça, contudo, que, antes da Emenda Constitucional n. 45, o art. 114 não se referia a dissídio de natureza jurídica. Portanto, enquanto existir o dissídio coletivo, é possível que a divergência de interpretação de cláusula de acordo ou convenção coletiva, de sentença normativa, de laudo arbitral, de regimento interno da empresa e mesmo de lei específica do grupo profissional provoque a configuração de conflito coletivo cuja solução exija o ajuizamento de uma ação declaratória que será, mesmo com outro nome, o dissídio coletivo jurídico.

5.3. **Dissídio decorrente de greve em atividade essencial**. O art. 856 da CLT permitia que a iniciativa de instauração do dissídio partisse do presidente do Tribunal, de ofício, ou a requerimento do Ministério Público do Trabalho na ocorrência de greve. A Constituição, no art. 114, em sua redação originária, só reconheceu os sindicatos como legitimados para o ajuizamento do dissídio.

Quanto ao Ministério Público do Trabalho, a omissão do texto constitucional foi superada pela Lei Complementar n. 75, de 20 de maio de 1993, que lhe outorgou competência para instaurar a instância em caso de greve, quando a defesa da ordem jurídica ou o interesse público assim o exigir (art. 83, VIII). A hipótese supõe necessariamente a greve abusiva que possa afetar o interesse público, já que a ordem jurídica pode conviver com a greve em atividade essencial. E não há como dissociar as duas situações, porque a Constituição não veda a greve nas atividades essenciais, exigindo apenas que seja garantida a prestação dos serviços indispensáveis ao atendimento das necessidades inadiáveis da comunidade. Assim, se o movimento é legítimo, decretado por assembleia regular, tendo as partes envolvidas definido, de comum acordo, a manutenção dos serviços sem os quais ficariam comprometidas a sobrevivência, a saúde ou a segurança da população[(447)], não é dado ao Ministério Público do Trabalho agir.

Segundo o § 3º do art. 114 da Constituição, "em caso de greve em atividade essencial, com possibilidade de lesão do interesse público, o Ministério Público do Trabalho poderá ajuizar o dissídio coletivo, competindo à Justiça do Trabalho decidir o conflito".

No caso, o Ministério Público do Trabalho promoverá diretamente a instauração do dissídio, sendo citados para integrar o processo todos os

---

(447) Lei n. 7.783, de 1989, art. 11, parágrafo único. São necessidades inadiáveis da comunidade aquelas que, não atendidas, coloquem em perigo iminente a sobrevivência, a saúde ou a segurança da população.

conflitantes, sindicato profissional e empresa, empresas ou o sindicato patronal, conforme o caso. Na defesa da ordem jurídica, só poderá exigir o cumprimento das normas legais de proteção da sociedade ou mais, propriamente, da garantia dos serviços fundamentais da população, mas sem tolher o exercício do direito de greve, atendendo unicamente à ressalva do § 2º do art. 9º da Constituição. Não terá, assim, legitimidade para impugnar as reivindicações que deram causa ao conflito. Mas se nessa situação a Justiça do Trabalho decidirá o conflito, que não se reduz à suspensão do trabalho, mas também ao impasse criado pelo desatendimento das reivindicações, será imprescindível a citação da empresa ou do sindicato representante do segmento envolvido para que intervenha no processo e defenda suas razões, na qualidade de litisconsorte necessário. E assim também do sindicato profissional.

6. Processo de dissídio coletivo.

6.1. **Natureza**. Bem ou mal, dissídio coletivo é a denominação tradicional que tem a ação coletiva de interesses; constituindo, portanto, um processo. Nesse sentido, toda a disciplinação contida na CLT com as alterações advindas da Lei n. 10.192, de 2001. A propósito, o art. 624, § 4º, refere-se a processo de dissídio coletivo. Ademais, o art. 114 da Constituição Federal adotara implicitamente ação de dissídio coletivo, colocando-a no mesmo plano da ação individual. Que se trata de ação, não há dúvida, até porque esgota-se com a prestação jurisdicional, representada por uma sentença passível de revisão recursal. No seu projeto de Código de Processo do Trabalho, Mozart Victor Russomano denominou-a ação de dissídio coletivo. João Carlos de Araújo prefere ação coletiva de trabalho.[448] Wilson de Souza Campos Batalha enquadra-a juntamente com a substituição processual na ação sindical judiciária, entendendo que seria o tipo processual destinado à fixação de normas categoriais quando exista interesse específico da categoria que não possa ser satisfeito através dos procedimentos de negociação coletiva.[449] De sua parte, Amauri Mascaro Nascimento refere-se a processo judicial destinado à solução dos conflitos coletivos.[450]

6.2. **Petição inicial**. Na redação dada pelo art. 856 da CLT, a instância era instaurada mediante representação escrita — a petição inicial — por iniciativa de qualquer uma das partes envolvidas nas negociações coletivas, sindicato profissional ou patronal, empresa ou grupo de empresas, dirigida ao presidente do Tribunal Regional do Trabalho, não existindo, dessa forma, o dissídio verbal, passível de redução a termo. O art. 114, da mesma forma, facultou seu ajuizamento, na linha equivocada do inciso VI do art. 8º, "aos respectivos sindicatos", no caso de recusa das partes "à negociação ou à

(448) *Op. cit.*, p. 9.
(449) *Sindicatos*, cit., p. 173.
(450) *Direito sindical*, cit., p. 322.

arbitragem", e obviamente, no caso de malogro das negociações, o ajuizamento do dissídio.

Suscitante é aquele que promove e suscitado contra quem é promovida alguma coisa. Por conseguinte, a valer a interpretação literal do § 2º do art. 114, com a redação dada pela Emenda Constitucional n. 45, no dissídio coletivo já não haveria suscitante e suscitado, mas apenas suscitantes.

A representação deve conter a designação e a qualificação das partes (sindicatos profissionais, econômicos ou, conforme o caso, empresa ou empresas), os motivos do dissídio e as bases da conciliação (CLT, art. 858). A Lei n. 10.192 determinou que, no ajuizamento do dissídio, as partes apresentem fundamentadamente suas propostas finais que serão objeto de conciliação ou deliberação do Tribunal.

O § 2º do art. 791 da Consolidação das Leis do Trabalho apenas faculta, nos dissídios coletivos, a assistência por advogado. Portanto, enquanto persistir a suspensão do art. 1º da Lei n. 8.906, de 1994, determinada pelo Supremo Tribunal Federal(451), poderá o presidente do sindicato assinar a representação e movimentar o processo.

6.3. **Ajuizamento de comum acordo. Pressuposto processual ou nova modalidade de dissídio coletivo**. Com a Emenda n. 45 surgiu mais um complicador, defendendo grande parte dos teorizadores e com eles os empregadores e o Ministério Público do Trabalho que a comunhão de interesses entre os conflitantes constitui pressuposto processual, sem o qual a petição inicial terá de ser de pronto indeferida.

Em que pese a aparente anormalidade de se exigir das partes em conflito um meio/acordo que lhes permita submeter o impasse a uma solução jurisdicional, o certo é que nessa linha seguiram os "novos constituintes", empenhados em reformar até a exaustão nossa Constituição, antes Cidadã, chegando à de n. 45. Assim foi acolhida pela Câmara dos Deputados e com esse figurino chegou ao Senado, onde, também, mereceu aprovação, sem que se notasse a tardia reação dos sindicatos profissionais. E seguiu a mesma linha da PEC n. 623 construída no governo Fernando Henrique Cardoso, até porque todos que defendem o afastamento do Estado das relações coletivas de trabalho reclamavam a extinção do poder normativo da Justiça do Trabalho, que não se consumou, mas ficou reduzida com a equiparação do dissídio coletivo à arbitragem privada, que de qualquer modo foi mantido e assim também o poder normativo.

O Tribunal Regional do Trabalho da Segunda Região, em decisão pioneira, que teve como relatora a juíza Wilma Nogueira Vaz da Silva, entendeu que o

(451) ADIn n. 1.127-8.

dispositivo deve ser aplicado tendo-se presente a garantia de acesso ao Poder Judiciário, contida no inciso XXXV do art. 5º da Constituição.(452)

Com a modificação do texto constitucional, o dissídio coletivo, para uns, será ajuizado necessariamente de comum acordo pelas partes interessadas. O contraditório já se forma, portanto, na petição inicial que deverá comportar as razões de cada uma das partes, mas de forma consentida, pois será assinada por elas. Assim, a exposição dos fatos, a motivação da recusa ao convite para negociações ou as causas de seu malogro, configuradoras do impasse, e também a justificação das reivindicações e sua contrariedade, tudo virá articuladamente, mas, logo, despojadas de controvérsia, culminando pelo pedido conjunto para que o conflito seja resolvido por decisão judicial.

Para nós, no caso, a Justiça do Trabalho assume feição de juízo arbitral, e se o dissídio é ajuizado de comum acordo, sua solução atém-se ao princípio da razoabilidade e, portanto, à pertinência das reivindicações, não mais comportando os complicadores utilizados pelo patronato que acabaram sumulados na Instrução Normativa n. 4 do Tribunal Superior do Trabalho, sepultada depois que se percebeu seu reflexo negativo nas negociações coletivas que, com ela, se pretendia estimular, isto é, preliminares formais, que conduziam invariavelmente à extinção do processo.

Se as partes de comum acordo pedem à Justiça do Trabalho que arbitre a solução que não conseguiram superar diretamente, deve-se concluir que a decisão que se proferir não comportará revisão recursal. Até porque dissídio só ficou na denominação equivocada. Compondo-se os conflitantes para em comunhão de propósitos pedirem uma solução jurisdicional, equivale a instituírem o juízo arbitral.

Situação diversa terá o dissídio processado unilateralmente, ainda possível porque o inciso III do art. 8º da Constituição confere aos sindicatos a defesa de interesses coletivos em questões judiciais. Trocando em miúdos: dissídio coletivo de iniciativa do sindicato para a defesa das reivindicações da coletividade representada.

A ordem econômica, fundada na valorização do trabalho,(453) e a ordem social, que tem como base o primado do trabalho e como objetivo o bem-

---

(452) Processo TRT/SP n. 0077/2005-7, acórdão n. 20086200500002009, que tem a seguinte ementa: "Greve. Competência. Art. 114, II da Constituição Federal. Permanece incólume a competência da Justiça do Trabalho para processar e julgar as ações que envolvam o exercício do direito de greve, nos estritos termos do inciso II, acrescentado ao art. 114 da Constituição Federal pela Emenda Constitucional n. 45/2004. Não se pode forjar uma antinomia entre o art. 114 e a cláusula pétrea da indeclinabilidade da jurisdição, contemplada no inciso XXV do art. 5º da Carta Magna, resumida no princípio segundo o qual a lei não excluirá da apreciação do Poder Judiciário lesão ou ameaça de lesão a direito.

(453) Art. 170. A ordem econômica, fundada na valorização do trabalho humano e na livre iniciativa, tem por fim assegurar a todos existência digna, conforme os ditames da justiça social.

-estar e a justiça social[454], serão lesadas, se não se permitir ao sindicato o acesso ao Poder Judiciário para defender os interesses coletivos da categoria, como assegura a Constituição, no inciso XXXV do art. 5º.

O § 3º do art. 114 reforça este entendimento. Quando a greve atinge atividade essencial, configurando interesse público, possibilita-se o dissídio coletivo unilateral e a Justiça do Trabalho resolverá o conflito exercendo o poder normativo. Outro entendimento levaria ao absurdo de, desvirtuando seus fins institucionais, restringir sua competência para, simplesmente, impor, primeiro, liminarmente, o atendimento das necessidades básicas da comunidade, depois, na apreciação do mérito, determinar o retorno ao trabalho e multar os sindicatos faltosos, sem, no entanto, resolver o conflito.

Se o Ministério Público do Trabalho pode ajuizar o dissídio, pode também o empregador que sofre o dano causado pela greve, comprometendo sua atividade econômica e, por consequência, o lucro e, da mesma forma, o sindicato profissional para a defesa das reivindicações que deram causa à paralisação. Por certo, o tema provocará disputas e divergência de interpretações, mas nos parece que, apesar de o texto não se referir nem à empresa nem ao sindicato, a intervenção da Justiça do Trabalho não se presta apenas para assegurar os serviços indispensáveis à segurança, à saúde e sobrevivência da comunidade. A ação do Ministério Público se faz em favor da população atingida para limitar a greve, pelo menos temporalmente, mas em compensação provocará a intervenção do Poder Judiciário para resolver o conflito, podendo esse determinar a correção dos salários, criar condições de trabalho e manter as disposições normativas preexistentes, desde que o representante dos trabalhadores, no caso, o sindicato, formule pedido nesse sentido.

O art. 9º mantém-se e assegura o amplo direito de greve, com a regulamentação por vezes restritiva da Lei n. 7.783, de 1989. Sua deflagração presta-se fundamentalmente para a defesa dos interesses coletivos, inclusive quando se tratar de cumprimento de cláusulas convencionais ou normativas, disposições legais ou condições de trabalho, mesmo mora salarial, ensejando assim o ajuizamento do dissídio coletivo, inclusive quando atinja atividade não essencial, sem afetar o interesse público. Isso porque a greve é o instrumento de pressão dirigida contra o empregador ou o segmento empresarial, para compeli-lo a manter negociações coletivas e atender aos interesses coletivos dos trabalhadores. Portanto, não parece razoável — e até mesmo possível — que, decretada ou eclodida, ainda assim, de comum acordo, as partes envolvidas sejam compelidas a assinar a petição inicial, transferindo para o Poder Judiciário a solução do conflito. A atuação da Justiça do Trabalho perderia relevância social se ficasse restrita à aplicação do art. 14 da Lei n. 7.783,

(454) Art. 193. A ordem social tem como base o primado do trabalho, e como objetivo o bem-estar e a justiça social.

mutilada em seu poder normativo, aparelhada unicamente para determinar o atendimento das necessidades da comunidade, o retorno ao trabalho, a punição do sindicato, mas sem força para solucionar o conflito.

O § 2º do art. 5º da Constituição consagra como direito fundamental o princípio da isonomia: todos são iguais perante a lei. De tal modo, se, na hipótese de greve em atividade essencial, a Justiça do Trabalho pode exercer o poder normativo e resolver o conflito, não o perderá quando os trabalhadores renunciarem à greve para buscar uma solução pacífica e também quando operarem atividade não essencial.

Enfim, é possível admitir que a Emenda Constitucional n. 45 deu causa ao surgimento de uma nova modalidade de solução jurisdicional para os conflitos coletivos, no caso, a arbitragem, que não comportará nem efeito suspensivo nem recurso contra a decisão que se proferir, ao lado do dissídio coletivo comum, por meio do qual o sindicato continuará defendendo interesses coletivos de seus representados em questões judiciais, na forma do inciso III do art. 8º.

6.4. **Juízo competente**. O dissídio coletivo como ação é ajuizado perante o tribunal regional. A Constituição não identifica qual o órgão originariamente competente para seu conhecimento, do que cuida o art. 678 da Consolidação das Leis do Trabalho: "Aos Tribunais Regionais, quando divididos em Turmas, compete: I — Ao Tribunal Pleno, especialmente: a) processar, conciliar e julgar originariamente os dissídios coletivos". A Lei n. 7.710, de 21 de dezembro de 1988, determinou que os tribunais regionais, quando divididos em grupos de turmas, promovessem a especialização de uma delas com a competência exclusiva para conciliar e julgar os dissídios coletivos (art. 6º), que passaria a ser o chamado Grupo Normativo (art. 7º), o mesmo fazendo o Tribunal Superior do Trabalho (art. 1º). Tratando-se de dissídio que exceda a jurisdição do tribunal regional, a competência originária será deste (art. 2º).

6.5. **Legitimação ativa e passiva**. A CLT adotou instauração no sentido de propositura da ação, enquanto a Constituição prefere ajuizamento. Utiliza-se também suscitação como sinônimo.

Não havendo sindicato organizado, a representação fica a cargo da federação e, na falta desta, da confederação (CLT, art. 857, parágrafo único), as quais, na mesma situação, poderão celebrar acordos e convenções (CLT, art. 611, § 2º).

A Constituição, no § 2º do art. 114, só mencionou o sindicato como legitimado para seu ajuizamento. Ainda assim, admitiu-se que as empresas pudessem promover a ação, mesmo quando o conflito não fosse fundado em greve. Sem dúvida, a redação do inciso VI do art. 8º deveu-se a manifesto equívoco quando conferiu ao sindicato o monopólio para as negociações coletivas. Outra, porém, não poderia ser sua interpretação lógica, diante da inclusão do acordo coletivo, juntamente com a convenção, no inciso XXVI do art. 7º da Constituição. Logo, se o acordo coletivo foi reconhecido constitucionalmente e esse tem em um dos polos uma ou mais empresas e no outro sempre o sindicato profissional, é forçoso concluir que essas empresas possuem legitimação para figurarem ativa ou passivamente num dissídio coletivo.

6.6. **Protesto**. O protesto foi admitido pelo Tribunal Superior do Trabalho na Instrução Normativa n. 4, de 8 de junho de 1993: "II. Na impossibilidade real de encerramento da negociação coletiva em curso antes do termo final a que se refere o art. 616, § 3º, da CLT, a entidade interessada poderá formular protesto judicial em petição escrita dirigida ao Presidente do Tribunal do Trabalho, a fim de preservar a data-base da categoria. III. Deferida a medida prevista no item anterior, a representação coletiva será ajuizada no prazo máximo de 30 dias, contados da intimação, sob pena de perda da eficácia do protesto".

O Código Civil, no art. 202, inciso I, admite a interrupção da prescrição, uma única vez, por despacho do juiz, mesmo incompetente, que determinar a citação, se o interessado a promover no prazo e na forma da lei processual.

O protesto não assegura a data-base, apenas a preserva por até mais trinta dias, para permitir que a negociação coletiva siga seu curso.

6.7. **Oposição.** A Constituição de 1988 assegurou a mais ampla autonomia num sistema de unicidade sindical, o que deu causa ao surgimento de associações sem nenhuma expressão e autenticidade, empolgadas com o recebimento fácil da contribuição sindical. Por isso tornou-se comum a instauração de dissídio por sindicato paralelo, dando causa à intervenção do detentor da representação, com o que logo se firmou o entendimento de que se trataria de oposição. Mas segundo o art. 56 do CPC, quem pretender, no todo ou em parte, o direito sobre que controvertem autor e réu poderá, até ser proferida sentença, oferecer oposição contra ambos. Como registra Celso Agrícola Barbi, a assistência litisconsorcial ou qualificada, tipificada no art. 54 do CPC, ocorre quando o direito em litígio pertence, também, ao assistente, de modo que teria legitimação para agir sozinho em sua defesa.[455] O sindicato tem o direito de representação sindical, mesmo porque o inciso III do art. 8º da Constituição legitima-o para a defesa dos interesses coletivos da categoria para a qual foi constituído. Mas nem sempre uma associação concorrente disputa com o sindicato patronal ou com a empresa um direito, e muitas vezes viu-se essa emprestar-lhe apoio. Desse modo, é mais apropriada a figura da assistência qualificada, se bem que o dissídio coletivo ofereça peculiaridades próprias e a intervenção em causa bem poderá ser mais uma criação do

(455) *Op. cit.*, p. 299.

processo do trabalho. Portanto, havendo interesse processual materializado na disputa de representação, a intervenção não poderá ser negada.

Claro que o instituto processual foi criado sem que se cogitasse do fenômeno de disputa de representação sindical em dissídio coletivo, situação estranha para o processo comum. Daí a discussão que se trava quanto a seu aproveitamento.

A Justiça do Trabalho nem sempre foi ciosa de sua competência. Se devia resolver o conflito de interesses em função de uma coletividade, não podia se furtar decidir quanto à representatividade de sindicato paralelo em disputa. No entanto, a solução foi o reconhecimento de apenas meia competência, ou competência apenas incidental, limitada ao conflito em causa, sem assumir definitividade. Mas com a Emenda Constitucional n. 45, diante do inciso II do art. 114, a Justiça do Trabalho investiu-se de competência plena para processar e julgar "as ações sobre representação sindical, entre sindicatos, entre sindicatos e trabalhadores e entre sindicatos e empregadores". Desse modo, a intervenção será mesmo qualificada, para a defesa de direito próprio de representação, cabendo à Justiça do Trabalho decidir preliminarmente o incidente, com força definitiva.

7. **Conciliação.** A conciliação é da essência do dissídio, vez que, envolvendo um conflito, sua solução interessa sobretudo ao Estado. Desse modo, se o ajuizamento do processo deveu-se à recusa ou frustração das negociações, cumpre ao juiz instrutor convidar as partes para que se pronunciem sobre as bases da conciliação. A representação, como determina a Lei n. 10.192, já deve especificar as propostas finais das partes e não unicamente do suscitante. Não havendo acordo, o juiz instrutor não se limita a formular uma proposta de conciliação, mas submete aos interessados a proposta de solução que lhe parecer capaz de resolver o conflito (art. 862). Para isso, naturalmente, deverá partir das propostas finais recusadas.

O acordo judicial é submetido à homologação pelo Tribunal (art. 863). Homologar, no caso, importa em avaliação livre das cláusulas ajustadas, negando validade àquelas que ofenderem a ordem jurídica. Mas não poderá o Tribunal tomar partido e sopesar o alcance do que foi acordado. De fato, o acordo significa transação que importa em renúncia recíproca de interesses, de modo que o casuísmo muitas vezes imperante nos tribunais não pode mutilar o conjunto das cláusulas que compõem o ajuste, excluindo ou alterando aquilo que foi negociado ou transacionado.

O acordo é homologado por sentença, pondo fim ao conflito. O art. 83 da Lei Complementar n. 75, de 1993, em seu inciso VI, atribui competência ao Ministério Público do Trabalho para recorrer das decisões da Justiça do Trabalho, quando entender necessário, tanto nos processos em que for parte como naqueles em que oficiar como fiscal da lei. O dispositivo deve compatibilizar-se com o comando do art. 127 da Constituição, de modo que a ação do procurador terá de revelar necessariamente interesse processual objetivo, ou seja, a defesa da ordem jurídica, do regime democrático e dos interesses sociais e individuais indisponíveis.

8. **Instrução**. A redação dos textos que disciplinam o dissídio coletivo é tortuosa. Mas o art. 861 permite concluir que a instrução processual comporta todas as provas admitidas em direito, inclusive depoimento pessoal, inquirição de testemunhas, perícias. Na hipótese de dissídio envolvendo a categoria como um todo, o depoimento será do representante legal do sindicato ou quem esse designar, quando para tanto estiver autorizado pelo estatuto.

O bloco que trata do dissídio não se refere à defesa, mas segundo o art. 862, na audiência designada, desde logo, o presidente do tribunal convidará as partes para que se pronunciem sobre as bases da conciliação. Todavia, também no dissídio tem aplicação o princípio do devido processo legal que se assenta no contraditório e, por conseguinte, no direito de ampla defesa (CF, art. 5º, LV). Pode-se exemplificar com reivindicação fundada em participação nos lucros ou resultados, cujas afirmações poderão ser negadas ou contestadas.

O dissídio coletivo comporta o arquivamento na ausência do suscitante e a revelia na do suscitado, inclusive pena de confissão quanto à matéria de fato. O art. 862 da CLT chega mesmo a prever a hipótese de revelia de ambas as partes. Neste ponto, grandes foram as divergências de posições, considerando alguns que a situação não alterava o juízo por equidade. Ocorre, porém, que muitas vezes a matéria de fato destaca-se como condutora da solução do conflito por exemplo, uma greve fundada na mora salarial, na inexistência de condições de higiene ou segurança nos locais de trabalho, no caso de descumprimento da norma coletiva. E, é claro, permite, ainda, a ampla produção de provas. A propósito, o art. 864 refere-se a diligências que o juiz instrutor entender necessárias.

Pode se ver que, mesmo na arbitragem, segundo a disciplinação da Lei n. 9.278, de 1996, art. 22, é admitida a produção de provas. Todavia, no caso especial do dissídio coletivo, há de se considerar a formação do contraditório através da petição inicial conjunta. Se a matéria fática foi deduzida não por uma, mas pelas partes em conflito, sem ressalva de não configurar a verdade fática ou aparelhada com impugnação paralela, ter-se-á como assentado que não existe controvérsia quanto ao quadro traçado. Por isso mesmo, não se admitirá a confissão ficta.

De outro modo, será admitido não só o depoimento pessoal, como também inquirição de testemunhas, perícia, exibição de documentos, enfim, todos os meios de prova admitidos em direito.

9. **Julgamento**. Não havendo acordo, o processo será submetido a julgamento pelo Tribunal Pleno (art. 864, ou pela Sessão Especializada, Lei n. 7.701/1988).[456] Há prazos para relator e revisor nem sempre cumpridos. Para o ofício do Ministério Público do Trabalho, mantém-se o prazo de oito dias previsto no art. 5º da Lei n. 5.584, de 26 de junho de 1970. A Lei n. 7.701, através de seu art. 11, admitiu que fosse feito oralmente, na sessão de julgamento.

10. **Sentença normativa.** A proposta de solução do juiz instrutor para solução do conflito, naturalmente, será apenas indicativa para o Tribunal, mas sua decisão deverá considerar as propostas finais das partes (Lei n. 10.192, de 2001, art. 12), devendo traduzir em seu conjunto a justa composição do conflito de interesses e guardar adequação com o da coletividade (*idem*, art. 12, § 1º). A lei em causa revela a preocupação do Poder Executivo pela sustentação de seu Plano, batizado de Real, que tolhe o livre exercício do poder normativo e veda a estipulação ou fixação de cláusula de reajuste ou correção salarial automática vinculada a índice de preços (*idem*, art. 13), aumento a título de produtividade, real, somente quando amparado em indicadores objetivos (*idem*, § 2º). De resto, a decisão que puser fim ao dissídio deverá ser fundamentada, sob pena de nulidade (*idem*, art. 12).

Apesar disso, dessa camisa de força, o art. 12 da Lei n. 10.192, em seu § 1º, que substituiu o art. 766 da Consolidação das Leis do Trabalho, determina que a sentença, em seu conjunto, traduzia a justa composição do conflito de interesses das partes e guarde adequação com o interesse da coletividade, significando isso que as propostas finais das partes nem sempre orientarão o julgador, constituindo, unicamente, a flexibilização das reivindicações aprovadas na assembleia dos trabalhadores e da resistência patronal que deu causa ao impasse. O texto, traduzido em miúdos, confere à Justiça do Trabalho competência para decidir por equidade. Na forma do § 2º do art. 114 da Constituição, o Tribunal estabelecerá normas e condições sem limitações ou ressalvas. Não se trata, a nosso ver, como entendem alguns, de competência vinculada para completar o vazio da lei, mas ampla.

A sentença normativa, sem dúvida, é o sucedâneo da convenção que não foi realizada, tendo o mesmo peso e valor.

Determinando o conteúdo mínimo da convenção, o art. 613 da Consolidação das Leis do Trabalho especifica condições para reger as relações individuais de trabalho, sem restringi-las. Os interesses coletivos definidos pela assembleia são levados à mesa de negociações e, quando desatendidos, na redação do art. 616, § 2º, da CLT, dão causa à caracterização do impasse

(456) Conforme o art. 864 da Consolidação das Leis do Trabalho, não havendo acordo, realizadas as diligências necessárias e ouvido o Ministério Público, o presidente do Tribunal submeterá o processo a julgamento.

que agrava o conflito coletivo, ficando facultado aos sindicatos ou às empresas interessadas a instauração do dissídio, ou como quer a Lei n. 10.192, em seu art. 11, "frustrada a negociação entre as partes, poderá ser ajuizada a ação de dissídio coletivo". Portanto, tudo aquilo que foi definido pela assembleia como interesse coletivo ou a proposta final desacolhida que resultou das tratativas será objeto de deliberação judicial. Com propriedade (ressalvada a redação defeituosa do texto), o art. 8º da Lei n. 7.783/1989, tratando da greve, estabelece que a Justiça do Trabalho decidirá sobre a procedência total ou parcial ou a improcedência das reivindicações. Daí, em nosso sentir, o despropósito de, como ocorre nos tribunais, reputar prejudicadas determinadas reivindicações ou entender que só possam ser instituídas mediante acordo coletivo.

Expressão de julgamento por equidade consiste em aplicar as mesmas condições ajustadas diretamente, através de autocomposição, para os dissidentes que não se compuseram, de modo a vedar distorções salariais no seio de uma mesma categoria profissional em idêntica região geoeconômica.

Ao proferir a sentença normativa, o Tribunal cria o direito e, assim, tanto como na convenção, a sentença não pode contrariar disposição proibitiva de lei ou opor-se ao sistema legal vigente, mas pode, ainda, aperfeiçoar a lei por meio de normas compatíveis do próprio sistema.

11. **Conteúdo**. Na pesquisa minuciosa de Cid José Sitrângulo, o exercício do poder normativo, num primeiro estágio (período de 1947 a 1952) foi desestimulante para as negociações coletivas, altamente repressivo, como instrumento voltado para a proteção da empresa e do sistema capitalista. Portanto, reflexo de atuação contrária aos trabalhadores. Basta ver que eram poucas as cláusulas deferidas e de pequeno alcance: a) aumento salarial por faixas; b) compensação dos aumentos concedidos na vigência do dissídio anterior; c) exclusão dos abonos e descansos semanais remunerados; d) condicionamento do aumento à assiduidade. Num segundo estágio (período de 1953 a 1964) o elenco cresceu um pouco: a) aumento salarial, sendo proporcional para os empregados admitidos após a data-base; b) piso salarial; c) teto de aumento; d) condicionamento do aumento à capacidade econômica e financeira da empresa.[457]

Seguindo o traçado pela Lei n. 7.701 de 1988, tanto o Tribunal Superior como os Tribunais Regionais passaram a editar precedentes normativos.[458]

Na vigência das Constituições de 1946 e 1967 e de sua Emenda de 1969, cabia à lei especificar os casos em que as decisões, nos dissídios

(457) *Conteúdo dos dissídios coletivos de trabalho.* São Paulo: LTr, 1978. p. 67 e 73.
(458) *Os precedentes normativos dos tribunais do trabalho.* São Paulo: LTr, 1996. p. 41.

coletivos, poderiam estabelecer normas e condições de trabalho.[459] Acreditava-se que a redação dada ao § 2º do art. 114 da Constituição vigente permitisse entender que o poder normativo conferido à Justiça do Trabalho já não dependia de autorização judicial, mas do bom-senso, do sentimento de justiça social e da visão larga do mundo moderno pelo julgador. No entanto, não demorou para que o Supremo Tribunal Federal decidisse que, diante da redação dos arts. 7º, I e 10 do ADCT, seria defeso instituir a garantia de emprego através de sentenças normativas.[460]

Para muitos, a confiabilidade da Justiça está na previsibilidade de seus julgamentos. A Emenda n. 45 da Constituição deu ao Supremo Tribunal Federal poder para editar súmulas vinculantes, obrigando as instâncias inferiores. A extensão de tamanho poder passou perto pelos tribunais superiores, estando a medida a depender de aprovação legislativa. Mesmo assim e até anteriormente à reforma, o Tribunal Superior do Trabalho passou a transformar sua jurisprudência em precedentes normativos e orientações jurisprudenciais. Com isso, antecipou e tabelou seus julgamentos, influindo decisiva e negativamente nas negociações coletivas. A par disso, os tribunais regionais seguiram igual caminho, sabendo que seus precedentes não passavam de indicativos, sujeitos a ser substituídos pelos de nível superior. Exemplo: o Tribunal da Segunda Região, invariavelmente, determinaria o fornecimento de vale-refeição, em número e valor certos, mas, com certeza absoluta, a cláusula seria expungida da sentença na revisão recursal. Em 1998, o Tribunal Superior do Trabalho cancelou grande parte de seus precedentes, inclusive os de maior alcance, que impunham adicional de 100% para o trabalho extraordinário e de 60% para o noturno.

Fora de qualquer dúvida, o Direito do Trabalho possui uma carga política que não se encontra nos demais ramos da ciência jurídica, mas o Direito Sindical é assumidamente politizado. Por isso mesmo, seus reflexos retratam a ideologia de seus operadores. E, movido pela ideologização do momento o Tribunal Superior do Trabalho aprovou a Instrução Normativa n. 4, de 1993, que teve como meta criar bloqueios para o ajuizamento do dissídio, para prestigiar a negociação coletiva. No entanto seu efeito principal foi reduzir seu alcance, invocada sempre como arma posta à disposição do patronato para extinguir o dissídio coletivo sem resolver o conflito. Até que em 2003 foi cancelada, e com ela as Orientações Jurisprudenciais que seguiam seu comando.

A Justiça do Trabalho no julgamento dos dissídios, fora de dúvida, comporta-se como autêntico juízo arbitral. Para a correção dos salários, antes de 1988, devia cuidar para que fosse assegurado o salário justo e ao mesmo

(459) CF, 1946, arts. 123, § 2º, de 1967, 134, § 1º, Emenda de 1969, art. 142, § 1º.
(460) RE n. 197.911-PE, rel. Min. Octávio Galloti, julgado em 24.9.1996.

tempo justa retribuição às empresas. É o que estava escrito no art. 766 da Consolidação das Leis do Trabalho. Nunca se viu texto mais apropriado para louvar a integração capital/trabalho, como autêntico tratado de paz a substituir a luta de classes. O § 2º do art. 114 da Constituição permite à Justiça do Trabalho estabelecer normas e condições de trabalho, livremente, sem obstáculos.

Sendo uma decisão arbitral, o juiz decide por equidade, mas, tendo presentes os limites da representação (petição inicial) e de sua impugnação (contestação), atento sempre à realidade política, econômica e social do país.

Segundo estabelece o art. 8º da CLT ,"As autoridades administrativas e a Justiça do Trabalho, na falta de disposições legais ou contratuais, decidirão conforme o caso, pela jurisprudência, pela analogia, por equidade e outros princípios e normas gerais de direito, principalmente do direito do trabalho, e, ainda, de acordo com os usos e costumes, o direito comparado, mas sempre de maneira que nenhum interesse de classe ou particular prevaleça sobre o interesse público". Naturalmente, para os dissídios coletivos aproveita-se a autorização para decidir por equidade.

12. **Efeitos**. A sentença normativa soluciona o conflito e, por isso mesmo, seus efeitos são imediatos, isto é, obrigam as partes, de sorte que o descumprimento pelo empregador permite sua execução mediante ação de cumprimento, a menos que seja fulminada pelo efeito suspensivo.

A Lei n. 7.701, de 1988, impôs ao juiz relator prazo de 10 dias para redigir o acórdão. Esse deveria ser publicado dentro de 20 dias; do contrário, poderia "qualquer dos litigantes ou o Ministério Público interpor recurso ordinário, fundado apenas na certidão de julgamento". Mas, publicado o acórdão, reabria-se o prazo para aditamento do recurso interposto. Posteriormente, a Lei n. 10.192, no § 2º do art. 11, reduziu o prazo para publicação do acórdão para quinze dias.

De qualquer modo, a sentença normativa pode ser executada a partir do décimo quinto dia subsequente ao do julgamento, fundada no acórdão ou na certidão de julgamento.

Sem dúvida, o efeito mais significativo das sentenças normativas está em seu alcance, que vem de ser o efeito ultracontraentes ou *erga omnes*. Significa dizer que atinge mesmo aqueles que aparentemente não participaram do conflito, que não se filiam aos sindicatos.

O fenômeno sempre causou perplexidade para os civilistas, até que o direito moderno criou as ações coletivas para defesa dos direitos do consumidor, do meio ambiente, de direitos difusos.

12.1. **Efeito *erga omnes***. Os efeitos da sentença normativa são amplos, *erga omnes*, beneficiando ou prejudicando todos os membros das categorias representadas no dissídio coletivo, independentemente de filiação sindical. Isso se deve ao alcance que se dá à categoria, conceituada no art. 611 da CLT, como já se viu no estudo das negociações coletivas e dos acordos e das convenções coletivas. Lembrando, a categoria profissional, na forma do § 2º constitui o conjunto de trabalhadores que se ativam em numa mesma atividade econômica, ainda que formada por segmentos similares, exceto quando em razão de condições de vida singular ou estatuto específico puder ser diferenciada. Já o setor econômico forma-se diante da solidariedade de interesses daqueles que empreendem atividade econômica idêntica ou semelhante.

Assim entendida, possível dar significação ampla ao inciso III do art. 8º da Constituição, quando atribui ao sindicato a defesa de interesses, ou seja, de reivindicações, da categoria representada, inclusive em questões judiciais, isto é, através de dissídio coletivo ajuizado perante a Justiça do Trabalho. Da mesma forma, quando figura como suscitado um sindicato patronal, também as empresas que se incluem em sua representação, associadas ou não, são abrangidas pelos efeitos da sentença normativa que for proferida.

12.2. **Efeito suspensivo**. O processo do trabalho, de modo geral, tem como fundamento o informalismo, a oralidade e a celeridade. Pioneiro em muitas coisas que acabaram até inspirando a reforma do processo comum, previa no art. 899 da CLT que os recursos seriam interpostos por simples petição, tendo efeito meramente devolutivo. A Lei n. 4.725, de 13 de junho de 1965, restabeleceu o efeito suspensivo que fora abolido desde a Lei n. 9.070, de 15 de março de 1945.

Inicialmente, o efeito suspensivo ficava a cargo do próprio tribunal, que, todavia, teria de julgar o recurso no prazo improrrogável de sessenta dias. Meio ano depois, a Lei n. 4.903, de 16 de dezembro, transferiu a faculdade ao presidente do Tribunal e, a seguir, os Decretos-lei ns. 15 e 17, um de julho, outro de agosto de 1966; o primeiro atribuiu à Justiça do Trabalho a concessão, o segundo retornou-a ao presidente do tribunal, ambos sem estabelecer prazo para o julgamento. Depois, a Lei n. 7.701, de 21 de dezembro de 1988, no art. 7º, § 2º, admitiu a interposição do recurso com apoio na certidão de julgamento, inclusive com pedido de efeito suspensivo; seu art. 9º estabelecia prazo improrrogável de 120 dias para o julgamento, sob pena de perda da eficácia da medida. A seguir, a Lei n. 7.783, de 3 de julho de 1989, simplesmente suprimiu o efeito suspensivo, determinando no art. 7º que em qualquer circunstância não se daria efeito suspensivo aos recursos interpostos em dissídio coletivo. Mas não bastou para o Tribunal Superior do Trabalho, que passou a aceitar como seu substitutivo a medida cautelar inominada, quase sempre acolhida. Veio depois a Lei n. 8.030, de 12 de abril de 1990, que revogou a de n. 7.788. E finalmente a Lei n. 10.192, que em seu art. 14 assim dispôs: "O recurso interposto de decisão normativa da Justiça do Trabalho terá efeito suspensivo, na medida e extensão conferidas em despacho do Presidente do Tribunal Superior do Trabalho".

O efeito suspensivo inviabiliza o exercício do poder normativo da Justiça do Trabalho, pois o dissídio coletivo é o instrumento jurídico-processual que tem os sindicatos, para a defesa dos interesses coletivos de seus representados (CF. art. 8º, III), inclusive quando os trabalhadores deliberam na forma do art. 9º da Constituição, emprestar força a esses interesses através do exercício do direito de greve. Caracterizado o conflito, diante do que estabelece com precisão o art. 114 da Constituição Federal, cumpre ao Tribunal do Trabalho solucioná-lo. Para tanto, dispunha o § 2º do preceito constitucional: "Recusando-se qualquer das partes à negociação ou à arbitragem, é facultado aos respectivos sindicatos ajuizar dissídio coletivo, podendo a Justiça do Trabalho estabelecer normas e condições, respeitadas as disposições convencionais e legais mínimas de proteção ao trabalho". Todavia, bastava uma decisão monocrática para invalidar a deliberação do colegiado. Além de tudo, como é público e notório, presentemente, o Tribunal Superior do Trabalho só julga os recursos interpostos contra sentenças normativas depois de decorrido um ano ou mais. Significa isso que o dissídio coletivo instaurado para a defesa dos interesses coletivos tornou-se um instrumento absolutamente inútil pois o efeito suspensivo inviabiliza o poder normativo da Justiça do Trabalho.

13. **Recursos**. Conforme estabelece o art. 895 da CLT, na alínea *b*, "das decisões do Tribunal Regional cabe recurso ordinário para o Tribunal Superior do Trabalho no prazo de oito dias".

14. **Extensão das decisões**. Fora de dúvida, não se mantêm as disposições dos arts. 868 a 871 da Consolidação das Leis do Trabalho. A primeira hipótese tratada cuidava de situação em que apenas uma fração dos empregados de uma empresa fosse envolvida no dissídio que tinha como objeto novas condições de trabalho. No caso, poderia o Tribunal, em sua decisão, estendê-la aos demais empregados, exercentes da mesma profissão, se entendesse ser isso justo e conveniente. Então fixaria o prazo de duração e a data de início de vigência. A segunda previa a possibilidade de extensão dos efeitos da sentença a todos os empregados da mesma categoria profissional compreendida na jurisdição do Tribunal. Nesse caso, a providência poderia ser determinada de ofício pelo Tribunal ou requerida por um ou mais empregadores, por solicitação de um ou mais sindicatos de empregados ou do Ministério Público do Trabalho. Todavia, para que a decisão pudesse ser estendida, seria indispensável que três quartos dos empregadores e três quartos dos empregados ou de seus sindicatos concordassem com a medida, inclusive quando requerida de ofício pelo Tribunal. Esse, então, fixaria prazo nunca inferior a sessenta dias para a manifestação dos interessados.

A leitura dos dispositivos permite concluir que a primeira hipótese tinha em conta um dissídio restrito a alguns empregados de uma empresa. É que na disciplinação do Decreto-lei n. 1.237, de 2 de maio de 1939, que organizou a Justiça do Trabalho, conforme seu art. 56, parágrafo único, não havendo sindicato profissional, a instância podia ser instaurada por provocação de 1/3 dos empregados ou dos estabelecimentos interessados, hipótese em que a petição inicial já indicaria seus representantes, o que poderia ser feito verbalmente, com redução a termo (art. 57, § 1º, *c*). Nessa situação, tinha lugar a extensão (art. 65). Já na segunda hipótese, tratada no art. 66, exigia-se, além da ação *ex officio*, a solicitação de qualquer empregador ou de sindicato de empregados.

Mas a sentença normativa foi aparelhada de efeitos *erga omnes*, envolvendo a categoria como um todo, inclusive porque o sindicato passou a defender interesses coletivos de todos os seus componentes e não apenas de seus filiados. Quando o art. 613 da CLT, que traça o conteúdo mínimo das convenções, em seu inciso III, refere-se à definição das categorias ou classes de trabalhadores abrangidos, tem-se, naturalmente, que se trata da possibilidade de a convenção ou o acordo ter em conta interesses específicos de apenas uma parcela do grupo representado, que não poderão ser atribuídos genericamente a todos (como, exemplificativamente, interesses relacionados a condições de higiene e segurança do trabalho de um determinado setor da empresa, ou mesmo, dos trabalhadores de uma usina de açúcar, que lidam no plantio e colheita da cana, sem interessar aos que estão lotados no setor de produção, pedidos pertinentes ao trabalhador estudante, como abono de faltas, inalterabilidade da jornada, prejudicial à continuação dos estudos, às mulheres, como estabilidade, aleitamento materno, reembolso-creche etc.).

Portanto, mesmo anteriormente à Constituição de 1988, constituía manifesta impropriedade técnica, repetido significativamente o pedido de extensão de acordo coletivo celebrado com uma empresa para o conjunto de empresas da mesma atividade econômica, ou de sentença normativa proferida em função de determinada região para outra próxima. Mesmo assim, o objetivo perseguido manteve-se, não como pedido de extensão, mas de simples aplicação do instrumento, com fundamento no princípio da isonomia. Nesse sentido, a jurisprudência foi pacificada e fixou-se o princípio segundo o qual não se admite distorções salariais e de condições de trabalho no seio de uma mesma categoria profissional em idêntica região geoeconômica.

15. **Revisão.** Como já explicitado, a revisão da sentença normativa, tratada nos arts. 873 a 875, só seria admitida quando o prazo de sua duração excedesse de um ano e se modificassem as circunstâncias que as ditaram, de modo que as condições fixadas se tornassem injustas ou inaplicáveis. Só que, como regra, o prazo de duração da sentença normativa era fixado em um ano, inviabilizando sua revisão, mesmo quando a inflação atingia picos altíssimos, aviltando o valor nominal dos salários.

Desde 1988, mercê do § 2º do art. 114 da Constituição, o ajuizamento do dissídio coletivo tornou-se prerrogativa das entidades sindicais e das empresas quando essas participassem diretamente das negociações coletivas, perdendo o Tribunal do Trabalho legitimidade para sua iniciativa como permitia o art. 874. O Ministério Público do Trabalho, por seu turno, a quem o dispositivo dava igual competência, teve sua atuação limitada à situação de greve em atividade essencial, diante da literalidade do inciso VIII do art. 83 da Lei Complementar n. 75, de 1993.

Entretanto, a Lei n. 10.192, no art. 13, § 1º, impôs a anualidade da revisão dos salários, derrogando os dispositivos da CLT.

16. **Duração e eficácia**. O prazo de duração da norma coletiva é, pois, de doze meses. Com seu esgotamento, verifica-se comumente o vazio normativo, principalmente quando se mantém aceso o conflito sem que as partes tenham celebrado um novo acordo ou uma nova convenção coletiva. Tamanho o artificialismo criado em torno da data-base que, mesmo quando se empenham levando adiante as negociações, porém sem concluí-las, ainda assim, a possibilidade de perdê-la é insuperável. Consequência inevitável será o início de vigência da norma coletiva projetar-se no tempo, só se firmando a partir da publicação do acórdão, mesmo que o processo corra moroso, sem culpa das partes.

A adaptação do protesto do processo civil surgiu como tábua de salvação.

Num breve momento, juízes menos formalistas defenderam que a criação da norma coletiva não se expunha aos riscos da sorte nem às armadilhas da disputa, mas adquiriam definitividade diante da vontade das partes, só perdendo sua força quando a mesma vontade coletiva, conjugada, decidisse extingui-la ou alterar seu conteúdo.

Em suma, esgotava-se o prazo de duração, mas mantinha-se a eficácia das cláusulas ajustadas até que outro acordo ou outra convenção dispusesse em contrário.

Com efeito, pecava pelo ranço cartorário ter de renovar, ano após ano, condição normativa, obrigando o empregador a fornecer comprovante de pagamento do salário ou admitir que, diante do atraso na conclusão das negociações, o salário fixado em função do piso acordado pudesse ser rebaixado ou que o fornecimento de refeição no local de trabalho fosse suspenso.

Nessa linha, a Lei n. 8.542, de 1992, que nos §§ 1º e 2º de seu art. 1º estipulavam "As cláusulas dos acordos, convenções ou contratos coletivos de trabalho integram os contratos individuais de trabalho e somente poderão ser reduzidas ou suprimidas por posterior acordo, convenção ou contrato coletivo de trabalho" (§ 1º) e "As condições de trabalho, bem como as cláusulas salariais, inclusive os aumentos reais, ganhos de produtividade do trabalho e pisos salariais proporcionais à extensão e à complexidade do trabalho, serão fixados em contrato, convenção ou acordo coletivo de trabalho, laudo arbitral ou sentença normativa, observadas, dentre outros fatores, a produtividade ou a lucratividade do setor ou da empresa" (§ 2º), revogados pela Medida Provisória n. 1.875.

O Tribunal Superior do Trabalho, através da Orientação Jurisprudencial n. 277, ficou com a corrente mais conservadora, firmando entendimento no sentido de que "As condições de trabalho, alcançadas por força de sentença normativa, vigoram no prazo assinado, não integrando, de forma definitiva, os contratos".

PARTE 12. PRÁTICAS ANTISSINDICAIS

Sumário: 1. Introdução. 2. Práticas antissindicais e a OIT. 3. A proteção na legislação estrangeira. 4. A proteção na legislação brasileira. 5. Práticas antissindicais, os empregadores e suas organizações de classe. 6. Práticas antissindicais e o Estado. a) Poder Executivo. b) Poder Legislativo. c) Poder Judiciário. 7. Práticas antissindicais e o Ministério Público do Trabalho. 8. Práticas antissindicais e os sindicatos profissionais. 9. Tentativa de disciplinação.

1. **Introdução**. Práticas antissindicais seriam em princípio medidas de pressão, ameaças, ações e retaliações, ou mesmo simples ameaças, do empregador ou de suas associações de classe contra os trabalhadores e suas organizações sindicais; também práticas desleais quando não agem de boa-fé diante do antagonista; como exemplo, nas negociações coletivas e nas greves. Mas também o Estado, na atuação dos Poderes Executivo, Legislativo e Judiciário, bem assim o Ministério Público do Trabalho, comete as mesmas práticas quando investe contra as aspirações da classe trabalhadora e os fins naturais de suas organizações. De resto, da mesma forma, os sindicatos profissionais na ação de seus dirigentes praticam atos desleais contra aqueles que devem representar.

Oscar Ermida Uriarte relata como se formou a noção de práticas desleais, cuja origem está na Lei Nacional de Relações do Trabalho de 1935, mais conhecida como Lei Wagner, dos Estados Unidos. A lei proibia condutas patronais qualificadas como práticas desleais, assim a obstrução do exercício dos direitos sindicais, atos de ingerência dos empregadores nas organizações dos trabalhadores, certos atos de discriminação antissindical e a recusa de negociar coletivamente. Mais tarde, a Lei Taft-Harley, de 1947, passou a considerar como práticas desleais, também, ações das organizações dos trabalhadores em prejuízo dos empregadores, como uso de violência, de intimidação e represália, recusa em negociar. Portanto, vão além do chamado foro sindical, para Uriarte, "o conjunto de medidas de proteção do dirigente e do militante sindical que tendem a pô-los a coberto dos prejuízos que podem sofrer por sua atuação e a possibilitar um desenvolvimento normal e eficaz da atividade sindical". Primeiro, direcionava-se apenas ao dirigente e ainda assim para proteger seu emprego, mais tarde, "converteu-se em proteção de todo trabalhador sindicalizado ou que simplesmente desenvolve alguma ação sindical, gremial ou coletiva e a proteção contra a despedida alcançou todo ato prejudicial". No Primeiro Congresso Regional Americano de Direito do Trabalho e da Seguridade Social (Buenos Aires, 1987) adotou-se práticas antissindicais para englobar todas as modalidades de proteção.(461)

Roberto Norris classifica as práticas antissindicais em individualizadas, sendo preventivas, quando os empregadores objetivam impedir a criação de um sindicato ou a adesão dos trabalhadores a um sindicato já constituído; repressivas, com represálias em virtude do exercício de direitos sindicais; praticadas contra o sindicato como entidade coletiva, cometidas pelo Estado, como a negativa de reconhecimento, de com ele negociar; finalmente ações e omissões das autoridades públicas, comuns nas ditaduras, como ingerência na organização e funcionamento ou situações de conluio com os empregadores.(462)

Para Mauricio Godinho Delgado, práticas antissindicais são medidas sistemáticas de desestímulo à sindicalização, desgaste à atuação dos sindicatos que entram em claro choque com o princípio da liberdade sindical, exemplificando com os "contratos de cães amarelos", "compromisso de não filiação ao sindicato, como critério de admissão e manutenção do emprego", ressalvando que, no Brasil, a medida não tem natureza cartorária, representada pela "pressão surda"; os sindicatos de empresa, conhecidos entre nós como "sindicatos amarelos", controlados pelo empregador e assim também sua atuação; finalmente, a "lista negra".(463)

Já Alice Monteiro de Barros escreve que "o conceito de condutas ou atos antissindicais é amplo e vem sendo definido como aqueles que prejudiquem indevidamente um titular de direitos sindicais no exercício da atividade sindical ou por causa desta ou aqueles atos mediante os quais lhe são negadas, injustificadamente, as facilidades ou prerrogativas necessárias ao normal desempenho da ação coletiva". No seu ver, a Convenção n. 98 da OIT comporta "os chamados atos de discriminação antissindical e atos de ingerência". Os primeiros "dirigem-se a um ou a vários trabalhadores, embora reúnam valores individuais ou coletivos, enquanto os segundos dirigem-se mais diretamente à organização profissional". De qualquer modo, conforme a doutrina, "a expressão atos antissindicais é preferível porque engloba o foro sindical, os atos de discriminação antissindical, os atos de ingerência e as práticas desleais,

(461) *A proteção contra os atos antissindicais*. São Paulo: LTr, 1989. p. 9, 10 e 21.
(462) NORRIS, Roberto. *Condutas antissindicais no Brasil, relações de direito coletivo Brasil-Itália*. Coordenação de Yone Frediani e Domingos Sávio Zainaghi. São Paulo: LTr, 2004. p. 184/185.
(463) *Princípios de direito individual e coletivo do trabalho*. São Paulo: LTr, 2001. p. 96.

coincidindo com a evolução desses conceitos, cuja tendência é estender seu campo de aplicação a outras condutas, além daquelas originárias, que implicam violação de direitos do dirigente sindical".[(464)]

2. **Práticas Antissindicais e a OIT.** Para a OIT, até agora foi suficiente a Convenção n. 98, de 1953, para inibir práticas antissindicais. Mas seu Comitê de Liberdade Sindical tem sido acionado repetidas vezes para conhecer e deliberar sobre procedimentos reputados contrários à atuação dos sindicatos. Conforme o Relatório Global da OIT de 27 de junho de 2009, no período compreendido entre março de 2004 e junho de 2007, as principais queixas diziam respeito à discriminação antissindical (26%), tendo como palco principal as Américas (61%), seguidas da Ásia-Pacífico (15%) e Europa (13%).[(465)]

Mais de uma vez o Brasil foi chamado pela OIT a prestar informações diante do cometimento de práticas antissindicais. O Comitê de Liberdade Sindical, provocado pelo Sindicato Nacional dos Docentes das Instituições de Ensino Superior (Andes), que reclamou pelo fato de a legislação brasileira não reconhecer a figura dos atos antissindicais diante da demissão de dirigentes, recomendou a adoção de medidas necessárias para modificar a legislação, a fim de permitir aos trabalhadores a criação de organizações sindicais ao nível de empresa, se assim o desejarem".[(468)] De outra feita, a Federação Nacional dos Trabalhadores em Empresas de Transporte Metroviário representou contra o Brasil junto à OIT em razão de demissão de dirigentes sindicais e 61 trabalhadores de São Paulo e Rio de Janeiro, em razão das greves. Foi formado o Caso 2.646, resolvido em favor da entidade sindical, condenando a prática antissindical diante da inobservância por parte do Poder Público da Convenção n. 98, art. 1º, 2, *b*. No caso de São Paulo, a Companhia estatal e o Governo do Estado anunciaram publicamente a contratação de uma centena de trabalhadores para substituir o pessoal demitido. Diante do ocorrido, o Comitê de Liberdade Sindical pediu ao Governo que "tome sem demora as medidas a seu alcance para obter como solução prioritária a reintegração sem perda do salário dos dirigentes sindicais e

---

(464) Exposição feita no III Congresso Brasileiro de Processo Civil e Trabalhista, realizado em Natal (RN), de 24 a 26.9.1998 e promovido pela Universidade Federal do Rio Grande do Norte. BARROS, Alice Monteiro de. *Exposição no III Congresso Brasileiro de Processo Civil e Trabalhista*. Natal (RN). Disponível em: <http://www.mg.trt.gov.br/escola/download/revista/rev_59/Alice_Barros.pdf> Acesso em: 26.1.2012.

(465) Disponível em: <http://www.adital.com.br/site/noticia.asp?lang=PT&cod=33776>.

(466) 346º Informe, provocado pelo Sindicato Nacional dos Docentes das Instituições de Ensino Superior (Andes), mencionado por Cláudio Santos da Silva, Atos antissindicais. Convenção n. 98 da OIT não é respeitada por sindicatos. *Jornal Trabalhista*, Consulex, p. 25, 18.2.2009.

O caso que tomou na OIT o n. 32 é também discutido na tese de Sandor José Ney Rezende, que menciona a decisão adotada: "Recorda (o Comitê) o princípio contido na Recomendação n. 143, de reconhecer prioridade aos representantes dos trabalhadores na empresa a continuar no emprego no caso de redução de pessoal. Observa que um professor despedido foi reintegrado por decisão judicial e manifesta esperança na reintegração dos demais trabalhadores despedidos".

trabalhadores despedidos da empresa Companhia do Metropolitano de São Paulo, por terem participado da paralisação das atividades, assim como dos dirigentes sindicais despedidos às vésperas do início do processo de negociação coletiva; se as autoridades competentes determinam que a reintegração dos dirigentes sindicais não é possível por razões objetivas e inevitáveis, se deve outorgar uma indenização adequada para reparar todos os danos sofridos e prevenir a repetição de tais atos no futuro, que deve significar uma sanção suficientemente dissuasiva contra os atos de discriminação antissindical. Determinou ainda que o Governo investigue com vista à apuração da reclamação, quanto à negativa da empresa concessionária do serviço no Rio de Janeiro em reconhecer a diretoria de base do sindicato, além de condenar a prática antissindical".[467]

Sandor José Ney Rezende observa que a prática faltosa não é incomum: "Em primeiro lugar, o Brasil não difere do resto do mundo, no que respeita a atentados à liberdade sindical. Em todos os países se encontra alguma dose de restrição à liberdade sindical, como demonstra a longa lista de casos apresentados perante o Comitê de Liberdade, que só faz aumentar, especialmente neste início de século de globalização neoliberal. Essas violações ao princípio da liberdade sindical são de diversos tipos, praticadas pelos mais variados meios. Necessário notar, porém, que a estatística da OIT em âmbito mundial pouco difere da estatística dos casos que envolvem o Brasil. É de justiça atentar para a similitude qualitativa e quantitativa de situações de conflito entre o Brasil e o resto do mundo. Evidentemente, algumas mediações devem ser feitas: o Brasil situa-se entre os trinta países com número de queixas relativamente elevado (63, considerados aqueles com mais de vinte casos analisados), embora seja superado pela Argentina (158 casos), Colômbia (141), Grécia (99), pelo Reino Unido (83), Canadá (95), pela Espanha (86), pelo Chile (84), pela Guatemala (81), Índia (67), pelo Marrocos (67), pela Nicarágua (63) e Venezuela (61).[468]

3. **A proteção na legislação estrangeira**. Antonio Ojeda Avilés, frente à legislação espanhola, refere-se a procedimentos contra disposições legislativas antissindicais que infringem a autonomia sindical, que se afiguram inconstitucionais, bem assim a regulamentos e atos administrativos.[469]

A repressão à conduta antissindical na Itália, conforme Gino Giugni, constitui um instrumento destinado a efetivar o princípio da liberdade sindical, permitindo o acesso "ao juiz local onde aconteceu o comportamento para obter sua cessação e correspondente anulação dos seus efeitos".[470] Alice

(467) EBERT, Paulo Roberto Lemgruber. Convenção n. 98. Condenação do Brasil deve ser refletida. *Conjur* 1.10.2010. Disponível em: <http://.con.jur.com. br?2010-jan-01/condenação-brasil-oit-refletida-convencao-98> Acesso em: jan. 2012.

(468) *Liberdade sindical:* o Brasil sob o olhar da OIT. São Paulo: reprodução do autor, p. 198.

(469) *Op. cit.*, p. 256.

(470) *Direito sindical.* São Paulo: LTr, 1991. p. 87.

Monteiro de Barros mostra que "o art. 14 do Estatuto do Trabalhador da Itália permite que seja solicitada sua cessação e anulação dos seus efeitos, e o juiz, investido de jurisdição trabalhista, no prazo de dois dias sucessivos à reclamação, convocará as partes, pedindo as informações devidas, e ordenará ao empregador a cessação do comportamento ilegítimo, com a consequente nulidade de seus efeitos. O juiz, baseando-se em informações sumárias, concederá medida liminar, devendo ser motivada e imediatamente executada, caso o comportamento seja considerado antissindical. Dessa decisão caberá recurso no prazo de 15 dias, não podendo ser suspensos os seus efeitos até a sentença definitiva".[(471)]

Juan Garcia Abelan menciona as listas negras, comuns nos Estados Unidos e na Inglaterra, onde é reconhecido o piquete pacífico por força da jurisprudência que o considera mero exercício do direito de liberdade de expressão incitando o público a adotar uma determinada atitude e, de certo modo, a produzir uma pressão de ordem moral, quando menos, pelo que a licitude dos piquetes se reduz a uma questão de oportunidade e, em consequência, a limitação desse direito não é, em princípio, contrária à Constituição.[(472)] A Lei Wagner americana indicava as práticas antissindicais do empregador: "1) interferir, controlar, ou coagir os empregados no exercício dos direitos garantidos na Seção 7 (esta seção diz respeito ao direito dos empregados de se associar, de formar organizações, de negociar coletivamente através de seus representantes, e se engajar em outras atividades combinadas com o intuito de negociar coletivamente ou no sentido de se auxiliar ou se proteger mutuamente e também o direito de desistir de qualquer uma de tais atividades; (...) 2) dominar ou interferir na formação ou administração de qualquer sindicato ou contribuir financeiramente ou dar qualquer outro tipo de ajuda ao mesmo; (...) 3) discriminar em relação a empregar ou manter o emprego ou qualquer termo ou condição de emprego para encorajar ou desencorajar membro de sindicato; (...) 4) dispensar ou praticar qualquer outro ato de discriminação contra um empregado pelo fato de ele ter feito reclamação ou ter sido testemunha em procedimento relacionado às práticas antissindicais; (...) 5) recusar-se a negociar coletivamente com os representantes dos empregados".[(473)] Amauri Mascaro Nascimento também lembra a lei Taft-Hartley (*Labour Management Relations Act*, de 1947) dos Estados Unidos, segundo a qual constitui prática desleal de um empregador a recusa de negociar coletivamente com os representantes dos trabalhadores, assim também na Inglaterra.[(474)] Octavio Bueno Magano anota que "a recusa à negociação coletiva — tão comum no Brasil — é prática antissindical nos

(471) *Op. cit.*, p. 36.
(472) *Op. cit.*, p. 326 e 329.
(473) *Op. cit.*, p. 117 e ss.
(474) *Direito sindical*. São Paulo: LTr, 1984. p. 302.

Estados Unidos, assim como negar a reivindicação e depois concedê-la como liberalidade — ainda mais comum entre nós,[475] "Nos Estados Unidos" o instrumento central para a proteção do direito de associação, de negociação coletiva de trabalho e de greve, é a definição de cinco tipos de práticas desleais de trabalho (...). Mas a legislação americana, no estudo de Tamira Maira Fioravante, é reparatória e não punitiva. Ela não prevê a responsabilidade civil ou criminal do empregador nos casos de práticas desleais de trabalho. "Num país onde o capitalismo é dominante, naturalmente, são proibidas quaisquer condutas que afetem de modo desarrazoado a liberdade sindical (direito do empregado) ou o livre fluxo de comércio (direito do empregador)".[476]

Tadeu Henrique Lopes da Cunha passou pela legislação dos principais países e é dele que colhemos as informações que seguem: 1) na Espanha, há três formas de sanção: a) penal, com punição pelo delito de discriminação com penas privativas de liberdade e multa; b) indenização civil pelos prejuízos causados; c) multa administrativa; 2) na Itália: a) impedir a realização de assembleia; b) transferência do dirigente sindical. O procedimento inibitório é de cognição sumária e urgente: convocação das partes no prazo de dois dias e, convencido da prática faltosa, o pretor ordenará "a cessação do comportamento ilegal e remoção de seus efeitos". A punição no caso de descumprimento da ordem judicial é exemplar: prisão de três meses ou multa; 3) na França, há sanções penais e civis; 4) Alemanha. Qualquer pacto que limite ou dificulte o exercício do direito de unir-se em associações livremente constituídas para a defesa e exigência de condições de trabalho ou econômicas será nulo. A repressão fica no âmbito civil, mediante ação de ressarcimento.[477]

4. **A Proteção na legislação brasileira**. Poucos autores brasileiros pensaram o tema, ocupando-se mais da proteção do dirigente sindical. Mas a Consolidação das Leis do Trabalho, no § 6º do art. 543, introduzido pelo Decreto-lei n. 229, de 1967, já assegurava ao trabalhador o direito positivo de atuação sindical, desde filiação até a fundação de associação de classe:

> "A empresa que, por qualquer modo, procurar impedir que o empregado se associe a sindicato, organize associação profissional ou sindical ou exerça os direitos inerentes à condição de sindicalizado fica sujeita à penalidade prevista na letra a do art. 553, sem prejuízo da reparação a que tiver direito o empregado."

O dispositivo, no topo e no § 3º, protegia o membro da administração e da representação de entidade de classe:

> "Art. 543. O empregado eleito para cargo de administração sindical ou representação profissional, inclusive junto a órgão de deliberação coletiva, não poderá ser

---

(475) *A convenção*, cit., p. 159.

(476) Direito de greve, práticas desleais de trabalho e arbitragem no direito coletivo do trabalho norte-americano. In: *Temas controvertidos*, cit., p. 71 e 72.

(477) CUNHA, Tadeu Henrique Lopes. Proteção contra atos antissindicais. In: *Temas controvertidos, cit.*, p. 130.

impedido do exercício de suas funções, nem transferido para lugar ou mister que lhe dificulte ou torne impossível o desempenho das suas atribuições sindicais."

"§ 3º Fica vedada a dispensa do empregado sindicalizado ou associado, a partir do momento do registro de sua candidatura a cargo de direção ou representação de entidade sindical ou de associação profissional, até ano após o final do seu mandato, caso seja eleito inclusive como suplente, salvo se cometer falta grave devidamente apurada nos termos desta Consolidação."

Primeiro, a proteção consistia em multa: "O empregador que despedir, suspender ou rebaixar de categoria o empregado, ou lhe reduzir o salário, para impedir que o mesmo se associe a sindicato, organize associação sindical ou exerça os direitos inerentes à condição de sindicalizado, fica sujeito à penalidade prevista na alínea a do art. 553, sem prejuízo da reparação a que tiver direito o empregado". A multa: poucos cruzeiros naquele tempo, elevada ao dobro na reincidência. Para seduzir os dirigentes sindicais, a Lei n. 5.107, de 1966, que criou o Fundo de Garantia do Tempo de Serviço, no art. 24, vedou a dispensa do dirigente, mas até o final do mandato. O Decreto-lei n. 229, de 1967, estendeu a garantia até 90 dias após seu término, inclusive para os suplentes; depois, a Lei n. 5.911, de 1973, ampliou-a para um ano, e a Lei n. 7.543, de 1986, projetou seu alcance para beneficiar também para os diretores de associações profissionais.

Por fim, a Convenção n. 98 da OIT, que a partir de 18 de novembro de 1953 passou a integrar nosso ordenamento jurídico:

"Art. 1º 1. Os trabalhadores gozarão de adequada proteção contra atos de discriminação com relação a seu emprego.

2. Essa proteção aplicar-se-á especialmente a atos que visem:

a) sujeitar o emprego de um trabalhador à condição de que não se filie a um sindicato ou deixe de ser membro de um sindicato;

b) causar a demissão de um trabalhador ou prejudicá-lo de outra maneira por sua filiação a um sindicato ou por sua participação em atividades sindicais fora das horas de trabalho ou, com o consentimento do empregador, durante o horário de trabalho.

Art. 2º 1. As organizações de trabalhadores e de empregadores gozarão de adequada proteção contra atos de ingerência de umas nas outras, ou por agentes ou membros de umas nas outras, na sua constituição, funcionamento e administração.

2. Serão principalmente considerados atos de ingerência, nos termos deste artigo, promover a constituição de organizações de trabalhadores dominadas por organizações de empregadores ou manter organizações de trabalhadores com recursos financeiros ou de outra espécie, com o objetivo de sujeitar essas organizações ao controle de empregadores ou de organizações de empregadores.

Art. 3º Mecanismos apropriados às condições nacionais serão criados, se necessário, para assegurar o respeito do direito de sindicalização definido nos artigos anteriores.

Art. 4º Medidas apropriadas às condições nacionais serão tomadas, se necessário, para estimular e promover o pleno desenvolvimento e utilização de mecanismos de negociação voluntária entre empregadores ou organizações de empregadores e organizações de trabalhadores, com o objetivo de regular, mediante acordos coletivos, termos e condições de emprego."[478]

5. **Práticas antissindicais, os empregadores e suas organizações sindicais**. A proteção contida na Convenção n. 98 dirige-se aos trabalhadores e às suas organizações, obrigando a legislação do país a adotar medidas para dar-lhe efetividade.

De tal modo, o trabalhador demitido por se filiar a um sindicato estará ao abrigo da proteção, podendo ser reintegrado no emprego, vez que sua dispensa foi nula, não produzindo efeitos. O mesmo se diga em relação àquele que perde o emprego quando arregimenta seus companheiros com o propósito de fundar um sindicato; também o ativista que, graças ao prestígio conquistado junto aos companheiros de trabalho, compõe a chapa que disputará o pleito para constituição da administração de seu sindicato e, nessa qualidade, apresenta-se aos demais empregados e se elege como seu representante para acompanhar e fiscalizar a gestão financeira. E aí, se abre a oportunidade fácil para ser demitido também protege o trabalhador contra atos dos empregadores que lhe neguem o exercício dos direitos sindicais.

Altamiro Borges lembra a condenação da empresa Sadia pelo Tribunal do Trabalho de Minas Gerais por ter obrigado seus empregados a aceitar um acordo salarial que já fora rejeitado pela assembleia do sindicato. "Segundo denúncia do Procurador do Ministério Público do Trabalho Fábio Fernandes, a Sadia dirigiu a formação de uma comissão supostamente representativa dos trabalhadores que se encarregou de coagir outros empregados a aceitarem as bases do acordo proposto pela empresa. Alguns empregados inclusive foram demitidos por discordarem da pressão".[479]

Não se pode esquecer da tentativa fracassada de uma montadora de veículos que pretendeu impor aos trabalhadores uma comissão de fábrica de São Bernardo do Campo para substituir o sindicato.

Claro que o apoio ao "pelego" e sua acomodação, nem sempre gratuita, constitui prática de grau elevado. Pior quando parte do empregador a fundação ainda que indireta, mediante apoio, de sindicato dócil que seguirá sua orientação

(478) Foi aprovada em 27 de agosto de 1952 pelo Decreto Legislativo n. 49 e promulgada com o Decreto n. 22.196, de 29 de junho de 1953.

(479) *Sindicalismo, resistência e alternativas*. São Paulo: Anita Garibaldi, 2008. p. 134.

e vontade. Muito, muito pior quando se vale do suposto dirigente "pelego", omisso ou corrupto para impor uma convenção ou um acordo coletivo mínimo, condições negativas ou prejudiciais aos trabalhadores.(480)

Cada vez mais avulta a proteção contra o dano coletivo que se caracteriza inclusive com a chamada "lista suja" ou "lista negra".(481)

6. **Práticas antissindicais e o Estado.** Tudo que se fizer de modo a dificultar, comprometer ou impedir o exercício da liberdade sindical individual ou coletiva, seja dos empregadores e de suas organizações, de qualquer poder da União, Executivo, Legislativo ou Judiciário, do Ministério Público do Trabalho, e também das entidades profissionais serão contrárias à ação sindical.

O professor panamenho Rolando Murgas Torrazza também vê discriminação antissindical por parte do Estado através de "mecanismos sancionatórios que podem ser utilizados para escamotear, neutralizar, dissuadir ou castigar a atividade sindical".(482) De igual modo, Otávio Pinto e Silva: "(...) podendo (os atos antissindicais) ser cometidos tanto pelos empregadores e seus prepostos, as organizações de empregadores e o Estado (este, tanto no seu papel de empregador quanto no de autoridade administrativa)".(483)

a) **Práticas antissindicais e o Poder Executivo**. O Estado exerceu desde 1930 até 1988 tutela e controle da organização sindical, também repressiva, institucionalizada a partir de 1937. A Carta do Estado Novo não podia subsistir num regime democrático, mas, como já visto, enquanto se votava a Constituição de 1946, o Marechal Eurico Gaspar Dutra ainda legislava soberanamente com o decreto-lei, e foi assim que, embora o Brasil tivesse assinado a Declaração dos Princípios da América na Conferência de Chapultepec de 1945, editou o Decreto antigreve n. 9.070 e fez mais: já em plena democracia, fechou a Confederação dos Trabalhadores do Brasil e interveio em cerca de 400 sindicatos que a ela se filiaram. Se bem que a ditadura, repressiva e feroz, em 1964, durante o governo militar do Marechal Castelo Branco, também fechou de pronto 409 sindicatos, 43 federações e 3 confederações, naturalmente as mais atuantes, além do CGT, chegando no final de 1978 com 1.565.

---

(480) Repercutiu o caso de um sindicato criado sob a promoção de corporações transnacionais para representar não uma categoria profissional, mas apenas um pedaço, no caso, o americanizado *fast food*. Não fosse suficiente, logo escapou da convenção geral do setor de restaurantes, bares e similares, ficando vinculado a outra de conteúdo extraordinariamente inferior.

(481) A Justiça do Trabalho de Vitória, Espírito Santo, condenou a empresa Vale do Rio Doce por ter pressionado suas contratadas (terceirizadas) a demitir empregados que se atreveram a reclamar direitos negados. Segundo o relator do processo RR 103600 de 2006, Ministro Emmanoel Pereira, "a conduta da empresa foi uma violência contra as normas protetivas do trabalho".

(482) Discriminação no Trabalho, *Anais do 17º Congresso Ibero-Americano de Direito do Trabalho e Seguridade Social.* O direito do trabalho e da seguridade social nos países ibero-americanos e Itália. Curitiba: DT, 2008. p. 521.

(483) *Op. cit.*, p. 14.

A empresa, como regra, conta com o apoio repressivo da polícia e até do exército para reprimir as greves, como se evidenciou na ditadura em 1968, primeiro, em Contagem, depois, em Osasco, sob o comando do Coronel Jarbas Passarinho, então Ministro do Trabalho, e depois no governo José Sarney por ocasião da paralisação que afetou a Companhia Siderúrgica Nacional de Volta Redonda. O General Luiz Lopes da Silva, comandante da operação, declarou à imprensa que o uso de tropas deveu-se a duas razões: a necessidade de restabelecer a ordem, porque houve insubordinação civil, e para preservar o patrimônio da empresa, ressalvando "que até agora não sofreu danos".(484) A ação da polícia militar repetiu-se nas greves dos metalúrgicos de São Bernardo do Campo comandadas pelo então líder metalúrgico Luiz Inácio Lula da Silva.

A autonomia foi conquistada e inscrita no art. 8º. Todavia, foi afrontada justamente no governo Lula, que presidiu o Sindicato dos Metalúrgicos de São Bernardo do Campo, fundou a CUT e o Partido dos Trabalhadores. O Ministério do Trabalho e Emprego procurou reconquistar a tutela, desde que foi ocupado por Ricardo Berzoini, ex-presidente do Sindicato dos Bancários de São Paulo, passando por Luiz Marinho, que também presidiu o sindicato de Lula e a CUT, chegando até Carlos Luppi, do Partido Democrático Trabalhista (PDT). Começou com Berzoini, autor da Portaria n. 160, de 13 de abril de 2004, com a qual decretou que as contribuições de custeio, assistenciais ou confederativas, só eram devidas pelos associados dos sindicatos. Não durou muito e o Supremo Tribunal Federal, acolhendo o voto do Ministro Marco Aurélio, declarou a inconstitucionalidade formal da medida.(485) Em 18 de abril de 2005, com a Portaria n. 197, foi exigido das entidades sindicais o cadastramento com nome de batismo "atualização de dados para o Cadastro Nacional de Entidades Sindicais", primeiro, facultativamente, depois, compulsoriamente com a Instrução Normativa n. 2, de 1 de dezembro de 2005, pois a submissão à medida tornou-se indispensável para o arquivamento de acordos e convenções coletivas.(486) Mais tarde, a Instrução Normativa n. 6, de 6 de agosto de 2007, instituiu o Sistema Mediador para fins de depósito, registro e arquivo de acordos e convenções coletivas, restabelecendo a censura e o controle, a ponto de nem mesmo permitir a livre disposição das cláusulas pactuadas que passaram a se alinhar a gosto dos tecnocratas. Por último, a Portaria n. 186, de 2008, voltada para o registro sindical, restabeleceu o prestígio perdido diante do controle absoluto da organização de classe, com poder para registrar sindicatos "fantasmas" mediante dissociação ou desmembramento provocado por

---

(484) *Folha de S. Paulo*, 10.11.1988, citação de PAIXÃO, Cristiano; LOURENÇO FILHO, Ricardo. *A greve e sua conformação pelo TST. Desvelando mentalidades em mundo do trabalho,* cit., p. 68.

(485) Ação Direta de Inconstitucionalidade n. 3.206, de 2005. O Tribunal entendeu que o Ministro extrapolou sua competência.

(486) A Instrução, no art. 4º, § 6º, estabelecia que, para se verificar a capacidade dos signatários do instrumento coletivo, as entidades sindicais deveriam estar com suas informações atualizadas no Cadastro Nacional das Entidades Sindicais.

aventureiros sem nenhum apoio nas bases e respeito aos princípios democráticos. O que na visão soberana do Supremo Tribunal Federal era um ato vinculado tendente a resguardar a unicidade sindical transformou-se num processo administrativo regido pela Lei n. 9.784, de 1999, com audiência de conciliação, decisão e recurso. Pior, admitiu ilegalmente, com ofensa à Constituição, a pluralidade de federações e de confederações. O registro tornou-se ato de reconhecimento, comprometendo a autonomia. A "jurisprudência" formada no âmbito do Ministério apontou absurdos (ou abusos) como subtrair de sindicatos grupos já organizados, transferindo-os para outros.[487] Contra a Portaria foram ajuizadas diversas ações diretas de inconstitucionalidade.[488]

b) **Práticas antissindicais e o Poder Legislativo.** Antonio Ojeda Avilés, frente ao ordenamento espanhol, refere-se a procedimentos contra disposições legislativas antissindicais que infringem a autonomia sindical, que se afiguram inconstitucionais, bem assim a regulamentos e atos administrativos.[489]

A aprovação de legislação restritiva aos direitos sindicais básicos constitui prática antissindical cometida pelo Poder Legislativo. Foi assim quando foi votado o texto da Lei n. 4.330, de 1964, bem apelidada "lei antigreve". O mesmo se deu na votação do projeto que resultou na Lei n. 11.648, de 31 de março de 2008, com o tardio reconhecimento das centrais sindicais. Lembra-se de que não se divergiu no principal, mas, tratando-se da atribuição de parte da contribuição sindical, prevaleceu a emenda do deputado Antonio Carlos Pannunzio (PSDB-SP), que submetia sua aplicação à fiscalização a cargo do Tribunal de Contas, afinal, vetada pelo Presidente Luiz Inácio Lula da Silva sob o fundamento de ferir o princípio da autonomia sindical.

Além do mais, o Poder Legislativo é faltoso por omissão reiterada e dolosa. Até hoje, passados vinte e três anos, dorme sem discutir e votar projeto de lei que dê efetividade às normas em branco, para afinal permitir aos servidores públicos o direito à negociação coletiva e solução convencional para seus conflitos de trabalho, bem assim a recebimento da contribuição negocial.

c) **Práticas antissindicais e o Poder Judiciário**. Como se viu, quando o Supremo Tribunal Federal e depois o Tribunal Superior do Trabalho negaram a garantia do emprego aos eleitos para compor a administração dos órgãos de classe e fiscalizar a gestão financeira, fora de qualquer dúvida, cometeram prática antissindical, distanciando-se dos textos constitucionais

(487) Aponta-se a subtração do grupo dos trabalhadores nas indústrias de pinturas do Sindicato dos Trabalhadores da Construção Civil de São Paulo, passando-o para o Sindicato dos Empregados em Empresas de Asseio e Conservação, impedida graças à decisão do Tribunal do Trabalho da 10ª Região, Processo n. 628/2010, rel. Desembargador Alexandre Nery de Oliveira, julgamento do dia 1º de setembro de 2011.

(488) Processos ns. 4.126, 4128, 4.139 e 4.120, sendo designado relator o Ministro Carlos Alberto Direito, já falecido.

(489) *Op. cit.*, p. 256.

(art. 8º, VIII) como legal (CLT, art. 543, § 3º) e também da Convenção n. 98. Grijalbo Fernandes Coutinho e Hugo Cavalcanti Melo Filho, juízes progressistas, não se conformam: "como é possível concluir que alguém legitimamente eleito pela categoria, ainda para cargo do Conselho Fiscal ou Delegado, não é representante sindical?".(490) Mauricio Godinho Delgado, ministro do Tribunal Superior do Trabalho, diante da decisão do Supremo Tribunal Federal limitando o número de dirigentes sindicais alcançados pela garantia de seus empregos, vê, "a rigor, sustentável a tese de que a decisão (...) fomenta (ou mesmo, no limite, pode constituir) prática antissindical por parte do Estado".(491) Daí a sugestão do juiz Jorge Luiz Souto Maior: "uma das contribuições dos juízes é contrariar o TST, mesmo as súmulas".(492) Com razão, pois, como admite Mauricio Godinho Delgado, "trata-se de um debate ainda não resolvido".(493) Não quer dizer que o número de membros da administração seja ilimitado, pois deverá se ater ao princípio da razoabilidade, sem o que ficará configurado o abuso, pelo uso indevido da condição de dirigente. Conhecida a prática da inchação da administração como favor eleitoreiro, mas também por oportunismo e meio de perpetuação no poder.(494)

De igual modo, quando a Justiça do Trabalho concede o interdito proibitório para anular o direito de greve também garantido constitucionalmente conforme o art. 9º, servindo as empresas, bastando a simples convocação de assembleia para deliberação, induvidosamente atenta contra a liberdade sindical. Erickson Crivelli analisou com profundidade o tema, assim concluindo: "O uso do interdito proibitório — instrumento de direito real para garantia da posse — parece, desta forma, aos olhos do empregador cordial, como uma retomada da ordem nas relações desarticuladas pela modernidade em suas relações coletivas, como são os sindicatos. (...) Os empregadores no Brasil têm utilizado de maneira cada vez mais frequente um procedimento judicial de proteção da posse da propriedade privada como instrumento jurídico para impedir a formação de linhas de piquete e manifestações sindicais na porta das suas

(490) O ativismo judicial do tribunal superior do trabalho como fator de flexibilização do direito do trabalho no Brasil. In: *O mundo do trabalho*, cit., p. 143.

(491) MUÇOUÇAH, Renato de Almeida Oliveira. A proteção ao valor da dignidade humana em face de prática de conduta antissindical. In: FREITAS JR., Antonio Rodrigues; SANTOS, Enoque Ribeiro dos (coords.). *Direito coletivo em debate*. Rio de Janeiro: Lumen Juris, 2009. p. 286.

(492) Os princípios do direito do trabalho e sua negação por alguns posicionamentos jurisprudenciais. In: O *mundo do trabalho*, cit., p. 208.

(493) SILVA, Sayonara Grillo Coutinho Leonardo da. Decisões judiciais e (des)construção dos direitos: uma revista à interpretação dos direitos coletivos pelos tribunais superiores. In: *O mundo do trabalho*. São Paulo: LTr, 2009. p. 434.

(494) Foi o que fez João Lins, quando presidiu o Sindicato dos Metalúrgicos de São Caetano do Sul, prevendo no Estatuto uma diretoria composta por mais de 200 membros. Para o registro de chapa nas eleições, era obrigatório ter candidatos para todos os cargos. Claro que o temor pela retaliação, ainda mais numa região dominada por corporações transnacionais, impedia a formação, comprometendo o registro da chapa de oposição encabeçada por Frei Chico, irmão de Lula.

empresas. O objetivo tem sido, por parte dos empregadores, anteciparem-se ao início de uma paralisação convocada pelo sindicato de trabalhadores e propor os interditos possessórios, como são legalmente denominados na legislação processual civil. (...) Valem-se da alegação, na proposição deste procedimento judicial, de ameaça ao livre uso e gozo da propriedade para obter uma liminar (*injunction*), ou seja, uma ordem judicial que proíba antecipadamente a formação das linhas de piquete ou manifestações que se realizam com o intuito de concretizar o movimento paredista aprovado nas assembleias sindicais. Por último, valem-se destas providências judiciais para legitimar a participação dos aparatos policiais na dissolução dos piquetes e das manifestações e, ainda, impor onerosas multas que objetivam, em verdade, atingir a capacidade de independência econômica dos sindicatos".[(495)] Exemplo: "Pela cognição sumária, analisando-se as provas apresentadas, constata-se que o autor está sendo turbado em sua posse desde a manhã de hoje, em razão de movimento grevista deflagrado pelo réu. Nos termos dos §§ 1º e 3º do art. 6º da Lei n. 7.783/1989, em nenhuma hipótese os meios adotados por empregados e empregadores poderão violar ou constranger os direitos e as garantias fundamentais de outrem, bem como as manifestações e os atos de persuasão utilizados pelos grevistas não poderão impedir o acesso ao trabalho nem causar ameaça ou dano à propriedade ou à pessoa. Dessa forma, nos termos do art. 932 do Código de Processo Civil, concede-se medida liminar de manutenção da posse, ordenando que o réu se abstenha de praticar atos que embaracem o exercício dos direitos fundamentais dos cidadãos (empregador, empregados não grevistas e terceiros), mantendo-se a posse mansa e pacífica dos imóveis de propriedade do autor ou nos imóveis nos quais o autor presta serviços, sendo proibidas interposição de veículos, faixas, pessoas, cavaletes, correntes e quaisquer objetos que impeçam ou atrapalhem o direito de ir e vir de qualquer cidadão e veículos durante o período em que perdurar o movimento grevista, abstendo-se, ainda, de realizar piquetes ou tumultos dentro das instalações da empresa ou qualquer outro expediente que perturbe o ambiente pacífico de trabalho dos que não aderiram ao movimento grevista, sob pena de multa diária no valor de R$ 50.000,00"[(496)]; ou "em nenhum lugar está previsto o direito de, através da greve, prejudicar direitos de terceiros, trabalhadores ou não", devendo o sindicato "se abster de impedir o acesso de empregados às dependências da Requerente, independente do meio de transporte utilizado, sendo que poderá esta requerer a utilização de força policial para a garantia do cumprimento da presente, além de determinar que as ações do Requerido não se desenvolvam a menos de 100 metros dos portões

(495) CRIVELLI, Ericson. Interditos proibitórios versus liberdade sindical: uma visão panorâmica do direito brasileiro e uma abordagem do direito internacional do trabalho. *Revista LTr,* 73-12/1415.

(496) Proc. n. 01670-3000-054-02-00-2 da 51ª Vara do Trabalho de São Paulo, decisão proferida pela juíza Juliana Santonivon Held.

da Requerente, tudo sob pena de multa diária de R$ 1.100.000,00 a cargo do Requerido, sem prejuízo das demais responsabilidades civis e criminais devidas".[(497)]

Como com acerto observa Marthius Sávio Cavalcante Lobato, o interdito proibitório na leitura do art. 932 do Código de Processo Civil destina-se à proteção da propriedade e da posse. A greve é o direito de não trabalhar como instrumento de defesa dos interesses coletivos do grupo profissional; logo, também, direito de não permitir que a empresa funcione. Não que se possa justificar a greve como direito de violência, mas de resistência, sim. Se a empresa continua ativa, não há greve. Com a greve, os trabalhadores só querem impedir o funcionamento da empresa, e não dela se apoderar. Arremata Marthius: "... o exercício do direito de greve jamais chegará à intenção de obtenção de posse, logo, não se aplica o art. 932 do CPC (...)".[(498)]

Quando não, impõe ao sindicato manter em operação número excessivo de empregados para atender às necessidades mínimas da coletividade, sabendo que estas, a teor do parágrafo único do art. 11 da Lei n. 7.783, de 1989, são aquelas que põem em risco a sobrevivência, a saúde e a segurança. Não bastasse nada exigir da empresa, enfraquecendo a defesa dos interesses dos trabalhadores, penaliza o descumprimento da medida com pesadíssimas multas que até comprometem a continuação da entidade. Não é tudo. Desprezando a literalidade do art. 11, determina que a medida seja tomada isoladamente pelo sindicato, quando o texto legal atribui sua execução às partes em conflito, de comum acordo.

A greve, como já visto, foi caso de polícia e subversão coletiva contra o Estado opressor. Para impedir seu exercício bastavam a polícia, que prendia os grevistas, e o Ministério do Trabalho, que fechava o sindicato e substituía seus dirigentes por "pelegos" dóceis. Se a Constituição de 1988 a elevou à condição de direito social dos trabalhadores para a defesa de seus interesses coletivos, para o patronato não bastava a declaração de simples ilegalidade ou abusividade que só vinha tardiamente, nem mesmo a determinação para atendimento das necessidades inadiáveis da comunidade que servia para reduzir a força do movimento, mas que só era exigida tratando-se de serviços ou atividades essenciais. A solução foi encontrada fora da legislação do trabalho, no Código Civil, art. 1.210:

> "O possuidor tem direito a ser mantido na posse em caso de turbação, restituído no de esbulho, e segurado de violência iminente, se tiver justo receio de ser molestado."

---

(497) Processo n. 312/2011 da 9ª Vara de Campinas, sendo Requerente Frigorífico Mabella Ltda. e o Requerido o Sindicato dos Trabalhadores nas Indústrias da Alimentação de Campinas.

(498) *O valor constitucional para a efetividade dos direitos sociais nas relações de trabalho.* São Paulo: LTr, 2006. p. 4.

A instrumentalização foi dada pelo art. 932 do Código de Processo Civil:

"O possuidor direto ou indireto, que tenha justo receio de ser molestado na posse, poderá impetrar ao juiz que o segure da turbação ou esbulho iminente, mediante mandado proibitório, em que se comine ao réu determinada pena pecuniária, caso transgrida o preceito."

E sucederam-se os interditos proibitórios.

Ronaldo Lima dos Santos, procurador do Ministério Público do Trabalho, mostrou com precisão o equívoco que cometem juízes apressados ou descuidados, ensinando: "(...) para a concessão do interdito proibitório são necessários dois requisitos: 1. O *animus possidendi* da parte contrária, consubstanciado na intenção do agente de praticar atos e condutas direcionadas à posse de outrem (autor): 2. A ilicitude dos atos praticados, baseados em condutas ilegais, como a turbação e o esbulho. Trata-se de atos ilícitos voltados contra a posse de outrem, no sentido material e patrimonial, isto é, direcionado contra um dos direitos inerentes ao domínio: a posse, tanto em relação ao elemento ético desta (*animus*) quando ao material (*corpus*), porém sempre contra a posse em si, jamais sobre obrigações dela decorrentes, a ela vinculados, direta ou indiretamente.(...) A ação de interdito constitui um instrumento processual para a tutela da posse (direta ou indireta), enquanto elemento de exteriorização do domínio, de forma que essa tutela possessória desvela-se, em última análise, na proteção do próprio direito de propriedade. A finalidade dessa ação sumária é conceder, principalmente ao próprio proprietário (mas abrange o mero possuidor) do bem turbado ou esbulhado, um veículo rápido para a proteção da sua posse sem que tenha que participar de todo um processo de reivindicação em que deva provar a titularidade do seu domínio. (...) Quanto à greve, observa que, em determinada medida, sempre se dirige, direta ou indiretamente, para a atividade empresarial do empregador, seja pelos próprios efeitos da paralisação do trabalho, seja pela estratégia do movimento paredista de embaraçar atividade empresarial do empregador com vista a forçar uma negociação coletiva entre as partes. Não é da essência do exercício do direito de greve o seu direcionamento contra o direito de posse do empregador, não se podendo presumir turbação da posse nas hipóteses de mera perturbação da atividade empresarial". E assim conclui o procurador do trabalho: "Ao considerar-se que o objeto dos interditos proibitórios (tutela de posse) não se confunde com os atuais e corriqueiros requerimentos formulados nessas ações perante a Justiça do Trabalho (tutela da atividade empresarial), não resta dúvida da impossibilidade de *interdictum* para esse desiderato ou qualquer outro relacionado com o exercício do direito de greve (...)". Mas não é tudo. Ronaldo Lima dos Santos observa que "a realização de assembleias na frente das empresas, simples ameaça de greve, distribuição de panfletos, utilização de carro de som, trios elétricos, "apitaço", peças teatrais, piquetes e outras condutas adotadas pelos sindicatos constituem meros atos sindicais, não suscitando a concessão de interditos proibitórios". Com clareza, reconhecendo, embora, que possam embaraçar a atividade empresarial, anota: "Deve-se ressaltar que, culturalmente, as manifestações político-sociais no Brasil sempre se caracterizaram pela sua originalidade e pela criatividade dos manifestantes, de forma que as estratégias de greve são um produto histórico da nossa organização sindical, devidamente enraizada na nossa cultura".[499]

Mas a Justiça do Trabalho muitas vezes condenou a prática antissindical, merecendo como exemplo a sentença do juiz Alexandre Manuel Rodrigues Pereira da 4ª Vara do Trabalho de Aracaju, Sergipe: "Com efeito, a reclamada adotou medidas no sentido de dificultar o exercício do direito de greve, ao utilizar o seu poder hierárquico como forma de coação para que os empregados não participassem do movimento, bem como ameaçando, de forma direta ou indireta, os que mesmo assim participavam, no sentido de dificultar a movimentação do empregado na carreira ou quanto ao melhor ou pior período para a concessão de suas férias. A relevância da liberdade sindical não está constrita ao direito social intrinsecamente assegurado pela Carta Política, conforme já referido em linhas atrás, possui maior amplitude, na medida em que empresta tutela a vários direitos fundamentais individuais também inscritos e valorizados na Constituição Federal. O direito de greve se apresenta como corolário do exercício dessa liberdade sindical e possui entre seus objetivos o de servir de instrumento de conquista legítimo dos direitos postulados em dissídio coletivo. De sorte que a adoção de atos que visem a mitigar ou dizimar o exercício regular desse direito não pode encontrar amparo na ordem jurídica. No exercício regular do direito de greve, os trabalhadores têm assegurado o direito à pacífica manifestação, à mobilização, ao convencimento, à reivindicação, à participação e realização de assembleias e reuniões. Por outro lado, como bem apontou o ilustre representante do Ministério Público do Trabalho, os fatos verificados não caracterizam qualquer dano à imagem da entidade sindical, intrínseca ou extrinsecamente, mas atingem diretamente a coletividade de trabalhadores, daí emergindo a necessidade de reparação do dano moral coletivo, com fulcro no art. 13 da Lei n. 7.347/1985, ensejando o dever de pagar uma indenização no valor de R$ 1.000.000,00, considerado o porte econômico da reclamada e, como forma de impelir efeito educativo, para que tais fatos não voltem a se repetir, a ser revertida a favor do FAT — Fundo de Amparo ao Trabalhador".[500]

Merece referência, de igual modo, decisão da Justiça do Trabalho da 15ª Região: "Interdito Proibitório. Receio de violação à posse de unidade industrial.

---

(499) Interditos proibitórios e direito fundamental de greve. *Revista Síntese Trabalhista e Previdenciária, Síntese — IOB*, n. 261, p. 60 e ss., mar. 2011.

(500) Ação Civil Pública, Processo n. 00950-2009-004-20-00-7. AP n. 00742/09, Sindicato Unificado dos Trabalhadores Petroleiros, Petroquímicos e Plásticos nos Estados de Alagoas e Sergipe — Sindipetro AL/SE — e Petróleo Brasileiro S/A — Petrobras.

Não caracterizada ameaça real à posse do bem. Não provimento. Não há nenhuma prova objetiva no sentido de que o Sindicato/réu estivesse incitando os trabalhadores a impedir o acesso àquele edifício, seja dos próprios trabalhadores, seja dos visitantes, clientes ou afins. Não se configurou uma real ameaça de que a autora viria a sofrer esbulho ou turbação da posse de sua unidade industrial, ou a adoção de medidas por parte do Sindicato/réu no sentido de interferir no livre gozo daquele bem".[501]

O reconhecimento do delegado sindical já foi sinônimo de agente subversivo. Há dois tipos de delegados, designados pela diretoria e eleitos pelo grupo representado; os primeiros, consoante disposição dos arts. 523, 517, § 2º da CLT, são simplesmente os responsáveis pelas subsedes, não se confundindo com os segundos, agentes do sindicato nos locais de trabalho ou em determinadas regiões de concentração operária. A Justiça do Trabalho não os reconhece e nega-lhes a garantia do emprego, sem a qual, naturalmente, não podem se assumir como representantes do sindicato.

A negação da substituição processual pela Justiça do Trabalho, que se manteve até sua rendição à jurisprudência do Supremo Tribunal Federal, do que resultou o cancelamento da Súmula n. 310, em outubro de 2003, mas que teve vida longa, quase dez anos, foi prática antissindical, que persiste com a exigência, se bem que não generalizada, de identificação dos substituídos, aceitação da conciliação e da desistência unilaterais e principalmente pelo entendimento equivocado quanto à conceituação de direitos homogêneos, exclusão dos aposentados e demitidos.

A Instrução Normativa n. 4, de 1993, do Tribunal Superior do Trabalho, responsável pela extinção de centenas de dissídios coletivos, embora mantido o conflito existente, que perdurou até 2003, também configurou prática antissindical.

7. **Práticas antissindicais e o Ministério Público do Trabalho**. O Ministério Público, antes da Constituição de 1988, já era o "Quarto Poder" da República. Com ela, assumiu grandeza extraordinária, tendo como fins institucionais a defesa da ordem jurídica, do regime democrático e dos interesses sociais e individuais indisponíveis (CF, art. 127), tendo assegurada autonomia funcional e administrativa. Dentre suas atribuições destaca-se a promoção do inquérito civil e da ação civil pública para a proteção de interesses difusos e coletivos (CF, art. 129, III). Sua disciplinação veio com a Lei Complementar n. 75, de 20 de maio de 1993. O Ministério Público do Trabalho, por sua vez, tem como atribuições, dentre outras: "promover a ação civil pública no âmbito da Justiça do Trabalho para defesa de interesses coletivos, quando desrespeitados os direitos sociais constitucionalmente garantidos (art. 83, III) e propor

(501) Processo n. 0127200-28.2008.5.15.0013, rel. Desembargador Lorival Ferreira dos Santos.

as ações cabíveis para declaração de nulidade de cláusula de contrato, acordo coletivo ou convenção coletiva que viole as liberdades individuais ou coletivas ou os direitos individuais indisponíveis dos trabalhadores (*idem*, IV); instaurar instância em caso de greve, quando a defesa da ordem jurídica ou o interesse público assim o exigir (*idem*, VIII); promover ou participar da instrução e conciliação em dissídios decorrentes da paralisação de serviços de qualquer natureza, oficiando obrigatoriamente nos processos, manifestando sua concordância ou discordância em eventuais acordos firmados antes da homologação, resguardado o direito de recorrer em caso de violação à lei e à Constituição Federal (*idem*, IX)".

Saindo em defesa de direito individual indisponível, o Ministério Público atacou a contribuição assistencial diante da irredutibilidade do salário. Todavia, a CLT permite taxativamente o desconto em razão de cláusula normativa, como se lê no art. 462:

> "Ao empregador é vedado efetuar qualquer desconto nos salários do empregado, salvo quando este resultar de adiantamentos, de dispositivos de lei ou de contrato coletivo."

Como já mencionado, assim também a Convenção n. 95 da OIT, ratificada pelo Brasil.

Mas o fundamento maior levantado está na liberdade sindical negativa do inciso V do art. 8º. Daí concluir que ninguém sem filiação sindical será obrigado a contribuir para o sindicato. Foi o bastante para a sucessão de procedimentos preparatórios que antecedem o ajuizamento da ação civil pública e que municiam o procurador para propor a assinatura do Termo de Ajustamento de Conduta (TAC), obrigando-se o sindicato a partir de então abster-se de cobrar contribuições de quem não for associado; na melhor situação, assegurar-lhe o direito de oposição ao desconto. Logo, aumentaram as restrições como devolução das contribuições recebidas, deixar de submeter à assembleia proposta obrigando os não filiados a contribuir, tudo sob pena de multas exorbitantes até chegar à negação da autonomia quando sem razão nem justificação válida ordena a exibição da relação de sócios, atas relativas ao processo eleitoral. De nada valeram as ponderações dos sindicatos, cada vez mais acossados e temerosos de perderem a sustentação para os serviços assistenciais montados.

Querer que o grupo no seu todo seja representado nas negociações e se beneficie com o que os associados conquistaram na convenção coletiva, invalidando unicamente a cláusula que institui a retribuição para o fortalecimento do órgão de classe, naturalmente contribui para o afastamento de muitos, não só por medo, mas também oportunismo, afinal, se mesmo sem filiação me beneficio da convenção, por que me filiar e contribuir? E não vale dizer que a contribuição sindical é suficiente. Não é e pelo menos por disposição de lei acabou ou vai acabar. O elenco do art. 592, que indica como deve ser aplicada, não se refere nem às negociações coletivas nem à greve. Não bastasse tanto, a mesma contribuição destinada ao adversário, o sindicato patronal, permanece intocável.

Apesar de tudo, o Ministério Público do Trabalho exige — e assim exigindo já alcançou quase todos os sindicatos, apenas de trabalhadores — uma conduta que os coloca em posição ainda mais desfavorável diante do capital e de suas organizações. Já não se contenta em desonerar os não filiados da retribuição de representação e chega a impor que até os associados possam também se opor e não contribuir. Mas esses obrigam-se pelos mandamentos estatutários inclusive à submissão às deliberações da assembleia geral. Sabido que qualquer associação comum existe e sobrevive à custa das contribuições associativas e, se for aprovada uma extraordinária, o filiado descontente ou desliga-se ou paga, não há meio-termo e muito menos direito de oposição, como quer o Ministério Público. Exige também a substituição da cláusula ou sua supressão, esquecendo que a aprovação deveu-se à deliberação da assembleia geral e somente ela poderá aprovar a medida; exige ainda que nunca mais se repita a reivindicação ou que não se coloque em pauta para decisão da assembleia, sem dar conta de sua soberania e de seu desenvolvimento; qualquer participante é livre para propor sua fixação, e se aprovada, firma-se um comando coletivo que a direção sindical não pode nem modificar nem desconhecer. E como atender à vontade individual dos procuradores quando a lei já legitimou a contribuição negocial?

Exemplo da ação do Ministério Público do Trabalho: "1. abster-se de exigir dos trabalhadores não filiados o recolhimento ou pagamento de contribuição/taxa assistencial, confederativa, custeio ou de outras da mesma espécie (Precedente Normativo n. 119 do TST e Súmula n. 666 do STF); (Prazo: imediato); 2. permitir o direito de oposição dos trabalhadores ao pagamento da contribuição/taxa confederativa, assistencial, custeio ou de outras da mesma espécie a qualquer tempo; (Prazo: imediato) 3. alterar todos os acordos ou a convenção de que o sindicato faz parte na cláusula das contribuições sindicais, para constar que os descontos serão apenas dos filiados ao sindicato, prevendo ainda a possibilidade de oposição dos filiados a qualquer tempo. (Prazo: 30 dias); 4. divulgar o inteiro teor deste Termo de Ajustamento de Conduta entre os trabalhadores da categoria, afixando cópia em mural de avisos situado em local de fácil acesso, ampla visibilidade e frequentado pelos obreiros (Prazo: 30 dias); 5. a título de reparação genérica pelo dano moral coletivo, oriundo das lesões causadas aos direitos difusos da sociedade e dos trabalhadores, bem como à ordem jurídica, deverá publicar, no mínimo em quatro domingos consecutivos, no jornal de maior tiragem do Município de Olímpia, com área mínima de 100 (cem) centímetros quadrados, cujo teor deverá contemplar que o Sindicato dos Trabalhadores nas Indústrias da

Alimentação e do Açúcar de Olímpia e Região realizou Termo de Ajuste de Conduta com o Ministério Público do Trabalho com as seguintes cláusulas (constar as cláusulas do TAC e a multa pelo descumprimento). (Prazo: 30 dias para a primeira publicação); 6. comprovar perante o Ministério Público do Trabalho o cumprimento das cláusulas 3ª e 5ª (Prazo: 15 dias após o vencimento das obrigações, sendo certo que no caso da cláusula 5ª o prazo contará a partir da última publicação) (Inquérito Civil Público n. 000202.2009.15.007/9-90)". Outro: "(...) Diante disto, determino a expedição de notificação ao investigado, com cópia da presente apreciação prévia, a fim de que, no prazo de 30 (trinta) dias: a) apresente cópia da norma coletiva da categoria dos últimos três anos; b) apresente balanço patrimonial, descrevendo receitas e despesas, dos últimos três anos; c) relação completa de trabalhadores filiados; d) quantitativo de trabalhadores pertencentes à sua base territorial e representados pelo Sindicato (Procedimento Preparatório n. 27.623/2009)".

Observação: no caso, o sindicato conta com aproximadamente 80% de filiados.

A Justiça do Trabalho, por seu turno, invariavelmente acolhe a pretensão quando recusada na esfera de ação do Ministério Público. Por vezes, tem responsabilizado diretamente o presidente do sindicato por crime de desobediência.

A ingerência do Ministério Público do Trabalho chegou a seu ponto alto quando, afrontando a autonomia, aprovou outra Orientação, n. 5, para fiscalizar as contas das organizações sindicais:

> "Orientação n. 5.
>
> Os atos que importem em malversação ou dilapidação do patrimônio nas associações ou entidades sindicais são de interesse público tuteláveis pelo *parquet* trabalhista."

E não parou nisso, sua cúpula elegeu como projeto de ação fazer cumprir o art. 11 da Constituição atribuindo aos sindicatos o dever de promover sua implantação mediante negociação coletiva, chegando a ponto de determinar as cláusulas básicas, tudo, é claro, sob pena de responsabilidade. E não deixou por menos: fixou prazo para cumprimento de sua determinação. Claro que a medida objetivava muito mais o destaque promocional, pois prioridade seria a manutenção dos empregos, a contensão do trabalho extraordinário.

Não fosse suficiente o autoritarismo, de resto flagrantemente inconstitucional, o Ministério Público não se lembrou, mais uma vez, da soberania da assembleia como fórum soberano de deliberação coletiva e prática democrática. De fato, cabe-lhe definir os interesses a serem defendidos, seja mediante negociação coletiva, seja através da greve. E com carradas de razão não apraz ao sindicato a representação interna, não sindical, a cargo de apenas um trabalhador e ainda somente nas empresas com mais de duzentos empregados, simplesmente para intermediar interesses menores junto ao empregador. Como demonstrado linhas atrás, o objetivo maior é a organização nos locais de trabalho, reivindicação presente na pauta dos sindicatos combativos, mas invariavelmente recusada pelo patronato.(502) Sua cúpula elegeu como projeto de ação fazer cumprir o art. 11 da Constituição atribuindo aos sindicatos o dever de promover sua implantação mediante negociação coletiva, chegando a ponto de determinar as cláusulas básicas; tudo, é claro, sob pena de responsabilidade.

As centrais reagiram e denunciaram o Governo brasileiro junto à OIT por descumprir as Convenções ns. 98 e 135 por ingerência do Ministério Publico do Trabalho e do Poder Judiciário nas organizações sindicais, "o que caracteriza perseguição ideológica e comprometimento da liberdade sindical e da própria vida de representantes dos trabalhadores". A denúncia inicia-se com o relato do assassinato do líder dos trabalhadores da floresta no Amazonas, assassinado a mando de exploradores da terra, Chico Mendes, mas assume relevo quando afirma que ambas as instituições "vêm praticando reiteradas vezes atos de interferência nas organizações sindicais de acordo com a conveniência entre os atores estatais". Em relação ao primeiro, investem contra a convocação de dirigentes sindicais para comparecer à audiência, e "numa combinação entre chantagem e aproveitamento obrigá-los a assinar termo de ajustamento de conduta, obrigando-se a não instituírem qualquer forma de cotização dos trabalhadores não filiados para custeio de atividade sindical", violando a soberania da assembleia e ofendendo o inciso IV do art. 8º da Constituição, pois tratando-se de decisão soberana não poderia ser alterada nem desrespeitada. Desse modo, ficam feridas também a autonomia e a Convenção n. 98. Quanto ao Poder Judiciário, fustiga o Tribunal Superior do Trabalho, que segue o mesmo empenho com seu Precedente Normativo n. 119, e o Supremo Tribunal Federal, por ter adotado a Súmula n. 666. Ambos são acusados ainda de atuar contra a liberdade sindical por meio do interdito proibitivo, negando o exercício do direito de greve. Outra vez é invocada a Convenção n. 98 e também a n. 135. A queixa considera ainda a concessão "de forma arbitrária e contraditória" de liminares, impondo multas altíssimas.(503)

As centrais CUT, FS e UGT divulgaram documento comum apontando as práticas antissindicais "que ocorrem em vários âmbitos e se manifestam de diversas formas. Dentre as medidas preconizadas destacam-se: a) a elaboração de projeto de lei sobre as práticas antissindicais e seu encaminhamento ao Congresso; b) formulação de denúncia à OIT; c) ação internacional

---

(502) Conforme Notificação Recomendatória de Âmbito Nacional n. 1, de 2011.

(503) A representação de 1º de setembro de 2009 foi assinada pelos presidentes da CUT, Força Sindical, União Geral dos Trabalhadores, Central dos Trabalhadores e Trabalhadoras do Brasil, Central Geral dos Trabalhadores do Brasil e Nova Central Sindical do Brasil.

com apoio da CST. Adiante, todas, mais a NCST, CTB e CGTB, representaram junto à OIT, dando origem ao Caso n. 2.739, com participação da Federação Sindical Mundial, que se associou às centrais.

Foi a primeira vez na história do Brasil que o Poder Judiciário e o Ministério Público foram desafiados como forma de reação. Com a medida, o Governo brasileiro foi obrigado a responder às denúncias. A OIT, porém, limitou-se a recomendar que se mantenha informada sobre o diálogo entre as centrais e o Ministério Público, especialmente no que se relaciona à contribuição assistencial; ainda que seja ampliado para que o governo e as "organizações mais representativas" dos empregadores e dos trabalhadores cheguem a um entendimento sobre as greves e ações de protesto, sem esquecer de solicitar que o governo brasileiro tome as medidas necessárias para ratificar a Convenção n. 87.[504] De qualquer modo, a reação das centrais provocou sua aproximação com a cúpula do Ministério Público do Trabalho e a abertura do diálogo. Da parte das centrais, a unidade resultou na criação do Comando de Combate às Práticas Antissindicais, e pelo Ministério Público, a abertura da Coordenadoria Nacional de Promoção da Liberdade Sindical (CONALIS) para o diálogo. Num dos encontros realizados no final do ano 2009, o procurador-geral do Ministério Público do Trabalho, Otávio Brito Lopes, propôs discutir a assinatura de um Termo de Ajustamento de Conduta nacional com as centrais e confederações de empregadores "com vistas a estabelecer consenso quanto à contribuição assistencial, considerando as orientações do Supremo Tribunal Federal, no sentido de que o assunto é infraconstitucional, o Precedente Normativo n. 119 do TST e o entendimento do MPT a respeito da matéria" e assim "constituir uma comissão no âmbito do MPT, com a participação das Centrais Sindicais, para chegar aos termos definitivos (...) do TAC". Claro que foi recusada.

---

(504) Caso n. 2.739, Informe n. 358, de 2 de novembro de 2009, v. XCIII, 2010, Série B, n. 3. Querelantes: Força Sindical — FS, Nova Central Sindical dos Trabalhadores do Brasil — NCST, União Geral dos Trabalhadores — UGT, Central Única dos Trabalhadores — CUT, Central dos Trabalhadores e Trabalhadoras do Brasil — CTB, Central Geral dos Trabalhadores do Brasil — CGTB, Federação Sindical Mundial — FSM.
Interessados: Querelantes; Categoria: Geral; Querelado: Estado.
Sumário: Práticas antissindicais do Estado, especialmente o Ministério Público do Trabalho e a Justiça do Trabalho. MPT ajuíza ações contra contribuição assistencial e contribuição confederativa. Justiça do Trabalho sistematicamente dá provimento aos pedidos do MPT. MPT da 2ª região (SP) prepara ações judiciais para impedir greves e protestos.
Avaliação do Comitê: Manifesta entendimento de que as cláusulas de segurança sindical são assunto interno de cada Estado e tanto sua proibição como sua permissão são conformes aos princípios e normas da OIT. Em situações nas quais sejam permitidas, deveriam ser efetivadas por meio de normas coletivas. Pede ser mantido informado das reuniões entre o MPT e as principais centrais sindicais, bem como sobre a iniciativa da criação do Conselho de Relações do Trabalho tripartite. Oferece assistência técnica para buscar soluções satisfatórias em conformidade com os princípios de liberdade sindical. Quanto à alegação de que o MPT da 2ª região inicia ações judiciais contra a realização de greves e

8. **Práticas antissindicais cometidas pelos sindicatos de trabalhadores.** Também o sindicato profissional pode cometer práticas desleais, seja contra os trabalhadores de modo geral ou seus próprios representados, e também contra os empregadores. Exemplo marcante: Ari Campista, que então presidia a CNTI — Confederação Nacional dos Trabalhadores nas Indústrias —, em meio à repressão policial dirigida contra a greve dos metalúrgicos comandada por Luiz Inácio Lula da Silva em 1978, apressou-se a qualificá-la como ilegal. Quando o sindicato segue a política salarial oficial, de arrocho, contrária, pois, aos interesses dos trabalhadores e seus dirigentes, emprestam-lhe apoio, sem ao menos ouvir a assembleia geral, agindo por oportunismo, dando-lhe natureza "oficialista", trai a classe que representa e fere a democracia. Salta a evidência de que o "peleguismo", como forma de defesa do patronato ou de amortecimento da atuação dos trabalhadores, configura plenamente a prática antissindical. Assim também o imobilismo daqueles que se elegem para defender os interesses coletivos da representação profissional e se omitem; sabe-se de sindicalistas que se revelam bons administradores, constroem sedes próprias majestosas, colônias de férias bem aparelhadas, até hospitais e escolas, desenvolvem o assistencialismo, mas mantêm o sindicato vazio de associados. Nem vale a pena mencionar o sindicalista corrupto, como anormalidade e exceção.

O sindicato existe em função da classe que o constituiu para representá-la. Classe é a coletividade organizada que tem direitos e interesses. Assim, acima de tudo e em tudo deve reger-se conforme os princípios de democracia interna, garantindo a todos participação e atuação seguras. Rosário Gallardo Moya reporta-se à lei espanhola de 1977, que procedeu a regulação do direito de associação sindical, exigindo a democratização formal dessas organizações, impondo o conteúdo mínimo que deveria ser contemplado nos estatutos. O modelo espanhol assegura os princípios de autonomia e liberdade em todos os aspectos que conformam a vida interna, reconhecendo um direito de autorregulação, e autotutela, "que só estará limitado pela exigência genérica de respeito ao princípio democrático como princípio informador de sua regulação e funcionamento". A propósito, decisão do Tribunal Supremo reputou que "o agressor da liberdade sindical pode ser o próprio sindicato, negando a filiação ou bem, expulsando ou isolando se o faz de maneira arbitrária ou sem respeitar outras liberdades ou direitos, ou prescindindo do procedimento regular, estabelecido nos estatutos, para a aquisição e perda da condição de filiado".[505]

---

protestos, pede informações urgentes do Governo e, por se tratar de um assunto que preocupa as centrais sindicais do país, pede ao Governo que inicie diálogo com as organizações de trabalhadores e de empregadores mais representativas. Pede também maiores informações e exemplos das alegações. Convida o Governo a ratificar a Convenção n. 87. (Conforme reprodução de REZENDE, Sandor José Ney. *Op. cit.*, p. 211).

(505) *Democracia sindical interna.* Madri: Trotta, 1996. p. 19, 95, 208.

Quando negada a liberdade sindical positiva pelo autoritarismo do dirigente, acobertado pela proteção de terceiros estranhos, "seguranças", como se diz, sem sombra de dúvida, sua prática também é antissindical. O mesmo se dá quando nega ao trabalhador a filiação ao quadro associativo e aos associados participação efetiva nas assembleias; quando mediante artifícios impede a disputa nas eleições para compor a administração, quando transforma o palco de atuação em local inseguro pela violência ou simples ameaça.

Luciano Martinez Carreiro também vê sua configuração não só quando praticada pelo empregador, mas também pelo Estado, associações patronais "e por vezes pela própria entidade sindical operária"; no caso, quando "violentar a democracia interna ou quando negar os valores que lhe são próprios e essenciais, atuando de modo não aguerrido, não comprometido com a busca das melhores condições de trabalho para os seus representados. Em suma, atuará de modo antissindical quando desestimar o seu natural compromisso de garantia da resistência histórica". Em outras palavras, o sindicato "oficialista", "imobilista" ou "pelego" poderá responder pelo comportamento antissindical, bastando que um filiado ou um grupo de filiados acione o Poder Judiciário. E poderão mesmo pleitear o afastamento da administração, não como forma de intervenção que atentaria contra a autonomia sindical, mas justamente em favor do princípio que supõe necessariamente o comportamento democrático e que significa a defesa dos direitos e interesses do grupo para o qual foi constituído e, assim, desvio de seus fins institucionais.[506]

Assim como a negação da democracia interna representada pela usurpação e violência, o "oficialismo", como forma de alinhamento permanente com as autoridades ministeriais, desde o superintendente regional até o ministro de Estado, passando por todos os assessores e burocratas; e de igual modo o "imobilismo", distanciamento dos trabalhadores e de seus anseios, substituindo defesa de interesses por assistencialismo; e enfim o peleguismo, são causas do atraso do sindicalismo autêntico.

O esvaziamento do sindicato pela omissão de seus dirigentes, pela submissão ao Estado ou aos empregadores, constitui prática antissindical passível de determinação de seu afastamento. Não se trata de intervenção ministerial afetando a autonomia, mas de providência judicial exatamente para preservá-la. Se os trabalhadores estão afastados por omissão, desencanto ou desinteresse, por faltar-lhes a carga ideológica e liderança para se organizar ou organizá-los, sujeitando-se aos contratempos previsíveis, a falta de uma Comissão Sindical de controle, cabe à respectiva federação promover seu restabelecimento e a sua falta à confederação correspondente. Com efeito,

---

(506) Comportamento antissindical e dano moral social. *Carta Forense*, v. 10, p. A 17, 2009.

uma e outra representam os trabalhadores inorganizados em sindicato, e diante do desvio de seus fins, o sindicato anula-se como órgão de representação e de resistência, ficando a categoria ao desamparo. Não basta que tenha existência formal, sede, estatuto e corpo diretivo, nem mesmo que possua em vigor uma convenção coletiva de trabalho. Importa, sim, que atenda firmemente o grupo para o qual foi constituído e deva representar legalmente; quer dizer, visível e aberto, livre e autêntico, menos assistencialista para um corpo exíguo de associados e assembleias vazias; ofensivo na defesa dos direitos e interesses, altivo nas negociações, firme para exigir o cumprimento de convenções negociadas de verdade e não simplesmente impostas pelo patronato. E quando também a federação e, como ela, a confederação se omitem? Qualquer associado ou ex-associado, autoeliminado, poderá fazer as vezes das instâncias ditas superiores e convocar a assembleia geral, aprovar um plano de recuperação e eleger uma nova administração.

O sindicato por si não é omisso nem pelego, não é oficialista ou corrupto. Omissos, pelegos, oficialistas ou corruptos são as pessoas que assumem sua direção e se eternizam no poder, fazendo do mandato substitutivo de emprego e usando-o para ascender na escala social.

9. **Tentativa de disciplinação**. O Anteprojeto de Lei Sindical saído do Fórum Nacional do Trabalho, sob coordenação de José Francisco Siqueira, tratou da disciplinação das práticas antissindicais: "Art. 99. A conduta de boa-fé constitui princípio da negociação coletiva. § 1º Para os fins desta Lei, considera-se boa-fé o dever de: I — participar da negociação coletiva quando regularmente requerida, salvo justificativa razoável; II — formular e responder a propostas e contrapropostas que visem a promover o diálogo entre os atores coletivos; III — prestar informações, definidas de comum acordo, no prazo e com o detalhamento necessário à negociação; IV — preservar o sigilo das informações recebidas com esse caráter; V — obter autorização da assembleia para propor negociação coletiva, celebrar contrato coletivo de trabalho e provocar a atuação da Justiça do Trabalho, de árbitro ou de órgão arbitral para a solução do conflito coletivo de interesses. § 2º A violação ao dever de boa-fé equipara-se à conduta antissindical. (...) Art. 173. Sempre que o empregador comportar-se de maneira a impedir ou limitar a liberdade e a atividade sindical, bem como o exercício do direito de greve, o juiz do trabalho, em decisão imediatamente executiva, poderá ordenar a cessação do comportamento ilegítimo e a eliminação de seus efeitos. Art. 174. Têm legitimidade concorrente para o ajuizamento da demanda a entidade dotada de personalidade sindical, no âmbito de sua representação, e o trabalhador prejudicado pela conduta antissindical. Art. 175. Sem prejuízo de outras hipóteses previstas em lei, configura conduta antissindical todo e qualquer ato do empregador que tenha por objetivo impedir ou limitar a liberdade ou a atividade sindical, tais

como: I — subordinar a admissão ou a preservação do emprego à filiação ou não a uma entidade sindical; II — subordinar a admissão ou a preservação do emprego ao desligamento de uma entidade sindical; III — despedir ou discriminar trabalhador em razão de sua filiação a sindicato, participação em greve, atuação em entidade sindical ou em Representação dos Trabalhadores nos Locais de Trabalho; IV — conceder tratamento econômico de favorecimento com caráter discriminatório em virtude de filiação ou atividade sindical; V — interferir nas organizações sindicais de trabalhadores; VI — induzir o trabalhador a requerer sua exclusão de processo instaurado por entidade sindical em defesa de direito individual; VII — contratar, fora dos limites desta Lei, mão de obra com o objetivo de substituir trabalhadores em greve; VIII — contratar trabalhadores em quantidade ou por período superior ao que for razoável para garantir, durante a greve, a continuidade dos serviços mínimos nas atividades essenciais à comunidade ou destinados a evitar danos a pessoas ou prejuízo irreparável ao próprio patrimônio ou de terceiros; IX — constranger o trabalhador a comparecer ao trabalho com o objetivo de frustrar ou dificultar o exercício do direito de greve; X — violar o dever de boa-fé na negociação coletiva. Art. 176. Quando se configurar conduta antissindical, o juiz do trabalho, mediante provocação, avaliando a gravidade da infração, eventual reincidência e a capacidade econômica do infrator, aplicará multa punitiva em valor de um até quinhentas vezes o menor piso salarial do âmbito de representação da entidade sindical, ou referência equivalente, sem prejuízo da aplicação da multa coercitiva destinada ao cumprimento de obrigação de fazer ou não fazer, prevista no art. 146 desta Lei. Parágrafo único. A multa punitiva será executada por iniciativa do juiz e será destinada à conta da representação do prejudicado no FSPS (Fundo Solidário de Promoção Sindica). Art. 177. As providências judiciais destinadas à prevenção e repressão da conduta antissindical, até mesmo a condenação no pagamento da multa punitiva, são cabíveis quando a entidade sindical de trabalhadores: I — induzir o empregador a admitir ou dispensar alguém em razão de filiação ou não a uma entidade sindical; II — interferir nas organizações sindicais de empregadores; III — violar o dever de boa-fé na negociação coletiva; IV — deflagrar greve sem a prévia comunicação de que trata o art. 109 desta Lei".

Já se viu que paralelamente ao Fórum Nacional do Trabalho foi criado o Fórum Sindical dos Trabalhadores, estimulado pelas confederações que ficaram de fora. Sem muita discussão, foi redigido um anteprojeto de lei assumido pelo Deputado Sérgio Miranda (ex-PC do (BMG), depois PDT) dispondo sobre conduta antissindical. O relator, deputado Tarcisio Zimermann (PT-RS), apresentou substitutivo nestes termos: "Art. 621. Configura conduta antissindical ato do empregador, ou de entidade sindical que o representa, que tenha por objetivo impedir ou limitar a liberdade ou a atividade sindical, tais como: I — subordinar a admissão ou preservação do emprego à filiação ou não a uma entidade sindical; II — subordinar a admissão ou preservação do emprego ao desligamento de uma entidade sindical; III — despedir ou discriminar trabalhador em razão de sua filiação a sindicato, participação em greve, atuação em entidade sindical ou em representação dos trabalhadores nos locais de trabalho; IV — conceder tratamento econômico de favorecimento com caráter discriminatório em virtude de filiação ou atividade sindical; V — interferir nas organizações sindicais de trabalhadores; VI — induzir trabalhador a requerer sua exclusão do processo instaurado por entidade sindical; VII — constranger o trabalhador a comparecer ao trabalho com o objetivo de frustrar ou dificultar o exercício do direito de greve; VIII — violar a observância ao princípio da boa-fé objetiva na negociação coletiva, nos termos do art. 615. Art. 622. Configura conduta antissindical de entidade sindical representante de trabalhadores, entre outras: I — induzir o empregador a admitir ou demitir trabalhador em função de sua filiação ou não a entidade sindical; II — interferir nas organizações sindicais de empregadores; III — violar a observância ao princípio da boa-fé objetiva na negociação coletiva, nos termos do art. 615. Art. 623. A conduta antissindical sujeita o responsável a multa administrativa correspondente a 5 (cinco) vezes o salário normativo da categoria representada, sem prejuízo da indenização à entidade sindical prejudicada e da reparação pelos danos sofridos pelo empregado, inclusive morais". O projeto foi arquivado.

Assim, por ora, não há meios para impedir o cometimento de práticas antissindicais. Mas os juízes do trabalho, através de sua organização nacional de classe, a Associação Nacional dos Magistrados do Trabalho — Anamatra —, não deixaram de prevê-las na sua indicação de súmulas para a formação de um entendimento básico: "n. 25. Conduta antissindical. Participação em greve. Dispensa do trabalhador. A dispensa de trabalhador motivada por sua participação lícita na atividade sindical, inclusive em greve, constitui ato de discriminação antissindical e desafia a aplicação do art. 4º da Lei n. 9.029/1995, devendo ser determinada a "readmissão com ressarcimento integral de todo o período de afastamento, mediante pagamento das remunerações devidas" ou "a percepção, em dobro, da remuneração do período de afastamento" sempre corrigidas monetariamente e acrescida dos juros legais; n. 26. Conduta antissindical. Criação de Comissão de Conciliação Prévia sem o aval do sindicato laboral. Na hipótese de o sindicato laboral simplesmente ignorar ou rejeitar de modo peremptório, na sua base, a criação de Comissão de Conciliação Prévia, qualquer ato praticado com esse propósito não vingará, do ponto de vista jurídico. O referido juízo de conveniência política pertence tão somente aos legitimados pelos trabalhadores a procederem desse modo. Agindo ao arrepio do texto constitucional e da vontade do sindicato laboral, os empregadores e as suas representações, ao formarem Comissões de Conciliação Prévia sem o pressuposto da aquiescência sindical obreira, não apenas criam mecanismos desprovidos do poder único para o qual o legislador criou as Comissões de Conciliação Prévia, como também incidem na conduta antissindical a ser punida pelo Estado; n. 27. Conduta antissindical. Financiamento pelo empregador. Vedação. É vedada a estipulação em norma coletiva de cláusula pela qual o empregador financie a atividade sindical dos trabalhadores, mediante transferência de recursos aos sindicatos obreiros, sem os correspondentes descontos remuneratórios dos trabalhadores da categoria respectiva, sob pena de ferimento ao princípio da liberdade sindical e caracterização de conduta antissindical tipificada na Convenção n. 98 da OIT, ratificada pelo Brasil".

PARTE 13. PARTICIPAÇÃO NOS COLEGIADOS DOS ÓRGÃOS PÚBLICOS

1. Considerações. A Constituição nada mais fez do que dar grandeza constitucional à obrigação que o Brasil assumiu com a ratificação da Convenção n. 144 da OIT, de 1976, que dispõe sobre consultas tripartites para a promoção de normas internacionais do trabalho, prevendo práticas que assegurem a efetiva participação dos representantes de trabalhadores e de empregadores.

A participação que tem como fundamento a democratização das relações Estado-capital-trabalho só se dá em colegiados constituídos pelos órgãos da administração do Estado.

Não chegou, como queria, a bancada sindical na Assembleia Constituinte a inserir a representação dos trabalhadores nos conselhos de administração das organizações patronais dirigidas para a formação da mão de obra e assistência aos trabalhadores, custeadas mediante contribuições compulsórias, no caso, os Serviços Sociais da Indústria (SESI), do Comércio (SESC), do Transporte (SEST), e os paralelos Serviços Nacional da Indústria (SENAI), do Comércio (SENAC), do Transporte (SENAT) e da agricultura (SENAR).

O texto constitucional refere-se a interesses profissionais, mas que também dizem respeito aos empregadores, na medida em que, sendo atendidos, geram obrigações que limitam seu poder de comando nas empresas ou aumentam as despesas com a mão de obra. De qualquer modo, são colegiados que se ocupam de interesses profissionais, dos trabalhadores, econômicos ou não, de âmbito nacional.

Muito antes, já se admitia a participação dos trabalhadores e dos empregadores nos diferentes escalões da Previdência Social. O Decreto-lei n. 4.682, de 24 de janeiro de 1923, conhecido como Lei Eloy Chaves, que primeiro cuidou da matéria, dispunha que a administração dos órgãos cumpria a um colegiado composto de número igual de representantes dos contribuintes. A Lei Orgânica da Previdência Social, Lei n. 3.807, de 26 de agosto de 1960, também admitiu a participação dos contribuintes nos órgão, administrativos, restabelecendo o sistema que fora abandonado com a criação dos Institutos de Aposentadoria e Pensões. No caso, seus representantes eram eleitos pelos sindicatos correspondentes, com mandato de quatro anos.

A participação dos sindicatos nos colegiados administrativos era encontrada nas Comissões de Salário Mínimo previstas nos arts. 87 a 111 da Consolidação das Leis do Trabalho, revogados pela Lei n. 4.589, de 11 de dezembro de 1964. Os representantes eram eleitos em seus sindicatos através de listas tríplices e escolhidos pelo Ministro do Trabalho.

A Comissão do Enquadramento Sindical, tratada no art. 576 da Consolidação das Leis do Trabalho, compunha-se de representantes de diferentes esferas do Governo e de dois integrantes das categorias econômicas e outros dois das profissionais, sendo presidida pelo Ministro do Trabalho.

2. Disciplinação constitucional. A Constituição, no art. 10, assegurou aos trabalhadores e empregadores o direito de participarem dos colegiados de formação tripartite, constituídos no âmbito da administração pública, quando dirigidos para a discussão e deliberação sobre matéria de natureza trabalhista ou previdenciária, de seu interesse:

"É assegurada a participação dos trabalhadores e dos empregadores nos colegiados dos órgãos públicos em que seus interesses profissionais ou previdenciários sejam objeto de discussão e deliberação."

3. **Disciplinação legal**. A Convenção n. 144, que cuida de Consultas Tripartites sobre Normas Internacionais do Trabalho, foi aprovada na 61ª reunião da Conferência Internacional do Trabalho (Genebra, 1976), entrando em vigor no plano internacional em 16 de maio de 1978.

No Brasil, sua aprovação se deu com o Decreto Legislativo n. 6, de 1º de junho de 1989, sendo ratificada no dia 27 de setembro de 1994 e promulgada por meio do Decreto n. 2.518, de 12 de março de 1998, iniciando sua vigência no dia 27 de setembro de 1995:

"Art. 1º Na presente Convenção a expressão organizações representativas' significa as organizações mais representativas de empregadores e trabalhadores, que gozem do direito de liberdade sindical.

Art. 2º 1. Todo Membro da Organização Internacional do Trabalho que ratifique a presente Convenção compromete-se a pôr em prática procedimentos que assegurem consultas efetivas, entre os representantes do Governo, dos empregadores e dos trabalhadores, sobre os assuntos relacionados com as atividades da Organização Internacional do Trabalho a que se refere ao art. 5º, § 1º, adiante.

2. A natureza e a forma dos procedimentos a que se refere o § 1º deste artigo deverão ser determinadas em cada país de acordo com a prática nacional, depois de ter consultado as organizações representativas, sempre que tais organizações existam e onde tais procedimentos ainda não tenham sido estabelecidos.

Art. 3º 1. Os representantes dos empregadores e dos trabalhadores, para efeito dos procedimentos previstos na presente Convenção, serão eleitos livremente por usas organizações representativas, sempre que tais organizações existam.

2. Os empregadores e os trabalhadores estarão representados em pé de igualdade em qualquer organismo mediante o qual sejam levadas a cabo as consultas.

Art. 4º 1. A autoridade competente será responsável pelos serviços administrativos de apoio aos procedimentos previstos na presente Convenção.

2. Celebrar-se-ão os acordos apropriados entre a autoridade competente e as organizações representativas, sempre que tais organizações existam, para financiar a formação de que possam ter necessidade os que tomem parte nestes procedimentos.

Art. 5º 1. O objetivo dos procedimentos previstos na presente Convenção será o de celebrar consultas sobre: a) as respostas dos Governos aos questionários relativos aos pontos incluídos na ordem do dia da Conferência Internacional do Trabalho e os comentários dos Governos sobre os projetos de texto a serem discutidos na Conferência;

b) as propostas que devam ser apresentadas à autoridade ou autoridades competentes relativas à obediência às convenções e recomendações, em conformidade com o art. 19 da Constituição da Organização Internacional do Trabalho; c) o reexame, dentro de intervalos apropriados, de Convenções não ratificadas e de recomendações que ainda não tenham efeito, para estudar que medidas poderiam tomar-se para colocá-los em prática e promover sua retificação eventual; d) as questões que possam levantar as memórias que forem comunicadas à Secretaria Internacional do Trabalho em virtude do art. 22 da Constituição da Organização Internacional do Trabalho; e) as propostas de denúncias de convenções ratificadas.

2. A fim de garantir o exame adequado das questões a que se refere o parágrafo 1 deste artigo, as consultas deverão celebrar-se dentro de intervalos apropriados e fixados de comum acordo e pelo menos uma vez por ano.

Art. 6º Quando se julgar apropriado, após consultar às organizações representativas, sempre que tais organizações existam, a autoridade competente apresentará um informe sobre o funcionamento dos procedimentos previstos na presente Convenção."

A Lei n. 11.648, de 31 de março de 2008, reconheceu as centrais sindicais e determinou suas atribuições, conferindo-lhes a competência já exercida desde o governo Fernando Henrique Cardoso, qual seja, a representação dos trabalhadores nos colegiados da administração pública voltados para a discussão e deliberação de temas de natureza trabalhista e previdenciária. Mas ampliou o que estava delimitado na Constituição, para se referir a fóruns e demais espaços de diálogo social. No caso, supõe-se que a palavra fórum signifique, em vez de órgãos de caráter permanente, outros transitórios e também encontros, simpósios, além do que demais espaços; alcança todo e qualquer organismo, permanente ou não, quando destinado ao trato de matéria que interesse concomitantemente à tríade Estado, capital e trabalho.

> "Art. 1º A central sindical, entidade de representação geral dos trabalhadores, constituída em âmbito nacional, terá as seguintes atribuições e prerrogativas:
>
> (...)
>
> II- participar de negociações em fóruns, colegiados de órgãos públicos e demais espaços de diálogo social que possuam composição tripartite, nos quais estejam em discussão assuntos de interesse geral dos trabalhadores.
>
> (...)
>
> Art. 3º A indicação pela central sindical de representantes nos fóruns tripartites, conselhos e colegiados de órgãos públicos a que se refere o inciso II do *caput* do art. 1º desta Lei será em número proporcional ao índice de representatividade previsto no inciso IV do caput do art. 2º desta Lei, salvo acordo entre centrais sindicais.
>
> § 1º O critério de proporcionalidade, bem como a possibilidade de acordo entre as centrais, previsto no caput deste artigo não poderá prejudicar a participação de outras centrais sindicais que atenderem aos requisitos estabelecidos no art. 2º desta Lei.
>
> § 2º A aplicação do disposto no caput deste artigo deverá preservar a paridade de representação de trabalhadores e empregadores em qualquer organismo mediante o qual sejam levadas a cabo as consultas."

4. **Participação.** Carlos Alberto Gomes Chiarelli retrata a importância do sistema tripartite, mostrando que "o art. 10 da Constituição é muito mais importante do que possa aparentar. (...) Empregadores e empregados, dividindo competências decisórias na mais expressiva área de interesse social, reduzem o tamanho do aparato estatal, do peso da máquina pública, fazendo com que de seu poder compartilhem as classes empregadoras e assalariadas, privatizando, através de uma visão coletiva, o que era só estatal".(507)

Quando Paulo Paiva ocupou o Ministério do Trabalho, no governo Fernando Henrique Cardoso, foi restabelecido o Conselho Nacional do Trabalho, pelo Decreto n. 1.617, de 4 de setembro de 1995, com a participação da CUT, da CGT e da Força Sindical pelo lado dos trabalhadores e com as Confederações Nacionais da Indústria, do Comércio, das Instituições Financeiras, do Transporte e da Agricultura pelo lado patronal. Depois, já com Luiz Inácio Lula da Silva na presidência, uma de suas primeiras iniciativas foi a constituição de uma instância informal, consultiva e de aconselhamento,

(507) *Trabalho na Constituição*, cit., p. 173.

que veio de ser o Conselho Nacional de Desenvolvimento Econômico e Social, integrado por diferentes segmentos da sociedade civil, inclusive pelos representantes do capital e do trabalho. O primeiro foi privilegiado com 41 empresários; o segundo ficou com apenas 13, de um total de 82 membros, indicados pelas centrais CUT, Força Sindical, CGT, CGTB, CAT, Confederações Nacionais dos Trabalhadores na Agricultura — CONTAG, nas Indústrias — CNTI, dos Aposentados e Pensionistas, em Educação, Sindicatos dos Bancários de São Paulo e dos Metalúrgicos de Osasco.

Logo após, com o Decreto n. 4.796, de 29 de julho de 2003, foi criado o Fórum Nacional do Trabalho, esse de feição tripartite e paritário, incumbido de discutir e reconhecer os possíveis consensos entre capital e trabalho como base para a reforma das legislações trabalhista e sindical. Os empregadores foram representados pelas confederações da Agricultura, do Comércio, da Indústria, do Transporte, das Instituições Financeiras, além da Confederação das Associações Comerciais e Empresariais do Brasil, sem representação sindical; e os trabalhadores, pelas centrais: Central Única dos Trabalhadores — CUT, Força Sindica — FS, Confederação Geral dos Trabalhadores — CGT, Social Democracia Sindical — SDS, Central Autônoma dos Trabalhadores — CAT, Central Geral dos Trabalhadores do Brasil — CGTB. Depois, ingressou a Confederação Nacional dos Trabalhadores nas Indústrias — CNTI.

É certo que as centrais conquistaram prestígio e poder, suplantando as confederações cartorizadas e imobilistas, distantes dos trabalhadores e alheias a seus anseios. No entanto, as centrais, como reconhecido reiteradas vezes pelo Supremo Tribunal Federal, não compõem o sistema confederativo de representação sindical e, por conseguinte, são simples associações civis. Aliás, atuam numa instância pluralista, sem ter objetivos definidos por lei, de modo que sua atuação é manifestamente política.

Impressiona, no entanto, sua legitimação através de inúmeros diplomas legais e aceitação pelo Governo Federal, que as coloca ao lado das confederações patronais, excluindo as profissionais.

A participação das organizações sindicais, e pelo que se viu, através das centrais de trabalhadores e confederações de empregadores, destaca-se nos colegiados constituídos em função da Seguridade Social, do Fundo de Garantia do Tempo de Serviço, do Fundo de Amparo ao Trabalhador, do Conselho Federal de Mão de Obra e do Mercosul.

4.1. **Seguridade social**. A Lei n. 8.212, de 24 de julho de 1991, dispondo sobre a organização da Seguridade Social e de seu Plano de Custeio, instituiu no art. 6º o Conselho Nacional da Seguridade Social, órgão superior de deliberação colegiada, com participação da União, dos Estados, do Distrito Federal, dos Municípios e de representantes de sociedade civil. Os últimos citados seriam três trabalhadores, dos quais pelo menos um aposentado e três empregadores, segundo a letra c do § 1º. Conforme o § 4º, os representantes dos trabalhadores, dos empresários e seus respectivos suplentes serão indicados pelas centrais sindicais e confederações nacionais, com mandato de dois anos, admitida uma única recondução. Também a Lei n. 8.213, de 24 de julho de 1991, no art. 3º, previu a formação do Conselho Nacional da Previdência Social, composto de representantes do Governo Federal, da sociedade civil, dos aposentados e pensionistas, dos trabalhadores ativos e dos empregadores, sendo que, na forma do § 2º, os representantes dos trabalhadores ativos e inativos e dos empregadores, bem assim dos respectivos suplentes, serão indicados pelas centrais sindicais e confederações nacionais.

4.2. **Fundo de Garantia do Tempo de Serviço**. A Lei n. 8.036, de 11 de maio de 1990, dispõe sobre o Conselho Curador do FGTS, prevendo seu art. 3º, § 3º que "os representantes dos trabalhadores e dos empregadores e seus respectivos suplentes serão indicados pelas respectivas centrais sindicais e confederações nacionais".

4.3. **Programas de Integração Social e de Formação do Patrimônio do Servidor Público**. O Programa de Integração Social (PIS) nasceu com a Lei Complementar n. 7, de 7 de julho de 1970, seguido pelo Programa de Formação do Patrimônio do Servidor Público (PASEP), com origem na Lei Complementar n. 8, de 3 de dezembro de 1970.

A participação dos trabalhadores na gestão dos institutos só veio com a Constituição de 1988, através do Fundo de Amparo do Trabalhador (FAT), que passou a alimentar o seguro-desemprego. Esse deveu-se a Lei n. 7.998, de 11 de janeiro de 1990, que em seu art. 18 instituiu o Conselho Deliberativo do Fundo de Amparo ao Trabalhador (CODEFAT), composto de 9 membros, sendo 3 dos trabalhadores. Seu § 3º estabeleceu que os representantes dos trabalhadores serão indicados pelas centrais sindicais e confederações de trabalhadores.

4.4. **Conselho Nacional do Trabalho**. Órgão do Ministério do Trabalho e Emprego regulado pelo Decreto n. 1.617, de 1995. Seu art. 2º elenca as entidades que nele representam os trabalhadores e empregadores, respectivamente, CUT, Força Sindical e CGT, quanto aos primeiros, e as Confederações Nacionais da Indústria (CNI), do Comércio (CNC), das Instituições Financeiras (CNIF) e da Agricultura (CNA), mais a Câmara Brasileira da Construção, quanto aos segundos.

4.5. **Fundacentro**. Fundação Jorge Duprat Figueiredo de Segurança e Medicina do Trabalho, órgão criado no âmbito do Ministério do Trabalho e Emprego. Conforme estabelece o art. 6º de seu Estatuto, nos incisos VIII e IX, os trabalhadores e empregadores, através das centrais e confederações, participam de seu conselho curador.

4.6. **Mercosul**. A integração Brasil-Argentina-Uruguai no Mercosul a partir do Tratado de Assunção, com a Declaração dos Ministros do Trabalho dos Países Membros do Mercosul, de 9 de maio de 1991, assinada em Montevidéu, adotou no inciso III o compromisso de promover a criação de subgrupos de trabalho com a atribuição de avançar no estudo das matérias vinculadas às suas pastas. Assim, o Subgrupo n. 11 foi constituído na reunião do Conselho Mercado Comum, de 17 de dezembro do mesmo ano, dividindo--se em Comissões Temáticas, todas com representação tripartite, voltadas para os seguintes temas: relações individuais de trabalho, relações coletivas de trabalho, emprego, formação profissional, saúde e segurança do trabalho, previdência social.

4.7. **Outros**. Cada vez mais abrem-se os órgãos da administração pública para a formação tripartite com participação dos trabalhadores e empregadores.

Assim, o Conselho Nacional de Saúde, que tem na sua composição por força do Decreto n. 99.438, de 7 de agosto de 1990, representantes da CUT, da CGT, das Confederações Nacionais dos Trabalhadores na Agricultura (CONTAG), e do lado patronal, da Agricultura (CNA), do Comércio (CNC) e da Indústria (CNI), o Conselho de Segurança Alimentar e Nutricional (CONSEA), surgido com a Medida Provisória n. 103, de 1º de janeiro de 2003, e regulamentado pelo Decreto n. 4.582, de 30 de janeiro de 2003, tendo no seu Conselho observadores indicados pela CONTAG, da Federação dos Trabalhadores na Agricultura Familiar da Região Sul (FETRAF-SUL), Força Sindical, o Conselho Nacional de Imigração, criado pela Lei n. 6.815, de 19 de agosto de 1980.

PARTE 14. RELAÇÕES INTERNACIONAIS

1. **Considerações**. O Direito do Trabalho surgiu quando os trabalhadores se reconheceram como classe, conjunto e unidade, passando a reivindicar uma contrapartida mais satisfatória em troca de sua força de trabalho e melhores condições de vida. Alguns pensadores e até homens públicos, por formação político-ideológica, pelo dever de solidariedade, de inspiração religiosa ou social, empenharam-se em defender a concessão de direitos para alguns e benefícios para outros. A classe trabalhadora já não estava isolada e entregue a sua sorte; correntes de pensamento, logo transformadas em atuação política, divulgavam suas ideias; como regra, o ideal socialista, anarquista ou comunista. Diante do crescimento do coletivismo e da força já revelada através de manifestações públicas e ação coletiva representada especialmente pela greve, a burguesia, os industriais, os fazendeiros, os banqueiros, o clero e os políticos conservadores — enfim, a classe — dominante concordaram em ceder um pouco, temerosos de perder tudo.

A unidade da classe trabalhadora levada ao extremo, sem limites de fronteiras, não era do agrado da assessoria de Vargas, o que determinou a proibição de filiação das organizações sindicais brasileiras a centrais internacionais. A unicidade só era admitida em uma mesma categoria, mas nunca no seu conjunto. Nesta direção foi redigido o art. 565 da Consolidação das Leis do Trabalho:

> "As entidades sindicais reconhecidas nos termos desta Lei não poderão filiar-se à organizações internacionais, nem com elas manter relações, sem prévia licença concedida por decreto do Presidente da República."

A restrição passou pelos governos Dutra, Vargas, Kubitschek, Jânio Quadros, João Goulart e assim prosseguiu durante os tempos de chumbo. Apenas com a Constituição de 1988 foi revogada, por não ser compatível com a autonomia conquistada.

2. **Disciplinação constitucional**. A Constituição Federal, no § 2º do art. 5º, reconhece os tratados internacionais como integrantes de nosso ordenamento jurídico:

"Os direitos e garantias expressos nesta Constituição não excluem outros decorrentes do regime e dos princípios por ela adotados, ou dos tratados internacionais em que a República Federativa do Brasil seja parte."

Depois, a Emenda Constitucional n. 45 acrescentou o § 3º:

"Os tratados e convenções internacionais sobre direitos humanos que forem aprovados, em cada Casa do Congresso Nacional, em dois turnos, por três quintos dos votos dos respectivos membros, serão equivalentes às emendas Constitucionais."

3. **Disciplinação legal**. Incorporaram-se ao nosso ordenamento jurídico as seguintes convenções da OIT que tratam de matéria sindical.

3.1. **Convenção n. 98**. Dispõe sobre a aplicação dos princípios do direito de sindicalização e de negociação coletiva.

Aprovada na 32ª Conferência, em 8 de junho de 1949. No Brasil, sua aprovação deu-se pelo Decreto Legislativo n. 49, de 27.8.1952, ratificada em 18.11.1952 e promulgada pelo Decreto n. 33.196, de 29.6.1953, vigente desde 18.11.1953:

"Art. 1º 1. Os trabalhadores gozarão de adequada proteção contra atos de discriminação com relação a seu emprego.

2. Essa proteção aplicar-se-á especialmente a atos que visem:

a) sujeitar o emprego de um trabalhador à condição de que não se filie a um sindicato ou deixe de ser membro de um sindicato;

b) causar a demissão de um trabalhador ou prejudicá-lo de outra maneira por sua filiação a um sindicato ou por sua participação em atividades sindicais fora das horas de trabalho ou, com o consentimento do empregador, durante o horário de trabalho.

Art. 2º 1. As organizações de trabalhadores e de empregadores gozarão de adequada proteção contra atos de ingerência de umas nas outras, ou por agentes ou membros de umas nas outras, na sua constituição, funcionamento e administração.

2. Serão principalmente considerados atos de ingerência, nos termos deste Artigo, promover a constituição de organizações de trabalhadores dominadas por organizações de empregadores ou manter organizações de trabalhadores com recursos

financeiros ou de outra espécie, com o objetivo de sujeitar essas organizações ao controle de empregadores ou de organizações de empregadores.

Art. 3º Mecanismos apropriados às condições nacionais serão criados, se necessário, para assegurar o respeito do direito de sindicalização definido nos artigos anteriores.

Art. 4º Medidas apropriadas às condições nacionais serão tomadas, se necessário, para estimular e promover o pleno desenvolvimento e utilização de mecanismos de negociação voluntária entre empregadores ou organizações de empregadores e organizações de trabalhadores, com o objetivo de regular, mediante acordos coletivos, termos e condições de emprego.

Art. 5º 1. A legislação nacional definirá a medida em que se aplicarão às forças armadas e à polícia as garantias providas nesta Convenção.

2. Nos termos dos princípios estabelecidos no § 8º do art. 19 da Constituição da Organização Internacional do Trabalho, a ratificação desta Convenção por um País-membro não será tida como derrogatória de lei, sentença, costume ou acordo já existentes que outorguem às forças armadas e à polícia qualquer direito garantido por esta Convenção.

Art. 6º Esta Convenção não trata da situação de funcionários públicos a serviço do Estado e nem será de algum modo interpretada em detrimento de seus direitos ou situação funcional."

3.2. **Convenção n. 135.** Sobre proteção e facilidades a serem dispensadas aos representantes de trabalhadores na empresa. Adotada na 56ª Reunião, de 2 de junho de 1971.

No Brasil foi aprovada pelo Decreto Legislativo n. 86, de 14 de dezembro de 1989, e ratificada em 18 de maio de 1990. Promulgada pelo Decreto n. 131, de 22 de maio de 1991, tendo vigência desde 18 de maio de 1991.

"Art. 1º Os representantes de trabalhadores na empresa gozarão da efetiva proteção contra qualquer ato que os prejudique, incluída a demissão, em virtude de suas funções ou atividades como representantes de trabalhadores ou de sua filiação sindical ou de participação em atividades sindicais, desde que atuem de conformidade com as leis vigentes ou contratos coletivos ou outros acordos convencionais em vigor.

Art. 2º 1. Essas facilidades serão dispensadas a representantes de trabalhadores na empresa que lhes permitam o pronto e eficiente desempenho de suas funções.

2. Para esse efeito, serão tomadas em consideração as características do sistema de relações industriais do país e as necessidades, dimensão e possibilidades da empresa interessada.

3. A concessão dessas facilidades não prejudicará a eficiência operacional da empresa interessada.

Art. 3º Para os fins desta Convenção, a expressão 'representantes de trabalhadores' significa pessoas reconhecidas como tais por lei ou prática nacionais, quer sejam: a) representantes sindicais, isto é, representantes nomeados ou eleitos por sindicatos ou pelos membros desses sindicatos, ou b) representantes eleitos, isto é, representantes livremente eleitos pelos trabalhadores da empresa de acordo com disposições de leis ou regulamentos nacionais ou de acordos coletivos, e cujas funções não incluem atividades reconhecidas como prerrogativas exclusivas de sindicatos no país interessado.

Art. 4º Leis e regulamentos nacionais, contratos coletivos, laudos arbitrais ou sentenças judiciais podem definir o tipo ou tipos de representantes de trabalhadores que terão o direito à proteção e a facilidades previstas nesta Convenção.

Art. 5º Quando houver, na mesma empresa, representantes sindicais e representantes eleitos, medidas apropriadas serão tomadas, quando necessário, para assegurar que a existência de representantes eleitos não seja utilizada para enfraquecer a posição dos sindicatos envolvidos ou de seus representantes, e para estimular a cooperação em todos os assuntos relevantes entre os representantes eleitos e os sindicatos interessados e seus representantes."

3.3. **Convenção n. 141**. Relativa às organizações de trabalhadores rurais e a sua função no desenvolvimento econômico e social. Adotada na 60ª Sessão, de 1975, em Genebra.

Foi aprovada no Brasil pelo Decreto-Legislativo n. 5, de 1º de abril de 1993 e ratificada em 17.9.1994. Promulgada pelo Decreto n. 1.703, de 17 de novembro de 1995, tendo vigência desde 27 de setembro de 1995.

"Art. 1º A presente Convenção aplica-se a todos os tipos de organizações de trabalhadores rurais, inclusive as que não se restringem a esses trabalhadores, mas que os representem.

Art. 2º 1. Para fins da presente Convenção, o termo "trabalhadores rurais" significa quaisquer pessoas que se dediquem em aéreas rurais, as atividades agrícolas, artesanais ou outras conexas ou assemelhadas, quer como assalariados, quer como observância do disposto no § 2º do presente artigo, como pessoas que trabalhem por conta própria, tais como parceiros-cessionários, meeiros e pequenos proprietários residentes.

2. A presente Convenção aplica-se somente aos parceiros-cessionários, meeiros ou pequenos proprietários residentes, cuja principal fonte de renda seja a agricultura e que trabalhem eles próprios a terra, com ajuda apenas da família ou, ocasionalmente, de terceiros, e que:

a) não empreguem mão de obra permanentemente, ou b) não empreguem mão de obra sazonal numerosa, ou, c) não tenham suas terras cultivadas por meeiros ou parceiros-cessionários.

Art. 3º 1. Todas as categorias de trabalhadores rurais, tanto de assalariados como de pessoas que trabalhem por conta própria, deverão ter o direito de constituir, sem autorização prévia, organizações de sua própria escolha, assim como o de se afiliar a essas organizações, com a única condição de se sujeitarem aos estatutos das mesmas.

2. Os princípios da liberdade sindical deverão ser respeitados plenamente; as organizações de trabalhadores rurais deverão ser independentes e de caráter voluntário e não deverão ser submetidas a qualquer ingerência, coação ou medida repressiva.

3. A aquisição de personalidade jurídica pelas organizações de trabalhadores rurais não poderá estar subordinada a condições de tal natureza que restrinjam a aplicação das disposições dos §§ 1º e 2º do presente artigo.

4. No exercício dos direitos que lhes são reconhecidos pelo presente artigo, os trabalhadores rurais e suas organizações deverão respeitar a legislação local como as outras pessoas ou coletividades organizadas.

5. A legislação nacional não deverá prejudicar, nem ser aplicada de modo a prejudicar, as garantias no presente artigo.

Art. 4º Um dos objetivos da política nacional de desenvolvimento rural deve ser facilitar a constituição e o desenvolvimento, em base voluntária, de organizações de trabalhadores rurais, poderosas e independentes, como meio eficaz de assegurar que esses trabalhadores rurais, sem discriminação — como definida na Convenção sobre Discriminação (Emprego e Profissão), 1958 — participem do desenvolvimento econômico e social e se beneficiem com as vantagens dele decorrentes.

Art. 5º 1. Para habilitar as organizações de trabalhadores rurais a desempenhar o seu papel no desenvolvimento econômico e social, todo membro que ratifique a presente Convenção deverá adotar e aplicar uma política que vise a encorajar essas organizações, principalmente com objetivo de eliminar os obstáculos que se opõem à sua constituição, ao seu desenvolvimento e ao exercício de suas atividades lícitas, assim com a discriminação de ordem legislativa e administrativa a que possam ser submetidas às organizações de trabalhadores rurais e seus membros.

2. Todo membro que ratificar a presente Convenção deverá assegurar que a legislação nacional não se opõe, respeitadas as condições específicas do setor rural, à constituição e ao desenvolvimento das organizações de trabalhadores rurais.

Art. 6º Deverão ser tomadas providências para promover a mais ampla compreensão possível da necessidade de desenvolver as organizações de trabalhadores rurais e a contribuição que possam prestar para a melhoria das possibilidades de emprego e das condições gerais de trabalho e de vida nas regiões rurais, assim como para o aumento e melhor distribuição da renda nacional."

3.4. **Convenção n. 154**. Sobre o incentivo à negociação coletiva. Adotado na 67ª Reunião, de 19 de junho de 1981.

Aprovada pelo Decreto Legislativo n. 22, de 12 de maio de 1992. Promulgada pelo Decreto n. 1.256, de 29 de setembro de 1994, tendo vigência desde 10 de julho de 1995.

"Parte I. Campo de aplicação e definições

Art. 1º A presente Convenção aplica-se a todos os ramos da atividade econômica. A legislação ou a prática nacional poderão determinar até que ponto as garantias previstas na presente Convenção são aplicáveis às Forças Armadas e à Polícia. No que se refere à administração Pública, a legislação ou as práticas nacionais poderão fixar modalidades particulares de aplicação desta Convenção.

Art. 2º Para efeito da presente Convenção, a expressão 'negociação coletiva' compreende todas as negociações que tenham lugar entre, de uma parte, um empregador, um grupo de empregadores ou uma organização ou várias organizações de empregadores, e, de outra parte, uma ou várias organizações de trabalhadores, com o fim de: fixar as condições de trabalho e emprego; ou regular as relações entre empregadores e trabalhadores; ou regular as relações entre os empregadores ou suas organizações e uma ou várias organizações de trabalhadores, ou alcançar todos estes objetivos de uma só vez.

Art. 3º 1. Quando a lei ou as praticas nacionais reconhecerem a existência de representantes de trabalhadores que correspondam à definição do anexo *b*, do art. 3º da Convenção sobre os Representantes dos Trabalhadores, de 1971, a lei ou a prática nacionais poderão determinar até o ponto a expressão 'negociação coletiva' pode igualmente se estender, no interesse da presente Convenção, às negociações com tais representantes.

2. Quando, em virtude do que dispõe o § 1º deste artigo, a expressão 'negociação coletiva' incluir também as negociações com os representantes dos trabalhadores a que se refere o parágrafo mencionado, deverão ser adotadas, se necessário, medidas apropriadas para garantir que a existência destes representantes não seja utilizada em detrimento da posição das organizações de trabalhadores interessadas.

Parte II. Métodos de aplicação

Art. 4º Na medida em que não se apliquem por meio de contratos coletivos, laudos arbitrais ou qualquer outro meio adequado a pratica nacional, as disposições da presente Convenção deverão ser aplicadas por meio da legislação nacional. a) a negociação coletiva seja possibilitada a todos os empregadores e a todas as categorias de trabalhadores dos ramos de atividade a que se aplique a presente Convenção; b) a negociação coletiva seja progressivamente estendida a todas as matérias a que se referem os anexos *a*, *b* e *c* do art. 2º da presente Convenção; c) seja estimulado o estabelecimento de normas de procedimento acordas entre as organizações de empregadores e as organizações de trabalhadores; a negociação coletiva não seja impedida devido à inexistência ou ao caráter impróprio de tais normas; os órgãos e os procedimentos de resolução dos conflitos trabalhistas sejam concedidos de tal maneira que possam contribuir para o estimulo à negociação coletiva.

Parte III. Estímulo à negociação coletiva

Art. 5º 1. Deverão ser adotadas medidas adequadas às condições nacionais no estímulo à negociação coletiva.

2. As medidas a que se refere o § 1º deste artigo devem prover que: de instituições de conciliação de arbitragem, ou de ambos, nos quais tomem parte voluntariamente as partes na negociação coletiva.

Art. 6º As disposições da presente Convenção não obstruirão o funcionamento de sistemas de relações de trabalho, nos quais a negociação coletiva ocorra em um quadro de mecanismos ou de instituições de conciliação ou de arbitragem, ou de ambos, nos quais tomem parte voluntariamente as partes na negociação coletiva.

Art. 7º As medidas adotadas pelas autoridades públicas para estimular o desenvolvimento da negociação coletiva deverão ser objeto de consultas prévias e, quando possível, de acordos entre as autoridades públicas e as organizações patronais e as de trabalhadores. Art. 8º As Medidas previstas com o fito de estimular a negociação coletiva não deverão ser concedidas ou aplicadas de modo a obstruir a liberdade de nego de negociação coletiva."(508)

3.5. **Convenção n. 151.** Sobre a proteção do direito de sindicalização e os procedimentos para definir as condições de emprego no serviço público.

Aprovada pelo Decreto Legislativo n. 819, de outubro de 2009. Promulgada pelo Decreto n. 206, de 8 de abril de 2010, atrás transcrita.

4. **A Organização Internacional do Trabalho — OIT.** Em 1919, o Tratado de Versalhes convencionou que as partes contratantes procurassem observar em seu direito interno normas de proteção ao trabalho. Neste sentido o preâmbulo de sua Parte XIII:

"Considerando que a Sociedade das Nações tem por fim estabelecer a paz universal e que esta não pode ser fundada senão na base da justiça social. Considerando que existem condições de trabalho que implicam para um grande número de pessoas a injustiça e a miséria e as privações, o que engendra tal descontentamento que a paz e a harmonia universais são postas em perigo. Considerando que a não adoção por qualquer nação de um regime de trabalho realmente humano serve de obstáculo aos esforços das outras nações desejosas de melhorar a sorte dos trabalhadores em seus próprios países. As Altas partes contratantes, movidas pelo sentimento de justiça e de humanidade, como também pelo desejo de assegurar uma paz mundial durável (...)."

Esse manifesto foi reproduzido depois da segunda Guerra Mundial, na Carta do Atlântico (1941), de Filadélfia (1944), das Nações Unidas (1945) e na Declaração Universal de Direitos Humanos (1948).

Com o propósito de internacionalizar e uniformizar as normas protecionistas, criou-se a Organização Internacional do Trabalho (OIT), como um dos organismos permanentes da Sociedade das Nações, que em seu Pacto de constituição, no art. 23, expressava o compromisso de seus membros no

(508) Só foram transcritos os artigos que tratam diretamente dos temas de fundo, desprezando-se os meramente formais.

sentido de que "se esforçarão por assegurar condições de trabalho equitativas e humanitárias para o homem, a mulher e a criança, em seus próprios territórios e nos países a que estendam suas relações de comércio e indústria e, com tal objetivo, estabelecerão e manterão as organizações internacionais necessárias".

Com o fim da segunda Guerra Mundial, desapareceu a Sociedade das Nações, dando lugar à Organização das Nações Unidas (ONU). Na Conferência de São Francisco, de junho de 1945, a delegação inglesa propôs a manutenção da Organização Internacional do Trabalho — OIT — com sua composição tripartida, como organismo especializado, ao lado da ONU. E assim se manteve com uma nova Constituição a partir de 1946.

Como órgão composto com diferentes países, são eles representados em suas assembleias com dois delegados governamentais, um dos empregadores e outro dos trabalhadores. Sua composição é também colegiada, integrada pela representação governamental majoritária, com 24 membros, mais 12 por parte dos empregados e 12 por parte dos empregadores. Dos 24, 10 são permanentes, e os demais, eleitos pela Conferência. Os permanentes, condição que se deve à importância industrial, são: Alemanha, Canadá, China, Estados Unidos, França, Índia, Itália, Japão, Reino Unido da Grã-Bretanha e Rússia.

Conforme sua Constituição e as reformas que se seguiram à Declaração de Filadélfia, a OIT tem por obrigação promover entre os povos os seguintes objetivos: a) a plenitude do emprego e a elevação dos níveis de vida; b) o emprego dos trabalhadores nas ocupações para as quais estejam aptos; c) a criação de meios para a formação profissional e possibilidade de transferência para os trabalhadores, incluindo as migrações de mão de obra e de colonos; d) uma justa distribuição dos frutos do progresso e um salário mínimo vital para os trabalhadores; e) um reconhecimento efetivo do direito ao contrato coletivo e à cooperação entre empregadores e empregados; f) extensão da seguridade social; g) a proteção da vida e da saúde dos trabalhadores; h) a proteção da infância e da maternidade; i) o fornecimento de alimentos, moradia, além de meios recreativos e culturais; j) a garantia de iguais oportunidades educativas e culturais.

A OIT tem como atividade principal a criação de um direito internacional representado por convenções e recomendações, cuja aplicação, de outro lado, é fiscalizada através de suas diferentes comissões.[509]

Arnaldo Lopes Süssekind, fora de qualquer dúvida, nosso maior conhecedor de direito internacional do trabalho, que representou o Brasil no Conselho de Administração da OIT e integrou a Comissão de Expertos na Aplicação de Convenções e Recomendações da OIT, ressalta que o principal

(509) MORAES FILHO, Evaristo de. *Introdução*, cit., p. 37, 172 e ss.

esteio do direito internacional é de caráter social, concernente à universalização dos princípios de Justiça Social e da dignificação do trabalhador, mas reconhecendo a importância dos aspectos econômicos que fundamentam sua existência. Daí assinalar, com propriedade: "É certo que razões de ordem econômica constituíam sério obstáculo à consecução desses ideais".[510]

O objetivo maior do Direito Internacional, para Süssekind, situa-se em três pontos fundamentais: "a) tornar universais as normas de proteção ao trabalho, com base nos princípios de Justiça Social e da dignificação do trabalho humano; b) estabelecer o bem-estar social geral como condição precípua à felicidade humana e à Paz mundial; c) evitar que razões de natureza econômica, decorrentes do ônus da proteção ao trabalho, impeçam que todas as Nações adotem e apliquem as normas tutelares consubstanciadas nos diplomas internacionais. Além disso, por meio de tratados bilaterais ou plurilaterais (instrumentos de aplicação restrita aos Estados contratantes e que permanecem abertos à ratificação de outros países): a) estabelecer, no que tange aos problemas do trabalho e aos que lhes são conexos, reciprocidade de tratamento entre os nacionais dos países signatários; b) regular aspectos da proteção aos trabalhadores imigrante, inclusive no concernente à conservação de direitos adquiridos no país de origem, relativos aos seguros sociais".

Dentre as convenções e os tratados aprovados pela OIT destaca-se em primeiro lugar a Convenção n. 87, de 1948, que consagra a liberdade sindical e que até hoje não se incorporou ao nosso ordenamento jurídico.[511] Segue--se-lhe, em importância, a Convenção n. 98, de 1949, ratificada pelo Brasil e que estimula a prática da negociação coletiva.

Como se sabe, nenhuma convenção especifica e expressamente assegura o direito de greve.

A Convenção n. 158, que veda as dispensas arbitrárias e cuida timidamente das coletivas, na verdade, nem foi experimentada. Chegou e abriu espaço para notáveis exercícios de teorização, nada mais do que isso. Grande parte dos juristas entendeu que bastava a proteção dada pelo sistema do FGTS, e logo foi denunciada através de ato unilateral do então presidente Fernando Henrique Cardoso. No governo Luiz Inácio Lula da Silva, foi enviada uma mensagem ao Congresso Nacional com pedido de sua ratificação.

"A OIT não é um órgão de programação socialista", quem assim escreve é Roberto Lyra Filho[512]," tendo sido criada para regular o conflito entre o capital

(510) *Instituições de direito do trabalho.* Rio de Janeiro: Freitas Bastos, 1957. v. 2, p. 627.

(511) A Convenção n. 87 (Liberdade sindical e proteção ao direito de sindicalização) foi aprovada na 31ª reunião da Conferência Internacional do Trabalho, em 1948, e teve vigência internacional a partir de 4 de julho de 1950.

(512) *Direito do capital e direito do trabalho.* Porto Alegre: Sergio Antonio Fabris, 1982. p. 34.

e o trabalho e, portanto, constituída para dialogar com os seus órgãos sindicais," na opinião do assessor jurídico da CUT Ericson Crivelli.[513]

Acertadamente, Arion Sayão Romita diz que a ideologia da OIT assenta-se sobre a cooperação entre o trabalho e o capital, projetando-se no plano institucional pela estruturação tripartite.[514]

Por conseguinte, a OIT significa a unidade possível entre Estados, empregadores e trabalhadores no plano internacional e suas convenções expressam as concessões dos primeiros diante da ideologia do capitalismo. Quer dizer: tanto o pluralismo sindical fundado em equivocada liberdade como a negociação coletiva são institutos próprios do capitalismo. Assim, a liberdade sindical traduz a vontade de uma coletividade dividida, que perde força para atuar frente ao adversário natural.

5. Unidade internacional dos trabalhadores.

5.1. **A Internacional socialista**. A internacionalização da organização dos trabalhadores tem início com a conclamação de Karl Marx e Frederico Engels em 1848, por meio do Manifesto Comunista:

"Trabalhadores do mundo todo, uni-vos."

Arion Sayão Romita tem que "o movimento de organização dos trabalhadores assume caráter internacional, em face da necessidade que os obreiros sentem de estabelecer vínculos com entidades similares de outros países. Os problemas do trabalho são os mesmos nos mais diversos países que se encontrem pelo menos aproximadamente no mesmo estágio de evolução industrial".[515]

Segundo Guillermo Cabanellas, antes, em 1838, teve vida efêmera a Liga Comunista, fundada em Londres, que seria a primeira organização internacional dos trabalhadores.

Em 1862 foi fundada, também em Londres, a Associação Internacional Socialista com Marx e Proudhon, dentre outros. Dois anos depois é constituída a Associação Internacional dos Trabalhadores que seria transformada na Primeira Internacional, com Marx à frente. Seu objetivo fundamental consistia na organização dos trabalhadores, na conquista de uma legislação social avançada, na criação de cooperativas obreiras, na libertação econômica da classe trabalhadora. Marx via na Associação "o primeiro passo para a formação do sindicato-geral dos trabalhadores em todos os países, com o intuito de reorganizar a sociedade em bases socialistas".[516]

---

(513) Normas internacionais do trabalho e o comércio internacional. *Revista LTr*, 66-01/47.

(514) A Convenção n. 87 da OIT e a questão da unicidade ou pluralidade sindical. In: *Os direitos sociais na constituição e outros estudos.* São Paulo: LTr, 1991, p. 215/217.

(515) *Direito sindical*, cit., p. 33.

(516) ROMITA. *Direito sindical,* cit., p. 33.

Seu crescimento foi grande nos primeiros tempos e ficou marcado pela influência marxista, até 1868 quando tem início o conflito aberto com Miguel Bakunin, afinal expulso.

Em 1889, em Paris, é fundada a Segunda Internacional, também empolgada pelas ideias de Marx, que adota como meio de luta dois postulados: a solidariedade internacional frente ao antagonismo nacionalista e o antimilitarismo diante do militarismo imperialista. A partir de 1896 passa a significar socialismo internacional.

Dentre suas resoluções, destacam-se: "1) o Congresso entende por ação política a luta organizada, sob todas as formas, para a conquista do poder político e o uso dos mecanismos legislativo e administrativo do Estado e da Comuna, pela classe operária para sua emancipação. 2) o Congresso declara que a conquista do poder político é para os trabalhadores, o meio por excelência pelo qual eles podem atingir a sua emancipação, a libertação do homem e do cidadão, pelo qual eles podem estabelecer a república socialista internacional. O Congresso traz apelo aos trabalhadores de todos os países e os convida a se unir em um partido distinto de todos os partidos políticos burgueses e a reivindicar: o sufrágio universal, o direito de voto para cada adulto (...); 3) o Congresso declara também que a emancipação da mulher é inseparável da do trabalhador e pede que ela se organize politicamente; 4) o Congresso se declara a favor da autonomia de todas as nacionalidades (...); 5) o Congresso declara que, seja qual for o pretexto, religioso ou dito explorador da política colonial, ela não é senão a extensão do campo de exploração capitalista, no interesse exclusivo da classe capitalista".[(517)].

A Terceira Internacional Vermelha foi criada a partir da revolução russa de 1917. Fundada em março de 1919, ficou sob o comando direto dos comunistas, sustentando como ideal a derrocada do capitalismo, a libertação dos trabalhadores e a ditadura do proletariado. Assim, opôs-se frontalmente à Segunda Internacional e à Organização Internacional do Trabalho, qualificando-as como traidoras e colaboracionistas com os governos da burguesia. A segunda Guerra Mundial e as alianças acertadas determinaram sua extinção.

5.2. **A internacionalização dividida**. Em 1902, em Amsterdã, Holanda, foi criada a Federação Sindical Internacional, cujos fins, na conformidade do art. 8º de seus estatutos — o relato é ainda de Cabanellas —, eram: a) realizar a unidade da classe obreira internacional, desenvolvendo a união entre o movimento sindical de todos os países; b) desenvolver os sindicatos profissionais internacionais, sob seu comando; c) prestigiar os interesses e os esforços do movimento sindical de todos os países, nacional

(517) O movimento operário e a II internacional. In: CARONE, Edgar. *A II internacional pelos seus congressos (1889-1914)*. São Paulo: Anita, 1993. p. 13.

e internacionalmente; d) contribuir para o progresso da legislação social internacional; e) estimular a educação do trabalhador; f) prevenir qualquer guerra e combater a reação.

Em 1939 a ela se filia a Federação Americana do Trabalho.

Durante a guerra de 1914-1918, diz Arion Sayão Romita, "a ação sindical se orientou no sentido de que o futuro tratado de paz contivesse normas de proteção ao trabalho"; para isso empenharam-se Samuel Gompers, presidente da A. F. L., e Léon Jouhaux, dirigente da Confederação Geral do Trabalho francesa. A reivindicação foi acolhida no Tratado de Versalhes.

A Associação Internacional de Trabalhadores foi fundada em Berlim, no mês de dezembro de 1922, com tendência ideológica anarquista.

Terminada a grande guerra, viu-se que um verdadeiro abismo ideológico, nas palavras de Cabanellas, separava os antigos aliados, ou seja, os sindicatos norte-americanos e russos. Mesmo assim, graças à ação mediadora dos sindicalistas franceses e ingleses, foi possível realizar em Londres, em 1945, uma conferência, que contou com delegados das mais diferentes posições políticas. Enfim, ao longo de quinze dias, com participação de trezentos delegados, representando sessenta e seis milhões de trabalhadores, pertencentes a cinquenta e seis países, associados a quarenta e cinco federações, foi fundada a Federação Mundial de Sindicatos Obreiros, a fim de unificar a ação dos trabalhadores filiados e dar à sua orientação coletiva uma definida unidade de critério, de tática e de doutrina. Com isso, as duas internacionais existentes desapareceriam. Os comunistas pretendiam com ela criar uma sucessora da Terceira Internacional. Mas a reação ao Plano Marshall, que procurava refletir nos sindicatos europeus, foi o motivo esperado para o Congresso de Sindicatos Britânicos (*Trade Unions Congress* da Grã-Bretanha) e o CIO (*Congress of Industrial Organization*) romperem com a FMS, contando com o apoio da AFL (*American Federation of Labor*), que se recusara a filiar-se à nova central internacional, e da Confederação Internacional dos Sindicatos Cristãos. Essa decisão, nas palavras de Romita, provocaria a união dos chamados "sindicatos livres", dando causa ao surgimento da Confederação Internacional de Sindicatos Livres (CIOSL), em Londres, em 1949, com o apoio da AFL-CIO, "e que tem como base ideológica a luta contra o totalitarismo".

A Internacional Sindical Cristã foi fundada em 1922. Defendia o pluralismo sindical.

No cenário internacional, num primeiro momento, disputaram espaço a Confederação Internacional de Organizações Sindicais Livres — CIOSL — defensora da ordem capitalista, a Federação Sindical Mundial — FSM — socialista, e a Confederação Mundial dos Trabalhadores, católica.

À primeira filiam-se a CUT, a Força Sindical e a CGT. À segunda, a CGTB, à última, a CAT.

Para a Confederação Internacional de Organizações Sindicais Livres — CIOLS, "um poder efetivo sindical que faça contrapeso à direção multinacional somente se pode conseguir se os sindicatos do país sede e do país anfitrião, tanto nos países em desenvolvimento como nos industrializados, colaborarem estreitamente". Paralelamente a ela, desdobram-se secretariados profissionais, como a Federação Internacional dos Trabalhadores nas Indústrias Metalúrgicas — FITIM, a União Internacional de Trabalhadores da Alimentação a Afins — UITA, com 164 organizações em 59 países, a Federação Internacional dos Trabalhadores de Transportes — ITF, a Federação Internacional dos Trabalhadores dos setores Têxtil, Vestuário e de Couro, FITTVC, a Federação Internacional dos Trabalhadores de Plantações, Agricultura e Similares — FITPAS e a Federação Internacional de Empregados e Técnicos, para representar trabalhadores comerciais, financeiros (bancos, seguros) e empregados assalariados na indústria.[(518)]

A FSM extinguiu-se com o chamado "socialismo real", sob os destroços do Muro de Berlim, deixando livre o comando do sindicalismo internacional para a CIOLS e pequenino espaço para a CMT. Sua única filiada no Brasil é a Central Geral dos Trabalhadores do Brasil — CGTB, cujo dirigente maior, Antônio Neto, chegou a presidi-la.

A Confederação Mundial do Trabalho — CMT, fundada em 1920, como Confederação Internacional de Sindicatos Cristãos, consoante inscrição de seus estatutos: "impulsiona um sindicalismo que organize e expresse a independência da classe trabalhadora, que tenha autonomia de pensamento, de decisão e de ação. A liberdade sindical é um direito ao qual os trabalhadores não devem renunciar sob aspecto ou motivo algum. Por isso a CMT defende de modo muito especial a plena vigência da Convenção n. 87 da OIT. Da mesma forma, sempre defendemos o direito de greve e a estabilidade no emprego como elementos-chave da liberdade sindical. Rechaçamos toda pretensão "legislativa" e de regulamentação administrativa exaustiva e excessiva que leve à intromissão do Estado na constituição e na ação dos sindicatos. Essa liberdade sindical deve dar aos trabalhadores uma verdadeira capacidade para desenvolver organizações sindicais de massa com capacidade para ações autenticamente de classe e quantitativamente de massas". A CMT notabilizou-se através da Confederação Latino-Americana dos Trabalhadores — CLAT, chegando ao Brasil com a Central Autônoma dos Trabalhadores — CAT, que não possui filiados de expressão e se mantém graças ao empenho de sua direção. Não conseguiu também sensibilizar os trabalhadores cristãos como pretendeu antes da ditadura de 1964.

(518) Os sindicatos e as transnacionais. *CIOLS*, 1979.

Assinala Giorgio Romano Schutte que "A CIOLS já começou em 1950, com uma organização regional europeia que, porém, acabou não se consolidando. Foi somente em 1973 que dezesseis aliados da CIOLS de quinze países europeus fundaram a Confederação Europeia de Sindicatos — CES. No mesmo ano se integrou também a CGIL italiana (...)". A CES engloba as centrais sindicais nacionais e as federações europeias, a saber: a) Comitês Europeus da Internacional de Comunicação, da UITA (alimentação), da Educação, as Federações Europeias dos Trabalhadores da Agricultura, da Construção Civil e da Madeira, de Jornalistas, dos Gráficos, dos Trabalhadores da Química, das Minas e da Energia, Metalúrgicos, dos Servidores Públicos, Têxteis, do Vestuário e do Couro, da Indústria de Diamantes e Pedras Preciosas, do Transporte, Organização Regional Europeia da Federação Internacional dos Trabalhadores do Comércio, Bancários, da Administração e Técnicos.[519]

Com a queda do Muro de Berlim e o fim da guerra fria, a CIOLS ficou com domínio absoluto no cenário internacional. Em novembro de 2006, no Panamá, fundiram-se a AFL-CIOSL e CMT, dando lugar à Confederação Sindical Internacional — CSI; paralelamente fundiram seus organismos regionais, Organização Regional Interamericana do Trabalho — ORIT e Central Latino-americana de Trabalhadores — CLAT, para criar a Confederação Sindical dos Trabalhadores das Américas — CSA.

O Tratado de Assunção de março de 1991 deu vida ao Mercosul — Mercado Comum do Sul, com participação do Brasil, da Argentina e do Uruguai e mais tarde, à formação da Coordenadora de Centrais Sindicais do Cone Sul — CCSCSA.

5.3. **A globalização**. A unidade internacional, hoje, encontra pela frente um novo desafio: a mobilidade das empresas transnacionais, instalando-se em países onde a mão de obra é mais barata, a legislação do trabalho é menos protecionista, os sindicatos são mais frágeis e os governantes, mais pródigos na oferta de chão para a instalação do complexo industrial, de incentivos fiscais e favores a pretexto de fomentar a criação de empregos. Enquanto isso, diante da ameaça de extinção dos postos de trabalho em seu território, reagem os sindicatos, exigindo retaliações contra os países do terceiro mundo.

Mas no plano internacional o sindicalismo tem uma barreira difícil de transpor: o desemprego globalizado e a desregulamentação imposta pelas empresas transnacionais.

A poderosa AFL-CIO norte-americana pressiona o governo para que mantenha a política de subsídios às empresas nacionais e imponha restrições

(519) O sindicalismo na Europa e sindicalismo europeu. In: Obra coletiva. *O sindicalismo na Europa, Mercosul e Nafta*. São Paulo: LTr, 2000. p. 87.

às importações capazes de comprometer o mercado de trabalho. Enquanto isso, as potências econômicas ramificam-se pelo mundo à procura de mão de obra barata, de países que não tenham legislação do trabalho protecionista ou que aceitem flexibilizar os direitos dos trabalhadores, ainda que mediante negociações coletivas, mas através de sindicatos fragilizados pela atomização determinada pela pluralidade.

A globalização resulta na convocação de Marx, mas entendida às avessas, propondo a internacionalização do mercado, sob o controle, é claro, do Colosso do Norte.[520]

A internacionalização, não do movimento operário, mas do capital, ressurge forte em nossos dias quando se cuida de impor nas relações comerciais uma cláusula social. A preocupação maior da OIT é com os países que mantêm péssimas condições de trabalho e ineficazes ou inexistentes sistemas de previdência social, a fim de ampliarem sua participação no mercado mundial (tigres asiáticos), em virtude do baixo custo dos seus produtos. Com esse objetivo, a OIT propôs à Organização Mundial do Comércio (OMC) a introdução da cláusula social dos contratos comerciais, em virtude da qual a importação de bens ficaria condicionada à ratificação e observância, pelo país exportador, das seguintes convenções, consideradas pela Cúpula Mundial do Desenvolvimento Social (Copenhague, março de 1995) como direitos humanos fundamentais dos trabalhadores: n. 87 (Liberdade sindical e proteção aos direitos sindicais); n. 98 (Direito de sindicalização e de negociação coletiva); ns. 29 e 205 (Abolição do trabalho forçado); n. 100 (Salário igual para trabalho igual entre o homem e a mulher); n. 111 (Não discriminação no emprego ou na ocupação); n. 138 (Idade mínima para o trabalho). A proposta, entretanto, foi rejeitada pela Conferência da OMC (Cingapura, março de 1997), com o argumento de que a questão deveria situar-se no âmbito da OIT. Essa resolveu, então, submeter à Conferência de junho do mesmo ano, para uma discussão preliminar, sugestão no sentido de aprovar-se uma declaração, a ser acoplada à Constituição sobre o respeito aos princípios consagrados nas sete convenções precitadas (...) A proposta, afinal adotada pela Conferência de junho (...), é mais tímida do que inicialmente se pretendia. Sob o título de "Declaração da OIT relativa aos Princípios e Direitos Fundamentais no Trabalho", os Estados-membros reafirmaram o compromisso de respeitarem, promoverem e tornarem realidade, de boa-fé, o direito dos trabalhadores e empregadores à liberdade sindical e o reconhecimento efetivo do direito de negociação coletiva, assim como de trabalharem pela eliminação de todas as formas de trabalho forçado ou obrigatório, erradicação efetiva do trabalho infantil e supressão da discriminação em matéria de emprego e ocupação. E

(520) Sintomaticamente, o jornal *Folha de S. Paulo* passou a referir-se aos Estados Unidos, tanto em razão de sua situação econômica como pela reação ao atentado sofrido em setembro de 2001, como "o Império".

a Organização reitera sua obrigação de ajudar a seus Membros, em resposta às necessidades que hajam expressado para alcançar esses objetivos, usando plenamente os seus recursos, inclusive mobilizando recursos externos e alentando o apoio de outras organizações internacionais com as quais a OIT estabeleceu relações".[521] A reação dos países em desenvolvimento, do Brasil, inclusive, deve-se ao receito de, que em vez de uma cláusula em defesa do trabalhador, seja, verdadeiramente, forma de bloqueio às suas exportações, contribuindo decisivamente para o domínio norte-americano e de seus aliados.

6. A internacionalização político-econômica.

6.1. **Mercosul**. Com o Tratado de Assunção, de 26 de março de 1991, foi criado o Mercado Comum do Sul, com a participação do Brasil, da Argentina, do Uruguai e do Paraguai.

Com o apoio da CIOLS/ORIT desenvolveu-se a Coordenador de Centrais Sindicais do Cone Sul — CCSCS, criada no Encontro Sindical do Cone Sul, em 1986, na cidade de Buenos Aires. De tal modo, o movimento sindical do Mercosul atua sob a orientação da Coordenadoria de Centrais Sindicais do Cone Sul, composta das centrais: a) da Argentina — Confederación General del Trabajo, CGT, Central de los Trabajadores Argentinos; b) da Bolívia — Central Obrera Boliviana — COB; c) do Brasil — Confederação Geral dos Trabalhadores — CGT, Central Única dos Trabalhadores — CUT — e Força Sindical; d) do Paraguai — Central Unitária de los Trabajadores — CUT; e) do Uruguai — Plenário Intersindical de Trabajadores/ Convención Nacional de Trabajadores — PIT-CNT.

A CCSCS logo apresentou aos governos um projeto de Carta de Direitos, "entendendo-o como a construção de um sistema de regras laborais e sociais que garantisse iguais direitos e condições de trabalho a todos os trabalhadores dos quatro países, devido a futura livre circulação de trabalhadores no mercado integrado. O piso da proposta sindical seria um conjunto de Convenções da OIT e os melhores aspectos de cada legislação". Deve-se à Coordenadora a criação do subgrupo Relações Trabalhistas, Emprego e Seguridade Social, em sua segunda etapa de ação, que coincide com a instituição do Mercosul. Quando as centrais se manifestaram frente à constituição do Mercosul, suas propostas foram: a) a democratização do processo; b) adoção de uma Carta Social. O resultado foi a aprovação do Subgrupo de Relações Trabalhistas, Emprego e Seguridade Social (SGT 11) e a inclusão na agenda oficial da adoção de uma Carta de Direitos Fundamentais.

Depois, em 1996, o Subgrupo passou a ser o SGT 10. Todavia, até 1998, "a única decisão em matéria social do Mercosul era o Acordo Macro de

(521) SÜSSEKIND, Arnaldo. A globalização da economia e o confronto entre os neoliberais e os adeptos do estado social. *RDT* 04-9/5, 30.9.1998.

Seguridade Social, que na realidade integrou quatro acordos bilaterais, cobrindo apenas aspectos como contagem de tempo para os trabalhadores que contribuíram em mais de um país-parte e cobertura de acidentes e doenças profissionais em caso de o trabalhador estar prestando serviços em país do bloco que não o seu de origem".[522]

O SGT 11 destacou-se por seu caráter tripartite, contando com representantes dos governos, empresários e sindicatos, desde sua origem. "Ao longo de seus três anos de existência (...) realizou onze reuniões, a maior parte delas em Montevidéu. Logo na sua primeira reunião, em março de 1992, decidiu recomendar ao Grupo Mercado Comum — GMC — a mudança do nome do subgrupo, que, de Assuntos Trabalhistas, passou para Relações Trabalhistas, Emprego e Seguridade Social".[523]

Foram constituídas oito comissões: a) de Relações Individuais de Trabalho; b) de Relações Coletivas de Trabalho; c) de Emprego; d) de Formação Profissional; e) Comissão de Saúde e Segurança no Trabalho; f) Comissão de Seguridade Social; g) de Setores Específicos; h) de Princípios.

No entanto, nem a ratificação das mais importantes convenções da OIT nem a adoção de uma Carta Social ou de Direitos Fundamentais conseguiu-se implementar.

A ideia, como observa Tullo Vigevani, era criar uma base de compromissos internacionais comuns, entre os países do Cone Sul, pois apenas onze das convenções da OIT haviam sido ratificadas pelos quatro países. O Uruguai ratificara 96, o Paraguai, 34, o Brasil, 65, e a Argentina, 66. As Convenções ratificadas pelos quatro eram as seguintes: 11 (direito de associação na agricultura), 14 (descanso semanal na indústria), 26 (métodos para a fixação do salário mínimo), 81 (inspeção do trabalho), 95 (proteção do salário), 98 (sindicalização e negociação coletiva), 100 (igualdade de remuneração), 105 (abolição do trabalho forçado), 111 (discriminação quanto ao emprego e à ocupação), 115 (proteção contra radiações), 159 (readaptação profissional e emprego).

6.2. **União Europeia**. A unificação político-econômica da Europa foi sentida pelos governos dos países de economia avançada como forma de enfrentar o império norte-americano, esboçada em 1957 com o Tratado de Roma, através do qual criava-se um mercado comum e a coordenação da política econômica dos países-membros, com a participação dos seis países que haviam constituído a Comunidade Europeia do Aço e do Carvão.

(522) CASTRO, Maria Sílvia Portella de. Movimento sindical do mercosul, trajetória e perspectivas de ação. In: *O sindicalismo na Europa, Mercosul e Nafta*. São Paulo: LTr/Escola Sul-CUT 2000. p. 111 e ss.

(523) VIGEVANI, Tullo. *Mercosul, impactos para trabalhadores e sindicatos*. São Paulo: LTr, 1998. p. 119.

Só em 1992, como Tratado de Maastricht, que emendou o de Roma, a Comunidade Econômica Europeia passou a ser União Europeia, estabelecendo critérios para a unificação das políticas econômicas e monetárias. Adiante, em 1999, foi criada a moeda única, o euro.

Em 2005, a União Europeia passou a compor-se dos seguintes países-membros: Alemanha, Áustria, Bélgica, Chipre, Dinamarca, Eslováquia, Eslovênia, Espanha, Estônia, Finlândia, França, Grécia, Hungria, Irlanda, Itália, Letônia, Lituânia, Luxemburgo, Malta, Países Bascos, Polônia, Portugal, Reino Unido, República Checa, Suécia. São candidatos: Bulgária, Croácia, Romênia, Turquia. Estão fora: Albânia, Andorra, Antiga República Jugoslava, da Macedônia, Bielorrússia, Bósnia-Herzegovina, Islândia, Liechtenstein, Moldávia, Mônaco, Noruega, Rússia, São Marinho, Sérvia e Montenegro, Suíça, Ucrânia, Vaticano.

Na verdade, o que avança na organização europeia é a unificação dos trabalhadores das empresas multinacionais que se ativam na região.[(524)]

Observa Georgenor de Sousa Franco Filho que: "Na União Europeia, caminha-se para a desregulamentação negociada com as normas sociais mínimas constantes do Tratado de Maastricht, sendo exemplo de aceleração do processo de transnacionalização das relações de trabalho, mesmo porque uma das reivindicações sindicais para o século XXI é a criação progressiva de um sistema jurídico transnacional de relações laborais que imporia às empresas nacionais o respeito de certas normas mínimas, e que permitira, por outra parte, aos sindicatos, tomar parte ativa no trabalho de consolidação do perfil social da União Europeia". A Diretiva 94/65/CE, do Conselho de 22 de setembro de 1994, instituiu a Comissão Europeia de Negociação "para promover negociação por empresa ou grupo de empresas de dimensões comunitárias, cabendo à direção central da empresa incrementar a coordenação e instrumentalização necessária para instruir a Comissão (art. 4º), dela fazendo parte delegações especiais de negociação, eleitas nas empresas (art. 5º) que decidem com 2/3 (art. 5º, 5), composta de três a dezessete membros (art. 5º, 2, *a*). Tanto a delegação especial como a delegação central fazem negociação (art. 6º) integrando a Comissão Europeia de Negociação.[(525)]

6.3. **Nafta**. O Nafta surgiu em 1990 empolgado pelo presidente conservador dos Estados Unidos George Bush, "para acompanhar as transformações econômicas de caráter neoliberal que se operavam na América Latina e no Caribe, e assim construir uma nova relação dos EUA com a região, centrada no livre comércio, nos investimentos e na negociação da dívida externa, visando, inclusive, a constituir uma Zona de Livre Comércio em todo o hemis-

(524) SCHUTTE, Giorgio Romano. *Op. cit.*, p. 83 e ss.

(525) Negociação coletiva transnacional. In: *Curso de direito coletivo do trabalho.* Estudos em homenagem ao ministro Orlando Teixeira da Costa. São Paulo: LTr, 1998. p. 801/802.

fério". Esse último objetivo foi aprovado em dezembro de 1994 na Cúpula de Chefes de Estado realizada em Miami, não mais sob o governo republicano de Bush, mas do democrata Bill Clinton, estabelecendo-se o ano de 2005 para início do funcionamento da Área de Livre Comércio das Américas — ALCA.

Do Nafta participam os Estados Unidos, o Canadá e o México.

O Presidente Bill Clinton, em 1992, apoiou as reivindicações dos sindicatos para que o tratado do Nafta incluísse, também, temas de matéria trabalhista e ambiental.

Os compromissos assumidos situam-se em quatro níveis: "1) a importância de novas oportunidades de emprego e de melhoria das condições de trabalho e níveis de vida (...); 2) onze princípios a serem observados pelos países-membros: a) liberdade de associação e proteção ao direito de organização; b) direito à negociação coletiva; c) direito à greve; d) proibição de trabalho forçoso; e) restrições sobre o trabalho de menores; f) condições mínimas de trabalho; 7) eliminação da discriminação no emprego; 8) salário igual para homens e mulheres; 9) prevenção de lesões e doenças ocupacionais; 10) indenização em caso de ocorrência destas; 11) proteção aos trabalhadores migrantes; 3) obrigações nas áreas de legislação e aplicação no tocante a níveis de proteção, ações governamentais para aplicação da legislação trabalhista, ações individuais, garantias processuais, publicidade, informação e conhecimentos públicos; 4) a obrigação assumida de aplicar efetivamente sua legislação trabalhista no que tange a salário mínimo, trabalho infantil e segurança e saúde ocupacional.[526]

A AFL-CIO e diversas organizações sindicais opõem-se ao Nafta, até porque não querem perder o protecionismo do governo americano. Além disso, preocupa os Estados Unidos e os americanos a chegada cada vez mais numerosa dos imigrantes latino-americanos, especialmente mexicanos, o que também se dá nos países europeus avançados.

O braço avançado do Nafta na América Latina é a Alca, a Aliança de Livre Comércio das Américas.

6.4. **Outras organizações internacionais**. A globalização provoca a unidade de países próximos em função da economia internacionalizada, preocupados com o comércio, a reserva de mercado, o que, de qualquer modo, repercute nas relações de trabalho. Assim, outros blocos vão se formando: Comunidade dos Estados Independentes (CEI), surgido após o desmantelamento da União Soviética, integrado pela Rússia, Cazaquistão, Ucrânia, pela Bielorrússia, Tadjiquistão, Turcomênia, Geórgia, Quirqízoa, Armênia, Uzbequistão, Azerbaidjão e Moldávia; a Associação das Nações do Sudeste

---

(526) JACOBSEN, Kjeld Aagaard. Movimento sindicato no Nafta. In: *O sindicalismo na Europa, Mercosul e Nafta*, cit., p. 210 e ss.

Asiático (ASEAN), formada pela Indonésia, pela Malásia, Filipinas, Tailândia, por Brunei e Vietnã o Pacto Andino, com a Bolívia, Colômbia, Equador, Peru e Venezuela, Comunidade do Caribe e Mercado Comum (CARICON), parceria entre Antígua e Barbuda, Barbados, Belize, República Dominicana, Granada, Guiana, Jamaica, Santa Lúcia, São Cristóvão e Névis, São Vicente e Granadinas, Trinidad e Tobago, Ilhas Virgens Britânicas, Ilhas Turks e Caicos, Monteserrat e Suriname e Bahamas; Cooperação Econômica da Ásia e do Pacífico (APEC), composta pela Austrália, por Brunei, Canadá, Indonésia, Japão, Malásia, Nova Zelândia, Filipinas, Cingapura, Coreia do Sul, Tailândia, Estados Unidos da América, China, Hong Kong, Taiwan, México, Papua — Nova Guiné e Chile; a União Africana, com África do Sul, Argélia, Angola, Benim, Botswana, Burkina Faso, Burundi, Cabo Verde, Camarões, Chade, Comoros, Congo, Costa do Marfim, Djibuti, Egito, Eritreia, Etiópia, Gabão, Gâmbia, Gana, Guiné, Guiné Bissau, Guiné Equatorial, Lesoto, Libéria, Líbia, Madagascar, Malaui, Mali, Marrocos, Maurícias, Mauritânia, Moçambique, Namíbia, Níger, Nigéria, Ruanda, Senegal, Quênia, República Centro Africana, República Democrática do Congo, São Tomé e Princípe, Serra Leoa, Seychelles, Somália, Suazilândia, Sudão, Tanzânia, Togo, Tunísia, Uganda, Zâmbia, Zimbabwe; sem se esquecer da Área de Livre Comércio das Américas (Alca), que se anuncia com 34 países das Américas, à exceção de Cuba, mas que encontra forte resistência popular diante do favorecimento político e econômico que pretende dar aos Estados Unidos.

PARTE 15. A REFORMA SINDICAL

Sumário: 1. A "velha" CLT e a Era Vargas. 2. Propostas de reforma. 1) Projeto João Mangabeira (1948). 2) Projeto Segadas Vianna (1950). 3) Projeto Dorval de Lacerda (1955). 4) Projeto Evaristo de Moraes Filho (1963). 5) Projeto Mozart Victor Russomano (1970). 6) Projeto Arnaldo Süssekind (1975). 7) Projetos do Governo José Sarney; 8) Projetos do Governo Fernando Collor de Mello (1992). 9) Projetos do Governo Fernando Henrique Cardoso (1995). 3. A reforma do Governo Luiz Inácio Lula da Silva. 3.1. O conselho nacional de desenvolvimento econômico e social. 3.2. O fórum nacional do trabalho. 3.3. O projeto de lei sindical do fórum nacional do trabalho. 3.4. A PEC n. 369, de 2005. 3.5. A quebra dos consensos. 4. A PEC n. 29, de 2002. 5. O fórum sindical dos trabalhadores.

1. **A "velha" CLT e a Era Vagas**. Já se viu que a Consolidação das Leis do Trabalho, aprovada em 1943, resultou da costura da legislação produzida a partir de 1930, quando Getúlio Vargas assumiu o governo. No ano seguinte foi editado o Decreto n. 19.770, inspirado na legislação francesa. Mas o sindicato já foi colocado sob a tutela do Ministério do Trabalho, Indústria e Comércio, como órgão de colaboração, fechado para os servidores públicos, proibido de filiar-se a associações de âmbito internacional. O modelo pensado adotava a unicidade verticalizada, com sindicatos profissionais e de empregadores, que formavam federações, e essas, por sua vez, uniam-se em confederações. Mas a unicidade horizontal em centrais não era permitida.

Três anos depois, o Decreto n. 24.694, na linha da Constituição de 1934, experimentou a pluralidade sindical restrita, não abrindo campo para mais do que três sindicatos de igual representatividade em uma mesma base territorial. Mas manteve a natureza de órgão de colaboração, sem acesso para os servidores públicos, vedando a formação de centrais e o ingresso nas organizações internacionais.

Adiante, com o golpe de 1937 e a implantação do Estado Novo, o sindicato teve de ajustar-se ao Decreto-lei n. 1.402, de inspiração fascista, que restabeleceu a unicidade tutelada pelo Ministério do Trabalho e todos os pecados anteriores. Com essa roupagem, embutiu-se na Consolidação das Leis do

Trabalho de 1943, remendada várias vezes, mas sem perder os defeitos de origem, e pouco mudou com a redemocratização que se seguiu à queda de Getúlio Vargas, com a ditadura militar de 1964, passando só maquiada, sem alterações de importância, pelas Constituições de 1946, de 1967 e sua Emenda de 1969.

Só com a segunda redemocratização do país e aprovação da Constituição de 1988 foi conquistada a mais plena autonomia. Mantida a unicidade de representação, o sistema confederativo, a contribuição compulsória e o poder normativo da Justiça do Trabalho, foi possível o livre ingresso nas organizações internacionais e reconhecidas, ainda que apenas de fato, as centrais que se impuseram no cenário político.

Em 1978 eclodiram as greves a partir do ABC paulista e projetara o presidente do Sindicato dos Metalúrgicos de São Bernardo do Campo, Lula, que se irradiaram para todo o país. No mesmo ano, realizou-se no Rio de Janeiro o V Congresso Nacional dos Trabalhadores nas Indústrias, quando um grupo expressivo de dirigentes se opôs decisivamente ao peleguismo oficialista representado pelo presidente da entidade, Ari Campista. Outra vez, Lula e, com ele, Arnaldo Gonçalves, presidente do Sindicato dos Metalúrgicos de Santos, filiado ao PCB, e Hugo Perez, dirigente da Federação dos Eletricitários, independente, assumiram a liderança do sindicalismo autêntico. O desafio foi repetido um ano depois no Encontro Nacional de Dirigentes Sindicais, no Rio de Janeiro.

Surgem as centrais. Os sindicalistas desenrolam bandeiras políticas e se confrontam com a ditadura que já agoniza.

Os analistas desse período — sociólogos, historiadores, economistas, jornalistas — aplaudem o "Novo Sindicalismo", que tem à frente Lula, apoiado por diferentes agrupamentos trotskistas, dissidências do PCB e a ala progressista da igreja católica, que se distancia da Era Vargas e prega o pluralismo, o fim das contribuições compulsórias e do poder normativo da Justiça do Trabalho.

2. Propostas de reforma.

1) **Projeto João Mangabeira (1948).** Em novembro de 1948 a Comissão Mista de Leis Complementares concluiu o Projeto n. 1.267-A, dispondo sobre a organização sindical, do qual foi relator João Mangabeira, do Partido Socialista Brasileiro, que repercutiu intensamente, sem, contudo, ser integrado em nosso ordenamento jurídico. O projeto limitava-se à organização sindical sem cuidar da defesa dos direitos individuais e dos interesses coletivos e também dos conflitos coletivos e das formas de solução.

Basicamente, seu conteúdo pode ser assim resumido:

a) fins: defesa dos direitos e interesses econômicos e profissionais, de desenvolvimento moral e social da profissão e preenchimento de fins culturais;

b) alcance: pessoas da mesma profissão ou da mesma atividade econômica, inclusive empregados de autarquia industrial e empresa de estado ou instituto público a ela assemelhado pelo exercício de atividade industrial ou comercial. Apenas no caso de inexistir sindicato específico, a filiação poderá se dar no sindicato similar ou conexo; exclusão dos funcionários públicos e empregados de autarquias fiscais ou previdencial que seriam regidos por lei especial;

c) representatividade mínima de 1/4 dos membros da profissão ou da atividade econômica da base pretendida;

d) autonomia limitada, vedada a atividade partidária, sob pena de destituição da diretoria;

e) liberdade positiva, sendo vedado ao empregador despedir, suspender ou rebaixar de categoria um empregado nem lhe reduzir o salário por pertencer a sindicato ou impedi-lo de associar-se ou de exercer o direito de sindicalização, sob pena de nulidade do ato além de multa em favor do Fundo Social Sindical;

f) regime: unicidade. "Dentro do âmbito territorial, não poderá haver mais de um sindicato da mesma profissão ou da mesma atividade econômica. Em caso contrário, o registro do segundo sindicato será cancelado a pedido do primeiro";

g) base territorial mínima: o município, vedada, pois, a formação de sindicato no âmbito da empresa; podendo sua constituição ser municipal, intermunicipal, estadual e excepcionalmente interestadual ou nacional, "atendidas as peculiaridades de certas profissões ou regiões";

h) registro a cargo do presidente do Tribunal Regional do Trabalho, observado o seguinte procedimento: requerimento instruído com cópia do estatuto e das atas das assembleias de fundação e de eleição da administração dirigido ao presidente do Tribunal que abrirá vista ao Ministério Público do Trabalho para emissão de parecer; sendo favorável, o Presidente declarará o reconhecimento, dando ciência ao Ministério do Trabalho, com recurso para a Câmara Sindical;

i) prerrogativas: 1) representação da profissão em juízo e fora dela, bem como dos interesses individuais dos associados relativos à sua atividade profissional ou econômica; 2) celebração de convenção coletiva; 3) manutenção de serviços assistenciais; 4) recebimento da contribuição compulsória estabelecida por lei e da mensalidade associativa estatutária; 5) eleição dos representantes; 6) criação de delegacias;

j) obrigações: 1) observância dos princípios democráticos constitucionais; 2) colaboração com o Estado como órgão técnico e consultivo, para o estudo e a solução de problemas relacionados com a profissão; 3) fundação de cooperativas de consumo e de crédito, agências de colocação, escolas de alfabetização e pré-vocacionais; 4) instauração do dissídio coletivo; 5) promoção da conciliação nos conflitos de trabalho; 6) assistência dos associados e de seus familiares nos processos previdenciários;

k) administração. 1) órgãos da administração: assembleia geral, diretoria e conselho fiscal; 2) composição: a) diretoria, mínimo de 3 e máximo de 7 dirigentes; b) conselho fiscal de 5 membros, tendo competência restrita a fiscalização da gestão financeira do sindicato; 3) duração dos mandatos: 2 anos, permitida a reeleição de 1/3 da diretoria para cargos diferentes dos ocupados; 4) remuneração dos diretores fixada pela assembleia geral, não podendo ultrapassar 5% da arrecadação da contribuição sindical; 5) deliberações da assembleia geral, passível de confirmação por outra sessão, quando não forem aprovadas por, pelo menos, 1/4 dos associados. Cumprirá à assembleia, também, traçar as diretrizes a serem observadas para a defesa dos associados e do sindicato. A assembleia reunir-se-á ordinariamente 2 vezes ao ano, em dia, hora e lugar fixados no estatuto, e extraordinariamente por convocação da diretoria ou de associados na forma prevista no estatuto; 6) garantia aos associados de recurso contra atos da diretoria para a assembleia e contra atos dessa para a Câmara Sindical, a quem caberá, também, na primeira situação, decidir o recurso, caso a assembleia não seja convocada no prazo de 5 dias;

l) processo eleitoral controlado pela Câmara Sindical e pelo Juiz Eleitoral. Elegíveis todos aqueles que pagam a contribuição sindical; logo, a profissão como um todo. Inelegíveis, dentre outros, os analfabetos. Eleição da diretoria pelo sistema majoritário e do Conselho Fiscal pelo proporcional. Apuração a cargo da mesa coletora logo após o término da votação. Recurso, para a Câmara Sindical, com vista para o Ministério Público, interposto perante o presidente do Tribunal Regional;

m) instâncias: 1) sindicato, 2) federação, constituída no mínimo de 5 sindicatos idênticos, similares ou conexos, com âmbito territorial estadual e excepcionalmente interestadual ou nacional. Suas prerrogativas: a) a representação em juízo ou fora dele dos interesses de seus filiados: b) a celebração de convenções coletivas quando extensivas a todo o seu âmbito estadual, interessando a mais de uma classe dos seus filiados; c) intervenção em caso de dissídio para conciliar os interesses sociais e econômicos; d) organização de congressos sindicais. Deveres: a) respeito aos princípios democráticos; b) colaboração com o Estado, idêntica a dos sindicatos; c) fundação de sindicatos nos municípios inorganizados; d) fundação de cooperativas; e) publicação no Diário Oficial de relatório semestral do demonstrativo de aplicação de suas rendas, aprovado pelo Conselho. Órgãos: a) diretoria,

b) conselho de representantes, composto de 2 delegados, com mandato de dois anos, cabendo-lhe eleger a diretoria, que terá mandato de igual duração. 3) confederação, constituída no mínimo de 3 federações, com âmbito nacional, prerrogativas, deveres, administração iguais aos das federações; 4) confederação geral, uma dos empregados, uma dos trabalhadores autônomos, uma das profissões liberais, outra dos empregadores, tendo como função, na esfera nacional, a coordenação dos interesses das classes que representam. Permissão às federações e confederações para editarem jornais destinados à defesa de seus interesses que, todavia, só poderão circular com sua identificação;

n) gestão financeira. 1) contribuições de custeio; a) contribuição sindical compulsória, obrigando todos os componentes da profissão ou da atividade, associados ou não, conforme a sistemática da CLT, afastada, porém, a intervenção do Ministério do Trabalho e observado o seguinte rateio: 83% para o sindicato, 10% para a federação; 5% para a confederação; 2% para a confederação geral. Do que receberem cada instância, será deduzido 10% para o Fundo Social Sindical; 60% do que for arrecadado será aplicado nos serviços de: a1) assistência técnica e judiciária; a2) assistência à maternidade, médica e dentária; a3) biblioteca, escolas de alfabetização e pré-vocacionais; a4) colônia de férias e finalidades esportivas; a5) cooperativas de consumo e de crédito; b) contribuição associativa; 2) publicação no Diário Oficial de relatório semestral; 3) fiscalização pelo Ministério Público da aplicação legítima das rendas das entidades sindicais, cumprindo-lhe denunciar as irregularidades à Câmara Nacional e à Comissão do Fundo Social Sindical; 4) Controle: a) alienação de títulos de renda e compra ou venda de bens imóveis mediante autorização da Câmara Sindical; b) apresentação dos balanços semestrais à Comissão do Fundo Social Sindical e sua publicação no Diário Oficial;

o) Comissão do Fundo Social Sindical. 1) composição: a) um contabilista e um atuário do Ministério do Trabalho; b) um representante dos profissionais liberais, um dos trabalhadores autônomos, dois dos empregados e dois dos empregadores, escolhidos pelos Conselhos das respectivas Confederações ou, na sua falta, das Federações, sendo condição o desempenho atual ou pretérito de cargo sindical de direção ou fiscalização; c) três pessoas de conhecimentos especializados em assuntos de direito, de medicina e de engenharia social, eleitos pelo conjunto previsto na letra anterior. 2) competência: a) elaborar seu regimento interno; b) gerir o Fundo; c) organizar e publicar o plano sistemático de aplicação do Fundo nos serviços especificados; d) fiscalizar a aplicação da contribuição sindical; e) resolver as dúvidas suscitadas. De suas deliberações caberá recurso para a Câmara Nacional;

p) delegados e comissões de empresas. 1) nas empresas com mais de 20 empregados, esses elegerão anualmente seus delegados sindicais, observada a seguinte proporção: a) 1 por grupo acima de 20 até 50 empregados; b) outro sempre que se completar cada grupo a partir de 50 até 200 empregados; c) mais outro sempre que se completar cada grupo de 100 a partir de 200 até 1.000; d) ainda outro sempre que se completar cada grupo de 500 a partir de 1.000 até 4.000; e) um outro mais sempre que se completar cada grupo de 1.000 a partir de 4.000; 2) sendo eleitos 3 ou mais delegados, eles se constituirão em Comissão de Empregados, elegendo seu presidente. 3) competência: a) assistir os empregados junto à empresa; b) velar pelo cumprimento dos contratos individuais, da convenção coletiva e fiscalização da aplicação da legislação, inclusive nas cooperativas constituídas; c) estabelecer uma constante ligação entre os empregados e a direção do sindicato, realizando com essa, pelo menos, uma reunião mensal. 4) garantias: estabilidade no emprego durante o exercício do mandato e até 12 meses após sua cessação, podendo os empregados revogarem o mandato dos delegados e elegerem seu substituto;

q) Comissão Conjunta. Constituída pela reunião da Comissão dos Empregados com os empregadores, tendo como competência: a) conciliar os interesses entre empregados e empregadores, para que a empresa funcione como comunidade produtiva; b) promoção no âmbito da empresa de solução amistosa das questões relacionadas com as dispensas de empregados;

r) Câmara Sindical. 1) órgão da Justiça do Trabalho composto de cinco membros, dos quais um será o presidente, nomeado pelo Presidente da República, dentre juristas de reputação ilibada, com mais de cinco anos de exercício efetivo na magistratura, na advocacia ou no Ministério Público e quatro eleitos respectivamente pelas Confederações de Empregados, de Empregadores, de profissionais liberais e de trabalhadores autônomos; 2) competência: a) baixar instruções para o cumprimento da lei sindical; b) resolver, em caso de recurso, sobre eleição sindical e proclamar os eleitos; c) julgar os recursos interpostos com fundamento na lei sindical e cancelar o registro ilegal; d) resolver, mediante reclamação, qualquer conflito ou divergência entre diretorias sindicais ou entre elas e grupo de associados, quando esses forem em número menor de 30; e) responder às consultas envolvendo a lei sindical ou legalidade de ato de entidade sindical feitas pelo Ministério do Trabalho, por qualquer órgão sindical ou grupo de, pelo menos, 30 associados de sindicato; f) destituir diretorias nos casos de exercício de atividade partidária, coação por parte da diretoria ou grupo por ela apoiado sobre qualquer membro da entidade, impedimento à ação dos órgãos fiscais, comprovação de grave dano aos interesses dos membros componentes da entidade, da profissão ou da atividade representada, infração dos estatutos ou da lei; 3) junto à Câmara funcionará um Procurador Sindical, indicado pelo Procurador-geral dentre os Procuradores da Justiça do Trabalho.

2) **Projeto Segadas Viana (1950)**. Segadas Viana, procurador do trabalho, foi um dos consolidadores, juntamente com Arnaldo Lopes Süssekind

e Dorval de Lacerda, Ministro do Trabalho de setembro de 1951 a junho de 1953 no governo Vargas.

Como deputado federal pelo PTB, apresentou em 1950 o Projeto de lei n. 606-1950, instituindo o Código Brasileiro do Trabalho.

O Livro III foi dedicado ao Direito Coletivo do Trabalho, contemplando três títulos assim distribuídos: Título I — Da Organização Sindical, distribuídos nos seguintes capítulos: Capítulo I — Do Sindicato; Capítulo II — Das Prerrogativas e das Obrigações do Sindicato; Capítulo III — Dos Órgãos do Sindicato; Capítulo IV — Dos Direitos e Direitos dos Associados; Capítulo V — Da Contribuição Sindical; Capítulo VI — Da Aplicação da Contribuição Sindical; Capítulo VII — Dos Bens e da Gestão Financeira do Sindicato; Capítulo VIII — Dos Delegados e Comissões Conjuntas; Capítulo IX — Das Comissões Sindicais Regionais; Capítulo X — Da Comissão Sindical Nacional; Capítulo XI — Da Ação do Ministério Público do Trabalho; Capítulo XII — Do Fundo Social Sindical; Capítulo XIII — Disposições Gerais. Título II — Das relações coletivas de trabalho, compreendendo apenas um Capítulo: Do Contrato Coletivo de Trabalho. Título III, da Greve, com três capítulos: Capítulo I — Conceituação; Capítulo II — Da Competência Normativa da Justiça do Trabalho; Capítulo III — Dos efeitos da greve no contrato individual do trabalho (seção I) e Dos crimes contra a organização do trabalho (seção II).

Seu projeto, no tocante à organização sindical, não se afastou muito do traçado feito por Mangabeira, mas foi adiante e tratou, também, do contrato coletivo de trabalho e da greve.

Resumindo:

I — Organização sindical.

a) Fins: cópia literal do Projeto Mangabeira: defesa dos direitos e interesses econômicos e profissionais, de desenvolvimento moral e social da profissão e preenchimento de fins culturais;

b) Alcance: 1) pessoas da mesma profissão ou da mesma atividade econômica, inclusive rurícolas, empregados de autarquia industrial e empresa de Estado ou instituto público a ela assemelhado pelo exercício de atividade industrial ou comercial; 2) exclusão dos funcionários públicos e empregados de autarquias fiscal ou de seguro social que seriam regidos por lei própria;

c) Representatividade mínima de 1/4 dos membros da profissão ou da atividade econômica da base pretendida, tal e qual o projeto Mangabeira;

d) Autonomia limitada, vedada a atividade econômica e partidária, sob pena de destituição da diretoria;

e) Liberdade positiva, sendo vedado ao empregador despedir, suspender ou rebaixar de categoria um empregado ou lhe reduzir o salário por pertencer a sindicato ou impedi-lo de associar-se ou de exercer o direito de sindicalização, sob pena de nulidade do ato além de multa em favor do Fundo Social Sindical;

f) Regime: unicidade. "Dentro do âmbito territorial, não poderá haver mais de um sindicato da mesma profissão ou da mesma atividade econômica, não se procedendo ao registro a que se refere o § 5º no caso de existência de outra entidade já registrada.";

g) Base territorial mínima, idêntica a do Projeto Mangabeira: o município, vedada, pois, a formação de sindicato no âmbito da empresa; podendo sua constituição ser municipal, intermunicipal, estadual e excepcionalmente interestadual ou nacional, "atendidas as peculiaridades de certas profissões ou regiões";

h) Possibilidade de constituição de sindicato de ofícios vários e de atividades várias, desde que autorizado pela Comissão Sindical Regional, quando, comprovadamente, for impossível, nas cidades de população inferior a 200 mil habitantes, a impossibilidade de formação de sindicato específico;

1) Registro a cargo do cartório de registro de títulos e documentos, que preliminarmente ouvirá o Ministério Público do Trabalho. Sendo favorável, após a publicação de edital com o teor do pedido, será procedido o registro. Se contrário, o processo será encaminhado à Comissão Sindical Regional para decisão. Também a federação correspondente poderá impugnar o pedido. Após o registro, o sindicato remeterá certidão do mesmo à Comissão Sindical Regional e à Delegacia Regional do Trabalho. Providenciará, também, a publicação do estatuto em órgão da imprensa oficial, arquivando um exemplar em sua secretaria, com cópia para a Comissão Sindical Regional;

j) Conteúdo mínimo do estatuto: 1) denominação e âmbito territorial; 2) atividade profissional ou econômica representada; 3) as atribuições dos diretores, o processo eleitoral e das votações; os casos de perda de mandato e de substituição de administradores; 4) o modo de constituição e administração do patrimônio social e o seu destino no caso de dissolução do sindicato; 5) as condições em que se dissolverá a associação; 6) direitos e deveres dos associados;

k) Prerrogativas: 1) representação da profissão em juízo e fora dela, bem como dos interesses individuais dos associados relativos à sua atividade profissional ou econômica; 2) celebração de convenção coletiva; 3) manutenção de serviços assistenciais; 4) recebimento da contribuição compulsória estabelecida por lei e da mensalidade associativa estatutária; 5) eleição dos representantes; 6) criação de delegacias;

l) Obrigações: 1) observância dos princípios democráticos constitucionais; 2) colaboração com o Estado como órgão técnico e consultivo, para o estudo e a solução de problemas relacionados com a profissão; 3) fundação de cooperativas de consumo e de crédito, agências de colocação, escolas de alfabetização e pré-vocacionais; 4) instauração do dissídio coletivo; 5) promoção da conciliação nos conflitos de trabalho; 6) assistência dos associados junto à Justiça do Trabalho, e esses, bem assim, seus familiares, junto às instituições de previdência social e ao Juízo de Acidentes do Trabalho; 7) manutenção de serviços de assistência aos associados; 8) prestar as informações solicitadas pelo Ministério do Trabalho. E em se tratando de sindicatos profissionais, ainda fundar e manter agências de colocação, escolas de alfabetização e pré-vocacionais;

m) Administração, na forma do Projeto Mangabeira; 1) órgãos da administração: assembleia geral, diretoria e conselho fiscal; 2) composição: a) diretoria, mínimo de 3 e máximo de 7 dirigentes; conselho fiscal de 3 membros, tendo competência restrita a fiscalização da gestão financeira do sindicato; b) duração dos mandatos: 2 anos, permitida a reeleição de 1/3 da diretoria para cargos diferentes dos ocupados; c) remuneração dos diretores fixada pela assembleia geral, não podendo ultrapassar 5% da arrecadação da contribuição sindical; d) deliberações da assembleia geral, passível de confirmação por outra sessão, quando não forem aprovadas por pelo menos 1/4 dos associados. Cumprirá à assembleia, também, traçar as diretrizes a serem observadas para a defesa dos associados e do sindicato. A assembleia reunir-se-á ordinariamente 2 vezes ao ano, em dia, hora e lugar fixados no estatuto, e extraordinariamente, por convocação da diretoria ou de associados na forma prevista no estatuto; e) garantia aos associados de recurso contra atos da diretoria para a assembleia e contra atos dessa para a Câmara Sindical, a quem caberá, também, na primeira situação, decidir o recurso, caso a assembleia não seja convocada no prazo de 5 dias;

n) Processo eleitoral controlado pela Câmara Sindical. Eleitores para a escolha do Conselho Fiscal, todos aqueles que pagam a contribuição sindical; logo, a profissão como um todo. Inelegíveis, dentre outros, os analfabetos. Eleição da diretoria pelo sistema majoritário, sendo que em relação ao Conselho Fiscal, "havendo mais de uma chapa, a que se seguir a mais votada, desde que tenha sido sufragada por mais de 1/2 dos votantes". Apuração a cargo da mesa coletora logo após o término da votação. Recurso para a Câmara Sindical;

o) Instâncias: 1) federação, constituída no mínimo de 5 sindicatos idênticos, similares ou conexos, com âmbito territorial estadual e excepcionalmente interestadual ou nacional. Suas prerrogativas: a) a representação em juízo ou fora dele dos interesses de seus filiados: b) a celebração de convenções coletivas quando extensivas a todo o seu âmbito estadual, interessando a mais de uma classe dos seus filiados; c) intervenção em caso de dissídio para conciliar os interesses sociais e econômicos; d) organização de congressos sindicais. Deveres: a) respeito aos princípios democráticos; b) colaboração com o Estado, idêntica a dos sindicatos; c) fundação de sindicatos nos municípios inorganizados; d) fundação de cooperativas. Órgãos: a) diretoria, b) conselho de representantes, composto de 2 delegados, com mandato de dois anos, cabendo-lhe eleger a diretoria, que terá mandato de igual duração. Publicação no Diário Oficial de relatório semestral do demonstrativo de aplicação de suas rendas, aprovado pelo Conselho; 2) confederação, constituída no mínimo de 3 federações, com âmbito nacional, prerrogativas, deveres, administração iguais aos das federações; 3) confederação geral, uma dos empregados, dos trabalhadores autônomos e das profissões liberais, outra dos empregadores. Permissão às federações e confederações para editarem jornais destinados à defesa de seus interesses que, todavia, só poderão circular com sua identificação;

p) Gestão financeira. 1) contribuições de custeio; a) contribuição sindical compulsória, obrigando todos os componentes da profissão ou da atividade, associados ou não, conforme a sistemática da CLT, afastada, porém, a intervenção do Ministério do Trabalho e observado o seguinte rateio: 83% para o sindicato; 10% para a federação; 5% para a confederação; 2% para a confederação geral. Do que receberem cada instância, será deduzido 10% para o Fundo Social Sindical; 60% do que for arrecadado será aplicado nos serviços de: a1) assistência técnica e judiciária; a2) assistência à maternidade, médica e dentária; a3) biblioteca, escolas de alfabetização e pré-vocacionais; a4) colônia de férias e finalidades esportivas; a5) cooperativas de consumo e de crédito; b) contribuição associativa; 2) controle: a) publicação no Diário Oficial de relatório anual; b) fiscalização pela Comissão Sindical Regional; c) alienação de títulos de renda e compra ou venda de bens imóveis mediante autorização da Comissão Sindical; d) publicação do balanço no Diário Oficial;

q) Comissão do Fundo Social Sindical. 1) Composição: a) um contabilista e um atuário do Ministério do Trabalho; b) um representante dos profissionais liberais, um dos trabalhadores autônomos, dois dos empregados e dois dos empregadores, escolhidos pelos Conselhos das respectivas Confederações ou, na sua falta, das Federações, sendo condição o desempenho atual ou pretérito de cargo sindical de direção ou fiscalização; c) três pessoas de conhecimentos especializados em assuntos de direito, de medicina e de engenharia social, eleitos pelo conjunto previsto na letra anterior. 2) Competência: a) elaborar seu regimento interno; b) gerir o Fundo; c) organizar e publicar o plano sistemático de aplicação do Fundo nos serviços especificados; d) fiscalizar a aplicação da contribuição sindical; e) resolver as dúvidas suscitadas. De suas deliberações caberá recurso para a Câmara Nacional;

r) Delegados e Comissões Conjuntas. 1) nas empresas com mais de 20 empregados, os sindicalizados, com supervisão do sindicato, elegerão anualmente seus delegados sindicais, observada a seguinte proporção: a) 1 por grupo acima de 20 até 50 empregados; b) outro sempre que se completar cada grupo a partir de 50 até 200 empregados; c) mais outro sempre que se completar cada grupo de 100 a partir de 200 até 1.000; d) ainda outro sempre que se completar cada grupo de 500 a partir de 1.000 até 4.000; e) um outro mais sempre que se completar cada grupo de 1.000 a partir de 4.000. 2) os delegados constituirão junto ao sindicato um conselho consultivo que será ouvido pela diretoria nos assuntos de interesse da classe; 3) competência: a) assistir os empregados junto à empresa de acordo com as instruções do sindicato; b) velar pelo cumprimento dos contratos individuais e coletivo e fiscalização da aplicação da legislação, levando ao conhecimento do sindicato as faltas observadas; c) estabelecer uma constante ligação entre os empregados e a direção do sindicato, realizando com essa pelo menos uma reunião mensal; d) procurar conciliar os dissídios entre os empregados e a empresa; 4) Comissão Conjunta. Sempre que houver mais de três delegados sindicais em uma empresa, será também constituída uma comissão conjunta integrada por 2 delegados escolhidos por sorteio dentre os eleitos e 2 designados pelo empregador, competindo-lhe: a) elaborar seu regimento; b) velar pelas medidas de segurança e higiene do trabalho; c) procurar manter um ambiente de perfeito entendimento entre empregados e empregadores e sugerir medidas com esse objetivo; d) examinar e opinar sobre sugestões dos empregados relativas à adoção de melhores métodos de trabalho, de aperfeiçoamento de máquinas e de produtos, etc.;

s) Garantias: estabilidade no emprego durante o exercício do mandato e até 12 meses após sua cessação, podendo os empregados revogarem o mandato dos delegados e elegerem seu substituto;

t) Comissões sindicais. 1) Comissões Sindicais Regionais. Constituição de uma Comissão Sindical Regional em cada Estado e no Distrito Federal composta de 5 membros, eleitos em reunião conjunta dos presidentes de federações de empregados e empregadores, inclusive de trabalhadores autônomos e profissionais liberais existentes no Estado, sendo 2 membros trabalhadores, dois empregadores e um profissional liberal, sendo requisito de elegibilidade terem exercido cargo de direção sindical; a) competência: a) resolver os recursos sobre eleições sindicais; b) resolver mediante reclamação qualquer conflito de divergência entre diretorias de sindicatos; c) destituir a diretoria de sindicato nos casos de: c.1) desobediência às deliberações da assembleia; c.2) coação por parte da diretoria sobre qualquer membro da entidade ou fomento de atos delituosos contra pessoas ou propriedade; c.3) impedimento à ação dos órgãos fiscais; c.4) comprovação de grave dano aos interesses da entidade ou de seus membros; c.5) violação do estatuto ou da lei; c.6) desonestidade administrativa ou desvio de fundos sociais. Órgão da Justiça do Trabalho, composto de cinco membros, dos quais um será o presidente, nomeado pelo Presidente da República, dentre juristas de reputação ilibada, com mais de cinco anos de exercício efetivo na magistratura, na advocacia ou no Ministério Público, e quatro eleitos respectivamente pelas Confederações de Empregados, de Empregadores, de profissionais liberais e de trabalhadores autônomos; d) competência: d.1) baixar instruções para o cumprimento da lei sindical; d.2) resolver, em caso de recurso, sobre eleição sindical e proclamar os eleitos; d.3) julgar os recursos interpostos com fundamento na lei sindical e cancelar o registro ilegal; d.4) resolver, mediante reclamação, qualquer conflito ou divergência entre diretorias sindicais ou entre elas e grupo de associados, quando esses forem em número menor de 30; d.5) responder às consultas envolvendo a lei sindical ou legalidade de ato de entidade sindical feitas pelo Ministério do Trabalho,por qualquer órgão sindical ou grupo de, pelo menos, 30 associados de sindicato; d.6) destituir diretorias nos casos de exercício de atividade partidária, coação por parte da diretoria ou grupo por ela apoiado sobre qualquer membro da entidade, impedimento à ação dos órgãos fiscais, comprovação de grave dano aos interesses dos membros componentes da entidade, da profissão ou da atividade representada, infração dos estatutos ou da lei. e) junto à Câmara funcionará um Procurador Sindical, indicado pelo Procurador-geral dentre os Procuradores da Justiça do Trabalho. 2) Comissão Sindical Nacional. a) Composição: a.1) um representante da Confederação Geral dos Trabalhadores e outro da Confederação dos Empregadores; a.2) dois representantes eleitos dentre os membros dos Conselhos de Representantes das Confederações e Federações Nacionais de Trabalhadores e dois das Confederações e Federações Nacionais de Empregadores; a.3) uma pessoa de notável competência em Direito Social; a.4) um contabilista do Ministério do Trabalho; b) mandato de dois anos; c) competência: a) julgar os recursos contra decisões das Comissões Regionais; b) dispor sobre a aplicação do Fundo Social Sindical; c) fiscalizar a aplicação da contribuição sindical; d) julgar os recursos, autorizar ou conceder o registro de entidades sindicais de grau superior; e) destituir diretorias de grau superior. Funcionará junto à Comissão um procurador do Ministério Público do Trabalho.

II — Contrato coletivo

a) Denominação: contrato coletivo em vez de convenção coletiva, porém dá-lhe a mesma conceituação: "convênio de caráter normativo pelo qual dois ou mais sindicatos representativos de uma classe estipulam condições que regerão as relações individuais de trabalho no âmbito da respectiva representação";

b) Pressuposto: aprovação por assembleia que conte com 2/3 dos associados em primeira convocação e pelo menos 10% do conjunto em segunda;

c) Alcance: em princípio, restringe-se aos filiados do sindicato, podendo, porém, tornar-se extensivo a todos os membros da categoria por ato do Ministro do Trabalho, a quem caberá homologá-lo;

d) Prazo de duração limitado a dois anos;

e) Conteúdo mínimo: 1) designação precisa dos convenentes; 2) serviços a serem prestados e a categoria profissional e econômica a que se aplica, ou, estritamente, às profissões ou funções abrangidas ou às empresas ou aos estabelecimentos abrangidos respectivamente; 3) local ou locais de trabalho; 4) prazo de vigência; 5) horário de trabalho; 6) direitos e deveres dos empregados e dos empregadores; 7) facultativamente, normas para solução das divergências ou assuntos de interesse dos convenentes;

f) Processo de denúncia ou revogação igual ao de celebração;

g) possibilidade de suspensão temporária ou definitiva dos efeitos em razão de motivo de força maior, declarada pelo Ministério do Trabalho;

h) solução das divergências a cargo da Justiça do Trabalho.

III — Greve

a) Segadas Viana era radicalmente contrário à greve, tanto que deu a um de seus livros título bastante sugestivo: *Greve: Direito ou Violência*. No Anteprojeto, a greve tinha como objetivo a obtenção do reconhecimento de direitos ou o atendimento de reivindicações respeitantes à profissão, limitando-se à suspensão do trabalho, punidos, de acordo com a legislação penal quaisquer atos de violência contra pessoas e bens, além de configuração da ilegalidade do movimento;

b) não se permitia a greve na vigência de contrato coletivo ou sentença normativa e no prazo para sua revisão;

c) atividades básicas, as relacionadas diretamente com o funcionamento de casas de saúde, hospitais, centrais geradoras de energia elétrica e as que se exerçam nas manufaturas de material de guerra;

d) condição para a deflagração: decisão tomada em plebiscito, mediante votação secreta, quando será eleita a comissão dos delegados/grevistas, que representarão os empregados perante as autoridades, o sindicato e os empregadores, exceto junto à Justiça do Trabalho, quando a representação caberá ao sindicato;

e) aviso-prévio de 10 dias nas atividades básicas e de 5 dias nas atividades comuns, sendo de apenas 72 horas quando motivado por mora salarial ou descumprimento de sentença normativa. O sindicato, por sua vez, dará ciência da deliberação ao órgão local do Ministério do Trabalho, dentro de 24 horas, que, de sua parte, comunicará o fato ao Ministério Público do Trabalho;

f) expressivo, também, o seguinte dispositivo: "Declarada greve legal, só serão colocadas guardas militares nos locais de trabalho se houver perigo de perturbação da ordem.";

g) vedava-se aos empregadores a contratação de novos empregados enquanto durasse a greve, mas podia o Tribunal do Trabalho determinar aos grevistas a organização de turmas de emergência, com pessoal necessário à conservação da maquinaria para o regular reinício da atividade, sendo que a recusa implicaria na classificação da greve como ilegal;

h) cessação: A decisão proferida em dissídio coletivo punha termo à greve. Nas atividades básicas, o Ministério Público do Trabalho deveria, de ofício, solicitar a instauração do dissídio coletivo até cinco dias após sua ciência. Descumprida a decisão, o sindicato seria multado e ficaria caracterizada a insubordinação, permitindo a rescisão dos contratos de trabalho por justa causa "sem prejuízo das sanções penais cabíveis". De tal modo, na linha do Decreto-lei n. 9.070, não havia possibilidade de greve nas atividades básicas;

i) a Justiça do Trabalho, atendendo a solicitação do Ministério Público do Trabalho, pronuncia-se para declarar a ilegalidade da greve;

j) o Anteprojeto ocupou-se também dos crimes contra a organização do trabalho.

IV — Dissídio coletivo

a) a Justiça do Trabalho poderá estabelecer normas e condições de trabalho, inclusive para a fixação de salário, quando: a) a modificação das circunstâncias tornarem injustas ou inaplicáveis as normas e condições em vigor; b) for patente a desproporção entre a remuneração dos trabalhadores e a retribuição do capital; c) tiver ocorrido elevação do custo de vida provocando acentuado desnível entre esse e os salários;

b) quando comprovada a impossibilidade da empresa ou da categoria econômica de reajustar os salários de seus empregados, a Justiça do Trabalho tinha a faculdade de compatibilizar o aumento com sua capacidade;

c) prazo de duração da norma coletiva não superior a 4 anos, podendo a decisão ser revista após um ano de vigência;

d) ajuizamento do dissídio precedida de assembleia com *quorum* de metade dos interessados em primeira convocação e 1/5 em segunda;

e) participação, na audiência designada, de representante do sindicato e dos delegados/grevistas, quando se tratar de paralisação do trabalho, prevalecendo a vontade desses diante da proposta conciliatória havendo divergência;

f) a sentença proferida obrigava todas as empresas do setor, mesmo quando não filiadas ao sindicato. Em relação aos trabalhadores, quando no dissídio figurasse apenas uma fração deles, o Tribunal poderia estender sua aplicação aos demais, tanto da empresa como do setor: a) por solicitação de um ou mais empregadores ou de qualquer sindicato desses; b) por solicitação de um ou mais sindicatos de empregados; c) *ex-officio*, pelo Tribunal; d) por solicitação do Ministério Público do Trabalho.

3) **Projeto Dorval de Lacerda (1955).** Dorval de Lacerda, procurador do trabalho, compôs a trindade de juristas recrutada pelo Ministro Alexandre Marcondes Filho para consolidar a legislação do trabalho. Doze anos depois, redigiu um anteprojeto de Código do Trabalho que foi apresentado na Câmara Federal pelo Deputado Carlos Lacerda (UDN-RJ).[(527)]

O Título V — Das Relações Coletivas — cuidou no Capítulo I da Instituição Sindical, no II, da Convenção e do Acordo Coletivo, no III, da Regulamentação judicial, no IV, do regulamento interno, e no V, da greve.

I — Organização sindical

a) unicidade sindical e pluralidade de associações sindicais. Quanto à organização sindical, merece destaque a solução dada para o extraordinário e artificioso conflito entre unicidade e pluralidade sindical, adotando o sistema de pluralidade dentro da unicidade, adiante acolhido por Evaristo de Moraes Filho em seu Anteprojeto de 1963 e aplaudido por Luiz de Pinho Pedreira e Roberto A. Santos. A fórmula engenhosa de seguir o traçado da Convenção n. 87 foi aplicar pelo avesso a do sindicato mais representativo, que mereceu o reconhecimento do Comitê de Liberdade Sindical da OIT e que nada mais é do que a admissão da unicidade dentro da pluralidade. Assim, permite o Projeto a multiplicidade de associações sindicais paralelamente ao sindicato único, podendo qualquer delas, desde que comprove ser mais representativa, assumir o monopólio de representação: "Art. 326. Os empregados, trabalhadores autônomos, empregadores e profissionais liberais, poderão organizar associações de classe, não sujeitas aos deveres e sem os direitos de sindicato, e que serão regidas pela lei civil. Art. 328. Não poderá ser registrado mais de um sindicato representativo da mesma profissão ou atividade, na mesma base territorial". Art. 340. Depois de 2 anos do registro de sindicato, poderá qualquer associação da mesma atividade ou profissão reivindicar a condição de sindicato, perdendo-a aquele, se essa provar ser mais representativa; § 1º Entende-se por mais representativa a entidade que tiver maior número de associados quites no decorrer dos últimos doze meses completos;

b) fins: representação da categoria para a qual foi constituído, promoção dos interesses de seus associados e de quantos nela se integrem, visando ao aperfeiçoamento de suas condições de trabalho e às relações com as demais classes e com o Estado, consistindo a atividade sindical no estudo,

(527) Projeto n. 429, de 1955. *Revista do Trabalho*, p. 200 e ss., jul./ago. 1955.

na defesa e coordenação dos interesses dos associados e da respectiva profissão ou atividade;

c) exclusão dos profissionais liberais, funcionários públicos e paraestatais que serão regidos por lei especial;

d) direitos: 1) representação dos interesses gerais da profissão ou da atividade, dos interesses de seus associados perante as autoridades públicas, judiciárias e administrativas respectivamente; 2) celebrar acordos e convenções coletivas; 3) eleger seus representantes; 4) colaborar com a União, o Estado ou Município, como órgão técnico e consultivo no estudo e na solução dos problemas relacionados com a profissão ou a atividade; 5) manter serviços de assistência judiciária para seus associados; 6) promover a conciliação nos dissídios de trabalho; g) promover o aperfeiçoamento técnico-profissional dos associados; 7) facultativamente, fundar cooperativas de consumo e de crédito, escolas de alfabetização e pré-vocacionais, serviços de colocação;

e) autonomia relativa: 1) vedada a filiação a organizações internacionais sem licença prévia do Senado; 2) negativa do registro, com parecer contrário do Ministério Público do Trabalho quando qualquer dos membros da diretoria professar ideologia incompatível com as instituições democráticas; 3) proibição de atividade política, importando na perda da representatividade para outra associação similar, ainda que menos representativa;

f) dissolução pela Justiça do Trabalho a requerimento do Ministério Público do Trabalho quando direta ou indiretamente contrariar a Constituição Federal;

g) garantia de estabilidade no emprego para os dirigentes sindicais, vedada a transferência ou qualquer medida que impeça o exercício do mandato;

h) registro no Ministério do Trabalho, que, todavia, não poderá negá-lo, impugná-lo, questioná-lo nem tampouco cassá-lo. Mas deverá dar ciência do pedido ao Ministério Público da União, que emitirá seu parecer atendendo às condições básicas para seu funcionamento, e sendo favorável será publicado a seguir no Diário Oficial, abrindo prazo para impugnação a ser feita perante o Tribunal Regional do Trabalho. Do contrário, sendo contrário o parecer, poderá a parte interessada reclamar, também, junto ao Tribunal Regional do Trabalho;

i) representatividade mínima: um terço dos componentes da profissão ou da atividade na respectiva base territorial;

j) observância necessária dos princípios de democracia interna;

k) possibilidade de desmembramento territorial, desde que se comprove que a nova entidade é mais representativa na base a ser desmembrada;

l) base territorial mínima municipal, podendo excepcionalmente ser distrital, intermunicipal, estadual, interestadual ou nacional, desde que demonstrada a necessidade, admitida a instalação de delegacias;

m) liberdade sindical positiva, sendo vedado ao empregador despedir, suspender, rebaixar de categoria o empregado ou reduzir-lhe o salário para impedir que o mesmo se associe ou deixe de ser associado a sindicato, organize ou deixe de organizar entidade sindical ou exerça direitos inerentes a condição de sindicalizado;

n) associações de grau superior: federação e confederação;

o) a contribuição sindical não figurou no projeto, sendo automaticamente extinta, como se lê na Justificação.

II — Convenção e Acordo Coletivos

a) conceituação: convênio de caráter normativo pelo qual dois ou mais sindicatos representativos de profissões e atividades estipulam condições que regerão as relações individuais de trabalho de seus representados, subordinando sua celebração à deliberação de assembleia ratificada por outra e validada se atingido o *quorum* de 2/3 dos associados em primeira convocação ou 1/3 dos presentes em segunda. O acordo coletivo tem como objeto aumento de salário, regido pelas mesmas normas;

b) em princípio, a convenção aplica-se apenas aos associados, podendo, porém, ser extensiva a todos os membros das respectivas profissões e atividades, mediante decisão do Tribunal do Trabalho;

c) registro em vez de homologação no Ministério do Trabalho, depois do opinativo favorável do Ministério Público do Trabalho; sendo desfavorável, poderão os interessados recorrer à Justiça do Trabalho;

d) conteúdo mínimo especificando a importância e modalidade dos salários e horário de trabalho, também, facultativamente, normas para a solução pacífica das divergências surgidas entre os convenentes ou a quaisquer assuntos de interesse dos empregados e empregadores; prazo de duração não superior a dois anos;

e) processo de denúncia ou revogação na forma do pertinente à sua celebração;

f) possibilidade de suspensão temporária ou definitiva quando ocorrer motivo de força maior;

III — Solução jurisdicional

a) o dissídio coletivo poderá ser suscitado para: 1) interpretação ou aplicação de qualquer disposição legal, convencional ou judicial que interesse à profissão ou à atividade respectiva ou parte inominada desta; 2) por meio de sentença normativa estabelecer novas condições de trabalho; 3) dirimir controvérsia com outro sindicato quanto a direito de representação ou outro previsto na lei sindical ou processual do trabalho; 4) estender a outras profissões ou atividades representadas a sentença normativa proferida em relação a sindicato da mesma profissão e atividade com outra base territorial.

IV — Greve

a) conceituação: greve é o fato da paralisação do trabalho por um grupo ou pela totalidade dos empregados de uma ou várias instituições ou variados empreendimentos, com o fim de preservar, modificar ou criar um direito;

b) fundamento: econômico, jurídico, moral ou social, não se considerando greve a paralisação por motivos de política partidária ou que tenha por objeto reivindicação estranha às questões de trabalho ou seguro social;

c) justificação: o direito de paralisar o trabalho decorre da propriedade que tem o trabalhador sobre sua força de trabalho, respeitados os compromissos decorrentes das necessidades do bem comum; por igual, será garantido o direito do trabalhador de não entrar em greve;

d) sujeitos: o sindicato, a maioria dos empregados de uma instituição ou empreendimento ou a maioria dos empregados que exerçam a mesma profissão na instituição ou no empreendimento, no caso de greve parcial, de sua iniciativa;

e) procedimento: 1) decretada a greve, notificação imediata do fato e de seus motivos aos sindicatos, às instituições ou aos empreendimentos interessados e ao Ministério Público do Trabalho para instauração do dissídio coletivo; 2) início: 10 dias após a decretação nas atividades fundamentais e 7 nas acessórias, sob pena de ser julgada improcedente pela Justiça do Trabalho, sendo fundamentais os serviços de água, energia, fontes de energia, iluminação, esgotos, comunicações, transportes de carga e descarga, colégios, escolas, bancos, farmácias, drogarias, hospitais, maternidades e serviços funerários; 3) a Justiça do Trabalho, tendo presentes os motivos jurídicos, morais e sociais, apreciará a procedência ou improcedência dos mesmos; 4) julgada procedente, serão readmitidos os grevistas dispensados, e se improcedente deverá haver o retorno ao trabalho.

4) **Projeto Evaristo de Moraes Filho (1963).** Em 1962, no governo João Goulart, seu Ministro da Justiça, João Mangabeira, propôs a revisão da legislação básica do país, convidando Evaristo de Moraes Filho para elaborar um anteprojeto de Código do Trabalho. A ditadura pôs fim ao intento, mas, ainda acreditando na sua continuação, Evaristo, em julho de 1965, entregou a Milton Campos, Ministro da Justiça do governo Castelo Branco, o anteprojeto revisto por Mozart Victor Russomano e José Martins Catharino.[528]

---

(528) Evaristo foi aposentado compulsoriamente, alijado da cátedra de Direito do Trabalho, que conquistara na Faculdade de Direito da Universidade Federal do Rio de Janeiro pela ditadura militar. Em 1969 foi preso como tantos outros intelectuais, socialistas ou simplesmente nacionalistas.

Seu Anteprojeto contemplou no Título Da Organização e Relações do Trabalho, três capítulos: Da Organização Sindical, Da Convenção Coletiva de Trabalho e Da Greve.

I — Organização Sindical

a) fins: defesa dos direitos e interesses econômicos ou profissionais, desenvolvimento moral e social da profissão e preenchimento de fins culturais;

b) alcance: empregados urbanos e rurais, inclusive de empresas ou autarquias industriais ou comerciais da União, dos Estados e dos Municípios, trabalhadores autônomos, profissionais liberais, empregadores, mas exclusão dos servidores públicos;

c) autonomia com afastamento do controle estatal;

d) manutenção das categorias, inclusive a diferenciada, que, todavia, tal como a dos profissionais liberais, deverá, por suas condições peculiares, constituir um todo homogêneo e definido, "ainda que os serviços sejam prestados com relação de emprego ou a componentes de categorias diversas";

e) base territorial mínima: municipal, podendo excepcionalmente ser intermunicipal, estadual, interestadual ou nacional, "quando a atividade econômica, por motivos peculiares ao seu exercício, ou resultantes da exiguidade do número de seus exercente não puder constituir-se com base municipal, ou a atividade profissional for itinerante, contar com reduzido número de exercentes da profissão ou apresentar características próprias que justifiquem o registro em caráter excepcional";

f) atividade econômica permitida apenas para: 1) aplicação do patrimônio; 2) compra, para alugar, ceder ou repartir com os associados, de objetos necessários ao exercício da profissão, como matérias-primas, instrumentos e ferramentas, máquinas, etc.; 3) intermediação gratuita para a venda dos produtos provenientes exclusivamente do trabalho pessoal dos associados; e) facilitação da venda desses produtos em feiras, exposições, anúncios ou publicações, não podendo, todavia, realizá-la em seu nome; e) prestação de serviços remunerados a entidades sindicais ou órgãos por elas administrados;

g) atividade política vedada, inclusive proselitismo religioso;

h) registro no Ministério do Trabalho;

i) representatividade: comprovação de reunir 25% dos integrantes da categoria ou profissão que se pretenda representar;

j) mandato: duração de três anos;

k) *quorum* mínimo de 50% dos associados em primeira convocação e de 25% na segunda, para eleição da administração, dos representantes e delegados sindicais, alienação de bens patrimoniais, aprovação de convenção coletiva, do orçamento e prestação de contas, instauração de dissídio coletivo e deflagração da greve;

l) admissão do sindicato de atividades ou profissões várias, quando comprovada a impossibilidade de organização de sindicato específico;

m) regime: unicidade sindical relativa (pluralidade na unicidade): "Quando mais de uma associação pleitear o registro como sindicato, o mesmo será concedido a mais representativa, tendo em consideração: 1) o número de associados; 2) o patrimônio; 3) a antiguidade; 4) os serviços mantidos." Todavia, "a qualquer tempo, ainda que depois de reconhecido o sindicato representativo, poderá qualquer associação obter o seu registro como sindicato específico e consequente perda da representação pelo sindicato já existente, se provar que é mais representativo do que este";

n) democracia interna, como obrigação elementar;

o) colaboração com o Estado como órgão técnico e consultivo no estudo e na solução dos problemas relacionados com a categoria ou profissão;

p) dissolução voluntária ou determinada por decisão judicial mediante provocação do Ministério Público do Trabalho;

q) eliminação de associados condicionada à aprovação de 50% do conjunto de filiados;

r) garantia do empregado para os dirigentes sindicais, através da estabilidade;

s) liberdade sindical negativa — livre filiação e desfiliação e positiva: "O empregador que despedir, suspender ou rebaixar de categoria o empregado, ou reduzir-lhe o salário, ou praticar qualquer ato, para impedir que o mesmo se associe ou deixe de se associar a sindicato, organize ou deixe de organizar entidade sindical ou exerça direitos inerentes à condição de sindicalizado, ficará sujeito à penalidade imposta por este Código, sem prejuízo da reparação a que tiver direito o empregado.";

t) filiação a organizações internacionais mediante prévia autorização do Presidente da República;

u) órgãos: 1) a assembleia geral, sendo que suas deliberações, quando tomadas por menos de 25% dos associados, poderão ser revistas por outra convocada pela administração; 2) diretoria formada por três membros no mínimo e sete no máximo; 3) conselho fiscal "composto de quatro membros quando mais de uma chapa concorrer à eleição e uma delas houver obtido mais de 25% dos sufrágios, cabendo o quarto lugar ao primeiro nome da chapa que obteve a representação minoritária";

v) processo eleitoral comportando recurso para o Ministério do Trabalho, ouvido o Ministério Público do Trabalho, sendo a apuração presidida por seus procuradores;

x) instâncias: 1) federação formada por um número nunca inferior de cinco sindicatos, com base territorial estadual e excepcionalmente interestadual ou nacional bem assim representativas de todo o ramo econômico ou profissional, mas, no caso, com área restrita ao Estado; suas prerrogativas, dentre outras: representar judicial e extrajudicialmente os sindicatos filiados, "firmar convenções coletivas de trabalho, quando elas se estenderem a todo o seu âmbito territorial e interessarem a mais de uma classe dos seus filiados", organizar congressos sindicais; 2) confederação nacional constituída com um mínimo de três federações, com as mesmas prerrogativas destas;

w) confederação geral dos trabalhadores e confederação geral dos empregadores constituídas pelas respectivas confederações;

y) custeio: através de contribuições voluntárias, ficando extinta a contribuição sindical;

z) abolição do enquadramento sindical, mas permitida ao Ministério do Trabalho a organização de um "cadastro completo das atividades econômicas e profissionais que ofereçam possibilidade de vida associativa regular e de ação sindical eficiente".

II — Convenção Coletiva de Trabalho

a) objeto: todas as condições de trabalho, "mediante livre estipulação convencional, com derrogação das disposições legais, judiciárias, regulamentares ou contratuais, desde que mais favoráveis ao empregado";

b) aplicação aos empregadores signatários e aos associados dos sindicatos convenentes, admitida a extensão à categoria mediante: 1) decisão do Ministro do Trabalho; 2) "a requerimento de qualquer interessado, independentemente do número dos abrangidos, desde que se torne necessária por indeclinável imperativo de interesse público, em virtude de graves inconvenientes ou prejuízos que possam sofrer os convenentes"; 3) "quando celebrada a convenção com um ou mais empregadores, as estipulações estendem-se desde logo a toda a categoria";

c) homologação pelo Ministro do Trabalho ou pela autoridade local designada;

d) conteúdo mínimo obrigatório, inclusive importância e modalidade dos salários, participação nos lucros, horário de trabalho, com os acréscimos para as jornadas noturnas e extraordinárias, processos para solução dos conflitos, disposições relativas ao funcionamento dos conselhos de empresa;

e) duração: até dois anos, permitida a prorrogação, inclusive tácita;

f) acordo coletivo conceituado como instrumento normativo para aumento salarial.

III — Greve

a) fundamento: jurídico, moral ou social;

b) atividades fundamentais: serviços de água, energia, gás, luz, esgoto, comunicações, transporte, carga ou descarga, dos estabelecimentos hospitalares, de venda de gêneros alimentícios de primeira necessidade, farmacêuticos, dos hotéis, das indústrias básicas ou essenciais à defesa nacional;

c) aviso prévio de dez dias nas atividades fundamentais e cinco nas comuns, extensivo aos órgãos competentes do Ministério do Trabalho;

d) garantia dos empregados no curso da greve e proibição de contratação de substitutos;

e) formação de comissão composta pelo presidente do sindicato e mais três delegados;

f) mediação compulsória, em se tratando de atividades fundamentais, a cargo do Ministério do Trabalho, nos cinco dias do prazo de aviso prévio, e quando malograda, remessa no período remanescente à Justiça do Trabalho;

g) instauração do dissídio coletivo inclusive pelo Ministério Público do Trabalho, inclusive em relação a atividades comuns, "se da paralisação do trabalho decorrer transtorno ou prejuízo grave para a vida coletiva";

h) competência da Justiça do Trabalho para, em casos excepcionais, determinar o retorno ao trabalho, "importando a recusa em falta grave", o mesmo ocorrendo quando, julgada ilícita a greve, não se der a cessação do movimento;

i) destituição do dirigente sindical que promover ou insuflar greve ou *lock-out* em desrespeito às normas legais ou, da mesma forma, o descumprimento de sentença normativa que puser termo ao movimento;

j) proibição do *lock-out;*

k) expulsão dos estrangeiros que infringirem as prescrições legais.

IV — Comissão Sindical

a) Constituição junto à Secretaria de Relações do Trabalho e às Delegacias Regionais do Trabalho, integrada por igual número de representantes indicados pelas respectivas entidades de classe, presidida pela autoridade ministerial, voltada para a inspeção do trabalho.

V — Conselhos de empresa

a) constituição: empresas com mais de cinquenta empregados;

b) fins; colaboração na gestão e cooperação com a direção para a melhoria das condições coletivas de trabalho e de vida do pessoal, assim como dos regulamentos que lhes digam respeito;

c) natureza não sindical, mas não concorrencial;

d) eleição através de lista elaborada pelo sindicato dentre seus associados;

e) designação pelo sindicato de seu delegado, escolhido entre os eleitos;

f) possibilidade de destituição, a qualquer tempo, por força de deliberação majoritária em função de proposta formulada pelo sindicato;

g) garantia de estabilidade no emprego para os membros titulares e suplentes;

h) funções: 1) substituição das Comissões Internas de Prevenção de Acidentes do Trabalho — CIPAs; 2) propositura de medidas em favor da empresa e da pessoa; 3) velar pela aplicação das leis, convenções coletivas, sentenças normativas e decisões administrativas; 4) recebimento das reclamações dos empregados, gestionando junto à empresa para sua solução; 5) emissão de parecer sobre dispensa e transferência de empregados; 6) elaboração junto ao empregador do plano de participação nos lucros; 7) atuação na gestão de obras sociais.

Na Justificação, Evaristo nos diz que "extingue o enquadramento sindical, como quadro apriorístico, adrede preparado, dentro do qual se deve encaixar, de forma paralela, qualquer atividade econômica ou profissional", de modo que por sua proposta "o enquadramento ou cadastro das atividades e profissões pode ser utilizado como instrumento técnico, como classificação das profissões, pela repartição competente para registro das entidades sindicais. Isso existe em qualquer país do mundo, mas nunca sob a forma de um plano político previamente aprovado, para finalidades corporativas".

E sobre o tormentoso dilema: unicidade x pluralidade: "Embora mantendo a unicidade sindical, regime a que tendem confessadamente todas as legislações europeias e americanas, mantém-se um regime de pluralidade de associações profissionais, que podem, a qualquer tempo, provar que são mais representativas que o sindicato reconhecido, sendo cassado o registro desse e passando ela a ser a entidade sindical representativa da categoria".

Adiante: "Criou-se o delegado sindical nos conselhos de empresa, escolhido entre os eleitos para os conselhos pelos seus próprios colegas de trabalho. Só sindicalizados podem participar dos conselhos".

Finalmente, fustigando o imposto sindical, como sempre fez: "O verdadeiro movimento sindical é luta, reivindicação, risco, desprendimento, conquista de melhores níveis e condições de vida com sacrifício pessoal. Os autênticos lideres sindicais surgem da luta e dos maus momentos passados em comum com os seus comandados. Como se falar em sacrifício e desprendimento, com o cheque no guichê do Fundo Social Sindical? Sindicato é escola de energia (...). E citando Maxime Leroy: "É pelo sindicato que o trabalhador toma consciência dele próprio. É lá que ele reflete sobre sua condição, que procura melhorar, que aprende a resolver, pela reflexão e pela ação, o problema de sua inferioridade, de sua ignorância e de sua obediência. O sindicato é assim uma educação. Os teóricos dizem que é uma escola de vontade. dizem também que é uma escola de solidariedade".[529]

5) **Projeto Mozart Victor Russomano (1970).** Na reforma legislativa empreendida quando o socialista João Mangabeira assumiu, no governo João Goulart, a pasta da Justiça, coube ao Ministro do Tribunal Superior do Trabalho, Mozart Victor Russomano, a redação de um Anteprojeto de Código de Processo do Trabalho.

O projeto só foi encaminhado à Câmara dos Deputados em 1964, lá se mantendo paralisado até que, em 1967, o Ministro da Justiça do governo Costa e Silva, professor Luiz Antônio da Gama e Silva, solicitou sua devolução para que fosse revisto e atualizado. Em 1970, foi apresentado ao Ministro Alfredo Buzaid, já no governo Médici.

Russomano lembra que a iniciativa de elaboração de um Código de Processo do Trabalho ocorrera em 1952, quando o Ministro do Trabalho designou uma comissão de juristas para esse fim. Todavia, como a medida não partira do Ministério da Justiça, acabou sendo arquivado.

Em sua Justificação, no que interessa à organização sindical, escreveram os membros da Comissão Revisora, integrada pelo autor e também por Arnaldo Lopes Süssekind e Rezende Puech: "O anteprojeto abriu novos horizontes para as ações especiais de natureza coletiva, oferecendo o que mais faltava no funcionamento da Justiça do Trabalho; normas que ordenassem o rito processual dessas ações, dentro de critérios científicos, mantendo o equilíbrio das oportunidades dos litigantes, indicando os momentos adequados para a conciliação, a contestação e a prova, enfim, criando uma estrutura processual lógica e eficiente. Quanto à substância do julgamento normativo, o anteprojeto transplanta para seu texto as disposições em vigor, que regem a política salarial adotada, nos últimos anos, pelo Governo da República. O que possa parecer novo, a propósito, na verdade, não o é; resulta dos prejulgados estabelecidos pelo egrégio Tribunal Superior do Trabalho, na forma

(529) Anteprojeto de código do trabalho. *Imprensa Oficial*, p. 201/219, 1963. Organização sindical, 190/193, Conselho de Empresa, 67/70, justificação.

das leis vigentes, sobre aumentos e reajustes salariais ou das magníficas construções jurisprudenciais uniformemente adotadas. Recorde-se, nesse sentido, a antiga reivindicação dos trabalhadores, no sentido de que a sentença normativa, nos dissídios coletivos de natureza econômica, tenham efeito *erga omnes* e *ad futurum*, constituindo o 'piso salarial', assim chamado segundo o colorido vocabulário das reivindicações sindicais".

a) procedimentos especiais de natureza coletiva: foram disciplinadas as seguintes ações: 1) ação de dissídio coletivo; a) de natureza econômica; b) de natureza jurídica; 2) ação de dissídio coletivo em caso de greve; 3) ação de extensão de sentença normativa;

b) competência: A Justiça do Trabalho poderia, decidindo os dissídios coletivos, estabelecer normas e condições de trabalho quando: 1) a realidade econômico-social do País ou da região tornar injustas as condições de trabalho vigentes; 2) ocorrendo elevação do custo de vida, de modo a tornar insuficiente a remuneração contratual dos trabalhadores, procedidos aos cálculos de conformidade com a legislação específica; 3) sendo conveniente estabelecer justa proporcionalidade entre a remuneração contratual dos trabalhadores e os lucros auferidos pela empresa, "observados os critérios adotados na legislação de política salarial"; 4) quando se tornarem necessárias normas de serviço que alterem ou complementem os regulamentos internos das empresas; 5) e em qualquer caso, se as condições de trabalho vigentes puderem contribuir para a perturbação da ordem social e da harmonia entre empregados e empregadores. Mas o reajustamento salarial teria sempre periodicidade de um ano, sendo vedada a concessão de qualquer aumento antes, ainda que sob a forma de abono ou reclassificação.

Enfim, o projeto adotava o Prejulgado do Tribunal Superior do Trabalho em vigor, que por sua vez obedecia rigorosamente à política salarial imposta pelo governo. Claro está que, nessa linha, o dissídio coletivo constituía um forte obstáculo para a livre negociação coletiva e insuperável inibidor ao exercício do poder normativo.

c) dissídio coletivo de natureza jurídica; prestava-se para interpretar normas preexistentes de interesse abstrato de categoria ou parcela da mesma;

d) efeitos: a sentença normativa produziria efeitos *erga omnes*, regendo, inclusive, os contratos firmados após sua prolação;

e) prazo de duração, em princípio indeterminado, salvo se fixado pelo Tribunal, não podendo, no caso, ser inferior a um ano nem superior a três, admitida, porém, sua revisão depois de um ano de vigência, através de uma outra ação;

f) salário normativo. Na ocasião, o Tribunal Superior acolhera o salário normativo defendido por Rezende Puech, a partir de reivindicações repetidas dos sindicatos, o embrião do piso salarial. Russomano incluiu-o no anteprojeto, sem alterar sua fórmula: o "salário mínimo em vigor na data do término do acordo coletivo ou sentença anterior, acrescido de tantos avos da taxa concedida para o reajustamento anual quantos forem os meses de vigência daquele salário mínimo";

g) ajuizamento: A ação de dissídio coletivo seria ajuizada quando configurado o conflito coletivo de natureza econômica ou jurídica: a) entre categorias de trabalhadores e de empregadores ou grupos de empresas; b) entre grupos de trabalhadores que participam da mesma categoria profissional e a correspondente categoria econômica; c) entre grupos de trabalhadores e uma empresa;

h) instrução: o processo comportava audiência, contestação, provas, alegações finais, recurso;

i) condição para o ajuizamento: autorização de assembleia, "convocada e realizada na forma da lei em vigor", atendido o *quorum* de 50% dos associados em segunda convocação. A petição inicial necessariamente traria a proposta de conciliação;

j) sentença normativa: A sentença seria extensiva aos empregados dos sindicatos envolvidos na ação. Determinaria sempre a compensação dos aumentos voluntários ou compulsórios, salvo quando individuais, relativos a término de aprendizagem, implemento de idade, promoção, transferência, equiparação salarial resultante de sentença transitada em julgado. Vigência a contar da data de publicação do acórdão ou quando do término da convenção, do acordo ou da sentença anterior, quando o dissídio tiver sido ajuizado dentre os sessenta dias anteriores;

k) revisão: A ação revisional em tudo observará as normas próprias do dissídio comum;

l) extensão. A extensão de sentença normativa, quando abrangesse apenas uma fração dos trabalhadores da mesma empresa, ou pertencentes a uma categoria profissional diferenciada ou profissão liberal, e ainda parte das empresas de uma mesma atividade, poderia ser decretada de ofício, nos próprios autos ou requerida por: 1) qualquer dos empregadores pertencentes à categoria econômica interessada; 2) pelos sindicatos de trabalhadores ou de empregadores; c) pelo órgão do Ministério Público do Trabalho;

m) dissídio de greve. A ação de dissídio coletivo em caso de greve simplesmente implicava no impedimento de sua deflagração, já que podia ser instaurado pelos sindicatos patronais, pelas empresas, à sua falta, pelo Ministério Público do Trabalho e até mesmo de ofício, por ato do presidente do Tribunal do Trabalho.

Proferida a sentença e sendo cumprida pelos empregadores, a greve teria de cessar, sob pena de não ser recebido o recurso do sindicato dos grevistas e reputado ilegal o movimento.

6) **Projeto Arnaldo Süssekind (1975).** Como observou Octavio Bueno Magano, o projeto que teve como nome de batismo Süssekind foi resultado do esforço da Comissão que presidiu, formada em 1975, no governo Ernesto Geisel, quando ocupava a pasta do Trabalho o Ministro Arnaldo Prieto, integrada também pelos Ministros do Tribunal Superior do Trabalho, Aldílio Tostes Malta, Marco Aurélio Prates de Macedo e Délio Maranhão, mais os advogados Júlio César do Prado Leite, Hugo Gueiros Bernardes, Edmo Lima de Marca, Carlos Alberto Gomes Chiarelli e Aluysio Simões de Campos, incumbida, inicialmente, de apenas atualizar a CLT, autorizada, depois, a fazer pequenos reparos.

No Relatório Preliminar, encaminhado ao Ministro do Trabalho em fevereiro de 1975, foi consignado que "....as diretrizes fundamentais dessa Consolidação (CLT) devem ser mantidas, porquanto estão em plena sintonia com a Constituição vigente e, portanto, com os postulados a respeito consagrados pela Revolução de 1964: a) conciliação da intervenção do Estado com a liberdade de iniciativa; b) função social da empresa; c) valorização do trabalho como condição da dignidade humana; d) harmonia e solidariedade entre empregadores e trabalhadores; e) prevalência da solução pacífica, por negociação ou decisão judiciária, dos conflitos coletivos do trabalho; f) atividade sindical condicionada aos interesses empresariais ou profissionais das categorias representadas".

A divulgação do anteprojeto só se deu no dia 2 de maio de 1979, já no governo João Baptista de Figueiredo, "visando propiciar um debate nacional sobre o tema".

I — Organização sindical

No que se refere à organização e atuação sindical, o anteprojeto, na sua essência, continha esses postulados:

a) unicidade sindical, sendo que, "para assegurar a autenticidade da representação, já que pode haver pluralidade de associações de classe, prescreveu que a investidura sindical será conferida à associação mais representativa e, se esta não conservar essa condição, perderá a investidura em favor da que reunir os requisitos de representatividade (número de associados, serviços sociais e patrimônio". Magano chama a atenção para o que se consignou no relatório a propósito do sistema de unicidade sindical: "Quanto à organização sindical, manteve-se a unidade sindical, consagrada como companheira da história do sindicalismo, malgrado as críticas que se lhe têm feito no terreno da teoria. Mas, também, entre os doutrinadores, registram-se vozes autorizadas no sentido de que a pluralidade conduz muito comumente à radicalização em torno de correntes filosóficas, dividindo a categoria ou profissão. E essa divisão leva naturalmente o sindicato a propagar doutrinas políticas ou religiosas, em detrimento da defesa dos interesses coletivos da classe representada como um todo". Mas conclui: "(...) só se pode dizer que a unidade sindical tem sido companheira do sindicalismo nos países totalitários. E mesmo entre esses, reage-se heroicamente contra tal restrição, como bem se ilustra com o exemplo atual da Polônia";[(530)]

b) contribuição sindical. Foi mantida. Ressalvou o relator Arnaldo Lopes Süssekind seu entendimento pessoal no sentido de ser possível pensar-se na extinção progressiva do tributo, como proposto por Evaristo de Moraes Filho no seu Anteprojeto: "1) os associados dos sindicatos ficariam isentos do tributo, visto que já contribuem com as mensalidades; 2) por deliberação da assembleia geral, o sindicato que reunisse como associados mais de 1/3 dos integrantes da correspondente categoria ou profissão poderia renunciar à contribuição compulsória, caso em que o tributo deixaria de ser devido pelos respectivos trabalhadores ou empregadores; 3) seria facultado ao sindicato de trabalhadores, na hipótese da alínea anterior, incluir nos instrumentos de negociação coletiva ou, havendo dissídio, pleitear da Justiça do Trabalho cláusula de desconto, na remuneração dos não associados, de um percentual da elevação salarial obtida no primeiro mês de pagamento, cujo produto lhe seria destinado pelos respectivos empregadores";

Justificando seu posicionamento, referiu-se à manifestação do advogado do Sindicato dos Metalúrgicos de São Bernardo do Campo, Almir Pazzianotto, "que se mostrou desfavorável à extinção da contribuição compulsória" e ao inquérito determinado pela Lei n. 4.589, de dezembro de 1964, que extinguiu o Fundo Social Sindical, "que atrelava sindicatos ao comando do Ministério", tendo concluído que "83% das entidades não teriam condições de sobrevivência se fosse extinto o tributo".

c) autonomia, com liberdade de redação do estatuto, eliminação do poder repressivo do Ministério do Trabalho, transferindo para a assembleia a punição pelos atos faltosos, com possibilidade de atuação do Ministério Público do Trabalho e decisão da Justiça Federal.

II — Negociações coletivas

a) motivação para sua prática, podendo "os instrumentos dispor sobre qualquer condição de trabalho ou direito decorrente da relação de emprego, inclusive, regular a conciliação das controvérsias em sua aplicação, criar comissões mistas de conciliação e colaboração no plano da empresa ou

(530) *Manual de direito do trabalho.* São Paulo: LTr, 1984. p. 72/74. v. III: direito coletivo do trabalho.

disciplinar a participação dos trabalhadores nos lucros ou no capital da empresa".

III — Greve

Atenuação das regras de procedimento para seu exercício, com redução do *quorum* da assembleia para deliberação, ficando o intervalo entre as duas convocações, em vinte e quatro horas:

> Quando da entrega do anteprojeto, em setembro de 1976, o novo texto da Consolidação das Leis do Trabalho teria sido equiparado pelos ministros Armando Falcão, da Justiça, e Arnaldo Preto, do Trabalho, à "revolução" de 1964, quando lembraram que "enquanto o movimento revolucionário tem o homem como meta, a nova CLT representa o estabelecimento de uma paz social verdadeira, fundamental para o desenvolvimento da Nação".(531)

Süssekind procurou esclarecer: "a deficiência das lideranças sindicais começa pelo número de trabalhadores sindicalizados, apenas 31,09% do total". "9,39% no Acre, 17,55% em Sergipe, 26,50% na Bahia, 26,85% em Minas Gerais, 26,52% no Paraná, 8,72 no Mato Grosso". Quanto à greve, afirmou: "o sindicato deve atuar também em defesa do Estado, e isso faz parte do Acordo de Direito Sindical declarado pelo Pacto Internacional celebrado pela ONU em dezembro de 1966". No tocante à autonomia: "Princípio de autonomia não é princípio de anarquia. Não estamos preparados para ter a liberdade dos Estados Unidos em termos sindicais, por problemas socioeconômicos".(532)

7) **Projetos do governo José Sarney.** Na redemocratização, o vice-presidente eleito indiretamente, José Sarney, saído das fileiras da Arena e do PDS, que a sucedeu, cogitou de uma ampla reforma da legislação trabalhista. Em agosto de 1986, encaminhou ao Congresso Nacional projeto de lei dispondo sobre negociação coletiva de trabalho e o exercício do direito de greve. Um ano depois, o projeto foi repetido, mas bastante ampliado.(533) Cuidava também da organização sindical. Divulgado em junho de 1987, seguia a linha traçada pela Convenção n. 87 da OIT. Na redação de seu art. 4º: "Pelos excessos praticados no exercício das atividades inerentes à vida sindical, incorrerão: I — em responsabilidade civil, a entidade sindical: II — em responsabilidade civil e criminal, os dirigentes sindicais". Caberia ao Ministério Público, por determinação do Ministro da Justiça ou *ex officio,* representar contra as entidades sindicais ou seus dirigentes, sempre que se fizesse necessária a prevenção ou o restabelecimento da estabilidade política, social ou econômica ameaçada por excessos ou abusos no exercício da atividade sindical. A dissolução das entidades poderia se dar de pleno direito, quando se tornassem acéfalas por desinteresse dos associados, nos casos previstos no estatuto e

(531) *Correio Brasiliense*, 30.9.1976.
(532) *Última Hora*, Rio de Janeiro, 30.8.1979.
(533) Projeto de Lei n. 164, de 1987.

por deliberação da assembleia, mas, também, por decisão judicial "quando invalidado o ato de sua constituição em ação proposta por qualquer interessado", "pelo exercício de atividade ilícita, em ação ajuizada pelo Ministério Público" e no caso de recebimento de ajuda externa, sem prévia autorização governamental. Ensaiava-se o modelo do sindicato sob controle, mudando apenas de figurino o conteúdo repressivo e opressor exercido pelo Estado. Deixou-se expresso que "A direção da entidade sindical e os grevistas que praticassem atos de violência contra pessoas ou bens ou aliciassem pessoas estranhas à categoria profissional, para participar do movimento grevista, estariam sujeitos às sanções disciplinares, civis e penais cabíveis". Além disso, pela participação em greve ilegal, ou pela prática dos atos de violência, os grevistas poderiam ser punidos, segundo a gravidade da falta, individualmente apurada, com advertência, suspensão disciplinar pelo prazo de até trinta dias, dispensa por justa causa. Seria, ainda, considerada justa causa o desatendimento injustificado para trabalhar, quando convocado, através de escolha feita de comum acordo pelo empregador e o sindicato, para a preservação de equipamentos e instalações essenciais da empresa. Finalmente, a greve seria ilegal quando deflagrada sem a observância do processo de negociação coletiva previsto na lei, por motivos alheios às relações de trabalho. O modelo, portanto, tratava a greve como um "semidireito" ou um "semidelito". Julgada ilegal a greve pelo Tribunal do Trabalho, esse deveria determinar o retorno ao trabalho sob pena de multa diária a ser paga pelo sindicato, sem prejuízo da responsabilidade individual pela desobediência à decisão judicial. De qualquer forma, a greve sempre cessaria com o julgamento do dissídio coletivo. Era vedada a greve nos serviços públicos e nas atividades essenciais. Do projeto, não se teve mais notícias.

Antes de ser votada a Constituição, através do Decreto n. 91.450, de 18 de julho, José Sarney constituiu uma Comissão Provisória de Estudos Constitucionais, presidida por Afonso Arinos de Melo Franco, logo batizada, como não podia deixar de ser, Comissão dos Notáveis, para a redação de um trabalho piloto capaz de orientar os constituintes. Coube a Evaristo de Moraes Filho relatar o tema Da Ordem Social, quando optou pela pluralidade sindical. O estudo, na verdade projeto pronto e acabado de Constituição, nem mesmo foi encaminhado à Assembleia Constituinte de 1988, que aprovou um novo modelo fincado na unicidade sindical com autonomia. E desde então não se conheceu uma única intervenção em sindicatos.

8) **Projetos do governo Fernando Collor de Mello (1992).** Fernando Collor de Mello, em março de 1990, assumiu o comando da República e os destinos do país. Quando a pasta do Trabalho foi ocupada por Antônio Rogério Magri, saído das fileiras do movimento sindical,(534) foi editada a Medida

---

(534) Magri presidiu o Sindicato dos Eletricitários de São Paulo e a Confederação Geral dos Trabalhadores.

Provisória n. 215, de 30 de agosto de 1980, extinguindo a contribuição sindical, deixando, no entanto, de ser renovada. O Ministro chegou mesmo a cogitar da elaboração de outra para permitir a pluralidade de sindicatos para uma mesma representação em idêntica base territorial.

No dia 22 de junho de 1992, o Presidente Fernando Collor de Mello instituiu a Comissão de Modernização da Legislação do Trabalho,[535] observando rigorosamente o figurino neoliberal ditado pela mundialização do comércio, priorizando o capital externo, as empresas transnacionais e, naturalmente, seus interesses econômicos. Pretendia-se a elaboração de cinco anteprojetos abrangendo as relações individuais e coletivas de trabalho, a administração pública do trabalho, o processo do trabalho e a organização judiciária do trabalho. Mais tarde, os dois últimos temas foram afastados e, com relação ao terceiro, decidiu-se solicitar apoio técnico à Organização Internacional do Trabalho. Mesmo assim, como não foi possível concluir tamanha tarefa, deliberou a Comissão por fincar-se nas relações coletivas de trabalho, cuidando da organização sindical, das negociações coletivas, da representação dos trabalhadores e do exercício do direito de greve. O texto elaborado, quanto à organização sindical, adotou o traçado da Convenção n. 87 da OIT, destacando-se os seguintes pontos: a) autonomia, liberdade e pluralidade sindical; b) registro de constituição em cartório com assentamento no Ministério do Trabalho para fins estatísticos; c) responsabilização pelas deliberações da diretoria e dos demais órgãos estatutários e de seus associados por atos praticados por orientação da entidade; d) extinção da contribuição sindical, permitida a destinada ao custeio do sistema confederativo, com periodicidade anual até o limite de um dia de salário, paga apenas pelo associado, destinando-se uma parcela às entidades superiores a que se vincular o sindicato, na conformidade da decisão da assembleia geral; e) faculdade de cobrar remuneração pelos serviços prestados aos não filiados; f) nulidade das disposições que importarem em discriminação no emprego ou condições de trabalho em virtude de adesão ao sindicato ou exercício de atividade sindical; g) competência da Justiça do Trabalho para conhecer de ações fundadas na violação da liberdade sindical, com poderes para liminarmente determinar a cessação da conduta irregular, sendo passível de inquérito, para a apuração do descumprimento da medida, mediante solicitação do Ministério Público do Trabalho ou do órgão sindical, determinada pelo juiz, para efeitos penais.

---

(535) Presidida pelo jurista João de Lima Teixeira Filho e integrada pelo Ministro do Tribunal Superior do Trabalho, Almir Pazzianotto, pelos professores Amauri Mascaro Nascimento, Arion Sayão Romita, Arnaldo Lopes Süssekind, que dela logo se afastou, e Cássio Mesquita de Barros. Adiante, foi ampliada com a participação do deputado do Rio de Janeiro Carlos Alberto Campista, presidente da Comissão de Trabalho, Administração e Serviços Públicos da Câmara Federal, Diogo Clemente, representante dos empregadores, José Eduardo Saad, indicado pela Força Sindical, Jeferson Luiz Pereira Coelho, procurador chefe do Ministério Público do Trabalho, e pelos advogados Luiz Inácio Barbosa Carvalho e José Eduardo Bosísio, que substituiu Ricardo Nassin Saad, advogado.

Referentemente às negociações coletivas, a disciplinação definiu como princípios fundamentais: a) participação obrigatória do sindicato, diretamente ou mediante credenciamento; b) atuação das partes de boa-fé e responsabilidade civil, com fundamentação das propostas, contrapropostas, recusas ou outras alternativas, prévia apresentação da pauta de reivindicações, vedação de qualquer forma de constrangimento; c) definição da conduta obstativa à negociação, como a recusa imotivada em aceitá-la por ocasião da data-base ou superveniência de fato novo ou acontecimento imprevisto capaz de modificar substancialmente o equilíbrio das prestações pactuadas e, ainda, deixar de apresentar por escrito pauta de reivindicações, contrapropostas ou justificativa à recusa das negociações. O anteprojeto reconhecia o contrato coletivo de trabalho em âmbito nacional para o estabelecimento de normas gerais e condições de trabalho a serem observadas como parâmetro nas negociações realizadas em outros níveis, nas bases territoriais. Para esse fim, a filiação à central importaria em automático credenciamento para a negociação coletiva, com extensão às confederações e federações nacionais. Frustrada a negociação, assegurava-se às partes a solução do conflito através da mediação, da arbitragem, inclusive jurisdicional. Não havendo concordância quanto à eleição de árbitros, facultava-se o ajuizamento do dissídio coletivo.

A representação dos trabalhadores na empresa teria como objetivo: a) estimular a solução negociada dos conflitos individuais e coletivos; b) contribuir para o aperfeiçoamento e a execução das iniciativas da administração dos recursos humanos; c) acompanhar a implementação dos projetos de modernização e automatização, de modo a proteger a manutenção dos postos de trabalho; d) apurar denúncias envolvendo práticas discriminatórias; e) zelar pelo meio ambiente; f) prestar assistência nas rescisões contratuais, legitimando os acordos e transações, g) estimular a integração dos trabalhadores no âmbito da empresa. Embora não tenha dispensado a mesma proteção aos dirigentes sindicais, os representantes dos trabalhadores, efetivos e suplentes, gozavam de estabilidade no emprego, desde a comunicação da candidatura até um ano após o término do mandato.

A greve só era admitida na ocorrência de impasse nas negociações coletivas, sem eleição de árbitros, com prévia demarcação das reivindicações a serem defendidas. No art. 49, ficava garantido o direito de recusa à participação no movimento grevista. Deflagrada a greve, seria indispensável dar ciência ao empregador, com antecedência de 48 horas. O anteprojeto era taxativo ao dispor que "os serviços e atividades essenciais não poderão ser prejudicados pela greve, nem por ela afetadas as necessidades inadiáveis da comunidade". Mesmo assim, admitia a greve em serviços e atividades essenciais, obrigada, no caso, a entidade sindical a avisar previamente o empregador com antecedência mínima de setenta e duas horas. Constituiria exercício abusivo do direito de greve o descumprimento das disposições legais ou a continuidade do movimento após o julgamento do dissídio coletivo, bem como a desobediência à determinação judicial de restabelecimento ou manutenção de serviços ou atividades essenciais à empresa ou indispensáveis à comunidade. A Justiça do Trabalho, no julgamento dos dissídios coletivos, não só decidiria sobre as reivindicações, mas, ainda, sobre a abusividade da greve, determinando data e horário de retorno ao trabalho. Se bem que vedasse o *lock-out*, ficava como tal descaracterizada "a cessação das atividades da empresa em decorrência da paralisação setorial que tenha por efeito prejudicar ou interromper o conjunto da produção".

Divulgado o projeto e surpreendidos com seu encaminhamento ao Congresso com o selo de urgência, as centrais sindicais apressaram-se a combatê-lo. A Força Sindical aliou-se à CUT para definir os pontos a serem atacados, ficando com a CGT a reprovação mais dura. A CUT, por intermédio de seu assessor jurídico, classificou o projeto de "aterrorizante", isso porque "tem uma coerência assustadora, montada na fragmentação organizativa dos sindicatos e na flexibilização dos direitos dos trabalhadores".

Diante da reação dos sindicatos, foi retirado o regime de urgência que lhe fora dado inicialmente. O deputado Aldo Rebelo (PC do B-SP), que seria mais tarde Ministro do governo Lula, na qualidade de relator, apresentou substitutivo que teve boa acolhida, inclusive na Comissão de Trabalho, Administração e Serviço Público da Câmara dos Deputados. Esse assegurava a mais ampla autonomia dos sindicatos em relação ao Estado, a liberdade sindical e a estrutura organizativa unitária, em função da solidariedade classista oriunda da profissão ou do trabalho em comum, em situação de emprego, numa mesma atividade, isto é, na conformidade do "ramo de produção", ou, mais tecnicamente, da atividade econômica do empregador. Ocorrendo disputa de representação e não se conciliando as partes envolvidas, a solução ficaria a cargo da Justiça do Trabalho. Ainda, assegurava a atuação dos delegados sindicais no âmbito das empresas. O registro continuava no Ministério do Trabalho. A contribuição de custeio do sistema confederativo obrigava todos os representados, sindicalizados ou não e a sindical seria extinta progressivamente. As centrais eram legitimadas para a representação intercategorial em âmbito nacional. Quanto ao título respeitante às negociações coletivas, foram afastados a possibilidade de flexibilização de direitos e os condicionamentos antes impostos aos sindicatos, como formulação de reivindicações razoáveis, manutenção da paz e do equilíbrio das prestações. Manteve o contrato coletivo de trabalho como instrumento normativo pelo qual entidades sindicais, representativas de uma ou mais categorias, ou de um ou mais ramos de atividades econômicas, estipulam normas salariais e condições de trabalho, a serem aplicadas no âmbito das respectivas representações. Na versão adotada pelo substitutivo, as cláusulas normativas inseriam-se definitivamente nos contratos de trabalho, só podendo ser alteradas por outro acordo, por convenção, contrato coletivo ou sentença normativa e, ainda assim, desde que ampliasse o benefício anterior. A solução dos conflitos coletivos dar-se-ia através da mediação, da arbitragem e também da Justiça do Trabalho com o ajuizamento do dissídio coletivo.

Veio o impedimento, assumindo o vice-presidente Itamar Franco, que convidou Walter Barelli para a pasta do Trabalho. A Comissão, mesmo assim, menos de dois meses depois, entregou seu relatório ao Ministro, que fez publicá-lo, em cumprimento ao Decreto de 22 de julho de 1992, para manifestação dos interessados, e depois determinou seu arquivamento.

9) **Projetos do governo Fernando Henrique Cardoso (1995).** Após Collor foi a vez de Fernando Henrique Cardoso ocupar a presidência, pautando-se conforme o figurino neoliberal e o propósito de modernizar as relações coletivas de trabalho.

Quando fora senador, em1985, Fernando Henrique apresentara projeto de lei dispondo sobre a organização sindical. Conforme sua disciplinação, era livre a associação para fins de estudo, defesa e coordenação de interesses econômicos ou profissionais. O registro seria efetuado no Ministério do Trabalho, mas não seria reconhecido mais de um sindicato representativo da mesma categoria econômica ou profissional em uma mesma base territorial.

Em setembro de 1995, com o Decreto n. 1.617, foi criado o Conselho Nacional do Trabalho, órgão colegiado de natureza consultiva e formação tripartite e paritária, que tinha por finalidade, também, "avaliar as propostas de medidas legislativas e complementares no âmbito do Ministério do Trabalho".(536)

Restabelecida a Comissão Permanente de Direito Social,(537) entendendo que a reforma constitucional devia estar condicionada e vinculada com a mudança da legislação ordinária do instituto respectivo e com a ratificação das convenções da OIT pertinentes à matéria, logo cuidou de formular propostas diversas sobre a organização sindical, a representação dos trabalhadores por local de trabalho, a participação dos trabalhadores e dos empregadores nos órgãos colegiados.

---

(536) Com sua criação, ficou evidente o intento de prestigiar as centrais sindicais, desconhecendo as confederações de trabalhadores. Foi assim que, para sua composição, a bancada patronal foi ocupada por representantes das Confederações Nacionais da Indústria (CNI), do Comércio (CNC), das Instituições Financeiras (CNF), do Transporte (CNT), da Agricultura (CNA) e da Câmara Brasileira da Indústria da Construção, porém a dos trabalhadores ficou com a a CUT, a CGT e Força Sindical, abrindo espaço mais tarde para a SDS.

(537) Foi integrada pelos juristas Amauri Mascaro Nascimento, Antônio Álvares da Silva, Arnaldo Lopes Süssekind, Hugo Gueiros Bernardes, José Francisco Siqueira Neto, Octavio Bueno Magano e Hugo Gueiros Bernardes Filho.

Enfrentando o primeiro tema, adotou as Convenções da OIT ns. 87 (liberdade sindical e proteção do direito sindical), 98 (sindicalização e negociação coletiva), 135 (garantias aos representantes dos trabalhadores), 141 (organização dos trabalhadores rurais) e 151 (direito de sindicalização e condições de emprego no serviço público), além disso, considerou as Recomendações ns. 143, 149 e 159.

Só que em março de 1998, com a Portaria n. 175, o Ministro Paulo Paiva instituiu um grupo de trabalho voltado para a promoção do emprego e de renda, denominado Força Tarefa, tendo a incumbência, dentre outras, de "articular e acompanhar as ações programáticas e normativas do Ministério do Trabalho, no processo de geração de emprego e renda, formação profissional e legislação trabalhista, de modo a incrementar o seu desempenho". O grupo seria composto de técnicos do Ministério do Trabalho.

A Força-Tarefa atropelou a Comissão e não tomou conhecimento de suas propostas. Dentre suas recomendações de médio e longo prazos (1999-2002) destacou-se a "Modernização da Legislação Trabalhista", com o propósito não só de dotar o país de uma legislação trabalhista atualizada, mas, também, que contribuísse para abreviar o período de transição econômica. No caso, uma proposta de reforma constitucional, outra de mudança na legislação ordinária. A primeira, modificando o art. 8º, de modo a substituir a unicidade pela liberdade sindical que ia dar na pluralidade, instituindo, ainda, novo sistema de financiamento, de caráter não compulsório, e mais, o art. 114, para suprimir o poder normativo da Justiça do Trabalho.

Para o Presidente da República, com as medidas anunciadas, punha-se fim à "Era Vargas".

Seu carro chefe foi a Proposta de Emenda Constitucional (PEC) n. 623, que tinha como objetivos: a) a implantação da pluralidade sindical; b) representação restrita aos filiados, aos quais cumpriria dar sustentação financeira às suas associações; b) supressão do poder normativo da Justiça do Trabalho, que passaria a arbitrar a solução judicial dos conflitos; c) obrigatoriedade da tentativa extrajudicial de conciliação ou mediação; d) prazo de doze meses para a adaptação às novas disposições; e) negociações tripartites nos 90 dias seguintes à aprovação da emenda para a formulação de um projeto de lei sindical.

Na exposição de motivos foi assinalado que "Os sindicatos, em seus diferentes níveis, cada vez mais participam das políticas econômicas e sociais, como verdadeiros cogestores, devendo, por isso, agir com efetiva responsabilidade, voltando-se para a melhoria das condições de trabalho e salário, mas também para objetivos elevados como solidariedade social, combate ao desemprego, melhoria da produtividade e qualidade, incremento da participação do trabalhador na empresa e desenvolvimento de novas tecnologias".

Mais uma vez, não demorou por vir a reação sindical, apesar de o Ministro ter afirmado que houvera consenso sobre as reformas projetadas, com apoio "dos principais líderes sindicais e patronais e dos mais importantes especialistas em Direito e em Economia do Trabalho".

Seu texto não se distanciou das propostas de reforma anteriores: pluralidade sindical, custeio mediante contribuições voluntárias, extinção do poder normativo da Justiça do Trabalho.

Coincidência ou não, o certo é que a carta de intenções apresentada ao Fundo Monetário Internacional consignava: "O governo tomou medidas importantes na modernização da legislação trabalhista e no aperfeiçoamento das políticas de mercado de trabalho, destacando que enviou recentemente ao Congresso uma proposta de reforma constitucional que reduz as restrições para a organização de sindicatos e cria incentivos para negociação coletiva direta entre sindicatos e empregadores. Essas medidas e propostas visam proporcionar uma rede de segurança mais abrangente para os desempregados, reduzir a eliminação de empregos, aumentar a proporção de contratos formais de trabalho e promover a produtividade da mão de obra".

A PEC teve como relatora a Deputada Zulaiê Cobra (PSDB-SP) e foi arquivada, segundo uns, por equívoco de sua assessoria, que a considerou prejudicada em face da aprovação da emenda que extinguiu a representação classista, para outros, diante da forte pressão que uniu as Centrais CUT, CGT, CAT, CGTB e as confederações, tendo como apoiadora apenas a FS.

3. Reforma do governo Luiz Inácio Lula da Silva

3.1. O **Conselho Nacional de Desenvolvimento Econômico e Social**. Fechou-se o ano 2002 com a eleição de Luiz Inácio Lula da Silva, que conheceu o sindicalismo brasileiro presidindo o Sindicato dos Metalúrgicos de São Bernardo do Campo e fundou a Central Única dos Trabalhadores — CUT. Antes mesmo de ser empossado, anunciou como prioridade a reforma da legislação trabalhista e sindical. E de imediato constituiu o Conselho de Desenvolvimento Econômico e Social, com 82 figuras de expressão na sociedade civil, dentre elas, 41 empresários e 13 trabalhadores. Importante a participação das centrais com efetiva representatividade: CUT, Força Sindical, CGT, CGTB, SDS e CAT; confederações conhecidas, só duas: dos industriários (CNTI) e dos trabalhadores rurais (CONTAG).[538]

(538) A representação dos trabalhadores teve a seguinte composição: João Felício (CUT); Antônio Carlos dos Reis, "Salim" (CGT); Antônio Neto (CGTB), Laerte Teixeira da Costa (CAT), Paulo Pereira da Silva (FS), José Calixto Ramos (CNTI), Manoel da Serra (CONTAG), João Resende Lima (Confederação

As diretrizes do Conselho possuem a seguinte gradação: a) consensuais, ou seja, as que tiverem apoio absoluto, sem nenhuma manifestação em contrário; b) recomendações, simples posições majoritárias; c) sugestões, manifestações minoritárias.

O Conselho passou rápido pelos temas trabalhistas, fechando seu relatório final com as seguintes conclusões relacionadas à matéria de natureza sindical:

a) sugestões: 1) eliminar a contribuição sindical gradualmente, em 5 anos; no primeiro, a parcela destinada ao Ministério do Trabalho e Emprego, no segundo, as cotas atribuídas às confederações e federações; nos seguintes, 20% ao ano no que toca aos sindicatos; assim, durante o período de transição, a contribuição sindical seria distribuída deste modo: a parcela relativa aos trabalhadores não filiados seria rateada proporcionalmente entre os sindicatos de base, de acordo com a representatividade, ou seja, o número de filiados; 2) criação de um Fundo de Garantia da Ação Sindical para custeio das atividades dos sindicatos; 3) constituição de um Conselho Nacional de Registro Sindical, de composição tripartite e formação paritária ou apenas bipartite, para dirimir os conflitos referentes à representação sindical;

b) recomendações: 1) adoção do regime de liberdade e autonomia sindical, com base nas convenções da OIT, especialmente da Convenção n. 87; 2) assegurar a liberdade de organização sindical e de representação dos trabalhadores, a partir dos locais de trabalho, com proteção contra atos antissindicais, através, inclusive, de mecanismos deautodefesa, recomendando-se para tanto a aplicação dos princípios aprovados pela OIT, constantes das Convenções ns. 87 e 135; 3) extinção das contribuições sindical, confederativa e assistencial, ficando a sustentação financeira a cargo da taxa associativa, prestação de serviços aos filiados e fixação da contribuição negocial, a ser paga pelos beneficiários dos acordos coletivos; acertado, porém, um período de transição, até que seja implementado um novo modelo de organização sindical, com base nos preceitos de liberdade e autonomia; 4) reconhecimento

Brasileira dos Aposentados e Pensionistas), Juçara Dutra (Confederação Nacional dos Trabalhadores em Educação), Altemir Tortelli (Fetrafil Sul), João Vacari Neto (Sindicato dos Bancários de São Paulo), Jorge Nazareno (Sindicato dos Metalúrgicos de Osasco), Luiz Marinho (Sindicato dos Metalúrgicos de São Bernardo do Campo). Do lado patronal, Benjamin Steinbruch (Confederação Nacional da Indústria), Eduardo Eugênio Vieira (Federação da Indústria do Rio de Janeiro), Gabriel Jorge Ferreira (Federação Brasileira dos Bancos), Horácio Lafer Piva (Federação das Indústrias do Estado de São Paulo), José Carlos Gomes Carvalho (Federação das Indústrias do Paraná), Luiz Otávio Gomes (Confederação Nacional das Associações Comerciais), Paulo, Omilton Visconde Júnior (Federação Brasileira da Indústria Farmacêutica), Ricardo Carvalho (Sindicato da Indústria Fabricante de Veículos Automotores), Robson Braga de Andrade (Federação das Indústrias de Minas Gerais), e também, empresários sem vinculação com entidades sindicais. Outras entidades de classe foram convocadas, como a Associação Brasileira de Magistrados (Cláudio Baldino Maciel), a Ordem dos Advogados do Brasil (Cláudio Ferreira) e a Associação Nacional do Ministério Público (Marfan Vieira).

das centrais sindicais, inclusive para firmar convenções e acordos coletivos; 5) fixação do prazo de duração e início de vigência dos instrumentos normativos na conformidade do que for negociado; 6) efeitos *erga omnes* dos acordos e convenções coletivas; 7) livre negociação coletiva, em todos os âmbitos, local, estadual, regional e nacional, respeitadas as singularidades de cada ramo, categoria, setor de atividade e tipo de empresa; respeito, também, à vontade das partes e peculiaridades de cada setor de atividade econômica e profissional; 8) reforma da legislação trabalhista precedida pela sindical:

c) consensos, apenas dois: 1) o sistema brasileiro de relações do trabalho é anacrônico, sendo necessário rediscutir o atual marco normativo constitucional e infraconstituconal; 2) indispensável a adoção de mecanismos de autocomposição dos conflitos, de caráter extrajudicial, sem prejuízo do acesso ao Poder Judiciário.

3.2. **O Fórum Nacional do Trabalho.** A reforma a seguir passou para o âmbito do Ministério do Trabalho e Emprego, onde foi constituído o Fórum Nacional do Trabalho, de formação tripartite e composição paritária. Antecipando sua instalação, anunciou-se, primeiro, a limpeza da CLT, com a identificação de 119 dispositivos totalmente invalidados e outros 6 parcialmente. Após isso foi divulgado o Diagnóstico que define o objetivo básico a ser seguido: a) estimular a constituição de entidades sindicais livres e autônomas, bem como a liberdade individual de associação; b) dar maior efetividade à legislação trabalhista, adequando-a às novas características do mundo de trabalho, de modo a combater a informalidade e a gerar emprego, ocupação e renda; c) estimular a autocomposição dos conflitos e sua solução através de novos mecanismos de conciliação, mediação e arbitragem, redefinindo o papel dos órgãos públicos de regulação do trabalho. Para tanto, entende ser fundamental: 1) a adoção de um modelo de organização sindical com fundamento nos princípios da liberdade e autonomia, seguindo as convenções e recomendações da OIT; 2) a atualização da legislação trabalhista, tornando-a mais compatível com as exigências do desenvolvimento nacional e das caraterísticas atuais do mercado de trabalho e das relações trabalhistas; 3) a modernização das instituições incumbidas da regulação das relações de trabalho, ou seja, do próprio Ministério do Trabalho e da Justiça do Trabalho; 4) a fomentação do diálogo, do tripartismo, com prevalência da justiça social no âmbito das leis trabalhistas, das garantias sindicais e das instituições de regulação do trabalho.[539]

O Fórum desdobrou-se em três comissões temáticas: a) Organização sindical; b) Negociações coletivas; c) Solução dos conflitos. Três bancadas: a) do governo, assim constituída: Ministro do Trabalho e do Emprego Jaques

(539) *Boletim do DIAP* n. 152, abril de 2003.

Wagner,[540] Secretário de Relações do Trabalho Osvaldo Martinês Bargas, coordenador geral,[541] José Francisco Siqueira Neto,[542] coordenador jurídico, Bernardo Macedo, assessor especial do Ministério da Fazenda, Fernando Schmidt, Chefe de Gabinete do Ministro do Trabalho e do Emprego, Grijalbo Coutinho, presidente da Associação Nacional dos Magistrados da Justiça do Trabalho,[543] Jair Meneguelli, presidente do Conselho Nacional do SESI,[544] José Chaves, Relator da Comissão Especial da Reforma Trabalhista da Câmara dos Deputados, José Sarney, presidente do Senado Federal, Luiz Fernando Silva, Secretário de Recursos Humanos do Ministério do Planejamento, Marcelo Sereno, assessor especial da Casa Civil da Presidência da República, Marco Antônio de Oliveira, Secretário Adjunto de Relações do Trabalho, Otávio Brito Lopes, consultor jurídico do Ministério do Trabalho e Emprego, Regina Brutus, Presidente da Associação Nacional dos Procuradores do Trabalho, Sandro Mabel, Presidente da Comissão do Trabalho e Serviço Público da Câmara dos Deputados, Sandra Starling, Secretária Executiva do Ministério do Trabalho e Emprego, Sérgio Renault, Secretário da Reforma do Judiciário, do Ministério da Justiça, Vicente Paulo da Silva, Presidente da Comissão Especial da Reforma Trabalhista, da Câmara dos Deputados, além dos representantes dos Ministérios da Educação, Previdência e Saúde; b) dos empregadores: Confederações Nacionais da Agricultura, de Crédito, do Comércio, da Agricultura, de Transportes Terrestres, além da Confederação das Associações Comerciais e Empresariais do Brasil; c) dos trabalhadores: CUT, Força Sindical, CGT, SDS, CAT, CGTB e Confederação Nacional dos Trabalhadores nas Indústrias — CNTI.

O Fórum compõe-se de uma Plenária, como instância máxima de decisão, composta de 72 membros: São 21 representantes dos trabalhadores, 21 dos empregadores, 21 do governo, e 9 das micro e pequenas empresas, cooperativas e outras formas de trabalho.

Como órgão auxiliar do Fórum, foi criada a Comissão Nacional de Direito e Relações do Trabalho, presidida por Arnaldo Lopes Süssekind e coordenada por José Francisco Siqueira Neto, dando assento a juristas de expressão, indicados diretamente pelo Ministro do Trabalho e do Emprego e por instituições de importância reconhecida, que, por sua vez, indicaram seus representantes.[545]

(540) Jaques Wagner foi presidente do Sindicato dos Petroleiros de Camaçari, na Bahia.
(541) Ex-dirigente do Sindicato dos Metalúrgicos de São Bernardo do Campo.
(542) Foi assessor jurídico do Sindicato dos Metalúrgicos de São Bernardo do Campo e da CUT. No governo Itamar Franco, foi assessor especial do Ministro do Trabalho Walter Barelli, para promover a discussão do contrato coletivo de trabalho.
(543) Grijalbo diria mais tarde que a Anamatra só teve participação simbólica, o que foi confirmado por seu representante junto ao Fórum, o juiz Márcio Túlio Viana.
(544) Ex-presidente do Sindicato dos Metalúrgicos de São Bernardo do Campo e da CUT.
(545) Sindicato Nacional dos Agentes de Inspeção do Trabalho (Carlos Alberto Teixeira Nunes), Associação Brasileira de Recursos Humanos (Cássio Cury Mattis), Departamento Intersindical de

Arnaldo Lopes Süssekind apressou-se a divulgar uma proposta de Emenda Constitucional assim posta: Art. 1º. O art. 8º da Constituição passa a vigorar com a seguinte redação: "Art. 8º É assegurada a liberdade sindical aos grupos de empresários e de trabalhadores exercentes de atividades econômicas ou profissionais idênticas, similares ou conexas. § 1º Ninguém será obrigado a filiar-se ou a manter-se filiado a sindicato. § 2º A lei não poderá exigir autorização do Estado para a fundação de sindicato, ressalvado o registro no órgão competente, vedadas ao Poder Público a interferência e a intervenção na organização sindical; § 3º A representação do respectivo grupo e a base territorial do sindicato serão definidas no seu estatuto. § 4º Os sindicatos terão o direito de agrupar-se em federações do correspondente ramo de economia e estas em confederações nacionais, sendo livre a filiação a centrais sindicais; § 5º Ao sindicato cabe a defesa dos direitos e interesses difusos, coletivos ou individuais homogêneos do grupo representado. § 6º É obrigatória a participação dos sindicatos nas negociações visando a celebração de convenções coletivas de trabalho e a dos trabalhadores na formulação de acordos coletivos. § 7º As convenções e os acordos coletivos de trabalho poderão estipular uma taxa de participação nos limites da lei, devida pelos trabalhadores não filiados aos correspondentes sindicatos, beneficiados por suas disposições". Art. 2º. A contribuição sindical compulsória será extinta a partir do ano que se seguir à vigência desta Emenda Constitucional, com a redução de 20% nesse exercício e 40% em cada um dos dois anos subsequentes. Art. 3º A lei disporá sobre o agente negociador das convenções e dos acordos coletivos, nos casos de pluralidade de representação. Parágrafo único. Até a vigência dessa lei, essa representação será do sindicato que tiver o maior número de associados. A proposta inspirou os redatores do Anteprojeto quanto à adoção do Código de Defesa do Consumidor para dar mais força à defesa de direitos individuais, em outras palavras, à chamada substituição processual. No entanto, o paralelismo adotado na cabeça do artigo conduz ao entendimento de que só poderão organizar-se em sindicato os trabalhadores assalariados, ficando marginalizados os autônomos, profissionais liberais e servidores públicos. Já o § 6º, no final, leva a crer que os trabalhadores, sem nenhuma participação do sindicato, negociarão diretamente com seus empregadores os acordos coletivos.

Assessoria Parlamentar — DIAP (Celso Napolitano), Instituto Nacional de Mediação e Arbitragem (Edmir de Freitas Garcez), Associação Nacional dos Magistrados Trabalhistas — ANAMATRA (Grijalbo Fernandes Coutinho), Instituto dos Advogados Brasileiros (Ivan Alckmin), Instituto Brasileiro de Direito Social Cesarino Jr. (Luiz de Pinho Pedreira), Academia Nacional de Direito do Trabalho (Maria Cristina Irigoyen Peduzzi), Associação Brasileira de Estudos do Trabalho (Maria Cristina Caccuanaku), Associação Brasileira de Advogados Trabalhistas (Nilton Correia), Consultoria Jurídica do Ministério do Trabalho (Paulo Sérgio Weyl), Associação Nacional dos Procuradores do Trabalho (Regina Brutus), Associação dos Magistrados do Brasil (Reginaldo Melhado), Ordem dos Advogados do Brasil (Rui Jorge Caldas Pereira), Departamento Intersindical de Estatística e Estudos Socioeconômicos — DIEESE (Wagner Firmino Santana).

A instituição do Fórum só aparentemente foi democrática, já que ficaram marginalizadas as confederações, federações e sindicatos de base. Além do mais, seu desenrolar pautou-se pelo sigilo, divulgando-se pouco ou quase nada do que ali se discutia. E a discussão partiu de premissas que já identificavam o que desejava a bancada oficial e seus assessores.

O Fórum percorreu oito meses, de agosto de 2003 a março de 2004, conseguindo, segundo se divulgou, o consenso almejado. Neste sentido o que se registrou na Apresentação do Relatório Final: "O esforço empreendido resultou no consenso sobre todos os pontos da agenda da Reforma Sindical, superando as expectativas daqueles que estiveram envolvidos nas negociações. Esses consensos indicam a necessidade de uma extensa redefinição das normas jurídicas relativas à organização sindical, à negociação coletiva e à solução de conflitos do trabalho. Eles irão subsidiar a elaboração do projeto legislativo sobre a Reforma Sindical, que o Governo Federal vai encaminhar ao Congresso Nacional".

No tocante à organização sindical, dentre as premissas, destacou-se que "1.1. A promoção e a sustentação do diálogo social são instrumentos fundamentais para o futuro virtuoso das relação de trabalho no Brasil" e dentre os objetivos da nova legislação que se propõe: "2.2. Fortalecer as Centrais Sindicais e as Confederações de Empregadores como entidades nacionais e órgãos de direção da estrutura sindical de trabalhadores e de empregadores, respectivamente. 2.3 — Permitir que as Centrais Sindicais e as Confederações de Empregadores possam constituir suas estruturas organizativas".[(546)]

3.3. **O Anteprojeto de Lei Sindical do Fórum Nacional do Trabalho**. Conta-se pelo menos cinco versões de anteprojetos que não foram divulgados e assim discutidos precariamente.

Compõe-se de oito títulos: I — Das Disposições Preliminares; II — Da Organização Sindical; III — Da Representação dos Trabalhadores nos Locais de Trabalho; IV — Do Diálogo Social, da Negociação Coletiva e do Contrato Coletivo de Trabalho; V — Do Direito de Greve; VI — Do Conselho Nacional de Trabalho; VII — Da Tutela Jurisdicional; VIII — Das Disposições Finais e Transitórias.

3.3.1) **Disposições preliminares**. Acentua o Projeto que ficam excluídos de seu alcance os servidores públicos da União, dos Estados, do Distrito Federal, dos Municípios, bem como das autarquias e das fundações públicas. Além disso, estabelece que integram o sistema sindical os princípios da OIT sobre liberdade sindical, proteção ao direito sindical, diálogo social, negociação coletiva, representação dos trabalhadores nos locais de trabalho, consulta tripartite e os princípios do direito do trabalho.

(546) *Reforma sindical* — relatório final. Brasília, abr. 2004.

3.3.2) Organização sindical

a) **sistema sindical**. O projeto não cumpriu o consensuado no Fórum Nacional do Trabalho, elevando as centrais e confederações patronais como instâncias dirigentes do sistema sindical.

Deixa de existir o sistema confederativo, que passa a estruturar-se com sindicatos, federações, confederações e centrais, tendo como área mínima o município, de modo que em princípio não se admitirá o sindicato constituído no âmbito da empresa. Para os empregadores, apenas sindicatos, federações e confederações.

O sindicato forma-se pelo critério do ramo de atividade preponderante dos empregadores. A federação será organizada com sindicatos do mesmo ramo de atividade e terá base territorial estadual ou interestadual. Se nacional, não passará de mero departamento da confederação, a quem estará afeta sua criação. A Confederação será necessariamente nacional, composta de federações de idêntico setor econômico. As centrais, também de base nacional, compõem-se de qualquer setor econômico ou ramo de atividade.

b) **credenciamento**. O Ministério do Trabalho e Emprego retoma seu papel de gerenciamento e de tutela, comprometendo a autonomia. Assim, antecedendo o registro, que passa para os cartórios civis, o Ministro do Trabalho atribuirá a personalidade sindical, mediante credenciamento.

c) **representação**. Substitui-se categoria por setor econômico e ramo de atividade, o primeiro, como o grau máximo de agregação, que corresponde aos antigos grupos do enquadramento sindical, o segundo como o conjunto identificado em razão da natureza da atuação empresarial. De tal modo, o ramo profissional deve ater-se à atividade econômica do empregador.

Retoma-se o enquadramento como atribuição ministerial.

Todavia, o Ministro do Trabalho, mediante proposta da Câmara Tripartite, poderá determinar "os setores econômicos e os ramos de atividade suscetíveis de representação específica, consideradas suas peculiaridades", o que equivale manter as categorias diferenciadas.

d) **representatividade**. Representatividade traduz-se como o preenchimento dos pressupostos necessários ao credenciamento. No caso de centrais e confederações, deverão contar com filiados em diferentes Estados, compreendendo as cinco regiões do país. Mas assume importância o número de filiados, 22% para federações, confederações e centrais, 20% para os sindicatos, considerando-se o conjunto da representação. Para os sindicatos patronais, conta-se o capital social e o contingente de empregados.

A representatividade será comprovada ou derivada; esta, quando uma entidade de nível superior assume outra, menor, transferindo-lhe o excedente da sua completar o que lhe falta. E deverá ser atingida no curso de três anos para as associações de trabalhadores e de cinco para as de empregadores. A Exposição de Motivos não justifica a razão da diferenciação. As Disposições Transitórias dão os números a serem atingidos: 20% de filiados.

e) **exclusividade e pluralidade**. Exclusividade é a denominação que se deu à unicidade, que se mantém como exceção, apenas para associações reconhecidas com anterioridade à nova lei, desde que a assembleia geral, aberta ao grupo como um todo, independentemente de filiação, assim delibere. Terá, também, de assumir o estatuto-padrão elaborado pelo Ministério do Trabalho. Para tanto, terá prazo de doze meses. Não é tudo: terá de preencher, ainda, os requisitos de representatividade.

A partir daí, os novos sindicatos competirão num regime de pluralidade.

f) **custeio**. A receita das entidades sindicais será formada pelas contribuições associativas, descontadas em folha de pagamento, condicionada à autorização do filiado e pela contribuição de negociação coletiva, compulsória, vinculada à negociação, cujo desconto, também, ficará a cargo do empregador, sendo rateada entre os diferentes componentes do sistema sindical, com as seguintes quotas: a) para sindicatos de trabalhadores: I — sindicatos — 70%; II — federações — 10%; III — confederações — 5%; IV — centrais — 10%; b) para sindicatos patronais: I — 65%; II — federações — 20%; III — confederações — 10%; 5% de ambos irá para o Fundo Solidário de Promoção Sindical.

A contribuição sindical será reduzida proporcionalmente, ao longo de 3 anos para os sindicatos de trabalhadores e de cinco para os de empregadores. Da mesma forma, a Exposição de Motivos não justifica o tratamento discriminatório.

Nas Disposições Transitórias contêm-se os percentuais a serem mantidos durante o período de extinção progressiva: 75% no primeiro ano, 55% no segundo, 35% no terceiro, em se tratando de entidades de trabalhadores; 75% a partir do terceiro ano, 55% no quarto e 45% no quinto, para as de empregadores.

g) **prestação de contas**. As entidades sindicais deverão organizar seus assentamentos contábeis de forma transparente, mantendo disponível para a livre consulta de qualquer interessado, durante cinco anos, os balanços, os balancetes e lançamentos relativos à contribuição de negociação coletiva.

Os dirigentes sindicais responderão pela violação aos deveres estabelecidos quanto à prestação de contas, inclusive no tocante à manutenção atualizada do registro dos nomes e endereços dos filiados, de informações a serem prestadas ao Ministério do Trabalho e Emprego quanto às alterações do estatuto e à garantia aos filiados de acesso ao mesmo.

h) **Dirigentes**. Qualquer que seja a natureza da associação, do sindicato, da federação, da confederação ou central, o limite de dirigentes protegidos com estabilidade no emprego, desde o registro das candidaturas até doze meses após o término dos mandatos, será de 81. Mas em cada empresa só haverá um dirigente para cada 200 empregados ou fração superior a 100.

3.3.4) Representação dos trabalhadores nos locais de trabalho

Não se trata de organização sindical, mas de simples representação interna, que assume, também, forma de sindicato paralelo, no âmbito da empresa, com os seguintes componentes:

a) **objetivos**. A representação segue a mesma linha traçada no art. 11 da Constituição: promoção do entendimento direto dos trabalhadores com a empresa.

b) **paralelismo**. Segundo se escreveu no Projeto, "a representação dos trabalhadores nos locais de trabalho integra o sistema sindical e, sem prejuízo de sua autonomia, atua em colaboração com as entidades sindicais". O papel do sindicato, porém, restringe-se a instalação, por sua iniciativa ou solicitação de 20% dos trabalhadores, cumprindo-lhe dar ciência do fato ao empregador e ao órgão local do Ministério do Trabalho e Emprego. Mas seguirá o regime da unicidade, de modo que, num sistema de pluralidade, a eleição será convocada pelo conjunto de entidades reconhecidas.

A representação poderá conduzir diretamente a negociação coletiva com o empregador, devendo, para tanto, dar ciência ao sindicato de seu objeto, ficando facultado ao mesmo assumir sua direção até a aprovação da proposta pela assembleia. Omitindo-se, será presumida a autorização para que a representação "prossiga" na negociação; recusando-se, poderá ela firmar o contrato coletivo.

Em suma, é restabelecido o art. 617 da Consolidação das Leis do Trabalho.

c) **composição**. A representação dos trabalhadores será constituída com um contingente que será ampliado progressivamente, como especificado nas Disposições Transitórias, tendo em conta o número de empregados: 1) nos primeiros três anos — I — de 100 a 200 = 1 representante; II — de 201 a 300 = 2; III — de 301 a 500 = 3; IV — de 501 a 800 = 4; V — de 801 a 1000 = 5; 2) nos três anos seguintes: I — de 50 a 100 = 1 representante; II — de 101 a 200= 2; III — de 201 a 400 = 3; IV — de 401 a 600 = 4; V — de 601 a 800 = 5; VI — de 801 a 1.000 = 6; c) finalmente, a partir do sétimo ano: I — de 30 a 80 = 1 representante; II — de 81 a 150 = 2; III — de 151 a 300 = 3; IV — de 301 a 500 = 4; V — de 501 a 800 = 5; VI — de 801 a 1.000 = 6; VII — Em todas as situações, nas empresas com mais de 1.000 trabalhadores haverá mais 2 representantes para cada grupo de 1.000 ou fração superior a 500. Também, sendo o número de empregados inferior a 30, a representação ficará condicionada a negociação coletiva.

d) **garantias**. Os membros da comissão, eleitos pelo conjunto de empregados, sindicalizados ou não, terão mandato com duração de três anos, permitida uma reeleição, gozando da mesma proteção no emprego que têm os dirigentes sindicais.

e) **conciliação de conflitos individuais**. As atribuições conferidas às comissões de conciliação prévia são passadas para a representação dos trabalhadores.

3.3.5) **Diálogo social, negociação coletiva e contrato coletivo de trabalho**

a) **diálogo social**. Diálogo social será a participação dos trabalhadores e empregadores, através de suas centrais e confederações, respectivamente, nos colegiados dos órgãos públicos, onde seus interesses sejam objeto de discussão e deliberação, conforme estabelece o art. 10 da Constituição Federal.

b) **negociação coletiva**. A negociação, num sistema de pluralidade, não terá à frente o sindicato mais representativo, mas, sim, todos os que forem reconhecidos.

c) **negociação articulada**. Acolheu-se a negociação articulada, que se inicia em âmbito nacional, podendo seus condutores determinar as cláusulas que não serão objeto de modificação em níveis inferiores. Para esse fim, o sindicato ficará vinculado ao contrato coletivo de extensão superior se não requerer sua exclusão até o momento da celebração.

d) **atores**. Até a última versão redigida pelos técnicos do Ministério do Trabalho e Emprego, os atores, isto é, os participantes das negociações, seriam os sindicatos, as federações, confederações e centrais. Sem explicação, o projeto saído da Casa Civil excluiu as centrais, estabelecendo que "as confederações, federações e sindicatos de trabalhadores e de empregadores poderão instaurar a negociação coletiva e celebrar o contrato coletivo".

e) **práticas desleais**. A negociação coletiva é fundada no princípio da boa-fé, configurando conduta antissindical: 1) recusar a negociação, quando regularmente proposta, salvo justificação razoável; 2) deixar de formular e responder às propostas e contrapropostas apresentadas; 3) deixar de prestar as informações definidas de comum acordo, nos prazos acertados.

f) **contrato coletivo**. Denominação única que substitui acordo e convenção coletiva.

g) **prazo de duração**. Terão prazo de duração de até três anos, sendo possível, porém, elastecê-lo ou mesmo estabelecer regras para que os efeitos de suas cláusulas se mantenham, após seu esgotamento.

h) **efeitos**. Os efeitos do contrato coletivo restringem-se ao conjunto de filiados, subsistindo durante os 90 dias subsequentes ao término de sua vigência, sendo possível, ainda, ajustar-se uma nova prorrogação.

i) **princípio da norma mais favorável (negociado x legislado)**. O projeto saído da Casa Civil suprimiu o dispositivo que dava prevalência à norma mais favorável em caso de confronto de cláusula de contrato coletivo com outra, de contrato individual ou de dispositivo legal, reabrindo espaço para a superação do legislado pelo negociado.

3.3.6. **Greve**

a) **aviso prévio em atividades não essenciais**. Manteve-se a proibição do piquete, da ocupação do estabelecimento e praticamente toda a Lei n. 7.783, de 1989. Apenas ampliou-se para 72 horas o prazo do aviso prévio, mesmo em se tratando de greve em atividade não essencial.

b) **serviços técnicos especializados**. Inovação aparece nas ações em matéria de greve, quando se considera comportamento abusivo, passível de medida corretiva a cargo da Justiça do Trabalho, deixar o sindicato de manter os serviços mínimos durante o período necessário para o treinamento ou a contratação de pessoal especializado, quando a paralisação envolvê-los, nos quais será impraticável recrutar pessoal treinado ou que possa ser treinado durante o prazo do prévio aviso, configurando grave risco de danos a pessoas ou de prejuízo irreparável ao patrimônio do empregador, de terceiros ou à continuidade de atividades essenciais à comunidade.

3.3.7. **Conselho Nacional de Relações de Trabalho**

a) **constituição**. Será um órgão auxiliar do Ministério do Trabalho e Emprego, de formação tripartite e paritário, constituído de uma Câmara Tripartite e duas Bipartites, uma dos trabalhadores, outra dos empregadores, nas duas com participação do Ministério. A primeira será integrada pelas três representações: dos trabalhadores, dos empregadores e do Ministério.

Os representantes dos trabalhadores e dos empregadores terão mandatos com duração de três anos, permitida uma recondução, mas com renovação de, pelo menos, 1/3 dos grupos profissional e econômico.

Na Câmara Tripartite, cada bancada terá cinco membros, a dos trabalhadores indicada pelas centrais, e a dos empregadores por suas confederações. Nas Câmaras Bipartites será o mesmo número de representantes e a mesma fonte de indicação.

b) **atribuições**. Fundamentalmente, compete à Câmara Tripartite auxiliar o Ministro do Trabalho, propondo o enquadramento sindical por setores e ramos, o procedimento a ser observado quanto ao recolhimento e à prestação de contas da contribuição de negociação coletiva, as disposições que comporão o estatuto-padrão, a disciplinação a ser adotada quanto à contestação e à confirmação da personalidade sindical.

As Câmaras Bipartites têm como competência principal acompanhar a gestão do Fundo Solidário de Promoção Sindical e mediar e conciliar os conflitos de representação sindical.

3.3.8. **Fundo Solidário de Promoção Sindical**. Trata-se de fundo vinculado ao Ministério do Trabalho e Emprego, "destinado ao custeio das atividades do Conselho e de programas, estudos, pesquisas e ações voltadas à promoção das relações sindicais e do diálogo social", custeado pelas contribuições dos trabalhadores e dos empregadores.

3.3.9. **Tutela jurisdicional**

a) **ações coletivas em geral**. O Projeto, na linha do Código de Defesa do Consumidor, atribui às entidades sindicais legitimidade concorrente para as ações coletivas, especificando que a defesa coletiva dos direitos decorrentes da relação de trabalho será exercida quando se tratar de: 1) direitos coletivos, 2) direitos individuais homogêneos; 3) direitos simplesmente individuais, mais propriamente, a substituição processual autorizada por lei.

b) **ação de prevenção e repressão de conduta antissindical**. Dirigida contra o empregador quando comportar-se de maneira a impedir ou limitar a liberdade e a atividade sindical, bem como o exercício do direito de greve. Para seu ajuizamento terão competência concorrente o sindicato e o trabalhador prejudicado.

c) **conflito coletivo de interesses**.

d) **arbitragem**. Fracassada a negociação coletiva, poderão seus partícipes, de comum acordo, promover a arbitragem, que em tudo se regerá pela Lei n. 9.307, de 1996.

e) **solução jurisdicional**. Mas poderão, também, ainda de comum acordo, provocar a atuação do tribunal do trabalho, através da ação normativa. No caso, "o tribunal decidirá nos limites do requerimento conjunto, sendo-lhe vedado conceder mais do que foi postulado, atribuir coisa diversa da que foi reivindicada ou oferecida e deixar de decidir sobre cláusula a cujo pronunciamento estava obrigado", ou então, caso assim estabeleçam as partes, conforme as ofertas finais, só comportando a sentença proferida recurso de embargos de declaração. Enfim, será autêntica arbitragem judicial.

f) **ações de anulação, declaração e revisão de norma coletiva**. A ação de declaração vem a ser a nova roupagem que se dá ao dissídio coletivo de natureza jurídica.

3.3.10. **Disposições transitórias**. As disposições transitórias cuidam do prazo para atingimento dos pressupostos de representatividade, de constituição da representação dos trabalhadores nos locais de trabalho, da extinção progressiva da contribuição sindical, mas, também, estabelece que, até ser aprovada lei específica, aplicar-se-á aos servidores públicos: a) as disposições pertinentes à liberdade e autonomia sindical (arts. 4º a 7º), à personalidade sindical (arts. 8º a 13), exclusive quanto a negociação coletiva, ao contrato coletivo, à substituição processual e à contribuição de negociação coletiva; b) níveis de atuação e âmbito territorial (arts. 14 a 18); c) requisitos para o reconhecimento da representatividade (arts. 19 a 23); d) garantias dos dirigentes (arts. 24 a 25, 27 e 28), excetuada a de emprego e de inamovibilidade, contribuição associativa (art. 43); e) prestação de contas (arts. 56 a 58).

3.4. **A Proposta de Emenda Constitucional n. 369 de 2005**

A imprensa só destacou três temas na cobertura da reforma sindical: a) o fim tardio da unicidade, a seu ver, secundando ou repetindo muitos teorizadores, responsável pela extraordinária proliferação de sindicatos; b) a extinção da contribuição sindical compulsória; c) o fim do poder normativo da Justiça do Trabalho.

E equivocadamente, deixando de cumprir seu papel de instituição formadora da opinião pública, noticiou a entrega solene do projeto de lei sindical ao Congresso Nacional, pelos figurantes principais, o Ministro do Trabalho e do Emprego, Ricardo Berzoini, os presidentes da Força Sindical, Paulinho Pereira da Silva, da CUT, Luiz Marinho, da Confederação Nacional da Indústria, e Armando Monteiro, ao presidente da Câmara dos Deputados, Severino Cavalcante.

Na verdade, só foi entre uma Proposta de Emenda Constitucional, até porque, do contrário, o projeto cometeria graves erros de inconstitucionalidade, a começar pela adoção do regime misto de unicidade e pluralidade e legitimação das centrais, com ofensa ao inciso II do art. 8º.

A PEC foi encaminhada à Comissão de Constituição e Justiça, sendo relator o deputado Maurício Rands (PT-PE).

O inciso II do art. 8º, introduzido na versão da Casa Civil, provocou fortes reações por anular a autonomia duramente conquistada em 1988: "o Estado atribuirá personalidade sindical às entidades que, na forma da lei, atenderem a requisitos de representatividade, de participação democrática dos representados, e de agregação que assegurem a compatibilidade de representação, em todos os níveis e âmbitos da negociação coletiva".

Nada que permita a manutenção da unicidade ou exclusividade, já que o inciso I, sem nenhuma ressalva, foi mantido em sua liberalidade, dispondo que "o Estado não poderá exigir autorização para fundação de entidade sindical, ressalvado o registro no órgão competente, vedadas ao Poder Público a interferência e a intervenção nas entidades sindicais". Aliás, a pluralidade ampla ficou posta de forma inequívoca na redação dada ao inciso III: "às entidades sindicais cabe a defesa dos direitos e interesses coletivos ou individuais do âmbito da representação, inclusive em questões judiciais e administrativas".

Quanto à contribuição de negociação coletiva, perdeu a pronta efetividade que lhe dava a redação anterior, para ficar na dependência da lei ordinária que fixará seu limite.

A PEC remete à lei ordinária e também, à representação nos locais de trabalho, à negociação coletiva e ao direito de greve. Altera, mais uma vez, o art. 114 para dar ao dissídio coletivo nova denominação — ação normativa —, e ao dissídio de greve, ação coletiva. A primeira será ajuizada de comum acordo, podendo a Justiça do Trabalho decidir o conflito, respeitadas as disposições mínimas legais de proteção ao trabalho, bem como as convencionadas anteriormente; a segunda, restrita a hipótese de atividade essencial, competirá ao Ministério Público do Trabalho, a ser aviada quando não forem assegurados os serviços mínimos à comunidade ou assim exigir o interesse público ou a defesa da ordem jurídica.

3.5. **A quebra dos consensos**. Da parte dos empregadores não existiu consenso absoluto, pois recusaram a representação nos locais de trabalho e a substituição processual. Também nunca negaram que o consenso na reforma sindical implicava na concomitância com a trabalhista, quando priorizariam a flexibilização de direitos, mediante negociações coletivas, isto é, a supremacia do negociado sobre o legislado.

Do lado dos trabalhadores, a CGT, presidida por Antônio Carlos dos Reis, "Salim", abandonou o Fórum. Adiante, a Força Sindical, através de seu presidente Paulinho Pereira da Silva, adiantou que encaminharia proposta de alteração da PEC para atenuar o índice de filiação determinante da representatividade, que não seria atingido por grande parte dos sindicatos já constituídos e atuantes, e que sendo alcançado perpetuaria o sindicato num regime de unicidade. A CSC ligada ao PC do B, mas que integrava a CUT, em sua 11ª Plenária, no mês de maio de 2005, posicionou-se radicalmente contra a PEC, que a seu ver "acena com um retrocesso na organização sindical", defendendo a "manutenção da estrutura atual nos sindicatos de base, ou seja, a unicidade, condicionada a critérios de representatividade e democratização nos estatutos", a par do reconhecimento das centrais, da extinção do imposto sindical e da extensão do direito de negociação coletiva e de greve no setor público, em todas as suas esferas e em seus poderes.

À sua vez, a CUT, na Plenária do mesmo mês e ano, aprovou a manutenção do sindicato único, condicionada, também, ao preenchimento de critérios de representatividade, reduzido porém a 10%, como forma de manter a aliança com a Força Sindical e tendências internas, dentre as quais, além da CSC, a Democracia Socialista, como admitiu seu dirigente Artur Santos.[(547)]

As críticas à PEC e ao Projeto partiram de todos os lados. José Francisco Siqueira Neto, seu principal redator, reagiu agressivamente, comprometendo a discussão livre e democrática: “Na falta de argumentos consistentes, muitos têm lançado mão de argumentos generalistas e superficiais. (...) É natural e legítimo que haja resistência a essa mudança. Isso, porém, não torna procedentes as críticas confusas, contraditórias e atrasadas que mobilizam os partidários da contrarreforma. (...) As divergências políticas e de finalidade situam-se no campo da disputa democrática. A coerência jurídica é outra coisa. Nessa esfera, com o devido respeito às vozes contrárias, as críticas não se sustentam. Tentar camuflar a discussão política recorrendo a supostas controvérsias jurídicas só fortalece o projeto de reforma sindical ...”.[(548)]

Mais uma vez, a reforma não foi adiante. Luiz Marinho deixou a presidência da CUT para assumir o Ministério do Trabalho e Emprego. Com o último recurso para salvá-la, apresentou uma nova versão, que omitia tanto a substituição processual como a organização nos locais de trabalho recusadas pelo patronato; abandonava a ideia de representatividade derivada e acabava de vez com a exclusividade ou unicidade sindical. Em compensação, esticava para oito anos o tempo de sobrevida das entidades já existentes.

Depois, em 2006, anunciou o que chamou de “minirreforma”, na verdade, duas medidas provisórias de última hora, para comemorar o 1º de maio vazio: uma, de n. 293, cuidava do reconhecimento das centrais, outra, de n. 294, instituía o Conselho Nacional de Relações do Trabalho como fora pensado no Anteprojeto do FNT. Não impressionaram ninguém, pelo contrário, as centrais que ansiavam pela regulamentação, até mesmo a CUT, que garantia o apoio sindical ao Presidente Lula, criticaram as medidas apressadas. E tão pouco se empenharam por vê-las aprovadas que nem se importaram com o jogo parlamentar que, para aprovar providências mais urgentes, conduziu à sua rejeição sem mesmo discuti-las.

4. **A PEC n. 29, de 2002**. Na Câmara dos Deputados instalou-se a Comissão Especial de Reforma Trabalhista, presidida por Vicente Paulo da Silva (PT-SP), que também presidiu o mesmo sindicato e a mesma central de Lula. Só que não teve paciência para aguardar a conclusão do Fórum, do qual participava, e apresentou a PEC n. 29, de 2002, redigida em parceria com o deputado Maurício Rands (PT-PE), tendo o pluralismo como expressão organizativa a partir do local de trabalho. Sem pensar em definir competência, atribuiu tanto aos sindicatos como às federações, confederações e centrais a defesa dos direitos e interesses dos trabalhadores, inclusive como substitutos

(547) *Valor Econômico*, 13 a 15 de maio de 2005.
(548) A reforma sindical. *Revista Anamatra*, n. 48, p. 60, 1º sem. 2005.

processuais. Surpreendendo, ao arrepio de seu discurso, reconheceu a contribuição confederativa e outra de fortalecimento sindical. A contribuição dita sindical mantém-se por mais cinco anos, perdendo progressivamente 20% a cada ano.

O ex-Ministro Ricardo Berzoini (PT-SP), em 2000, também apresentara uma PEC para dar nova redação ao art. 8º, adotando a pluralidade, a representação sindical de base nos locais de trabalho, aceitando a denominação de contrato coletivo e vedando as contribuições compulsórias. Em 2003, o Senador Sibá Machado (PT-AC) retomou com a PEC n. 40 o propósito de substituir a unicidade pela pluralidade, além de extinguir a contribuição sindical.

5. O Fórum Sindical dos Trabalhadores

Paralelamente ao Fórum oficial, foi criado o Fórum Sindical dos Trabalhadores, pelas entidades excluídas do primeiro: 14 confederações (dos trabalhadores nas indústrias, no comércio, transportes terrestres, profissionais liberais, transportes aquaviários e aéreos, na pesca e nos portos, em estabelecimentos de crédito, na agricultura, em comunicações e publicidade, em estabelecimentos de ensino e cultura, metalúrgicos, em turismo e hospitalidade, da alimentação, na saúde e dos servidores públicos) e 288 federações, tendo, depois, o apoio das centrais CGT, CAT e CGTB.

Logo se impôs como forte reação ao projeto assumido pela CUT, FS e CNI, defendendo o seu Projeto de Lei n. 4.554, apresentado pelo Deputado Sérgio Miranda (PC do B/MG), acompanhado por 191 deputados, que basicamente mantêm o núcleo do art. 8º da Constituição, preservando a autonomia e a liberdade sindical, a unicidade de representação,(549) o sistema confederativo, o conceito de categoria e a contribuição sindical.

O projeto compõe-se de oito partes: Fundamentos, Das Entidades Sindicais, Organização Sindical Brasileira, Dos Conselhos Sindicais Nacionais, Do Custeio Sindical, Da Gestão Sindical, Democracia da Organização Sindical, Representação Profissional no Local de Trabalho e Disposições Transitórias.

a) **Fundamentos**. Cuida de definir o sindicato e determinar seus objetivos e sua atuação básica, a organização sindical fundada no sistema da unicidade, destacando a autonomia e a liberdade sindical.

b) **Entidades sindicais**. Mantêm a conceituação de categorias, profissional, econômica e diferenciada. Substitui o sistema confederativo pela Organização Sindical Brasileira, composta dos sindicatos, das federações, das confederações e centrais, constituídos para a defesa de interesses e direitos, individuais e coletivos dos trabalhadores assalariados, avulsos, autônomos, profissionais liberais, rurais e servidores públicos.

---

(549) O texto refere-se sete vezes à unicidade.

Repete os textos constitucionais que asseguram a liberdade sindical negativa, a participação dos aposentados. Penaliza o abuso das prerrogativas sindicais, criando o crime contra o Estado Democrático de Direito, sem cominar a pena, e atribui ao Ministério Público a apuração de prática de atos antissindicais, com a consequente representação "aos organismos de fiscalização internacional, de direitos humanos ou sindicais" (*sic*).

c) **Organização sindical brasileira**. Dá às organizações sindicais representação política (*sic*), determinando a competência dos diferentes níveis: aos sindicatos, a representação profissional da categoria, promoção e defesa dos direitos individuais ou coletivos, por meio da ação sindical e da negociação coletiva; às federações, a coordenação política, legal e reivindicatória; às confederações, idêntica atribuição, de modo a unificar as reivindicações e ações sindicais.

Assegura, também, a substituição processual.

d) **Conselho Sindical Nacional**. Compõe-se de 9 membros eleitos pelas confederações e mais 3 indicados pelo conjunto das centrais, tendo como atribuições fundamentais o registro das entidades sindicais, o enquadramento, que é restabelecido na forma do art. 577 da Consolidação das Leis do Trabalho, expressamente referido, a solução de controvérsias de representação, a alteração dos serviços e das atividades essenciais.

e) **Custeio**. Mantém a contribuição sindical e institui outra, a contribuição da categoria, com fundamento no art. 513, alínea *e* da CLT. A primeira será rateada conforme a seguinte escala: 70% para o sindicato, 17% para a federação, 6% para a confederação, 5% para a central e 2% para custeio do Conselho Sindical Nacional. Mas a central só receberá a parcela relativa a seus filiados. A segunda, limitada a 1% do salário, será administrada pela Caixa Econômica Federal e rateada segundo a deliberação da assembleia.

f) **Gestão**. A Comissão Eleitoral dirigirá os pleitos para o preenchimento dos cargos de administração e representação. O número de dirigentes será de 3, no mínimo, e 12 no máximo, para os sindicatos, acrescido de mais um para cada conjunto de 300 associados, de 7 para as federações, com mais um para cada novo sindicato filiado, de 9 para as confederações, com igual acréscimo, de 11 a 21 para as centrais, e mais um para cada Estado onde conseguir representação. Além da diretoria, mais o conselho fiscal composto de 3 membros e a delegação junto aos órgãos superiores.

g) **Democracia interna**. Mandato de 4 anos, transparência na convocação das eleições em jornal de ampla circulação.

h) **Representação profissional no local de trabalho**. Representação de natureza estritamente sindical, constituída como Comissões Sindicais de Base, tanto nas empresas privadas como nas públicas e nos órgãos da administração direta, indireta e fundacional, com pelo menos 3 trabalhadores sindicalizados, eleitos pelo conjunto de empregados, e mais um para cada grupo de duzentos.

Cumprirá à Comissão desempenhar atividade sindical no âmbito da empresa, fiscalizar o cumprimento da lei, da convenção ou do acordo coletivo, as condições de trabalho e a atuação da CIPA.

Seus membros terão mandato de dois anos e garantia do emprego.

i) **Disposições transitórias**. As entidades sindicais já registradas são mantidas e terão prazo de quatro anos para adaptarem-se à nova disciplinação legal.

2) **Crítica**. O projeto reconhece as centrais como instância de "representação política e reivindicatória de interesse comum dos trabalhadores no plano horizontal de classe (não de categoria)", e desta ponto é flagrantemente inconstitucional, diante do comando do inciso II do art. 8º, que impõe a unicidade em qualquer nível de organização. No caso, as centrais convivem num regime de pluralidade absoluta.

O Conselho Sindical Nacional dá às confederações o poder que o projeto oficial atribui às centrais, voltado para a supervisão e o controle do funcionamento e do ordenamento dos sistemas constituídos pelas organizações sindicais, com incumbência, também, de proceder o registro.

A contribuição confederativa passa a chamar-se contribuição da categoria, e neste ponto o projeto peca pela ingenuidade, sendo fácil prever-se que terá a mesma limitação que o Supremo Tribunal Federal deu à primeira, restrita ao quadro associativo.

Além do mais, o projeto não vai além da organização sindical, sem enfrentar os demais temas que lhe são próprios, como negociação coletiva, acordo e convenção coletiva, direito de greve, solução dos conflitos coletivos.

De resto, peca pela deficientíssima técnica legislativa, chegando mesmo a perder-se com textos simplesmente literários, como os que compõem o Capítulo I — Dos Fundamentos: "Art. 1º O sindicato é a entidade básica da organização laboral e tem por objetivos a proteção individual ou coletiva dos trabalhadores, a luta por melhores condições de trabalho e de emprego, a proteção contra despedida imotivada, a remuneração e aposentadoria condizentes com a dignidade pessoal, bem ainda o fortalecimento dos instrumentos de reivindicação, qualificação e de mobilização, de modo a contribuir para a justiça social e a emancipação dos trabalhadores e das trabalhadoras, no campo da democracia e por meios legais. Art. 2º O exercício da ação sindical é um bem social que se manifesta na busca de interesses e direitos dos trabalhadores, vedadas quaisquer interferências do Poder Público, ou de terceiros. Art. 3º Para alcançar seus objetivos, o sindicato poderá participar de comissões sindicais de base, federações, confederações e centrais sindicais, além de outras instituições, obedecido o princípio da liberdade e autonomia, assente na soberania da assembleia geral, e o princípio da unicidade, sem prejuízo da cooperação, especialmente com as instituições do direito do trabalho. Art. 4º A organização sindical é expressão da vontade dos trabalhadores e empregadores e se manifesta por decisões de assembleias gerais, que, dotadas de autonomia, decidirão em última instância, sobre o funcionamento das entidades que integram a Organização Sindical Brasileira".

Seguiu-se o Projeto de Lei n. 5.275/2005, do Deputado Marcelo Barbieri (PMDB-SP), que propõe regulamentar o art. 8º da Constituição, que pouco se distancia do assinado pelo deputado Sérgio Rezende.

Na Câmara Federal, o relator, Deputado Tarcisio Zimmermann (PT-RS), unificou todos os projetos em tramitação que cuidavam do tema (inclusive o do Fórum Sindical dos Trabalhadores) e apresentou substitutivo que fundamentalmente: a) reconhece as centrais; b) adota categoria em vez de ramo de atividade, acordo e convenção coletiva, e não contrato coletivo; c) não impõe nenhum índice para a obtenção da representatividade, excluindo, assim, a figura da representatividade derivada; d) mantém o sistema de unicidade sindical e base territorial mínima equivalente à dimensão de um Município, registro a cargo do Ministério do Trabalho e Emprego, o sistema confederativo e as contribuições confederativa e sindical — a primeira, restrita aos associados, a segunda, à categoria como um todo, sendo fixada pela assembleia geral, assumindo, assim, a figura da contribuição assistencial; e) marginaliza os servidores públicos.

O **substitutivo** repetia os mesmos vícios de inconstitucionalidade (reconhecimento das centrais num regime de pluralidade). Mas como a nova versão do Projeto oficial, não repercutiu nem agradou as centrais e as confederações.

Enfim, a reforma se encerrou com a aprovação do projeto convertido na Lei n. 11.648, de 31 de março de 2008, que legitimou as centrais sindicais.

PARTE 16. PERSPECTIVAS E DESAFIOS

Tudo conduz à certeza de que o Direito Individual do Trabalho será superado pelo Coletivo e que o sindicato assumirá a defesa dos direitos individuais do grupo profissional para o qual foi constituído, nos locais de trabalho, na administração pública, perante o Poder Judiciário, frente a terceiros, adquirindo grandeza maior o Direito Sindical, que abrangerá um e outro como ramos.

Claro que não se privará o trabalhador de procurar outro defensor, no caso, um advogado particular, mas a ação sindical muito pouco será individualizada e, ainda assim, quando sua proteção voltar-se para uma única pessoa, estará atuando coletivamente, porque terá na sua retaguarda, como instrumento de pressão, toda a coletividade representada. Foi assim que Afonso Delelis, que presidiu o Sindicato dos Metalúrgicos de São Paulo, afastado pelo golpe militar de 1964, via a ação sindical nos locais de trabalho, lançando como palavra de ordem a greve sempre que um empregado fosse demitido sem o recebimento das indenizações trabalhistas.

Naturalmente, o tamanho da Justiça do Trabalho será reduzido, reservada sua competência para resolver controvérsias, mas sérias, e não simplesmente forçadas, na aplicação da lei. Ninguém negará que a reclamação trabalhista transformou-se num instrumento individualista, acionada apenas quando é rompida a relação de emprego, servindo para o empregador, quase sempre, como meio de acertamento do passivo, ou seja, para obter a quitação geral. Assim resolve apenas o litígio e nunca o conflito. O trabalhador, só depois de demitido, reclama o adicional de insalubridade ou de periculosidade, a retribuição pelo trabalho extraordinário negada, mas, se vitorioso na ação, recebe uma indenização, como regra menor do que seu direito, fruto de acordo judicial, que tem a mesma dimensão daquele obtido nas comissões de conciliação prévia, porém o ambiente de trabalho se mantém agressivo ou perigoso. A hora extra, todos admitem, é um mal, responsável pelo congelamento dos postos de trabalho, mas, ainda assim, nem sempre são pagas; entretanto, na Justiça do Trabalho, dia após dia, os juízes formulam as mesmas perguntas na instrução de processos que resultam numa condenação formal, e o trabalho extraordinário cresce impulsionado pelo banco de horas.

O predomínio do direito individual deveu-se à prevalência do processo individual e os culpados foram a Justiça do Trabalho, que negou a substituição processual e com isso a coletivização do processo, e os sindicatos, que se omitiram a ponto de terceirizarem seus departamentos jurídicos.

O advogado trabalhista tem importância fundamental para promover o retorno dos sindicatos à sua posição de vanguarda nos movimentos sociais, pois quase sempre confundia-se com seus dirigentes. A defesa dos interesses coletivos resulta na formação de novos direitos individuais, nascidos nas mesas de negociações, e não no Congresso Nacional, e o advogado lhes dá forma e sustentação para que sejam aceitos pelos empregadores.

Fora de qualquer dúvida, a greve constitui o instrumento de pressão para a defesa tanto dos direitos como dos interesses negados. No entanto seu sucesso não depende apenas daqueles que negam a força do trabalho para pressionar os empregadores, mas também do povo que lhes dá o apoio necessário. Por isso, quando a greve deixa de atingir o empregador e atinge o povo, ela se fragiliza, se perde e se esgota sem alcançar o objetivo visado. A greve que congestiona as avenidas principais da cidade, que bloqueia as rodovias, não afeta os empregadores, mas causa sérios danos à população. A greve, também, não se resume na negação de serviços fundamentais, relacionados com a saúde, o ensino, a previdência social, que acaba por ferir as camadas mais pobres, podendo assumir diferentes formas que abalem o empregador, comprometam seus interesses econômicos. A propósito, vem à mente imagem histórica de passeata de trabalhadores ostentando cartazes concitando a população a não adquirir produtos da empresa que se negava a atender as suas reivindicações.

A democratização do sindicalismo implica em sua interiorização nos locais de trabalho, afastando-se de sedes majestosas.

A liberdade sindical não é apenas negativa, tal como foi inscrito no inciso V do art. 8º da Constituição — direito de não se filiar e de não se manter filiado a sindicato —, mas também é principalmente positiva —: direito de se filiar, de se manter filiado e de participar da fundação de sindicato, de seus movimentos e campanhas, das assembleias, com direito a voz e voto, das eleições, como simples votante ou como candidato a postos de direção. De tal modo a participação sindical é também expressão da cidadania e, como tal, os sindicatos de base é que importam, servindo sua estruturação vertical representada pelas federações e confederações apenas para coordená-los, quando se unem numa mesma campanha, numa mesma negociação coletiva. Já a estruturação horizontal, nas uniões municipais ou intermunicipais ou nas centrais de âmbito nacional, dão significado político à atuação concertada em função de interesses comuns.

As centrais expressam de algum modo a ideologia política de seus aderentes, mas não serão o núcleo diretivo ou superior da organização sindical, implicando na substituição dos trabalhadores de base pelos dirigentes de cúpula.

De outra parte, tem significado maior a organização dos trabalhadores, pois os empregadores se unem não como classe, até porque muitas vezes são concorrentes, mas em função de seus interesses comuns, simplesmente econômicos.

Como expressão política, o sindicato vai muito além da defesa de direitos meramente individualizados, de interesses limitados às relações de trabalho, cabendo-lhe promover a ascensão social do grupo profissional, e para tanto chega a confrontar-se com o poder dominante. Nessa linha, opõe-se às diretrizes governamentais e defende o salário justo, a soberania do país, a indústria nacional, a solidariedade e a igualdade social. Não pode, portanto, submeter-se ao Estado, nem mesmo indiretamente, subordinado à tutela do Ministério do Trabalho e Emprego.

Por tudo, não se pode esquecer do papel desempenhado pelo Comando Geral dos Trabalhadores (CGT), dissolvido pela ditadura militar em 1964. Foi o CGT, induvidosamente, a central que procurou politizar nosso sindicalismo e colocá-lo à frente das grandes causas que empolgavam o povo brasileiro.[(550)]

A reforma da legislação sindical é fundamental, mas, ao contrário do que se fez desde o governo José Sarney, de centro-direita, até o governo Lula, de centro-esquerda, passando pelos governos Fernando Collor de Mello, de direita, e Fernando Henrique Cardoso, de centro, não deve partir da formação simplesmente teórica de intelectuais, ainda que notáveis, mas que nem sempre ou quase nunca conviveram com os trabalhadores e suas organizações de classe, mas, sim, dos próprios trabalhadores e de suas organizações.

Válida ainda hoje a ideia de Geraldo Rodrigues dos Santos, ex-estivador no Rio de Janeiro e depois dirigente do PCB, de convocação de uma Assembleia Constituinte Sindical paralela à Assembleia Nacional Constituinte que estava prestes a se instalar após a redemocratização do país. Os sindicatos de base, juntamente com suas federações, confederações e centrais, discutiriam um modelo de sindicalismo democrático, unificando-se suas resoluções que seriam levadas aos Constituintes. Livremente, definiriam a estruturação com base na unicidade ou na pluralidade; se unicidade, pura ou com pluralismo de associações, se pluralidade, ampla ou com reconhecimento do sindicato mais representativo; a forma de custeio, se apenas espontâneo ou

(550) No mês de maio de 1963, divulgou um manifesto que bem dá conta de sua linha de ação, mesclando assuntos simplesmente profissionais (salário-família, ampliação do auxílio-enfermidade, apoio ao movimento dos servidores públicos civis e militares por aumento salarial) e outros, de natureza política (reforma agrária, remessa de lucros).

compulsório, e assim a representatividade nas negociações coletivas, se do grupo como um todo, independentemente de filiação ou apenas dos associados, etc.[551]

Agora se vê a frente da extraordinária crise econômica iniciada a partir do pedido de concordata de um banco americano em setembro de 2008, e que se expandiu para todo o mundo, abalando o sistema bancário, de crédito, os investimentos, a indústria automobilística, as bolsas de valores, obrigando os governos capitalistas, desde os Estados Unidos até o Japão, passando pela França, a injetar recursos públicos para salvar banqueiros, fábricas e a estrutura da globalização de mercados. Volta-se a se pensar na reestatização, até de bancos. As grandes corporações, ameaçadas, não cogitam de perder ou mesmo reduzir a lucratividade que justificava o capitalismo. No Brasil, sem ainda sentir os efeitos da catástrofe, muitas empresas se viram compelidas a propor aos sindicatos de trabalhadores redução dos salários e das jornadas. Mas, isoladamente, sacrificaram milhares de postos de trabalho. A OIT, com base em dados do Fundo Monetário Internacional, estima que o desemprego no mundo chegará à marca de 210 milhões. Seria necessária, assim, quem sabe, a desglobalização. Mas o desafio está lançado e exige que o sindicalismo resista, enfrente e responda.

Com efeito, assim como o sindicalismo foi sufocado nas ditaduras de 1937 e 1964 e até no governo relativamente democrático de Dutra, mas sempre renasceu das cinzas, é possível acreditar-se que retomará seu papel, voltado para a socialização das relações de trabalho. Por isso a reforma sindical, indispensável também, deverá atender às aspirações da classe trabalhadora, amortecida nestes tempos de globalização.

Março de 2012

---

(551) Por solicitação de Geraldo Rodrigues da Silva, redigi a convocatória, o estatuto e os temas a serem debatidos. A ideia, contudo, não foi posta em prática. Depois, quando a Reforma Sindical teve início, Roberto Freire, secretário-geral do PPS que sucedeu o PCB dela se lembrou, sem, contudo, lhe dar efetividade.

BIBLIOGRAFIA

ABELLAN, Juan Garcia. *Introduccion al derecho sindical*. Madrid: Aguilar, 1961.

ALMEIDA, Paulo Guilherme de. A sistemática do enquadramento sindical rural. *Revista LTr*, São Paulo, 36/11.

ALVES, Maria Helena Moreira. *Estado e oposição no Brasil* (1964-1984). Rio de Janeiro: Vozes, 1984.

ARAÚJO, João Carlos de. *Ação coletiva de trabalho*. São Paulo: LTr, 1993.

AROUCA, José Carlos. *O sindicato em um mundo globalizado*. São Paulo: LTr, 2003.

______. Os trabalhadores da agroindústria e seu enquadramento sindical. *Suplemento LTr*, São Paulo, n. 76, ago. 1973.

______. *Repensando o sindicato*. São Paulo: LTr, 1999.

______. *Dicionários LTr*. São Paulo: LTr, 1986.

______. Centrais sindicais — autonomia e unicidade. *Revista LTr*, São Paulo: LTr, n. 10, v. 72, out. 2008.

AVILÉS, Antonio Ojeda. *Derecho sindical*. Madri: Tecnos, 1980.

BARASSI, Lodovico. *Diritto sindicale e corporativo*. Milano: Giuffrè, 1938.

BARBAGELATA, Héctor-Hugo. *O direito do trabalho na América Latina*. Rio de Janeiro: Forense, 1985.

BARBI, Celso Agrícola. *Comentários ao código de processo civil*. Rio de Janeiro: Forense, 1983. v. I.

BARRETO, Lúcio Gabriel. Comentários à nova lei de greve. *Imprensa Oficial do Estado de São Paulo*, São Paulo, 1965.

BARROS, Alice Monteiro de. *Exposição no III Congresso Brasileiro de Processo Civil e Trabalhista*, Natal (RN). Disponível em: <http://www.mg.trt.gov.br/escola/download/revista/rev_59/Alice_Barros.pdf> Acesso em: 26.1.2012.

BARROS, Cássio Mesquita. Liberdade sindical e a opção italiana. *Revista LTr*, São Paulo, 43-1/12, 1981.

BARROS, Teotônio Monteiro de. *O imposto sindical*. São Paulo: Legislação do Trabalho, 1951.

BASBAUM, Leôncio. *História sincera da República*. São Paulo: Alfa-Omega, 1976.

BASTOS, Celso Ribeiro. *Comentários à Constituição do Brasil*. São Paulo: Saraiva, 1989. v. 2.

BATALHA, Wilson de Souza Campos. *Sindicatos e sindicalismo, com Silvia Marina Labate Batalha*. São Paulo: LTr, 1994.

______. *Tratado elementar de direito processual do trabalho*. Rio de Janeiro: Konfino, 1960. v. 1.

BEIGUELMANN, Paula. *Os companheiros de São Paulo*. São Paulo: Símbolo, 1977.

BONNARD, Roger. *Sindicalismo, corporativismo e estado corporativo*. Rio de Janeiro: Freitas Bastos, 1938.

BORGES, Altamiro. *Sindicalismo, resistência e alternativas*. São Paulo: Anita Garibaldi, 2008.

BUEN, Nestor de. *Derecho del trabajo*. México: Porrùa, 1976. v. 2.

CABANELLAS, Guilhermo. *Derecho sindical y corporativo*. Buenos Aires: Bibliográfica Argentina, 1959.

CAMERLYNCK, G. H.; LYON-CAEN, G. *Derecho del trabajo*. Espanha: Aguilar, 1974.

CARDOZO, Malta. *Tratado de direito rural brasileiro*. São Paulo: Saraiva, 1953. v. 1.

CARNEIRO, Luciano Martinez. Comportamento antissindical e dano moral social. *Carta Forense*, São Paulo, v. 10, 2009.

CARONE, Edgard. O movimento operário e a II internacional. In: *II Internacional pelos seus Congressos* (1889-1914). São Paulo: Anita/Edusp, 1993.

______. *A República velha*. I — Instituições e classes sociais (1889-1930). São Paulo: Difel, 1978.

CARVALHO, Antônio Nunes. O poder empresarial e os recentes desenvolvimentos legislativos do direito do trabalho português, Mato Grosso. *Revista do Tribunal Regional do Trabalho da 23ª Região*, jul. 1996/jul. 1997.

CARVALHO, J. Antero de. Retrospecto da estabilidade provisória do dirigente sindical. *Revista LTr*, São Paulo, 41/345.

CARVALHO, M. Cavalcanti de. *Direito sindical e corporativo*. Rio de Janeiro: A. Coelho Branco Filho, 1941.

CÁSSIA, Taynar de. *Movimento negro de base religiosa*: a irmandade do rosário dos pretos. Disponível em: <www.cadernocrh.ufba.br/include/getdoc.php?id=954&article=163&mode=pdf>.

CASTILLO, Santiago Perez del. *O direito de greve*. São Paulo: LTr, 1994.

CASTRO, Maria Sílvia Portella de. Movimento sindical do Mercosul, trajetória e perspectivas de ação. In: Obra coletiva. *O sindicalismo na Europa, Mercosul e Nafta*. São Paulo: LTr, 2000.

CATHARINO, José Martins. *O trabalhador rural brasileiro.* Rio de Janeiro: Freitas Bastos, 1958.

______. *Tratado elementar de direito sindical.* São Paulo: LTr, 1977.

CAVALCANTE, Themistocles Brandão. *Tratado de direito administrativo.* Rio de Janeiro: Freitas Bastos, 1960. v. 2.

CENEVIVA, Walter. *Lei dos registros públicos.* São Paulo: Saraiva, 1988.

CHIARELLI, Carlos Alberto Gomes. *Teoria e prática do sindicalismo brasileiro.* São Paulo: LTr, 1974.

______. *Trabalho na Constituição.* São Paulo: LTr, 1990. v. 2: direito coletivo.

CONTRIBUIÇÃO SINDICAL 2005. *Coletânea Estudos Gleba n. 32,* Confederação da Agricultura e Pecuária do Brasil.

CÓRDOVA, Éfren. *As relações coletivas de trabalho na América Latina.* São Paulo: LTr/OIT/Ibrart, 1985.

______. O caso da arbitragem nos conflitos coletivos. In: *Relações coletivas do trabalho.* São Paulo: LTr, 1989,

COSTA, Antônio Xavier da. Dissídio coletivo, servidores públicos. competência da Justiça do Trabalho para conciliar e julgar. *Revista LTr,* São Paulo, 56-08/922.

COUTINHO, Grijalbo Fernandes; FILHO, Hugo Cavalcante Melo. O ativismo judicial do Tribunal Superior do Trabalho no Brasil. In: *O mundo do trabalho.* São Paulo: LTr, 2009.

CRAVERI, Piero. *Sindicato e instituzioni nel dopo guerra.* Mulino: Bolonha, 1977.

CRIVELLI, Ericson. Normas internacionais do trabalho e o comércio internacional. *Revista LTr,* São Paulo, 66-01/47.

CUNHA, Tadeu Henrique Lopes da. Proteção contra atos antissindicais. In: *Temas controvertidos.* São Paulo: LTr, 2006.

CUEVA. Mário de La. *Derecho mexicano del trabajo.* México: Porrùa, 1976.

______. *Síntesis del derecho del trabajo.* México, 1965.

CUOCO, Ubiracy Torres. *Enquadramento sindical no direito brasileiro.* São Paulo: LTr, 1984.

DEIFRUSS, René Armand. *1964:* a conquista do Estado. Ação política, poder e golpe de classe. Belo Horizonte: Vozes, 1981.

DELGADO, Mauricio Godinho. *Princípios de direito individual e coletivo do trabalho.* São Paulo: LTr, 2001.

DIÁRIO da Assembleia Constituinte, n. 289, 10.8.88.

DIAS, Everardo. *História das lutas sociais no Brasil.* São Paulo: Edaglit, 1962.

DOMINGUES, Petrônio. *Movimento negro brasileiro.* Alguns apontamentos históricos. Disponível em: <http:www.scielo.br/pdf/temp/v1n23/v/12n2327.pdf>.

DUBUGRAS, Regina Maria Vasconcelos. A prática da mediação nos Estados Unidos e no Canadá. In: *Magistratura & Trabalho*, set./out. 2001.

EBERT, Paulo Roberto Lemgruber. Convenção n. n. 98. Condenação do Brasil deve ser refletida. *Conjur*, 1.10.2010. Disponível em: <http://.con.jur.com. br?2010-jan-01/condenação-brasil-oit-refletida-convencao-98> Acesso em: jan. 2012.

ERICKSON, Kenneth Paul. *Sindicalismo no processo político no Brasil.* Rio de Janeiro: Brasiliense, 1979.

FAORO, Raymundo. *Os donos do poder.* São Paulo: Globo, 1957.

FERNANDES, A. Monteiro. A recente evolução do direito do trabalho em Portugal. *Rev. Jurídica*, n. 3, 1984.

FERNANDES, Florestan. *Mudanças sociais no Brasil.* São Paulo: Difusão Europeia, 1960.

FEROCI, Virgilio. *Diritto sindicale e corporativo.* Milano: A Mondadori, 1936.

FILHO, Evaristo de Moraes. *Anteprojeto de código do trabalho.* São Paulo: Imprensa Oficial, 1963.

______. *Do delito ao direito de greve.* Um quarto de século na vida italiana. Serviço de Documentação do Ministério do Trabalho, Indústria e Comércio. Rio de Janeiro, 1956.

______. *Estudos de direito do trabalho.* São Paulo: LTr, 1971.

______. Evolução do direito das convenções coletivas no Brasil. *Revista LTr*, São Paulo, n. 37, mar. 1973.

______. *Introdução ao direito do trabalho.* Rio de Janeiro: Forense, 1956. v. 1.

______. *O problema do sindicato único no Brasil.* São Paulo: Alfa-Omega, 1978.

______. Sindicato — organização e funcionamento. *Revista LTr*, São Paulo, 44-9/1071.

______. *Tratado elementar de direito do trabalho.* Rio de Janeiro: Freitas Bastos, 1960. v. 1.

FILHO, Roberto Lyra. *Direito do capital e direito do trabalho.* Porto Alegre: Sergio Antonio Fabris, 1982.

FIORAVANTE, Tamira Maira. Direito de greve. Práticas desleais de trabalho e arbitragem no direito coletivo do trabalho norte-americano. In: *Temas controvertidos.* São Paulo: LTr, 2006.

FIORILLO, Celso Antonio Pacheco. *Os sindicatos e a defesa dos interesses difusos no direito processual civil brasileiro.* São Paulo: Revista dos Tribunais, 1995.

FIUZA, Ricardo Arnaldo Malheiros. Os 94 anos da república portuguesa e a Constituição do "25 de abril". In: *Revista Del Rey Jurídica*, Minas Gerais, n. 14.

FRANCO FILHO, Georgenor de Sousa. Negociação coletiva transnacional. In: *Curso de direito coletivo do trabalho.* São Paulo: LTr, 1998.

______. Da contribuição sindical para servidor público. In: *O Trabalho,* Curitiba, Suplemento n. 176, out. 2011.

FURTADO, Celso. *Formação econômica do Brasil*. Brasília: Universidade de Brasília, 1963.

FURTADO, Sebastião Antunes; SCIBERRAS, Jean-Chistophe; TRANCOZO, Cláudia Antunes Lopes; SAMPAIO, Rômulo Silveira da Rocha. *Solução dos conflitos coletivos de trabalho no setor privado*: estudos dos sistemas do Brasil e da França. Curitiba: Genesis, 2004.

GARCIA, Gustavo Filipe Barbosa. Nova reforma do CPC: a Lei n. 10.444 e o processo trabalhista. *Jornal Trabalhista*, Brasília, n. 962, 21.4.2002.

GIUGNI, Gino. *Direito sindical*. São Paulo: LTr, 1991.

GOMES, Orlando. *A convenção coletiva de trabalho*. São Paulo: LTr, 1995.

______. *Direito do trabalho*. Estudos. São Paulo: LTr, 1979.

GOMES, Orlando; GOTTSCHALK, Elson. *Curso de direito do trabalho*. Rio de Janeiro: Forense, 1978. v. 2.

GOTTSCHALK, Egon Felix. *Norma pública e privada no direito do trabalho*. São Paulo: Saraiva, 1994.

GRINOVER, Ada Pellegrini. Novas tendências da tutela jurisdicional dos interesses difusos. *Revista do Curso de Direito da Universidade Federal de Uberlândia*, n. 13, 1978.

HANADA, Cláudio Shinji A. *Tribuna do Direito*, São Paulo, fev. 2005.

HARADA, Kiyoshi. *Controvérsia acerca da imunidade tributária das entidades filantrópicas*. texto de fev. 2009.

HOLANDA, Sérgio Buarque. *Raízes do Brasil*. São Paulo: Companhia das Letras, 1995.

IANNI, Octávio. *A ideia do Brasil moderno*. São Paulo: Brasiliense, 1992.

JACOBSEN, Kjeld Aagaard. Movimento sindicato no Nafta. In: *O sindicalismo na Europa, Mercosul e Nafta*. São Paulo: LTr, 2000.

JUNIOR, Cesarino. *Direito social brasileiro*. Rio de Janeiro: Freitas Bastos, 1957. v. 1.

KHOURY, Yara Aun. *As greves de 1917 em São Paulo*. São Paulo: Cortez, 1981.

KROTOCHIN, Ernesto. *Instituciones de derecho del trabajo*. Buenos Aires, 1968.

______. *La libertad sindical*. Recopilación de decisiones del comité de libertad sindical del consejo de administración de la OIT. 2. ed. Genebra: Oficina Internacional del Trabajo, 1976.

______. *Las negociaciones colectivas*. Genebra: Oficina Internacional del Trabajo, 1960.

LEÃO XIII. *Rerum Novarum*. São Paulo: LTr, 1972.

LEITE, Júlio César do Prado. *Inflação, política salarial e sindicatos no Brasil*. São Paulo: LTr, 1985.

______. Os direitos sindicais à luz das normas internacionais do trabalho. *Revista LTr*, São Paulo, 45-2/157.

LIMA, João Franzen de. Curso de direito civil brasileiro. *Revista Forense*, Rio de Janeiro, 1958.

LIMA, Rusinete Dantas de. *O trabalhador rural no Brasil*. São Paulo: LTr, 1992.

LOBATO, Marthius Sávio Cavalcanti. *O valor constitucional para a efetividade dos direitos sociais nas relações de trabalho*. São Paulo: LTr. 2006.

LOBO, Eugênio Roberto Haddock. A greve no Brasil e sua relação com o direito no tempo, greve. In: *Academia Nacional de Direito do Trabalho*, São Paulo: LTr, 1993.

LOPES, Dimas Ferreira. Aposentados e representação sindical. *Revista LTr*, São Paulo, 61-03/339.

LUCA, Carlos Moreira de. *Convenção coletiva de trabalho*. Um estudo comparativo. São Paulo: LTr, 1991.

MACIEL, José Alberto Couto. Os sindicatos de servidores públicos. Impossibilidade de aplicação de convenções, acordos coletivos e dissídios coletivos de natureza econômica. *Revista LTr*, São Paulo, 55-03/291 e ss.

MAGANO, Octavio Bueno. A organização sindical na nova Constituição. *Revista LTr*, São Paulo, v. 53, n. 1, jan. 1989.

______. Arbitragem. *Revista LTr*, São Paulo, 52-1/28.

______. *Convenção coletiva do trabalho*. São Paulo: LTr, 1972.

______. *Manual de direito do trabalho*. Direito coletivo do trabalho. São Paulo: LTr, 1984. v. III.

______. Relações coletivas de trabalho. In: *Folha de S. Paulo*, 17.5.1991.

MAIOR, Jorge Luiz Souto. Arbitragem e direito do trabalho. *Revista LTr*, São Paulo, 61-02/155.

______. Sumaríssimo: solução ou entrave. *O Trabalho em Revista*, Curitiba, jun. 2001.

______. Os princípios do direito do trabalho e sua negação por alguns posicionamentos. In: *O mundo do trabalho*. São Paulo: LTr, 2009. v. 1.

MANCUSO, Rodolfo de Camargo. *Ação civil pública*. São Paulo: Revista dos Tribunais, 1996.

______. *Comentários ao código de proteção do consumidor*. Obra coletiva. São Paulo: Saraiva, 1991.

______. *Interesses difusos*. São Paulo: Revista dos Tribunais, 1991.

MARANHÃO, Délio. *Direito do trabalho*. Rio de Janeiro: FGV, 1978.

MARANHÃO, Ricardo. *Sindicatos e democratização. Brasil 1945-1950*. Rio de Janeiro: Brasiliense, 1979.

MARTINS, Ives Gandra *et al*. *Comentários à Constituição*. Rio de Janeiro: Freitas Bastos, 1991. v. 2.

MARTINS FILHO, Ives Gandra da Silva. Ação civil pública trabalhista. In: *Ação civil pública.* São Paulo: Centro de Estudos do Ministério Público do Trabalho em São Paulo, 1998.

MARTINS, Sergio Pinto. *Contribuições sindicais.* São Paulo: Atlas, 1998.

MARX, Karl; ENGELS, F. *Manifesto do partido comunista.* São Paulo: Global, 1987,

MAZZILLI, Hugo Nigro. A defesa dos interesses difusos em juízo. *Apud* MANCUSO, Rodolfo de Camargo. *Ação civil pública.* São Paulo: Revista dos Tribunais, 1996.

MEDEIROS, Fábio; SANTOS, Rebecca Mazzuchelli. Empresa sem empregados deve pagar contribuição sindical? *Migalhas,* 29.11.2011. Disponível em: <http://www; migalhas.com.br/mig_.aspx?cod=145857>.

MEIRELLES, Hely Lopes. *Direito administrativo brasileiro.* São Paulo: Malheiros, 2000.

______. *Mandado de segurança e ação popular.* São Paulo: Revista dos Tribunais, 1980.

MELLO, Celso Antônio Bandeira de. *Curso de direito administrativo.* São Paulo: Malheiros, 2000.

MENEZES, Claudio Armando Couce de. Controvérsias sobre a substituição processual. *Revista LTr,* São Paulo, 55-08/928.

MIRANDA, Pontes de. Comentários ao código de processo civil. *Revista Forense,* Rio de Janeiro, v. VI, 1949.

MUÇOUÇAH, Renato de Almeida Oliveira. A proteção ao valor da dignidade humana em face de prática de conduta antissindical. In: *Direito coletivo em debate.* Rio de Janeiro: Lumen Juris, 2009.

MOYA, Rosário Gallardo. *Democracia sindical interna.* Madri: Trotta, 1996.

NABUCO, Joaquim. *Apontamento datado de outubro de 1863 no seu diário e notas autobiográfricas.* São Paulo: José Olímpio. *Apud* BASBAUM, Leôncio. *História sincera da República.* São Paulo: Alfa-Omega, 1976.

NAPOLI, Rodolfo A. *Manual de derecho sindical.* Buenos Aires: La Ley, 1969.

NASCIMENTO, Amauri Mascaro. Contribuição assistencial e ação civil pública. In: *Trabalho & Doutrina,* São Paulo: Saraiva, v. 12, mar. 1997.

______. Contribuição confederativa, triálogo. *IBRART,* São Paulo, n. 12, ano III, jul. 1990.

______. *Direito sindical.* São Paulo: LTr, 1984.

______. Vantagens e desvantagens do sistema norte-americano de relações do trabalho. *Revista LTr,* São Paulo, 48-12/1.427.

NICÁCIO, Antonio. O poder de tributar dos sindicatos — art. 8º, IV, da nova Constituição, *Suplemento Trabalhista,* São Paulo: LTr, 37-207/89.

NORRIS, Roberto. Condutas antissindicais no Brasil. In: *Relações de direito coletivo Brasil-Itália.* São Paulo: LTr. 2004.

______. *Os sindicatos e as transnacionais.* Bruxelas: CIOSL, 1979.

OLIVEIRA, Oris de. Unidade e pluralidade sindical. In: *Curso de direito constitucional do trabalho.* São Paulo: LTr, 1991. v. II.

PASSOS, Edésio. *Relações de trabalho.* Transformação social. Curitiba: Decisório Trabalhista, 1999.

PASSOS, J. J. Calmon de. Função social do processo. In: *T&D*, São Paulo: Saraiva, n. 14, set. 1997.

PASTORE, José. *Reforma sindical.* Para onde o Brasil quer ir? São Paulo: LTr, 2003.

PETRUCCIANI, Stefano. Três conceitos de liberdade. *Novos Rumos*, Brasília, n. 26, 1997.

PINTO, José Augusto Rodrigues. *Direito sindical e coletivo do trabalho.* São Paulo: LTr, 1998.

PRADO JÚNIOR, Caio. *História econômica do Brasil.* São Paulo: Brasiliense, 1970.

PRADO, Roberto Barreto. *Curso de direito sindical.* São Paulo: LTr, 1984.

REZENDE, Sandor Ney. *Liberdade sindical:* o Brasil sob o olhar da OIT. Tese de mestrado reproduzido pelo autor, 2012.

RIBEIRO, Augusta Barbosa de Carvalho. *O contrato coletivo de trabalho e a lei brasileira.* São Paulo: LTr, 1967.

RIBEIRO, Jorge Severiano. *Dos crimes e das infrações no direito do trabalho.* São Paulo: Revista dos Tribunais, 1944.

ROBORTELLA, Luiz Carlos de Amorim. *O moderno direito do trabalho.* São Paulo: LTr, 1994.

RODRIGUES, José Albertino. *Sindicato e desenvolvimento no Brasil.* São Paulo: Difusão Europeia do Livro, 1968.

RODRIGUES, Edgard. *Socialismo no Brasil.* Rio de Janeiro: Laemmert, 1969.

RODRIGUEZ, Américo Plá. *Princípios de direito do trabalho.* São Paulo: LTr/Edusp, 1993.

RODRIGUEZ, José Rodrigo. *Dogmática da liberdade sindical.* Direito político. Globalização. Rio de Janeiro: Renovar, 2003.

ROMITA, Arion Sayão. A greve dos servidores públicos. *Revista da Academia Nacional de Direito do Trabalho*, "Greve", n. 1, São Paulo: LTr, 1993.

______. Ação civil pública trabalhista. Legitimação do Ministério Público do Trabalho para agir. *Revista LTr*, v. 56, São Paulo, n. 10, out. 1992.

______. *Direito sindical brasileiro.* Rio de Janeiro: Brasiliense, 1976.

______. *O fascismo no direito do trabalho brasileiro.* São Paulo: LTr, 2001.

______. *Os direitos sociais na Constituição e outros estudos.* São Paulo: LTr, 1991.

_____. Servidor público, sindicalização, negociação coletiva, conflitos coletivos, direito de greve. *Revista LTr*, São Paulo, 56-07/789 e ss.

RUPRECHT, Alfredo J. *Relações coletivas de trabalho*. São Paulo: LTr, 1995.

_____. *Conflitos coletivos de trabalho*. São Paulo: LTr, 1979.

RUSSOMANO, Mozart Victor. *Ação coletiva do trabalho*. São Paulo: LTr, 1993.

_____. *Comentários à consolidação das leis do trabalho*. Rio de Janeiro: José Konfino, 1957. v. 3.

_____. *Direito sindical, princípios gerais*. Rio de Janeiro: Konfino, 1977.

SAMPAIO, Aluysio. *Estatuto do trabalhador rural comentado*. São Paulo: Revista dos Tribunais, 1972.

SANTOS, Ronaldo Lima dos. Interditos proibitórios e direito fundamental de greve. *Revista Síntese Trabalhista e Previdenciária*, São Paulo: Síntese-IOB, n. 261, mar. 2011.

SANTOS, Roberto A. O sindicalismo e mudança social: Problemas da reorganização do sindicato no Brasil. In: *Trabalho e sociedade na lei brasileira*. São Paulo: LTr, 1993.

SCAFT, Fernando Facury. *Cidadania e imunidade tributaria*. Disponível em: <http//www.mp.pr.gov.br/3proc/Cidadania.doc>.

SCHUTTE, Giorgio Romano. O sindicalismo na Europa e sindicalismo europeu. In: *O sindicalismo na Europa, Mercosul e Nafta*. São Paulo: LTr, 2000.

SILVA, Antônio Álvares da. *Cogestão no estabelecimento e na empresa*. São Paulo: LTr, 1991.

_____. *Convenção coletiva de trabalho perante o direito alemão*. Rio de Janeiro: Forense, 1991.

_____. *Direito coletivo do trabalho*. Rio de Janeiro: Forense, 1979.

_____. *Os servidores públicos e o direito do trabalho*. São Paulo: LTr, 1993.

SILVA, Cláudio Santos da. Atos antissindicais. Convenção n. 98 da OIT não é respeitada por sindicatos. *Jornal Trabalhista, Consulex*, Brasília, 18.2.2009.

SILVA, Luiz de Pinho Pedreira da. A autonomia coletiva profissional. In: Obra coletiva. *Sindicalismo*. São Paulo: LTr, 1986.

_____. Negociação coletiva. In: *Curso de direito constitucional do trabalho*. São Paulo: LTr, 1991.

_____. A negociação coletiva do setor público. In: *Direito sindical brasileiro*. São Paulo: LTr, 1998.

_____. A problemática da negociação coletiva dos servidores públicos. *Revista LTr*, São Paulo, 54-3, p. 269 e ss.

_____. Os princípios do direito coletivo do trabalho. *Revista LTr*, São Paulo, 63-02/151.

______. Unidade ou pluralidade sindical? In: *Ensaios de direito do trabalho*. São Paulo: LTr, 1998.

______. *Principiologia do direito do trabalho*. São Paulo: LTr, 1999.

SILVA, Otávio Pinto e. O Brasil precisa de uma reforma sindical? In: *Temas controvertidos do direito coletivo do trabalho no cenário nacional e internacional*. São Paulo: LTr, 2006.

SILVA, Sayonara Grillo Coutinho Leonardo da. Decisões judiciais e (des)construção dos direitos. Uma revista à interpretação dos direitos coletivos pelos tribunais superiores. In: *O mundo do trabalho*. São Paulo: LTr, 2009. v. 1.

SIMÃO, Azis. *Sindicato e estado*. São Paulo: Dominus, 1966.

SIQUEIRA NETO, José Francisco. A solução extrajudicial dos conflitos individuais do trabalho. In: *Trabalho & Doutrina*, Saraiva, n. 14, set. 1997.

______. Contrato coletivo de trabalho. In: *Perspectiva de rompimento com a legalidade repressiva*. São Paulo: LTr, 1991.

______. Relações de trabalho e a perspectiva de adoção do contrato coletivo de trabalho no Brasil. Conferência no *Fórum Nacional sobre Segurança e Saúde do Trabalhador no Contrato Coletivo de Trabalho*. Brasília: Ministério do Trabalho, 1994.

SITRÂNGULO, Cid José. *Conteúdo dos dissídios coletivos de trabalho*. São Paulo: LTr, 1978.

SKIDMORE, Thomas. *Brasil:* de Getúlio a Castelo. São Paulo: Paz e Terra, 1996,

SODRÉ, Nelson Werneck. *Formação histórica do Brasil*. São Paulo: Brasiliense, 1970.

SÜSSEKIND, Arnaldo Lopes. A globalização da economia e o confronto entre os neoliberais e os adeptos do estado social. *RDT*, Brasília: Consulex, 04-9/5, 30.9.1998.

______. *Comentários à Constituição*. Rio de Janeiro,: Freitas Bastos, 1991. v. 2.

______. Contribuições sindicais. In: *Trabalho & Doutrina,* São Paulo: Saraiva, n. 12, mar. 1997.

______. *Instituições de direito do trabalho*. Rio de Janeiro: Freitas Bastos, 1957. v. 2.

TAMBELLINI, J. Machado. *A nova lei do trabalho rural*. São Paulo: LTr, 1974.

TEIXEIRA FILHO, João de Lima. A obrigação de paz e os instrumentos normativos. In: *Relações coletivas de trabalho*. São Paulo: LTr, 1989.

TELES JUNIOR, Goffredo da Silva. *Direito quântico*. São Paulo: Max Limonad, 1980.

TORRAZZA, Rolando Murgas. Discriminação no trabalho. In: *Anais do 17º Congresso Ibero-Americano de Direito do Trabalho e Seguridade Social, O Direito do Trabalho e da Seguridade Social nos países Ibero-Americanos e Itália,* Curitiba: DT, 2008.

TRINDADE, Washington Luiz de. A sindicalização dos servidores públicos e a negociação coletiva. In: *Relações coletivas de trabalho*. São Paulo: LTr, 1989.

URIARTE, Oscar Ermida. Negociação coletiva na América Latina: situação atual e alternativas propostas. Conferência no *Fórum Nacional sobre Segurança e Saúde do Trabalhador no contrato coletivo de trabalho*, Brasília: Ministério do Trabalho, 1994.

______. *A flexibilização da greve*. São Paulo: LTr.

______. *A proteção contra os atos antissindicais*. São Paulo: LTr, 1989.

VARGAS NETO, João Guilherme. Um congresso histórico. In: *Revista da Federação dos Comerciários do Estado de São Paulo*, n. 169, nov./dez. 2002.

______. Unicidade sindical: resposta a uma questão. In: *Debate Sindical*, São Paulo, n. 39, set./nov. 2001.

VAZASCKI, Teori Albino. Defesa de direitos coletivos e defesa coletiva de direitos. In: *Revista do Processo*, n. 78, abr./jul. 1995.

VIANNA, Oliveira. *Problemas de direito corporativo*. Rio de Janeiro: José Olympio, 1938.

______. *Problemas de direito sindical*. Rio de Janeiro: Max Limonad, 1943.

VIANNA, Segadas de. *Direito coletivo do trabalho*. São Paulo: LTr, 1972.

______. *Greve. Direito ou violência*. Rio de Janeiro: Freitas Bastos, 1959.

______. *Instituições de direito do trabalho*. Rio de Janeiro: Freitas Bastos, 1957. v. 2.

VIGEVANI, Tullo. *Mercosul, impactos para trabalhadores e sindicatos*. São Paulo: LTr, 1998.

WATANABE, Kazuo *et al*. *Código brasileiro de defesa do consumidor:* comentada pelos autores do anteprojeto. Rio de Janeiro: Forense Universitária, 1993.

______. *Prefácio de ação civil pública, Lei n. 7.347/1985* — 15 anos. São Paulo: Revista dos Tribunais, 2002.

______. Tutela jurisdicional dos interesses difusos e a legitimação para agir. *Revista de Processo*, n. 34, abr./jun.

WINTER, Vera Regina Loureiro. Ação civil pública, uma nova abordagem na justiça do trabalho. *Revista de Processo*, n. 78, abr./jun. 1995.

YOUNG, Lúcia Helena Briski. *Entidades sem fins lucrativos* — imunidade e isenção tributária. São Paulo: Juruá.